Buda Shakyamuni

Nagarjuna

OCEANO DE NÉCTAR

Ordem sugerida, para iniciantes,
de estudo ou de leitura dos livros de
Venerável Geshe Kelsang Gyatso Rinpoche

Como Transformar a sua Vida
Como Entender a Mente
Caminho Alegre da Boa Fortuna
O Espelho do Dharma
Novo Coração de Sabedoria
Budismo Moderno
Solos e Caminhos Tântricos
Novo Guia à Terra Dakini
Essência do Vajrayana
As Instruções Orais do Mahamudra
Grande Tesouro de Mérito
Novo Oito Passos para a Felicidade
Introdução ao Budismo
Como Solucionar Nossos Problemas Humanos
Contemplações Significativas
O Voto Bodhisattva
Compaixão Universal
Novo Manual de Meditação
Viver Significativamente, Morrer com Alegria
Oceano de Néctar
Joia-Coração
Clara-Luz de Êxtase
Mahamudra-Tantra

Este livro é publicado sob os auspícios do
Projeto Internacional de Templos da NKT-IKBU,
e o lucro recebido com a sua venda está direcionado para
benefício público através desse fundo.
[Reg. Charity number 1015054 (England)]
Para mais informações:
tharpa.com/br/beneficie-todos

Venerável Geshe Kelsang
Gyatso Rinpoche

Oceano de Néctar

A VERDADEIRA NATUREZA
DE TODAS AS COISAS

1ª edição

EDITORA THARPA
BRASIL • PORTUGAL

São Paulo, 2019

© Geshe Kelsang Gyatso e Nova Tradição Kadampa

Primeira edição em língua inglesa em 1995
Reimpresso em 2003
Segunda edição em língua inglesa em 2017

Primeira edição em língua portuguesa em 2019

Título original:
Ocean of Nectar: The True Nature of All Things

Imagens coloridas no frontispício: Buda Shakyamuni e Nagarjuna

Tradução do original autorizada pelo autor

Tradução, Revisão e Diagramação   Editora Tharpa

Dados Internacionais de Catalogação na Publicação (CIP)

```
Kelsang, Gyatso (Geshe), 1932-
    Oceano de néctar: a verdadeira natureza de todas as coisas /
Geshe Kelsang Gyatso; tradução Editora Tharpa – 1. ed. –
São Paulo: Editora Tharpa, 2019.
    678p.

    Título original em inglês: Ocean of nectar: the true
nature of all things

    ISBN 978-85-8487-067-7

    1. Budismo 2. Carma 3. Meditação I. Título.
05-9278                                        CDD-294.3
```

Índices para catálogo sistemático:
1. Budismo: Religião 294.3

2019

Todos os direitos desta edição reservados à

EDITORA THARPA BRASIL
Rua Artur de Azevedo 1360, Pinheiros
05404-003 - São Paulo, SP
Fone: +55 11 3476-2330
www.tharpa.com/br

EDITORA THARPA PORTUGAL
Rua Moinho do Gato, 5, Pinheiros
2710-661 - Várzea de Sintra, Sintra
Fone: +351 219 231 064
www.tharpa.pt

Sumário

Ilustrações ix
Agradecimentos xi
Nota do Tradutor xiii

Introdução 1
Louvor à Compaixão 11
Solos e Caminhos 31
Muito Alegre 35
Vacuidade e Libertação 47
A Perfeição de Dar 63
Imaculado 77
Luminoso 93
Radiante 121
Difícil de Derrotar 131
Aproximando-se 143
Identificar o Objeto Negado 161
Refutar a Produção a Partir de Si Próprio, ou do *Self* 181
Refutar a Produção a Partir de Outro 197
As Duas Verdades 209
As Boas Qualidades Desta Refutação 231
Refutar o Sistema Chittamatra 241
O Significado Desta Refutação 293
A Ausência do Em-Si de Pessoas 311
As Divisões da Vacuidade 375
O Que Foi Além 411
Os Três Solos Puros 415
As Boas Qualidades dos Dez Solos 425

Os Solos Resultantes 431
Conclusão 467
Dedicatória 473

Apêndice I – O Texto-Raiz: *Guia ao Caminho do Meio* 475
Apêndice II – O Sentido Condensado do Comentário. 533
Apêndice III – Um Breve Resumo dos Princípios
    Filosóficos Budistas. 565
Apêndice IV – *Prece Libertadora* 591
Apêndice V – *Preces para Meditação* 595

Glossário 603
Bibliografia 623
Programas de Estudo do Budismo Kadampa. 629
Escritórios da Editora Tharpa no Mundo. 635
Índice Remissivo. 637
Leituras Recomendadas. 661
Encontre um Centro de Meditação Kadampa
    Próximo de Você. 667

Ilustrações

Buda Shakyamuni 2
Maitreya 30
Asanga 64
Vasubandhu 94
Manjushri 122
Nagarjuna 144
Chandrakirti 182
Vajradhara 196
Tilopa 208
Naropa 230
Atisha 258
Dromtonpa 294
Geshe Potowa 312
Je Tsongkhapa 354
Jampel Gyatso 376
Khedrubje 426
Je Phabongkhapa 448
Vajradhara Trijang Rinpoche 466
Venerável Kelsang Gyatso Rinpoche 472
   (incluído a pedido de seus discípulos devotados)

Agradecimentos

Este livro, *Oceano de Néctar*, é o primeiro comentário fidedigno no Ocidente à obra *Guia ao Caminho do Meio*, de Chandrakirti, uma escritura mahayana clássica que, até os dias de hoje, é considerada como o texto principal sobre a vacuidade, a natureza última da realidade.

Do fundo do nosso coração, agradecemos ao Venerável Geshe Kelsang Gyatso Rinpoche por sua inesgotável determinação, compaixão e sabedoria em escrever um comentário tão claro e completo e em preparar uma tradução completamente nova e fidedigna do texto-raiz de Chandrakirti.

Agradecemos também a todos os dedicados estudantes de Dharma seniores que trabalharam incansavelmente ao longo dos anos da preparação deste livro, auxiliando o autor a estabelecer em inglês, de maneira clara e precisa, esse profundo texto, e que prepararam o manuscrito final para publicação.

Roy Tyson,
Diretor Administrativo,
Manjushri Kadampa Meditation Centre,
Julho de 1995.

Nota do Tradutor

As palavras de origem sânscrita e tibetana, como *Bodhichitta*, *Bodhisattva*, *Dharma*, *Geshe*, *Sangha* etc., foram grafadas como aparecem na edição original deste livro, em língua inglesa, em respeito ao trabalho de transliteração previamente realizado e por evocarem a pureza das línguas originais das quais procedem.

Em alguns casos, contudo, optou-se por aportuguesar as palavras já assimiladas à língua portuguesa (Buda, Budeidade, Budismo, carma) em vez de escrevê-las de acordo com a sua transliteração (*Buddha*, *karma*).

Em relação ao comentário à estrofe XI.5 (página 428), utilizamos a notação brasileira para os seguintes números cardinais: bilhão (10^9, equivalente a *mil milhões* em Portugal), trilhão (10^{12}, equivalente a *bilião* em Portugal) e quintilhão (10^{18}, equivalente a *trilião* em Portugal).

O termo *poder sensorial* é utilizado no lugar de "faculdade sensorial". Assim, *poder sensorial visual* equivale a "faculdade sensorial visual", *poder sensorial olfativo* equivale a "faculdade sensorial olfativa" etc.

Introdução

A ORIGEM DESTAS INSTRUÇÕES

Buda apresentou seus ensinamentos em três etapas principais, chamadas "os três giros da Roda do Dharma". Ele ensinou a primeira Roda no Parque dos Cervos, em Benares; a segunda, na Montanha do Bando de Abutres, em Rajagriha; e a terceira, em Vaishali. Durante o segundo giro da Roda do Dharma, Buda ensinou os *Sutras Perfeição de Sabedoria*, nos quais revelou todas as etapas do caminho à iluminação. Elas estão todas incluídas nas etapas do caminho profundo e nas etapas do caminho vasto. As etapas do caminho profundo incluem todas as práticas de sabedoria que conduzem a uma realização direta da vacuidade e, por fim, ao Corpo-Verdade de um Buda. As etapas do caminho vasto incluem todas as práticas do método, desde o cultivo inicial da compaixão até a aquisição final do Corpo-Forma de um Buda.

Os *Sutras Perfeição de Sabedoria* são difíceis de compreender, e o próprio Buda predisse que, após a sua morte, grandes eruditos apareceriam para explicar o seu significado. Então, como Buda havia predito, o Protetor Nagarjuna apareceu neste mundo quatrocentos anos após o seu falecimento. Guiado por Manjushri, Nagarjuna escreveu numerosas obras, nas quais explicou claramente todas as etapas do caminho profundo que Buda havia ensinado nos *Sutras Perfeição de Sabedoria*. Essas obras incluem *Sabedoria Fundamental do Caminho do Meio* (frequentemente referida, simplesmente, como *Sabedoria Fundamental*) e os seus quatro membros: *Sessenta Raciocínios, Setenta Vacuidades, Finamente Entrelaçado* e *Refutação das Objeções*. Aproximadamente seiscentos anos depois, o Superior Asanga, guiado por Maitreya, apresentou uma explicação clara de todas as etapas do caminho vasto.

Buda Shakyamuni

Dessas duas etapas, as etapas do caminho profundo são as mais difíceis de compreender, razão pela qual as obras de Nagarjuna são tão importantes. Elas são como um cofre, no qual a preciosa sabedoria da vacuidade está guardada, mas, para termos acesso a esse tesouro, é necessária grande sabedoria. Infelizmente, a sabedoria dos seres neste mundo diminuiu e, por essa razão, é como se esse precioso cofre estivesse trancado. Para abri-lo, o discípulo principal de Nagarjuna, Chandrakirti, escreveu um comentário intitulado *Guia ao Caminho do Meio*. Esse é um livro excepcional, que explica perfeitamente as etapas dos caminhos vasto e profundo tal como ensinadas por Nagarjuna. No entanto, porque a sabedoria dos seres neste mundo continuou a diminuir, atualmente achamos difícil compreender inclusive esse texto de Chandrakirti. Por essa razão, eu preparei este livro, *Oceano de Néctar*. Espero que, com a ajuda deste comentário, muitas pessoas sejam capazes de estudar e praticar o *Guia ao Caminho do Meio*.

Ao escrever este livro, apoiei-me nas obras de Je Tsongkhapa, especialmente o seu comentário ao *Guia ao Caminho do Meio*, intitulado *Iluminação Clara da Intenção – uma Explicação Extensa do Grande Tratado, Guia ao Caminho do Meio*.

AS PREEMINENTES QUALIDADES DO AUTOR

Antes de examinarmos o *Guia* propriamente dito, será útil conhecer a biografia do seu autor. Chandrakirti nasceu de pais brâmanes, em Salona, na região do Sul da Índia, por volta de mil anos após a morte de Buda. Os seus pais logo perceberam que ele era uma criança fora do comum e consultaram um oráculo para saber sobre o seu futuro. O oráculo predisse que ele se tornaria um grande erudito e iogue budista. Inspirados por essa profecia, os pais de Chandrakirti enviaram o seu filho para a universidade monástica de Nalanda, onde o abade Chandranatha concedeu-lhe a ordenação como monge, dando-lhe o nome de Chandrakirti. Enquanto esteve em Nalanda, Chandrakirti estudou sob a orientação de Nagarjuna, que lhe deu muitos ensinamentos sobre os Sutras e os Tantras. Ele foi o último e principal discípulo de Nagarjuna, que disse sobre ele:

> Eu dei os meus ensinamentos definitivos sobre a não-produção ao meu último discípulo, Chandrakirti.

Chandrakirti tornou-se proficiente em todas as áreas dos ensinamentos e desenvolveu rapidamente uma grande reputação como erudito e professor. Ele era um discípulo consciencioso, treinando dia e noite de acordo com as instruções do seu professor. Como resultado, desenvolveu uma concentração meditativa especial e muitos poderes extraordinários. Um dia, seu abade decidiu que seria benéfico se Chandrakirti demonstrasse seus poderes meditativos e sua liberdade mental aos outros monges. Com esse objetivo, nomeou Chandrakirti como o administrador do armazém do monastério, um cargo que envolvia a grande responsabilidade de cuidar das vacas e búfalos mantidos pelo monastério para suprir a sua produção de laticínios. Chandrakirti, no entanto, recusou-se a tirar o leite dos animais, pois achava que devia ser guardado para os bezerros e, assim, deixava-os vagando livremente pelas colinas próximas. Não obstante, Chandrakirti ainda conseguia prover os monges com um suprimento abundante de leite e seus derivados!

Um dia, Chandrakirti e seu assistente, Suryakirti, foram chamados para comparecerem perante o abade e a assembleia de monges, e pediram-lhes que explicassem como conseguiam fornecer um suprimento tão abundante de comida, já que os animais vagavam sozinhos, sem nenhuma vigilância, pelas colinas. Para grande deleite de toda a assembleia, Suryakirti explicou que Chandrakirti havia desenhado a figura de uma vaca na parede e que extraía dela todo o leite necessário:

O Glorioso Chandrakirti sustenta e alimenta perfeitamente os
    monges
Extraindo leite de figuras de vacas.

Enquanto estudava em Nalanda, Chandrakirti debatia frequentemente com um colega de estudos, chamado Chandragomin, o qual era um praticante leigo. Embora ambos fossem grandes eruditos e professores altamente respeitados, convencionalmente sustentavam visões filosóficas diferentes. Chandragomin sustentava a visão Chittamatra, e Chandrakirti, a visão Madhyamika-Prasangika. Às vezes, Chandragomin achava difícil responder às questões penetrantes de Chandrakirti e, assim, perguntava a ele se poderia respondê-las no dia seguinte. Então, retirava-se para o seu quarto e falava diretamente com Avalokiteshvara, que lhe dava as respostas corretas. Chandrakirti supôs que Chandragomin consultava outros professores chittamatrins. Porém, não tinha a menor ideia de que Chandragomin estava recebendo ajuda diretamente de Avalokiteshvara. Então, um dia, Chandrakirti fez uma pergunta especialmente difícil que Chandragomin não conseguiria responder. Chandragomin disse: "Dar-te-ei a resposta amanhã". Chandrakirti perguntou "Como serás capaz de responder amanhã o que não consegues responder hoje?", e Chandragomin respondeu: "Perguntarei a Avalokiteshvara esta noite e, amanhã, dar-te-ei a resposta. Se eu não conseguir responder amanhã, tu vencerás o debate". Naquela noite, Chandrakirti aproximou-se furtivamente do quarto de Chandragomin e espreitou pela janela. Para o seu espanto, viu Chandragomin conversando diretamente com uma manifestação de Avalokiteshvara! Chandragomin fazia perguntas, e Avalokiteshvara respondia pacientemente. Chandrakirti ficou repleto de grande respeito e admiração e desenvolveu, de imediato, o desejo de conhecer Avalokiteshvara diretamente. Ele irrompeu então abruptamente no quarto de Chandragomin, mas, assim que entrou, a Deidade desapareceu.

Desejando encontrar-se diretamente com Avalokiteshvara, como Chandragomin havia feito, Chandrakirti retornou ao seu quarto e praticou o ioga de Buda Avalokiteshvara repetidamente durante muitos dias. Depois de algum tempo, começou a ter visões de Avalokiteshvara em seus sonhos. Encorajado por isso, praticou ainda mais sinceramente, fazendo pedidos fervorosos a Avalokiteshvara para que aparecesse diretamente a ele. Então, um dia, Avalokiteshvara manifestou-se diante dele. Chandrakirti ficou deleitado. "Agora, posso realmente beneficiar os outros", e disse a Avalokiteshvara: "Por favor, senta-te nos meus ombros, de modo que eu possa mostrar-te para todos na cidade". Avalokiteshvara respondeu que, embora Chandrakirti pudesse vê-lo, os outros não seriam capazes de fazê-lo. Chandrakirti, no entanto, continuou a pedir firmemente e, por fim, Avalokiteshvara concordou. Chandrakirti colocou Avalokiteshvara sobre os seus ombros e correu para a cidade, bradando a todos para que viessem ver o seu Guia Espiritual e fazer prostrações a ele. Assim como Avalokiteshvara havia predito, ninguém pôde ver nada, com exceção de uma pessoa que, com obscurecimentos cármicos pesados, viu Chandrakirti com um cão morto sobre os seus ombros, e de uma vendedora de vinho, que viu o pé direito de Avalokiteshvara. Mesmo assim, como resultado dessa rápida visão, a mulher obteve rapidamente a realização de concentração superior e uma mente muito pacífica.

Outro incidente que ilustra as aquisições extraordinárias de Chandrakirti ocorreu enquanto uma guerra, conhecida como "a guerra Dhuruka", começava a ser travada na região do monastério de Nalanda. Como a luta se aproximava do monastério, a população local e os monges comuns ficaram amedrontados e suplicaram aos eruditos e iogues que pusessem um fim àquilo, mas a situação era tão perigosa que nenhum deles se sentia capaz de ajudar. As pessoas chegaram ao ponto de se desesperarem quando, subitamente, um pássaro emergiu do coração da estátua do Protetor do monastério e voou em direção à casa de Chandrakirti. Tomando isso como um sinal, pediram a Chandrakirti que os ajudasse. Chandrakirti aceitou o pedido e disse-lhes para fazerem um leão de pedra, o qual deveriam colocar cerca de 24 quilômetros ao norte do monastério, na direção da batalha. Ele encorajou, dentre a multidão, os budistas para que rezassem a Buda, e os não-budistas, para que rezassem a Ishvara. Quando a batalha ficasse à vista, deveriam gritar ao leão para que os salvasse.

Muito rapidamente, os soldados apareceram no horizonte, e as pessoas começaram a gritar ao leão, mas o leão não se movia. Eles ficaram com a confiança abalada e começaram a duvidar das habilidades de Chandrakirti, e alguns, inclusive, acusaram-no de enganá-los. Chandrakirti tranquilizou-os e partiu em direção ao leão, carregando um grande bastão de sândalo. Ele golpeou o leão três vezes na cabeça e, para a surpresa de todos, o leão ganhou vida! O leão correu, então, para o meio da batalha, fazendo com que todos os soldados fugissem em pânico. Nenhum soldado foi morto ou ferido, mas a guerra acabou e a paz voltou à região. Mais tarde, em gratidão, o rei escreveu a seguinte estrofe de louvor a Chandrakirti:

Pelo poder do Glorioso Chandrakirti,
O poderoso leão de pedra veio à vida
E, sem que uma única pessoa fosse ferida,
Trouxe um fim à guerra Dhuruka.

Há muitas outras histórias que ilustram os poderes extraordinários que Chandrakirti adquiriu através da sua concentração meditativa. No momento, podemos ter dificuldade inclusive para imaginar tais poderes,

INTRODUÇÃO

mas, se pensarmos sinceramente sobre isso, compreenderemos que iogues como Chandrakirti possuem muitos poderes especiais, que eles manifestam no momento apropriado.

Manjushri disse a Je Tsongkhapa que Chandrakirti havia se manifestado da Terra Búdica Oriental para ajudar os seres deste mundo. Chandrakirti ajudou-nos de muitas maneiras, mas sua maior contribuição foi explicar os trabalhos de Nagarjuna, especialmente seus ensinamentos sobre a visão profunda do Caminho do Meio e o caminho do Mantra Secreto. Através dessas explicações, somos capazes de compreender e de realizar o significado definitivo dos ensinamentos de Buda.

Chandrakirti escreveu muitos livros, a maioria dos quais são comentários aos Sutras e Tantras de Buda e aos trabalhos de Nagarjuna. Sua obra mais famosa é *Guia ao Caminho do Meio*. Nela, juntamente com o seu *Autocomentário*, Chandrakirti ilumina claramente todas as etapas dos caminhos vasto e profundo reveladas nos *Sutras Perfeição de Sabedoria*. Ele também escreveu outro comentário a *Sabedoria Fundamental*, de Nagarjuna, intitulado *Palavras Claras*, e um comentário ao *Tantra-Raiz de Guhyasamaja*, intitulado *Lâmpada Clara*. Essas duas obras incomparáveis são bem conhecidas entre os eruditos e professores budistas. Um antigo provérbio diz:

No céu, há o Sol e a Lua, e na terra há os dois *Claros*.

Além dessas obras, Chandrakirti escreveu comentários a *Sessenta Raciocínios* e *Setenta Vacuidades*, de Nagarjuna, e um comentário a *Quatrocentos*, de Aryadeva. Seus outros trabalhos incluem *Setenta Estrofes Sobre Refúgio*, *Discriminando os Cinco Agregados*, uma sadhana intitulada *Realização Clara de Guhyasamaja*, uma sadhana de Vajrasattva, e louvores a Tara.

O comentário propriamente dito a *Guia ao Caminho do Meio* é apresentado a partir de três tópicos principais:

1. O significado do título;
2. A homenagem dos tradutores;
3. O significado do texto.

O SIGNIFICADO DO TÍTULO

Guia ao Caminho do Meio foi escrito em sânscrito, com o título *Madhyamakavatara*. Posteriormente, foi traduzido para o tibetano como *Uma la jugpa* e, para o inglês, como *Guide to the Middle Way*. Agora, foi traduzido para o português como *Guia ao Caminho do Meio*. O que é o "Caminho do Meio" referido no título? Em geral, o termo "Caminho do Meio" refere-se a qualquer coisa que esteja livre dos dois extremos, o extremo da existência e o extremo da não-existência, e, mais especificamente, refere-se à verdade última, a vacuidade. Neste contexto, no entanto, esse termo se refere especificamente ao texto *Sabedoria Fundamental do Caminho do Meio*, de Nagarjuna, que é assim chamado porque seu assunto principal é a vacuidade profunda. Frequentemente, quando Chandrakirti cita essa obra, ele se refere a ela simplesmente como "o Caminho do Meio" e, por essa razão, quando escreveu o *Guia* como um comentário a *Sabedoria Fundamental*, deu-lhe o título *Guia ao Caminho do Meio*. Assim, ao passo que, no título da obra de Nagarjuna, a expressão "Caminho do Meio" se refere à vacuidade, no título do livro de Chandrakirti ela se refere à própria obra de Nagarjuna, *Sabedoria Fundamental*. Portanto, o *Guia ao Caminho do Meio* atua como um guia para aqueles que desejam praticar o significado de *Sabedoria Fundamental do Caminho do Meio*.

O termo *Guia* no título também tem grande significado, pois a obra atua como um guia tanto para as etapas do caminho profundo como para as etapas do caminho vasto. No primeiro sentido, *Guia ao Caminho do Meio* guia-nos a uma compreensão do significado da vacuidade profunda, tal como explicada em *Sabedoria Fundamental*. Anteriormente, alguns dos discípulos de Nagarjuna, como Bhavaviveka, haviam escrito comentários a *Sabedoria Fundamental* do ponto de vista dos princípios filosóficos madhyamika-svatantrika. No *Guia ao Caminho do Meio*, Chandrakirti refuta conclusivamente essa interpretação e estabelece a visão específica madhyamika-prasangika como a visão mais profunda. Ele também apresenta uma refutação extensa dos princípios filosóficos da escola Chittamatra e mostra que também é inadequado interpretar *Sabedoria Fundamental* a partir do ponto de vista desses princípios. Assim, se confiarmos no *Guia ao Caminho do Meio*, compreenderemos a visão extraordinária da escola Madhyamika-Prasangika e, como resultado, nossa prática da vacuidade será superior à dos praticantes de outros princípios filosóficos. Essa é a maneira pela qual o *Guia ao Caminho do Meio* atua como um guia às etapas do caminho profundo.

De que modo *Guia ao Caminho do Meio* atua como um guia às etapas do caminho vasto? Nagarjuna explicou as etapas do caminho vasto em obras como *Guirlanda Preciosa* e *Compêndio de Sutras*. Chandrakirti pegou essas explicações e adicionou-as ao *Guia*. Portanto, encontramos no *Guia* não apenas uma apresentação perfeita da visão mais profunda da vacuidade, mas também uma explicação clara das etapas do caminho vasto. Isso inclui os três Dharmas dos mahayanistas comuns, os dez solos dos Bodhisattvas superiores e os solos resultantes da Budeidade. Essa é a maneira pela qual *Guia ao Caminho do Meio* atua como um guia às etapas do caminho vasto.

Nagarjuna não ensinou explicitamente as etapas do caminho vasto em *Sabedoria Fundamental*, mas isso não significa que esse texto não seja um texto mahayana. *Sabedoria Fundamental* oferece uma apresentação extensa da ausência do em-si dos fenômenos utilizando muitas formas diferentes de raciocínios, e tais apresentações foram destinadas apenas para discípulos mahayana. Portanto, *Sabedoria Fundamental* é um texto mahayana. No entanto, se confiarmos unicamente em *Sabedoria Fundamental*, seremos capazes de praticar apenas as etapas do caminho profundo, ao passo que, se confiarmos no *Guia ao Caminho do Meio*, poderemos praticar a união dos caminhos profundo e vasto.

Se compreendermos claramente como o *Guia* atua como um guia a *Sabedoria Fundamental*, compreenderemos o significado do seu título, *Guia ao Caminho do Meio*.

A HOMENAGEM DOS TRADUTORES

Homenagem ao jovem Manjushri

Os tradutores tibetanos do *Guia ao Caminho do Meio*, tais como Patsab Nyimadrak, incluíram uma homenagem ao jovem Manjushri no início do texto. O propósito principal da homenagem de um tradutor é remover obstáculos e assegurar que a tradução será concluída, mas ela também cumpre a função secundária de indicar a qual classe de escritura o texto pertence.

Tradicionalmente, as escrituras budistas são classificadas de acordo com a ênfase que é dada a um dos três treinos superiores: o treino em disciplina moral superior, o treino em concentração superior ou o treino em sabedoria superior. Um texto que enfatize principalmente o treino em disciplina moral superior pertence ao conjunto do Vinaya, ou Disciplina; um texto que enfatize principalmente o treino em concentração superior pertence ao conjunto do Sutra, ou Discursos; e o texto que enfatize principalmente o treino em sabedoria superior pertence ao conjunto do Abhidharma, ou Fenomenologia. Os textos que pertencem ao conjunto do Vinaya são precedidos por uma homenagem ao Onisciente; os textos que pertencem ao conjunto do Sutra, por uma homenagem aos Budas e Bodhisattvas; e os textos que pertencem ao conjunto do Abhidharma, por uma homenagem ao jovem Manjushri. Visto que *Guia ao Caminho do Meio* é precedido por uma homenagem ao jovem Manjushri, sabemos que ele está incluído no conjunto do Abhidharma, que ele enfatiza principalmente o treino em sabedoria superior e que seu assunto principal é a vacuidade profunda.

Louvor à Compaixão

O SIGNIFICADO DO TEXTO

O SIGNIFICADO DO texto será explicado a partir de quatro tópicos:

1. A expressão de devoção, os meios empenhados na composição do tratado;
2. O corpo propriamente dito do tratado;
3. Como o tratado foi escrito;
4. Dedicar o mérito de ter escrito o tratado.

A EXPRESSÃO DE DEVOÇÃO, OS MEIOS EMPENHADOS NA COMPOSIÇÃO DO TRATADO

É costume começar um texto com uma expressão de devoção, prestando homenagem aos Budas, Bodhisattvas, Realizadores Solitários e Ouvintes. Chandrakirti, no entanto, não louva esses seres sagrados diretamente, mas começa louvando a mente de grande compaixão. O seu propósito é mostrar que a grande compaixão é a causa de todos esses seres sagrados.

A expressão de devoção tem duas partes, que serão explicadas a partir dos seguintes dois tópicos:

1. Louvar a grande compaixão sem distinguir os seus tipos;
2. Homenagem à grande compaixão distinguindo os seus tipos.

LOUVAR A GRANDE COMPAIXÃO
SEM DISTINGUIR OS SEUS TIPOS

Este tópico tem duas partes:

1. Mostrar que a grande compaixão é a causa principal de um Bodhisattva;
2. Mostrar que a grande compaixão é a raiz das outras duas causas de um Bodhisattva.

MOSTRAR QUE A GRANDE COMPAIXÃO
É A CAUSA PRINCIPAL DE UM BODHISATTVA

O texto-raiz começa com:

[I.1] **Ouvintes e Budas Medianos (Realizadores Solitários) nascem dos Budas, os Poderosos Hábeis;**
Budas nascem dos Bodhisattvas;
E a mente de compaixão, a sabedoria da não-dualidade
E a bodhichitta são as causas dos Filhos dos Conquistadores.

Podemos distinguir quatro tipos de seres sagrados: Ouvintes, Realizadores Solitários, Bodhisattvas e Budas. Os dois primeiros são hinayanistas, e os dois últimos, mahayanistas. Os hinayanistas são motivados pelo desejo de alcançar a libertação do samsara apenas para si próprios, ao passo que os mahayanistas são motivados pelo desejo de alcançar a plena iluminação para o benefício de todos os seres vivos. Nesta estrofe, Chandrakirti explica como os Ouvintes Destruidores de Inimigos e Realizadores Solitários Destruidores de Inimigos surgem dos Budas, os quais, por sua vez, surgem dos Bodhisattvas. Ele então explica as três causas principais de um Bodhisattva e mostra como, dentre elas, a mente de grande compaixão é a causa-raiz. Essas explicações serão agora apresentadas extensamente a partir de três tópicos:

1. Como os Ouvintes e Realizadores Solitários nascem dos Budas;
2. Como os Budas nascem dos Bodhisattvas;
3. As três causas principais de um Bodhisattva.

COMO OS OUVINTES E REALIZADORES SOLITÁRIOS NASCEM DOS BUDAS

Um Ouvinte é um praticante que ingressou no Caminho Hinayana, ouve ensinamentos corretos e, por meditar no seu significado, alcança uma pequena iluminação, ou mera libertação. Tendo alcançado uma pequena iluminação, ele, ou ela, faz então com que os outros tomem conhecimento desse fato, anunciando: "Eu pratiquei tal como ouvi; a partir de agora, não conhecerei outro renascimento no samsara". A palavra sânscrita para Ouvinte, *Sravaka*, também significa "Ouvinte proclamador". Nesse sentido, um Ouvinte é alguém que ouve os ensinamentos mahayana de Buda e, sem tê-los praticado pessoalmente, proclama-os aos outros que estão buscando a iluminação. Isso mostra que meramente ouvir ensinamentos mahayana e transmiti-los aos outros não faz de nós um mahayanista, pois até mesmo os Ouvintes fazem isso. Além do mais, sem a motivação de renúncia, não podemos nem mesmo nos proclamarmos um Ouvinte!

Para alcançar a libertação do samsara, um Ouvinte precisa progredir através de cinco caminhos espirituais: os Caminhos da Acumulação, da Preparação, da Visão, da Meditação e do Não-Mais-Aprender de um Ouvinte. Quando um Ouvinte ingressa no Caminho da Visão de um Ouvinte, ele, ou ela, torna-se um Ouvinte superior. Existem oito níveis de Ouvinte superior: Os Que se Aproximam da Realização de um Ingressante na Corrente, Os Que Permanecem na Realização de um Ingressante na Corrente, Os Que se Aproximam da Realização Daquele que Retorna Uma Vez, Os Que Permanecem na Realização Daquele que Retorna Uma Vez, Os Que se Aproximam da Realização Daquele que Nunca Retorna, Os Que Permanecem na Realização Daquele que Nunca Retorna, Os Que se Aproximam da Realização de um Destruidor de Inimigos e Os Que Permanecem na Realização de um Destruidor de Inimigos.

Quando um Ouvinte realiza a vacuidade diretamente, ele, ou ela, alcança o Caminho da Visão de um Ouvinte e torna-se um O Que se Aproxima da Realização de um Ingressante na Corrente. Na mesma sessão de meditação, ele, ou ela, tornar-se-á um O Que Permanece na Realização de um Ingressante na Corrente, o qual abandonou todas as delusões intelectualmente formadas. Quando ele alcança o antídoto direto contra as delusões inatas grande-grandes, ele se torna um O Que Se Aproxima da Realização

Daquele que Retorna Uma Vez, e quando ele tiver abandonado os seis primeiros níveis de delusão do reino do desejo, desde o grande-grande até o mediano-pequeno, ele então se torna um O Que Permanece na Realização Daquele que Retorna Uma Vez. Esse nome indica que, se ele morrer nessa etapa, terá de retornar uma vez mais ao reino do desejo. Quando começar a abandonar principalmente os três últimos níveis de delusão do reino do desejo, do pequeno-grande ao pequeno-pequeno, ele então se torna um O Que se Aproxima da Realização Daquele que Nunca Retorna e, quando tiver abandonado essas delusões, ele então se torna um O Que Permanece na Realização Daquele que Nunca Retorna. Esse nome indica que ele, ou ela, nunca mais renascerá no reino do desejo. Quando começar a abandonar principalmente as delusões dos reinos da forma e da sem-forma, ele então se torna um O Que se Aproxima da Realização de um Destruidor de Inimigos. Quando tiver abandonado essas delusões juntamente com as suas sementes, ele então se torna um O Que Permanece na Realização de um Destruidor de Inimigos, alcançando, assim, o Caminho do Não-Mais--Aprender de um Ouvinte e uma pequena iluminação. De acordo com a escola Madhyamika-Svatantrika, um O Que se Aproxima da Realização de um Ingressante na Corrente pode estar tanto no Caminho da Preparação como no Caminho da Visão, mas, de acordo com a escola Madhyamika--Prasangika, ele, ou ela, precisa ser um ser superior.

Realizadores Solitários, ou Conquistadores Solitários, são superiores aos Ouvintes sob muitos pontos de vista, mas são inferiores aos mahayanistas. Ao passo que os Ouvintes buscam apenas escapar dos sofrimentos do samsara, os Realizadores Solitários buscam realizar seu pleno potencial através de alcançar a Budeidade. No entanto, diferentemente dos mahayanistas, eles desejam alcançar a Budeidade apenas para o seu próprio benefício, e não para o benefício de todos os seres vivos. Essa motivação lhes permite alcançar uma iluminação mais elevada do que a alcançada pelos Ouvintes, mas ela não permite que os Realizadores Solitários alcancem a grande iluminação do Mahayana.

Em geral, por força da sua prática em vidas passadas, os Realizadores Solitários têm uma sabedoria maior do que a dos Ouvintes, porém menos sabedoria que os mahayanistas. Por exemplo, os Ouvintes geram renúncia pelo samsara por meio de contemplar as Quatro Nobres Verdades, mas os Realizadores Solitários geram renúncia por meio de contemplar os doze elos dependente-relacionados. Há uma história de um Realizador Solitário que foi a um cemitério, onde viu alguns ossos humanos. Ele perguntou-se: "De onde estes ossos vieram?", e realizou que vieram da morte. Então, ele perguntou: "De onde vem a morte?", e realizou que a causa da morte é o nascimento. Levando a contemplação adiante, realizou que o nascimento é causado pela existência, o décimo elo dependente-relacionado; a existência, pela avidez; a avidez, pelo anseio; e assim, sucessivamente, voltou até a causa-raiz, a ignorância. Desse modo, realizou que, para escapar do samsara, o ciclo dos doze elos dependente-relacionados, ele precisava abandonar a ignorância. Além disso, compreendeu que, já que os ossos dependiam da morte, a morte, do nascimento, e assim sucessivamente, todas essas coisas careciam de existência inerente. Desse modo, ele realizou a vacuidade. Essa história mostra como, pelo poder da sua sabedoria, os Realizadores Solitários usam as experiências do dia a dia para aprofundarem sua consciência da relação-dependente e da vacuidade.

Como resultado do seu estudo e prática em vidas passadas, os Realizadores Solitários têm naturalmente uma compreensão profunda dos cinco agregados, dos dezoito elementos, das doze fontes, dos doze elos dependente-relacionados, das Quatro Nobres Verdades e das duas verdades, e das ações e seus efeitos. Levam vidas muito puras e disciplinadas, vivendo sozinhos e não saindo mais do que o necessário. Praticam muito conscienciosamente a restrição das portas sensoriais e tentam evitar todas as atividades distrativas. Não gostam de falar muito, porque isso pode ser distrativo. Por essa razão, quando ensinam, recorrem frequentemente a gestos manuais, sinais e assim por diante. Em vez de viverem em grandes comunidades de Dharma, eles tendem a viver em locais isolados e ensinam apenas para discípulos selecionados.

Quando, por meditarem nos doze elos dependente-relacionados, os Realizadores Solitários desenvolvem renúncia espontânea, eles ingressam no Caminho da Acumulação de um Realizador Solitário. É dito nas escrituras que, nesse caminho, acumulam mérito durante uma centena de éons, mas o significado disso é que eles acumulam tanto mérito quanto um ser comum acumularia durante uma centena de éons. Após completarem o Caminho da Acumulação, eles tentam completar os caminhos restantes – o Caminho da Preparação, da Visão, da Meditação e do Não-Mais-Aprender de um Realizador Solitário – numa única vida.

Pelo poder da sua sabedoria superior, os Realizadores Solitários abandonam as delusões do reino do desejo, as delusões do reino da forma e as delusões do reino da sem-forma simultaneamente. Assim, à medida que abandonam as delusões grande-grandes do reino do desejo, eles também abandonam simultaneamente as delusões grande-grandes dos reinos da forma e da sem-forma e assim por diante.

Alguns Realizadores Solitários rezam para que, no seu último renascimento, renasçam em um local onde não haja Budas ou Ouvintes. Porque têm grande mérito e sabedoria e completaram seus estudos, eles não precisam depender diretamente de um Guia Espiritual no seu último renascimento. Em geral, para alcançar a iluminação, é necessário confiar num Guia Espiritual, e isso se aplica inclusive aos Realizadores Solitários, mas não é necessário estar sempre na presença física de um Guia Espiritual. Quando tivermos compreendido inteiramente os ensinamentos do nosso Guia Espiritual, poderemos nos retirar em solitude para obter profunda experiência dos seus ensinamentos através de meditação. Assim, o último renascimento de um Realizador Solitário é como um retiro solitário que dura toda a sua vida. As escrituras referem-se a tais praticantes como "Realizadores Solitários semelhantes a rinocerontes" porque, assim como um rinoceronte vive em solitude, esses praticantes vivem em solitude espiritual no seu último renascimento. Quando um Realizador Solitário alcança o Caminho do Não-Mais-Aprender de um Realizador Solitário, ele, ou ela, torna-se um Realizador Solitário Destruidor de Inimigos e alcança uma iluminação mediana.

Porque os Realizadores Solitários são superiores aos Ouvintes, mas inferiores aos mahayanistas, Chandrakirti chama-os "Budas Medianos". Neste contexto, o termo "Buda" não se refere a um ser plenamente iluminado, uma vez que seres plenamente iluminados não podem ser classificados como pequenos, medianos ou grandes. O termo sânscrito "Buda" tem muitos significados e, embora usualmente se refira a seres iluminados, neste contexto significa "realizador" e, em particular, um realizador da vacuidade. Em geral, a vacuidade pode ser realizada em três níveis: pequeno, mediano e grande. Aqueles que alcançam uma pequena realização da vacuidade são pequenos realizadores, ou Ouvintes; aqueles que alcançam uma realização mediana são realizadores medianos, ou Realizadores Solitários; e aqueles que alcançam uma grande realização são grandes realizadores, ou Mahayanistas.

Quando os Budas aparecem neste mundo, eles dão ensinamentos perfeitos sobre a relação-dependente profunda. Ouvintes e Realizadores Solitários ouvem esses ensinamentos, contemplam o significado do que ouviram e meditam no significado do que contemplaram. Através dessa meditação, eles alcançam a libertação do samsara e tornam-se Destruidores de Inimigos. Até mesmo Realizadores Solitários que vivem em solitude na sua última vida tornam-se Destruidores de Inimigos na dependência da fala dos Budas que eles ouviram em suas vidas passadas. Assim, o significado do primeiro verso do texto-raiz é que os Ouvintes e Realizadores Solitários se tornam Destruidores de Inimigos na dependência da fala dos Budas. O texto-raiz diz "os Poderosos Hábeis", que é um epíteto para "Budas".

COMO OS BUDAS NASCEM DOS BODHISATTVAS

Se Ouvintes Destruidores de Inimigos e Realizadores Solitários Destruidores de Inimigos nascem dos Budas, de quais causas surgem os Budas? Chandrakirti dá a resposta no segundo verso, onde ele explica que os Budas nascem dos Bodhisattvas. Os Bodhisattvas são tanto as causas substanciais como as causas circunstanciais dos Budas. Para alcançar a iluminação, um praticante mahayana precisa, primeiro, tornar-se um Bodhisattva por meio de obter uma realização espontânea da bodhichitta. Então, por contemplar todas as etapas do treino Bodhisattva, ele, ou ela, por fim tornar-se-á um Buda. Nesse sentido, um Buda nasce do Bodhisattva do seu próprio *continuum* anterior, que é a sua causa substancial.

Enquanto treina os Caminhos Mahayana, o Bodhisattva confia nos ensinamentos de outros Bodhisattvas. Por colocar esses ensinamentos em prática, ele, ou ela, progride pelos Caminhos Mahayana da Acumulação, da Preparação, da Visão e da Meditação e, por fim, alcança o Caminho Mahayana do Não-Mais-Aprender, ou Budeidade. Nesse sentido, um Buda nasce da fala dos Bodhisattvas de outros *continuums*, que são as suas causas circunstanciais.

AS TRÊS CAUSAS PRINCIPAIS DE UM BODHISATTVA

Se Ouvintes Destruidores de Inimigos e Realizadores Solitários Destruidores de Inimigos nascem dos Budas e Budas nascem dos Bodhisattvas, de quais causas os Bodhisattvas surgem? Nos dois últimos versos da primeira estrofe, Chandrakirti explica que há três causas principais de Bodhisattvas: a mente de grande compaixão, a sabedoria da não-dualidade associada à bodhichitta, e a bodhichitta. Algumas vezes, essas três mentes são chamadas "os três Dharmas da expressão de devoção". Neste contexto, o termo "devoção" indica que Bodhisattvas comuns tornam-se Bodhisattvas superiores por meio de tomarem esses três Dharmas como sua prática principal. A partir disso, podemos compreender que, além de explicar as causas de um Bodhisattva, essa instrução sobre os três Dharmas da expressão de devoção também revela os solos e caminhos dos Bodhisattvas comuns: os Caminhos Mahayana da Acumulação e da Preparação. Chandrakirti diz que, dentre os três Dharmas, a compaixão é a raiz dos outros dois; portanto, será útil se os examinarmos na ordem inversa.

A bodhichitta é o desejo espontâneo de alcançar a plena iluminação para o benefício de todos os seres vivos. Essa mente especial não surge naturalmente, mas tem de ser cultivada com esforço por um longo tempo. Por fim, por força de forte familiaridade, ela surge naturalmente sem esforço e permanece constante. Essa mente espontânea e constante é a bodhichitta efetiva. Tão logo geremos essa mente, ingressamos no Caminho Mahayana e tornamo-nos um Bodhisattva. Por essa razão, a bodhichitta é denominada "a porta de ingresso ao Mahayana".

Objeção Se nos tornamos um Bodhisattva assim que geramos a bodhichitta, como pode a bodhichitta ser uma causa de um Bodhisattva? Com certeza, uma causa tem de preceder o seu efeito, e não ocorrer simultaneamente a ele!

Resposta Não há contradição aqui, pois Chandrakirti está se referindo à bodhichitta artificial, ou cultivada, e não à mente de bodhichitta efetiva. Antes de gerar a bodhichitta espontânea, efetiva, e tornar-se um Bodhisattva, um praticante mahayana dedicará um longo tempo cultivando o forte desejo de tornar-se um Buda para o benefício de todos os seres vivos. Essa mente cultivada é denominada "bodhichitta", mas não é a bodhichitta efetiva. A bodhichitta efetiva é, necessariamente, uma mente espontânea, que surge sem esforço. No *Sutra Solicitado por Aqueles de Intenção Superior*, Buda diz que a mente cultivada é como a casca da cana-de-açúcar, ao passo que a mente espontânea é como a sua polpa. O sabor da casca da cana-de-açúcar é doce, mas não tão doce quanto a polpa. Do mesmo modo, a bodhichitta cultivada é eficiente para nos direcionar à iluminação, mas não tão eficiente quanto a mente espontânea.

A segunda causa, a sabedoria da não-dualidade, é a sabedoria que realiza a vacuidade. Ela é assim chamada porque é livre dos dois extremos: o extremo da existência e o extremo da não-existência. Tanto os praticantes hinayana como os mahayana geram a sabedoria da não-dualidade, mas ela é uma causa de um Bodhisattva apenas quando está presente no *continuum* de um praticante na linhagem mahayana; neste caso, ela é conhecida como "a sabedoria da não-dualidade associada à bodhichitta".

Pergunta Se a sabedoria da não-dualidade é uma causa de um Bodhisattva, isso significa que precisamos realizar a vacuidade antes de podermos gerar a bodhichitta?

Resposta Não. Há alguns praticantes que não realizam a vacuidade até que tenham gerado a bodhichitta e se tornado Bodhisattvas. No entanto, aqueles com faculdades aguçadas realizam primeiro a vacuidade, e foi para esses Bodhisattvas que Buda ensinou os *Sutras Perfeição de Sabedoria*. Ao dizer que a sabedoria da não-dualidade é uma causa de um Bodhisattva, Chandrakirti está indicando que o *Guia* também é dirigido, principalmente, aos praticantes com faculdades aguçadas.

As duas causas anteriores surgem da mente de grande compaixão, porque, sem a grande compaixão, é impossível desenvolver tanto a bodhichitta quanto a sabedoria da não-dualidade associada à bodhichitta. Por essa razão, Chandrakirti diz que a grande compaixão é a raiz das outras duas causas.

Em resumo, podemos identificar quatro tipos de ser superior: Ouvintes superiores, Realizadores Solitários superiores, Bodhisattvas superiores e

Budas superiores. Ouvintes superiores e Realizadores Solitários superiores surgem dos Budas superiores; Budas superiores surgem dos Bodhisattvas superiores; Bodhisattvas superiores surgem da bodhichitta e da sabedoria da não-dualidade associada à bodhichitta; e essas duas mentes, por sua vez, surgem da mente de grande compaixão. Portanto, a grande compaixão é a raiz de todos os caminhos espirituais e de todos os seres superiores. Para enfatizar isso e mostrar que a meditação na compaixão é a prática essencial, Chandrakirti louva diretamente a mente de grande compaixão em vez de louvar os Ouvintes, Realizadores Solitários, Bodhisattvas e Budas.

Visto que a grande compaixão é tão importante, precisamos compreender o que ela é e como é gerada. Compaixão é uma mente virtuosa que deseja que os outros se libertem do sofrimento. Todos nós temos alguma compaixão, mas a compaixão que temos por nossos amigos e familiares está, frequentemente, misturada com apego, e, por essa razão, não é pura. As escrituras nos advertem a não confundirmos apego com compaixão. Compaixão pura não está misturada com apego.

Compaixão pura é, também, livre de parcialidade. Embora, no início, sintamos compaixão por alguns e não por outros – e façamos essa discriminação naturalmente –, precisamos treinar em meditação para ampliar o escopo da nossa compaixão até que ela inclua todos os seres vivos, sem exceção. Mesmo assim, se nossa compaixão permanecer como um simples desejo de que os outros se libertem do sofrimento, ela não será a grande compaixão do Mahayana. A grande compaixão é um desejo de *proteger* todos os seres vivos dos seus sofrimentos. Essa é a mente mais preciosa de todas, e ela surge somente naqueles que estão na linhagem mahayana. Os hinayanistas podem desejar que todos os seres vivos se libertem do sofrimento, mas nunca desenvolvem o desejo de, efetivamente, protegê-los do sofrimento.

Podemos compreender a diferença entre a compaixão hinayana e a compaixão mahayana por meio de considerar a seguinte analogia. Suponha que uma criança caia num rio e esteja correndo perigo de se afogar. Todos os que presenciam isso desejam naturalmente que a criança seja salva; porém, eles não desejam necessariamente se responsabilizar pelo salvamento da criança. A mãe da criança, por outro lado, não deseja simplesmente que a criança seja salva – ela gera imediatamente a determinação de, ela própria, salvar a criança. Nessa analogia, os hinayanistas são como as pessoas que presenciam o afogamento, pois desejam que todos os seres vivos se libertem do sofrimento, mas não querem assumir a responsabilidade de, pessoalmente, protegê-los. Os mahayanistas, por outro lado, são como a mãe, pois não querem apenas que todos os seres vivos se libertem do sofrimento, mas também assumem a responsabilidade pessoal de protegê-los.

A grande compaixão é uma mente nobre, e aqueles que a possuem são seres nobres. Costumamos associar nobreza com *status* e riqueza exteriores, mas a verdadeira nobreza é a daqueles que superaram suas mentes não--virtuosas e cultivaram mentes virtuosas, como a de grande compaixão. Muito frequentemente, aqueles que consideramos como pessoas destacadas, tais como monarcas, líderes políticos, pessoas de negócios e celebridades, têm as mesmas atitudes e intenções das pessoas comuns; portanto, elas também são pessoas comuns. Na verdade, é frequente que, à medida que as pessoas enriquecem ou ficam famosas, tornam-se mais distraídas por objetos de delusão e, assim, suas mentes não-virtuosas aumentam e suas mentes virtuosas diminuem. Sob a influência dessas mentes não--virtuosas, elas se envolvem em ações não-virtuosas e, como resultado, experienciam mais problemas e mais sofrimento.

Qualquer mente que cause problemas ou sofrimento é uma mente não--virtuosa e deve ser abandonada, e qualquer mente que cause paz e felicidade é uma mente virtuosa e deve ser cultivada. É totalmente impossível, para a grande compaixão, causar problemas ou sofrimento. Pelo contrário, ela é uma causa de paz e felicidade tanto para nós como para os outros. A compaixão nos faz experienciar felicidade porque, uma vez que a geremos, nossas mentes perturbadas – tais como orgulho, inveja (ou ciúme), raiva e apego – são apaziguadas e nossa mente torna-se muito pacífica. Ela faz com que os outros experienciem felicidade porque, quando temos grande compaixão, naturalmente nos importamos e cuidamos dos outros e tentamos ajudá-los sempre que possível.

Para gerar compaixão pura por alguém, precisamos, primeiro, desenvolver amor afetuoso por essa pessoa e, então, com essa mente, refletir repetidamente sobre seu sofrimento. Se sentirmos afeição por alguém, sentiremos naturalmente compaixão por essa pessoa quando tomarmos consciência do seu sofrimento. É assim que geramos naturalmente compaixão por nossos amigos e familiares, mas achamos difícil gerar os mesmos sentimentos por estranhos e inimigos. A partir disso podemos ver que, se queremos gerar grande compaixão por todos os seres vivos, precisamos, primeiro, treinar amor afetuoso por todos os seres vivos. Essa é a razão pela qual todos os grandes meditadores mahayana consideram a realização do amor afetuoso como fundamental.

Tradicionalmente, existem dois métodos para desenvolver amor afetuoso: um, ensinado por Shantideva, e outro, por Chandrakirti e Chandragomin. Esses métodos estão explicados extensamente nos livros *Caminho Alegre da Boa Fortuna*, *Contemplações Significativas* e *Compaixão Universal*.

MOSTRAR QUE A GRANDE COMPAIXÃO É A RAIZ DAS OUTRAS DUAS CAUSAS DE UM BODHISATTVA

[I.2] **Visto que, para essa abundante colheita dos Conquistadores,**
A compaixão, ela própria, é como a semente, como a água para o crescimento
E como o amadurecimento que permanece para um longo desfrute,
No início, eu louvo a compaixão.

Se quisermos colher uma safra abundante, precisamos, primeiro, plantar as sementes; depois, cuidar do seu crescimento, com água e assim por diante; e, por fim, permitir que as plantações amadureçam plenamente. Desse modo, os frutos da colheita permanecerão por um longo tempo para serem desfrutados por muitas pessoas. De modo semelhante, se queremos obter a safra da Budeidade para beneficiar incontáveis seres vivos, precisamos confiar na grande compaixão no início do nosso treino, ao longo do nosso treino e no final do nosso treino.

No início do nosso treino, a grande compaixão é como a semente a partir da qual a bodhichitta cresce, e a bodhichitta é como o broto do qual todas as realizações do Caminho Mahayana crescem. No entanto, não obteremos essas realizações se não desenvolvermos, primeiro, grande compaixão, assim como não podemos cultivar uma plantação se, primeiro, não plantarmos as sementes.

Uma vez que a bodhichitta tenha crescido da semente de grande compaixão, ingressamos no Caminho Mahayana e começamos a praticar as etapas do treino do Bodhisattva. Os Bodhisattvas precisam aplicar grande esforço para completar o treino nas seis perfeições e alcançar os dez solos, e, para gerar esse esforço, meditam na grande compaixão durante todo o seu treino. Se não regarmos as plantas com regularidade, elas secarão e não produzirão frutos. Do mesmo modo, uma vez que tenhamos ingressado no Caminho Mahayana, se não gerarmos continuamente grande compaixão, haverá o perigo da nossa bodhichitta deteriorar-se e de não produzir resultados perfeitos. Portanto, durante o nosso treino, a grande compaixão é como a água que sustenta o crescimento.

Mesmo após termos alcançado a Budeidade, ainda precisaremos depender da grande compaixão. Sem grande compaixão, não trabalharíamos continuamente para o benefício dos outros e, assim, não cumpriríamos o propósito de alcançar a Budeidade. Portanto, ao fim do nosso treino, a grande compaixão é como o amadurecimento da colheita, que permite que os frutos da Budeidade sejam desfrutados durante um longo tempo por incontáveis seres.

Quando cultivamos plantações exteriores, a semente, a água para o crescimento e o amadurecimento são, todos, [entidades] diferentes; porém, no caso deste crescimento espiritual interior, essas três funções são desempenhadas pela grande compaixão. Por essa razão, Chandrakirti diz que a grande compaixão, *ela própria*, é como a semente, como a água para o crescimento e como o amadurecimento para um longo desfrute. Visto que a grande compaixão é tão importante, Chandrakirti começa o *Guia* louvando não os Ouvintes, Realizadores Solitários, Bodhisattvas e Budas, nem as outras duas causas – a bodhichitta e a sabedoria da não-dualidade –, mas louvando diretamente a mente de grande compaixão, da qual todos eles surgem.

O que podemos aprender a partir dessa estrofe? Em seu comentário, Je Tsongkhapa diz que ela demonstra claramente que a prática principal dos mahayanistas é cultivar a mente de grande compaixão. Se desejamos ser praticantes mahayana sinceros, devemos tomar este conselho a sério e nos empenhar para gerar essa mente preciosa. Depois, sobre a base da grande compaixão, devemos gerar a bodhichitta espontânea e prosseguir até completar todos os treinos de um Bodhisattva, especialmente a perfeição de sabedoria. Desse modo, por fim, alcançaremos o estado perfeito da Budeidade.

HOMENAGEM À GRANDE COMPAIXÃO DISTINGUINDO OS SEUS TIPOS

Nos próximos seis versos, Chandrakirti continua seu louvor à grande compaixão, distinguindo três tipos diferentes: a compaixão que observa os meros seres vivos, a compaixão que observa os fenômenos e a compaixão que observa o inobservável. Todos os três tipos de compaixão observam os seres vivos e desejam protegê-los do sofrimento. A diferença é que a primeira observa os meros seres vivos, sem considerar sua impermanência ou vacuidade; a segunda observa os seres vivos compreendidos como impermanentes; e a terceira observa os seres vivos compreendidos como vazios de existência inerente.

A compaixão que observa os fenômenos é uma compaixão que é induzida e acompanhada por uma realização de que todos os seres vivos são impermanentes. É assim chamada porque observa seres vivos que são designados, ou imputados, nos fenômenos impermanentes dos cinco agregados: os agregados forma, sensação, discriminação, fatores de composição e consciência. A compaixão não compreende, por si mesma, que os seres vivos são impermanentes – ela simplesmente observa os seres vivos, que são compreendidos como impermanentes, e deseja protegê-los do sofrimento.

A compaixão que observa o inobservável é uma compaixão que é induzida e acompanhada por uma realização de que todos os seres vivos carecem de existência inerente. A ausência de existência inerente, ou vacuidade, é denominada "inobservável" porque ela não pode ser observada por mentes comuns. Novamente, a compaixão não compreende, por si mesma, que os seres vivos carecem de existência inerente – ela simplesmente observa os seres vivos, que são compreendidos como vazios de existência inerente, e deseja protegê-los do sofrimento.

Esses diferentes tipos de compaixão serão agora explicados a partir dos seguintes dois tópicos:

1. Homenagem à compaixão que observa os meros seres vivos;
2. Homenagem à compaixão que observa os fenômenos e o inobservável.

HOMENAGEM À COMPAIXÃO
QUE OBSERVA OS MEROS SERES VIVOS

[I.3] Eu me prostro a essa compaixão pelos seres vivos,
Os quais, por primeiro conceberem "*eu*" em relação ao *self*
E então pensando "isto é meu" e gerando apego pelas coisas,
Ficam sem autocontrole, como o girar da manivela de um poço.

Nesta estrofe, Chandrakirti mostra como cultivar compaixão em meditação. Visto que estas instruções são muito importantes e precisam ser compreendidas claramente, elas serão apresentadas extensamente a partir dos seguintes quatro tópicos:

1. O que faz os seres vivos vagarem no samsara;
2. Como os seres vivos vagam no samsara;
3. Como os seres vivos experienciam sofrimento no samsara;
4. Gerar compaixão por meio de contemplar esses pontos.

O QUE FAZ OS SERES VIVOS VAGAREM NO SAMSARA

Chandrakirti explica que as três causas principais de renascimento no samsara são: a visão da coleção transitória que concebe *eu*, a visão da coleção transitória que concebe *meu*, e o apego. A visão da coleção transitória que concebe *eu* é um tipo de agarramento ao em-si de pessoas que faz com que nos aferremos ao nosso próprio *eu* como um *eu* inerentemente existente. Na dependência disso, geramos a visão da coleção transitória que concebe *meu* em relação ao nosso corpo, posses, familiares, e assim por diante. Ambas as visões são iguais, no sentido de que observam nosso próprio *eu* e o concebem como inerentemente existente, mas diferem no sentido de que a primeira observa apenas o *eu*, ao passo que a segunda observa tanto o *eu* quanto o *meu*. Essas visões serão explicadas adiante com mais detalhes. Neste momento, é suficiente saber que a visão da coleção transitória que concebe *eu* surge primeiro e, então, ela faz surgir a visão da coleção transitória que concebe *meu*.

Devido ao seu forte senso de *eu* e *meu*, os seres vivos geram apego pelas coisas que os agradam e ódio pelas coisas que os desagradam. Essas duas mentes, por sua vez, levam a todas as demais delusões, tais como avareza, inveja (ou ciúmes) e orgulho. Agindo sob a influência dessas delusões, os seres vivos criam o carma que os faz renascer no samsara e experienciar sofrimento.

COMO OS SERES VIVOS VAGAM NO SAMSARA

Os seres vivos não têm controle sobre seus renascimentos no samsara. Se fossem livres para escolher, não teriam renascimentos nos quais tivessem de experienciar problemas e sofrimentos tais como doenças, envelhecimento e morte, mas escolheriam renascimentos nos quais experienciassem somente felicidade e conforto. Ninguém deseja sofrer, mas todos sofrem, sem escolha. Ninguém deseja experienciar insatisfação, mas todos a experienciam, sem escolha. Ninguém deseja ficar doente, mas todos adoecem, sem escolha. Ninguém deseja envelhecer, mas todos envelhecem, sem escolha. Ninguém deseja morrer, mas todos morrem, sem escolha. Ninguém deseja vagar no samsara, mas todos o fazem, também sem escolha.

Independentemente de *status*, nacionalidade ou gênero, todos os seres vivos têm de sofrer, sem escolha. Cada renascimento que têm termina, inevitavelmente, numa morte descontrolada. Não importa o quão alto se elevem numa vida, por fim caem em estados inferiores. Não importa quantas posses adquiram, eles necessariamente perderão todas. Quaisquer relacionamentos que formem terminarão inevitavelmente em separação. A crueldade do samsara é tamanha que, em todos esses casos, os seres vivos estão completamente privados de escolha. Se refletirmos profundamente apenas sobre este ponto, desenvolveremos forte compaixão por todos os seres vivos. Se, além disso, pensarmos sobre os sofrimentos específicos que experienciam constantemente, a nossa compaixão crescerá ainda mais forte.

Podemos nos perguntar por que é necessário pensar sobre o sofrimento. A razão é que meditar sobre o sofrimento é a única maneira de gerar uma motivação que nos conduzirá a caminhos espirituais. Por meditar repetidamente no nosso próprio sofrimento, desenvolveremos um forte desejo de escapar do samsara. Esse desejo é renúncia, a porta de ingresso para todos os caminhos espirituais. Se, então, contemplarmos o sofrimento dos outros, naturalmente desenvolveremos compaixão, que é a porta de ingresso para todos os Caminhos Mahayana.

Para nos ajudar a contemplar o sofrimento dos outros, Chandrakirti apresenta a analogia do mecanismo de um poço. O drama dos seres vivos no samsara possui seis pontos de similaridade com o mecanismo de um poço:

(1) Assim como um balde está preso à manivela por uma corda, os seres vivos estão presos ao samsara por delusão e carma.

(2) Assim como uma manivela é forçada a dar voltas pela pessoa que a faz girar, os seres vivos são forçados a vagar no samsara devido às suas mentes agitadas e indomadas.

(3) Assim como uma volta da manivela é seguida imediatamente por outra, um renascimento no samsara é seguido imediatamente por outro.

(4) Assim como um balde cai com grande facilidade até o fundo de um poço, mas somente é erguido novamente com muito esforço, os seres vivos prontamente migram para os reinos inferiores, mas reerguem-se deles somente com grande dificuldade.

(5) Do mesmo modo que, quando uma manivela está a girar rapidamente, é difícil identificar onde uma volta termina e a próxima começa, o mesmo ocorre com os seres vivos a vagar no samsara – é impossível dizer o que vem primeiro: se são as delusões, as ações ou os efeitos. Os seres vivos vagam no samsara na dependência dos doze elos dependente-relacionados. Dentre estes, há três que são delusões, dois que são ações e sete que são efeitos. As três delusões são: ignorância dependente-relacionada, anseio dependente-relacionado e avidez dependente-relacionada. As duas ações são: ações de composição dependente-relacionadas e existência dependente-relacionada. Os sete efeitos são: consciência dependente-relacionada, nome e forma dependente-relacionados, seis fontes dependente-relacionadas, contato dependente-relacionado, sensação dependente-relacionada, nascimento dependente-relacionado e envelhecimento e morte dependente-relacionados. As três delusões causam as duas ações, as quais produzem os sete

efeitos, os quais, por sua vez, levam às três delusões, e assim sucessivamente. Dessa maneira, os doze elos giram incessantemente e é impossível dizer qual vem primeiro. Por exemplo, podemos achar que a delusão ignorância tenha de vir primeiro, mas só pode haver ignorância se, antes, houver ocorrido nascimento; só pode haver nascimento se, antes, houver ocorrido ação; só pode haver ação se, antes, houver ocorrido ignorância, e assim sucessivamente.

COMO OS SERES VIVOS EXPERIENCIAM SOFRIMENTO NO SAMSARA

(6) Os seres vivos vagam no samsara de maneira muito semelhante à de um balde que se move para cima e para baixo num poço. À medida que, repetidamente, um balde cai até o fundo do poço e é novamente erguido, ele balança e rodopia descontroladamente, sendo golpeado, amassado e arranhado pelas paredes do poço. Do mesmo modo, à medida que os seres vivos vagam descontroladamente desde o mais elevado paraíso até o mais profundo inferno, eles são constantemente golpeados pelos três sofrimentos, pelos seis sofrimentos, e assim por diante. Esses diferentes tipos de sofrimento estão explicados em detalhes no livro *Caminho Alegre da Boa Fortuna*.

GERAR COMPAIXÃO POR MEIO DE CONTEMPLAR ESSES PONTOS

Se meditarmos repetidamente nessa estrofe com a ajuda da analogia sêxtupla, veremos como todos os seres vivos estão vagando no samsara sem controle, presos pelos doze elos dependente-relacionados e constantemente golpeados pelos diferentes tipos de sofrimento. Desse modo, desenvolveremos gradualmente o primeiro tipo de compaixão, a compaixão que observa os meros seres vivos. Visto que essa mente é tão preciosa, Chandrakirti presta homenagem a ela, dizendo: "Eu me prostro a essa compaixão".

HOMENAGEM À COMPAIXÃO QUE OBSERVA
OS FENÔMENOS E O INOBSERVÁVEL

[I.4ab] **Os seres vivos são vistos como transitórios e vazios de existência inerente,**
Como a Lua em águas ondulantes.

Porque os seres vivos são impermanentes, eles são transitórios, como a Lua refletida em águas ondulantes, e porque são vazios de existência inerente, sua natureza é como um reflexo. Como já foi explicado, uma compaixão mantida por uma mente que compreende os seres vivos como impermanentes é a *compaixão que observa os fenômenos*, e uma compaixão mantida por uma mente que compreende os seres vivos como vazios de existência inerente é a *compaixão que observa o inobservável*.

Todos os três tipos de compaixão – a compaixão que observa os meros seres vivos, a compaixão que observa os fenômenos e a compaixão que observa o inobservável – podem ser causas de um Bodhisattva, porque os aprendizes mahayana com faculdades aguçadas realizam tanto a impermanência como a vacuidade antes de gerarem a bodhichitta e tornarem-se Bodhisattvas.

Maitreya

Solos e Caminhos

O CORPO PROPRIAMENTE DITO DO TRATADO

O CORPO PRINCIPAL do *Guia* é uma apresentação dos solos e caminhos dos mahayanistas superiores. Neste contexto, "solo" significa "solo espiritual", e "caminho" significa "caminho espiritual". Solo espiritual e caminho espiritual são sinônimos. Solo espiritual é definido como uma clara-realização que atua como o fundamento de numerosas boas qualidades. Caminho espiritual é definido como uma excelsa percepção associada à renúncia espontânea.

Como já foi explicado, renúncia é um forte desejo de escapar do samsara. Para desenvolver renúncia, meditamos repetidamente nas falhas do samsara e geramos o forte desejo de escapar dele. No começo, precisamos aplicar grande esforço para gerar renúncia, mas, por fim, por força da familiaridade, ela surgirá espontaneamente, sem nenhum esforço. Quando gerarmos essa mente espontânea de renúncia, todas as nossas realizações espirituais torna-se-ão caminhos espirituais.

Como a definição sugere, os solos espirituais são assim denominados porque servem como base para o desenvolvimento de boas qualidades futuras, do mesmo modo que um solo exterior serve como base para o crescimento de plantações e assim por diante. Por exemplo, o solo espiritual do Caminho da Acumulação é a base para todas as boas qualidades do Caminho da Preparação, o solo espiritual do Caminho da Preparação é a base para todas as boas qualidades do Caminho da Visão, e assim sucessivamente.

Há dois tipos de solo: solos hinayana e solos mahayana. Os Cinco Caminhos Hinayana e os Cinco Caminhos Mahayana são, todos eles, solos.

Em ambos os casos, os Caminhos da Acumulação e da Preparação são solos comuns, e os Caminhos da Visão, da Meditação e do Não-Mais-Aprender são solos superiores. O Caminho Mahayana da Acumulação é definido como uma realização de um Bodhisattva que acumula, principalmente, uma coleção de mérito que é um método para alcançar o Caminho Mahayana da Preparação. O Caminho Mahayana da Preparação é definido como uma realização de um Bodhisattva que alcançou a visão superior que observa a vacuidade e que serve como preparação para alcançar o Caminho Mahayana da Visão. O Caminho Mahayana da Visão é definido como uma realização de um Bodhisattva que vê a vacuidade diretamente e que é um método para alcançar o Caminho Mahayana da Meditação. O Caminho Mahayana da Meditação é definido como uma realização de um Bodhisattva superior que está abandonando ou que abandonou o agarramento-ao-verdadeiro inato por meio de praticar meditação. O Caminho Mahayana do Não-Mais-Aprender é definido como uma realização última que abandonou completamente as duas obstruções. Como já foi explicado, Chandrakirti oferece um breve relato dos solos mahayana comuns quando explica os três Dharmas da expressão de devoção. O restante do *Guia* explica, principalmente, os solos mahayana e, em particular, os solos mahayana superiores.

Há dois tipos de solo mahayana superior: solos causais e solos resultantes. Solos causais são os solos que causam a aquisição da Budeidade, e solos resultantes são os solos búdicos efetivos. Os solos mahayana superiores serão agora apresentados extensamente a partir dos seguintes dois tópicos:

1. Apresentação dos solos causais;
2. Apresentação dos solos resultantes.

APRESENTAÇÃO DOS SOLOS CAUSAIS

Há dois tipos de solo causal: solos causais convencionais e solos causais últimos. Destes, o *Guia ao Caminho do Meio* explica principalmente os solos causais últimos. Solo causal último é definido como uma mente incontaminada de um Bodhisattva superior em equilíbrio meditativo estritamente focada na vacuidade que é mantida pela grande compaixão. No seu *Autocomentário*, Chandrakirti explica que mentes incontaminadas são mentes que não estão poluídas pela ignorância do agarramento-ao-verdadeiro nem por suas marcas. Essa explicação está de acordo com a visão Madhyamika-Prasangika e é bastante diferente da explicação dada pelos proponentes de princípios filosóficos budistas inferiores. De acordo com o sistema Madhyamika-Prasangika, apenas os Budas e seres superiores em equilíbrio meditativo na vacuidade possuem mentes incontaminadas. Os seres comuns nunca têm mentes incontaminadas, pois todas as suas mentes estão poluídas pela ignorância do agarramento-ao-verdadeiro ou por suas marcas. O que quer que apareça à mente de um ser comum aparece como verdadeiramente existente.

Tanto os hinayanas superiores como os mahayanas superiores têm mentes incontaminadas, mas, no caso dos hinayanistas, essas mentes não são solos últimos porque não são mantidas pela grande compaixão. No entanto, a excelsa percepção do equilíbrio meditativo de um Bodhisattva superior em meditação estritamente focada na vacuidade é tanto uma mente incontaminada quanto um solo último. *Solo último, bodhichitta última* e *geração da mente última* são sinônimos.

Assim que um Bodhisattva superior emerge da meditação e se envolve nas atividades de aquisição subsequente, todas as suas mentes tornam-se mentes contaminadas e, por essa razão, deixam de ser solos últimos. A razão disso é que todas as mentes de aquisição subsequente de todos os seres que não são Budas estão poluídas pela ignorância do agarramento-ao-verdadeiro ou por suas marcas. Quando um Bodhisattva alcança o oitavo solo, ele abandona completamente o agarramento-ao-verdadeiro, mas suas mentes de aquisição subsequente permanecem poluídas pelas marcas do agarramento-ao-verdadeiro. Isso faz com que os fenômenos apareçam como verdadeiramente existentes, embora o Bodhisattva não mais concorde com essa aparência. Essas marcas, que são conhecidas como "obstruções à onisciência", não são abandonadas até que a Budeidade seja alcançada. Assim, somente um Buda é completamente livre de mentes contaminadas. Um Buda nunca concebe os fenômenos como verdadeiramente existentes, e os fenômenos nunca aparecem a ele, ou a ela, como existindo desse modo.

Existem dez solos causais últimos, que são conhecidos como: Muito Alegre, Imaculado, Luminoso, Radiante, Difícil de Derrotar, Aproximando-se, O Que Foi Além, Inamovível, Boa Inteligência e Nuvem de Dharma.

Visto que esses solos últimos são, todos eles, excelsas percepções do equilíbrio meditativo misturadas com a vacuidade, eles não podem ser distinguidos do ponto de vista da sua natureza. Por exemplo, se dez pássaros voam pelo céu, todos eles deixam um espaço vazio atrás de si e, por essa razão, seus rastros individuais não podem ser distinguidos. No entanto, os dez solos podem ser distinguidos do ponto de vista das suas boas qualidades, poderes, perfeições incomparáveis e modos de renascer. Isso será explicado abaixo com mais detalhes.

Os dez solos serão agora apresentados a partir dos seguintes dois tópicos:

1. Apresentação individual de cada solo;
2. As boas qualidades dos dez solos.

APRESENTAÇÃO INDIVIDUAL DE CADA SOLO

Este tópico tem dez partes:

1. O primeiro solo, Muito Alegre;
2. O segundo solo, Imaculado;
3. O terceiro solo, Luminoso;
4. O quarto solo, Radiante;
5. O quinto solo, Difícil de Derrotar;
6. O sexto solo, Aproximando-se;
7. O sétimo solo, O Que Foi Além;
8. O oitavo solo, Inamovível;
9. O nono solo, Boa Inteligência;
10. O décimo solo, Nuvem de Dharma.

Muito Alegre

O PRIMEIRO SOLO, MUITO ALEGRE

Esta seção tem duas partes:

1. Introdução ao primeiro solo;
2. Explicação do primeiro solo.

A introdução ao primeiro solo tem quatro partes:

1. Como o primeiro solo é alcançado;
2. Definição do primeiro solo;
3. Divisões do primeiro solo;
4. A etimologia do primeiro solo.

COMO O PRIMEIRO SOLO É ALCANÇADO

Como foi explicado anteriormente, um aprendiz mahayana treina os três Dharmas – grande compaixão, a sabedoria da não-dualidade associada à bodhichitta, e bodhichitta – até que ele, ou ela, gere a bodhichitta espontânea. No momento em que gera a bodhichitta espontânea, ele ingressa no Caminho Mahayana da Acumulação e torna-se um Bodhisattva do Caminho da Acumulação.

Enquanto está no Caminho da Acumulação, o Bodhisattva medita na vacuidade com uma concentração do tranquilo-permanecer até que ele, ou ela, alcance a realização da visão superior que observa a vacuidade. Com a aquisição da união do tranquilo-permanecer e da visão superior, ele avança para o Caminho da Preparação e torna-se um Bodhisattva do Caminho da Preparação. Nesta etapa, a sua meditação na vacuidade ainda é conceitual, isto é, a vacuidade ainda aparece à sua mente misturada com uma imagem genérica. Devido a isso, o Bodhisattva ainda tem aparência dual.

Para remover a imagem genérica e superar a aparência dual, ele, ou ela, medita repetidamente na vacuidade com a união do tranquilo-permanecer e da visão superior. Pelo poder dessa meditação, a imagem genérica se dissipa gradualmente até desaparecer por completo e a vacuidade aparecer, clara e diretamente, à sua mente. Toda aparência dual se apazigua na vacuidade e sua mente funde-se com a vacuidade, como água misturando-se com água. Ele agora tem uma realização não-conceitual da vacuidade. Com essa aquisição, que é a bodhichitta última, o Bodhisattva ingressa no Caminho Mahayana da Visão e alcança o primeiro solo. Ele é, agora, um Bodhisattva superior do primeiro solo. Os Bodhisattvas nos Caminhos da Acumulação e da Preparação são chamados "Bodhisattvas comuns" porque não alcançaram a bodhichitta última, e os Bodhisattvas nos Caminhos da Visão e da Meditação são chamados "Bodhisattvas superiores" porque alcançaram a bodhichitta última.

O primeiro momento da sabedoria não-conceitual que realiza diretamente a vacuidade é o caminho ininterrupto do Caminho da Visão. Essa mente funciona como o antídoto direto contra o agarramento-ao-verdadeiro intelectualmente formado e às suas sementes. É denominado "caminho ininterrupto" porque o Bodhisattva avança, sem interrupção, para o caminho liberado do primeiro solo, o qual é uma mente que abandonou completamente o agarramento-ao-verdadeiro intelectualmente formado e as suas sementes. Assim, numa mesma sessão de meditação, o Bodhisattva avança do último momento do Caminho da Preparação para o caminho liberado do primeiro solo através do caminho ininterrupto do Caminho da Visão. Ele então emerge da meditação e, ciente de que abandonou o agarramento-ao-verdadeiro intelectualmente formado, empenha-se nas práticas de aquisição subsequente do primeiro solo.

DEFINIÇÃO DO PRIMEIRO SOLO

O primeiro solo é definido como o caminho de um Bodhisattva superior que abandona ou abandonou o agarramento-ao-verdadeiro intelectualmente formado, o seu principal objeto de abandono, e que alcançou, dentre as dez perfeições, uma prática incomparável da perfeição de dar.

DIVISÕES DO PRIMEIRO SOLO

O primeiro solo possui duas divisões: o Caminho da Visão e o Caminho da Meditação do primeiro solo. O primeiro, o Caminho da Visão, possui três divisões: a excelsa percepção do equilíbrio meditativo do Caminho da Visão, a excelsa percepção da aquisição subsequente do Caminho da Visão e a excelsa percepção do Caminho da Visão que não é nenhuma das duas. A excelsa percepção do equilíbrio meditativo do Caminho da Visão possui três divisões: o caminho ininterrupto do Caminho da Visão, o caminho liberado do primeiro solo e a excelsa percepção do equilíbrio meditativo do Caminho da Visão que não é nenhum dos dois. O primeiro é definido como a excelsa percepção do primeiro solo que funciona como o antídoto direto contra o agarramento-ao-verdadeiro intelectualmente formado. O segundo é definido como a excelsa percepção do primeiro solo que ocorre na mesma sessão que o caminho ininterrupto do Caminho da Visão e que abandonou o agarramento-ao-verdadeiro intelectualmente formado. O terceiro é definido como uma excelsa percepção do equilíbrio meditativo do Caminho da Visão que não é nem um caminho ininterrupto nem um caminho liberado.

A excelsa percepção da aquisição subsequente do Caminho da Visão é qualquer caminho manifesto no *continuum* de um Bodhisattva no Caminho da Visão que não está em equilíbrio meditativo. Ela se manifesta pela primeira vez após o caminho liberado do primeiro solo ter cessado. A excelsa percepção do Caminho da Visão que não é nenhuma das duas é qualquer caminho não-manifesto no *continuum* de um Bodhisattva no Caminho da Visão, como, por exemplo, sua realização de grande compaixão no momento em que está em equilíbrio meditativo.

O Caminho da Meditação do primeiro solo é definido como a excelsa percepção do primeiro solo que funciona como o antídoto direto contra o agarramento-ao-verdadeiro inato grande-grande. O Caminho da Meditação do primeiro solo é, necessariamente, um caminho ininterrupto e dura apenas uma sessão. Assim, existem dois caminhos ininterruptos do primeiro solo: o caminho ininterrupto do Caminho da Visão, que ocorre bem no início, e o caminho ininterrupto do Caminho da Meditação do primeiro solo, que ocorre bem no final. No entanto, existe apenas um único caminho liberado no primeiro solo.

A ETIMOLOGIA DO PRIMEIRO SOLO

Quando um Bodhisattva alcança o primeiro solo, ele vê que agora está muito próximo de alcançar a plena iluminação e que, em breve, será capaz de realizar o bem-estar de todos os seres vivos. Isso faz surgir uma experiência de alegria extraordinária. Por essa razão, o primeiro solo é chamado "Muito Alegre".

EXPLICAÇÃO DO PRIMEIRO SOLO

O primeiro solo será agora explicado extensamente a partir dos seguintes três tópicos:

1. Breve apresentação da entidade do solo, a base das características;
2. Explicação extensa das boas qualidades que caracterizam o solo;
3. Conclusão por meio de expressar as boas qualidades do solo.

BREVE APRESENTAÇÃO DA ENTIDADE DO SOLO, A BASE DAS CARACTERÍSTICAS

[I.4cd] **A mente deste Filho dos Conquistadores,**
Governada pela compaixão para libertar completamente os seres vivos,

[I.5ab] **Totalmente dedicada com as preces de Samantabhadra**
E permanecendo sempre em alegria, é denominada "a primeira".

O primeiro solo último é definido como uma mente incontaminada de um Bodhisattva no primeiro solo. O Bodhisattva no primeiro solo possui três atributos: sua mente é governada pela grande compaixão que deseja libertar todos os seres vivos do samsara, todas as suas raízes de virtude são dedicadas à aquisição da plena iluminação com preces aspiracionais semelhantes às do Bodhisattva Samantabhadra, e ele permanece sempre em grande alegria. O primeiro solo também é chamado "a primeira mente supramundana".

EXPLICAÇÃO EXTENSA DAS BOAS QUALIDADES QUE CARACTERIZAM O SOLO

Este tópico tem três partes:

1. As boas qualidades que embelezam o seu próprio *continuum*;
2. As boas qualidades que sobrepujam o *continuum* dos outros;
3. A incomparável boa qualidade do primeiro solo.

AS BOAS QUALIDADES QUE EMBELEZAM O SEU PRÓPRIO *CONTINUUM*

Este tópico tem duas partes:

1. Enumeração das boas qualidades;
2. Apresentação resumida das boas qualidades.

ENUMERAÇÃO DAS BOAS QUALIDADES

[I.5cd] **Daí em diante, por tê-la alcançado,
Ele é tratado pelo seu verdadeiro nome, "Bodhisattva".**

[I.6] **Ele também nasceu na linhagem dos Tathagatas
E abandonou todas as três amarras.
Esse Bodhisattva possui uma alegria suprema
E é capaz de fazer com que uma centena de mundos estremeçam.**

[I.7abc] **Dominando solo após solo, ele avança mais alto.**
Nesse momento, para ele, todos os caminhos para os renascimentos inferiores cessaram.
Nesse momento, para ele, todos os solos dos seres comuns foram exauridos.

Estes versos revelam oito boas qualidades especiais do Bodhisattva do primeiro solo, que serão agora explicadas.

A BOA QUALIDADE DE OBTER UM NOME SIGNIFICATIVO

Quando um Bodhisattva alcança o primeiro solo, ele, ou ela, obtém uma mente última pela primeira vez e, daí em diante, será conhecido como um "Bodhisattva último".

A BOA QUALIDADE DE NASCER NA FAMÍLIA DE BUDA

Quando um Bodhisattva gera a bodhichitta última e alcança o primeiro solo, ele, ou ela, torna-se um membro da família de Buda.

Pergunta No *Guia do Estilo de Vida do Bodhisattva*, Shantideva diz que nos tornamos um membro da família de Buda quando geramos a bodhichitta convencional. Ele diz:

Hoje eu nasci na linhagem de Buda
E tornei-me um Bodhisattva.

Por que Chandrakirti diz que nos tornamos um membro da família de Buda quando geramos a bodhichitta última?

Resposta Podemos compreender a diferença entre essas duas explicações através de considerarmos o seguinte exemplo. Todos os filhos de um rei são membros da sua família, mas o filho que é o herdeiro imediato e que está prestes a se tornar, ele próprio, um rei, é um membro especial da família. Do mesmo modo, quando geramos a bodhichitta convencional, tornamo-nos um membro da família de Buda, mas quando geramos a bodhichitta última e alcançamos o primeiro solo, estamos muito próximos de nos tornarmos um Buda e, por essa razão, tornamo-nos um membro especial da família de Buda.

A BOA QUALIDADE DE ABANDONAR AS TRÊS AMARRAS

As delusões, tais como o apego e a ignorância, são algumas vezes chamadas de "amarras" porque nos prendem firmemente ao samsara. As três amarras referidas aqui são: a visão intelectualmente formada da coleção transitória, dúvida deludida e sustentar disciplinas morais e condutas errôneas como supremas. Todas são delusões intelectualmente formadas e os Bodhisattvas as abandonam, juntamente com todas as demais delusões intelectualmente formadas, no primeiro solo.

A visão da coleção transitória é de dois tipos: a visão intelectualmente formada da coleção transitória e a visão inata da coleção transitória. Desenvolvemos a visão intelectualmente formada da coleção transitória quando especulamos sobre a natureza do nosso *eu* e concluímos que é inerentemente existente. Essa delusão existe no *continuum* de todos os proponentes de princípios filosóficos que afirmam [a existência de] um *eu* inerentemente existente, incluindo aqueles que aderem às visões de qualquer uma das escolas budistas abaixo da escola Madhyamika-Prasangika. No entanto, ela não é exclusiva dos proponentes de princípios filosóficos. Se alguém, como resultado de confiar em raciocínios equivocados ou conselhos enganosos, considerar o seu *eu* como inerentemente existente, isso significa que essa pessoa possui tal visão. Os seres humanos comuns que não investigam a natureza do seu *eu*, e outros seres vivos, tais como os animais e insetos, nunca geram essa visão.

A visão inata da coleção transitória é uma mente que concebe o nosso próprio *eu* como sendo inerentemente existente – ela surge naturalmente, sem nenhuma investigação intelectual, de marcas acumuladas na mente ao longo de incontáveis vidas. Ao contrário da visão intelectualmente formada, ela funciona continuamente na mente de todos os seres comuns, incluindo animais e insetos. A visão inata da coleção transitória é a raiz do samsara. Ela não é abandonada pelos hinayanistas até que se tornem Destruidores de Inimigos, nem pelos mahayanistas até que se tornem Bodhisattvas do oitavo solo. No entanto, a visão intelectualmente formada da coleção transitória é abandonada pelos hinayanistas no Caminho da Visão e pelos mahayanistas no primeiro solo.

Dúvidas deludidas são dúvidas que impedem nosso progresso espiritual. Por exemplo, como resultado de obtermos alguma compreensão do Dharma, é possível que tenhamos uma mente pacífica e estejamos contentes com a nossa prática, aplicando esforço constante e fazendo um progresso gradual; mas, se encontrarmos alguém que, através de argumentos engenhosos e persuasivos, abale nossa confiança e nos faça duvidar do que havíamos aceitado anteriormente, nossa paz mental será perturbada, nosso esforço diminuirá e nossa prática será interrompida. Dúvidas como essas são dúvidas deludidas, porque elas roubam nossas mentes positivas.

Nem todas as dúvidas são dúvidas deludidas. Em alguns casos, a dúvida pode ser um estado mental virtuoso que auxilia nosso desenvolvimento espiritual. Quando ouvimos ensinamentos sobre a vacuidade, por exemplo, podemos gerar muitas dúvidas, mas elas frequentemente nos impelem a investigarmos mais profundamente o assunto e, portanto, ajudam a aprimorar nossa compreensão. Devemos nos considerar afortunados por termos dúvidas como essas, pois existem muitos seres vivos que nunca chegam sequer a ter dúvidas sobre a vacuidade, quanto mais compreendê-la.

A terceira amarra surge quando, como resultado de seguirmos professores enganosos ou aderirmos a crenças equivocadas, passamos a considerar determinadas práticas errôneas como benéficas e a considerá-las como superiores a outras práticas. Por exemplo, algumas pessoas acreditam que uma vida espiritual implica andar nu ou vestindo, simplesmente, a pele de um animal; outros afirmam que, já que criamos muitas ações negativas quando estamos muito atarefados, os praticantes espirituais devem permanecer ociosos e indolentes, como os cães; alguns acreditam que lavar-se repetidamente purifica ações negativas; outros consideram como prática espiritual passar através de fogueiras ou caminhar sobre o fogo; alguns consideram que matar cabras, ovelhas e galinhas e oferecer o sangue desses animais como sacrifício é um compromisso para com a sua deidade, considerando essas práticas como disciplina moral pura; e outros se entregam à má conduta sexual acreditando que estão praticando o Mantra Secreto. As mentes que se aferram a tais práticas como benéficas e superiores a outras práticas são delusões intelectualmente formadas. Elas são geradas unicamente como resultado de seguir instruções e conselhos enganosos ou de confiar em raciocínios equivocados – elas nunca surgem naturalmente.

Pergunta Existem muitas outras delusões intelectualmente formadas, tais como o apego intelectualmente formado e a raiva intelectualmente formada, que são abandonadas no primeiro solo. Por que Chandrakirti, neste texto, menciona apenas aquelas três?

Resposta As três amarras são mencionadas separadamente porque são os principais impedimentos para alcançar a libertação ou a iluminação. Por exemplo, se quisermos viajar para um país estrangeiro, nossa viagem será impedida de acontecer se perdermos o desejo de ir, se tivermos dúvidas sobre o percurso correto ou se tomarmos o percurso errado. Do mesmo modo, nossa jornada à libertação é impedida pela visão intelectualmente formada da coleção transitória (que fortalece nossas delusões e diminui nosso desejo de alcançar a libertação), pelas dúvidas deludidas (que provocam hesitação em nossa prática e diminuem nosso esforço) e por sustentarmos disciplinas morais e condutas errôneas como supremas (que nos fazem seguir caminhos errôneos). Quando um Bodhisattva alcança o primeiro solo, ele, ou ela, abandona completamente as três amarras juntamente com todas as demais delusões intelectualmente formadas e suas sementes.

A BOA QUALIDADE DE PERMANECER EM GRANDE ALEGRIA

Como foi mencionado acima, quando o Bodhisattva alcança o primeiro solo, ele, ou ela, obtém uma realização não-conceitual da vacuidade. Ele vê a vacuidade com sua percepção mental de modo tão claro e vívido como quando vê algo com sua percepção visual. Isso induz uma alegria suprema que permanece sempre com ele. Ele também abandona todas as delusões intelectualmente formadas e obtém muitas qualidades e poderes especiais e, como resultado, permanece em eterna alegria.

A BOA QUALIDADE DE SER CAPAZ DE FAZER
COM QUE UMA CENTENA DE MUNDOS ESTREMEÇAM

Pelo poder de suas realizações, o Bodhisattva no primeiro solo desenvolve muitos poderes especiais, incluindo a capacidade de fazer com que uma centena de mundos diferentes estremeçam em um único instante. Este e outros poderes desenvolvidos em cada um dos solos serão explicados com mais detalhes ao longo deste livro.

A BOA QUALIDADE DE DOMINAR
SOLOS MAIS ELEVADOS

Quando alcança o primeiro solo, o Bodhisattva experiencia grande paz e felicidade. Apesar disso, ele não se contenta em permanecer nesse solo, mas, motivado por sua grande compaixão, anseia por avançar para solos mais elevados. Se saboreássemos a alegria do primeiro solo, certamente desenvolveríamos apego por ele e perderíamos qualquer desejo de nos esforçarmos para avançar. Isso é muito semelhante ao que acontece com os hinayanas Destruidores de Inimigos. Embora não tenham apego, eles estão, não obstante, completamente satisfeitos com a tranquilidade que experienciam e não têm desejo de avançar. É uma qualidade exclusiva dos Bodhisattvas que, embora experienciem paz e felicidade extraordinárias, são movidos por sua grande compaixão a avançarem para estados mais elevados.

A BOA QUALIDADE DE DESTRUIR
AS CAUSAS DE RENASCIMENTO INFERIOR

O Bodhisattva no primeiro solo destruiu as causas de renascimento inferior com o antídoto da sua realização não-conceitual da vacuidade. Na verdade, a partir do primeiro solo em diante, é impossível para o Bodhisattva criar a causa para qualquer renascimento descontrolado no samsara e, muito menos, de um renascimento inferior.

Ações arremessadoras, que causam renascimento no samsara, são ações de composição dependente-relacionadas, o segundo dos doze elos dependente-relacionados. Elas surgem na dependência do primeiro elo, ignorância dependente-relacionada, que é a raiz do samsara. Essa é a forma mais densa e mais poderosa de agarramento ao em-si. Quando o Bodhisattva alcança o primeiro solo, o poder do seu agarramento ao em-si é reduzido consideravelmente, e sua ignorância dependente-relacionada cessa por completo. Consequentemente, os onze elos restantes, desde ações de composição dependente-relacionadas até nascimento dependente-relacionado e envelhecimento e morte dependente-relacionados, também cessam. Portanto, é impossível para o Bodhisattva do primeiro solo ter qualquer renascimento causado por carma e delusão. Deste ponto em diante, ele renasce nas moradas do samsara unicamente por sua própria escolha, motivado por sua grande compaixão para ajudar os outros seres vivos.

Os hinayanas superiores também têm uma realização direta da vacuidade e também são incapazes de criar a causa para renascer no samsara. No entanto, alguns tomam tais renascimentos por força do carma acumulado antes de se tornarem seres superiores.

Pergunta Visto ser impossível, mesmo para um Bodhisattva na *etapa paciência* do Caminho da Preparação, ter um renascimento inferior, por que essa característica é apresentada como uma qualidade especial do primeiro solo?

Resposta O Bodhisattva na *etapa paciência* do Caminho da Preparação é impedido de ter um renascimento inferior pelo poder das suas realizações, que impedem que as condições para que o carma arremessador amadureça se reúnam, mas o Bodhisattva no primeiro solo está impedido de ter um renascimento inferior porque ele, ou ela, destruiu as causas para tais renascimentos.

A BOA QUALIDADE DE EXAURIR OS SOLOS DOS SERES COMUNS

Uma vez que o Bodhisattva alcança o primeiro solo, ele, ou ela, torna-se um ser superior e passa além dos solos comuns. Ele nunca retornará ao estado de um ser comum.

APRESENTAÇÃO RESUMIDA DAS BOAS QUALIDADES

[I.7d] Ele é apresentado como semelhante a um Oitavo superior.

Chandrakirti resume as boas qualidades de um Bodhisattva do primeiro solo comparando-o, ou comparando-a, com um Oitavo superior do Hinayana. Porque as boas qualidades dos hinayanas superiores são relativamente fáceis de alcançar, elas também são mais fáceis de compreender e, por essa razão, Chandrakirti as utiliza para ilustrar as boas qualidades de um Bodhisattva superior.

Como foi mencionado anteriormente, quando Buda ensinou o Caminho Hinayana, ele explicou oito níveis de Ouvinte superior, desde "Os Que se Aproximam da Realização de um Ingressante na Corrente" até "Os Que Permanecem na Realização de um Destruidor de Inimigos". Essa é a ordem segundo a qual os oito tipos de Ouvinte superior são normalmente explicados. Chandrakirti, entretanto, explica-os na ordem inversa, referindo-se ao primeiro superior – O Que se Aproxima da Realização de um Ingressante na Corrente – como um "Oitavo superior". O que ele deseja dizer com isso é que, assim como um Ouvinte Oitavo superior já obteve numerosas boas qualidades e prosseguirá agora para realizar todas as boas qualidades de um Ouvinte superior, o Bodhisattva do primeiro solo também obteve numerosas boas qualidades e prosseguirá agora para realizar todas as boas qualidades de um mahayana superior.

Vacuidade e Libertação

AS BOAS QUALIDADES QUE SOBREPUJAM O *CONTINUUM* DOS OUTROS

Esta seção tem três partes:

1. Qualidades que, neste solo, sobrepujam os Ouvintes e Realizadores Solitários por meio da linhagem;
2. Qualidades que, no sétimo solo, sobrepujam os Ouvintes e Realizadores Solitários por meio da sabedoria;
3. Explicação do significado estabelecido por este ensinamento.

QUALIDADES QUE, NESTE SOLO, SOBREPUJAM OS OUVINTES E REALIZADORES SOLITÁRIOS POR MEIO DA LINHAGEM

[I.8abc] **Mesmo quando permanece na primeira visão da mente de completa iluminação,**
Ele vence aqueles que nasceram da fala do Poderoso Hábil e os Budas Solitários
Através do poder do seu mérito grandemente aumentado;

O Bodhisattva no primeiro solo tem boas qualidades tanto de sabedoria como de método. Suas boas qualidades de sabedoria são a sua sabedoria que realiza diretamente a vacuidade e assim por diante, mas, visto que Ouvintes superiores e Realizadores Solitários superiores também possuem essas qualidades, ele não sobrepuja esses seres sagrados por meio de sabedoria. No entanto, ele os supera por meio do método. Suas boas qualidades do método são as suas realizações de grande compaixão, bodhichitta e assim por diante. Na dependência dessas qualidades, um Bodhisattva acumula uma vasta coleção de mérito e ingressa na linhagem mahayana extraordinária, ou incomum. Visto que os hinayanas superiores não possuem essas mentes nem a grande coleção de mérito gerada por elas, o Bodhisattva no primeiro solo sobrepuja esses seres sagrados por meio da linhagem. Aqui, o texto-raiz refere-se aos Ouvintes superiores como "aqueles que nasceram da fala do Poderoso Hábil" e, aos Realizadores Solitários superiores, como "Budas Solitários".

No *Sutra Libertação Perfeita de Maitreya*, Buda diz:

> Filho da linhagem, isto é assim. Por exemplo, imediatamente após o nascimento de um príncipe, visto que ele porta o nome de um rei, ele sobrepuja todo o séquito de anciãos e ministros principais pela grandeza da sua linhagem. Do mesmo modo, imediatamente após um Bodhisattva noviço gerar a mente de iluminação, ele sobrepuja os Ouvintes e Realizadores Solitários que vinham praticando feitos puros por um longo período porque ele nasceu na linhagem dos Tathagatas através do poder da sua compaixão e bodhichitta.
>
> Filho da linhagem, isto é assim. Por exemplo, imediatamente após o seu nascimento, o filhote de um garuda, o rei das aves, possui boas qualidades, tais como a força de suas asas e uma completa clareza de visão, qualidades essas que outras aves mais velhas não possuem. Do mesmo modo, imediatamente após um Bodhisattva gerar a primeira mente de iluminação e nascer na grande linhagem dos Tathagatas, ele sobrepuja os outros pela força do seu desejo por onisciência e pela completa pureza da sua intenção superior. Nem sequer todos os Ouvintes e Realizadores Solitários que vinham praticando renúncia por cem mil éons possuem essas qualidades.

Porque essa passagem se refere a um Bodhisattva no primeiro solo, devemos compreender a expressão "Bodhisattva noviço" como um Bodhisattva que acabou de alcançar o primeiro solo, e as referências a "gerar a mente de iluminação" significam gerar a primeira mente última de iluminação.

Pergunta Isso significa que os Bodhisattvas nos Caminhos da Acumulação e da Preparação não sobrepujam os hinayanas superiores por meio da linhagem?

Resposta Não, não significa isso. Esses Bodhisattvas também possuem realizações extraordinárias de grande compaixão e bodhichitta e, portanto, eles também sobrepujam os hinayanas superiores por meio da linhagem.

QUALIDADES QUE, NO SÉTIMO SOLO, SOBREPUJAM OS OUVINTES E REALIZADORES SOLITÁRIOS POR MEIO DA SABEDORIA

[I.8d] E em O Que Foi Além, ele os supera em sabedoria.

Quando um Bodhisattva alcança o sétimo solo, O Que Foi Além, desenvolve uma sabedoria que é superior à sabedoria dos hinayanas superiores e, por essa razão, ele os supera tanto em mérito como em sabedoria. Alguns dizem que a razão pela qual um Bodhisattva no sétimo solo supera os hinayanas superiores em sabedoria é que, neste solo, ele, ou ela, é capaz de abandonar as obstruções à onisciência pela primeira vez. No entanto, essa explicação não é correta, pois um Bodhisattva no sétimo solo não abandona as obstruções à onisciência. As obstruções à onisciência não podem ser abandonadas até que todas as obstruções-delusões tenham sido abandonadas, e um Bodhisattva não abandona todas as obstruções-delusões até que ele, ou ela, tenha alcançado o oitavo solo.

De acordo com o este sistema, o Bodhisattva no sétimo solo supera os hinayanas superiores em sabedoria porque ele, ou ela, possui tanto uma sabedoria rápida especial como poderes de concentração, também especiais. Isso permite que ele entre e emerja da absorção na cessação última perfeita, ou vacuidade, num instante. No primeiro solo, quando obtém uma realização não-conceitual da vacuidade pela primeira vez e sua mente se mistura com a vacuidade como água misturada com água, o Bodhisattva acha difícil emergir rapidamente dessa meditação. Contudo, no momento em que alcança o sétimo solo, sua mente pode entrar na absorção na vacuidade e novamente emergir dela tão rápido quanto um estalar de dedos. Os hinayanas superiores não possuem essa sabedoria rápida.

Os Bodhisattvas nos Caminhos da Acumulação e da Preparação podem emergir da meditação na vacuidade com relativa facilidade porque suas mentes não se misturam com a vacuidade como água misturando-se com água. De modo semelhante, aqueles que estão nos níveis inferiores da prática não experienciam dificuldade em emergir rapidamente da meditação na vacuidade! Assim, a capacidade de emergir rapidamente da meditação na vacuidade não é, em si mesma, uma qualidade especial. No entanto, para aqueles que alcançaram a absorção completa na vacuidade, na qual a mente se mistura com a vacuidade como água misturando-se com água, tal capacidade é um sinal de concentração poderosa e de uma sabedoria rápida especial. Porque os Bodhisattvas no sétimo solo possuem essas qualidades, eles sobrepujam os hinayanas superiores por meio de sabedoria.

EXPLICAÇÃO DO SIGNIFICADO ESTABELECIDO POR ESTE ENSINAMENTO

Este tópico tem três partes:

1. O ensinamento do *Sutra Sobre os Dez Solos* de que Ouvintes e Realizadores Solitários têm a realização da ausência de existência inerente de todos os fenômenos;
2. As fontes que provam isso;
3. Rejeitar argumentos que se opõem a esse ensinamento.

O ENSINAMENTO DO *SUTRA SOBRE OS DEZ SOLOS* DE QUE OUVINTES E REALIZADORES SOLITÁRIOS TÊM A REALIZAÇÃO DA AUSÊNCIA DE EXISTÊNCIA INERENTE DE TODOS OS FENÔMENOS

O *Sutra Sobre os Dez Solos* e o *Sutra Libertação Perfeita de Maitreya* explicam claramente que os Bodhisattvas nos seis primeiros solos não superam Ouvintes superiores nem Realizadores Solitários superiores em sabedoria. Isso indica que Ouvintes superiores e Realizadores Solitários superiores têm as mesmas realizações de sabedoria que os Bodhisattvas nos seis primeiros solos. Visto que os Bodhisattvas nesses solos realizam a ausência de existência inerente de todos os fenômenos, segue-se que Ouvintes superiores e Realizadores Solitários superiores também possuem essa realização. Na verdade, se carecessem dessa realização, eles não teriam meios de alcançar a libertação.

Objeção De acordo com os ensinamentos de *Tesouro de Abhidharma*, de Vasubandhu, e *Compêndio de Abhidharma*, de Asanga, é possível alcançar a libertação e tornar-se um Destruidor de Inimigos através de meditar nas visões das escolas Sautrantika e Chittamatra, sendo que nenhuma delas assevera a ausência de existência inerente. Ambos os autores citam Sutras de Buda para sustentar essa visão. Eles dizem que, em alguns Sutras, Buda diz que por meditar na ausência do em-si (*selflessness*) que é a ausência de uma pessoa autossustentada, substancialmente existente, é possível alcançar o Caminho da Visão e abandonar o agarramento ao em-si intelectualmente formado e todas as demais delusões intelectualmente formadas, e que, através de maior familiaridade com essa ausência do em-si, é possível alcançar o Caminho da Meditação, abandonar as delusões inatas e alcançar a libertação como um Destruidor de Inimigos.

Além disso, alguns Sutras mahayana explicam como alcançar a libertação por meio de meditar na visão da escola Chittamatra, enquanto outros explicam como alcançar a libertação por meio de meditar na visão da escola Madhyamika-Svatantrika. Visto que nenhuma dessas escolas propõe a ausência de existência inerente, parece não ser necessário realizar a ausência de existência inerente para alcançar a libertação. Todas essas escrituras afirmam muito claramente que, para alcançar a libertação, é suficiente meditar na ausência do em-si que é a ausência de uma pessoa autossustentada, substancialmente existente. Portanto, sua afirmação de que Ouvintes e Realizadores Solitários não são capazes de alcançar a libertação se carecerem da realização da ausência de existência inerente de todos os fenômenos contradiz essas escrituras.

Resposta É verdade que essas escrituras explicam como alcançar a libertação na dependência das visões das escolas inferiores. Não obstante, Buda deu esses ensinamentos para o benefício dos discípulos que eram incapazes de compreender a visão sutil da escola Madhyamika-Prasangika; esses ensinamentos não revelam sua intenção final. Visto que foram dados de acordo com as capacidades dos discípulos, e não de acordo com a intenção final de Buda, são ensinamentos que requerem interpretação – não são ensinamentos de significado definitivo.

Nos Sutras mencionados pelos autores dos dois *Abhidharmas* – nos quais Buda falou de um Caminho da Visão, um Caminho da Meditação e sobre a libertação –, ele não estava se referindo aos Caminhos efetivos da Visão e assim por diante. Estes foram explicados apenas nos Sutras que revelam a intenção final de Buda, tais como o *Sutra Sobre os Dez Solos* e o *Sutra Libertação Perfeita de Maitreya*. De acordo com esses Sutras, podemos alcançar o Caminho da Visão e assim por diante somente através de realizar a ausência de existência inerente. Esses Sutras afirmam claramente que todos os seres superiores e todos os Destruidores de Inimigos realizaram a ausência de existência inerente. Assim, o significado deste ensinamento presente é que, definitivamente, não é possível alcançar a libertação confiando nas visões das escolas inferiores, e que aqueles que têm o desejo sincero de alcançar a libertação devem se esforçar para realizar a ausência de existência inerente revelada pela gloriosa escola Madhyamika-Prasangika.

Essa também é a intenção do grande Bodhisattva Shantideva. No *Guia do Estilo de Vida do Bodhisattva*, ele diz:

(...) as escrituras explicam que, sem o caminho da sabedoria que
realiza essa vacuidade,
É impossível até mesmo alcançar a pequena iluminação da libertação
de si próprio.

Isso significa que, sem o caminho espiritual que realiza a ausência de existência inerente de todos os fenômenos, é impossível alcançar a iluminação de um Ouvinte, de um Realizador Solitário ou de um Buda.

O agarramento ao em-si explicado nos dois *Abhidharmas* – o aferramento a uma pessoa autossustentada, substancialmente existente – não é o agarramento ao em-si propriamente dito e, portanto, ao abandoná-lo, não alcançamos a libertação verdadeira, efetiva. Aferrar-se a uma pessoa autossustentada, substancialmente existente, é agarramento ao em-si denso, e as delusões que surgem na dependência dele são delusões densas. O agarramento ao em-si propriamente dito é o agarramento ao em-si sutil que concebe um *self* inerentemente existente. Essa é a raiz de todas as demais delusões e, portanto, a raiz do samsara. Visto que os dois *Abhidharmas* não explicam esse agarramento ao em-si ou as delusões que surgem dele, aqueles que seguem esses sistemas não se esforçam para abandoná-los. Consequentemente, não conseguem abandonar todas as delusões e alcançar a libertação. O máximo que podem alcançar é um abandono temporário das delusões explicadas nesses textos – as delusões densas –, e um abandono temporário das delusões densas não é um estado de libertação. Libertação verdadeira, efetiva, é liberdade permanente em relação a todas as delusões, incluindo o agarramento a um *self* inerentemente existente e às delusões que surgem na dependência dele. A única maneira de alcançar essa libertação é por meio de realizar a ausência de existência inerente.

Além disso, para abandonar o agarramento ao em-si sutil de pessoas e alcançar a libertação, precisamos abandonar não apenas o agarramento a um *self* inerentemente existente, mas, também, o agarramento a agregados inerentemente existentes. Assim, precisamos realizar a ausência de existência inerente tanto de pessoas quanto de fenômenos que não são pessoas. Em outras palavras, precisamos realizar a ausência de existência inerente de *todos* os fenômenos.

AS FONTES QUE PROVAM ISSO

Este tópico tem duas partes:

1. Os Sutras mahayana que provam isso;
2. Os tratados e Sutras hinayana que provam isso.

OS SUTRAS MAHAYANA QUE PROVAM ISSO

Existem muitos Sutras mahayana que afirmam que os hinayanas superiores realizam a ausência de existência inerente. O Sutra mais comumente citado é o *Sutra Solicitado por Aqueles de Intenção Superior*, no qual Buda apresenta a analogia de um homem que assiste à apresentação de um mágico. O mágico cria a ilusão de uma mulher, e o homem, ao vê-la, desenvolve forte apego. Com sua mente ludibriada pelo apego, ele fica ansioso e envergonhado na companhia dos seus amigos. Para superar o seu apego, ele deixa a apresentação do mágico e sai para contemplar a não-atratividade, a impermanência, o sofrimento, a vacuidade e a ausência do em-si da mulher. "O que pensam?", pergunta Buda, "Esse homem está agindo correta ou incorretamente?". Seus discípulos respondem que qualquer um que se esforce para realizar a não-atratividade e assim por diante de uma mulher não-existente está, obviamente, agindo de maneira incorreta. Buda continua: "Vocês devem ver, do mesmo modo, aqueles monges, monjas, leigos e leigas que consideram fenômenos não--produzidos e não-surgidos como sendo não-atrativos, impermanentes, sofrimento, vazios e destituídos de *self* (*selfless*). Eu não afirmo que essas pessoas, que se encontram enganadas, estejam meditando no caminho, pois estão praticando incorretamente".

Nessa analogia, o homem vê a criação do mágico como se fosse uma mulher real e, então, sai para contemplar sua impermanência e assim por diante. Isso é semelhante àqueles praticantes, incluindo os proponentes de princípios filosóficos das escolas inferiores, que sustentam que as Quatro Nobres Verdades são inerentemente existentes e, então, meditam nos seus aspectos, tais como a impermanência e assim por diante. Buda diz que eles não estão meditando corretamente. Essa mente é uma percepção errônea e, portanto, não é um caminho à libertação. Assim, esse Sutra explica claramente que, para alcançar a libertação, é necessário realizar a ausência de existência inerente de todos os fenômenos, incluindo as Quatro Nobres Verdades.

Pergunta Visto que todos os proponentes de princípios filosóficos inferiores acreditam que os fenômenos são inerentemente existentes, isso significa que eles não conseguem meditar corretamente? Por exemplo, uma vez que os chittamatrins acreditam que o corpo é inerentemente existente, pode parecer que, sempre que meditam na impermanência do corpo, estão a meditar incorretamente, como o homem na analogia.

Resposta Esse não é, necessariamente, o caso. Se um chittamatrin conceber seu corpo como inerentemente existente e, então, meditar na sua impermanência, ele, ou ela, estará obviamente meditando de maneira incorreta. No entanto, se ele simplesmente se focar no mero corpo, sem considerar se o corpo é ou não inerentemente existente e, então, meditar na sua impermanência, sua meditação será perfeitamente correta.

Os seres comuns apreendem objetos de duas maneiras: uma mente apreende o mero objeto, e outra, o objeto como inerentemente existente. Por exemplo, quando apreendemos nosso corpo, há uma mente que apreende o mero corpo e outra que apreende um corpo inerentemente existente. A primeira é um conhecedor válido, e a segunda, uma mente de agarramento ao em-si e uma percepção errônea. Normalmente, esses dois modos de apreensão atuam simultaneamente e, até que tenhamos alguma experiência da vacuidade, não podemos distingui-los claramente.

O problema com o homem da analogia é que ele se aferra à mulher como se ela fosse uma mulher real e tenta contemplar sua impermanência e assim por diante. Tivesse ele simplesmente observado a mera mulher criada pelo mágico e, então, meditado na sua impermanência, sua meditação não teria sido equivocada. Assim, os proponentes de princípios filosóficos inferiores, tais como os chittamatrins, são capazes de fazer uma meditação correta. A prova disso é que o grande professor de Atisha, lama Serlingpa, era um chittamatrin que realizou a bodhichitta, e ele não poderia ter alcançado essa realização tendo a aspiração de se tornar um Buda inerentemente existente!

No entanto, embora seja possível meditar corretamente na impermanência e assim por diante por meio de confiar nas visões das escolas inferiores, não é possível alcançar a libertação confiando nessas visões. A razão disso é que as escolas inferiores não asseveram a ausência de existência inerente dos fenômenos.

Não é somente esse Sutra que ensina que a libertação é impossível sem uma realização da ausência de existência inerente dos fenômenos. O mesmo ponto é afirmado em muitos outros Sutras mahayana, incluindo os *Sutras Perfeição de Sabedoria* e o *Sutra Vajra Cortante*.

OS TRATADOS E SUTRAS HINAYANA QUE PROVAM ISSO

A necessidade de realizar a ausência de existência inerente é afirmada não apenas nos Sutras mahayana, mas também em diversos tratados e nos Sutras hinayana. Como um exemplo desses tratados, Chandrakirti cita *Guirlanda Preciosa*, onde Nagarjuna diz:

Enquanto houver agarramento aos agregados,
Haverá agarramento ao *eu*,
E onde quer que haja agarramento ao *eu*,
Haverá carma e renascimento.

Com esses três caminhos em causação mútua,
Sem começo, meio ou fim,
A roda do samsara gira
Como um tição a rodopiar.

Porque isso não é obtido
A partir de si próprio, de outro ou de ambos em nenhum
    dos três tempos,
O agarramento ao em-si é extinto
E, com ele, o carma e o renascimento.

O significado da primeira estrofe é que, enquanto nos agarrarmos a agregados inerentemente existentes, também iremos nos agarrar a um *eu* inerentemente existente. Devido a esse agarramento ao em-si, criamos o carma que causa renascimento no samsara. Isso mostra que as mentes que concebem um *eu* inerentemente existente e as que concebem agregados inerentemente existentes são a raiz do samsara, e que, se quisermos alcançar a libertação, devemos abandonar ambas. Visto que Ouvintes e Realizadores Solitários alcançam a libertação, segue-se que eles abandonam essas mentes, e eles só conseguem fazer isso através de realizar a ausência de existência inerente tanto do *eu* como dos agregados.

A segunda estrofe explica como os seres vivos vagam no samsara na dependência dos três caminhos: delusão, carma e renascimento. Sob a influência das delusões, eles criam o carma para renascerem no samsara. Em cada renascimento, geram mais delusões, que os fazem criar mais carma para terem mais renascimentos, e assim por diante. Com cada um causando o outro, esses três giram em causação mútua, sem começo, meio ou fim. Se girarmos uma vareta de incenso acesa, criamos a aparência de um círculo de luz ininterrupto. Do mesmo modo, na dependência da causação mútua de delusão, carma e renascimento, os seres vivos "dão voltas" [na roda do] samsara, sem interrupção.

A terceira estrofe mostra que a única maneira de interromper esse círculo vicioso é realizar a ausência de existência inerente de todos os fenômenos. Uma vez que tenhamos extinto o agarramento a um *self* inerentemente existente, todas as nossas delusões cessam e paramos de criar o carma que causa renascimento no samsara. No entanto, sem realizar a ausência de existência inerente de todos os fenômenos, é impossível interromper o renascimento samsárico e tornar-se um Destruidor de Inimigos.

Nos Sutras hinayana, Buda também ensina a necessidade de realizar a ausência de existência inerente. Por exemplo, no *Sutra Exposto aos Ouvintes*, Buda diz:

Formas são como bolhas de espuma quando estouram,
Sensações são como bolhas d'água,
Discriminações são como miragens,
Fatores de composição são como bananeiras,
Consciências são como ilusões mágicas.
Assim diz o Amigo do Sol [Buda].

O primeiro verso ensina que o agregado forma carece de existência inerente ao compará-lo ao estourar de uma bolha de espuma. Uma bolha de espuma pode ter a aparência de ser substancial, mas, quando estoura, desaparece num espaço vazio. De modo semelhante, formas, tais como o corpo, *aparecem* como entidades substanciais, mas sua natureza última é vacuidade.

O segundo verso ensina que o agregado sensação carece de existência inerente ao compará-lo a bolhas d'água. Se examinarmos uma bolha d'água, nunca encontraremos sua essência. De modo semelhante, se examinarmos nossas sensações agradáveis, desagradáveis e neutras, nunca encontraremos uma essência inerentemente existente.

O terceiro verso ensina que o agregado discriminação carece de existência inerente ao compará-lo a uma miragem. Quando vemos uma miragem, algo que é uma mera aparência à mente é visto como sendo real. De modo semelhante, embora tenham a aparência de existir do seu próprio lado, nossas discriminações também são meras aparências à mente, sem nenhum vestígio de existência inerente.

O quarto verso ensina que o agregado fatores de composição carece de existência inerente ao compará-lo a uma bananeira. Não importa quantas camadas descasquemos do tronco de uma bananeira, nunca encontraremos um cerne. De modo semelhante, não importa quão rigorosamente analisemos nossos fatores de composição, nunca descobriremos um fenômeno inerentemente existente.

O quinto verso ensina que o agregado consciência carece de existência inerente ao compará-lo à ilusão criada por um mágico. Algumas vezes, os mágicos manifestam a aparência de um animal ou de uma pessoa, mas, embora esses fenômenos apareçam à mente, são meras ilusões, sem nenhuma existência do seu próprio lado. De modo semelhante, todas as nossas consciências são manifestações ausentes de existência inerente, sem existência do seu próprio lado.

Explicitamente, esse Sutra ensina a ausência de existência inerente dos cinco agregados, mas, implicitamente, revela a ausência de existência inerente de todos os fenômenos. Visto que é um Sutra hinayana, podemos saber com certeza que Buda ensinou a ausência de existência inerente de todos os fenômenos aos hinayanistas.

Outro Sutra hinayana no qual Buda ensina a ausência de existência inerente, é o *Sutra Instrução a Katyayana*. Nagarjuna cita esse Sutra em *Sabedoria Fundamental*, onde ele diz:

> Em *Instrução a Katyayana*,
> Existência, não-existência e ambas
> São refutadas pelo Abençoado,
> O Conhecedor de coisas e de não-coisas.

Nagarjuna está dizendo que, nesse Sutra hinayana, Buda explica o Caminho do Meio através de refutar os dois extremos: o extremo da existência (que os fenômenos são inerentemente existentes) e o extremo da não-existência (que os fenômenos não existem de modo algum).

Portanto, fica claro, a partir de muitas fontes, que Buda ensinou a ausência de existência inerente de todos os fenômenos aos hinayanistas. Por meditarem no significado desses ensinamentos, tanto os Ouvintes como os Realizadores Solitários podem alcançar a libertação do samsara e se tornarem Destruidores de Inimigos.

Pergunta Anteriormente, foi dito que não é possível alcançar a libertação por meio de confiar nas visões dos princípios filosóficos hinayana das escolas Vaibhashika e Sautrantika; portanto, como é possível, para os hinayanistas, alcançarem a libertação e se tornarem Destruidores de Inimigos?

Resposta É importante fazer a distinção entre um proponente de princípios filosóficos hinayana e um hinayanista. Dentre as quatro escolas budistas, os princípios filosóficos das duas escolas inferiores – a escola Vaibhashika e a escola Sautrantika – são denominados "princípios filosóficos hinayana", e os princípios filosóficos das duas escolas superiores – a escola Chittamatra e a escola Madhyamika – são denominados "princípios filosóficos mahayana". Contudo, isso não significa que os proponentes dos princípios filosóficos inferiores sejam, necessariamente, hinayanistas, ou que os proponentes dos princípios filosóficos superiores sejam, necessariamente, mahayanistas. Um hinayanista é alguém que está motivado pelo desejo de alcançar a libertação do samsara apenas para si próprio. Um mahayanista é alguém que está motivado pelo desejo de alcançar a plena iluminação para o benefício de todos os seres vivos. Assim, o critério para determinar se somos um hinayanista ou um mahayanista é a nossa motivação, e não os princípios filosóficos que propomos.

Há muitos casos de praticantes mahayana que propõem princípios filosóficos Vaibhashika ou Sautrantika, e de hinayanistas que propõem princípios filosóficos Chittamatra ou Madhyamika. Se um praticante tem a motivação de bodhichitta, mas sustenta a visão das escolas Sautrantika ou Vaibhashika, ele, ou ela, é um mahayanista proponente de princípios filosóficos hinayana, mas não é um hinayanista. No entanto, embora esse praticante possa ter renúncia, bodhichitta e o tranquilo-permanecer e embora possa ser experiente na meditação nas Quatro Nobres Verdades, ele não tem um caminho completo à libertação, porque carece do caminho que realiza a ausência de existência inerente de todos os fenômenos.

Em contrapartida, um praticante que tenha unicamente a motivação de renúncia, mas que sustente a visão da escola Madhyamika-Prasangika, é um hinayanista proponente de princípios filosóficos mahayana, mas não um mahayanista. Embora esse praticante tenha uma motivação hinayana, ainda assim ele possui um caminho completo à libertação porque, sendo um madhyamika-prasangika, ele possui a visão da ausência de existência inerente de todos os fenômenos. Consequentemente, qualquer um que sustente a visão da escola Madhyamika-Prasangika, independentemente de ter uma motivação hinayana ou mahayana, possui um caminho completo à libertação. Por outro lado, aqueles que aderem a qualquer outra escola, mesmo que tenham a bodhichitta e ainda que tenham o tranquilo-permanecer e muitas outras boas qualidades, não conseguem alcançar a libertação.

Concluindo, não há contradição em dizer que os proponentes de princípios filosóficos hinayana não podem alcançar a libertação, ao passo que os hinayanistas podem. Os hinayanistas têm, sem dúvida alguma, um caminho completo à libertação, porque possuem o caminho que realiza a ausência de existência inerente de todos os fenômenos.

REJEITAR ARGUMENTOS QUE SE OPÕEM A ESSE ENSINAMENTO

Há um debate entre dois dos discípulos de Nagarjuna: Buddhapalita, que é um madhyamika-prasangika, e Bhavaviveka, o fundador da escola Madhyamika-Svatantrika. Buddhapalita, em seu comentário a *Sabedoria Fundamental*, explica que os Sutras hinayana ensinam a ausência de existência inerente. Bhavaviveka contesta isso, dizendo que, se esse fosse o caso, não haveria sentido Buda ter ensinado os Sutras mahayana, pois ele já teria ensinado a ausência de existência inerente. Em seu *Autocomentário* ao *Guia*, Chandrakirti rejeita a objeção de Bhavaviveka. Ele apresenta duas razões pelas quais Buda ensinou os Sutras mahayana, embora já houvesse explicado a ausência de existência inerente nos Sutras hinayana. Primeiro, os Sutras mahayana revelam todas as etapas do caminho vasto, desde o cultivo da compaixão até a aquisição da Budeidade, e isso não é ensinado nos Sutras hinayana. Segundo, os Sutras mahayana explicam a vacuidade muito mais extensamente que os Sutras hinayana. Os mahayanistas se esforçam para alcançar a grande iluminação e isso implica em abandonar não apenas as delusões, mas também as suas marcas – as obstruções à onisciência. Para realizar isso, têm de alcançar sabedorias muito especiais na *etapa paciência* do Caminho da Preparação e no sétimo e oitavo solos. Uma vez que isso requer uma meditação elaborada na vacuidade, usando incontáveis formas de raciocínio, Buda deu uma explicação abrangente da vacuidade nos Sutras mahayana. Os hinayanistas, por outro lado, estão preocupados em abandonar apenas as delusões, ou obstruções à libertação, para que possam, assim, alcançar a paz do nirvana. Uma vez que isso pode ser alcançado com uma meditação relativamente breve na vacuidade, Buda não ensinou extensamente a vacuidade nos Sutras hinayana.

Além dessa objeção e da sua resposta, explicadas no *Autocomentário*, há muitos outros argumentos e contra-argumentos levantados sobre esse tema. Eles foram explicados por Je Tsongkhapa em *Iluminação Clara da Intenção*, mas, temendo que ocupem muito espaço, não vou apresentá-los aqui.

A Perfeição de Dar

A INCOMPARÁVEL BOA QUALIDADE DO PRIMEIRO SOLO

Esta seção tem quatro partes:

1. Explicação da prática de dar daquele que reside no primeiro solo;
2. Explicação da prática de dar de bases inferiores;
3. Explicação da prática de dar dos Bodhisattvas;
4. As divisões da perfeição de dar.

EXPLICAÇÃO DA PRÁTICA DE DAR DAQUELE QUE RESIDE NO PRIMEIRO SOLO

[I.9] **A partir desse momento, a prática de dar, que é a primeira causa da iluminação da Budeidade completa,**
Torna-se incomparável.
O fato de ele comportar-se graciosamente, inclusive quando dá a sua própria carne,
É uma razão para inferir o não-aparente.

Quando um Bodhisattva alcança o primeiro solo, a sua prática da perfeição de dar, ou de generosidade, torna-se incomparável. Isso não significa que ele pratique apenas a perfeição de dar – os Bodhisattvas praticam todas as dez perfeições em cada um dos dez solos. O significado é que,

Asanga

no primeiro solo, ele alcança um nível de intensidade na sua prática de dar que ainda não havia alcançado na prática das demais perfeições – a perfeição de disciplina moral e assim por diante. Desse modo, ao passo que um Bodhisattva no segundo solo abandonou todas as falhas incompatíveis com uma disciplina moral pura, o Bodhisattva no primeiro solo ainda não o fez, mas ele abandonou todas as máculas de avareza e apego que são incompatíveis com a perfeição de dar. Portanto, é dito que a sua prática da perfeição de dar é incomparável. Ele está agora completamente livre das máculas da avareza e não tem nenhum sentimento de perda quando dá suas riquezas, suas posses ou até mesmo o seu corpo.

Se alguém pedisse a um Bodhisattva do primeiro solo um pouco de sua carne, ele a daria com prazer, sem que a sua alegria diminuísse ou seu comportamento físico se alterasse. Essa é uma razão conclusiva para inferir que ele alcançou realizações muito especiais da prática de dar que não são aparentes, ou visíveis, para os seres comuns. Se houver fogo dentro de uma casa, alguém que esteja do lado de fora não será capaz de vê-lo diretamente, mas poderá inferir corretamente a sua presença a partir da fumaça que sai pela chaminé. Assim como a fumaça, que é visível, indica a existência do fogo, que não é visível, o comportamento exterior de um Bodhisattva do primeiro solo indica realizações interiores extraordinárias que, de outra maneira, permaneceriam ocultas para os seres comuns.

A prática de dar é definida como uma determinação virtuosa de dar. Empenhamo-nos na prática de dar quando damos aos outros e quando, simplesmente, geramos ou aumentamos nossa determinação de dar. Há três tipos de dar: dar coisas materiais, dar Dharma e dar destemor, ou proteção. Se possível, devemos praticar todos os três. Se carecemos de recursos para dar coisas materiais, devemos ainda assim tentar praticar os outros dois tipos, e se não pudermos dar Dharma, devemos, ao menos, dar destemor. A prática de dar destemor é definida como uma determinação virtuosa de proteger os outros de medos e problemas. Isso inclui práticas como: proteger a vida de insetos e animais, ajudar aqueles que estão perdidos, ajudar amigos e vizinhos quando estão passando por problemas, e oferecer paz mental àqueles que estão aflitos ou perturbados. Não há ninguém que não possa praticar este tipo de dar.

A perfeição de dar é definida como qualquer prática de dar mantida por bodhichitta. Embora qualquer pessoa, mahayanista ou hinayanista, budista ou não-budista, possa praticar o dar, apenas aquelas que geraram a bodhichitta e ingressaram no Caminho Mahayana podem praticar a perfeição de dar. Há dois tipos de perfeição de dar: a perfeição de dar que-está-transcendendo e a perfeição de dar transcendente. Um exemplo do primeiro tipo é a perfeição de dar de um Bodhisattva, e um exemplo do segundo tipo, a perfeição de dar de Buda.

EXPLICAÇÃO DA PRÁTICA DE DAR DE BASES INFERIORES

Esta seção explica a generosidade praticada por seres comuns que não são Bodhisattvas. Ela tem duas partes:

1. Alcançar felicidade samsárica através da prática de dar;
2. Alcançar a felicidade do nirvana através da prática de dar.

ALCANÇAR FELICIDADE SAMSÁRICA ATRAVÉS DA PRÁTICA DE DAR

**[I.10] Todos esses seres desejam fortemente felicidade,
E os seres humanos não conseguem ser felizes sem prazeres.
Sabendo que esses prazeres advêm da prática de dar,
O Hábil ensinou, primeiro, a prática de dar.**

Todos os seres desejam felicidade, e os seres humanos não conseguem ser felizes sem prazeres básicos, tais como comida, bebida, roupas e abrigo. Se carecem disso, eles experienciam os sofrimentos da fome, sede, frio e assim por diante. Sabendo que os prazeres básicos que aliviam esses sofrimentos são o resultado da prática de dar, Buda ensinou a generosidade como a primeira das dez perfeições.

Se nossos prazeres fossem o resultado apenas dos esforços desta vida, qualquer um que se esforçasse para enriquecer seria bem-sucedido; no entanto, há muitas pessoas que trabalham arduamente em seus negócios sem nenhum êxito, ao passo que outras parecem acumular riqueza quase sem esforço algum. A razão disso é que riqueza é o resultado da prática de dar em vidas passadas. Se tivermos marcas fortes de generosidade praticada em vidas passadas, acumularemos riqueza com pouca dificuldade, mas se não tivermos tais marcas, nunca nos tornaremos ricos, não importa quão arduamente tentemos. Conhecendo os benefícios da prática de dar e compreendendo que todos os prazeres advêm da prática de dar, tanto budistas como não-budistas valorizam essa prática.

Ao passo que os seres humanos dependem de recursos materiais para a sua felicidade, os deuses dos reinos da forma e da sem-forma não dependem disso. Eles nunca experienciam os sofrimentos da fome, da sede e assim por diante, mas permanecem continuamente na paz e felicidade da concentração meditativa, sem necessidade de comida, bebida, roupas ou abrigo. Eles nem sequer sofrem de doenças e envelhecimento, embora experienciem os sofrimentos do nascimento, da morte e do sofrimento-que-permeia.

Pergunta Todos os seres humanos dependem de confortos materiais para a sua felicidade?

Resposta No reino humano, há alguns praticantes puros de Dharma que, pelo poder de suas realizações espirituais, experienciam paz e felicidade contínuas, embora possam carecer de muitos prazeres mundanos. Quando Chandrakirti diz que os seres humanos não conseguem ser felizes sem prazeres, ele não está se referindo a esses praticantes, mas aos seres humanos comuns, que têm pouca ou nenhuma experiência de Dharma.

Pergunta Para receber resultados, tais como riqueza e recursos, é necessário praticar o dar como parte de uma prática espiritual?

> **[I.11] Mesmo para aqueles com pouca compaixão e mentes muito rudes,**
> **Que perseguem unicamente os seus próprios interesses,**
> **Os prazeres desejados que causam o alívio do sofrimento**
> **Surgem da prática de dar.**

Resposta Não. A prática de dar é uma ação virtuosa e, por essa razão, ela é sempre benéfica, mesmo quando não faça parte de uma prática espiritual. Por exemplo, pessoas de negócios compreendem que é necessário dar um pouco para receberem grandes retornos no futuro. Há muitas pessoas, com pouca ou nenhuma compaixão, que estão preocupadas unicamente com os seus próprios interesses e cujas mentes podem ser muito rudes quando lidam com os outros; ainda assim, como resultado da generosidade que praticaram, até mesmo essas pessoas recebem prazeres mundanos que aliviam temporariamente os sofrimentos, tais como os da pobreza.

Em geral, os resultados da generosidade são experienciados nas vidas futuras, mas algumas pessoas os experienciam na mesma vida. Por exemplo, alguém pode ser muito generoso durante a juventude e, como resultado, experienciar prosperidade no final de sua vida.

ALCANÇAR A FELICIDADE DO NIRVANA ATRAVÉS DA PRÁTICA DE DAR

[I.12] **Mesmo eles, em alguma ocasião em que estiverem sendo generosos,**
Não tardarão a encontrar um ser superior.
Então, tendo cortado completamente o *continuum* do samsara,
Aqueles que possuem esta causa seguirão para a paz.

Mesmo aqueles que têm pouca compaixão, mas que ficam felizes ao serem generosos, praticarão o dar continuamente e, um dia – em alguns casos, muito brevemente – encontrarão um ser superior ou outro ser realizado que será o objeto da sua generosidade. Esse ser sagrado irá, então, ajudá-los a desenvolverem renúncia através de explicar as falhas do samsara. Como resultado, praticarão o Dharma puramente e, por fim, cortarão o *continuum* do samsara e alcançarão a paz da libertação. A causa inicial dessa paz – terem encontrado um ser sagrado – é, ela própria, o resultado da prática de dar. Assim, por praticar o dar, podemos alcançar não apenas felicidade samsárica, mas também a felicidade do nirvana.

EXPLICAÇÃO DA PRÁTICA DE DAR DOS BODHISATTVAS

Tendo explicado os benefícios da generosidade praticada por seres comuns que não são Bodhisattvas, Chandrakirti explica, agora, as características extraordinárias da generosidade dos Bodhisattvas. Esta seção tem quatro partes:

1. Os benefícios excepcionais da prática de dar dos Bodhisattvas;
2. As instruções sobre a prática de dar são fundamentais para ambas as bases;
3. A grande alegria que um Bodhisattva obtém da prática de dar;
4. Um Bodhisattva experiencia dor quando dá o seu corpo?

OS BENEFÍCIOS EXCEPCIONAIS DA PRÁTICA DE DAR DOS BODHISATTVAS

[I.13ab] Aqueles que mantêm, em suas mentes, a promessa de ajudar os seres vivos
Experienciam imediatamente a alegria que vem da prática de dar.

Todos nós acabaremos por experienciar felicidade como resultado da prática de dar, mas os Bodhisattvas experienciam alegria imediatamente. Esse é o benefício excepcional da prática de dar dos Bodhisattvas, que os leva a praticarem o dar com grande entusiasmo. Os seres comuns, por outro lado, não experienciam imediatamente os resultados da prática de dar e, por essa razão, têm pouco entusiasmo para praticá-la.

A maioria das pessoas não gosta de ser solicitada a dar e, algumas vezes, reagem inclusive com ressentimento ou raiva. Além disso, quando se separam de alguma coisa, não experienciam imediatamente alegria por terem dado algo, mas, em geral, sentem uma sensação de perda ou de arrependimento. Mesmo um hinayana Destruidor de Inimigos, visto que ele, ou ela, carece de grande compaixão, não irá gerar imediatamente alegria diante da perspectiva de dar nem se regozijará com a satisfação de quem recebe. O Bodhisattva do primeiro solo, no entanto, prometeu ajudar todos os seres vivos através de lhes conceder felicidade temporária e última sempre que ele, ou ela, possa fazê-lo. Sua compaixão por aqueles que passam necessidades é como o amor de uma mãe por seus filhos e, assim, sempre que é solicitado a dar algo, ele imediatamente experiencia grande alegria apenas por ouvir a palavra "dar". Deleitado com a oportunidade de praticar o dar, ele sente como se houvesse descoberto um tesouro precioso, e tão logo perceba que a pessoa que recebeu está satisfeita, ele gera espontaneamente uma alegria suprema.

AS INSTRUÇÕES SOBRE A PRÁTICA DE DAR SÃO FUNDAMENTAIS PARA AMBAS AS BASES

[I.13cd] **Portanto, seja alguém compassivo ou não,**
As instruções sobre a prática de dar são fundamentais.

Seja uma pessoa um Bodhisattva ou não, a generosidade é muito importante porque, como já foi explicado, essa prática conduz à felicidade temporária do samsara e à felicidade última da libertação. Portanto, devemos considerar as instruções sobre a prática de dar como fundamentais. Em *Carta Amigável*, Nagarjuna oferece o seguinte conselho ao rei Udayabhadra:

> Não há melhor amigo para o futuro do que a generosidade –
> Oferecer presentes adequadamente
> Às pessoas ordenadas, aos brâmanes, aos pobres e aos amigos,
> Compreendendo que os prazeres são transitórios e sem essência.

Amigos comuns podem nos ajudar somente nesta vida, mas a generosidade irá nos proporcionar prazeres em muitas vidas futuras. Portanto, devemos considerar a prática de dar como o nosso melhor amigo. Je Tsongkhapa também louva a prática de dar em *Exposição Condensada das Etapas do Caminho*:

> Dar é a joia-que-concede-desejos que realiza as esperanças dos
>   seres vivos,
> A arma suprema que corta o nó da avareza,
> A ação do Filho dos Conquistadores com um coração corajoso
> E a base para proclamar sua fama pelas dez direções.

> Sabendo disso, os sábios confiam no excelente caminho de dar
>   tudo –
> Seus corpos, seus prazeres e suas virtudes.
> Eu, que sou um iogue, pratiquei desse modo;
> Tu, que buscas a libertação, por favor, faz o mesmo.

Milarepa também diz, em *Canções do Discurso*:

> Uma vez que terás de partir sozinho, deixando tudo para trás,
> É mais significativo deixar tudo agora.

Quando morremos, temos de partir sozinhos deste mundo, deixando nosso corpo e todas as nossas posses para os outros, mas deixar tudo para trás sem nenhuma escolha não é uma prática de dar e não acarreta nenhum benefício. Por essa razão, Milarepa diz que é melhor dar as nossas posses agora, enquanto ainda temos escolha. Somente dessa maneira podemos extrair algum significado de tê-las possuído. Nos Sutras, Buda diz:

> Os ricos que não praticam generosidade
> São como se estivessem guardando o tesouro de outras pessoas,
> E os sábios que não mantêm seus compromissos
> São como árvores ocas e podres.

A GRANDE ALEGRIA QUE UM BODHISATTVA OBTÉM DA PRÁTICA DE DAR

[I.14] Se, por ouvir e contemplar a palavra "Dar",
O Filho dos Conquistadores desenvolve um êxtase
Que não se iguala àquele que surge nos Hábeis por experienciarem paz,
O que pode ser dito sobre dar tudo?

Visto que são completamente livres dos sofrimentos do samsara, os hinayanas Destruidores de Inimigos experienciam paz e felicidade extraordinárias, mas essa felicidade nem de longe se compara ao êxtase experienciado por um Bodhisattva quando ele, ou ela, é solicitado a dar algo. Sempre que alguém solicita a generosidade de um Bodhisattva, ele experiencia um êxtase extraordinário apenas por ouvir as palavras e contemplar seu significado. Se os hinayanas Destruidores de Inimigos não experienciam um êxtase que se compare a esse, como podemos começar a descrever o êxtase experienciado pelo Bodhisattva quando ele dá tudo, inclusive o seu corpo?

UM BODHISATTVA EXPERIENCIA DOR QUANDO DÁ O SEU CORPO?

Pergunta Embora um Bodhisattva desenvolva êxtase quando é solicitado a dar e quando está efetivamente dando algo a alguém, ele não experiencia dor quando dá o seu corpo?

Resposta Isso depende de se ele, ou ela, é um Bodhisattva superior ou um Bodhisattva comum. Um Bodhisattva superior não experienciará dor e nenhum sentimento de perda ao se separar do seu corpo, mesmo que o Bodhisattva seja cortado lentamente em muitos pedaços. Há duas razões para isso. A primeira é que, visto que tem uma realização direta da ausência de existência inerente do *eu* e do corpo, o Bodhisattva não experiencia dor. A segunda é que, visto que completou a prática de trocar *eu* por outros, ele é totalmente livre de autoapreço e, portanto, não há base para que o sofrimento surja. No *Sutra Pergunta de Gaganganja*, Buda diz que assim como uma árvore frondosa não experiencia dor e nenhum sentimento de perda quando seus galhos são cortados, um Bodhisattva superior também não experiencia dor e nenhum sentimento de perda se alguém, por maldade, amputar todos os seus membros. Ele sentiria somente alegria por ter a oportunidade de dar o seu corpo para o benefício dos outros. Além disso, no *Comentário à Cognição Válida*, Dharmakirti também diz:

> É dito que ele está separado do apego
> Seja pelo sândalo, seja pelo machado.

Se uma pessoa ungisse respeitosamente o corpo de um Bodhisattva superior com sândalo, enquanto outra o atacasse raivosamente com um machado, esse Bodhisattva não se sentiria mais próximo de uma e distante da outra, mas teria igual compaixão por ambas. A razão disso é porque ele está completamente livre do apego por seu corpo.

Um Bodhisattva comum, por outro lado, experiencia dor quando o seu corpo é cortado. No entanto, ele é capaz de usar essa experiência para fortalecer sua prática. O texto-raiz diz:

[I.15] **Pela dor de cortar e dar o seu corpo,**
Ele vê, a partir da sua própria experiência,
O sofrimento daqueles que estão nos infernos e noutros lugares
E se empenha, com grande esforço, para eliminá-lo rapidamente.

Se um Bodhisattva comum cortar o seu corpo e o der, ele usará sua própria experiência de dor para contemplar o sofrimento dos outros seres vivos, tais como os seres-do-inferno, fantasmas famintos e animais, que estão aprisionados nos reinos inferiores. Vendo que o sofrimento deles é infinitamente maior que o seu próprio sofrimento, ele pensa apenas neles e se empenha, com grande esforço, para alcançar rapidamente a iluminação, a fim de que possa eliminar os sofrimentos de todos esses seres.

Aqueles que tomaram os votos bodhisattva têm um compromisso de treinarem a prática de dar tudo, inclusive suas virtudes, suas posses e o seu corpo. No entanto, Buda nos advertiu para não darmos o nosso corpo se não tivermos a motivação de grande compaixão, se não conseguirmos suportar a dor ou se o sacrifício não servir a um grande propósito, pois separarmo-nos do nosso corpo com uma mente mesquinha ou infeliz seria um grande obstáculo à nossa prática. No estágio em que estamos, devemos simplesmente cultivar a intenção de obtermos a capacidade de dar o nosso corpo.

Para apreciar plenamente as qualidades extraordinárias da prática de dar do Bodhisattva do primeiro solo, devemos contemplá-las repetidamente. Quando, como resultado das nossas contemplações, desenvolvermos um sentimento de regozijo com as boas qualidades do Bodhisattva, devemos manter esse sentimento como o nosso objeto de meditação posicionada. Ao final, devemos dedicar nosso mérito com a seguinte prece: "Que eu alcance rapidamente todas essas boas qualidades". Regozijar-nos com as boas qualidades do Bodhisattva do primeiro solo ajuda-nos a desenvolver a aspiração de alcançá-las nós mesmos.

AS DIVISÕES DA PERFEIÇÃO DE DAR

**[I.16] Quando a prática de dar é feita com a vacuidade de quem dá, do que é dado e de quem recebe
Ela é denominada "uma perfeição supramundana".
Quando o apego por esses três é gerado,
Isso é explicado como uma perfeição mundana.**

Chandrakirti explica brevemente uma classificação dupla da perfeição de dar: supramundana e mundana. Uma perfeição de dar mantida pela sabedoria que realiza diretamente a vacuidade das três esferas – de quem dá, do que é dado e de quem recebe – é uma perfeição supramundana de dar. Uma perfeição de dar praticada por alguém que não tem uma realização da ausência de existência inerente das três esferas, mas que ainda as concebe como inerentemente existentes, é uma perfeição mundana. As perfeições mundanas são praticadas apenas por Bodhisattvas comuns, e as perfeições supramundanas, apenas por Bodhisattvas superiores e Budas.

CONCLUSÃO POR MEIO DE EXPRESSAR AS BOAS QUALIDADES DO SOLO

**[I.17] Assim, residindo num lugar elevado na mente do Filho dos Conquistadores,
Embelezando com luz essa base sagrada,
Este Alegre é como uma joia cristalina de água;
Por haver dissipado toda a pesada escuridão, ele é vitorioso.**

Chandrakirti resume as excelentes qualidades do primeiro solo comparando-o com a Lua. Nas escrituras, a Lua é, algumas vezes, chamada de "a joia cristalina de água" porque sua luz é refrescante, e o Sol, algumas vezes, é chamado de "a joia cristalina de fogo" porque os seus raios são cálidos.

O primeiro solo possui três pontos de semelhança com a Lua:

(1) Assim como a Lua reside num lugar alto, o primeiro solo também reside na mente do Bodhisattva altamente realizado;

(2) Assim como a Lua embeleza o céu com luz, o primeiro solo também embeleza a mente sagrada do Filho dos Conquistadores com a luz da sabedoria;
(3) Assim como a Lua dissipa a escuridão da noite, o primeiro solo também dissipa a densa escuridão da confusão que obscurece a visão da vacuidade e é vitorioso sobre as delusões intelectualmente formadas.

Isto conclui o comentário ao primeiro solo no *Guia ao Caminho do Meio*.

Imaculado

O SEGUNDO SOLO, IMACULADO

Esta seção tem duas partes:

1. Introdução ao segundo solo;
2. Explicação do segundo solo.

A introdução ao segundo solo tem quatro partes:

1. Como o segundo solo é alcançado;
2. Definição do segundo solo;
3. Divisões do segundo solo;
4. A etimologia do segundo solo.

COMO O SEGUNDO SOLO É ALCANÇADO

Embora o Bodhisattva no primeiro solo tenha abandonado o agarramento-ao-verdadeiro intelectualmente formado, ele, ou ela, ainda possui o agarramento-ao-verdadeiro inato. Existem nove níveis de agarramento-ao-verdadeiro inato: grande-grande, grande-mediano, grande-pequeno, mediano-grande, mediano-mediano, mediano-pequeno, pequeno-grande, pequeno-mediano e pequeno-pequeno. Esses níveis são abandonados gradualmente pelo Bodhisattva nos próximos sete solos.

Enquanto permanece no primeiro solo, o Bodhisattva continua a meditar na vacuidade até que ele, ou ela, alcance uma sabedoria que funcione como o antídoto direto contra o tipo mais denso de agarramento-ao-verdadeiro inato: o agarramento-ao-verdadeiro inato grande-grande. Essa sabedoria é conhecida como "o caminho ininterrupto do Caminho da Meditação do primeiro solo" porque, quando o Bodhisattva alcança essa sabedoria, ele, ou ela, avança para o Caminho da Meditação, mas permanece no primeiro solo. No momento seguinte da mesma meditação, ele alcança o caminho liberado que abandonou completamente o agarramento-ao-verdadeiro inato grande-grande. Esse é o primeiro momento do segundo solo. Assim, ele avança do primeiro para o segundo solo enquanto está em equilíbrio meditativo. Ao passo que o primeiro solo começa com um caminho ininterrupto, o segundo solo e os subsequentes começam com um caminho liberado.

DEFINIÇÃO DO SEGUNDO SOLO

O segundo solo é definido como o caminho de um Bodhisattva superior que abandonou o agarramento-ao-verdadeiro inato grande-grande, o seu principal objeto de abandono, e que alcançou, dentre as dez perfeições, uma prática incomparável da perfeição de disciplina moral.

DIVISÕES DO SEGUNDO SOLO

O segundo solo possui três divisões: a excelsa percepção do equilíbrio meditativo do segundo solo, a excelsa percepção da aquisição subsequente do segundo solo e a excelsa percepção do segundo solo que não é nenhuma das duas. A primeira possui três divisões: o caminho liberado do segundo solo, o caminho ininterrupto do segundo solo e a excelsa percepção do equilíbrio meditativo do segundo solo que não é nenhum dos dois. O primeiro ocorre bem no início do segundo solo, e o segundo, que é o antídoto direto contra o agarramento-ao-verdadeiro inato grande-mediano, ocorre bem no fim. A excelsa percepção do equilíbrio meditativo que não é nenhum dos dois é qualquer equilíbrio meditativo na vacuidade que ocorra entre esses dois. Esta e a excelsa percepção da aquisição subsequente surgem alternadamente.

A ETIMOLOGIA DO SEGUNDO SOLO

O segundo solo é chamado "Imaculado" porque um Bodhisattva nesse solo é completamente livre das máculas de disciplina moral degenerada e de atitudes hinayana específicas.

EXPLICAÇÃO DO SEGUNDO SOLO

O segundo solo será agora explicado extensamente a partir dos seguintes cinco tópicos:

1. A disciplina moral completamente pura deste solo;
2. Louvor à disciplina moral;
3. Uma ilustração da separação daquilo que é incompatível com a disciplina moral;
4. As divisões da perfeição de disciplina moral;
5. Conclusão por meio de expressar as boas qualidades do solo.

A DISCIPLINA MORAL COMPLETAMENTE PURA DESTE SOLO

Esta seção tem quatro partes:

1. A excelente disciplina moral deste solo;
2. As qualidades completamente puras que dependem da disciplina moral;
3. Esta disciplina moral supera a do primeiro solo;
4. Outra causa de disciplina moral completamente pura.

A EXCELENTE DISCIPLINA MORAL DESTE SOLO

[II.1ab] **Porque possui excelente disciplina moral e qualidades puras,**
Ele abandonou as máculas de disciplina degenerada inclusive nos seus sonhos.

Porque o Bodhisattva no segundo solo possui excelente disciplina moral e muitas qualidades puras, ele não está poluído pelas máculas de disciplina moral degenerada nem por suas marcas nem mesmo nos seus sonhos. A maioria dos seres comuns, incluindo aqueles que mantêm disciplina moral pura enquanto estão acordados, quebram sua disciplina moral nos seus sonhos. Por exemplo, alguns são muito cuidadosos em não tirar a vida de outros seres enquanto estão acordados, mas, às vezes, sonham que estão matando. De modo semelhante, há aqueles que nunca cometem má conduta sexual enquanto estão acordados, mas o fazem em seus sonhos. Tais sonhos surgem das marcas de disciplina moral falha que permanecem na mente mesmo após termos começado a praticar disciplina moral pura. Visto que o Bodhisattva no segundo solo abandonou essas marcas, sua mente está sempre pura, mesmo em seus sonhos.

A disciplina moral é definida como uma determinação virtuosa de abandonar ações não-virtuosas e falhas. Para praticar disciplina moral, precisamos de ter a intenção de nos abstermos de ações não-virtuosas; caso contrário, teríamos de dizer que pedras e árvores praticam disciplina moral, porque nunca fazem nada errado! Para praticar disciplina moral, contemplamos as desvantagens das ações não-virtuosas, geramos uma forte determinação de abandonar essas ações e, então, evitamos conscienciosamente cometê-las. Se desejarmos, podemos fazer uma promessa diante de um ser sagrado, mas isso não é essencial. É suficiente simplesmente tomar uma forte determinação interior e, então, praticar puramente. Se, tendo feito tal determinação, cometermos então ações não-virtuosas, estaremos incorrendo em falhas morais.

Algumas ações, no entanto, são naturalmente prejudiciais e devem ser permanentemente evitadas, independentemente de se havíamos ou não decidido nos abster delas. Essas ações são: matar, roubar, má conduta sexual, mentir, discurso divisor, discurso ofensivo, conversa não-significativa, cobiça, o pensamento de desejar prejudicar, e sustentar visões errôneas. A disciplina moral de abster-se dessas dez ações não-virtuosas é fundamental e deve ser praticada por todos. Não importa se somos um ser superior ou um ser comum, um mahayanista ou um hinayanista, um budista ou um não-budista, precisamos sempre nos abster dessas ações.

Há três tipos de disciplina moral: a disciplina moral de abstenção, ou de restrição, a disciplina moral de reunir Dharmas virtuosos e a disciplina moral de beneficiar os seres vivos. Há também uma divisão tripla do ponto de vista dos votos: a disciplina moral de observar os votos Pratimoksha, a disciplina moral de observar os votos bodhisattva e a disciplina moral de observar os votos tântricos.

A perfeição de disciplina moral é definida como qualquer disciplina moral mantida por bodhichitta. Ela possui duas divisões: a perfeição de disciplina moral que-está-transcendendo e a perfeição de disciplina moral transcendente. A primeira é praticada por Bodhisattvas, e a segunda, pelos Budas. Uma outra divisão da perfeição de disciplina moral será dada mais à frente.

AS QUALIDADES COMPLETAMENTE PURAS QUE DEPENDEM DA DISCIPLINA MORAL

**[II.1cd] Porque a sua conduta de corpo, fala e mente é pura,
Ele acumula todos os dez caminhos das ações sagradas.**

O Bodhisattva no segundo solo tem muitas qualidades puras que surgem da sua disciplina moral. Porque a sua conduta de corpo, fala e mente é sempre completamente pura, sem nenhum vestígio de máculas, ele acumula todas as dez ações virtuosas. Há três ações virtuosas de corpo (abandonar a ação de matar, abandonar a ação de roubar e abandonar má conduta sexual), quatro ações virtuosas de fala (abandonar a ação de mentir, abandonar discurso divisor, abandonar discurso ofensivo e abandonar conversa não-significativa) e três ações virtuosas de mente (abandonar cobiça, abandonar pensamentos que desejam prejudicar e abandonar a ação de sustentar visões errôneas). Chandrakirti chama essas ações "sagradas" porque elas nos protegem dos renascimentos inferiores e nos conduzem à felicidade tanto nesta vida como nas vidas futuras. Se praticarmos a disciplina moral de abandonar as dez ações não-virtuosas, nossa conduta de corpo, fala e mente tornar-se-á gradualmente pura e obteremos qualidades puras semelhantes às de um Bodhisattva do segundo solo.

ESTA DISCIPLINA MORAL SUPERA A DO PRIMEIRO SOLO

[II.2] Para ele, todos esses dez caminhos virtuosos
São aperfeiçoados e, portanto, extremamente puros.
Como a lua outonal, ele é sempre completamente puro.
Pacificado e radiante, esse Bodhisattva é embelezado por eles.

Pergunta Um Bodhisattva no primeiro solo também pratica disciplina moral pura?

Resposta Sim. Os Bodhisattvas no primeiro solo praticam as dez ações virtuosas puramente, mas, para o Bodhisattva do segundo solo, essas ações são aperfeiçoadas e, portanto, completamente puras. Por essa razão, a disciplina moral do Bodhisattva do segundo solo supera a do Bodhisattva do primeiro solo.

Assim como a lua outonal alivia o sofrimento provocado pelo calor e enche o céu com uma luz branca e pura, a realização de disciplina moral pura do Bodhisattva do segundo solo pacifica sua mente por aliviar o calor doloroso das delusões e gera uma lucidez mental e um resplendor que embeleza o seu corpo. Certa vez, Atisha disse ao seu discípulo, Jangchub Ö: "Mantenha sempre disciplina moral pura, pois ela conduz à beleza nesta vida e à felicidade futura". Se seguirmos o conselho de Atisha, possuiremos também essas qualidades especiais. Na *Exposição Condensada das Etapas do Caminho*, Je Tsongkhapa diz:

> Disciplina moral é a água que limpa as máculas da má conduta
> E o luar que alivia o calor doloroso das delusões.
> Resplandecente, como uma grande montanha entre todos os
>   seres vivos,
> Todos os seres se prostram a ela, sem coerção.
>
> Sabendo disso, os sagrados protegem, como se fossem os seus
>   próprios olhos,
> A disciplina que prometeram observar.
> Eu, que sou um iogue, pratiquei desse modo;
> Tu, que buscas a libertação, por favor, faz o mesmo.

Em muitos países budistas, há um grande respeito por monges e monjas, não apenas porque usam as vestes de ordenação, mas porque observam disciplina pura. De modo semelhante, qualquer pessoa, leiga ou ordenada, que mantém a disciplina moral de observar os votos bodhisattva ou a disciplina moral de observar os votos tântricos é tida em grande estima. Shantideva diz que, por simplesmente gerarmos a bodhichitta, tornamo-nos dignos da veneração de humanos e deuses; portanto, quanto mais respeito é devido àqueles que tomaram os votos bodhisattva e os mantêm puramente?

OUTRA CAUSA DE DISCIPLINA MORAL COMPLETAMENTE PURA

[II.3] **Se mantivermos disciplina moral pura com a visão de existência inerente,**
Segue-se que, devido a isso, nossa disciplina moral não será pura.
Portanto, ele está sempre completamente livre das divagações
Da mente dual em relação aos três.

Se nos abstivermos de ações não-virtuosas e praticarmos virtude, estaremos praticando disciplina moral pura, mas se virmos nossa prática como inerentemente existente, ela não será completamente pura. Um Bodhisattva no segundo solo nunca vê sua prática como inerentemente existente e, por essa razão, alcança completa pureza de disciplina moral.

Pergunta Visto que os proponentes de todos os princípios filosóficos inferiores veem os fenômenos como inerentemente existentes, isso significa que são incapazes de manter disciplina moral pura?

Resposta Não. Por exemplo, há chittamatrins leigos e ordenados que mantêm uma disciplina moral muito pura. Se um chittamatrin estiver praticando a disciplina moral de abandonar as dez ações não-virtuosas, não podemos dizer que ele não está observando disciplina moral pura, mas, porque vê a si mesmo, sua prática e os objetos de sua prática como inerentemente existentes, sua disciplina moral não é tão pura quanto a disciplina moral de um Bodhisattva do segundo solo.

De acordo com a escola Madhyamika-Prasangika, a disciplina moral é completamente pura somente quando associada com a realização da ausência de existência inerente. O propósito principal de praticar disciplina moral é alcançar a libertação ou a iluminação, mas uma disciplina moral fortemente percebida como inerentemente existente é a causa de renascimento no samsara, porque ela está motivada pela ignorância do agarramento ao em-si. Uma vez que a disciplina moral é uma prática virtuosa, ela nunca pode ser a causa de um renascimento inferior; porém, ela pode ser a causa de um renascimento como um ser humano ou como um deus. Não obstante, embora possamos ainda ter agarramento ao em-si, se praticarmos disciplina moral com a motivação de renúncia, ela será uma causa de libertação, e, se a praticarmos com a motivação de bodhichitta, será uma causa de iluminação.

No *Sutra Perfeição de Sabedoria Condensado*, Buda diz que praticar ações virtuosas enquanto as consideramos como inerentemente existentes é equivalente a comer uma refeição deliciosa, mas que está envenenada. Se comêssemos alimentos contaminados, nossa experiência inicial seria prazerosa, mas, em pouco tempo, a sua ingestão provocaria sofrimento à medida que o veneno fizesse efeito. Do mesmo modo, se praticarmos disciplina moral contaminada pela visão da existência inerente, o efeito inicial será uma mente feliz e clara e um corpo radiante, mas o efeito a longo prazo será mais sofrimento posterior, advindo de termos outro renascimento no samsara. No *Sutra Coleção (Monte) de Joias*, Buda diz:

> Kashyapa, alguns monges possuem disciplina moral na medida em que permanecem dentro das restrições dos votos Pratimoksha, observam rituais e esferas de atividade excelentes, veem até mesmo a menor transgressão com preocupação, assumem e treinam perfeitamente nas bases de treino e possuem meios de subsistência completamente puros devido às suas ações muito puras de corpo, fala e mente; e, no entanto, eles propõem um *self*. Kashyapa, eles são os primeiros daqueles que parecem possuir disciplina moral, mas que têm disciplina moral falha...
>
> Além disso, Kashyapa, alguns monges assumem perfeitamente as doze qualidades de treino, mas percebem essas qualidades com *apreensão* ao permanecerem nas apreensões de *"eu"* e *"meu"*.

Kashyapa, eles são os *quartos* daqueles que parecem possuir disciplina moral, mas têm disciplina moral falha.

Em outro Sutra, Buda diz:

> Se praticares disciplina moral ao mesmo tempo que consideras essas esferas como inerentemente existentes, essa prática não será pura.

Todas as ações têm três esferas. No caso da disciplina moral, elas são: a não-virtude que é abandonada, a pessoa que a abandona, e o ser ou os seres em relação aos quais ela é abandonada. Uma mente que concebe essas três esferas como inerentemente existentes é uma mente dual, porque ela cai nos dois extremos. O Bodhisattva no segundo solo abandonou completamente as divagações dessa mente dual e, por essa razão, sua disciplina moral é completamente pura.

Existem muitas causas de purificação completa da disciplina moral, mas realizar a vacuidade das três esferas é a causa principal. Embora o Bodhisattva no primeiro solo também tenha essa realização, sua disciplina moral não se torna incomparável até que ele alcance o segundo solo. Portanto, a purificação completa da disciplina moral é apresentada como uma qualidade do segundo solo.

LOUVOR À DISCIPLINA MORAL

Esta seção tem cinco partes:

1. Usufruir, em reinos afortunados, dos frutos da prática de dar depende da disciplina moral;
2. Usufruir dos frutos da prática de dar continuamente depende da disciplina moral;
3. É extremamente difícil, para aqueles que carecem de disciplina moral, escapar dos reinos inferiores;
4. Por que as instruções sobre disciplina moral foram dadas após as instruções sobre a prática de dar;
5. Louvar a disciplina moral como uma causa de *status* elevado e de bondade definitiva.

USUFRUIR, EM REINOS AFORTUNADOS, DOS FRUTOS DA PRÁTICA DE DAR DEPENDE DA DISCIPLINA MORAL

[II.4ab] **Se os prazeres que resultam da prática de dar surgirem num renascimento inferior,
É porque esse ser quebrou as suas pernas de disciplina moral.**

Já foi explicado que, se praticarmos generosidade, experienciaremos riqueza e recursos nas vidas futuras, mas, se quisermos usufruir desses frutos no reino humano ou no reino dos deuses, precisamos associar nossa prática de dar com a prática de disciplina moral, porque a disciplina moral é a causa de renascimento elevado. Se praticarmos generosidade sem praticar disciplina moral, experienciaremos os resultados num renascimento inferior, por exemplo, como um cão de estimação num lar muito rico. Há muitos animais que desfrutam de condições confortáveis, assim como há muitos seres humanos que experienciam privações. O primeiro exemplo é o resultado de praticar generosidade sem disciplina moral, e o segundo, o resultado de praticar disciplina moral sem associá-la à prática de dar. A disciplina moral é semelhante a pernas. Aqueles que possuem forte disciplina moral serão capazes de viajar para renascimentos afortunados, mas os seres que quebraram suas pernas de disciplina moral cairão para os reinos inferiores. Portanto, enquanto ainda temos este precioso corpo humano, devemos usá-lo para praticar disciplina moral pura e, assim, assegurar que teremos um renascimento afortunado em nossa próxima vida.

USUFRUIR DOS FRUTOS DA PRÁTICA DE DAR CONTINUAMENTE DEPENDE DA DISCIPLINA MORAL

[II.4cd] **Se ambos, os juros e o capital, forem gastos,
Nenhum prazer surgirá para ele no futuro.**

Se os frutos da generosidade amadurecerem em renascimentos inferiores, eles serão consumidos sem que novas sementes sejam plantadas, pois os seres nos reinos inferiores não têm oportunidade de praticar o dar. Por exemplo, um cão nascido num lar rico experiencia luxo e conforto relativos durante sua vida, mas ele esgota sua boa fortuna sem criar a causa para mais. Isso é semelhante a um homem ou mulher de negócios que gasta tanto os juros quanto o capital, ou a um fazendeiro que consome sua colheita sem plantar novas sementes – não haverá nada para desfrutarem no futuro.

Por outro lado, se, como resultado de praticar disciplina moral, os frutos da prática de dar amadurecem num renascimento afortunado, experienciamos tanto prosperidade, que é o efeito ambiental da prática de dar, quanto uma disposição para novamente praticar o dar, que é um efeito que é uma tendência semelhante à causa. Com os recursos e a disposição para praticar o dar, naturalmente praticaremos generosidade novamente, criando, assim, a causa para mais prosperidade e uma disposição ainda maior para praticar o dar no futuro. Isso, por sua vez, conduzirá a prosperidade e generosidade ainda maiores, e assim sucessivamente. Desse modo, praticar generosidade e disciplina moral juntas cria a causa para usufruir dos frutos da prática de dar continuamente, vida após vida.

É EXTREMAMENTE DIFÍCIL, PARA AQUELES QUE CARECEM DE DISCIPLINA MORAL, ESCAPAR DOS REINOS INFERIORES

[II.5] **Se, quando vivemos em boas condições e agimos com liberdade,
Não agirmos para refrear a nós mesmos,
Uma vez que tenhamos caído no abismo e perdido nossa liberdade,
Como nos reergueremos de lá no futuro?**

No samsara, há apenas dois tipos de renascimento: renascimento nos reinos superiores, de humanos e deuses, e renascimento nos reinos inferiores, dos seres-do-inferno, fantasmas famintos e animais. A causa principal de renascer nos reinos superiores é a prática de disciplina moral. Se não praticarmos disciplina moral, faltar-nos-á a causa de renascimento elevado e, assim, quando morrermos, renasceremos, com toda certeza, nos reinos inferiores. Não há alternativa.

Neste exato momento, temos uma preciosa vida humana e a liberdade de controlar nossas ações. Se, enquanto temos essas boas condições, não nos protegermos de cair para um renascimento inferior por meio de praticarmos disciplina moral pura, uma vez que tenhamos caído no abismo dos reinos inferiores e perdido toda a nossa liberdade, como poderemos nos reerguer para os reinos elevados novamente? É algo que parece quase impossível.

A razão pela qual é muito difícil para os seres nos reinos inferiores escaparem é que eles não podem praticar disciplina moral, que é a causa principal de renascimento elevado. Precisamos apenas olhar para os animais e ver o quão difícil é praticar disciplina moral nos reinos inferiores. Todos os animais cometem, instintivamente, ações negativas. Os gatos, por exemplo, nunca estão livres de ações mentais não-virtuosas; dia e noite, eles têm o desejo de matar. Não precisam ser treinados para matar ou roubar. É quase impossível para os animais praticarem virtude. Podemos treinar um cão para pegar bolas, proteger propriedades, pastorear ovelhas, capturar criminosos e se destacar em vários esportes, mas se dissermos a um cão que ele pode alcançar a iluminação por meio de recitar apenas um mantra, ele não conseguirá nem mesmo compreender o que estamos dizendo. Uma vez que é tão difícil praticar disciplina moral nos reinos inferiores, existe um grande perigo, uma vez que tenhamos nascido neles, de tomarmos um renascimento inferior após outro. Portanto, devemos praticar disciplina moral agora, para nos protegermos de cair para os reinos inferiores no futuro, e devemos desenvolver compaixão por aqueles que já estão aprisionados nesses reinos.

Essa estrofe é extremamente importante e devemos contemplá-la repetidamente. Muitos dos grandes geshes kadampa costumavam começar suas meditações recitando essa estrofe e refletindo sobre o seu significado. Se fizermos o mesmo, nossa mente irá se voltar naturalmente para o Dharma.

POR QUE AS INSTRUÇÕES SOBRE DISCIPLINA MORAL FORAM DADAS APÓS AS INSTRUÇÕES SOBRE A PRÁTICA DE DAR

[II.6] **Por essa razão, o Conquistador ensinou a disciplina moral
Após ter ensinado a prática de dar.
Quando qualidades crescem no campo da disciplina moral,
Os frutos são usufruídos incessantemente.**

Se praticarmos generosidade em associação com disciplina moral, seus frutos serão usufruídos incessantemente nos reinos afortunados, mas, se praticarmos generosidade sem disciplina moral, os resultados serão desperdiçados nos reinos inferiores. Uma vez que é insensato praticar generosidade sem considerar o tipo de renascimento no qual experienciaremos os resultados, Buda ensinou a disciplina moral imediatamente após ter ensinado a prática de dar.

LOUVAR A DISCIPLINA MORAL COMO UMA CAUSA DE *STATUS* ELEVADO E DE BONDADE DEFINITIVA

[II.7] **Não há outra causa que não a disciplina moral**
Para o *status* elevado e a bondade definitiva
Dos seres comuns, daqueles que nasceram da fala,
Daqueles firmemente determinados na iluminação de si mesmos,
  e dos Filhos dos Conquistadores.

Há dois tipos de felicidade: a felicidade de *status* elevado, que é a felicidade de humanos e deuses, e a felicidade de bondade definitiva, que é a felicidade da libertação e da iluminação. Os seres comuns que ainda não ingressaram nos caminhos espirituais desejam a felicidade de humanos e deuses, os Ouvintes e Realizadores Solitários desejam a felicidade da libertação, e os Bodhisattvas desejam a felicidade da grande iluminação. Nenhum desses desejos pode ser realizado sem a prática de disciplina moral. Embora existam muitas outras causas de felicidade, tais como as demais perfeições, elas não podem produzir felicidade se a disciplina moral estiver ausente. Portanto, Chandrakirti diz que não há outra causa de felicidade que não a disciplina moral.

UMA ILUSTRAÇÃO DA SEPARAÇÃO DAQUILO QUE É INCOMPATÍVEL COM A DISCIPLINA MORAL

[II.8] **Assim como o oceano e um cadáver juntos**
E a auspiciosidade e o infortúnio juntos,
Este grande ser, controlado por disciplina moral,
Também não tem o desejo de permanecer com aquilo que é
  degenerado.

Se um cadáver for jogado no oceano, é normal que volte novamente à costa. Diríamos que foi trazido pelas ondas, mas, de acordo com alguns textos budistas, ele foi jogado à costa pelos nagas que vivem no oceano, pois eles não desejam compartilhar as suas moradas com um objeto impuro como esse. Assim como o oceano e um cadáver não podem permanecer juntos, a auspiciosidade e o infortúnio também não podem permanecer juntos porque, quando as condições são boas, não há lugar para o infortúnio. Essas analogias ilustram como o Bodhisattva no segundo solo, cuja mente está completamente controlada por disciplina moral, não tem o desejo de permanecer com uma disciplina moral falha.

O Bodhisattva no segundo solo abandona tanto as falhas morais densas como as sutis. As falhas morais densas são as ações não-virtuosas, tais como matar, roubar ou mentir, e as falhas morais sutis são os pensamentos para cometer essas ações, que surgem de marcas que estão na mente. Visto que as condições que conduzem à disciplina moral são tão raras, é difícil para os seres comuns abandonarem até mesmo uma falha moral densa como a ação de matar, quanto mais abandonar todas as dez ações não-virtuosas. É desnecessário dizer que há pouquíssimos seres que conseguem, também, limpar suas mentes de todas as marcas de não-virtude. A partir disso, podemos ver que a prática de disciplina moral é vasta, e a pureza completa é extremamente rara. Portanto, devemos nos regozijar com a pureza do Bodhisattva do segundo solo, para quem até mesmo o menor vestígio de degeneração moral é anátema.

AS DIVISÕES DA PERFEIÇÃO
DE DISCIPLINA MORAL

[II.9] **Se houver observação dos três –
O que é abandonado, por quem e em relação a quem –
Essa disciplina moral é explicada como sendo uma perfeição mundana.
Aquilo que é vazio do apego aos três é supramundano.**

A perfeição de disciplina moral tem duas divisões: a perfeição mundana de disciplina moral e a perfeição supramundana de disciplina moral. Uma perfeição de disciplina moral em alguém que concebe as três esferas – o que é abandonado, por quem e em relação a quem – como sendo inerentemente existentes é uma perfeição mundana de disciplina moral. Uma perfeição de disciplina moral mantida por uma realização direta da ausência de existência inerente das três esferas é uma perfeição supramundana de disciplina moral. A perfeição mundana de disciplina moral é praticada apenas pelos Bodhisattvas comuns, e a perfeição supramundana, apenas pelos mahayana superiores. Neste contexto, "aquilo que é vazio do apego" refere-se à disciplina moral praticada pelos mahayana superiores que abandonaram todas as delusões intelectualmente formadas.

CONCLUSÃO POR MEIO DE EXPRESSAR AS BOAS QUALIDADES DO SOLO

[II.10] Este Imaculado, livre de máculas, surge da lua, o Filho dos Conquistadores,
Que, embora não seja do samsara, é a glória do samsara;
E, assim como a luz da lua outonal,
Este solo alivia o tormento mental dos seres vivos.

Assim como o luar surge da Lua, o segundo solo surge do Bodhisattva do segundo solo, que é radiante com a luz da disciplina moral imaculada. Embora não pertença mais ao samsara, continua a renascer nas moradas do samsara devido à sua grande compaixão, onde ele é a fonte de toda felicidade e boa fortuna. Assim como a lua outonal, livre das obstruções das nuvens, ameniza o tormento do calor, o segundo solo, livre de todas as máculas, alivia os seres vivos do tormento mental causado pela disciplina moral falha.

Isto conclui o comentário ao segundo solo no *Guia ao Caminho do Meio*.

Luminoso

O TERCEIRO SOLO, LUMINOSO

Esta seção tem duas partes:

1. Introdução ao terceiro solo;
2. Explicação do terceiro solo.

A introdução ao terceiro solo tem três partes:

1. Como o terceiro solo é alcançado;
2. Definição do terceiro solo;
3. Divisões do terceiro solo.

COMO O TERCEIRO SOLO É ALCANÇADO

O Bodhisattva no segundo solo continua a meditar na vacuidade até que ele, ou ela, alcance o caminho ininterrupto que é o antídoto direto contra o agarramento-ao-verdadeiro inato grande-mediano. Esse é o caminho ininterrupto do segundo solo. No momento seguinte, ele alcança o caminho liberado que abandonou completamente o agarramento-ao-verdadeiro inato grande-mediano. Esse é o primeiro momento do terceiro solo.

DEFINIÇÃO DO TERCEIRO SOLO

O terceiro solo é definido como o caminho de um Bodhisattva superior que abandonou o agarramento-ao-verdadeiro inato grande-mediano, o

Vasubandhu

seu principal objeto de abandono, e que alcançou, dentre as dez perfeições, uma prática incomparável da perfeição de paciência.

DIVISÕES DO TERCEIRO SOLO

O terceiro solo possui três divisões: a excelsa percepção do equilíbrio meditativo do terceiro solo, a excelsa percepção da aquisição subsequente do terceiro solo e a excelsa percepção do terceiro solo que não é nenhuma das duas. A primeira possui três divisões: o caminho liberado do terceiro solo, o caminho ininterrupto do terceiro solo e a excelsa percepção do equilíbrio meditativo do terceiro solo que não é nenhum dos dois. O primeiro ocorre bem no início do terceiro solo, e o segundo, que é o antídoto direto contra o agarramento-ao-verdadeiro inato grande-pequeno, ocorre bem no fim. Entre estes dois, a excelsa percepção do equilíbrio meditativo que não é nenhum dos dois e a excelsa percepção da aquisição subsequente surgem alternadamente.

EXPLICAÇÃO DO TERCEIRO SOLO

O terceiro solo será agora explicado a partir dos seguintes quatro tópicos:

1. A etimologia do solo, a base das características;
2. As boas qualidades que caracterizam este solo;
3. As características das três primeiras perfeições;
4. Conclusão por meio de expressar as boas qualidades do solo.

A ETIMOLOGIA DO SOLO, A BASE DAS CARACTERÍSTICAS

[III.1] **Porque surge da luz do fogo**
Que consome todo o combustível dos objetos de conhecimento,
   este terceiro solo é Luminoso.
Nesse momento, surge, para o Filho dos Sugatas,
Uma aparência acobreada semelhante ao Sol.

O Bodhisattva no terceiro solo alcança uma sabedoria poderosa, que é como um fogo cuja luz erradica todas as elaborações de aparência dual durante o equilíbrio meditativo, e, quando emerge da meditação, experiencia um brilho acobreado permeando todo o ambiente, como a aparência do céu logo antes do nascer do sol. Por essa razão, o terceiro solo é chamado "Luminoso".

AS BOAS QUALIDADES QUE CARACTERIZAM ESTE SOLO

Esta seção tem quatro partes:

1. A paciência incomparável deste solo;
2. A maneira de confiar em outra paciência;
3. As divisões da perfeição de paciência;
4. As outras qualidades puras que surgem neste solo.

A PACIÊNCIA INCOMPARÁVEL DESTE SOLO

[III.2] **Mesmo se alguém, inapropriadamente enraivecido,**
Viesse a cortar a carne e os ossos do seu corpo
Pedaço por pedaço por um longo tempo,
Ele geraria uma paciência superior em relação ao mutilador.

[III.3] **Além disso, para o Bodhisattva que viu a ausência do em-si,**
Aquilo que se corta, quem corta, o momento e a maneira –
Todos esses fenômenos são vistos como se fossem reflexos;
Por essa razão, ele é paciente.

Para ficarmos com raiva de alguém, precisamos pensar "ele prejudicou a mim ou os meus amigos no passado", "ele está nos prejudicando agora" ou "ele irá nos prejudicar no futuro", e assim por diante; mas, visto que nada disso se aplica aos Bodhisattvas, que estão dotados com grande compaixão e nunca desejam prejudicar ninguém, eles são objetos inapropriados para ficarmos com raiva. Mesmo assim, se alguém, por confusão, gerasse raiva em relação a um Bodhisattva do terceiro solo e, então, infligisse grande dor a ele, cortando vagarosamente a carne e os ossos do seu corpo em pedaços muito pequenos, o Bodhisattva pensaria unicamente no grande sofrimento que o seu torturador experienciaria como resultado da sua ação e, motivado por grande compaixão, geraria uma paciência superior em relação a ele.

Além disso, porque esse Bodhisattva tem uma realização não-conceitual da ausência do em-si, ele, ou ela, percebe as três esferas – aquilo que se corta, quem corta, o momento e a maneira – como completamente ausentes de existência inerente, como se fossem apenas reflexos. Pelo poder dessa realização e da sua grande compaixão, sua mente não é minimamente perturbada pela mutilação do seu corpo e ele é capaz de ser supremamente paciente.

Essas estrofes descrevem a prática incomparável da perfeição de paciência alcançada pelo Bodhisattva no terceiro solo. A perfeição de paciência é definida como uma determinação virtuosa, mantida por bodhichitta, de suportar danos, sofrimento ou o Dharma profundo. Ela tem duas divisões: a perfeição de paciência que-está-transcendendo e a perfeição de paciência transcendente.

Pergunta Se os Bodhisattvas nos dois primeiros solos tivessem os seus corpos mutilados, eles também suportariam pacientemente a mutilação e suas mentes permaneceriam imperturbadas; portanto, por que isso é apresentado como uma qualidade do Bodhisattva do terceiro solo?

Resposta A razão principal pela qual os seres comuns não podem suportar que os seus corpos sejam cortados é o seu autoapreço. Os Bodhisattvas nos dois primeiros solos superaram completamente o autoapreço e, por essa razão, podem permanecer pacientes, sem dor, se os seus corpos forem cortados. No entanto, eles ainda têm as marcas do autoapreço. Quando um Bodhisattva alcança o terceiro solo, ele abandonou tanto o autoapreço como as suas marcas e, por essa razão, é dito que possui uma prática incomparável da perfeição de paciência, que não é possuída pelos Bodhisattvas dos solos inferiores.

A MANEIRA DE CONFIAR EM OUTRA PACIÊNCIA

Visto que a paciência é uma prática importante para todos, não apenas para os Bodhisattvas, Chandrakirti explica agora como os demais seres que não são Bodhisattvas devem evitar a raiva e praticar paciência. Essa explicação é dada em duas partes:

1. Por que é inadequado ficar com raiva;
2. Por que é adequado confiar na paciência.

POR QUE É INADEQUADO FICAR COM RAIVA

Esta seção tem quatro partes:

1. A raiva é inadequada porque não é necessária e possui muitas falhas;
2. Não desejar sofrimento futuro e retaliar danosamente é contraditório;
3. A raiva é inadequada porque destrói virtudes anteriormente acumuladas durante muito tempo;
4. Como parar com a raiva após ter contemplado as numerosas falhas da impaciência.

A RAIVA É INADEQUADA PORQUE NÃO É NECESSÁRIA E POSSUI MUITAS FALHAS

[III.4] **Se alguém nos prejudicar e ficarmos enraivecidos,**
A nossa raiva irá desfazer o que foi feito?
Assim, ficar com raiva é, com toda a certeza, sem sentido aqui
E contraditório com o mundo que está além.

Se alguém nos prejudicar e ficarmos enraivecidos, a nossa raiva não poderá desfazer o mal que foi feito. Embora possa parecer que a raiva é justificada e que proporciona alguma satisfação, se analisarmos com atenção veremos que nunca faz nenhum sentido ficar com raiva. Por exemplo, suponha que um homem, chamado Jorge, que está a um longo tempo separado da sua família, esteja viajando para casa para uma reunião familiar. No caminho, ele encontra um desordeiro que diz algo para perturbá-lo e, em vez de praticar paciência e continuar sua viagem, Jorge responde, provocando mais insultos. Numa situação como essa, eles podem facilmente começar a brigar, e Jorge, provavelmente, passará seu feriado num hospital ou, até mesmo, poderá ser preso, em vez de estar com a sua família. A retaliação e a raiva de Jorge teriam servido apenas para trazer infelicidade tanto para si como para sua família. A raiva nunca traz soluções ou compensações, mas apenas acrescenta mais problemas aos que já temos e, porque causa sofrimento nas vidas futuras, também é contraditória com o nosso desejo de felicidade futura.

NÃO DESEJAR SOFRIMENTO FUTURO E RETALIAR DANOSAMENTE É CONTRADITÓRIO

**[III.5] Como pode alguém, que deseja afirmar que está erradicando
Os efeitos das ações não-virtuosas cometidas no passado,
Plantar as sementes de sofrimento futuro
Através da raiva e de prejudicar os outros?**

Quando somos prejudicados pelos outros, assumimos naturalmente que eles são a causa do nosso sofrimento, mas, na verdade, todo o mal que experienciamos é o resultado das ações não-virtuosas que cometemos no passado. Se quisermos erradicar tais efeitos prejudiciais, precisamos aprender a aceitá-los pacientemente como os frutos das nossas próprias ações. Toda vez que fizermos isso, purificaremos a não-virtude que leva a essa experiência e asseguraremos que ela não nos afetará novamente. Ao aceitar pacientemente qualquer dano com uma mente positiva, purificamos gradualmente a não-virtude e plantamos as sementes de felicidade futura, mas retaliar aqueles que nos prejudicam planta apenas sementes de sofrimento futuro. Portanto, desejar felicidade no futuro e retaliar com raiva é contraditório. Vendo isso, devemos tentar impedir a raiva e sempre praticar paciência.

A RAIVA É INADEQUADA PORQUE DESTRÓI VIRTUDES ANTERIORMENTE ACUMULADAS DURANTE MUITO TEMPO

**[III.6] Por ficar com raiva dos Filhos dos Conquistadores,
As virtudes acumuladas advindas do dar e da disciplina moral
Durante uma centena de éons são destruídas num instante;
Portanto, não há maior mal do que a raiva.**

Por ficar com raiva de Bodhisattvas por apenas um único instante, podemos destruir virtudes que surgem de ações, como a prática de dar e de disciplina moral, que acumulamos durante uma centena de éons. Além disso, essa raiva retardará nossa prática espiritual, tornando-a mais difícil para alcançarmos realizações, e irá nos condenar a um renascimento inferior no futuro. Portanto, não há maior mal do que a raiva. Visto que não sabemos quem é um Bodhisattva e quem não é, devemos sempre tomar grande cuidado, evitando que a raiva surja.

No *Sutra Recreação de Manjushri*, Buda diz:

> A raiva destrói virtudes acumuladas durante uma centena de éons.

e no *Guia do Estilo de Vida do Bodhisattva*, Shantideva diz:

> Todos os feitos virtuosos e mérito,
> Tais como generosidade e fazer oferendas,
> Que tenhamos acumulado ao longo de milhares de éons,
> Podem ser destruídos por apenas um único momento de raiva.

A raiva enfraquece ou destrói o potencial que as nossas ações virtuosas têm de produzir resultados benéficos no futuro. Por exemplo, a ação virtuosa de observar disciplina moral pura tem o potencial de causar o renascimento como um ser humano, mas esse potencial pode ser enfraquecido ou destruído pela raiva que gerarmos posteriormente. O efeito específico dependerá do objeto e da intensidade da raiva. Em geral, os efeitos serão muito piores se a raiva for dirigida a alguém que tenha realizações mais elevadas que as nossas. A raiva dirigida aos Budas e Bodhisattvas é a pior de todas. De modo semelhante, os efeitos de uma raiva intensa são muito piores que os efeitos de uma raiva leve. Por exemplo, se gerarmos raiva intensa de um Bodhisattva ou de outro ser altamente realizado, o potencial para produzir um renascimento humano será destruído. Assim como uma árvore cujas raízes foram cortadas jamais poderá produzir frutos, uma ação virtuosa cujas raízes foram extirpadas pela raiva não poderá nunca produzir um resultado. No entanto, se gerarmos apenas uma raiva leve dirigida a um ser elevado e, imediatamente, gerarmos arrependimento, os efeitos adversos serão consideravelmente menores. Se a nossa raiva não for tão intensa e for dirigida a alguém com as mesmas realizações que as nossas, ela não destruirá o potencial, mas o enfraquecerá e retardará o amadurecimento do seu efeito. Se essa raiva não for purificada, teremos um renascimento num reino inferior, e os frutos de observar disciplina moral não amadurecerão até as vidas subsequentes. Se gerarmos apenas uma raiva leve dirigida a alguém que tenha realizações inferiores às nossas, o potencial será apenas ligeiramente enfraquecido. Por exemplo, poderemos ter um renascimento humano em nossa próxima vida, mas experienciaremos dificuldades para obter realizações espirituais durante essa próxima vida. No entanto, se repetidamente gerarmos raiva intensa de alguém com realizações inferiores às nossas sem sentirmos arrependimento, isso destruirá o potencial.

COMO PARAR COM A RAIVA APÓS TER CONTEMPLADO AS NUMEROSAS FALHAS DA IMPACIÊNCIA

**[III.7abc] A impaciência cria formas não-atraentes, leva ao profano,
Rouba a nossa discriminação que conhece o certo e o errado
E rapidamente nos arremessa aos reinos inferiores.**

Em geral, paciência é a causa de belas formas, e a raiva, a causa de formas não-atraentes. Sempre que ficamos com raiva, nossa aparência física transforma-se e o nosso rosto torna-se feio e carrancudo. Desenvolvemos uma presença intimidadora, que faz com que os outros nos evitem o máximo possível. Plantamos, também, as sementes para renascer com uma forma feia no futuro. Além disso, a raiva nos leva a estados profanos, pois destrói nossa reputação e diminui nossas qualidades especiais. Se aqueles que são vistos como seres sagrados ficam repetidamente com raiva, deixam rapidamente de merecer o respeito dos outros e, por fim, passam a ser considerados como seres comuns. Nas vidas futuras, eles também irão se tornar seres profanos, isto é, não-sagrados.

A raiva destrói todas as nossas mentes positivas. Por exemplo, ela rouba a nossa capacidade de discriminar o certo do errado. A maioria de nós possui a sabedoria que sabe que matar é errado, mas, sob a influência da raiva, podemos perder essa sabedoria e tirar a vida dos outros. Todos os sofrimentos que resultam dessas ações são o resultado da raiva. De modo semelhante, todos os conflitos neste mundo, desde as discussões domésticas até as guerras mundiais, surgem da raiva. Sempre que agimos motivados por raiva, acumulamos carma negativo, que faz com que tenhamos um renascimento inferior. Os sofrimentos que resultam da raiva nesta vida são suaves quando comparados com as agonias dos reinos inferiores, onde a duração do sofrimento é inconcebivelmente longa.

Ao refletirmos sobre essas falhas, veremos que a raiva é totalmente destrutiva e funciona unicamente para prejudicar tanto a nós mesmos como aos outros. Devemos ficar convencidos disso e tomar uma firme decisão de sempre impedir a raiva.

POR QUE É ADEQUADO CONFIAR NA PACIÊNCIA

Esta seção tem duas partes:

1. Contemplar os numerosos benefícios da paciência;
2. Em resumo, uma exortação para confiar na paciência.

CONTEMPLAR OS NUMEROSOS BENEFÍCIOS DA PACIÊNCIA

[III.7d] **A paciência produz qualidades opostas ao que tem sido explicado.**

[III.8] **Da paciência advêm beleza, proximidade com os seres sagrados,**
Capacidade de conhecer o adequado e o inadequado
E, depois disso, o nascimento como um ser humano ou um deus
E a erradicação da negatividade.

Através da prática da paciência, desenvolvemos qualidades que são opostas às falhas da raiva. A paciência embeleza o corpo e conduz a um renascimento saudável e belo, faz com que ganhemos o respeito e a afeição dos outros e nos torna próximos dos seres sagrados, de modo que, por fim, nós mesmos nos tornemos um ser sagrado. Nossas realizações, tais como a capacidade de saber o que é adequado e o que é inadequado, aumentam naturalmente, e as nossas ações não-virtuosas são gradualmente purificadas, até serem, por fim, totalmente erradicadas. No futuro, renasceremos como seres humanos ou deuses. No *Guia do Estilo de Vida do Bodhisattva*, Shantideva diz:

> Não há maior mal que a raiva,
> E não há virtude maior que a paciência.
> Portanto, vou empenhar-me, de diversas maneiras,
> Para me familiarizar com a prática da paciência.

Em *Exposição Condensada das Etapas do Caminho*, Je Tsongkhapa diz:

> A paciência é o ornamento supremo dos poderosos,
> A melhor fortaleza contra a dor da delusão,
> O garuda – o inimigo da serpente do ódio –
> E a armadura contra as armas das palavras agressivas.
>
> Sabendo disso, familiariza-te, de diversas maneiras,
> Com a armadura suprema da paciência.
> Eu, que sou um iogue, pratiquei desse modo;
> Tu, que buscas a libertação, por favor, faz o mesmo.

Devido às marcas das nossas vidas passadas, podemos ter uma tendência a ficar com raiva em determinadas situações. Para nos contrapormos a isso, precisamos pensar repetidamente sobre as falhas da raiva e manter consciência delas o tempo todo. Devemos considerar a raiva como um veneno que não tem outra função a não ser a de nos prejudicar. Quando sentirmos que estamos a ficar irritados ou a ponto de ficarmos com raiva, devemos relembrar imediatamente as falhas da raiva e impedir o seu desenvolvimento. Se sempre praticarmos dessa maneira, nossa tendência para ficarmos com raiva diminuirá gradualmente e, por fim, desaparecerá por completo. Então, teremos nos tornado uma pessoa que nunca fica com raiva!

Os praticantes de Dharma podem, às vezes, sentir a raiva surgindo em suas mentes, mas eles relembram imediatamente as falhas da raiva e tentam impedir o seu desenvolvimento. Isso é muito bom, pois imediatamente esquecem sua raiva e não carregam ressentimento ou rancor. Se não identificarmos a raiva tão logo ela surja, ela rapidamente tomará conta da nossa mente e irá se transformar num ressentimento prolongado. Se possível, devemos impedir totalmente que a raiva surja, mas, se surgir em nossa mente, devemos imediatamente tomar providências para removê-la e impedi-la de se transformar em ressentimento.

EM RESUMO, UMA EXORTAÇÃO PARA CONFIAR NA PACIÊNCIA

[III.9] **Conhecendo as falhas da raiva e as boas qualidades da paciência**
Nos seres comuns e nos Filhos dos Conquistadores,
Devemos abandonar rapidamente a impaciência
E confiar sempre na paciência louvada pelos seres superiores.

Em resumo, tendo contemplado as falhas da raiva nos seres comuns e as boas qualidades da paciência nos Bodhisattvas, devemos abandonar rapidamente a raiva e confiar sempre na prática da paciência, louvada pelos seres superiores.

AS DIVISÕES DA PERFEIÇÃO DE PACIÊNCIA

[III.10] **Embora dedicada à iluminação da completa Budeidade,**
Se houver observação dos três, ela é mundana.
Buda ensinou que, se não houver observação,
Ela é uma perfeição supramundana.

A perfeição de paciência tem duas divisões: a perfeição mundana de paciência e a perfeição supramundana de paciência. A perfeição de paciência em alguém que concebe as três esferas (a si próprio, a prática de paciência e o objeto de paciência) como inerentemente existentes é uma perfeição mundana, embora seja dedicada à iluminação da completa Budeidade. Por outro lado, uma perfeição de paciência mantida por uma realização direta da ausência de existência inerente das três esferas é uma perfeição supramundana.

AS OUTRAS QUALIDADES PURAS QUE SURGEM NESTE SOLO

[III.11] Neste solo, o Filho dos Conquistadores
Possui as estabilizações mentais e clarividências.
O apego e o ódio são completamente extintos,
E ele é sempre capaz de superar o apego desejoso dos seres mundanos.

O Bodhisattva do terceiro solo tem muitas outras qualidades puras além da paciência. Ele, ou ela, alcança uma concentração extraordinária e, portanto, possui realizações especiais das quatro absorções do reino da forma, das quatro absorções do reino da sem-forma, das quatro incomensuráveis e das cinco clarividências.

As absorções dos reinos da forma e da sem-forma são frequentemente chamadas de "caminhos mundanos" porque podem levar ao renascimento como um deus do reino da forma ou um deus do reino da sem-forma. Todos os seres samsáricos vivem em um dos três reinos: o reino do desejo, o reino da forma e o reino da sem-forma. O reino do desejo é o mais denso dos três reinos e possui dez níveis: o reino do inferno, o reino dos fantasmas famintos, o reino animal, o reino humano e os seis reinos dos deuses do reino do desejo – a Terra dos Quatro Grandes Reis, a Terra dos Trinta e Três Paraísos, a Terra sem Combate, a Terra Alegre, a Terra do Desfrute de Emanações e a Terra do Controle de Emanações. O reino do desejo é assim chamado porque os seres que nele habitam são afligidos por apego desejoso denso.

Comparados com o reino do desejo, os reinos da forma e da sem-forma são muito puros e pacíficos. O reino da forma possui quatro níveis: o primeiro reino da forma, o segundo reino da forma, o terceiro reino da forma e o quarto reino da forma. Dentre estes, o primeiro reino da forma possui três níveis: Classe, ou Categoria, de Brahma; Assistente de Brahma; e Grande Brahma. O principal ser do primeiro reino da forma é o deus Brahma. Ele reside no nível Grande Brahma e reina sobre os dois reinos abaixo dele. O segundo reino da forma possui três níveis: Pequena Luz, Luz Incomensurável e Luz Clara. Esses nomes provêm da quantidade de luz que esses deuses irradiam. O terceiro reino da forma possui três níveis: Pequena Virtude, Virtude Incomensurável e Virtude Extensa. Esses nomes provêm do grau de êxtase experienciado pelos deuses que habitam esses níveis. O quarto reino da forma possui oito níveis: Sem Nuvens, Nascido de Mérito, Grande Resultado, Não-Grandioso, Sem Sofrimento, Aparência Excelente, Grande Visão e Nada Mais Elevado. Os três primeiros são lugares de renascimento de seres comuns, e os cinco últimos, lugares de renascimento de hinayanas superiores. O nível Sem Nuvens é assim chamado porque os deuses que nele habitam estão livres das nuvens dos níveis mais densos do êxtase experienciado pelos deuses do terceiro reino da forma; o nível Nascido do Mérito é assim chamado porque renascer aqui é o resultado de grande mérito; e o nível Grande Resultado é assim chamado porque é o estado mais elevado que os seres comuns conseguem alcançar na dependência das absorções do reino da forma. Os deuses de longa vida, mencionados nos ensinamentos de Lamrim sobre os oito estados sem liberdade, vivem nesse nível. Os cinco níveis restantes são conhecidos como "as Cinco Terras Puras". Quando os hinayanas Destruidores de Inimigos morrem, eles frequentemente escolhem renascer numa dessas Terras, onde podem permanecer em paz por um período tão longo quanto desejarem. Essas Terras Puras estão além do samsara, mas não são Terras Búdicas. O reino da forma é assim chamado porque os deuses que nele habitam têm *agregados forma* sutis.

O reino da sem-forma possui quatro níveis: espaço infinito, consciência infinita, nada e topo do samsara. O nível *topo do samsara* é o estado mais elevado no samsara. O reino da sem-forma é assim chamado porque os deuses que nele habitam carecem do agregado forma. Os vários níveis dos reinos da forma e da sem-forma são diferenciados pelo nível de concentração dos seres que neles habitam.

Os deuses que vivem nos reinos da forma e da sem-forma não têm delusões densas, tais como raiva, inveja (ou ciúme) ou apego a objetos externos. Eles não dependem de condições externas, tais como comida e roupas, embora os deuses do reino da forma residam em belas mansões celestiais, que aparecem espontaneamente quando nascem. Visto que esses deuses não nascem de um útero, eles não experienciam os sofrimentos do nascimento, e visto que não têm corpos densos, não experienciam os sofrimentos da doença, envelhecimento e morte experienciados pelos seres no reino do desejo. Muitos não-budistas consideram que renascer como um deus do reino da forma ou da sem-forma é um estado de libertação. Não obstante, esses deuses, na verdade, ainda estão encarcerados na prisão do samsara, e quando o seu carma para desfrutar desse renascimento se esgota, morrem e voltam para os reinos inferiores.

Os Bodhisattvas compreendem que não há benefício duradouro em renascer nos reinos da forma e da sem-forma. No entanto, esforçam-se, mesmo assim, para alcançar as absorções dos reinos da forma e da sem-forma. Essas absorções são mentes extasiantes e poderosas, que estão sempre unidas com a maleabilidade mental. Meditar na vacuidade com uma absorção do reino da forma ou da sem-forma é muito mais poderoso do que meditar com uma mente do reino do desejo, pois essas mentes fundem-se rapidamente com a vacuidade, fazendo com que seja mais fácil superar a aparência dual. Quando usadas dessa maneira, essas absorções não são caminhos mundanos que levam a renascer como um deus samsárico, mas caminhos supramundanos, que conduzem à libertação e à iluminação.

As quatro absorções do reino da forma são conhecidas como a primeira estabilização mental, a segunda estabilização mental, a terceira estabilização mental e a quarta estabilização mental; e as quatro absorções do reino da sem-forma são conhecidas como a absorção do espaço infinito, a absorção da consciência infinita, a absorção do nada e a absorção do topo do samsara. Essas absorções são alcançadas através do abandono progressivo de níveis cada vez mais sutis de delusão.

O reino do desejo, os quatro reinos da forma e os quatro reinos da sem-forma têm, cada um, nove níveis de delusão, totalizando 81 níveis de delusão. Os nove níveis de delusão do reino do desejo são: grande-grande, grande-mediano, grande-pequeno, mediano-grande, mediano-mediano, mediano-pequeno, pequeno-grande, pequeno-mediano e pequeno-pequeno. Os nove níveis de delusão de cada um dos quatro reinos da forma e dos quatro reinos da sem-forma são nomeados de maneira semelhante. Para alcançar a absorção efetiva da primeira estabilização mental, temos de abandonar os nove níveis de delusão do reino do desejo; para alcançar a absorção efetiva da segunda estabilização mental, temos de abandonar os nove níveis de delusão do primeiro reino da forma, e assim por diante. No entanto, deve-se notar que, por treinar caminhos mundanos, conseguiremos abandonar apenas as delusões manifestas, isto é, conseguiremos impedir temporariamente que as delusões se tornem manifestas, mas não conseguiremos erradicá-las completamente, pois isso envolve a destruição das suas sementes. Para fazer isso, precisamos treinar caminhos supramundanos.

Para alcançar a absorção efetiva da primeira estabilização mental do reino da forma, precisamos, primeiro, treinar a absorção da preparação-aproximadora da primeira estabilização mental. Quando alcançamos o tranquilo-permanecer, alcançamos a absorção da preparação-aproximadora da primeira estabilização mental de um iniciante, que é uma mente do reino da forma que ainda não alcançou a visão superior. Depois, com a determinação de abandonar as delusões do reino do desejo, precisamos treinar a absorção da preparação-aproximadora que supera as delusões. Essa absorção tem seis etapas, que são conhecidas como "as seis atenções". Elas são:

(1) A atenção que conhece características específicas;
(2) A atenção de crença;
(3) A atenção do isolamento completo;
(4) A atenção de reunir alegria;
(5) A atenção da análise;
(6) A atenção da conclusão do treino.

A primeira dessas etapas é um tipo especial de sabedoria. Após ter alcançado o tranquilo-permanecer, o iogue, ou a ioguine, que deseje alcançar a absorção efetiva da primeira estabilização mental, empenha-se em meditação analítica sobre as falhas do reino do desejo e as vantagens do reino da forma. Essa é a causa principal de alcançar a visão superior. Embora nesta etapa o iogue possua o tranquilo-permanecer, ele não consegue mantê-lo ao mesmo tempo que faz essa análise. Anteriormente, ele havia realizado o tranquilo-permanecer através de fixar sua mente num objeto estacionário, fixo. Agora, ele tem de treinar as nove permanências mentais, superando os cinco obstáculos por meio de aplicar os oito oponentes, enquanto sua mente se encontra empenhada em análise.

Primeiro, ele, ou ela, traz à mente o objeto: as falhas do reino do desejo e as vantagens do reino da forma. Essa é a primeira permanência mental. Depois, treina, principalmente, em aprimorar sua contínua-lembrança (*mindfulness*) até alcançar o ponto no qual nunca esquece o objeto durante toda a sessão, independentemente de estar empenhado em meditação posicionada ou meditação analítica. Essa é a quarta permanência mental. Depois, ele precisa se esforçar para eliminar as falhas do afundamento mental sutil e da excitação mental sutil. O último é particularmente difícil de superar, pois a atividade de analisar pode facilmente perturbar a estabilidade da concentração. Por fim, no entanto, o iogue alcança o ponto no qual pode manter, sem esforço, concentração espontânea, enquanto analisa as falhas do reino do desejo e as vantagens do reino da forma. Essa é a nona permanência mental.

Através de continuar alternando entre a meditação analítica e a meditação posicionada, por fim ele alcança uma maleabilidade física e mental especial induzida por análise. Anteriormente, a estabilidade da sua meditação posicionada dificultava ligeiramente sua meditação analítica, e o movimento da sua meditação analítica perturbava a estabilidade da sua meditação posicionada. Agora, ele é capaz tanto de analisar o objeto (sem que isso perturbe a estabilidade da sua concentração) como de concentrar-se no objeto (sem que isso impeça sua análise). Quando o iogue alcança essa maleabilidade especial induzida por análise, ele alcança a visão superior, e a sua *atenção que conhece características específicas* transforma-se na *atenção de crença*.

A atenção de crença é assim denominada porque, como resultado da análise anterior, essa atenção acredita fortemente que o reino do desejo é falho e que o reino da forma é pacífico. A atenção de crença é, por natureza, visão superior. Quando a atenção de crença se torna poderosa o bastante para funcionar como o antídoto direto contra as delusões grande-grandes do reino do desejo, ela se transforma na *atenção do isolamento completo*, que é assim denominada porque isola a mente por completo do nível mais denso de delusões manifestas do reino do desejo. Essa atenção é também da natureza da visão superior. A atenção do isolamento completo tem seis etapas:

(1) A atenção do isolamento completo que é o antídoto direto contra as delusões grande-grandes do reino do desejo;
(2) A atenção do isolamento completo que é completamente livre das delusões grande-grandes do reino do desejo;
(3) A atenção do isolamento completo que é o antídoto direto contra as delusões grande-medianas do reino do desejo;

(4) A atenção do isolamento completo que é completamente livre das delusões grande-medianas do reino do desejo;
(5) A atenção do isolamento completo que é o antídoto direto contra as delusões grande-pequenas do reino do desejo;
(6) A atenção do isolamento completo que é completamente livre das delusões grande-pequenas do reino do desejo.

A primeira, terceira e quinta etapas são caminhos ininterruptos; e a segunda, quarta e sexta etapas são caminhos liberados. O iogue alcança os dois primeiros na mesma sessão e, então, alterna entre as práticas de aquisição subsequente e equilíbrio meditativo até que a sua meditação seja poderosa o bastante para funcionar como o antídoto direto contra as delusões grande-medianas do reino do desejo. Com isso, ele alcança a terceira atenção do isolamento completo, e assim sucessivamente.

Tendo alcançado a libertação dos três níveis *grandes* de delusão do reino do desejo, o iogue agora se esforça para abandonar os três níveis *medianos* de delusão do reino do desejo. Quando sua meditação for poderosa o suficiente para funcionar como o antídoto direto contra as delusões mediano-grandes do reino do desejo, sua atenção do isolamento completo transforma-se na *atenção de reunir alegria*. Essa atenção tem seis etapas, semelhantes às seis etapas da atenção do isolamento completo, as quais abandonam os três níveis *medianos* de delusão do reino do desejo.

Quando o iogue alcança a libertação das delusões mediano-pequenas do reino do desejo, ele sente como se houvesse abandonado todas as delusões. Os objetos que normalmente provocariam raiva, inveja (ou ciúme) ou apego não mais estimulam nenhuma delusão e ele sente como se não conseguisse mais gerar delusões, mesmo que tentasse. No entanto, quando o iogue retorna à sua meditação e examina minuciosamente a sua mente, compreende que ainda possui níveis sutis de delusão do reino do desejo no seu *continuum* mental. Ele, então, determina-se a abandonar esses níveis sutis. Esse processo de análise e de determinação, que é feito com a sabedoria da visão superior e a concentração do tranquilo-permanecer, é a *atenção da análise*.

Quando essa atenção se torna poderosa o suficiente para funcionar como o antídoto direto contra as delusões pequeno-grandes do reino do desejo, ela se transforma na *atenção da conclusão do treino*. Essa atenção tem cinco etapas, que correspondem às primeiras cinco etapas das *atenções do isolamento completo* e de *reunir alegria*. A primeira, terceira e quinta etapas são caminhos ininterruptos, que são os antídotos diretos contra as delusões pequeno-grandes, pequeno-medianas e pequeno-pequenas do reino do desejo respectivamente. A segunda e quarta etapas são caminhos liberados, que abandonaram as delusões pequeno-grandes e pequeno--medianas do reino do desejo respectivamente. O caminho liberado que abandonou as delusões pequeno-pequenas do reino do desejo é a absorção efetiva da primeira estabilização mental.

As etapas para alcançar a realização da absorção efetiva da primeira estabilização mental são semelhantes às etapas dos cinco caminhos supramundanos. A aquisição inicial da absorção da preparação-aproximadora da primeira estabilização mental de um iniciante é como um caminho da acumulação mundano. Ele não é um caminho da acumulação efetivo, autêntico, mas desempenha uma função semelhante. A *atenção que conhece características específicas* é como um caminho da preparação mundano, e a *atenção de crença*, como um caminho da visão mundano. Assim como, no Caminho da Visão efetivo, a sabedoria que realiza a vacuidade não é ainda poderosa o suficiente para funcionar como o antídoto direto contra as delusões inatas, do mesmo modo, no caminho da visão mundano, a visão superior que observa as falhas do reino do desejo e as vantagens do reino da forma não é ainda poderosa o suficiente para funcionar como o antídoto direto contra as delusões grande--grandes do reino do desejo. Quando a *atenção de crença* se transforma na *atenção do isolamento completo*, isso é como ingressar no caminho da meditação mundano. No Caminho da Meditação efetivo, as delusões inatas são abandonadas nível por nível pela sabedoria que realiza a ausência do em-si e, no caminho da meditação mundano, as delusões manifestas do reino do desejo são abandonadas de modo semelhante pelas quatro últimas atenções. Quando as delusões pequeno-pequenas do reino do desejo forem abandonadas, o iogue alcançará então a absorção efetiva da primeira estabilização mental, que é como um caminho do não-mais-aprender mundano.

A absorção efetiva da primeira estabilização mental é uma mente mais pura, pacífica e estável do que a absorção da preparação-aproximadora da primeira estabilização mental. A não ser que prossiga para desenvolver absorções mais elevadas ou esteja motivado por renúncia ou bodhichitta, um iogue, ou ioguine, que alcançou a absorção efetiva da primeira estabilização mental renascerá, com toda certeza, no primeiro reino da forma na sua próxima vida. A razão disso é que ele não possui mais a causa para renascer no reino do desejo; porém, ele ainda não criou a causa para renascer no segundo reino da forma ou em reinos mais elevados. Visto que não tem delusões manifestas do reino do desejo, ele não pode gerar anseio nem avidez dependente-relacionados pelo reino do desejo. Em vez disso, desenvolve um tipo sutil de apego pelo primeiro reino da forma, que funciona como os elos dependente-relacionados do anseio e da avidez. Esses elos servem, ou atuam, para amadurecer os potenciais que causam o renascimento no primeiro reino da forma.

Para alcançar a absorção efetiva da segunda estabilização mental do reino da forma, o iogue medita na absorção da preparação-aproximadora da segunda estabilização mental. Ele medita sobre quão denso é o primeiro reino da forma quando comparado com a serenidade do segundo reino da forma e gera uma determinação de abandonar os nove níveis de delusão do primeiro reino da forma por meio de aplicar as seis atenções. Essas atenções são semelhantes às da primeira estabilização mental, exceto que, neste nível, funcionam para abandonar as delusões do primeiro reino da forma, em vez das delusões do reino do desejo. Quando a *atenção da conclusão do treino* da segunda estabilização mental tiver abandonado as delusões pequeno-pequenas do primeiro reino da forma, o iogue alcança a absorção efetiva da segunda estabilização mental. A maneira de alcançar as absorções efetivas da terceira e quarta estabilizações mentais do reino da forma podem ser compreendidas a partir desta explicação.

Do ponto de vista da serenidade, pureza e ausência de pensamentos distrativos, o reino da sem-forma é superior ao reino da forma. Tanto os seres comuns como os hinayanas superiores podem renascer ali, mas os Bodhisattvas, não. Os seres do reino da sem-forma carecem de corpos físicos e não têm poderes sensoriais; por essa razão, não têm a oportunidade de ouvir ensinamentos de Dharma ou de se comunicar com os outros. Visto que a única razão de os Bodhisattvas renascerem nas moradas do samsara é a de beneficiar os seres vivos, não há motivo para que renasçam num reino no qual não possam se comunicar com os seus habitantes. No entanto, os Bodhisattvas se esforçam para realizar as absorções do reino da sem-forma, pois elas são estados mentais extremamente sutis e poderosos que lhes permitem alcançar uma absorção profunda na vacuidade, livre de distrações conceituais densas.

Como foi mencionado anteriormente, há quatro absorções efetivas do reino da sem-forma:

(1) A absorção do espaço infinito;
(2) A absorção da consciência infinita;
(3) A absorção do nada;
(4) A absorção do topo do samsara.

A maneira de alcançar essas quatro absorções é semelhante à maneira de alcançar as quatro absorções do reino da forma. Assim, para alcançar a *absorção efetiva do espaço infinito*, o iogue precisa abandonar os nove níveis de delusão do quarto reino da forma por meio de treinar a absorção da preparação-aproximadora do espaço infinito. Vendo que muitos problemas surgem do apego às formas, o iogue desenvolve uma determinação de alcançar um estado de ausência de forma. Com essa motivação, ele medita no espaço não-produzido, a mera ausência de forma, até obter o tranquilo-permanecer nesse objeto. Essa é a absorção da preparação-aproximadora do espaço infinito de um iniciante. Depois, com o tranquilo-permanecer, analisa as falhas da forma e as boas qualidades da ausência de forma. Essa é a *atenção que conhece características específicas*. Quando desenvolve o êxtase da maleabilidade surgido dessa análise, alcança a *atenção de crença*, e quando essa atenção for capaz de funcionar como o antídoto direto contra as delusões grande-grandes do quarto reino da forma, ele alcança a *atenção do isolamento completo*. Essa atenção, assim como a atenção do isolamento completo dos reinos da forma, também possui seis etapas: os três caminhos ininterruptos, que são os antídotos diretos contra os três níveis *grandes* de delusão do quarto reino da forma, e os três caminhos liberados, que abandonaram essas delusões. Quando a atenção do isolamento completo se torna poderosa o suficiente para funcionar como o antídoto direto contra as delusões mediano-grandes do quarto reino da forma, ela se transforma na *atenção de reunir alegria*. Após completar essa atenção, o iogue analisa sua mente com a *atenção da análise* e compreende que as delusões *pequenas* do quarto reino da forma ainda permanecem no seu *continuum* mental. Para abandoná-las, continua a meditar na união do tranquilo-permanecer e da visão superior que observa a vacuidade do espaço infinito, até que sua meditação se torne poderosa o suficiente para funcionar como o antídoto direto contra as delusões pequeno-grandes do quarto reino da forma. Nesse ponto, ele alcança a *atenção da conclusão do treino*. Novamente, essa atenção possui cinco etapas: três caminhos ininterruptos e dois caminhos liberados. O caminho liberado que abandonou as delusões pequeno-pequenas do quarto reino da forma é a *absorção efetiva do espaço infinito*.

Para alcançar a *absorção efetiva da consciência infinita*, o iogue contempla o quão denso é o espaço infinito em relação à sutilidade da consciência infinita. Depois, concentrando-se na infinitude da consciência, ele completa as etapas da absorção da preparação-aproximadora da consciência infinita, que são semelhantes àquelas já explicadas, exceto que, nesse nível, elas funcionam para abandonar os nove níveis de delusão do primeiro reino da sem-forma. Para alcançar a *absorção efetiva do nada*, o iogue considera a aparência da consciência como sendo densa e medita no nada. Progredindo através das mesmas etapas que as anteriores, ele abandona gradualmente os nove níveis de delusão do segundo reino da sem-forma e alcança a absorção efetiva do nada. Para alcançar a *absorção efetiva do topo do samsara*, o iogue considera a discriminação do nada como sendo uma discriminação densa, e desenvolve um desejo de abandonar todas as discriminações densas e de permanecer unicamente num estado de consciência sutil. Depois, por meio de se concentrar na cessação da discriminação densa, ele abandona gradualmente os nove níveis de delusão do terceiro reino da sem-forma e alcança a absorção efetiva do topo do samsara.

O topo do samsara também possui nove níveis de delusão, desde o nível grande-grande até o pequeno-pequeno. É possível abandonar os oito primeiros níveis por meio de seguir apenas caminhos mundanos, e muitos meditadores não-budistas o fizeram. No entanto, para abandonar as delusões pequeno-pequenas do topo do samsara e, assim, alcançar a libertação, é necessário meditar em caminhos supramundanos ou em caminhos que estejam associados com uma realização direta da vacuidade. Esses caminhos são encontrados apenas no sistema budista.

Um iogue que, com um corpo humano, tenha alcançado o caminho mundano da absorção do topo do samsara, pode avançar por meio de gerar renúncia e ingressar no caminho à libertação, mas uma pessoa que tenha renascido no reino do topo do samsara não terá tal oportunidade. Tudo o que poderá fazer é permanecer num estado de consciência sutil sem atividade mental, até que o seu carma para permanecer nesse estado se esgote. Então, com esse estoque de mérito esgotado, ela morre e cai novamente para os reinos inferiores. O caminho mundano do topo do samsara abandona apenas temporariamente os oitenta níveis de delusão. Uma vez que as sementes dessas delusões ainda permanecem, as delusões, elas próprias, por fim se manifestam novamente.

Em resumo, as oito absorções da preparação-aproximadora e as oito absorções efetivas dos reinos da forma e da sem-forma podem ser caminhos mundanos ou supramundanos. Qualquer absorção que não seja motivada por renúncia ou bodhichitta é um caminho mundano e uma causa de renascer no samsara. Muitos não-budistas compreendem as falhas do reino do desejo e as boas qualidades dos reinos superiores, mas não compreendem o sofrimento-que-permeia e, por essa razão, não podem desenvolver renúncia por todos os três reinos do samsara. Alguns consideram as absorções do reino da forma como a aquisição última, ao passo que outros as veem como uma etapa no caminho para as absorções mais elevadas do reino da sem-forma, as quais consideram como sendo a verdadeira libertação. No entanto, do ponto de vista budista, renascer como um deus do reino da forma ou do reino da sem-forma não é uma etapa no caminho à libertação, mas um obstáculo para alcançar a libertação. Em geral, os deuses dos reinos da forma e da sem-forma não podem desenvolver renúncia nem bodhichitta e tampouco identificar o objeto negado pela vacuidade. Por essa razão, aqueles que buscam a libertação ou a iluminação rezam para não renascerem nesses reinos.

Embora os Bodhisattvas não tenham o desejo de renascer nos reinos superiores, eles se esforçam, apesar disso, para alcançar as absorções dos reinos da forma e da sem-forma. A partir da *grande etapa* do Caminho da Acumulação em diante, os Bodhisattvas meditam na vacuidade com as absorções efetivas dos reinos da forma ou da sem-forma, mas, devido ao poder da sua motivação de bodhichitta, essas absorções não fazem com que renasçam nos reinos superiores. Para os Bodhisattvas, as absorções dos reinos da forma e da sem-forma são causas de iluminação e, portanto, são caminhos supramundanos. As definições das absorções dos reinos da forma e da sem-forma serão dadas mais à frente, na seção sobre a vacuidade das definições (ver páginas 394-395).

Além das realizações especiais das absorções dos reinos da forma e da sem-forma, o Bodhisattva no terceiro solo também possui realizações especiais das quatro incomensuráveis e das cinco clarividências. As quatro incomensuráveis são: amor incomensurável, compaixão incomensurável, alegria incomensurável e equanimidade incomensurável. Amor incomensurável é uma mente obtida na dependência de uma concentração que deseja que incomensuráveis seres vivos experienciem felicidade. Dentre os três tipos de amor – amor afetuoso, amor apreciativo e amor desiderativo –, o amor incomensurável é, necessariamente, amor desiderativo. Compaixão incomensurável é uma mente obtida na dependência de uma concentração que deseja que incomensuráveis seres vivos se libertem do sofrimento. Alegria incomensurável é uma mente obtida na dependência de uma concentração que deseja que incomensuráveis seres vivos nunca se separem da felicidade. Equanimidade incomensurável é uma mente obtida na dependência de uma concentração que deseja que incomensuráveis seres vivos se libertem do apego e do ódio.

Cada uma das quatro incomensuráveis é gerada na dependência de quatro causas: a semente, o objeto observado, a condição dominante e a condição imediata. A semente de uma mente específica é o potencial para essa mente. Todos os seres vivos têm as sementes das quatro incomensuráveis no seu *continuum* mental, as quais são as causas principais das quatro incomensuráveis. Quando, por exemplo, a semente do amor incomensurável no nosso *continuum* mental se encontra com as outras três causas, o amor incomensurável é gerado. O objeto observado do amor incomensurável são os incomensuráveis seres vivos, percebidos como desprovidos de felicidade verdadeira. O objeto observado da compaixão incomensurável são os incomensuráveis seres vivos, percebidos experienciando sofrimento. O objeto observado da alegria incomensurável são os incomensuráveis seres vivos, percebidos experienciando apenas felicidade limitada. O objeto observado da equanimidade incomensurável são os incomensuráveis seres vivos, percebidos experienciando problemas e sofrimento infindáveis como resultado do seu apego e do seu ódio. A condição dominante de cada uma das quatro incomensuráveis é o Guia Espiritual, que nos ensina como gerar cada mente. Essas mentes especiais nunca surgem naturalmente, mas têm de ser cultivadas por meio de seguir as instruções de um Guia Espiritual qualificado. A condição imediata de cada uma das quatro incomensuráveis é a mente que as induz diretamente.

Cada uma das quatro incomensuráveis tem uma divisão tripla. Por exemplo, o amor incomensurável é dividido em: amor incomensurável que observa os meros seres vivos, amor incomensurável que observa os fenômenos e amor incomensurável que observa o inobservável. Esses três tipos de amor podem ser compreendidos a partir da explicação dos três tipos de compaixão dada anteriormente. As definições das quatro incomensuráveis serão dadas mais à frente, na seção sobre a vacuidade das definições (ver página 395).

A clarividência é definida como uma mente que apreende diretamente seu objeto através do poder de uma *absorção efetiva do reino da forma*, que é a sua condição dominante específica, ou incomum. Há cinco tipos de clarividência: a clarividência de poderes miraculosos, a clarividência do ouvido divino, a clarividência de conhecer a mente dos outros, a clarividência de conhecer vidas passadas e a clarividência do olho divino. Essas clarividências são de grande auxílio aos Bodisatvas no seu trabalho para beneficiar todos os seres vivos. Em *Lâmpada para o Caminho à Iluminação*, Atisha diz:

> Assim como um pássaro sem asas não pode voar, aqueles que carecem de clarividência não podem beneficiar os seres vivos.

A clarividência de poderes miraculosos é definida como uma clarividência que pode produzir transformações mágicas na dependência de uma absorção efetiva do reino da forma, que é a sua condição dominante específica. Exemplos desse tipo de clarividência são: concentrações que podem transformar um objeto em muitos ou muitos objetos em um, transformar objetos pequenos em grandes ou objetos grandes em pequenos, ou o poder de andar no ar ou através da terra. Visto que, nestes tempos impuros, os seres têm pouco mérito e pouca sabedoria, os Bodisatvas não fazem mais demonstrações públicas dos seus poderes miraculosos no caso de eles serem contraprodutivos, mas, no passado, eles usavam esses poderes para inspirar fé nos outros.

A clarividência do ouvido divino é definida como uma clarividência que ouve diretamente sons densos e sutis na dependência de uma absorção efetiva do reino da forma, que é a sua condição dominante específica. Um exemplo desse tipo de clarividência são os percebedores diretos mentais que ouvem diretamente sons distantes e sons interiores sutis que estão além da gama auditiva comum. Os Bodhisattvas usam esta clarividência para ficarem cientes da fala dos outros, de modo que lhes possam dar conselhos apropriados.

A clarividência de conhecer a mente dos outros é definida como uma clarividência que conhece diretamente a mente dos outros na dependência de uma absorção efetiva do reino da forma, que é a sua condição dominante específica. Um exemplo desse tipo de clarividência é um percebedor direto mental que percebe diretamente os pensamentos ou os sentimentos dos outros. Os Bodhisattvas usam esta clarividência para ajudá-los, dando-lhes ensinamentos apropriados.

A clarividência de conhecer vidas passadas é definida como uma clarividência que conhece diretamente as vidas passadas, tanto as suas próprias como as dos outros, assim como os locais onde viveu ou os outros viveram, na dependência de uma absorção efetiva do reino da forma, que é a sua condição dominante específica. Um exemplo desse tipo de clarividência é a clarividência de Atisha, que conhecia as suas próprias vidas passadas, as vidas passadas de Dromtonpa e as de seus outros discípulos tibetanos. Com base nesse conhecimento, Atisha deu ensinamentos especiais que se tornaram conhecidos como *O Dharma Kadam do Pai* e *O Dharma Kadam dos Filhos*. Os Bodhisattvas usam esta clarividência para aumentar o repertório de experiências ao qual podem recorrer quando ensinam ou meditam.

A clarividência do olho divino é definida como uma clarividência que vê diretamente formas distantes e formas sutis na dependência de uma absorção efetiva do reino da forma, que é a sua condição dominante específica. Um exemplo desse tipo de clarividência são os percebedores diretos mentais que veem diretamente formas densas e sutis que estão além da extensão ou capacidade da visão comum. Os Bodhisattvas usam esta clarividência para localizar seres que necessitam de ajuda.

Pergunta Visto que os Bodhisattvas nos dois primeiros solos também possuem essas realizações, por que elas são apresentadas como qualidades do Bodhisattva do terceiro solo?

Resposta Uma vez que o Bodhisattva do terceiro solo alcançou um treino excepcional em concentração superior, suas estabilizações mentais, absorções e assim por diante são muito mais poderosas que as dos Bodhisattvas nos solos inferiores. Pelo poder dessa concentração, ele é capaz de erradicar o apego, o ódio, a confusão e todas as demais delusões que surgem do agarramento-ao-verdadeiro inato grande-mediano. Ele também possui grande habilidade em superar o apego desejoso e outras delusões dos seres mundanos porque possui a confiança e o poder para guiá-los por caminhos corretos.

AS CARACTERÍSTICAS DAS TRÊS PRIMEIRAS PERFEIÇÕES

[III.12] Estes três Dharmas – a prática de dar e assim por diante –
São especialmente louvados pelos Sugatas para as pessoas leigas.
Eles são conhecidos como "a coleção de mérito",
A causa do corpo de um Buda que é da natureza da forma.

Embora as três primeiras perfeições sejam praticadas tanto por Bodhisattvas leigos como por Bodhisattvas ordenados, Buda louvou-as como especialmente adequadas ao estilo de vida dos Bodhisattvas leigos. As perfeições de esforço, estabilização mental e sabedoria, por outro lado, foram louvadas como mais adequadas ao estilo de vida dos Bodhisattvas ordenados.

As primeiras três perfeições são também conhecidas como "a coleção de mérito", porque são as causas principais do Corpo-Forma de um Buda. As perfeições de estabilização mental e de sabedoria são conhecidas como "a coleção de sabedoria", porque são as causas principais do Corpo-Verdade de um Buda. A quarta perfeição, a perfeição de esforço, é, por igual, uma causa de ambos os corpos. Assim, todas as seis perfeições estão incluídas nas duas coleções. Quando as dez perfeições são enumeradas, as quatro últimas são incluídas na sexta, a perfeição de sabedoria, e, portanto, na coleção de sabedoria.

CONCLUSÃO POR MEIO DE EXPRESSAR AS BOAS QUALIDADES DO SOLO

**[III.13] Este Luminoso, que reside no sol, o Filho dos Conquistadores,
Primeiro remove por completo a escuridão de dentro de si mesmo
E, a seguir, deseja fortemente eliminar a escuridão dos seres vivos.
Sendo muito aguçado neste solo, ele nunca fica com raiva.**

Assim como a luz do Sol dissipa por completo a escuridão, o terceiro solo, primeiro, remove completamente a escuridão da confusão no *continuum* do Bodhisattva e, a seguir, procura eliminar a escuridão de todos os seres vivos, esforçando-se para alcançar a perfeita iluminação da Budeidade. Porque a sabedoria do Bodhisattva é muito aguçada e tão clara como o Sol, é impossível para ele perder sua paciência com seres faltosos e, por essa razão, nunca fica com raiva.

Isto conclui o comentário ao terceiro solo no *Guia ao Caminho do Meio*.

Radiante

O QUARTO SOLO, RADIANTE

Esta seção tem duas partes:

1. Introdução ao quarto solo;
2. Explicação do quarto solo.

A introdução ao quarto solo tem três partes:

1. Como o quarto solo é alcançado;
2. Definição do quarto solo;
3. Divisões do quarto solo.

COMO O QUARTO SOLO É ALCANÇADO

O Bodhisattva no terceiro solo continua a meditar na vacuidade até que ele, ou ela, alcance o caminho ininterrupto que é o antídoto direto contra o agarramento-ao-verdadeiro inato grande-pequeno. Esse é o caminho ininterrupto do terceiro solo. No momento seguinte, ele alcança o caminho liberado que abandonou completamente o agarramento-ao-verdadeiro inato grande-pequeno. Esse é o primeiro momento do quarto solo.

DEFINIÇÃO DO QUARTO SOLO

O quarto solo é definido como o caminho de um Bodhisattva superior que abandonou o agarramento-ao-verdadeiro inato grande-pequeno, o

Manjushri

seu principal objeto de abandono, e que alcançou, dentre as dez perfeições, uma prática incomparável da perfeição de esforço.

DIVISÕES DO QUARTO SOLO

O quarto solo possui três divisões: a excelsa percepção do equilíbrio meditativo do quarto solo, a excelsa percepção da aquisição subsequente do quarto solo e a excelsa percepção do quarto solo que não é nenhuma das duas. A primeira possui três divisões: o caminho liberado do quarto solo, o caminho ininterrupto do quarto solo e a excelsa percepção do equilíbrio meditativo do quarto solo que não é nenhum dos dois. O primeiro ocorre bem no início do quarto solo, e o segundo, que é o antídoto direto contra o agarramento-ao-verdadeiro inato mediano-grande, ocorre bem no fim. Entre estes dois, a excelsa percepção do equilíbrio meditativo que não é nenhum dos dois e a excelsa percepção da aquisição subsequente surgem alternadamente.

EXPLICAÇÃO DO QUARTO SOLO

O quarto solo será agora explicado a partir dos seguintes três tópicos:

1. O esforço incomparável neste solo;
2. A etimologia deste solo;
3. As características de abandono.

O ESFORÇO INCOMPARÁVEL NESTE SOLO

**[IV.1] Todas as boas qualidades procedem do esforço,
A causa das duas coleções – a de mérito e a de sabedoria.
O solo no qual o esforço resplandece
É o quarto, Radiante.**

O esforço é definido como uma mente virtuosa que se deleita com a virtude. Assim, no *Guia do Estilo de Vida do Bodhisattva*, Shantideva diz:

Esforço é uma mente que se deleita com a virtude.

Esforço não é, simplesmente, a aplicação de uma força ou energia física ou mental, pois o esforço é necessariamente uma mente virtuosa, e nem toda aplicação de uma força ou energia física ou mental é virtuosa. Uma preocupação enérgica com atividades mundanas, por exemplo, bloqueia a mente, impedindo que ela se empenhe na prática de virtudes e, portanto, é uma forma de preguiça. De acordo com o Dharma, uma mente que não esteja feliz para se empenhar em ações virtuosas é preguiça. A preguiça fecha a porta às aquisições espirituais.

Para aqueles que praticam esforço, nenhuma meta é inalcançável. Se tivermos esforço, iremos nos empenhar alegremente em práticas como a de generosidade, disciplina moral e paciência. Iremos nos aplicar entusiasticamente para alcançar realizações espirituais e, por fim, alcançaremos os solos causais e resultantes. Ouvir com atenção os ensinamentos, compreender o seu significado e obter experiência deles em meditação – tudo isso depende do esforço. De modo semelhante, todas as aquisições dos solos e caminhos, incluindo a aquisição final da Budeidade, dependem do esforço. Por essa razão, é dito que todas as boas qualidades procedem do esforço. Além disso, o esforço é a causa das duas coleções, a de mérito e a de sabedoria, as quais, elas próprias, são as causas principais dos dois corpos de um Buda.

O Bodhisattva no terceiro solo alcançou uma concentração meditativa que superou a dos dois primeiros solos. Agora, como resultado dessa concentração, o Bodhisattva no quarto solo alcança uma maleabilidade mental especial que não é obtida pelos Bodhisattvas nos três solos anteriores. Pelo poder dessa maleabilidade, ele elimina todos os vestígios de preguiça da sua mente e, assim, a sua prática da perfeição de esforço torna-se incomparável.

A perfeição de esforço é definida como qualquer esforço mantido por bodhichitta. Ela tem duas divisões: a perfeição de esforço que-está-transcendendo e a perfeição de esforço transcendente.

A ETIMOLOGIA DESTE SOLO

**[IV.2abc] Aqui, para o Filho dos Sugatas,
Surge uma aparência superior à luz do cobre,
Que é produzida pela meditação superior nas realizações
   conducentes à completa iluminação;**

No quarto solo, o Bodhisattva alcança uma meditação nas 37 realizações conducentes à iluminação que é superior à que é alcançada pelos Bodhisattvas nos três solos anteriores. Isso faz com que o fogo da sua sabedoria arda mais fortemente e, como resultado, ele experiencia uma aparência radiante que é ainda mais poderosa que o brilho acobreado experienciado no terceiro solo.

Em geral, todos os Ouvintes, Realizadores Solitários e mahayanistas praticam as 37 realizações conducentes à iluminação, mas eles as praticam em níveis diferentes e, por essa razão, alcançam resultados diferentes. As 37 realizações conducentes à iluminação praticadas pelos Ouvintes conduzem a uma pequena iluminação; as que são praticadas pelos Realizadores Solitários conduzem a uma iluminação mediana; e as praticadas pelos mahayanistas conduzem à grande iluminação. Normalmente, o termo "iluminação" refere-se à grande iluminação.

As 37 realizações estão incluídas em sete grupos:

(1) Os quatro estreito-posicionamentos da contínua-lembrança;
(2) Os quatro abandonadores corretos;
(3) As quatro pernas de poderes miraculosos;
(4) Os cinco poderes;
(5) As cinco forças;
(6) Os sete ramos da iluminação;
(7) Os oito ramos dos caminhos superiores.

As definições das 37 realizações serão dadas mais à frente, na seção sobre a vacuidade das definições (ver páginas 396–397). O que se segue é uma breve explicação sobre como os Bodhisattvas treinam essas práticas.

Um estreito-posicionamento da contínua-lembrança (*mindfulness*) é um caminho de concentração que depende de contínua-lembrança e sabedoria. Há quatro tipos de contínua-lembrança: estreito-posicionamento da contínua-lembrança do corpo, estreito-posicionamento da contínua-lembrança das sensações, estreito-posicionamento da contínua-lembrança da mente e estreito-posicionamento da contínua-lembrança dos fenômenos. O primeiro observa os aspectos comuns e incomuns, ou específicos, do corpo, tais como sua impermanência e vacuidade; o segundo observa os aspectos comuns e incomuns das sensações agradáveis, desagradáveis e neutras; o terceiro observa os aspectos comuns e incomuns das mentes primárias e de todos os fatores mentais que não são sensações; e o quarto observa os aspectos comuns e incomuns dos fenômenos que não são o corpo, as sensações e a mente. O Bodhisattva treina essas práticas principalmente na *pequena etapa* do Caminho da Acumulação.

Um abandonador correto é um tipo especial de esforço que se deleita em abandonar objetos de abandono por meio de oponentes. Há quatro tipos: abandonadores corretos que abandonam não-virtudes já geradas, abandonadores corretos que não geram não-virtudes ainda não geradas, abandonadores corretos que aumentam virtudes já geradas e abandonadores corretos que geram virtudes ainda não geradas. Os dois últimos são chamados "abandonadores" porque, para praticar qualquer virtude, precisamos abandonar os seus opostos. Dentre os quatro poderes oponentes, o primeiro abandonador correto é o poder do arrependimento; o segundo, o poder da promessa; e o terceiro e o quarto estão incluídos no poder da confiança e no poder da força oponente. O Bodhisattva treina essas práticas principalmente na *etapa mediana* do Caminho da Acumulação.

Uma perna de poderes miraculosos é um caminho de concentração que possui os oito oponentes aos cinco obstáculos e que funciona, principalmente, como uma causa de poderes miraculosos. São denominados "pernas" porque são causas de poderes miraculosos e porque permitem que o praticante viaje a lugares e realize feitos que estão além do alcance e da imaginação dos seres comuns. Há quatro tipos de pernas de poderes miraculosos: as que são desenvolvidas através da aspiração, esforço, mente e análise. O primeiro tipo existe naqueles que já possuem forte concentração e sabedoria. Por simplesmente se focarem no objeto observado de um tipo específico de poder miraculoso e desenvolverem a aspiração de manifestar esse poder, eles conseguem induzir a concentração que é a perna miraculosa desse poder. O segundo tipo é induzido através do poder do esforço; o terceiro, por força das marcas de vidas passadas; e o quarto, por força da meditação analítica nas instruções dadas por outros. O Bodhisattva treina essas práticas principalmente na *grande etapa* do Caminho da Acumulação.

Há muitos tipos de poderes miraculosos, tais como a capacidade de manifestar um corpo como muitos ou muitos corpos como um só, a capacidade de voar e a capacidade de manifestar cidades e ilhas, mas é muito difícil, para os seres comuns, reconhecerem essas emanações. Os Budas e Bodhisattvas são capazes de produzir incontáveis emanações para o benefício dos seres vivos. Eles podem manifestar tanto objetos inanimados (como casas, alimentos, cidades e, até mesmo, mundos inteiros) quanto objetos animados (como animais ou, até mesmo, professores espirituais); mas, a não ser que tenhamos purificado a nossa mente, não conseguimos reconhecer essas manifestações como sendo emanações.

Enquanto acreditarmos, o tempo todo, que as coisas existem do seu próprio lado, independentes da mente, acharemos difícil compreender como, por exemplo, Milarepa conseguiu transformar-se numa flor. Para compreender essas coisas, precisamos, primeiro, compreender que todos os fenômenos são como sonhos e que não existem, minimamente, do seu próprio lado. Se compreendermos que o mundo e tudo o que nele existe surgem da mente, não acharemos difícil compreender como os iogues e ioguines, que têm as suas mentes sob controle, podem manifestar o que quer que desejem através do poder da sua concentração.

Os cinco poderes são conhecidos mais precisamente como "os cinco poderes do caminho". Neste contexto, um poder é um caminho mantido pela sabedoria da visão superior que observa a vacuidade e que é uma causa específica, ou incomum, de caminhos superiores. Há cinco tipos de poder: os poderes da fé, do esforço, da contínua-lembrança, da concentração e da sabedoria. O poder da fé observa a grande iluminação e deseja alcançá-la, o poder do esforço aplica-se para se empenhar em todos os caminhos vastos e profundos do Mahayana, o poder da contínua-lembrança observa e retém ensinamentos mahayana extensos, e os poderes da concentração e da sabedoria observam a vacuidade profunda. O Bodhisattva treina essas práticas principalmente nas duas primeiras etapas do Caminho da Preparação: *calor* e *topo*.

As cinco forças, ou mais precisamente, "as cinco forças do caminho", são caminhos que venceram as falhas que são os seus opostos. Há cinco tipos de força: as forças da fé, do esforço, da contínua-lembrança, da concentração e da sabedoria. Podemos compreendê-las ao aplicá-las a uma prática específica. Por exemplo, se realizarmos as cinco forças do caminho em relação à meditação na vacuidade, a força da fé é uma fé que venceu a antifé na vacuidade; a força do esforço é um esforço que venceu os três tipos de preguiça que fazem com que não gostemos, ou tenhamos aversão, de meditar na vacuidade; a força da contínua-lembrança é uma contínua-lembrança que venceu o esquecimento da vacuidade; a força da concentração é uma concentração que venceu os cinco obstáculos à concentração perfeita na vacuidade; e a força da sabedoria é uma sabedoria que destruiu todas as más-compreensões e equívocos do significado da vacuidade. O Bodhisattva treina essas práticas principalmente nas duas últimas etapas do Caminho da Preparação: *paciência* e *Dharma supremo*.

Um ramo da iluminação é um caminho superior que causa a aquisição da iluminação. Há sete tipos de ramos da iluminação: os ramos da iluminação da contínua-lembrança correta, da sabedoria correta, do esforço correto, da alegria correta, da maleabilidade correta, da concentração correta e da equanimidade correta.

Em *Ornamento para os Sutras Mahayana*, Maitreya descreve, metaforicamente, os sete ramos da iluminação como sendo os sete tesouros de um rei chakravatin. Em eras passadas, existiam reis que governavam o mundo inteiro e que trouxeram paz, harmonia e prosperidade para todos. A maioria dos reis chakravatin eram emanações de elevados Bodhisattvas que, deliberadamente, renasceram nessa posição para beneficiar os seres vivos. Os reis chakravatin não existem mais neste mundo porque os seres que vivem agora não têm mérito suficiente para serem governados por um rei como esse, mas eles ainda existem em outros mundos. Quando um rei chakravatin é coroado, sete tesouros aparecem espontaneamente através do poder do seu mérito: uma roda preciosa, um elefante precioso, um cavalo precioso, uma joia preciosa, uma rainha preciosa, um ministro precioso, e um general ou um administrador preciosos. Esses tesouros estão descritos minuciosamente no livro *Grande Tesouro de Mérito*. O ramo da iluminação da contínua-lembrança correta é como uma roda preciosa, porque permite que o Bodhisattva controle todas as suas delusões. O ramo da iluminação da sabedoria correta é como um elefante precioso, porque permite ao Bodhisattva partir para a guerra contra as suas delusões. O ramo da iluminação do esforço correto é como um cavalo precioso, porque permite que o Bodhisattva avance para a etapa da Budeidade muito rapidamente. O ramo da iluminação da alegria correta é como uma joia preciosa, porque sempre preenche a mente do Bodhisattva com felicidade. O ramo da iluminação da maleabilidade correta é como uma rainha preciosa, porque remove todo o desconforto físico e mental e concede grande êxtase. O ramo da iluminação da concentração correta é como um ministro precioso, porque realiza todos os desejos do Bodhisattva. O ramo da iluminação da equanimidade correta é como um administrador precioso, porque ajuda o Bodhisattva a abandonar objetos de abandono e a praticar objetos de aquisição. O Bodhisattva treina essas práticas principalmente no Caminho da Visão.

Um ramo de caminhos superiores é um caminho superior que causa a aquisição de caminhos superiores elevados. Há oito tipos de ramos de caminhos superiores: os ramos de caminhos superiores da visão correta, da concepção correta, da fala correta, dos fins corretos das ações, do modo de vida correto, do esforço correto, da contínua-lembrança correta e da concentração correta. O ramo de caminhos superiores da visão correta é um caminho superior que analisa, durante o intervalo entre as meditações, a vacuidade percebida durante o equilíbrio meditativo. O ramo de caminhos superiores da concepção correta é um caminho superior que é uma motivação que deseja revelar aos outros a vacuidade percebida durante o equilíbrio meditativo. O ramo de caminhos superiores da fala correta é um caminho superior que é a intenção mental de manter disciplina moral pura da fala. O ramo de caminhos superiores dos fins corretos das ações é um caminho superior que é a intenção mental de manter disciplina moral pura do corpo. O ramo de caminhos superiores do modo de vida correto é um caminho superior que é a intenção mental de manter, simultaneamente, disciplina moral pura de corpo e fala. O ramo de caminhos superiores do esforço correto é um caminho superior que se aplica em abandonar condições desfavoráveis e avançar para níveis elevados. O ramo de caminhos superiores da contínua-lembrança correta é um caminho superior que nunca se esquece do significado das duas verdades. O ramo de caminhos superiores da concentração correta é um caminho superior que está concentrado, de modo estritamente focado, no significado das duas verdades. O Bodhisattva treina essas práticas principalmente no Caminho da Meditação.

Tanto os sete ramos da iluminação como os oito ramos dos caminhos superiores existem no Caminho da Visão e no Caminho da Meditação, mas os sete ramos da iluminação são ensinados, principalmente, como sendo as boas qualidades de um Bodhisattva no Caminho da Visão, ao passo que os oito ramos dos caminhos superiores são ensinados, principalmente, como sendo as boas qualidades de um Bodhisattva no Caminho da Meditação. O propósito principal de ensinar os sete ramos da iluminação é mostrar que as realizações que abandonaram obstruções e alcançaram um conhecimento profundo da vacuidade existem a partir do Caminho da Visão em diante; e o propósito principal de ensinar os oito ramos dos caminhos superiores é mostrar que os Bodhisattvas precisam aprimorar continuamente suas realizações até se tornarem Budas. Essa é uma qualidade especial dos Bodhisattvas, que, não importa o quão excelsas sejam suas realizações, nunca se tornam acomodados.

O caminho principal através do qual passamos da condição de um ser senciente para o estado de um Buda é o Caminho da Meditação. Se estivermos saindo para uma longa viagem, é provável que, primeiro, tomemos um táxi até a estação e, então, façamos a maior parte da viagem de trem. Embora tomar o táxi seja uma parte essencial da viagem, se alguém nos perguntasse como fizemos a viagem, poderíamos dizer, simplesmente, que viemos de trem. Na analogia, o Caminho da Visão é como tomar o táxi, e o Caminho da Meditação é como tomar o trem. Embora a aquisição do Caminho da Visão marque o início dos caminhos superiores, sua duração é muito curta. Tão logo nossa sabedoria se torne poderosa o bastante para abandonar as delusões inatas grande-grandes, ela se transforma no Caminho da Meditação. É no Caminho da Meditação que a maior parte do trabalho de erradicar as delusões e suas marcas e de concluir o treino nas dez perfeições é realizado.

AS CARACTERÍSTICAS DE ABANDONO

[IV.2d] **E o que está associado à visão do *self* é completamente erradicado.**

O Bodhisattva no quarto solo abandonou a visão inata da coleção transitória grande-pequena. Associados a essa visão sutil do *self*, estão um agarramento ao em-si denso de pessoas, que apreende o *self* como autossustentado e substancialmente existente, bem como determinadas concepções de existência verdadeira em relação aos agregados, fontes e elementos. Isso é completamente erradicado no quarto solo.

Isto conclui o comentário ao quarto solo no *Guia ao Caminho do Meio*.

Difícil de Derrotar

O QUINTO SOLO, DIFÍCIL DE DERROTAR

Esta seção tem duas partes:

1. Introdução ao quinto solo;
2. Explicação do quinto solo.

A introdução ao quinto solo tem três partes:

1. Como o quinto solo é alcançado;
2. Definição do quinto solo;
3. Divisões do quinto solo.

COMO O QUINTO SOLO É ALCANÇADO

O Bodhisattva no quarto solo continua a meditar na vacuidade até que ele, ou ela, alcance o caminho ininterrupto que é o antídoto direto contra o agarramento-ao-verdadeiro inato mediano-grande. Esse é o caminho ininterrupto do quarto solo. No momento seguinte, ele alcança o caminho liberado que abandonou completamente o agarramento-ao-verdadeiro inato mediano-grande. Esse é o primeiro momento do quinto solo.

DEFINIÇÃO DO QUINTO SOLO

O quinto solo é definido como o caminho de um Bodhisattva superior que abandonou o agarramento-ao-verdadeiro inato mediano-grande, o seu principal objeto de abandono, e que alcançou, dentre as dez perfeições, uma prática incomparável da perfeição de estabilização mental.

DIVISÕES DO QUINTO SOLO

O quinto solo possui três divisões: a excelsa percepção do equilíbrio meditativo do quinto solo, a excelsa percepção da aquisição subsequente do quinto solo e a excelsa percepção do quinto solo que não é nenhuma das duas. A primeira possui três divisões: o caminho liberado do quinto solo, o caminho ininterrupto do quinto solo e a excelsa percepção do equilíbrio meditativo do quinto solo que não é nenhum dos dois. O primeiro ocorre bem no início do quinto solo, e o segundo, que é o antídoto direto contra o agarramento-ao-verdadeiro inato mediano-mediano, ocorre bem no fim. Entre estes dois, a excelsa percepção do equilíbrio meditativo que não é nenhum dos dois e a excelsa percepção da aquisição subsequente surgem alternadamente.

EXPLICAÇÃO DO QUINTO SOLO

O quinto solo será agora explicado a partir dos seguintes dois tópicos:

1. A etimologia do quinto solo;
2. A incomparável estabilização mental e a habilidade nas verdades.

A ETIMOLOGIA DO QUINTO SOLO

[V.1ab] **Este grande ser, no solo Difícil de Derrotar,**
Não pode ser vencido nem mesmo por todos os maras.

O Bodhisattva no quinto solo não pode ser vencido nem mesmo por todos os maras Devaputra existentes em todo o universo e, por essa razão, este solo é denominado "Difícil de Derrotar". Um mara, ou demônio, é qualquer coisa que obstrua a aquisição da libertação ou da iluminação. Há quatro tipos de mara: o mara das delusões, o mara dos agregados, o mara Senhor da Morte e os maras Devaputra. Dentre estes, apenas os maras Devaputra são, efetivamente, seres vivos.

Nossas mentes deludidas, tais como o apego, a raiva e a confusão, são maras porque funcionam unicamente para obstruir a nossa aquisição da libertação. Sem abandonar as delusões, não há como alcançar a libertação.

O mara dos agregados são os nossos agregados contaminados, dos quais nos apossamos. Em geral, um agregado é um conjunto de partes produzido por causas e condições. *Agregado, produto* e *coisa funcional* são sinônimos. Um agregado contaminado é um agregado que é produzido a partir de causas contaminadas – as delusões e as ações motivadas pelas delusões – e que funciona para estimular mais delusões. Todos os lugares, corpos, mentes e prazeres dos seres samsáricos são agregados contaminados. *Agregados contaminados* e *verdadeiros sofrimentos* são sinônimos. Há dois tipos de agregado contaminado: agregados contaminados internos e agregados contaminados externos. O primeiro são agregados contaminados que são a base para designar, ou imputar, uma pessoa, e o último são agregados contaminados que não são uma base para designar uma pessoa. *Agregados contaminados internos* e *agregados que foram apossados* são sinônimos. Os nossos cinco agregados que agora temos – forma, sensação, discriminação, fatores de composição e consciência – são agregados que foram apossados.

Todos os nossos sofrimentos vêm desses agregados contaminados dos quais nos apossamos. Sem eles, não há base para o sofrimento. Toda vez que renascemos no samsara, apossamo-nos de agregados contaminados. Tendo feito isso, temos de, sem nenhuma escolha, morrer, passar pelo estado intermediário, tomar outro renascimento, e assim sucessivamente. Esse ciclo interminável de sofrimento, que é conhecido como "samsara", não é nada mais que os agregados contaminados dos quais nos apossamos. Visto que não podemos alcançar a libertação sem abandonar esses agregados contaminados, eles são denominados "maras". No entanto, nem todos os agregados que são uma base para designar uma pessoa são agregados contaminados. Os agregados de um Buda, por exemplo, surgem das coleções de mérito e de sabedoria, e não de carma e delusão. Somente agregados contaminados internos são maras.

O terceiro tipo de mara, o Senhor da Morte, ou Yama, não é um ser vivo real, mas simplesmente a morte descontrolada. É chamado de "senhor" porque, neste exato momento, tem domínio completo sobre as nossas vidas. Je Tsongkhapa disse que há dois obstáculos principais para a aquisição da libertação: a morte e a ignorância. Se perdermos dinheiro, posses ou amigos, pode ser que venhamos a sofrer um revés temporário, mas isso não significa que a nossa prática espiritual chegará ao fim. No entanto, se perdermos nossa preciosa vida humana, perderemos nossa oportunidade de praticar o Dharma e, portanto, nossa oportunidade de alcançar a libertação. Por essa razão, a morte descontrolada é denominada "mara".

O quarto tipo de mara, Devaputra, é Ishvara irado, uma deidade mundana que habita a Terra do Controle de Emanações, o nível mais elevado do reino do desejo. Ele e suas manifestações tentam impedir os praticantes de Dharma de alcançarem a libertação do samsara, perturbando a sua paz mental. Se um praticante de Dharma perder repentinamente o interesse pela sua prática; ou se alguém, que mantém disciplina moral pura, desenvolver forte apego por outra pessoa e quebrar seus votos; ou quando alguém, que anteriormente tinha muita fé, começa a duvidar e a desenvolver visões errôneas – tudo isso é, com frequência, a ação dos maras Devaputra. Quando Buda estava prestes a alcançar a iluminação, foi atacado por cem bilhões de maras, todos eles manifestações de Devaputra. Eles tentaram interromper sua concentração de muitas maneiras, tais como atacando-o com armas e manifestando mulheres sedutoras para distraí-lo; porém, porque sua concentração em amor era muito poderosa, eles foram totalmente incapazes de perturbá-lo.

A INCOMPARÁVEL ESTABILIZAÇÃO MENTAL E A HABILIDADE NAS VERDADES

**[V.1cd] Sua estabilização mental é incomparável, e ele também alcança grande habilidade em realizar
A natureza sutil das verdades de uma mente boa.**

Visto que o Bodhisattva no quinto solo abandonou todas as condições incompatíveis com uma concentração perfeita, tais como as distrações densas e sutis, sua prática da perfeição de estabilização mental é incomparável. A perfeição de estabilização mental é definida como qualquer concentração mantida por bodhichitta. Ela tem duas divisões: a perfeição de estabilização mental que-está-transcendendo e a perfeição de estabilização mental transcendente.

O Bodhisattva no quinto solo também alcança grande habilidade em realizar a natureza densa e sutil das Quatro Nobres Verdades. Chandrakirti chama as Quatro Nobres Verdades de "verdades de uma mente boa" porque são verdades para os seres superiores, ou nobres. As Quatro Nobres Verdades são: os verdadeiros sofrimentos, as verdadeiras origens, as verdadeiras cessações e os verdadeiros caminhos.

Verdadeiro sofrimento é definido como um agregado contaminado que é causado, principalmente, por uma ação deludida. São chamados de "verdadeiros sofrimentos" porque os seres superiores, que veem as coisas como elas realmente são, veem diretamente que os agregados contaminados têm a natureza do sofrimento. Há quatro tipos de verdadeiro sofrimento: corpos contaminados, mentes contaminadas, ambientes contaminados e prazeres contaminados. Os dois primeiros são verdadeiros sofrimentos internos, porque estão no *continuum* de uma pessoa, e os outros dois são verdadeiros sofrimentos externos, porque não estão no *continuum* de uma pessoa.

Verdadeira origem é definida como uma delusão ou ação que é a causa principal de verdadeiros sofrimentos. São chamadas "verdadeiras origens" porque são a fonte verdadeira de todo sofrimento e medo. Há dois tipos de verdadeira origem: "verdadeiras origens que são delusões" e "verdadeiras origens que são ações". O primeiro, o oitavo e o nono elos dos doze elos dependente-relacionados são *verdadeiras origens que são delusões*, e o segundo e o décimo elos dependente-relacionados são *verdadeiras origens que são ações*.

Verdadeira cessação é definida como a natureza última de uma mente que abandonou qualquer obstrução através do poder de verdadeiros caminhos. As verdadeiras cessações são como os efeitos dos verdadeiros caminhos, mas não são, propriamente, efeitos, porque são permanentes. Há dois tipos de verdadeira cessação: verdadeiras cessações hinayana e verdadeiras cessações mahayana. Há dois tipos de verdadeira cessação hinayana: verdadeiras cessações hinayana das delusões intelectualmente formadas e verdadeiras cessações hinayana das delusões inatas. Há três tipos de verdadeira cessação mahayana: verdadeiras cessações mahayana das delusões intelectualmente formadas, verdadeiras cessações mahayana das delusões inatas e verdadeiras cessações mahayana das obstruções à onisciência.

Verdadeiro caminho é definido como uma realização de um ser superior mantida pela sabedoria que realiza diretamente a vacuidade. Há dois tipos de verdadeiro caminho: verdadeiros caminhos hinayana e verdadeiros caminhos mahayana. Cada um deles tem três tipos: o Caminho da Visão, o Caminho da Meditação e o Caminho do Não-Mais-Aprender. O verdadeiro caminho último é o Caminho Mahayana do Não-Mais-Aprender, que é a Budeidade efetiva.

Buda também ensinou dezesseis aspectos das Quatro Nobres Verdades. Seu propósito era duplo: explicar claramente a existência da libertação e como alcançá-la, e eliminar as dezesseis concepções errôneas que são os obstáculos principais à libertação. Cada uma das Quatro Verdades possui quatro aspectos.

Os quatro aspectos dos verdadeiros sofrimentos são: impermanência, sofrimento, vacuidade e ausência do em-si. Por contemplar o primeiro aspecto, superamos nosso apego por lugares, corpos e prazeres samsáricos, e, por contemplar o segundo, compreendemos que, uma vez que a verdadeira natureza dos objetos samsáricos é sofrimento, todos eles são objetos a serem abandonados. Por contemplar o terceiro, compreendemos a *ausência do em-si* denso, e, por contemplar o quarto, compreendemos a *ausência do em-si* sutil. Em *Comentário à Cognição Válida*, Dharmakirti diz:

Ver a ausência do em-si liberta-nos do samsara. Todos os demais aspectos são ensinados em prol disso.

Isso significa que Buda ensinou os três primeiros aspectos dos verdadeiros sofrimentos como um alicerce para meditar no quarto aspecto e realizá-lo. É a realização da *ausência do em-si* sutil que nos liberta do samsara.

Os quatro aspectos das verdadeiras origens são: causa, origem, forte produção e condição. Por contemplar o primeiro aspecto, obtemos uma convicção profunda de que todo sofrimento tem uma causa, e, por contemplar o segundo, compreendemos que as delusões e as ações deludidas são a origem de todo sofrimento. Por contemplar o terceiro aspecto, compreendemos que as verdadeiras origens são capazes de produzir intenso sofrimento, como o sofrimento dos infernos, e, por contemplar o quarto, compreendemos que são as verdadeiras origens que criam as condições para todo o tipo de adversidade, tais como doenças, pobreza, fome e guerras. Contemplando estes quatro aspectos, fortalecemos nossa determinação de abandonar as verdadeiras origens.

Os quatro aspectos das verdadeiras cessações são: cessação, paz, aquisição suprema e abandono definitivo. Por contemplar o primeiro aspecto, compreendemos que a libertação é uma verdadeira cessação de todas as verdadeiras origens e, portanto, de todos os verdadeiros sofrimentos, e, por contemplar o segundo, compreendemos que a libertação é uma paz verdadeira, pois ela é o abandono de todas as delusões. Por contemplar o terceiro aspecto, compreendemos que a libertação é uma aquisição suprema, porque é completamente não-enganosa, e, por contemplar o quarto, compreendemos que ela é um abandono definitivo, pois é uma libertação irreversível das falhas samsáricas. Contemplando estes quatro aspectos, encorajamo-nos a nos empenhar para alcançar as verdadeiras cessações.

Os quatro aspectos dos verdadeiros caminhos são: caminho, antídoto, realização e abandonador definitivo. O verdadeiro caminho principal é a sabedoria que realiza diretamente a vacuidade. Por contemplar o primeiro aspecto, compreendemos que essa sabedoria é um caminho, porque nos conduz ao destino da libertação, e, por contemplar o segundo, compreendemos que ela é o antídoto, porque elimina diretamente as delusões. Por contemplar o terceiro aspecto, compreendemos que ela é uma realização, porque nos conduz a aquisições perfeitas, e, por contemplar o quarto, compreendemos que ela é um abandonador definitivo, porque essa sabedoria é o método principal para abandonar todos os sofrimentos e todas as falhas. Contemplando estes quatro aspectos, encorajamo-nos a meditar nos verdadeiros caminhos.

As dezesseis concepções errôneas que são eliminadas por contemplarmos os dezesseis aspectos das Quatro Nobres Verdades são:

(1) Os agregados contaminados são permanentes;
(2) Os agregados contaminados são da natureza da felicidade;
(3) Os agregados contaminados são puros;
(4) Os agregados contaminados são verdadeiramente existentes;
(5) O sofrimento não tem causa, mas surge naturalmente;
(6) O sofrimento surge apenas devido às circunstâncias exteriores;
(7) Todo sofrimento é causado por uma Deidade exterior;
(8) O sofrimento é permanente;

(9) A libertação não existe;
(10) Os renascimentos nos reinos da forma e da sem-forma são verdadeiras libertações;
(11) Determinadas cessações temporárias das delusões e do sofrimento são a libertação suprema;
(12) A libertação não é irreversível, mas pode degenerar;
(13) Não há caminho à libertação;
(14) A sabedoria que realiza diretamente a ausência do em-si não é um caminho à libertação;
(15) Os caminhos mundanos, tais como as concentrações mundanas ou as práticas de ascetismo físico, são caminhos à libertação;
(16) Não há caminho espiritual que possa erradicar completamente o sofrimento.

As quatro primeiras são concepções errôneas que dizem respeito aos verdadeiros sofrimentos, as quatro seguintes são concepções errôneas que dizem respeito às verdadeiras origens, as quatro seguintes são concepções errôneas que dizem respeito às verdadeiras cessações, e as quatro últimas são concepções errôneas que dizem respeito aos verdadeiros caminhos. Todas essas concepções errôneas podem ser superadas por meio de meditarmos sinceramente nos dezesseis aspectos das Quatro Nobres Verdades. Por exemplo, os três primeiros aspectos podem ser superados por meio de meditarmos na impermanência e no sofrimento; o quarto, por meio de meditarmos na vacuidade e na ausência do em-si; os quatro seguintes, por meio de meditarmos nos quatro aspectos das verdadeiras origens, e assim por diante.

O texto-raiz diz que o Bodhisattva no quinto solo possui grande habilidade em realizar a "natureza sutil" das Quatro Nobres Verdades. De acordo com a escola Madhyamika-Prasangika, há dois tipos de Quatro Nobres Verdades: as Quatro Nobres Verdades densas e as Quatro Nobres Verdades sutis. A razão disso é que há dois tipos de agarramento ao em-si de pessoas: o agarramento ao em-si de pessoas denso (aferrar-se a uma pessoa autossustentada, substancialmente existente) e o agarramento ao em-si de pessoas sutil (aferrar-se a uma pessoa inerentemente existente). A diferença entre esses dois tipos de agarramento ao em-si é explicada no capítulo nono do livro *Contemplações Significativas*.

Porque há dois tipos de agarramento ao em-si, há também dois tipos de delusão que surgem deles (as delusões densas e as delusões sutis), e porque há dois tipos de delusão, há também dois tipos de carma criados devido a essas delusões. Por essa razão, há dois tipos de verdadeiras origens: verdadeiras origens densas e verdadeiras origens sutis. A delusão e o carma que surgem na dependência de aferrar-se a uma pessoa autossustentada, substancialmente existente, são verdadeiras origens densas, e os seus resultados são verdadeiros sofrimentos densos. A delusão e o carma que surgem na dependência de aferrar-se a uma pessoa inerentemente existente são verdadeiras origens sutis, e os seus resultados são verdadeiros sofrimentos sutis. Um caminho que realize diretamente a ausência de uma pessoa autossustentada, substancialmente existente, é um verdadeiro caminho denso, e a cessação que é um abandono da concepção de uma pessoa autossustentada, substancialmente existente, é uma verdadeira cessação densa. Um caminho que realize diretamente a ausência de uma pessoa inerentemente existente é um verdadeiro caminho sutil, e a cessação que é um abandono da concepção de uma pessoa inerentemente existente é uma verdadeira cessação sutil.

De acordo com a escola Madhyamika-Prasangika, a ausência de uma pessoa autossustentada, substancialmente existente, é uma *ausência do em-si* densa e, comparativamente, fácil de realizar. Até mesmo seres comuns podem alcançar uma realização direta dessa ausência do em-si, mas não importa quanto tempo meditemos nela, não seremos capazes de abandonar o agarramento ao em-si efetivo. O melhor que poderemos alcançar será um abandono temporário do agarramento ao em-si denso e das delusões que dependem dele. Por essa razão, a sabedoria que realiza diretamente a ausência de uma pessoa autossustentada, substancialmente existente, não é um verdadeiro caminho efetivo, e a cessação para a qual ela conduz não é uma verdadeira cessação efetiva. No entanto, a concepção de uma pessoa autossustentada, substancialmente existente, é uma verdadeira origem que é uma delusão, e os sofrimentos que ela faz surgir são verdadeiros sofrimentos.

Conhecer as apresentações das Quatro Nobres Verdades densas e sutis é conhecer o caminho completo à libertação. Por essa razão, Dharmakirti diz que, se queremos alcançar a libertação, tudo o que precisamos é de um professor que seja proficiente nas Quatro Nobres Verdades.

Pergunta Algumas vezes, Buda diz que há quatro verdades e, outras vezes, que há duas verdades. De que modo as quatro verdades se relacionam com as duas verdades?

Resposta As duas verdades são a verdade última e as verdades convencionais. Todas as vacuidades são verdades últimas, e todos os fenômenos que não a vacuidade são verdades convencionais. Todos os objetos de conhecimento estão incluídos nessas duas verdades. Podemos nos perguntar, portanto, por que Buda também ensinou as Quatro Verdades. O seu propósito era mostrar o que deve ser abandonado e o que deve ser praticado por aqueles que buscam a libertação. Assim, os verdadeiros sofrimentos e as verdadeiras origens devem ser abandonados, e as verdadeiras cessações e os verdadeiros caminhos devem ser praticados. No entanto, as Quatro Nobres Verdades não estão separadas das duas verdades, mas incluídas nelas. Os verdadeiros sofrimentos, as verdadeiras origens e os verdadeiros caminhos são verdades convencionais, e as verdadeiras cessações são verdades últimas. Isso está claramente estabelecido nos *Sutras Perfeição de Sabedoria* e na obra intitulada *Sessenta Estrofes de Raciocínios*, de Nagarjuna.

É muito importante compreender como as verdadeiras cessações são verdades últimas, ou vacuidades. A razão é a seguinte. Assim como a nossa mente está, presentemente, coberta por obstruções, a vacuidade da nossa mente também está coberta por obstruções. Quando, através da meditação nos verdadeiros caminhos, a nossa mente for liberta de qualquer obstrução, a vacuidade da nossa mente também será, simultaneamente, liberta dessa obstrução. Uma libertação da vacuidade da mente de qualquer obstrução através da meditação nos verdadeiros caminhos é uma verdadeira cessação. Uma vez que tais cessações não são diferentes da vacuidade da mente, as verdadeiras cessações são vacuidades e, portanto, verdades últimas.

Os verdadeiros caminhos e as verdadeiras cessações são Joias Dharma. Neste exato momento, não é fácil, para nós, alcançarmos realizações dos verdadeiros caminhos efetivos e das verdadeiras cessações efetivas, mas, se praticarmos de forma sincera e contínua, por fim essas realizações surgirão. Ao obtermos mesmo que a mais leve experiência de Dharma, devemos considerá-la como um broto muito tenro a partir do qual essas realizações crescerão e, assim, nutri-la de maneira adequada. Nossas experiências atuais de Dharma, portanto, são preciosas e não devem ser desconsideradas ou negligenciadas. Se cuidarmos de um broto jovem adequadamente, ele finalmente crescerá até se transformar numa grande árvore e produzirá frutos. Do mesmo modo, se nutrirmos cuidadosamente nossas experiências atuais de Dharma, elas por fim crescerão até se transformarem nas realizações dos verdadeiros caminhos e das verdadeiras cessações e produzirão o fruto da libertação. Nunca devemos esquecer que já temos as sementes de Joias Dharma efetivas dentro de nós.

As aquisições dos verdadeiros caminhos efetivos e das verdadeiras cessações efetivas vêm de uma compreensão da vacuidade, ou ausência de existência inerente, revelada pela escola Madhyamika-Prasangika. Esse é o assunto principal desta obra e será agora explicado extensamente nos próximos capítulos.

Isto conclui o comentário ao quinto solo no *Guia ao Caminho do Meio*.

Aproximando-se

O SEXTO SOLO, APROXIMANDO-SE

ESTA SEÇÃO TEM duas partes:

1. Introdução ao sexto solo;
2. Explicação do sexto solo.

INTRODUÇÃO AO SEXTO SOLO

Como foi mencionado anteriormente, o *Guia ao Caminho do Meio* é, principalmente, um comentário à apresentação da vacuidade feita por Nagarjuna em *Sabedoria Fundamental*. Chandrakirti coloca esse comentário no contexto da sua explicação do sexto solo porque é nesse solo que a prática da perfeição de sabedoria torna-se incomparável.

Uma vez que o propósito principal de Chandrakirti é estabelecer a supremacia da visão Madhyamika-Prasangika, ele apresenta o comentário como uma série de debates entre os madhyamika-prasangikas e os proponentes de outros princípios filosóficos, tanto budistas como não-budistas. É importante estudar esses debates minuciosamente e não passar superficialmente por eles ou rejeitá-los, como se não tivessem nenhuma aplicação prática. Penetrar no significado estabelecido por esses debates é um método indispensável para desenvolver a sabedoria que realiza a vacuidade. Se dedicarmos um longo tempo para cada debate, pensando, com forte concentração, sobre o seu significado e a sua aplicação, eliminaremos gradualmente as visões errôneas que obstruem o caminho à paz interior e desenvolveremos uma sabedoria lúcida, que conhece a natureza

Nagarjuna

última da realidade. É especialmente importante deter-se longamente no intercâmbio entre os chittamatrins e os madhyamika-prasangikas e tentar compreender como essas duas visões, aparentemente opostas, podem ser unificadas. Muitos grandes iogues, incluindo Je Tsongkhapa, Gyalwa Ensapa e Khedrub Sangye Yeshe, louvaram como preeminente a união dessas duas visões.

Embora os debates pareçam ser disputas entre escolas formais de pensamento, devemos compreender que eles são apresentados dessa maneira unicamente para nos ajudar a clarificar nossos pensamentos. Os vários participantes desempenham, com frequência, a função de antecipar dúvidas ou compreensões equivocadas que possam surgir em nossa mente. Se contemplarmos profundamente as respostas dadas pelos madhyamika-prasangikas, dissiparemos gradualmente tais dúvidas e compreensões equivocadas. Como o próprio Chandrakirti afirma, o objetivo da apresentação desses debates não é o mero prazer de argumentar (isto é, o debate pelo debate) nem o de desacreditar os outros – o seu propósito é, unicamente, revelar a vacuidade, para nos ajudar a alcançar a libertação do samsara.

O sexto solo será agora apresentado a partir dos seguintes três tópicos:

1. Como o sexto solo é alcançado;
2. Definição do sexto solo;
3. Divisões do sexto solo.

COMO O SEXTO SOLO É ALCANÇADO

O Bodhisattva no quinto solo continua a meditar na vacuidade até que ele, ou ela, alcance o caminho ininterrupto que é o antídoto direto contra o agarramento-ao-verdadeiro inato mediano-mediano. Esse é o caminho ininterrupto do quinto solo. No momento seguinte, ele alcança o caminho liberado que abandonou completamente o agarramento-ao-verdadeiro inato mediano-mediano. Esse é o primeiro momento do sexto solo.

DEFINIÇÃO DO SEXTO SOLO

O sexto solo é definido como o caminho de um Bodhisattva superior que abandonou o agarramento-ao-verdadeiro inato mediano-mediano, o seu principal objeto de abandono, e que alcançou, dentre as dez perfeições, uma prática incomparável da perfeição de sabedoria.

DIVISÕES DO SEXTO SOLO

O sexto solo possui três divisões: a excelsa percepção do equilíbrio meditativo do sexto solo, a excelsa percepção da aquisição subsequente do sexto solo e a excelsa percepção do sexto solo que não é nenhuma das duas. A primeira possui três divisões: o caminho liberado do sexto solo, o caminho ininterrupto do sexto solo e a excelsa percepção do equilíbrio meditativo do sexto solo que não é nenhum dos dois. O primeiro ocorre bem no início do sexto solo, e o segundo, que é o antídoto direto contra o agarramento-ao-verdadeiro inato mediano-pequeno, ocorre bem no fim. Entre estes dois, a excelsa percepção do equilíbrio meditativo que não é nenhum dos dois e a excelsa percepção da aquisição subsequente surgem alternadamente.

EXPLICAÇÃO DO SEXTO SOLO

O sexto solo será agora explicado extensamente a partir dos seguintes quatro tópicos:

1. A etimologia deste solo e a perfeição de sabedoria incomparável;
2. Louvor à perfeição de sabedoria;
3. Uma explicação da talidade profunda do surgimento-dependente;
4. Conclusão por meio de expressar as boas qualidades do solo.

A ETIMOLOGIA DESTE SOLO E A PERFEIÇÃO DE SABEDORIA INCOMPARÁVEL

[VI.1] **Permanecendo numa mente de equilíbrio meditativo no**
   Aproximando-se,
Ele se aproxima do estado de completa Budeidade.
Ele vê a talidade do surgimento-dependente
E, por permanecer na sabedoria, alcança a cessação.

Por força da poderosa concentração alcançada no quinto solo, o Bodhisattva no sexto solo está sempre feliz para meditar na vacuidade, e sua mente permanece num equilíbrio meditativo muito especial. Devido à grande habilidade nas Quatro Verdades alcançada no quinto solo, ele alcança uma prática incomparável da perfeição de sabedoria. Ele pode agora, de modo extremamente claro, ver a vacuidade profunda. Com essa concentração e sabedoria especiais, ele se aproxima rapidamente do estado de completa Budeidade. Por essa razão, o sexto solo é chamado "Aproximando-se". Nas escrituras, a vacuidade é frequentemente chamada "talidade" (*thatness*), pois ela é a natureza última dos fenômenos.

Porque o Bodhisattva no sexto solo possui uma sabedoria especial, ele alcança uma *absorção da cessação* extraordinária. A absorção da cessação é definida como uma sabedoria incontaminada estritamente focada na vacuidade, na dependência da absorção efetiva do topo do samsara. Alguns hinayanas superiores alcançam uma mente incontaminada estritamente focada na vacuidade antes de completarem todas as oito absorções efetivas, mas isso não é uma absorção da cessação.

É importante fazer uma distinção entre a absorção da cessação, a concentração de perfeita libertação da cessação e a absorção sem discriminação. Todas essas três são semelhantes, pois são concentrações alcançadas através de interromper tanto as sensações densas como as discriminações densas, mas são bastante diferentes do ponto de vista de suas bases. A absorção da cessação pode ser alcançada apenas por seres superiores; a concentração de perfeita libertação da cessação pode ser alcançada por seres comuns que ingressaram no caminho à libertação; e a absorção sem discriminação pode ser alcançada por qualquer um que tenha realizado a absorção efetiva da quarta estabilização mental do reino da forma, mesmo que não tenha ingressado no caminho à libertação. Os Bodhisattvas na *grande etapa* do Caminho da Acumulação alcançaram todas as absorções dos reinos da forma e da sem-forma e, também, a concentração de perfeita libertação da cessação, mas não alcançaram a absorção da cessação. Visto que a concentração de perfeita libertação da cessação e a absorção da cessação são motivadas por renúncia ou bodhichitta, elas são causas de libertação ou de iluminação. A absorção sem discriminação, no entanto, é motivada por ignorância e é uma causa de renascimento samsárico.

A absorção sem discriminação é uma concentração do quarto reino da forma que observa o nada e que é alcançada pela interrupção tanto das sensações densas como das discriminações densas. Como foi mencionado anteriormente, há oito níveis do quarto reino da forma: três deles habitados por seres comuns e cinco por hinayanas superiores. No mais elevado dos três níveis habitados por seres comuns, denominado Grande Resultado, há uma terra chamada "Terra Sem Discriminação". Os deuses que habitam essa terra são chamados "deuses de longa vida". Durante toda a sua vida, eles têm apenas duas mentes densas: uma bem no começo e outra logo antes de morrerem. O resto do tempo, estão absortos no nada, sem nenhuma atividade mental. Eles permanecem nesse estado por muitos éons, enquanto o seu carma para esse renascimento não se esgotar, mas, quando emergem desse estado, no momento exato anterior à morte, sentem como se tivessem entrado em absorção apenas um momento antes. A escola budista inferior Vaibhashika acredita que, entre o nascimento e a morte, esses deuses não têm mente. No entanto, de acordo com as escolas mais elevadas, isso é impossível. O que ocorre é que suas mentes densas cessam, dissolvendo-se na mente sutil. A causa principal de renascer como um deus de longa vida é a absorção sem discriminação.

Algumas vezes, para pacificar uma mente perturbada, pode ser benéfico praticar um símile da absorção sem discriminação, por meio de deixar a nossa mente vazia, sem nenhum pensamento ou sensação manifestos. Essa é a meditação ensinada pelo monge chinês Hashang. Como veremos mais à frente, no próximo capítulo, ele proclamava erroneamente que essa era a meditação na vacuidade que Buda havia ensinado. Visto que é muito relaxante "desconectar" a mente dessa maneira, muitas pessoas foram iludidas a acreditar que essa meditação é um caminho à libertação, mas, na verdade, ela é uma causa de renascimento no samsara. Se praticarmos a absorção sem discriminação sobre a base da absorção efetiva da quarta estabilização mental do reino da forma, ela irá nos levar a renascer como um deus de longa vida, e se a praticarmos com uma mente do reino do desejo, ela irá nos levar a renascer como um espírito.

Embora a absorção da cessação seja, também, uma concentração alcançada através da cessação tanto das sensações densas como das discriminações densas, seu objeto real é a verdade última, a vacuidade. Neste contexto, "cessação" refere-se à cessação da aparência dual, e "absorção", ao estado no qual, devido ao poder da concentração, todos os elementos do corpo encontram-se perfeitamente equilibrados, confortáveis e saudáveis.

Para entrar na absorção da cessação, o iogue, ou a ioguine, precisa impedir [a manifestação] das mentes densas por meio de remover tanto as sensações densas como as discriminações densas. Para um ser superior com um corpo do reino do desejo, isso significa impedir [a manifestação] das cinco consciências sensoriais e da consciência mental densa. Para um ser do reino da forma, significa impedir [a manifestação] da consciência visual, da consciência auditiva, da consciência corporal, ou tátil, e da consciência mental densa. Uma vez que os seres do reino da forma têm corpos feitos de luz e não se alimentam de comida, eles não necessitam do poder sensorial gustativo nem do poder sensorial olfativo. Para os seres do reino da sem-forma entrarem na absorção da cessação, eles precisam impedir apenas [a manifestação] da consciência mental densa.

Inicialmente, pode-se entrar na absorção da cessação unicamente a partir da absorção efetiva do topo do samsara, mas, com treinamento, Bodhisattvas superiores desenvolvem a habilidade de entrar nela instantaneamente a partir de qualquer nível mental. Para treinar essa absorção em uma sessão, eles começam meditando na absorção efetiva da primeira estabilização mental do reino da forma; depois, entram na absorção da cessação; depois, na absorção efetiva da segunda estabilização mental; depois, na absorção da cessação e assim sucessivamente, até a absorção efetiva do topo do samsara. Desse ponto em diante, entram mais uma vez na absorção da cessação e emergem com uma mente do reino do desejo. Assim, a partir do nível mental mais sutil, a absorção da cessação, eles manifestam imediatamente o nível mais denso, a mente do reino do desejo. Isso indica que possuem uma concentração muito poderosa. Com a mente do reino do desejo, eles relaxam por alguns instantes e, então, recomeçam a sequência, movendo-se pelas oito absorções efetivas e pela absorção da cessação e, por fim, relaxam novamente com a mente do reino do desejo. Para o Bodhisattva superior empenhado nesse treino, as oito absorções efetivas e a absorção da cessação são, todas, sabedorias do equilíbrio meditativo misturadas de maneira não-dual com a vacuidade. Buda chamou esse treino de "a concentração de um leão andando em círculos". Essa é uma das práticas principais de um Bodhisattva superior.

Através dessa prática, ele, ou ela, completa o treino na estabilização meditativa e, por fim, alcança a habilidade de um Buda para permanecer, simultaneamente, em equilíbrio meditativo na vacuidade e realizar atividades de aquisição subsequente. Apenas os Budas podem permanecer estritamente absortos na vacuidade ao mesmo tempo que dão ensinamentos e guiam os seres vivos pelo caminho espiritual.

Pergunta Os Bodhisattvas nos cinco primeiros solos também alcançam a absorção da cessação; portanto, por que ela é apresentada como uma boa qualidade do sexto solo?

Resposta A razão é que o Bodhisattva no sexto solo alcança uma absorção da cessação extraordinária como resultado de ter completado os três treinos em sabedoria superior: grande habilidade no conhecimento das Quatro Nobres Verdades, grande habilidade no conhecimento das sequências serial e reversa dos doze elos dependente-relacionados e grande habilidade no conhecimento da vacuidade. Por essa razão, é dito que o Bodhisattva no sexto solo alcança uma prática incomparável da perfeição de sabedoria.

A perfeição de sabedoria é definida como uma sabedoria, mantida por bodhichitta, que realiza a natureza última dos fenômenos. Ela tem duas divisões: a perfeição de sabedoria que-está-transcendendo e a perfeição de sabedoria transcendente.

LOUVOR À PERFEIÇÃO DE SABEDORIA

[VI.2] **Assim como uma pessoa com visão perfeita pode conduzir facilmente**
Um grupo inteiro de pessoas cegas para onde elas desejam ir,
De modo semelhante, aqui, a sabedoria toma aquelas qualidades que carecem de visão
E segue adiante, para o estado de um Conquistador.

Chandrakirti louva a perfeição de sabedoria mostrando como ela conduz todas as demais perfeições aos solos resultantes da Budeidade. Assim como uma pessoa com visão perfeita pode conduzir facilmente um grupo inteiro de pessoas cegas para onde elas desejam ir, a perfeição de sabedoria toma todas as demais perfeições que carecem da visão da vacuidade, tais como a prática de dar, e as conduz ao destino final da Budeidade.

Porque a nossa mente está encoberta pelas duas obstruções, as quais nos impedem de alcançarmos a iluminação, somos como uma pessoa cega. A perfeição de sabedoria é como um guia. Somente ela tem o poder de nos conduzir à cidade da iluminação, através da remoção das duas obstruções. Mesmo que alcancemos todas as demais perfeições, tais como as perfeições de dar, de disciplina moral e de paciência, sem a perfeição de sabedoria nunca alcançaremos a iluminação.

Em *Os Três Aspectos Principais do Caminho*, Je Tsongkhapa diz:

Porém, embora possas estar familiarizado com renúncia e bodhichitta,
Se não possuíres a sabedoria que realiza o modo como as coisas realmente são,
Não serás capaz de cortar a raiz do samsara;
Portanto, empenha-te de modo a realizares a relação-dependente.

EXPLICAÇÃO DA TALIDADE PROFUNDA DO SURGIMENTO-DEPENDENTE

Esta seção explica, com grandes detalhes, a vacuidade realizada pelo Bodhisattva no sexto solo. Ela é apresentada em cinco partes:

1. A promessa de explicar o significado profundo;
2. Reconhecer um recipiente adequado para uma explicação do significado profundo;
3. Como boas qualidades surgem quando o significado profundo é explicado a uma pessoa como essa;
4. Exortando aqueles que são recipientes adequados para ouvir;
5. A explicação propriamente dita da talidade profunda do surgimento-dependente.

A PROMESSA DE EXPLICAR O SIGNIFICADO PROFUNDO

**[VI.3] Explicarei o Dharma muito profundo
De acordo com as obras do Superior Nagarjuna,
Onde esse Dharma é apresentado, através de escritura e de raciocínio,
Exatamente como ele o realiza.**

Os capítulos anteriores do *Guia* apresentam as etapas do caminho vasto principalmente de acordo com *Guirlanda Preciosa*, de Nagarjuna. Agora, o sexto capítulo apresenta as etapas do caminho profundo de acordo com a obra *Sabedoria Fundamental*, de Nagarjuna. Assim, o sexto capítulo é o corpo principal do *Guia*, e os demais capítulos são como os membros que o sustentam.

É costume, para um autor, escrever um *compromisso de explicação*, no qual indica qual será o assunto do livro e as suas razões para escrevê-lo. Normalmente, esse compromisso é colocado no início do livro, mas, neste caso, Chandrakirti o incluiu no começo do sexto capítulo. Ele fez isso para indicar que a sua intenção principal, ao escrever o *Guia*, é a de revelar o significado profundo da vacuidade. Ele diz que explicará o Dharma muito profundo da vacuidade de acordo com as obras do Superior Nagarjuna, nas quais esse Dharma é apresentado na dependência de numerosas citações das escrituras e de extenso raciocínio lógico, da mesma maneira como é realizado pelo Bodhisattva no sexto solo.

Visto que o *Guia* explica a visão final de Buda sobre a vacuidade de acordo com as obras de Nagarjuna, é importante desenvolver fé nele e estar convencido da autenticidade de suas obras. Todos os grandes mestres das escolas Madhyamika-Prasangika e Madhyamika-Svatantrika reverenciam Nagarjuna como um autor válido e um mestre de meditação.

A vida e as obras de Nagarjuna foram profetizadas várias vezes por Buda. Numa passagem bem conhecida do *Sutra Aquele que Foi para Lanka*, Buda é questionado sobre quem manteria a doutrina após o seu falecimento. Buda respondeu:

Na região sul, na Terra das Palmeiras,
O monge Shriman, de grande renome,

> Conhecido pelo nome "Naga",
> Refutará os extremos da existência e da não-existência.
> Tendo proclamado ao mundo meus ensinamentos –
> O Grande Veículo insuperável –,
> Ele realizará o solo Muito Alegre
> E partirá para a Terra de Êxtase.

Como havia sido predito, quatrocentos anos após o falecimento de Buda, um filho nasceu no seio de uma próspera família brâmane que vivia numa região no sul da Índia, conhecida como Bedarwa, ou "Terra das Palmeiras". Um oráculo predisse que a criança viveria sete dias apenas, mas que seu tempo de vida poderia ser aumentado em mais sete dias se presentes fossem concedidos a uma centena de pessoas comuns; por mais sete meses, se oferendas fossem feitas a uma centena de brâmanes; ou por mais sete anos, se oferendas fossem feitas a uma centena de monges. No entanto, o oráculo não conhecia nenhum método para aumentar sua vida além disso. Dessa forma, seus pais fizeram oferendas a uma centena de monges e, como resultado, foram capazes de viver felizes com seu filho por sete anos.

No entanto, como o sétimo aniversário da criança se aproximava, eles a enviaram numa peregrinação com vários dos seus criados, pois não poderiam suportar o testemunho de sua morte. Guiados por uma manifestação de Avalokiteshvara, o grupo dirigiu-se para o Monastério de Nalanda, onde encontraram o grande professor Saraha. Eles explicaram a Saraha a má situação do menino, e ele lhes disse que a criança poderia evitar uma morte prematura ficando em Nalanda e recebendo a ordenação como monge. Ele deu ao menino uma iniciação, ou transmissão de bênçãos, da prática de longa vida de Buda Amitayus e incentivou-o a praticar extensamente esse ioga.

Na véspera do seu sétimo aniversário, o menino recitou sem interrupção o mantra de Amitayus e, como resultado, evitou a morte prematura. No dia seguinte, foi ordenado monge e lhe foi dado o nome "Shrimanta". Ele permaneceu em Nalanda, onde, sob a proteção de Manjushri, pôde estudar todos os Sutras e Tantras. Em pouco tempo, tornou-se um professor e erudito plenamente realizado e sua reputação se espalhou amplamente. Por fim, foi nomeado abade de Nalanda.

A vida de Nagarjuna compreende três grandes períodos de feitos auspiciosos que correspondem aos três giros da Roda do Dharma realizados por Buda, motivo pelo qual Nagarjuna é frequentemente chamado de "o Segundo Buda". O primeiro período corresponde ao seu mandato como abade de Nalanda. Infelizmente, a disciplina moral dos monges havia se degenerado desde o tempo em que Buda deu os votos pela primeira vez, e Nagarjuna foi muito ativo em restaurar a pureza da disciplina. Ele esclareceu muitos pontos de disciplina moral em ensinamentos extensos e escreveu diversas obras sobre conduta pura. Esses textos, conhecidos como *Coleção de Conselhos*, incluem obras como *Guirlanda Preciosa*, *Carta Amigável*, *Árvore de Sabedoria*, *Uma Centena de Sabedorias* e *Gotas para Curar os Seres*. Essas atividades estão relacionadas com o primeiro giro da Roda do Dharma realizado por Buda.

No entanto, Nagarjuna é mais lembrado pelos trabalhos do segundo período. Pouco tempo após o falecimento de Buda, os *Sutras Perfeição de Sabedoria*, os principais ensinamentos mahayana, desapareceram deste mundo. Diz-se que a razão disso é que alguns nagas, que haviam recebido esse ensinamento diretamente de Buda, levaram as escrituras *Perfeição de Sabedoria* para o seu próprio mundo, a fim de guardá-las em segurança. Restaram somente poucos praticantes que podiam compreender esses ensinamentos, e a maioria deles manteve sua prática em segredo. Os únicos ensinamentos de Buda que continuaram a se difundir amplamente foram os ensinamentos hinayana e, como resultado, muitas pessoas presumiram que esses ensinamentos fossem os únicos que Buda havia dado. Algum tempo depois, os nagas convidaram Nagarjuna para visitá-los e devolveram as escrituras *Perfeição de Sabedoria* para ele. Nagarjuna trouxe as escrituras para o mundo humano e propagou-as amplamente. Devido ao seu relacionamento especial com os nagas e porque havia curado muitos deles de doenças por meio de preces rituais especiais, foi dado a Nagarjuna o nome "Protetor dos nagas". "Arjuna" foi acrescentado ao seu nome porque ele difundiu os ensinamentos mahayana do mesmo modo que o legendário arqueiro Arjuna desferia flechas com seu arco – com grande rapidez e exatidão. Por essa razão, ele finalmente se tornou conhecido como "Protetor Nagarjuna".

Por ter uma mente muito lúcida e grande sabedoria, Nagarjuna era perfeitamente capaz de compreender os *Sutras Perfeição de Sabedoria* e explicá-los para os outros. Ele difundiu amplamente esses ensinamentos, fomentando assim um grande reflorescimento da doutrina mahayana neste mundo. Nagarjuna apresentou um sistema de raciocínio que, por conduzir por um caminho perfeito e inequívoco entre os dois extremos, o da existência e o da não-existência, tornou-se conhecido como "a Filosofia do Caminho do Meio", ou "Madhyamaka". Escreveu muitos comentários aos *Sutras Perfeição de Sabedoria* que esclarecem a visão madhyamaka. Esses tratados, conhecidos como *Coleção de Raciocínios*, incluem o famoso *Sabedoria Fundamental do Caminho do Meio* e seus quatro membros: *Sessenta Raciocínios*, *Setenta Vacuidades*, *Finamente Entrelaçado* e *Refutação das Objeções*. Também escreveu *Compêndio de Sutras*, *Cinco Etapas do Estágio de Conclusão de Guhyasamaja* e muitos outros comentários aos Sutras e Tantras. Essas atividades estão relacionadas ao segundo giro da Roda do Dharma realizado por Buda.

O terceiro período de feitos auspiciosos de Nagarjuna aconteceu próximo ao fim de sua vida. Agindo sob os conselhos de Tara, ele retornou ao sul da Índia e residiu num lugar chamado Monte Esplendor, onde deu mais ensinamentos extensos sobre os Sutras e os Tantras e escreveu muitos outros textos. Esses escritos, conhecidos como *Coleção de Louvores*, incluem trabalhos como *Louvor do Dharmadhatu*, *Louvor do Supramundano*, *Louvor do Inconcebível* e *Louvor do Supremo*. Essas atividades estão relacionadas ao terceiro giro da Roda do Dharma realizado por Buda.

Não é possível, num relato tão breve, sequer começar a fazer justiça à vida e às obras de Nagarjuna. Durante toda a sua vida, ele se devotou totalmente a revitalizar o Dharma mahayana e a manter a Sangha mahayana. Para esse fim, deu numerosos ensinamentos, escreveu muitos livros e realizou outros incontáveis feitos excelentes. Como mencionado no *Sutra Aquele que Foi para Lanka*, Nagarjuna alcançou a realização do primeiro solo do Bodhisattva, chamado "Muito Alegre". Depois, avançando ainda mais, alcançou, por fim, a terra do êxtase supremo da iluminação.

RECONHECER UM RECIPIENTE ADEQUADO PARA UMA EXPLICAÇÃO DO SIGNIFICADO PROFUNDO

[VI.4] **Se, quando num ser comum, enquanto ouve sobre a vacuidade,**
Surgir, uma e outra vez, grande alegria,
Os olhos umedecerem, com lágrimas de grande alegria,
E os pelos do corpo se arrepiarem,

[VI.5abc] **Essa pessoa tem a semente da mente de um completo Buda.**
Ela é um vaso para os ensinamentos sobre a talidade,
E a verdade última deve ser ensinada a ela.

Se aqueles que são recipientes inadequados ouvirem ensinamentos sobre a vacuidade, haverá o perigo de que eles possam compreender mal esses ensinamentos e de caírem no extremo da não-existência. Na verdade, o próprio Nagarjuna diz que, se a vacuidade for ensinada para aqueles com pouca sabedoria e, devido a isso, encontrarem falhas no ensinamento, eles experienciarão sofrimento como resultado. A seguinte história ilustra os perigos de ensinar a vacuidade para aqueles que não estão prontos. Em tempos antigos, havia um grande meditador chamado Pele de Elefante, que recebeu esse nome porque costumava meditar numa tenda feita com a pele de um elefante morto. Pelo poder da sua renúncia, ele meditou continuamente na vacuidade até erradicar, por completo, todas as suas delusões e tornar-se um Destruidor de Inimigos. Sua fama espalhou-se rapidamente e, por fim, chegou ao rei daquela região. O rei visitou o iogue e solicitou-lhe ensinamentos, de modo que ele próprio também pudesse adquirir tal fama. Pele de Elefante explicou ao rei que todos os fenômenos são vazios de existência verdadeira. O rei, no entanto, não tinha a sabedoria para compreender esse ensinamento e, por causa disso, entendeu que Pele de Elefante estava dizendo que os fenômenos não existem de modo algum. Escandalizado com o fato de que tais visões perversas estavam sendo difundidas em seu reino, o rei ordenou que Pele de Elefante fosse morto. Alguns anos mais tarde, o rei conheceu outro professor que, cuidadosamente, explicou a ele todas as etapas do caminho, desde a preciosidade da nossa vida humana até as falhas do samsara. Ele apresentou, então, gradualmente ao rei a visão sutil de que todos os fenômenos carecem de existência verdadeira. Nesse momento, o rei entendeu o ensinamento e um grande remorso surgiu nele, pois compreendeu que o seu primeiro professor, na verdade, havia lhe dado ensinamentos autênticos.

Chandrakirti descreve o tipo de pessoa que é mais adequada para receber uma explicação sobre a vacuidade. Ele diz que, embora a pessoa possa ser um iniciante, se, ao ouvir ensinamentos sobre a vacuidade, ela repetidamente desenvolver um sentimento de grande alegria, se os seus olhos se umedecerem com lágrimas de grande alegria e os pelos do seu corpo se arrepiarem, esses são os sinais externos e internos de que o potencial para realizar a vacuidade está prestes a amadurecer para ela. Uma pessoa assim é um vaso ideal para receber ensinamentos sobre a talidade profunda. Em geral, todos os seres vivos têm o potencial para realizar a vacuidade porque todos eles têm a semente da Budeidade, mas é apenas quando essa semente se torna ativa e poderosa que eles se convertem em recipientes ideais para os ensinamentos sobre a vacuidade.

Je Tsongkhapa diz que, embora possamos não ser ainda o recipiente ideal que Chandrakirti descreve aqui, se, apesar disso, tivermos uma boa motivação e grande fé, será benéfico para nós ouvirmos ensinamentos sobre a vacuidade e será adequado, aos professores, darem essas instruções. Ouvir com atenção tais ensinamentos cria uma grande reserva de mérito e planta a semente para compreendermos a vacuidade no futuro. No entanto, o professor, ou a professora, deve ter muita habilidade na maneira como ele, ou ela, explica a vacuidade.

Em *Compêndio de Sutras*, Nagarjuna diz que, se tivermos uma mente agradável em relação ao Dharma profundo, acumularemos uma grande reserva de mérito, obteremos gradualmente todas as qualidades mundanas e supramundanas e, por fim, alcançaremos a iluminação. No *Sutra Dado pelo Infante Rahadatta*, Buda diz que, se aqueles que ouvem o Dharma profundo da vacuidade com dúvidas recebem uma grande quantidade de mérito, que necessidade há de mencionar aqueles que ouvem sem dúvidas? Buda também faz uma consideração semelhante no *Sutra Vajra Cortante*.

COMO BOAS QUALIDADES SURGEM QUANDO O SIGNIFICADO PROFUNDO É EXPLICADO A UMA PESSOA COMO ESSA

[VI.5d] **Depois disso, boas qualidades crescerão nela.**

[VI.6] **Ela adotará e manterá sempre disciplina moral pura,**
Praticará o dar, confiará na compaixão
E familiarizar-se-á com a paciência,
Dedicando plenamente todas as suas virtudes à iluminação
   para libertar os seres vivos

[VI.7a] **E terá respeito pelos perfeitos Bodhisattvas.**

Quando um recipiente adequado recebe ensinamentos sobre a vacuidade, ele, ou ela, desenvolve uma visão inequívoca da vacuidade e, como resultado, desenvolve muitas qualidades especiais. Ele valoriza a visão da vacuidade como sendo a sua posse mais preciosa e percebe que, se na próxima vida, renascer nos reinos inferiores, perderá essa visão preciosa. Para impedir que isso aconteça, toma então votos e mantém sempre disciplina moral pura. Ao ver que, mesmo que tivesse um renascimento humano na sua próxima vida, não poderia continuar com a sua prática caso enfrentasse dificuldades devido à pobreza ou à falta de recursos básicos, ele então pratica generosidade extensamente. Ao ver que a sua prática da vacuidade será uma causa de Budeidade unicamente se estiver associada com grande compaixão, ele confia sempre na meditação em compaixão e bodhichitta. Ao ver que a raiva destrói virtudes e leva a renascer nos reinos inferiores e a se separar dos seres sagrados, pratica então sempre paciência. Ao ver que, para completar o caminho à Budeidade, é necessário treinar todas as perfeições, ele também pratica esforço e concentração. Além disso, dedica plenamente todas as suas virtudes para a aquisição da plena iluminação, de modo que possa libertar todos os seres vivos do samsara. Tendo encontrado a visão correta da vacuidade, mantém sempre grande respeito pelos professores dos quais recebeu esses ensinamentos preciosos, bem como por todos os objetos de refúgio.

EXORTANDO AQUELES QUE SÃO RECIPIENTES ADEQUADOS PARA OUVIR

[VI.7bcd] **Visto que os seres que são qualificados nos caminhos do profundo e do vasto**
Alcançam gradualmente o solo Muito Alegre,
Aqueles que buscam isso devem ouvir com atenção este caminho.

Se nos tornarmos qualificados nas etapas do caminho profundo da vacuidade e as associarmos com as etapas do caminho vasto do Mahayana, alcançaremos gradualmente o primeiro solo, Muito Alegre, e então, todos os demais solos, até alcançarmos, por fim, a plena iluminação. Por essa razão, devemos estudar cuidadosamente as instruções que serão apresentadas a seguir sobre a vacuidade profunda.

Identificar o Objeto Negado

A EXPLICAÇÃO PROPRIAMENTE DITA DA TALIDADE PROFUNDA DO SURGIMENTO-DEPENDENTE

Esta seção tem quatro partes:

1. Como o significado correto é revelado nas escrituras;
2. Identificar o objeto negado;
3. Estabelecer o significado das escrituras por meio de raciocínio;
4. Explicação das divisões, ou classes, da vacuidade.

COMO O SIGNIFICADO CORRETO É REVELADO NAS ESCRITURAS

As principais escrituras que revelam a visão última de Buda, o significado correto da vacuidade, são os *Sutras Perfeição de Sabedoria*. Esses Sutras incluem a *Perfeição de Sabedoria em Cem Mil Versos*, a *Perfeição de Sabedoria em Vinte e Cinco Mil Versos*, a *Perfeição de Sabedoria em Oito Mil Versos*, o *Sutra Perfeição de Sabedoria Condensado* e o *Sutra Essência da Sabedoria*, mais comumente conhecido como o *Sutra Coração*.

Quando Chandrakirti apresenta o sexto capítulo em seu *Autocomentário*, para mostrar como o significado correto da vacuidade é revelado nas escrituras, ele cita o *Sutra sobre os Dez Solos*, no qual Buda explica como um Bodhisattva avança do quinto para o sexto solo por meio de realizar as dez igualdades dos fenômenos:

(1) A igualdade de todos os fenômenos convencionais em relação à ausência de sinais;
(2) A igualdade de todos os fenômenos em relação à ausência de características;
(3) A igualdade de todas as coisas futuras em relação à ausência de produção;
(4) A igualdade de todos os fenômenos em relação à não-produção;
(5) A igualdade de todos os fenômenos em relação à separação;
(6) A igualdade de todos os fenômenos em relação à completa pureza desde o princípio;
(7) A igualdade de todos os fenômenos em relação à ausência de elaboração;
(8) A igualdade de todos os fenômenos em relação à ausência de aceitação e rejeição;
(9) A igualdade de todos os fenômenos em relação a serem semelhantes a ilusões, sonhos, sombras, ecos, à lua na água, reflexos e emanações;
(10) A igualdade de todos os fenômenos em relação à ausência de serem coisas e não-coisas.

Cada uma dessas dez igualdades é mera vacuidade, ausência de existência inerente. Se as compreendermos, compreenderemos o significado que é o objeto de meditação do Bodhisattva no sexto solo. O significado principal dessas dez igualdades pode ser compreendido como segue. A visão última de Buda, a ausência de existência inerente de todos os fenômenos, é muito sutil e profunda e, dentre os incontáveis seguidores de Buda, apenas os madhyamika-prasangikas a compreendem corretamente. Os proponentes de outros princípios filosóficos budistas, tais como os madhyamika-svatantrikas e os chittamatrins, asseveram que todos os fenômenos são inerentemente existentes. Por que afirmam isso? Eles argumentam que sabemos que todos os fenômenos possuem sinais distintos (tais como cor, formato e função) e características distintas (tais como qualidades boas, más e neutras). Além disso, podemos conhecer coisas passadas, presentes e futuras, podemos saber que algumas coisas já foram produzidas, ao passo que outras ainda serão produzidas, e podemos saber que alguns fenômenos são coisas, e outros, não-coisas.

Como todos esses sinais e características diferentes poderiam existir se os fenômenos não fossem inerentemente existentes, se não existissem do seu próprio lado?

Os madhyamika-prasangikas respondem que, embora convencionalmente, os fenômenos tenham os seus próprios sinais específicos pelos quais são identificados, esses sinais e os fenômenos que os possuem são, todos, igualmente vazios de existência inerente, porque nenhum desses fenômenos convencionais existe com respeito à excelsa percepção do equilíbrio meditativo de um ser superior. Tudo o que aparece à excelsa percepção do equilíbrio meditativo de um ser superior é a verdade última, a vacuidade. Assim, no *Sutra Coração*, Buda diz:

> Portanto, Shariputra, na vacuidade não há forma, nem sensação, nem discriminação, nem fatores de composição, nem consciência. Não há visão, nem audição, nem olfato, nem paladar, nem tato, nem mentalidade; não há forma, nem som, nem cheiro, nem sabor, nem objeto tátil, nem fenômeno. Não há o elemento visão e assim por diante, até não há o elemento mentalidade e tampouco o elemento da consciência mental. Não há ignorância nem extinção da ignorância e assim por diante, até não há envelhecimento e morte nem extinção de envelhecimento e morte. Do mesmo modo, não há sofrimento, origem, cessação ou caminho; não há excelsa percepção, nem aquisição e tampouco não-aquisição.

A partir disso, podemos compreender o significado da primeira igualdade, a igualdade de todos os fenômenos convencionais em relação à ausência de sinais. Exatamente do mesmo modo, embora todos os fenômenos tenham suas próprias características, embora alguns ainda não tenham sido produzidos e alguns já tenham sido produzidos, embora alguns venham a ser aceitos, e outros, rejeitados, e embora alguns sejam coisas, e outros, não-coisas, todos esses fenômenos são igualmente vazios de existência inerente. São meras elaborações – designações, ou imputações, do pensamento conceitual, que não aparecem à sabedoria do equilíbrio meditativo de um ser superior. Eles têm estado separados da existência inerente desde o princípio e, embora possam aparecer claramente à mente, carecem completamente de existência verdadeira, do mesmo modo que as ilusões, sonhos, sombras, ecos, a lua na água, reflexos e emanações. Devemos tentar compreender as dez igualdades dessa maneira.

IDENTIFICAR O OBJETO NEGADO

De acordo com a escola Madhyamika-Prasangika, a vacuidade é a ausência de existência inerente e, portanto, para realizar a vacuidade, precisamos negar a existência inerente. A existência inerente é o objeto negado, e a sua não-existência é a vacuidade. No sexto capítulo do *Guia*, Chandrakirti apresenta muitas razões que provam a não-existência de fenômenos inerentemente existentes, mas tentar aplicar esses raciocínios sem primeiro identificar o objeto a ser negado é como disparar uma arma sem conhecer o alvo. O impacto pleno da meditação na vacuidade somente será alcançado quando identificarmos claramente como os fenômenos inerentemente existentes aparecem à nossa mente e, então, compreendermos que não há fenômenos inerentemente existentes. Assim, no *Guia do Estilo de Vida do Bodhisattva*, Shantideva diz:

Sem primeiro identificar o objeto a ser negado, a existência verdadeira,
Não podes apreender sua negação, ou não-existência – a vacuidade.

O significado desses dois versos é que, sem primeiro identificarmos o objeto a ser negado – os fenômenos inerentemente existentes, que são projetados pela mente – não seremos capazes de apreender a sua não-existência, a vacuidade.

Identificar o objeto negado da vacuidade consiste em obter uma imagem mental clara de fenômenos inerentemente existentes. Podemos achar que é impossível ter uma imagem mental de algo que é não-existente, mas, se fecharmos nossos olhos e imaginarmos um coelho com um chifre na sua cabeça, veremos que isso é perfeitamente possível. Na verdade, é apenas quando temos uma imagem mental clara de um coelho com chifres que podemos ter a certeza de que tais criaturas não existem. O mesmo acontece com a realização da vacuidade. Conseguiremos compreender, com absoluta certeza, a não-existência de fenômenos inerentemente existentes somente quando tivermos uma imagem mental clara de como os fenômenos inerentemente existentes seriam se existissem.

O objeto negado explicado pela escola Madhyamika-Prasangika, a existência inerente, é muito sutil e difícil de identificar; e a vacuidade, que é a sua não-existência, é muito sutil e difícil de compreender e de realizar. Por essa razão, como primeiro passo, Buda ensinou a visão menos sutil da escola Madhyamika-Svatantrika. O objeto negado ensinado por essa escola é mais fácil de identificar, e a vacuidade, que é a sua não-existência, mais fácil de compreender e de realizar. Contemplar a visão da escola Madhyamika-Svatantrika ajuda-nos a compreender a visão mais sutil da escola Madhyamika-Prasangika.

Ao descrever o objeto negado e a vacuidade, ambas as escolas usam uma terminologia semelhante. Por exemplo, ambas se referem ao objeto negado como "existência verdadeira" e à vacuidade como "ausência de existência verdadeira", mas cada uma delas dá um significado ligeiramente diferente para esses termos. Para os madhyamika-svatantrikas, algo seria verdadeiramente existente se existisse *totalmente* independente de pensamento conceitual, ao passo que, para os madhyamika-prasangikas, algo seria verdadeiramente existente se existisse, *de alguma maneira*, independente de pensamento conceitual. Visto que essas duas escolas dão explicações diferentes para a existência verdadeira (o objeto negado), elas dão também explicações diferentes para a vacuidade (a não-existência do objeto negado). A diferença entre essas duas explicações será agora explicada a partir dos seguintes dois tópicos:

1. Identificar o objeto negado de acordo com a escola Madhyamika-Svatantrika;
2. Identificar o objeto negado de acordo com a escola Madhyamika-Prasangika.

IDENTIFICAR O OBJETO NEGADO DE ACORDO COM A ESCOLA MADHYAMIKA-SVATANTRIKA

Esta seção tem três partes:

1. Identificar a existência verdadeira e o agarramento-ao--verdadeiro;
2. Explicar *verdadeiro* e *falso* com referência às pessoas mundanas por meio de uma analogia;
3. Aplicar essa analogia ao significado.

IDENTIFICAR A EXISTÊNCIA VERDADEIRA E O AGARRAMENTO-AO-VERDADEIRO

Muitos dos grandes mestres da escola Madhyamika-Svatantrika escreveram comentários à obra *Sabedoria Fundamental*, de Nagarjuna, interpretando-a do ponto de vista dos princípios filosóficos madhyamika-svatantrika. Os mais conhecidos desses comentários são: *Lâmpada para a Sabedoria*, de Bhavaviveka, *Discriminação das Duas Verdades*, de Gyanagarbha, *Ornamento para o Caminho do Meio*, de Shantirakshita, e *Elucidação do Caminho do Meio*, de Kamalashila. A seguinte apresentação do objeto negado de acordo com a escola Madhyamika-Svatantrika está fundamentada no último desses comentários.

De acordo com os madhyamika-svatantrikas, *existir na dependência de aparecer à mente, existir nominalmente* e *existir convencionalmente* são sinônimos. Todos os fenômenos existem na dependência de aparecerem à mente, todos os fenômenos existem nominalmente e todos os fenômenos existem convencionalmente. *Ser concebido pela mente* e *ser designado, ou imputado, pela mente* também são sinônimos. Todos os fenômenos são concebidos pela mente, e todos os fenômenos são designados pela mente. Além disso, todos os fenômenos existem na dependência de serem concebidos pela mente, e todos os fenômenos existem na dependência de serem designados pela mente.

Se algo existisse sem ser concebido pela mente, ele seria verdadeiramente existente. Nenhum fenômeno é verdadeiramente existente. A existência verdadeira é o objeto negado da vacuidade, e a ausência de existência verdadeira é a vacuidade. Qualquer mente que apreenda a existência verdadeira é uma mente de agarramento-ao-verdadeiro. Este é o critério para a *existência verdadeira* e o *agarramento-ao-verdadeiro* de acordo com a escola Madhyamika-Svatantrika.

Os madhyamika-svatantrikas não afirmam que os fenômenos são meramente designados pela mente. Eles dizem que, embora os fenômenos existam na dependência de serem designados pela mente, eles também existem do seu próprio lado e, portanto, são inerentemente existentes. Se os fenômenos não existissem de modo algum do seu próprio lado – se fossem meras designações mentais –, eles não existiriam. Portanto, os fenômenos não existem *inteiramente* do seu próprio lado, mas também não existem *inteiramente* do lado da mente.

Tendo em vista que os madhyamika-svatantrikas afirmam que os fenômenos não existem inteiramente do seu próprio lado, sua visão é muito mais sutil que as visões das escolas inferiores, mas, visto que afirmam que os fenômenos existem do seu próprio lado, sua visão não é tão sutil quanto a visão da escola Madhyamika-Prasangika. De acordo com os madhyamika-prasangikas, os fenômenos são meramente designados pelo pensamento conceitual e não existem, minimamente, do seu próprio lado. Comparada com essa visão, a visão da escola Madhyamika-Svatantrika é densa.

EXPLICAR *VERDADEIRO* E *FALSO* COM REFERÊNCIA ÀS PESSOAS MUNDANAS POR MEIO DE UMA ANALOGIA

Os madhyamika-svatantrikas afirmam que a vacuidade é verdade última e que todos os demais fenômenos são verdades convencionais. Isso significa que apenas a vacuidade é um objeto verdadeiro e que todos os demais fenômenos são objetos falsos. Assim, eles dizem que este livro, que é uma verdade convencional, é um objeto falso, ao passo que sua vacuidade, que é uma verdade última, é um objeto verdadeiro. Ao dizerem que o livro é um objeto falso, não querem dizer com isso que o livro não é um livro ou que o livro não exista. Os madhyamika-svatantrikas explicam o que querem dizer com *verdadeiro* e *falso* através de se referirem à maneira como esses termos são utilizados pelas pessoas comuns, e, para nos ajudar a compreender isso, usam a analogia do cavalo manifestado por um mágico.

Em tempos antigos, os mágicos podiam manifestar aparências, tais como a de animais ou de pessoas, por meio de soprarem mantras sobre uma substância e, então, aplicar essa substância a um objeto, como uma pedra ou uma árvore. Podemos imaginar uma situação na qual um mágico como esse manifestou a aparência de um cavalo. No caso de um membro comum do público, que foi influenciado pelo encantamento, o cavalo aparece como sendo real e ele concebe o cavalo como sendo um cavalo real. No caso do mágico, um cavalo também aparece à sua mente, mas o mágico não está influenciado pelo encantamento e, portanto, não concebe o cavalo como um cavalo real. No caso de um membro do público com grande sabedoria, cuja mente não foi afetada pelo encantamento, não há nenhuma aparência de um cavalo à sua mente e, portanto, ele não concebe que haja, ali, um cavalo real.

Essas três pessoas – a pessoa comum do público, o mágico e a pessoa sábia do público, cuja mente não foi afetada pelo encantamento – são análogas aos seres vivos que não realizaram a vacuidade, aos seres vivos que realizaram a vacuidade e aos Budas, respectivamente. No caso de um ser vivo que não realizou a vacuidade, este livro, por exemplo, aparecerá como verdadeiramente existente e ele, ou ela, consentirá com essa aparência por concebê-la como verdadeiramente existente. No caso de um ser vivo que realizou a vacuidade, este livro ainda aparecerá à sua mente como verdadeiramente existente porque ele ainda não abandonou as obstruções à onisciência, mas, porque realizou a vacuidade, não acreditará nessa aparência e não conceberá o livro como verdadeiramente existente. Isso é bastante semelhante a alguém assistindo um filme sobre montanhas, porque, embora *apareça* haver uma montanha na sala, ele não pensa que há, realmente, uma montanha na sala. No caso de um Buda, que alcançou uma realização direta da ausência de existência verdadeira e abandonou as obstruções à onisciência, não há a aparência de um livro verdadeiramente existente, e ele, ou ela, não concebe que haja, ali, um livro verdadeiramente existente.

Quando um ser comum olha para um livro, tanto o livro quanto o livro verdadeiramente existente aparecem à sua mente. Na verdade, não há um livro verdadeiramente existente; portanto, a maneira como o livro aparece não corresponde à maneira como existe. Essa ausência de correspondência entre a maneira como ele aparece e a maneira como existe indica que o livro é um objeto enganoso, um objeto falso. É perfeitamente normal dizer que algo é falso se ele aparece de uma maneira e existe de outra; na verdade, esse é, precisamente, o critério de falsidade utilizado pelas pessoas comuns. Por exemplo, as pessoas comuns aceitam que o reflexo de um rosto é enganoso, ou falso, porque ali, onde o reflexo aparece, parece haver um rosto onde, na verdade, nenhum rosto existe. De modo semelhante, elas dizem que uma teoria é falsa se ela não corresponde aos fatos. Usando esse critério de falsidade, podemos ver que todos os fenômenos que não a vacuidade são objetos falsos, porque todos eles aparecem como verdadeiramente existentes, quando, na verdade, não o são.

A vacuidade, por outro lado, é um objeto verdadeiro porque a maneira como aparece corresponde à maneira como existe. Quando a vacuidade aparece diretamente à mente, apenas a ausência de existência verdadeira é percebida. Ao passo que um livro, por exemplo, aparece, a um percebedor direto não-conceitual, fundido com a aparência de um livro verdadeiramente existente, a vacuidade aparece a um percebedor direto não-conceitual sem a aparência de existência verdadeira. O que aparece é apenas vacuidade, ou ausência de existência verdadeira, e o que existe é apenas vacuidade, ou ausência de existência verdadeira. Visto que a maneira como a vacuidade aparece a um percebedor direto não-conceitual corresponde à maneira como ela existe, a vacuidade é, portanto, um objeto verdadeiro.

Novamente, é perfeitamente normal dizer que algo é verdadeiro se a maneira como aparece corresponde à maneira como existe, e este é precisamente o critério de verdade usado pelas pessoas comuns. Por exemplo, as pessoas comuns dizem que uma pessoa está sendo verdadeira se ela própria se apresenta tal como é. No entanto, é importante compreender que tal pessoa é verdadeira apenas no que diz respeito às mentes das pessoas mundanas, que não realizaram a vacuidade. Em realidade, tal pessoa não é verdadeira, porque aparece como sendo verdadeiramente existente quando, de fato, não o é. As pessoas mundanas não compreendem que a aparência de uma pessoa verdadeiramente existente é uma aparência equivocada, razão pela qual elas dizem que a pessoa aparece, ou mostra-se, da maneira como é. No entanto, os seres superiores, que têm uma realização direta da vacuidade, realizam que a aparência de uma pessoa verdadeiramente existente é uma aparência equivocada porque não corresponde à maneira como a pessoa existe.

Assim, o que é verdadeiro para os seres mundanos é falso para os seres superiores. Quem está correto: os seres mundanos ou os seres superiores? Os seres superiores estão corretos, porque possuem mentes incontaminadas. Somente a excelsa percepção do equilíbrio meditativo dos seres superiores que realiza diretamente a vacuidade é uma mente incontaminada, livre da poluição do agarramento-ao-verdadeiro e das suas marcas. Os percebedores diretos dos seres comuns, por outro lado, são mentes contaminadas, poluídas pelo agarramento-ao-verdadeiro e suas marcas.

Outra razão pela qual os fenômenos convencionais são objetos falsos é que eles *aparecem* como sendo de natureza diferente das suas partes, quando, na verdade, não o são. Todos os fenômenos têm partes porque, seja qual for o fenômeno, uma coisa ou uma não-coisa, todas as coisas têm partes e todas as não-coisas têm partes. Seja qual for a coisa, uma forma ou uma coisa sem-forma, todas as formas têm partes e todas as coisas sem-forma têm partes. Todas as formas têm partes porque elas são constituídas de partículas. Algumas escolas Vaibhashika e Sautrantika afirmam que as partículas mais minúsculas não têm partes porque são fisicamente indivisíveis, mas, de acordo com a escola Madhyamika, elas têm partes direcionais e, portanto, são mentalmente divisíveis. Se até mesmo as menores formas têm partes, segue-se que todas as formas densas, que são constituídas por elas, também têm partes.

De modo semelhante, todas as coisas sem-forma têm partes. Por exemplo, a mente é uma coisa porque é um fenômeno impermanente produzido a partir de causas e condições e é sem-forma porque sempre carece de forma. Todas as mentes têm partes temporais, porque elas têm momentos anteriores e momentos posteriores. Do ponto de vista de como apreendem seus objetos, elas também têm partes. Uma consciência visual apreendendo as cores de um mosaico, por exemplo, tem muitas partes, já que ela tem uma parte apreendendo azul, uma parte apreendendo verde e assim por diante.

Não-coisas são fenômenos permanentes que não têm causas, tais como o espaço não-produzido e a vacuidade. O espaço não-produzido tem partes, porque há o espaço que está dentro de uma casa, o espaço fora da casa, e assim por diante. A vacuidade tem partes, porque há a vacuidade de um livro, a vacuidade de uma cadeira, e assim por diante. Por extensão, podemos compreender como todas as demais não-coisas têm partes.

Todos os fenômenos são da mesma natureza das suas partes. Por exemplo, um carro tem muitas partes, mas ele não é de uma natureza diferente dessas partes. Se o fosse, seria possível destruir todas as partes do carro sem destruir o carro, mas isso não é possível. No entanto, quando pensamos num carro, percebemos um carro aparecendo vividamente e que é de natureza diferente das suas partes. Uma vez que a maneira como o carro aparece não corresponde à maneira como existe, o carro é um objeto falso. Desse modo, podemos compreender como todos os fenômenos convencionais são objetos falsos.

APLICAR ESSA ANALOGIA AO SIGNIFICADO

Na analogia dada acima, a consciência visual de um membro comum do público está contaminada pelo encantamento do mágico. Como resultado, ele vê um cavalo que aparece como sendo real e, por consentir com essa aparência, ele a concebe como sendo um cavalo real. Isso é análogo aos seres vivos comuns, que não realizaram a vacuidade. Todas as suas mentes estão contaminadas pela ignorância do agarramento-ao-verdadeiro e, como resultado, os fenômenos aparecem às suas mentes como verdadeiramente existentes e eles os concebem como verdadeiramente existentes. Assim como o membro comum do público que assiste ao mágico acredita que o que vê é verdadeiro, os seres vivos que não realizaram a vacuidade aferram-se aos fenômenos verdadeiramente existentes que aparecem às suas mentes como verdadeiros. Mesmo após os seres vivos realizarem a vacuidade, eles ainda terão obstruções à onisciência, o que fará com que os fenômenos apareçam como verdadeiramente existentes. No entanto, pelo poder da sua realização da vacuidade, não consentem com essa aparência e, portanto, não concebem os fenômenos como verdadeiramente existentes. Eles se tornam como o mágico, para quem um cavalo aparece como se fosse um cavalo real, mas que, por não estar sob a influência do encantamento, não consente com essa aparência e não a concebe como sendo um cavalo real.

Quando os seres vivos realizam a vacuidade diretamente e suas mentes fundem-se com ela em equilíbrio meditativo, toda aparência dual se apazigua na vacuidade e apenas a vacuidade aparece às suas mentes. Enquanto estão em equilíbrio meditativo, tornam-se como o membro sábio do público, para quem nenhum cavalo aparece e que não concebe que haja, ali, um cavalo real. No entanto, pelo tempo que permanecerem como seres vivos, não terão abandonado as obstruções à onisciência e, assim, quando emergirem do equilíbrio meditativo, os fenômenos lhes aparecerão novamente como verdadeiramente existentes. Em outras palavras, quando emergirem da meditação, serão, novamente, como o mágico. Quando, por fim, abandonarem as obstruções à onisciência e alcançarem a Budeidade, tanto a aparência de existência verdadeira como a concepção de existência verdadeira cessarão completamente e eles permanecerão, todo o tempo, como o membro sábio do público.

A analogia do encantamento produzido pelo mágico foi apresentada pelos madhyamika-svatantrikas porque tais mágicos eram bastante comuns na Índia daquele tempo. No entanto, essa não é a única analogia que podemos utilizar. Há muitas outras analogias que ilustram como os fenômenos aparecem como verdadeiramente existentes quando, na verdade, não o são, tais como: confundir um encontro agradável num sonho como sendo um encontro real, confundir um monstro num filme como sendo um monstro real, confundir uma pilha de pedras à distância como sendo uma pessoa, ou confundir uma mancha na parede como sendo uma aranha. As escrituras também usam analogias tais como miragens, emanações, ecos e reflexos.

IDENTIFICAR O OBJETO NEGADO DE ACORDO COM A ESCOLA MADHYAMIKA-PRASANGIKA

Como vimos, os madhyamika-svatantrikas dizem que todos os fenômenos carecem de existência verdadeira porque não existem inteiramente do seu próprio lado, mas não carecem de existência inerente porque, até certo ponto, existem do seu próprio lado. Os madhyamika-prasangikas discordam. Eles afirmam que todos os fenômenos, sem exceção, são meramente designados pelo pensamento e que não existem, minimamente, do seu próprio lado. Asseveram que, se houvesse algum modo através do qual os fenômenos existissem do seu próprio lado, eles seriam verdadeiramente existentes. Em outras palavras, se algo fosse inerentemente existente, ele seria verdadeiramente existente. Nenhum fenômeno é inerentemente existente. O objeto negado da vacuidade é, portanto, a existência inerente, ou existência do seu próprio lado. Qualquer mente que apreenda fenômenos inerentemente existentes é uma mente de agarramento-ao-verdadeiro e uma percepção errônea.

De acordo com os madhyamika-prasangikas, portanto, para realizar a vacuidade precisamos realizar a não-existência da existência inerente e, para fazer isso, precisamos saber como os fenômenos inerentemente existentes seriam se existissem. Para identificar esse objeto negado sutil, a existência inerente, precisamos primeiro compreender como todos os fenômenos são meramente designados pelo pensamento conceitual. Há três maneiras pelas quais podemos compreender isso, que serão agora explicadas a partir dos seguintes três tópicos:

1. Compreender a mera designação por meio das escrituras;
2. Compreender a mera designação por meio de analogias;
3. Compreender a mera designação por meio de raciocínio.

COMPREENDER A MERA DESIGNAÇÃO POR MEIO DAS ESCRITURAS

Há muitas escrituras que explicam de que modo todos os fenômenos são meramente designados pelo pensamento. Por exemplo, no *Sutra Solicitado por Upali*, Buda diz:

> Não existe nada que seja o criador
> Das diversas e atraentes flores que desabrocham
> Ou das belas, resplandecentes e supremas habitações douradas,
> Porque todas são estabelecidas pelo poder da concepção.
> Todos os mundos são designados por concepção.

Existe um número infinito de mundos e alguns, como os mundos dos deuses, são muito belos. Nesses mundos, as habitações são feitas de ouro e de joias cintilantes e estão localizadas em belos jardins de flores deslumbrantes.

Outros mundos, incluindo partes do mundo dos seres humanos e do mundo dos animais, não são atraentes. Habitando todos esses mundos diferentes, está uma grande variedade de seres vivos. Todos esses mundos e todos os seus habitantes são meramente designados pelo pensamento. Eles não têm nenhum outro criador além da mente conceitual.

Algumas pessoas acreditam que este mundo foi criado por Brahma, um deus mundano que habita o primeiro reino da forma. O mundo de Brahma desenvolveu-se antes que o mundo humano se desenvolvesse, e quando os habitantes do seu mundo viram o mundo humano desenvolvendo-se do espaço vazio abaixo deles, naturalmente presumiram que isso era obra de Brahma. Posteriormente, alguns renasceram como seres humanos e, porque ainda tinham as marcas dessa crença, desenvolveram novamente a visão de que este mundo foi criado por Brahma. Alguns escreveram livros, registrando essa convicção.

No entanto, se examinarmos cuidadosamente, veremos que não existe nenhum outro criador do mundo que não a mente. A natureza convencional sutil do mundo é a sua existência como mera designação feita pelo pensamento conceitual. Não importa o quanto investiguemos, nunca encontraremos um mundo que seja independente de designação conceitual. Por essa razão, o mundo depende inteiramente da mente para a sua existência.

Assim como todas as outras coisas, este mundo veio à existência na dependência de causas. Se não houvesse havido causas, não haveria mundo. A causa principal deste mundo foi o carma coletivo dos seres que nele habitam. Visto que o carma se origina na mente, segue-se que este mundo foi produzido, principalmente, pela mente. A criação do mundo também requereu causas secundárias, ou cooperativas, tais como a aglomeração de partículas atômicas. Em certo momento, este universo foi apenas um espaço vazio; então, um átomo apareceu e, gradualmente, partículas se aglomeraram para formar o universo como o conhecemos. De onde surgiu o primeiro átomo? Ele só pôde ter sido produzido pelo carma coletivo dos seres que habitam este mundo. Não há nenhuma razão válida para dizer que foi criado por Brahma ou por qualquer outro deus. O mundo inteiro surgiu devido ao carma, e o carma surge da mente; portanto, o verdadeiro criador deste mundo é a mente.

COMPREENDER A MERA DESIGNAÇÃO POR MEIO DE ANALOGIAS

Chandrakirti, em seu comentário à obra *Quatrocentos*, de Aryadeva, e Je Tsongkhapa, em *Iluminação Clara da Intenção*, utilizam a analogia de uma cobra imaginada para mostrar como todos os fenômenos são meramente designados, ou imputados, pelo pensamento. Um homem, andando por um campo ao anoitecer, depara-se com um rolo de corda raiada sobre a grama e, confundindo-o com uma cobra, desenvolve medo. Embora uma cobra apareça vividamente à sua mente, essa cobra não existe do seu próprio lado. Ela é, meramente, uma projeção da sua mente, designada por pensamento conceitual na dependência da corda. Para além disso, nenhuma cobra pode ser encontrada, porque nem o rolo de corda como um todo nem qualquer parte dele é uma cobra.

Exatamente do mesmo modo, todos os fenômenos são meramente designados por pensamento conceitual. Por exemplo, o *eu* não existe do seu próprio lado – ele é, meramente, uma projeção da mente, designado por pensamento conceitual na dependência dos agregados. Se tentarmos encontrar um *eu* que seja diferente da mera designação conceitual "*eu*", não seremos bem-sucedidos, porque nem a coleção (ou conjunto) dos agregados, tampouco qualquer agregado individual é o *eu*. Fenômenos existentes, tais como o *eu*, diferem da cobra imaginada no sentido de serem designações válidas, mas não há diferença do ponto de vista de serem meramente designados por pensamento conceitual.

Na analogia, porque o homem enxerga a corda no crepúsculo, ele apreende equivocadamente uma cobra e desenvolve medo. Para remover esse medo, ele precisa remover a mente que apreende uma cobra por compreender que não há uma cobra ali. Mesmo assim, se a corda for deixada no mesmo lugar, há o risco de que o homem da analogia cometa o mesmo equívoco no futuro. A única maneira de evitar esse perigo é removendo a corda. De modo semelhante, os seres vivos observam seus agregados na escuridão da sua ignorância e, equivocadamente, apreendem um *eu* inerentemente existente. Essa mente, que se aferra a um *eu* inerentemente existente, é a raiz do samsara e a fonte de todo o medo. Para remover os medos do samsara, precisamos remover essa mente através de realizar que não há um *eu* inerentemente existente. Mesmo assim, haverá o perigo de que a mente que se aferra a um *eu* inerentemente existente volte a se manifestar se continuarmos a nos aferrar a agregados inerentemente existentes. Por essa razão, a única maneira de removermos inteiramente os medos do samsara é, primeiro, realizar a ausência de existência inerente do *eu* e, depois, realizar a ausência de existência inerente dos agregados.

Novamente, podemos usar outras analogias, tais como: enxergar uma aranha na parede onde há apenas uma mancha, enxergar uma pessoa à distância onde há apenas uma pilha de pedras, ou gerar medo durante um filme. Por contemplar essas analogias, podemos compreender como todos os fenômenos são meramente designados pelo pensamento.

COMPREENDER A MERA DESIGNAÇÃO POR MEIO DE RACIOCÍNIO

Para começar, devemos tentar compreender como o nosso próprio *eu* é meramente designado por pensamento conceitual. Podemos fazer isso apoiando-nos no seguinte raciocínio. Se o *eu* não fosse meramente designado por pensamento conceitual, ele existiria do seu próprio lado e, se existisse do seu próprio lado, seria encontrado através de investigação. No entanto, se não ficarmos satisfeitos com a mera designação conceitual "*eu*" e procurarmos por um *eu*, não encontraremos um *eu* nem nos agregados nem separado dos agregados. Portanto, o *eu* não existe do seu próprio lado, mas é meramente designado por pensamento conceitual. Uma vez que tenhamos compreendido como o nosso próprio *eu* é meramente designado, poderemos estender nossa investigação aos outros seres vivos e, depois, a todos os demais fenômenos. Desse modo, veremos gradualmente como todos os fenômenos são meramente designados por pensamento conceitual. Por confiar nas escrituras, analogias e raciocínios, compreenderemos que todos os fenômenos são meramente designados por pensamento conceitual. Neste contexto, a palavra "meramente" exclui qualquer modo de existência que não seja designado por pensamento conceitual. Os fenômenos não existem, em nenhum sentido, do seu próprio lado. Se um fenômeno não fosse meramente designado por pensamento conceitual, mas existisse de algum modo do seu próprio lado, ele seria inerentemente existente. Nenhum fenômeno é inerentemente existente. A existência inerente é o objeto negado sutil da vacuidade, e a sua não-existência é vacuidade, a verdade última.

Existência inerente, *existência verdadeira* e *existência natural* – todas essas expressões significam o mesmo, e todas são objetos a serem negados. Uma vez que tenhamos uma imagem genérica clara do objeto a ser negado, devemos nos esforçar para compreender e realizar a sua não-existência, a vacuidade. O método para realizar a ausência de existência inerente são os raciocínios apresentados no sexto capítulo do *Guia*, tais como o raciocínio dos fragmentos vajra e o raciocínio sétuplo. Quando, por nos apoiarmos nesses raciocínios, realizarmos que não há, de modo algum, fenômenos inerentemente existentes, teremos realizado a vacuidade.

Ao passo que a existência inerente, ou existência verdadeira, é o objeto a ser negado, aferrar-se à existência inerente, ou agarramento-ao-verdadeiro, é o objeto principal a ser abandonado. Essa mente é a fonte de todo o sofrimento e é a raiz do samsara. É importante ter clareza sobre qual é o objeto a ser abandonado, pois há muitas compreensões incorretas a respeito disso. Uma dessas compreensões incorretas, divulgada no Tibete pelo monge chinês Hashang, ainda continua vigente nos dias de hoje e é um grande obstáculo ao desenvolvimento espiritual. Hashang foi um seguidor de Buda, mas, compreendendo de modo completamente equivocado os ensinamentos de Buda sobre a vacuidade, difundiu uma heresia perigosa entre o povo tibetano. De acordo com Hashang, uma vez que os fenômenos verdadeiramente existentes aparecem a todas as mentes conceituais, todas as mentes conceituais são objetos a serem abandonados. Ele dizia que, assim como todos os cães ferem quando mordem, independentemente de serem cães brancos ou pretos, todas as mentes conceituais prejudicam-nos independentemente de serem mentes virtuosas ou não-virtuosas. De modo semelhante, assim como nuvens brancas e pretas obscurecem o sol, tanto as mentes conceituais virtuosas como as não-virtuosas obscurecem nossa mente. A visão última da vacuidade é alcançada por meio de impedir todas as mentes conceituais e permitir que a mente se torne vazia. Hashang proclamava, assim, que esse era o verdadeiro significado dos ensinamentos de Buda sobre a vacuidade.

Antes de Hashang chegar ao Tibete, um Budadharma muito puro florescia ali. Muitas pessoas identificavam corretamente o Caminho do Meio e, como resultado, alcançavam realizações profundas. No entanto, a visão de Hashang difundiu-se rapidamente e, como resultado, muitos tibetanos viram-se sem os meios para praticar tanto o caminho profundo como o caminho vasto. Por meditarem na inexistência, ou nada, em vez da vacuidade, abandonaram o caminho profundo e, por abandonarem todas as mentes conceituais, incluindo o amor, a compaixão e a bodhichitta, abandonaram o caminho vasto. O caminho à iluminação ficou bloqueado para eles. Até mesmo a prática de observar as leis do carma foi perdida.

Vendo isso, o rei Trisong Detsen, o 37º rei do Tibete, convidou Kamalashila para vir da Índia para debater com Hashang. Kamalashila derrotou de modo conclusivo Hashang, e Hashang foi banido do Tibete. Então, o rei Trisong Detsen emitiu uma proclamação declarando que, daquele momento em diante, todos os tibetanos seguiriam os ensinamentos de Nagarjuna. No entanto, a heresia de Hashang não foi completamente erradicada e, mesmo nos dias de hoje, há muitas pessoas que defendem essa visão.

As visões errôneas de Hashang surgiram de uma incapacidade para identificar tanto o objeto negado da vacuidade quanto o objeto principal a ser abandonado. Se também falharmos em identificá-los claramente, haverá o perigo de essas visões errôneas persistirem e bloquearem o desenvolvimento espiritual desta geração e das gerações futuras. Por essa razão, devemos ter muita clareza sobre qual o objeto a ser negado e qual o objeto a ser abandonado. O objeto negado é a existência verdadeira, que é uma existência de algum modo independente de designação conceitual, e o objeto a ser abandonado é o agarramento-ao-verdadeiro, que é uma mente conceitual que apreende, ou concebe, a existência verdadeira.

Embora a existência verdadeira apareça a todas as mentes conceituais, nem todas as mentes conceituais apreendem, ou concebem, a existência verdadeira. Apenas as mentes conceituais que concebem a existência verdadeira são mentes de agarramento-ao-verdadeiro. Mentes virtuosas, tais como amor, compaixão e bodhichitta, são mentes conceituais, mas elas não são mentes de agarramento-ao-verdadeiro e, portanto, não são objetos a serem abandonados. Somente por meio compreender tais distinções é que podemos praticar tanto o caminho profundo, que é a causa do Corpo-Verdade de um Buda, quanto o caminho vasto, que é a causa do Corpo-Forma de um Buda, e assim, alcançar a plena iluminação.

Outra área de compreensão incorreta é o tipo de negação que é realizada. Alguns dizem que, quando realizamos a vacuidade, realizamos um [fenômeno] negativo afirmativo, mas isso é incorreto. A vacuidade não é um [fenômeno] negativo afirmativo, mas um negativo não-afirmativo.

Há dois tipos de fenômeno: fenômenos afirmativos e fenômenos negativos. Fenômenos afirmativos são objetos – tais como pessoas, cadeiras, mesas, e assim por diante – que são compreendidos sem que a mente elimine explicitamente um objeto negado. Um fenômeno negativo é um fenômeno que é compreendido através da eliminação explícita do objeto negado do fenômeno pela mente que apreende esse fenômeno. Há dois tipos de fenômenos negativos: negativos afirmativos e negativos não-afirmativos. Um *negativo afirmativo* é um fenômeno negativo que é compreendido por uma mente que elimina seu objeto negado ao mesmo tempo que compreende outro fenômeno. Um exemplo disso é um homem bem alimentado que não come durante o dia. A mente que compreende isso elimina explicitamente o objeto negado – a ação do homem de comer durante o dia – ao mesmo tempo que compreende implicitamente outro fenômeno: que ele deve comer durante a noite! Outro exemplo é o oposto de um não-pote, pois a mente que compreende isso elimina explicitamente o objeto negado, o *não-pote*, ao mesmo tempo que compreende implicitamente *pote*.

Um *negativo não-afirmativo* é um fenômeno negativo compreendido por uma mente que meramente elimina seu objeto negado sem realizar outro fenômeno. A ausência de um chifre na cabeça de um coelho é um exemplo de um negativo não-afirmativo porque a mente que realiza isso meramente elimina o objeto negado, um chifre na cabeça de um coelho, sem realizar outro fenômeno. Todas as vacuidades são [fenômenos] negativos não-afirmativos. Por exemplo, a ausência do em-si de pessoas é um [fenômeno] negativo não-afirmativo porque a mente que compreende essa ausência do em-si meramente elimina o objeto negado, uma pessoa inerentemente existente, sem realizar outro fenômeno. De modo semelhante, a ausência do em-si dos fenômenos é um [fenômeno] negativo não-afirmativo, porque a mente que realiza essa ausência do em-si meramente elimina o objeto negado, os fenômenos inerentemente existentes, sem realizar outro fenômeno.

Geralmente, [os fenômenos] negativos não-afirmativos são bastante difíceis de compreender e muitos são os que pensam equivocadamente que não há um objeto a ser realizado numa mera negação. No entanto, se quisermos compreender e realizar a vacuidade, precisamos nos esforçar para compreender a verdadeira natureza dos [fenômenos] negativos não-afirmativos. Antigamente, no Tibete, muitos professores falharam em distinguir entre um negativo não-afirmativo e a não-existência e, como resultado, afastaram-se da visão de Nagarjuna. Isso ainda pode acontecer nos dias de hoje. Para evitar tais equívocos, precisamos estudar instruções claras e práticas sobre como identificar o objeto negado, tais como aquelas que podem ser encontradas nos livros *Caminho Alegre da Boa Fortuna*, *Contemplações Significativas*, *Novo Manual de Meditação*, *Novo Coração de Sabedoria* e *As Instruções Orais do Mahamudra*.

Refutar a Produção a Partir de Si Próprio, ou do Self

ESTABELECER O SIGNIFICADO DAS ESCRITURAS POR MEIO DE RACIOCÍNIO

ESTA SEÇÃO TEM duas partes:

1. Estabelecer a ausência do em-si dos fenômenos por meio de raciocínio;
2. Estabelecer a ausência do em-si de pessoas por meio de raciocínio.

ESTABELECER A AUSÊNCIA DO EM-SI DOS FENÔMENOS POR MEIO DE RACIOCÍNIO

Como veremos mais adiante, Buda explicou muitas divisões da vacuidade, ou ausência do em-si, mas a divisão principal é a divisão dupla em ausência do em-si de pessoas e ausência do em-si dos fenômenos. A ausência do em-si de pessoas é a ausência de existência inerente de pessoas, e a ausência do em-si dos fenômenos é a ausência de existência inerente de todos os fenômenos que não são pessoas. Esses dois tipos de *ausência do em-si* são distinguíveis apenas do ponto de vista de suas bases e não do ponto de vista de suas naturezas. Todas as ausências do em-si são a mesma natureza, a mera ausência de existência inerente.

No *Sutra Perfeição de Sabedoria Condensado*, Buda diz que devemos conhecer todos os outros seres vivos assim como conhecemos o nosso *self*, e que devemos conhecer todos os outros fenômenos assim como

Chandrakirti

conhecemos os seres vivos. Isso significa que, primeiro, devemos realizar a vacuidade do nosso *self*; depois, a vacuidade das outras pessoas e depois, a vacuidade dos fenômenos que não são pessoas. Em outras palavras, devemos, primeiro, realizar a ausência do em-si de pessoas e, depois, a ausência do em-si dos fenômenos. Chandrakirti, no entanto, apresenta primeiro a ausência do em-si dos fenômenos. O seu propósito é remover a forte adesão à existência inerente nas mentes daqueles que propõem princípios filosóficos inferiores aos dos madhyamika-prasangikas. Os proponentes de princípios filosóficos inferiores sustentam firmemente a visão da existência inerente principalmente porque não conseguem compreender como é possível que as coisas sejam produzidas a partir de causas se nem as causas nem os efeitos existem do seu próprio lado. Para eles, o próprio fato de que as causas produzem efeitos prova que causas e efeitos existem do seu próprio lado e, portanto, são inerentemente existentes. Para remover essa concepção errônea, Chandrakirti começa com a refutação da produção inerentemente existente.

Estabelecer a ausência do em-si dos fenômenos por meio de raciocínio tem quatro partes:

1. Refutar os quatro extremos da produção no âmbito das duas verdades;
2. Rejeitar argumentos contra essa refutação;
3. Como a produção dependentemente-surgida elimina as concepções errôneas que se aferram aos extremos;
4. Identificar o resultado da análise lógica.

REFUTAR OS QUATRO EXTREMOS DA PRODUÇÃO NO ÂMBITO DAS DUAS VERDADES

Há muitas maneiras de refutar a produção inerentemente existente, mas o método mais poderoso é a refutação dos quatro extremos da produção. Essa refutação é conhecida como "fragmentos vajra" porque, assim como um vajra é tão poderoso que até mesmo um único fragmento seu pode implodir uma montanha, esse raciocínio é extremamente poderoso para destruir a concepção da produção inerentemente existente. O raciocínio é apresentado em três partes:

1. A produção inerentemente existente não existe;
2. Provar isso por meio de raciocínio;
3. O significado estabelecido pela refutação dos quatro extremos da produção.

A PRODUÇÃO INERENTEMENTE EXISTENTE NÃO EXISTE

[VI.8ab] Não surge de si mesmo; como pode vir de outro? Também não surge de ambos; como pode existir sem uma causa?

O raciocínio dos fragmentos vajra é o seguinte. As coisas não são inerentemente produzidas porque elas não são produzidas a partir de si próprias, nem a partir de outro, nem a partir de si próprio e de outro ou tampouco sem uma causa. As produções a partir de si próprio, de outro, de si próprio e de outro e sem uma causa são chamadas de "extremos" porque afirmar qualquer uma dessas posições significa cair no extremo da existência. Esses quatro extremos esgotam todas as possibilidades de produção inerentemente existente e, visto que nenhum deles existe, a produção inerentemente existente não existe.

A produção a partir de si próprio (ou produção a partir do *self*) é afirmada pela escola Samkhya, a mais antiga das escolas brâmanes; a produção a partir de outro é afirmada por algumas escolas não-budistas e por todas as escolas budistas abaixo dos madhyamika-prasangikas; a produção a partir de si próprio e de outro é afirmada por alguns segmentos da escola Samkhya e pelos jainistas; e a produção sem uma causa é afirmada pela escola Charavaka, uma escola niilista.

PROVAR ISSO POR MEIO DE RACIOCÍNIO

Esta seção tem quatro partes:

1. Refutar a produção a partir de si próprio;
2. Refutar a produção a partir de outro;
3. Refutar a produção a partir de ambos;
4. Refutar a produção sem uma causa.

REFUTAR A PRODUÇÃO A PARTIR DE SI PRÓPRIO

Em *Sabedoria Fundamental*, Nagarjuna refuta a produção a partir de si próprio com um raciocínio lógico poderoso. Posteriormente, como um comentário a esse raciocínio, Chandrakirti providenciou raciocínios adicionais para refutar a produção a partir de si próprio. Esses dois conjuntos de raciocínios serão apresentados agora sob os seguintes dois tópicos:

1. Refutar a produção a partir de si próprio com o raciocínio apresentado no comentário de Chandrakirti;
2. Refutar a produção a partir de si próprio com o raciocínio apresentado em *Sabedoria Fundamental*.

REFUTAR A PRODUÇÃO A PARTIR DE SI PRÓPRIO COM O RACIOCÍNIO APRESENTADO NO COMENTÁRIO DE CHANDRAKIRTI

Esta seção tem três partes:

1. Refutar o sistema da escola Samkhya;
2. Nem mesmo as pessoas mundanas, cujas mentes não estão influenciadas por princípios filosóficos, afirmam a produção a partir de si próprio;
3. Conclusão dessas refutações.

REFUTAR O SISTEMA DA ESCOLA SAMKHYA

Samkhyas Afirmamos a produção a partir de si próprio porque os efeitos são produzidos a partir de causas que são a mesma entidade que eles. Por exemplo, quando uma semente de cevada encontra condições apropriadas, tais como umidade e calor, um broto de cevada é produzido. Embora a semente seja a causa, e o broto, o seu efeito, ambos são a mesma entidade, ou natureza. Uma vez que um broto é produzido a partir de uma semente que é a mesma entidade que ele, a produção a partir de si próprio existe.

A refutação dessa posição tem duas partes:

1. Refutar a produção a partir de uma causa que seja a mesma entidade;
2. Refutar que causa e efeito sejam a mesma entidade.

REFUTAR A PRODUÇÃO A PARTIR DE UMA CAUSA QUE SEJA A MESMA ENTIDADE

Esta refutação tem três partes:

1. Segue-se que a produção a partir de uma causa que seja a mesma entidade não tem sentido;
2. Que as coisas sejam produzidas a partir da mesma natureza é contrário à razão;
3. Refutar a negação dessas falhas.

SEGUE-SE QUE A PRODUÇÃO A PARTIR DE UMA CAUSA QUE SEJA A MESMA ENTIDADE NÃO TEM SENTIDO

Madhyamika-Prasangikas

[VI.8c] Não faz sentido que surja a partir de si próprio.

Não faz sentido algum um broto de cevada surgir de uma semente que seja a mesma entidade que ele, uma vez que o broto já existiria no mesmo momento da semente e, portanto, não teria necessidade de produção.

QUE AS COISAS SEJAM PRODUZIDAS A PARTIR DA MESMA NATUREZA É CONTRÁRIO À RAZÃO

Madhyamika-Prasangikas

[VI.8d] Além disso, não é razoável que aquilo que já havia sido produzido seja produzido novamente.

[VI.9abc] **Se afirmais que aquilo que já havia sido produzido é produzido novamente,
Então a produção de brotos e assim por diante não é encontrada aqui
E sementes continuarão a ser produzidas até o fim dos tempos.**

Se um broto for a mesma entidade que a sua semente, a consequência disso é que ele já terá sido produzido no momento da semente, e não é razoável afirmar que o que já havia sido produzido seja produzido novamente. Se vocês afirmam que aquilo que já havia sido produzido é novamente produzido, então seguem-se duas consequências. A primeira é que os brotos e assim por diante nunca seriam produzidos, porque a produção de um broto segue-se à cessação da sua semente, e as sementes, que estão sempre a ser produzidas, nunca cessariam. A segunda consequência é que, uma vez que uma semente fosse produzida, ela seria produzida novamente, e tendo sido produzida novamente, necessariamente seria produzida de novo e assim sucessivamente. Por essa razão, segue-se que a produção de sementes seria interminável e, portanto, sementes continuariam a ser produzidas até o fim dos tempos.

REFUTAR A NEGAÇÃO DESSAS FALHAS

Samkhyas Não temos de aceitar nenhuma das consequências que foram mencionadas, pois podemos ver claramente que os brotos são produzidos e que as sementes cessam. Um broto é produzido quando a sua causa, a semente, encontra condições, como umidade e calor, e, ao ser produzido, faz com que a semente se desintegre.

Madhyamika-Prasangikas

[VI.9d] **Como pode ele destruí-la?**

Se a semente e o broto forem a mesma entidade, como pode o broto destruir a semente? Um broto pode destruir-se a si próprio?

REFUTAR QUE CAUSA E EFEITO SEJAM A MESMA ENTIDADE

Esta refutação é apresentada em três partes:

1. Segue-se que o formato e demais características do broto não são diferentes dos da semente;
2. Refutar a negação dessa falha;
3. Segue-se que tanto a semente como o broto são semelhantes em serem apreensíveis ou inapreensíveis em qualquer momento dado.

SEGUE-SE QUE O FORMATO E DEMAIS CARACTERÍSTICAS DO BROTO NÃO SÃO DIFERENTES DOS DA SEMENTE

Madhyamika-Prasangikas

[VI.10ab] **Para vós, o formato, a cor, o sabor, o potencial e o amadurecimento de um broto
Não são diferentes dos de sua causa, a semente.**

Se uma causa (como uma semente, por exemplo) e seu efeito (o broto) forem a mesma entidade, segue-se que o formato, a cor, o sabor, o potencial e o amadurecimento de um broto não são diferentes dos de sua semente. No entanto, mesmo as pessoas mundanas podem ver que são diferentes; portanto, uma causa e seu efeito não são a mesma entidade.

REFUTAR A NEGAÇÃO DESSA FALHA

Samkhyas Não incorremos nessa falha porque, quando uma semente produz um broto, sua natureza anterior é destruída e se converte numa entidade diferente.

Madhyamika-Prasangikas

**[VI.10cd] Se a sua natureza anterior é destruída e se converte
numa entidade diferente daquela,
Nesse momento, qual é a natureza disso?**

Se, ao produzir o broto, a natureza anterior da semente é destruída e se converte numa entidade diferente, como pode a semente, naquele momento, ter a mesma natureza que o broto? Com certeza, é contraditório afirmar que a semente e o seu broto são a mesma natureza e que, ainda assim, a semente precisa mudar sua natureza para se transformar no broto.

SEGUE-SE QUE TANTO A SEMENTE COMO O BROTO SÃO SEMELHANTES EM SEREM APREENSÍVEIS E INAPREENSÍVEIS EM QUALQUER MOMENTO DADO

Madhyamika-Prasangikas

**[VI.11] Se, para vós, a semente e o broto não são diferentes,
Então ou o broto é inapreensível, bem como a semente,
Ou, visto que são o mesmo, a semente também é apreensível,
   bem como o broto.
Portanto, não deveis afirmar isso.**

Se dois objetos visuais têm a mesma natureza, eles precisam ser produzidos simultaneamente e se desintegrar simultaneamente. Quando um deles aparece à percepção sensorial, o outro também aparece, e se um deles não aparecer à percepção sensorial, o outro também não aparecerá. Vocês, samkhyas, afirmam que uma semente tem a mesma natureza que o seu broto. Se isso for assim, então, no momento do broto, ou o broto não aparece à percepção sensorial, bem como a semente, ou a semente aparece à percepção sensorial, bem como o broto. Uma vez que nenhuma dessas alternativas é o caso, vocês não devem afirmar que uma semente e o seu broto são a mesma natureza.

NEM MESMO AS PESSOAS MUNDANAS, CUJAS MENTES NÃO ESTÃO INFLUENCIADAS POR PRINCÍPIOS FILOSÓFICOS, AFIRMAM A PRODUÇÃO A PARTIR DE SI PRÓPRIO

Madhyamika-Prasangikas

[VI.12ab] **Devido ao fato de que, apesar de uma causa ter se desintegrado, o seu efeito ainda é visto,**
Nem mesmo os mundanos afirmam que sejam o mesmo.

Mesmo as pessoas que não propõem princípios filosóficos sabem que, embora uma causa (como uma semente, por exemplo) tenha se desintegrado, o seu efeito (o broto) ainda pode ser visto. Por essa razão, elas não afirmam que uma semente e o seu broto são a mesma natureza e, portanto, não asseveram a produção a partir de si próprio. A ideia de produção a partir de si próprio nunca surge naturalmente, mas é uma fabricação, ou invenção, mental que surge de se aderir a princípios filosóficos equivocados. Portanto, uma mente que sustente a produção a partir de si próprio é uma delusão intelectualmente formada, e não uma delusão inata.

CONCLUSÃO DESSAS REFUTAÇÕES

[VI.12cd] **Portanto, essa invenção de que as coisas surgem de si próprias**
É inaceitável na talidade e no mundo.

Essa fabricação dos samkhyas – de que as coisas surgem a partir de si próprias – é inaceitável tanto em nível último quanto convencionalmente.

REFUTAR A PRODUÇÃO A PARTIR DE SI PRÓPRIO COM O RACIOCÍNIO APRESENTADO EM *SABEDORIA FUNDAMENTAL*

[VI.13] **Se a produção a partir de si próprio for asseverada,**
Então produto e produtor, objeto e agente serão *um*.

**Visto que não são *um*, a produção a partir de si próprio não deve ser asseverada
Devido às consequências extensamente explicadas.**

Se a produção a partir de si próprio for afirmada, a consequência disso é que uma causa e seu efeito seriam, inerentemente, a mesma natureza e, portanto, idênticos em todos os aspectos. Assim, um produto (como um broto, por exemplo) e seu produtor (a semente) seriam inerentemente *um*. Como Nagarjuna diz, em *Sabedoria Fundamental*:

A unicidade de causa e efeito
Não é aceitável em nenhum momento.
Se causa e efeito forem *um*,
Então o produto e o produtor serão *um*.

Além disso, segue-se que um objeto e seu agente também seriam inerentemente *um*. Novamente, Nagarjuna diz, em *Sabedoria Fundamental*:

Se madeira e fogo forem *um*,
Objeto e agente serão *um*.

Uma vez que um produto e seu produtor não são *um* e que um objeto e seu agente também não são *um*, a produção a partir de si próprio não deve ser afirmada. Aqueles que asseveram a produção a partir de si próprio incorrem em todas as consequências explicadas extensamente nas obras *Sabedoria Fundamental* e *Guia ao Caminho do Meio*.

Neste ponto, é costume estudar um debate detalhado que surge de interpretações divergentes da refutação de Nagarjuna sobre a produção a partir de si próprio. O debate é longo e complexo e não há espaço aqui para considerá-lo em toda a sua extensão, mas poderá ser útil resumir brevemente os pontos principais.

Os participantes são três discípulos de Nagarjuna: Buddhapalita, Bhavaviveka e Chandrakirti. No seu comentário à *Sabedoria Fundamental*, Buddhapalita refuta a afirmação samkhya sobre a produção a partir de si próprio por meio de duas consequências. Em suas próprias palavras:

Não há produção de coisas a partir de si próprias porque sua produção não teria sentido e porque consequências extremas seguir-se-iam. Uma coisa que existe em sua própria entidade não tem necessidade de produção. Se, embora exista, for produzida, ela nunca deixará de ser produzida.

A primeira consequência de Buddhapalita é: se as coisas já existem na entidade da sua própria causa, segue-se que não tem sentido algum que a sua produção ocorra novamente. A segunda consequência é: se uma coisa já existe e, apesar disso, precisa ser produzida novamente, segue-se que ela nunca deixará de ser produzida e, portanto, sua produção será interminável.

Bhavaviveka analisa esse raciocínio em *Lâmpada para a Sabedoria* e encontra três falhas. Sua primeira crítica é que Buddhapalita falha em apresentar uma razão e um exemplo que sejam capazes de refutar a posição samkhya. Ele não considera como adequadas as consequências de Buddhapalita e, assim, procura reconstruí-las na forma de silogismos autônomos, que são silogismos nos quais os três modos (o atributo, ou propriedade, do sujeito; a implicação direta; e a implicação inversa) existem inerentemente na razão, e nos quais os três termos (o sujeito, o predicado e a razão) existem inerentemente e aparecem igualmente para ambas as partes do debate. Bhavaviveka considera como inadequados os silogismos autônomos reconstruídos a partir do raciocínio de Buddhapalita e propõe um silogismo alternativo para refutar a produção a partir de si próprio:

Os sujeitos (as fontes interiores, como um poder sensorial visual) não são, em nível último, produzidos a partir de si próprios porque existem – como, por exemplo, a consciência existente.

A segunda crítica de Bhavaviveka é que as consequências de Buddhapalita não se contrapõem ao raciocínio equivocado dos samkhyas, pois falham em provar a um samkhya que não há produção a partir de si próprio. Sua terceira crítica é que os *probanda* ["aquilo que é provado, demonstrado", em latim] dos silogismos reconstruídos a partir das consequências de Buddhapalita afirmam a produção a partir de outro e, portanto, contradizem o princípio filosófico madhyamika de que a negação dos quatro extremos da produção é um [fenômeno] negativo não-afirmativo.

No seu comentário a *Sabedoria Fundamental* intitulado *Palavras Claras*, Chandrakirti rejeita todas as três críticas de Bhavaviveka. Com relação ao primeiro ponto, Chandrakirti responde que as consequências de Buddhapalita são perfeitamente capazes de fazer com que um samkhya abandone a *visão da produção a partir de si próprio* porque revelam claramente contradições na posição dos samkhyas. Se, após contemplar essas contradições, um samkhya continuasse a manter a visão da produção a partir de si próprio, não haveria propósito em apresentar razões e exemplos para convencê-lo, pois ele já teria se mostrado irrazoável. Além disso, mesmo que razões fossem utilizadas, elas não poderiam ser estabelecidas na forma de silogismos autônomos, porque razões inerentemente existentes que possuam os três modos não existem e é bastante errado, para um madhyamika, afirmá-las.

Ao analisar a própria explicação de Buddhapalita sobre suas consequências, Chandrakirti mostra que a segunda crítica de Bhavaviveka também é inválida, pois ambas as consequências são dirigidas às falácias no raciocínio dos samkhyas. Chandrakirti inverte a crítica e mostra que é o silogismo de Bhavaviveka que é inadequado a esse respeito.

Quanto à terceira crítica de Bhavaviveka, Chandrakirti aponta que está fundamentada na compreensão equivocada de que Buddhapalita é obrigado a aceitar o oposto das suas consequências. Chandrakirti mostra que nem todas as consequências implicam no seu oposto. Buddhapalita meramente refuta a *produção a partir de si próprio* e não afirma a *produção a partir de outro*.

Tendo defendido Buddhapalita, Chandrakirti empreende então um ataque à posição geral de Bhavaviveka, colocando assim, em relevo, as diferenças essenciais entre as escolas Madhyamika-Prasangika e Madhyamika-Svatantrika. Chandrakirti aponta, primeiro, que não há justificativa para que Bhavaviveka inclua a expressão "em nível último" no silogismo por ele proposto, pois essa é a ocasião para refutar a *produção a partir de si próprio*, e a produção a partir de si próprio não existe nem convencionalmente nem em nível último. Chandrakirti então refuta o pressuposto básico subjacente ao uso que Bhavaviveka faz dos silogismos autônomos: de que o sujeito de um silogismo aparece igualmente para ambas as partes num debate. Chandrakirti mostra que o sujeito de um silogismo não pode aparecer para alguém que não seja madhyamika-prasangika da mesma maneira que aparece a um madhyamika-prasangika porque, para alguém que não seja madhyamika-prasangika, o sujeito de um silogismo aparecerá como se houvesse sido confirmado como inerentemente existente por um conhecedor válido, ao passo que, para um madhyamika-prasangika, ele não aparecerá dessa maneira.

Vajradhara

Refutar a Produção a Partir de Outro

REFUTAR A PRODUÇÃO A PARTIR DE OUTRO

Esta seção tem duas partes:

1. Descrição da posição que afirma a produção a partir de outro;
2. Refutar esse sistema.

DESCRIÇÃO DA POSIÇÃO QUE AFIRMA A PRODUÇÃO A PARTIR DE OUTRO

As escolas Vaibhashika, Sautrantika e Chittamatra são conhecidas como "proponentes de coisas" porque afirmam que as coisas são verdadeiramente existentes. Enquanto todas as escolas budistas refutam a produção a partir de si próprio (ou produção a partir do *self*), a produção a partir de si próprio e de outro e a produção sem uma causa, os proponentes de coisas não refutam a produção a partir de outro. Neste contexto, "produção a partir de outro" não significa, simplesmente, a produção a partir de outras causas, mas a produção a partir de causas [que são] *inerentemente existentes outras*. Convencionalmente, todas as coisas são produzidas a partir de causas que não são elas próprias, mas nada é produzido a partir de causas *outras* inerentemente existentes.

Os proponentes de coisas acreditam que, se as causas não fossem inerentemente existentes, elas não seriam capazes de produzir seus efeitos. Por essa razão, afirmam que as coisas são produzidas a partir de causas *outras* inerentemente existentes. Justificam sua crença com uma citação de um Sutra, onde Buda diz:

As causas das coisas são as quatro condições, que existem por meio de suas próprias características.

Assim, eles acreditam que causas e efeitos são inerentemente existentes e inerentemente *outros*. Essa afirmação sobre a produção a partir de outro será agora extensamente refutada pelos madhyamika-prasangikas.

REFUTAR ESSE SISTEMA

A refutação da produção a partir de outro é apresentada em duas partes:

1. Refutação geral da produção a partir de outro;
2. Refutação do sistema Chittamatra, em particular.

REFUTAÇÃO GERAL DA PRODUÇÃO A PARTIR DE OUTRO

Esta seção tem cinco partes:

1. A refutação efetiva da produção a partir de outro;
2. Negar que as pessoas mundanas possam prejudicar esta refutação;
3. As boas qualidades desta refutação;
4. Não há produção inerentemente existente em nenhum momento;
5. As boas qualidades de refutar a produção inerentemente existente no âmbito das duas verdades.

A REFUTAÇÃO EFETIVA DA PRODUÇÃO A PARTIR DE OUTRO

Esta refutação tem três partes:

1. Refutar a produção a partir de outro, em geral;
2. Refutar uma produção a partir de outro específica;
3. Refutar a produção a partir de outro tendo analisado os efeitos por meio de quatro alternativas.

REFUTAR A PRODUÇÃO A PARTIR DE OUTRO, EM GERAL

Este tópico tem duas partes:

1. Refutar por meio da consequência por excesso;
2. Refutar uma negação dessa falha.

REFUTAR POR MEIO DA CONSEQUÊNCIA POR EXCESSO

[VI.14] **Se outro surgisse na dependência de outro,**
Então a densa escuridão surgiria, inclusive, das chamas.
Na verdade, tudo surgiria de tudo,
Porque todos os não-produtores seriam semelhantes em, também, serem outro.

Se um *efeito inerentemente existente outro* surgisse na dependência de uma *causa inerentemente existente outra*, então, porque a causa e o efeito seriam inerentemente existentes outros, eles não dependeriam um do outro, mas seriam completamente não-relacionados, independentes. Se os efeitos surgissem de causas independentes e não-relacionadas, então, a densa escuridão surgiria, inclusive, das chamas que a dissipam; os brotos de arroz surgiriam de sementes de cevada; e plantas medicinais, de sementes venenosas. Desse modo, tudo, seja efeito ou não, surgiria de tudo, seja causa ou não, porque uma não-causa seria semelhante a uma causa no sentido de ambas serem inerentemente existentes *outras* e completamente não--relacionadas com o efeito. A afirmação [da existência] da produção a partir de outro admite, portanto, um excesso como consequência.

REFUTAR UMA NEGAÇÃO DESSA FALHA

Esta seção tem duas partes:

1. A negação da falha;
2. Refutar essa negação.

A NEGAÇÃO DA FALHA

Proponentes de coisas

[VI.15] *"Algo que possa ser produzido é, definitivamente, chamado de 'efeito',*
E aquilo que tem a capacidade de produzi-lo, embora outro, é uma causa.
Assim, porque é produzido a partir de um produtor que possui o mesmo continuum,
Um broto de arroz não surge da cevada nem de qualquer outro tal como o são."

Embora as causas e seus efeitos sejam inerentemente existentes *outros*, tudo não surge a partir de tudo, porque podemos ver claramente que causas específicas produzem efeitos específicos e efeitos específicos surgem de causas específicas. Algo que tem a capacidade de produzir outra coisa é corretamente chamado de *causa dessa coisa*, embora seja inerentemente existente *outro* que ela; mas as coisas que não têm a capacidade de produzi-la não são as suas causas, embora também sejam inerentemente existentes *outros*. Do mesmo modo, algo que possa ser produzido a partir de outra coisa é corretamente chamado de *efeito dessa coisa*, mas as coisas que não podem ser produzidas a partir dela não são os seus efeitos, embora também sejam inerentemente existentes *outros*. Por exemplo, uma semente de arroz pode produzir um broto de arroz que é inerentemente existente *outro*, mas uma semente de cevada não pode produzir um broto de arroz, embora ele também seja inerentemente existente *outro*. De modo semelhante, um broto de arroz pode ser produzido por uma semente de arroz que é inerentemente existente *outro*, mas um broto de arroz não pode ser produzido por uma semente de cevada, embora ela também seja inerentemente *outro*. Além disso, um broto de arroz é produzido a partir de uma semente de arroz que é o seu próprio *continuum* anterior, e não a partir de uma semente de cevada ou de qualquer outra semente, como os brotos de cevada e assim por diante o são. Por essa razão, embora uma causa e seu efeito sejam inerentemente existentes *outros*, não se segue que tudo surja a partir de tudo e, assim, não incorremos na consequência por excesso.

REFUTAR ESSA NEGAÇÃO

Madhyamika-Prasangikas

[VI.16] **Se afirmais isso, então, assim como a cevada, as corolas, a *kengshuka* e assim por diante
Não são chamadas de produtoras de um broto de arroz, não têm a capacidade,
Não são o mesmo *continuum* e não são semelhantes,
A semente de arroz, do mesmo modo, também não é nenhum desses porque ela é *outro*.**

Os fenômenos que não estão relacionados com um broto de arroz – tais como a cevada, as corolas dos lótus e as flores *kengshuka* – não são chamados de produtores de um broto de arroz, não têm a capacidade de produzi-lo, não são o mesmo *continuum* que um broto de arroz e não são um tipo semelhante ao broto de arroz. Exatamente do mesmo modo, a semente de arroz também não é a produtora do broto de arroz, carece da capacidade de produzir o broto de arroz, não é o mesmo *continuum* que o broto de arroz e não é um tipo semelhante ao broto de arroz. Por quê? A razão é que a semente de arroz também é inerentemente existente *outra* que o broto de arroz e, portanto, completamente não relacionada ao broto de arroz.

REFUTAR UMA PRODUÇÃO A PARTIR DE OUTRO ESPECÍFICA

Esta seção tem duas partes:

1. Refutar a produção a partir de outro onde uma causa preceda o seu efeito;
2. Refutar a produção a partir de outro onde uma causa seja simultânea ao seu efeito.

REFUTAR A PRODUÇÃO
A PARTIR DE OUTRO ONDE
UMA CAUSA PRECEDA O SEU EFEITO

Esta refutação tem duas partes:

1. A refutação propriamente dita;
2. Rejeitar argumentos contra esta refutação.

A REFUTAÇÃO PROPRIAMENTE DITA

Madhyamika-Prasangikas

> **[VI.17] Um broto não existe no momento da sua semente;**
> **Portanto, sem alteridade, como pode a semente ser *outro*?**
> **Por essa razão, uma vez que a produção de um broto a partir**
> **de uma semente não está estabelecida,**
> **Desisti, vós, dessa posição assim chamada "produção a partir**
> **de outro".**

Se algo for inerentemente existente, ele precisa ser inerentemente existente desde sempre. Ele não pode ter sido *não-existente* num momento e *existente* no momento seguinte. Por essa razão, se um broto for inerentemente existente, ele precisa ser inerentemente existente desde sempre e, portanto, precisa ter existido no momento da sua semente. No entanto, mesmo vocês, proponentes de coisas, podem ver que um broto não existe no momento da sua semente. Portanto, segue-se que um broto não é inerentemente existente.

Se um broto não for inerentemente existente, ele não pode ser inerentemente *outro* que a sua semente e, sem um broto inerentemente existente *outro*, em relação ao quê a semente pode ser inerentemente *outra*? Portanto, não há produção de um broto a partir de uma semente inerentemente existente *outra*. Vocês, proponentes de coisas, devem desistir dessa posição assim chamada "produção a partir de outro".

REJEITAR ARGUMENTOS CONTRA ESTA REFUTAÇÃO

Objeção

[VI.18abc] *"Exatamente como a elevação e o abaixamento dos dois braços de uma balança*
São vistos como simultâneos,
O mesmo ocorre com a produção do que é produzido e a cessação do produtor."

Vocês dizem que um broto não é inerentemente existente porque ele não é simultâneo com a sua semente, mas isso não é estritamente verdadeiro. Considerem, por exemplo, a seguinte analogia. Quando os braços de uma balança se inclinam, um braço move-se para cima, enquanto o outro se move para baixo. Porque as ações de subir e descer ocorrem simultaneamente, a elevação e o abaixamento dos dois braços de uma balança também são simultâneos. Exatamente do mesmo modo, porque as ações da produção do que é produzido (o broto) e a cessação do produtor (a semente) ocorrem simultaneamente, os dois agentes (a semente e o broto) também precisam ser simultâneos. Por essa razão, uma semente e o seu broto são inerentemente *outros* e a falha que vocês indicaram não se aplica.

Madhyamika-Prasangikas

[VI.18d] **Se afirmais isso, embora eles sejam simultâneos, não há simultaneidade aqui; ela não existe.**

[VI.19abc] **Visto que o que está sendo produzido aproxima-se da produção, ele não existe,**
E o que está cessando, embora seja existente, é dito que se aproxima da cessação;
Sendo assim, de que modo são semelhantes a uma balança?

Embora a elevação e o abaixamento dos dois braços de uma balança sejam simultâneos, uma semente e o seu broto não o são. No momento da semente, o broto está sendo produzido, mas, visto que ainda está se aproximando da produção, a entidade do broto ainda não surgiu e, portanto, não existe. Nesse momento, a semente está cessando e, embora ainda seja existente, é dito que está se aproximando da cessação. Assim, enquanto a semente existe, o broto não existe, e quando o broto passa a existir, a semente cessou; portanto, como uma semente e um broto podem ser semelhantes aos dois braços de uma balança?

Objeção Embora a semente e o broto não existam simultaneamente, a ação da produção do broto e a ação da cessação da semente existem simultaneamente.

Madhyamika-Prasangikas

[VI.19d] **Essa produção [do broto] sem um agente [o próprio broto] também é uma entidade inaceitável.**

Embora, no momento da semente, a ação da cessação da semente exista, a ação da produção do broto não existe, porque o broto não existe. É inaceitável dizer que a ação da produção do broto exista quando o agente dessa ação, o próprio broto, não existe.

REFUTAR A PRODUÇÃO A PARTIR DE OUTRO ONDE UMA CAUSA SEJA SIMULTÂNEA AO SEU EFEITO

Objeção

[VI.20ab] "*Uma consciência visual é outra que seus produtores simultâneos –*
Os olhos e assim por diante, e a discriminação e assim por diante –
que surgem com ela."

Embora não haja produção a partir de um outro inerentemente existente onde uma causa preceda o seu efeito, há a produção a partir de um outro inerentemente existente onde uma causa é simultânea ao seu efeito. Um exemplo de causa e efeito simultâneos é uma consciência visual e o poder sensorial visual, que é a sua condição dominante, juntamente com os fatores mentais específicos, tais como a discriminação e assim por diante no seu séquito. O poder sensorial visual e os fatores mentais surgem simultaneamente com a consciência visual, mas eles são inerentemente *outros* que a consciência visual e são as suas causas.

Madhyamika-Prasangikas

> [VI.20cd] **Se isso for assim, que necessidade haverá de que surja um existente?**
> **Se disserdes que não existe, as falhas disso já foram explicadas.**

Uma vez que a consciência visual já existe no momento das suas causas – o poder sensorial visual e assim por diante – que necessidade há de que surja novamente? Se vocês dissessem que a consciência visual não existe no momento das suas causas, isso seria correto, mas logo estariam afirmando que a consciência visual é produzida a partir de causas *inerentemente existentes outras* que a precedem, e as falhas disso já foram explicadas.

REFUTAR A PRODUÇÃO A PARTIR DE OUTRO TENDO ANALISADO OS EFEITOS POR MEIO DE QUATRO ALTERNATIVAS

Madhyamika-Prasangikas

> [VI.21] **Se um produtor produzindo um produto que é outro for uma causa,**
> **Então o que é produzido? Um existente, um não-existente, ambos ou nenhum?**
> **Se for um existente, que necessidade haverá de um produtor, e que necessidade haverá se for um não-existente?**
> **Que necessidade haverá se for ambos, e que necessidade haverá se for nenhum?**

Se vocês, proponentes de coisas, asseveram que um produtor que produz um produto inerentemente existente *outro* que ele é uma causa, então que tipo de efeito é produzido: um efeito inerentemente existente, um efeito não-existente, um efeito que é tanto existente quanto não-existente, ou um efeito que não é nem existente nem não-existente? Se o efeito for inerentemente existente, ele existe a partir do seu próprio lado e não necessita de um produtor. Se o efeito for um não-existente, que necessidade há de um produtor? Um chifre na cabeça de um coelho não requer um produtor! Além disso, os efeitos que são tanto existentes quanto não-existentes e os efeitos que não são existentes nem não-existentes são impossíveis; portanto, que necessidade eles têm de produtores? Visto que essas quatro alternativas esgotam todas as possibilidades da produção a partir de outro inerentemente existente, a produção a partir de outro está completamente refutada.

Tilopa

As Duas Verdades

NEGAR QUE AS PESSOAS MUNDANAS POSSAM PREJUDICAR ESTA REFUTAÇÃO

Esta seção tem duas partes:

1. Negar que haja prejuízo causado pela crença das pessoas mundanas na produção a partir de outro;
2. Negar que haja prejuízo causado pelas pessoas mundanas uma vez que, para os mundanos, não existe produção a partir de outro, nem mesmo nominalmente.

NEGAR QUE HAJA PREJUÍZO CAUSADO PELA CRENÇA DAS PESSOAS MUNDANAS NA PRODUÇÃO A PARTIR DE OUTRO

Esta seção tem duas partes:

1. O argumento de que há prejuízo causado pelas pessoas mundanas;
2. Mostrar que não há prejuízo causado pelas pessoas mundanas.

O ARGUMENTO DE QUE HÁ PREJUÍZO CAUSADO PELAS PESSOAS MUNDANAS

Objeção

[VI.22] *"Uma vez que confiam nas suas próprias visões e afirmam o mundano como válido,*
Que sentido há, aqui, em apresentar argumentos?
As pessoas mundanas também compreendem que outro surge de outro;
Portanto, a produção a partir de outro existe; qual a necessidade, aqui, de raciocínios?".

Visto que as pessoas mundanas confiam apenas nas suas próprias visões baseadas no senso comum e acreditam que o que veem é válido, de que serve, aqui, apresentar argumentos para provar a produção a partir de outro? As pessoas mundanas compreendem, através dos seus próprios conhecedores válidos, que *efeitos inerentemente existentes outros* surgem de *causas inerentemente existentes outras*. Visto que já sabem que a produção a partir de outro existe, que necessidade há de estabelecer razões que provem algo que é manifesto? Se vocês negarem a produção a partir de outro, a posição de vocês será prejudicada pelas percepções de senso comum das pessoas comuns.

MOSTRAR QUE NÃO HÁ PREJUÍZO CAUSADO PELAS PESSOAS MUNDANAS

Resposta Essa objeção revela uma ausência de compreensão das duas verdades. Para respondê-la plenamente, precisamos, primeiro, explicar as duas verdades e, depois, podemos mostrar o que pode e o que não pode ser prejudicado pelas pessoas mundanas. Esses pontos serão apresentados agora a partir dos seguintes cinco tópicos:

1. Apresentação geral das duas verdades;
2. Aplicar isso a este assunto;
3. Explicação das respectivas naturezas das duas verdades;

4. Como a acusação de prejuízo causado por pessoas mundanas é, ela mesma, prejudicada;
5. Como pode haver prejuízo causado pelas pessoas mundanas.

APRESENTAÇÃO GERAL DAS DUAS VERDADES

Embora existam infinitos objetos de conhecimento, todos estão incluídos nas duas verdades: verdades últimas e verdades convencionais. Todas as vacuidades são verdades últimas, e todos os fenômenos exceto vacuidades são verdades convencionais. A verdade última é definida como o objeto principal de um conhecedor válido que apreende uma verdade. O termo tibetano para verdade última é *don dam denpa*, no qual *don* significa "objeto", *dam* significa "sagrado", e *denpa* significa "verdade". Uma verdade última é um objeto porque ela é o objeto principal da excelsa percepção do equilíbrio meditativo dos seres superiores; é sagrada porque é a porta à libertação; e é uma verdade porque existe exatamente como aparece a um percebedor direto não-conceitual. Embora todas as verdades últimas sejam a mesma natureza, elas podem ser classificadas de várias maneiras, de acordo com as suas diferentes bases. Desse modo, podemos dizer que existem dezesseis vacuidades, quatro vacuidades, e assim por diante. Isso será explicado minuciosamente mais à frente.

A verdade convencional é definida como o objeto principal de um conhecedor válido que apreende um objeto falso. O termo tibetano para verdade convencional é *kun dzob denpa*, no qual *kun* significa "múltiplo", *dzob* significa "falso", e *denpa* significa "verdade". As verdades convencionais são múltiplas porque, diferentemente das vacuidades, que são todas de mesma natureza, existem incontáveis verdades convencionais diferentes, cada uma com a sua própria natureza. As verdades convencionais são objetos falsos porque não existem da maneira como aparecem, isto é, elas aparecem como sendo verdadeiramente existentes quando, em realidade, não o são. São chamadas de "verdades" porque são verdadeiras para a mente de agarramento-ao-verdadeiro. Assim, as verdades convencionais aparecem como verdadeiramente existentes e, para a mente de agarramento-ao-verdadeiro, essa aparência é verdadeira.

As duas verdades serão agora explicadas extensamente sob os seguintes três tópicos:

1. Todos os fenômenos possuem duas naturezas;
2. As divisões das verdades convencionais em relação à percepção das pessoas mundanas;
3. Objetos equivocados concebidos não existem nem mesmo nominalmente.

TODOS OS FENÔMENOS POSSUEM DUAS NATUREZAS

**[VI.23] Todas as coisas possuem duas entidades –
As que são estabelecidas por ver corretamente e por ver falsamente.
É dito que a talidade é o objeto de ver corretamente,
E o de ver falsamente, uma verdade convencional.**

Todos os fenômenos, tanto os objetos permanentes como as coisas impermanentes, possuem duas naturezas: uma natureza última e uma natureza convencional. Sua natureza última é o objeto principal de um conhecedor válido que realiza uma verdade, e sua natureza convencional é o objeto principal de um conhecedor válido que realiza um objeto falso. Buda disse que o objeto principal de um conhecedor válido que realiza uma verdade é a talidade, ou verdade última, e que o objeto principal de um conhecedor válido que realiza um objeto falso é uma verdade convencional.

Podemos compreender que um objeto tem duas naturezas através de considerarmos o exemplo de um carro. O carro, ele próprio, e suas partes são a natureza convencional do carro, ao passo que a ausência de existência inerente do carro e de suas partes é a sua natureza última. O mesmo pode ser aplicado a todos os demais objetos.

As duas verdades não se contradizem uma à outra, mas são completamente compatíveis. Para compreender plenamente as verdades últimas, precisamos compreender as verdades convencionais, e para compreender plenamente as verdades convencionais, precisamos compreender as verdades últimas. Por fim, precisaremos compreender a união das duas verdades, conhecida como "a união de aparência e vacuidade". Neste contexto, as verdades convencionais são chamadas de "aparência" porque são meras aparências às mentes equivocadas. Sem realizar essa união, é impossível alcançar a libertação do samsara. Para compreender perfeitamente essa visão, precisamos nos apoiar nos textos de autores válidos, tais como Nagarjuna, Chandrakirti e Je Tsongkhapa.

AS DIVISÕES DAS VERDADES CONVENCIONAIS EM RELAÇÃO À PERCEPÇÃO DAS PESSOAS MUNDANAS

Como já foi explicado, todas as verdades convencionais são objetos falsos, porque aparecem como sendo verdadeiramente existentes quando, em realidade, não o são. No entanto, as pessoas mundanas, que não realizaram a vacuidade, não compreendem isso e, portanto, fazem uma distinção entre verdades convencionais corretas e verdades convencionais incorretas. Assim, por exemplo, elas consideram um rosto como correto, ou verdadeiro, mas consideram o reflexo de um rosto no espelho como incorreto, ou falso. Entretanto, na realidade, essa é uma divisão enganosa, porque não há verdades convencionais corretas.

Tanto as verdades convencionais que são corretas em relação à percepção das pessoas mundanas quanto as verdades convencionais que são incorretas em relação à percepção dessas mesmas pessoas podem ser classificadas em possuidores-de-objetos e objetos. Um *possuidor-de-objeto que é correto em relação à percepção das pessoas mundanas* é definido como uma mente tal que uma pessoa que não realizou a vacuidade não compreende que ela é uma percepção equivocada. Um exemplo disso é uma mente apreendendo uma forma verdadeiramente existente. Um *objeto que é correto em relação à percepção das pessoas mundanas* é definido como um fenômeno que é apenas um objeto e que uma pessoa que não realizou a vacuidade não compreende que ele não existe da maneira como aparece. Um exemplo disso é uma forma visual. Um *possuidor-de-objeto que é incorreto em relação à percepção das pessoas mundanas* é definido como uma mente tal que uma pessoa que não realizou a vacuidade compreende que ela é uma percepção errônea. Um exemplo disso é uma mente à qual uma montanha nevada branca aparece como amarela. Um *objeto que é incorreto em relação à percepção das pessoas mundanas* é definido como um fenômeno que é apenas um objeto e que uma pessoa que não realizou a vacuidade compreende que ele não existe da maneira como aparece. Um exemplo disso é o reflexo de um rosto no espelho. As divisões das verdades convencionais em relação à percepção das pessoas mundanas serão agora explicadas mais extensamente sob os seguintes dois tópicos:

1. Explicação dos possuidores-de-objetos corretos e incorretos em relação à percepção das pessoas mundanas;
2. Explicação dos objetos corretos e incorretos em relação à percepção das pessoas mundanas.

EXPLICAÇÃO DOS POSSUIDORES--DE-OBJETOS CORRETOS E INCORRETOS EM RELAÇÃO À PERCEPÇÃO DAS PESSOAS MUNDANAS

**[VI.24] Além do mais, é dito que ver falsamente possui dois tipos –
Com poderes claros e com poderes falhos.
A percepção com poderes falhos é tida como incorreta
Quando comparada à percepção com poderes bons.**

Há dois tipos de mente que veem falsamente: mentes geradas na dependência de poderes que não estão afetados por causas temporárias de percepção equivocada (tais como um percebedor direto sensorial que apreende uma forma e uma mente de agarramento-ao-verdadeiro inata que apreende uma forma verdadeiramente existente) e mentes geradas na dependência de poderes que estão afetados por causas temporárias de percepção equivocada (tais como uma mente que apreende uma montanha nevada branca como amarela, e uma mente de agarramento-ao-verdadeiro intelectualmente formada). De acordo com as pessoas mundanas, o segundo tipo de mente é incorreto quando comparado ao primeiro.

Em geral, há duas causas de percepção equivocada: causas últimas e causas temporárias. As causas últimas de todas as percepções equivocadas são o agarramento-ao-verdadeiro inato e suas marcas, mas as pessoas mundanas não as reconhecem como uma fonte de erro. Elas reconhecem apenas as causas temporárias, ou contribuintes, de percepção equivocada. Essas causas são de dois tipos: aquelas que afetam os poderes sensoriais e aquelas que afetam o poder, ou faculdade, mental. As que afetam os poderes sensoriais são também de dois tipos: causas internas e causas externas. Exemplos de causas internas são: flutuadores oculares [também chamados de *moscas volantes* na oftalmologia – pequenos pontos pretos ou filamentos que parecem mover-se diante dos nossos olhos], icterícia e ingerir datura. Os flutuadores oculares podem gerar aparências falsas, tais como a aparência de filamentos flutuando diante dos olhos; a icterícia pode fazer com que vejamos objetos brancos como se fossem amarelos; e ingerir datura, uma poderosa planta medicinal, pode fazer com que as coisas apareçam como se fossem douradas. Exemplos de causas externas de erro que afetam os poderes sensoriais são: um rosto refletido no espelho, a luz do sol da primavera na areia cinzenta, uma voz numa caverna vazia, e uma substância produzida por um mágico juntamente com um encantamento. O primeiro exemplo pode gerar uma mente que vê o reflexo de um rosto como se fosse um rosto verdadeiro; o segundo, uma mente que vê uma miragem como sendo água; o terceiro, uma mente que ouve o eco de uma voz como se fosse uma voz verdadeira; e o quarto, uma mente que, por exemplo, vê um cavalo ilusório como se fosse um cavalo de verdade.

Exemplos de causas temporárias de percepção equivocada que afetam o poder mental são: aderir a princípios filosóficos equivocados, confiar em raciocínios incorretos e dormir. Exemplos da primeira causa são: aderir à crença de que Ishvara criou o mundo e aderir à visão filosófica de um *self* verdadeiramente existente. Exemplos da segunda causa são: raciocinar que não há vidas passadas e futuras porque não podem ser vistas, e raciocinar que teremos sempre um renascimento elevado porque somos humanos. E exemplos da terceira causa são: sonhar que há um elefante no quarto ou sonhar ser uma outra pessoa. Há muitos outros exemplos de causas temporárias de percepção equivocada que afetam tanto os poderes sensoriais quando o poder mental.

EXPLICAÇÃO DOS OBJETOS CORRETOS E INCORRETOS EM RELAÇÃO À PERCEPÇÃO DAS PESSOAS MUNDANAS

[VI.25] O que quer que os mundanos compreendam
Por apreender, sem falhas, através dos seis poderes
É verdadeiro para os mundanos.
O restante é considerado por eles como incorreto.

Se as pessoas mundanas compreendem um objeto com qualquer um dos seis tipos de percepção que não esteja afetada por causas temporárias de percepção equivocada, elas consideram esse objeto como verdadeiro, ou correto. A razão disso é que, não tendo realizado a vacuidade, não compreendem que esses objetos não existem da maneira como aparecem. Outros objetos – tais como reflexos, ecos e miragens – são considerados como incorretos pelas pessoas mundanas. A razão disso é que, mesmo as pessoas que não realizaram a vacuidade, compreendem que tais objetos não existem da maneira como aparecem.

OBJETOS EQUIVOCADOS CONCEBIDOS NÃO EXISTEM NEM MESMO NOMINALMENTE

[VI.26] Uma natureza, tal como a projetada pelos tirthikas,
Completamente sob a influência do sono do desconhecimento
E que é projetada nas ilusões, miragens e assim por diante –
Isso é inexistente até mesmo para os mundanos.

Objetos equivocados concebidos (tais como: uma natureza fundamental que é a fonte de tudo o que existe; Ishvara como o criador do universo; e um *self* permanente – tudo isso afirmado por proponentes de princípios filosóficos não-budistas, ou tirthikas, que, devido à ignorância, aderem a crenças equivocadas) e também objetos espúrios, ou falsos (tais como um cavalo real projetado num cavalo ilusório, água projetada numa miragem, um rosto projetado num reflexo, e assim por diante) são, todos, meras projeções da mente e não existem de modo algum, mesmo para as pessoas mundanas. Os conhecedores válidos das pessoas mundanas contradizem a existência de fantasmas, mas não contradizem a refutação da produção a partir de outro.

APLICAR ISSO A ESTE ASSUNTO

**[VI.27] Assim como o que é observado por olhos com flutuadores
Não prejudica a percepção sem flutuadores,
As mentes que carecem de sabedoria imaculada
Não prejudicam uma mente sem máculas.**

A acusação de que a refutação da *produção a partir de outro* fica prejudicada pelos percebedores diretos das pessoas mundanas pode ser agora respondida. Recapitulando, a acusação é que, uma vez que a produção a partir de outro é confirmada pelos conhecedores válidos das pessoas mundanas e que, por ser tão óbvia, não há necessidade de estabelecer razões para prová-la, a tentativa de refutar a produção a partir de outro é inútil. Esse argumento apoia-se na suposição de que os conhecedores válidos das pessoas mundanas são completamente inequívocos; mas, como acabou de ser demonstrado, esse não é o caso. Na verdade, todas as mentes das pessoas mundanas, incluindo os seus conhecedores válidos diretos, são equivocadas. Embora apenas algumas das suas mentes sejam afetadas por causas temporárias de percepção equivocada, todas as suas mentes estão afetadas pelas causas últimas de percepção equivocada: a ignorância do agarramento-ao-verdadeiro e as suas marcas. O que quer que apareça às mentes das pessoas mundanas aparece como verdadeiramente existente. Por essa razão, as pessoas mundanas apreendem somente objetos falsos; elas nunca apreendem objetos verdadeiros.

Em contrapartida, a excelsa percepção do equilíbrio meditativo dos seres superiores é uma mente incontaminada, completamente livre das máculas do agarramento-ao-verdadeiro e das suas marcas. Essa mente é totalmente não-equivocada e o que quer que apareça a ela é verdadeiro. Visto que a excelsa percepção do equilíbrio meditativo dos seres superiores vê a não-existência da produção a partir de outro, segue-se que a produção a partir de outro não existe. O fato de que as pessoas mundanas veem as coisas de maneira diferente é irrelevante. Se uma pessoa tiver flutuadores oculares que a fazem ver filamentos flutuando à sua frente, não podemos dizer que o que ela vê invalida a percepção de uma pessoa com visão clara, que não vê filamentos naquele lugar. Do mesmo modo, as mentes contaminadas das pessoas mundanas, distorcidas pelo agarramento-ao-verdadeiro e suas marcas, não invalidam a mente incontaminada do equilíbrio meditativo dos seres superiores. Portanto, a acusação de prejudicar se inverte. Em vez da refutação da produção a partir de outro ser prejudicada pelas percepções das pessoas mundanas, são as percepções das pessoas mundanas que são prejudicadas pela mente incontaminada dos seres superiores.

EXPLICAÇÃO DAS RESPECTIVAS NATUREZAS DAS DUAS VERDADES

Esta seção tem duas partes:

1. Explicação das verdades convencionais;
2. Explicação da verdade última.

EXPLICAÇÃO DAS VERDADES CONVENCIONAIS

[VI.28] Porque a confusão obstrui a natureza, é convencional.
O que quer que seja inventado por ela, mas apareça como verdadeiro,
É denominado pelo Hábil como sendo uma verdade convencional;
Mas as coisas inventadas existem apenas convencionalmente.

A palavra sânscrita para verdade convencional é *samvrtisatya*, na qual *samvrti* significa "obscurecedor" e *satya* significa "verdade". Uma verdade convencional, portanto, é uma verdade para um obscurecedor. Neste contexto, o obscurecedor é a mente de agarramento-ao-verdadeiro. O agarramento-ao-verdadeiro é uma forma de ignorância que sobrepõe aos fenômenos uma fabricação, ou invenção, de existência verdadeira, obstruindo, assim, a visão da sua natureza última, ou vacuidade. No *Sutra Aquele que Foi para Lanka*, Buda diz:

Convencionalmente, as coisas são produzidas,
Em nível último, elas não têm natureza.
Aquilo que está equivocado em relação a essa ausência de natureza
É denominado como sendo convencional em relação à realidade.

Todos acreditam corretamente que coisas, como carros e casas, são produzidas na dependência de causas e condições. Esses produtos, no entanto, existem apenas convencionalmente e não em nível último. Se existissem em nível último, seriam inerentemente existentes e, se fossem inerentemente existentes, não poderiam ter sido produzidos na dependência de causas. A mente de agarramento-ao-verdadeiro, no entanto, está equivocada em relação a essa ausência de existência inerente. Ela concebe as coisas como inerentemente existentes e, por causa disso, obscurece sua realidade última. Por essa razão, é dito que o agarramento-ao-verdadeiro é "convencional em relação à realidade", isto é, um obscurecedor da realidade.

Buda disse que o que quer que seja distorcido desse modo pelo agarramento-ao-verdadeiro, mas apareça como verdadeiro aos seres vivos, é uma verdade convencional. No entanto, as verdades convencionais são verdadeiras unicamente para a mente de agarramento-ao-verdadeiro. Para aqueles que abandonaram o agarramento-ao-verdadeiro – os hinayanas Destruidores de Inimigos, os Bodhisattvas no oitavo solo e acima dele, e os Budas –, as verdades convencionais não são, de modo algum, objetos verdadeiros, mas objetos falsos. A razão disso é que esses seres, que estão livres do agarramento-ao-verdadeiro, realizam diretamente que esses objetos são falsos. Assim, essas coisas *inventadas* existem apenas convencionalmente.

Explicações adicionais sobre as duas verdades podem ser encontradas no livro *Novo Coração de Sabedoria* e no nono capítulo do livro *Contemplações Significativas*. Deve-se notar, no entanto, que as definições de verdade convencional e verdade última mencionadas no livro *Contemplações Significativas* não são, efetivamente, definições, mas descrições gerais que revelam o significado das duas verdades de acordo com o texto-raiz de Shantideva.

EXPLICAÇÃO DA VERDADE ÚLTIMA

[VI.29] **Quaisquer que sejam as entidades errôneas, como os
filamentos flutuantes,
Que possam ser projetadas devido aos flutuadores,
Aquilo que é a entidade real é visto por olhos com visão clara.
Deveis compreender, aqui, a talidade da mesma maneira.**

Chandrakirti explica a natureza das verdades últimas com o auxílio de uma analogia. Suponha que duas pessoas estejam olhando para o espaço diante delas. Uma tem flutuadores oculares, devido ao cansaço ou alguma outra causa, e vê filamentos flutuando diante de si, mas a outra possui uma visão perfeitamente clara e não vê filamentos flutuando. A pessoa com visão clara vê o que realmente está ali, a ausência de filamentos flutuantes, porque seu poder sensorial visual está livre de causas temporárias de percepção equivocada. De modo semelhante, quando um ser comum e um Buda olham para um objeto, como uma forma visual, o ser comum, cuja mente está poluída pelo agarramento-ao-verdadeiro, vê uma forma verdadeiramente existente, ao passo que Buda vê a ausência de uma forma verdadeiramente existente. Novamente, Buda vê o que realmente está ali, porque a sua mente é completamente livre de todas as causas de percepção equivocada. Assim, a verdade última, ou ausência de existência verdadeira, é vista diretamente apenas pela percepção inequívoca.

Essa analogia não revela, diretamente, a natureza das verdades últimas, mas mostra como elas são vistas por uma mente livre de distorção. Porque a verdade última não é como um objeto físico, cuja natureza pode ser exibida para ser examinada, é útil tentar compreendê-la através de analogias como essa. Na verdade, diz-se que aqueles que ensinam a verdade última, a vacuidade, devem usar analogias adequadas sempre que possível.

Chandrakirti nos aconselha que devemos compreender a verdade última da mesma maneira que os Budas veem formas. Quando uma forma aparece para nós, se, ao mesmo tempo, virmos a ausência de existência verdadeira dessa forma, teremos compreendido a verdade última e a união de aparência e vacuidade porque, nesse momento, a aparência da forma ajudar-nos-á a compreender a ausência de existência verdadeira da forma. Quando isso acontecer, nossa compreensão da vacuidade será completa.

COMO A ACUSAÇÃO DE PREJUÍZO CAUSADO POR PESSOAS MUNDANAS É, ELA MESMA, PREJUDICADA

Madhyamika-Prasangikas

[VI.30] **Se os mundanos fossem válidos, então, uma vez que os mundanos veriam a talidade,**
Que necessidade haveria de outros Superiores,
E que necessidade haveria de caminhos superiores?
Que os confusos sejam válidos não pode também estar correto.

[VI.31ab] **Em todos os casos, os mundanos não são válidos;**
Portanto, por ocasião da talidade, não há prejuízo causado pelos mundanos.

De acordo com vocês, proponentes de coisas, nossa refutação da produção a partir de outro é contradita pelo fato de que as pessoas mundanas veem a produção a partir de outro. Vocês dizem que as pessoas mundanas veem um broto inerentemente existente produzido por uma semente inerentemente existente que é *outra* em relação a ele. Se a semente e o broto forem inerentemente existentes, eles precisarão então existir da mesma maneira que aparecem e, portanto, precisarão ser verdadeiros. Uma vez que *verdade, natureza última, talidade* e *vacuidade* são sinônimos, segue-se que as pessoas mundanas veriam a talidade, ou vacuidade, diretamente com os seus conhecedores válidos. Se as pessoas mundanas vissem a vacuidade diretamente, seguir-se-ia que, desde o princípio, seriam seres superiores e estariam naturalmente livres do samsara. Portanto, que necessidade haveria de outros seres superiores, e que necessidade haveria de treinar caminhos superiores para alcançar a libertação?

Na verdade, as pessoas comuns não compreendem a vacuidade de modo algum porque estão confusas com respeito à verdade última. Embora tenham conhecedores válidos, as pessoas mundanas não possuem conhecedores válidos da vacuidade. Por essa razão, por ocasião da nossa explicação da talidade, não há prejuízo causado pelos mundanos e, assim, a refutação da produção a partir de outro não é prejudicada pelas pessoas mundanas.

COMO PODE HAVER PREJUÍZO
CAUSADO PELAS PESSOAS MUNDANAS

**[VI.31cd] Se os objetos dos mundanos forem negados,
Haverá prejuízo por parte dos mundanos devido ao consenso mundano.**

Não se deve pensar que as pessoas mundanas são inteiramente confusas, que não compreendem nada e que, por isso, não podem invalidar nada. A existência convencional dos objetos, tais como pessoas, carros e casas, é estabelecida pelos conhecedores válidos das pessoas mundanas. Se alguém negasse a existência de tais objetos, sua alegação seria prejudicada pelas percepções das pessoas mundanas, porque tais objetos estão estabelecidos por consenso, ou aceitação geral, mundano. No entanto, as pessoas mundanas não podem prejudicar a refutação da produção a partir de outro, porque a produção a partir de outro não é estabelecida através do consenso mundano.

NEGAR QUE HAJA PREJUÍZO CAUSADO
PELAS PESSOAS MUNDANAS UMA VEZ QUE,
PARA OS MUNDANOS, NÃO EXISTE PRODUÇÃO
A PARTIR DE OUTRO, NEM MESMO NOMINALMENTE

**[VI.32] Por terem apenas plantado as sementes,
Os mundanos proclamam "eu gerei esta criança"
Ou pensam "eu plantei esta árvore".
Por essa razão, não há produção a partir de outro nem mesmo para os mundanos.**

A maneira como as pessoas mundanas falam sobre causa e efeito mostra que elas não têm uma ideia inata da produção a partir de outro. Por exemplo, quando a esposa dá à luz, o marido pensa que ele gerou a criança, e quando uma árvore cresce, o jardineiro que originalmente plantou as mudas pensa "eu plantei esta árvore". Ambos os exemplos mostram que, para as pessoas mundanas, não há produção a partir de outro. No primeiro caso, por exemplo, se o pai pensasse que a causa (a sua semente) fosse inerentemente *outra* que o efeito (a criança), ele não afirmaria ter produzido a criança. Dá-se o mesmo com o jardineiro e sua árvore. Portanto, a afirmação de que os efeitos surgem de causas que são entidades inerentemente existentes *outras* é prejudicada pelas crenças das pessoas mundanas.

A crença, sustentada por alguns não-budistas, de que o *self* é uma entidade separada dos agregados também é invalidada de maneira semelhante. Por exemplo, se as pessoas mundanas ferem suas mãos, elas dizem "eu me feri", e se os seus corpos ficam doentes, elas dizem "eu estou doente", revelando assim que elas não se consideram como entidades separadas dos seus agregados. Em *Essência da Boa Explicação*, Je Tsongkhapa diz:

> A mente que apreende o *self* e os agregados como diferentes
> E a mente que os apreende como sendo o mesmo
> São, ambas, apenas mentes intelectualmente formadas.

Do mesmo modo, a mente que apreende a produção a partir de outro é apenas uma mente intelectualmente formada. Ela nunca surge nas pessoas mundanas que não propõem princípios filosóficos. Para as pessoas mundanas, não há produção a partir de outro. Portanto, é totalmente errado, para aqueles que sustentam essa visão equivocada, recorrer às percepções das pessoas mundanas para dar suporte à sua crença.

AS BOAS QUALIDADES DESTA REFUTAÇÃO

**[VI.33] Uma vez que um broto não é *outro* que a sua semente,
A semente não é destruída no momento do broto,
E porque eles não são *um*,
Não dizemos que a semente exista no momento do broto.**

Tendo demonstrado que a refutação da produção a partir de outro é inteiramente livre de falhas, Chandrakirti agora mostra como essa refutação tem as boas qualidades de evitar os dois extremos e de conduzir à realização da vacuidade. Para aqueles que asseveram a produção a partir de outro, é impossível evitar cair nos dois extremos: o extremo da não--existência e o extremo da existência. Por exemplo, se uma semente e seu broto forem inerentemente existentes *outros*, eles serão completamente não-relacionados e, assim, o broto não será uma continuação da semente e, portanto, no momento do broto, não haverá nada que seja a continuação da semente. Por outro lado, uma vez que a semente seja inerentemente existente, ela permanecerá como uma semente para sempre e, portanto, a semente existirá no momento do broto.

A refutação da produção a partir de outro evita ambos esses extremos. Porque um broto não é inerentemente *outro* que a sua semente, o *continuum* da semente não é destruído no momento do broto, e porque a semente e o broto não são inerentemente *um*, não é necessário dizer que a semente ainda existe no momento do broto. Se vocês contemplarem, por um longo tempo, como uma semente e o seu broto não são inerentemente diferentes nem inerentemente o mesmo, compreenderão como carecem de existência inerente e, se aplicarem o mesmo raciocínio para todos os demais objetos, por fim realizarão a ausência de existência inerente de todos os fenômenos. Portanto, a refutação da produção a partir de outro tem as boas qualidades de evitar os dois extremos e de nos conduzir para uma realização da vacuidade.

NÃO HÁ PRODUÇÃO INERENTEMENTE EXISTENTE EM NENHUM MOMENTO

Esta seção tem duas partes:

1. Refutar a afirmação da existência inerente;
2. Rejeitar um argumento contra esta refutação.

REFUTAR A AFIRMAÇÃO DA EXISTÊNCIA INERENTE

Madhyamika-Svatantrikas Embora, em nível último, as coisas careçam de existência verdadeira, convencionalmente elas são inerentemente existentes. Se não fossem inerentemente existentes, não existiriam de modo algum. Assim, embora a produção a partir de outro inerentemente existente não exista em nível último, ela existe convencionalmente, ou nominalmente.

Madhyamika-Prasangikas Se vocês afirmam isso, seguem-se então três consequências:

1. A consequência de que o equilíbrio meditativo de um ser superior causa a destruição das coisas;
2. A consequência de que as verdades nominais podem resistir à análise;
3. A consequência de que a produção última é irrefutável.

A CONSEQUÊNCIA DE QUE O EQUILÍBRIO MEDITATIVO DE UM SER SUPERIOR CAUSA A DESTRUIÇÃO DAS COISAS

**[VI.34] Se o dependente existe por suas próprias características,
Então as coisas são destruídas ao serem negadas;
Consequentemente, a vacuidade causa a destruição das coisas.
Uma vez que isso não é razoável, as coisas não existem.**

Vocês, madhyamika-svatantrikas, afirmam que as coisas, como as formas e as sensações, que são dependentes de causas e condições, existem por suas próprias características e, portanto, são inerentemente existentes. No entanto, a excelsa percepção do equilíbrio meditativo de um ser superior vê diretamente a ausência de coisas inerentemente existentes.

Uma vez que, de acordo com vocês, *coisas inerentemente existentes* são o mesmo que *coisas existentes*, segue-se que, ao negar coisas inerentemente existentes, a excelsa percepção de um ser superior também nega coisas existentes. Portanto, de acordo com vocês, a excelsa percepção do equilíbrio meditativo que realiza diretamente a vacuidade destrói as coisas! Já que isso não é razoável, segue-se que as coisas não existem inerentemente.

A CONSEQUÊNCIA DE QUE AS VERDADES NOMINAIS PODEM RESISTIR À ANÁLISE

**[VI.35] Visto que, se essas coisas forem analisadas,
Nenhum objeto será encontrado do lado das coisas**

**Separado da natureza da talidade,
As verdades nominais mundanas não devem ser analisadas.**

Se as coisas, tais como as formas, são inerentemente existentes, segue-se que são encontradas quando analisadas. No entanto, essas coisas são meramente designadas, ou imputadas, pela mente. Se ficarmos satisfeitos com elas como meros nomes, elas existem e funcionam, mas, se as procurarmos mediante análise, nenhum objeto será encontrado a não ser a natureza da talidade, ou vacuidade. Portanto, devemos ficar satisfeitos com as verdades nominais mundanas – isto é, as coisas existentes – como meros nomes, e não levar a nossa análise adiante. Em *Essência da Boa Explicação*, Je Tsongkhapa explica quatro maneiras de analisar as coisas. Essas quatro maneiras serão explicadas adiante, na seção sobre a ausência do em-si de pessoas.

A CONSEQUÊNCIA DE QUE
A PRODUÇÃO ÚLTIMA É IRREFUTÁVEL

**[VI.36] Através de raciocínios por ocasião da talidade,
As produções a partir de si próprio e de outro são inadmissíveis.
Visto que, através desses raciocínios, também é inadmissível
   nominalmente,
Através do quê a produção é estabelecida por vós?**

Quando, mediante raciocínios perfeitos, estabelecemos a verdade última, provamos que não há produção a partir de si próprio nem produção a partir de outro. Esses raciocínios também provam que a produção inerentemente existente não existe nem mesmo convencionalmente; portanto, para vocês, madhyamika-svatantrikas, através de qual conhecedor válido a produção inerentemente existente é estabelecida?

De acordo com vocês, embora não exista produção verdadeiramente existente, ou última, de coisas, apesar disso, convencionalmente, as coisas são produzidas inerentemente. No entanto, vocês não podem sustentar essa posição porque é uma contradição interna. Se as coisas são inerentemente produzidas, mesmo que convencionalmente, elas precisam ser produzidas sem depender de coisa alguma, e, se são produzidas sem depender de coisa alguma, [isso significa que] são produzidas em nível último. Portanto, se vocês afirmam que as coisas são produzidas inerentemente, mesmo que nominalmente, vocês não podem refutar a produção última, ou verdadeiramente existente.

REJEITAR UM ARGUMENTO CONTRA ESTA REFUTAÇÃO

Proponentes de coisas Se as coisas, tais como as formas, não são produzidas inerentemente seja em nível último seja convencionalmente, elas não existem de modo algum e, portanto, não produzem efeitos. Por exemplo, se uma forma visual não existir a partir do seu próprio lado, ela não pode gerar uma consciência visual que a apreenda.

Madhyamika-Prasangikas

> [VI.37] Coisas vazias, tais como os reflexos, que dependem de coleções,
> Também não são desconhecidas.
> Assim como, ali, a percepção dos seus aspectos é gerada
> A partir de reflexos vazios e assim por diante,

> [VI38ab] Do mesmo modo, embora todas as coisas sejam vazias,
> Elas, não obstante, geram-se a partir dessa vacuidade.

Mais uma vez, vocês revelam uma falha para compreender as duas verdades. Se compreendessem a união das duas verdades, saberiam que as verdades convencionais, tais como causa e efeito, existem apenas porque carecem de existência inerente. Por exemplo, todos concordarão que o reflexo de um rosto no espelho é falso porque ele não existe como aparece. Apesar disso, ele é uma coisa funcional que surge na dependência de uma coleção, ou conjunto, de causas e condições, tais como um rosto, um espelho e luz. Além disso, um reflexo gera uma consciência que percebe o seu aspecto. Portanto, reflexos e assim por diante, os quais são vazios de existência inerente, produzem efeitos, tais como consciências visuais, que também são vazios de existência inerente. Exatamente do mesmo modo, embora todas as coisas sejam vazias de existência inerente, não obstante, efeitos vazios são gerados a partir dessas causas vazias.

Se as coisas fossem inerentemente existentes, elas nunca produziriam efeitos porque nunca mudariam. De modo semelhante, elas nunca seriam produzidas porque não dependeriam de nenhuma outra coisa. Portanto, aqueles que negam a ausência de existência inerente não conseguem estabelecer causa e efeito. Como Nagarjuna diz, em *Sabedoria Fundamental*:

Àqueles para quem a vacuidade é impossível,
Tudo é impossível.

Na verdade, tudo, incluindo o samsara, o nirvana e as Quatro Nobres Verdades, seria impossível. Novamente, Nagarjuna diz:

Segue-se que inclusive as Quatro Nobres Verdades
São não-existentes para ele.

As Quatro Nobres Verdades existem exatamente porque carecem de existência inerente. Assim, há a relação-dependente de carma e delusão, que produz sofrimento, a relação-dependente da sabedoria, que conduz à libertação, e assim por diante. Se as coisas fossem inerentemente existentes, essas relações-dependentes seriam impossíveis, porque coisas inerentemente existentes não dependem de nenhuma outra coisa. Causa e efeito é uma relação-dependente densa. A relação-dependente sutil é a dependência de todos os fenômenos da designação feita pelo pensamento conceitual. Ambas as relações-dependentes, a densa e a sutil, existem apenas porque os fenômenos carecem de existência inerente.

Naropa

As Boas Qualidades Desta Refutação

AS BOAS QUALIDADES DE REFUTAR A PRODUÇÃO INERENTEMENTE EXISTENTE NO ÂMBITO DAS DUAS VERDADES

Esta seção tem duas partes:

1. A boa qualidade de evitar facilmente visões extremas;
2. A boa qualidade da grande coerência de causa e efeito.

A BOA QUALIDADE DE EVITAR FACILMENTE VISÕES EXTREMAS

[VI.38cd] **E, uma vez que carecem de existência inerente em ambas as verdades,**
Não são nem permanentes nem aniquiladas.

Enquanto aqueles que asseveram a produção inerentemente existente caem nos dois extremos, o da existência e o da não-existência, aqueles que refutam a produção inerentemente existente tanto em nível último quanto nominalmente são conduzidos à visão do Caminho do Meio, que evita ambos os extremos. Uma vez que todas as coisas carecem de existência inerente, elas são livres do extremo da existência, e, uma vez que são nominalmente existentes, são livres do extremo da não-existência. Por meditar nisso, realizaremos, por fim, a união das duas verdades e seremos conduzidos do samsara para o estado de iluminação. Essas são as qualidades especiais de refutar a produção inerentemente existente e, especialmente, a produção a partir de outro.

A BOA QUALIDADE DA GRANDE COERÊNCIA DE CAUSA E EFEITO

Esta seção tem três partes:

1. Não asseverar a existência inerente não implica aceitar uma consciência-base-de-tudo e assim por diante;
2. Demonstrar, por meio de analogia, como um efeito surge após uma ação ter cessado;
3. Rejeitar argumentos contra isso.

NÃO ASSEVERAR A EXISTÊNCIA INERENTE NÃO IMPLICA ACEITAR UMA CONSCIÊNCIA--BASE-DE-TUDO E ASSIM POR DIANTE

**[VI.39] Visto que não cessa inerentemente,
Ela tem capacidade, embora não haja base-de-tudo.
Assim, deveis compreender que um efeito adequado surgirá
Embora, em alguns casos, um longo tempo decorra após a ação ter cessado.**

Para aqueles que asseveram a existência inerente, há o problema de como um efeito cármico pode surgir de uma ação que cessou há muito tempo; em alguns casos, há muitos éons. A solução proposta pelos chittamatrins e por alguns madhyamika-svatantrikas é a seguinte. Quando uma ação cessa, uma marca é armazenada num nível profundo da consciência, onde permanece como um potencial até que as condições para que amadureça estejam reunidas. Esse nível profundo da consciência, que é conhecido como "a consciência-base-de-tudo", possui três características principais: (1) é uma mente estável que passa de uma vida para outra, transportando todo o estoque de marcas cármicas acumuladas durante as vidas anteriores e, portanto, é a base para a continuidade das ações e dos seus efeitos; (2) é a base para armazenar potenciais a partir dos quais várias mentes e suas aparências surgem; e (3) é o *self*, ou pessoa.

Aqueles que afirmam a existência de uma consciência-base-de-tudo dizem que, se essa consciência não existisse, não haveria base alguma para preservar as marcas cármicas de uma vida para outra e, assim, haveria a falha de as ações se extinguirem sem que os seus efeitos houvessem sido experienciados. Eles também afirmam a existência de uma mentalidade deludida, que está relacionada à consciência-base-de-tudo. A mentalidade deludida seria uma mente de agarramento ao em-si que toma a consciência-base-de-tudo como o seu objeto observado e concebe um *self* autossustentado, substancialmente existente. Portanto, de acordo com essas escolas, há oito tipos diferentes de consciência: as seis consciências asseveradas pelas outras escolas budistas, a consciência-base-de-tudo e a mentalidade deludida.

No entanto, de acordo com a escola Madhyamika-Prasangika, propor uma consciência-base-de-tudo é tanto desnecessário quanto errôneo. A questão não é que, sem uma consciência-base-de-tudo, as ações se extinguiriam sem que os seus efeitos houvessem sido experienciados. Quando uma ação cessa, ela não cessa inerentemente. Portanto, a cessação de uma ação pode produzir um efeito, embora não exista uma consciência-base-de-tudo. De cada ação que é executada, por fim surgirá um efeito adequado, embora, em alguns casos, um longo tempo decorra entre a ação original e o amadurecimento do seu efeito.

Como a cessação de uma ação produz um efeito? A cessação de uma ação ocorre na dependência de causas. Se não houvesse nada para causar a cessação das ações, as ações nunca cessariam e, assim, elas seriam, absurdamente, permanentes. No entanto, visto que as ações cessam, a cessação de uma ação tem uma causa. Uma vez que tudo que tem uma causa é uma coisa funcional e tudo que seja uma coisa funcional produz o seu próprio efeito, segue-se que a cessação de uma ação é uma coisa funcional que produz um efeito.

A cessação de todas as coisas ocorre na dependência de causas. Por exemplo, no *Sutra da Relação-Dependente*, Buda diz:

Devido ao nascimento, há envelhecimento e morte.

Isso mostra que a morte tem uma causa e, portanto, precisa produzir um efeito. Visto que uma cessação ocorre na dependência de causas, ela não é inerentemente existente. Se a cessação fosse inerentemente existente, ela nunca ocorreria. Se não houvesse cessação, não haveria passado, presente ou futuro. Assim, num mundo de existência inerente, não haveria tempo. No entanto, porque a cessação não é inerentemente existente, mas uma coisa funcional, segue-se que passado, presente e futuro também são coisas funcionais.

Esta apresentação dos três tempos é exclusiva da escola Madhyamika-Prasangika e não é facilmente compreendida pelas escolas inferiores. Os vaibhashikas, por exemplo, acreditam que os três tempos são instâncias particulares de uma substância. Eles dizem que a substância do broto existindo no momento da semente é o futuro da semente, que a substância da semente existindo no momento do broto é o passado do broto, e que a substância do broto existindo no momento do broto é o presente do broto. Visto que passado, presente e futuro são substâncias, eles são coisas funcionais e impermanentes.

Os vaibhashikas afirmam que, quando uma semente se transforma num broto, o aspecto da semente muda, mas sua substância essencial permanece a mesma. De modo semelhante, se uma moeda de ouro for derretida e, a partir disso, for confeccionado um ornamento, o aspecto do ouro muda, mas a sua substância permanece a mesma. Todas as escolas budistas superiores encontram falhas nessa afirmação. Elas dizem que é impossível que a substância de um broto exista separadamente do broto. Portanto, dizer que a substância do broto existe no momento da semente equivale a dizer que o broto existe no momento da semente.

Os sautrantikas e os madhyamika-svatantrikas dizem que passado e futuro são fenômenos negativos não-afirmativos e permanentes, e que o presente é uma coisa funcional e impermanente. De acordo com os madhyamika-svatantrikas, *passado* é definido como aquela parte de uma coisa que foi produzida e que já cessou. Um exemplo disso é uma semente no momento do seu broto. Eles dizem que isso é um [fenômeno] negativo não-afirmativo porque tudo o que é compreendido pela mente que o apreende é a não-existência de uma semente que existiu anteriormente. Há três tipos de passado: passado das formas, passado das consciências e passado dos fatores de composição não-associados. *Futuro* é definido como aquela parte de uma coisa que será produzida, mas que ainda não o foi. Um exemplo disso é um broto no momento da sua semente. Há três tipos de futuro: futuro das formas, futuro das consciências e futuro dos fatores de composição não-associados. Todos os futuros são, também, negativos não-afirmativos e permanentes. *Presente* é definido como aquela parte de uma coisa que é produzida e que ainda não cessou. Exemplos disso são a semente ela própria, ou o broto ele próprio. Há três tipos de presente: formas, consciências e fatores de composição não-associados.

As definições e divisões dos três tempos dadas pelos madhyamika-prasangikas são as mesmas que aquelas dadas pelos madhyamika--svatantrikas, mas os madhyamika-prasangikas as explicam de uma maneira bastante diferente. Eles não aceitam que *passado* e *futuro* sejam [fenômenos] negativos não-afirmativos, mas asseveram que todos os três tempos são coisas funcionais. Para compreender isso, precisamos contemplar cuidadosamente o seguinte raciocínio.

Se, por exemplo, alguém perguntasse "o Corpo-Emanação de Buda Shakyamuni é passado, presente ou futuro?", a maioria de nós responderia que é passado. Diríamos isso porque ele é *passado* em relação a nós, mas por que deveríamos considerar a nossa posição no tempo como mais válida que a de qualquer outra pessoa? Por exemplo, do ponto de vista daqueles que estavam vivos na época de Buda Shakyamuni, seu Corpo-Emanação é um *presente* e, do ponto de vista daqueles que estavam vivos na época de Buda Kashyapa, o Corpo-Emanação de Buda Shakyamuni é um *futuro*. Assim, se julgarmos o tempo a partir do ponto de vista do observador, teremos de dizer que o Corpo-Emanação de Buda é um passado, um presente e um futuro! Esse problema surge apenas porque julgamos o tempo a partir do nosso próprio ponto de vista em vez do ponto de vista do objeto.

De acordo com os madhyamika-prasangikas, não há coisas passadas nem coisas futuras; todas as coisas funcionais são, necessariamente, *presentes*. No entanto, há os passados *das coisas* e os futuros *das coisas*, e eles são coisas funcionais porque são produzidos a partir de causas e produzem efeitos. Uma semente, por exemplo, é um presente, mas também tem um passado e um futuro. O passado da semente é a cessação da semente. Embora essa cessação seja um passado, no momento da semente é um futuro e, quando a semente é destruída, é um presente. Assim, o passado de uma semente é uma coisa funcional que existe após a semente ter cessado. De modo semelhante, o futuro de uma semente é uma coisa funcional que existe antes que a semente exista. Antes de a semente existir, o futuro da semente é um presente, mas, no momento da semente, é um passado.

No total, há oito pontos profundos exclusivos da escola Madhyamika-Prasangika que não são facilmente compreendidos pelas escolas inferiores. Esses oito pontos são:

(1) Visto que todos os fenômenos carecem de existência inerente, não há consciência-base-de-tudo;
(2) Visto que todos os fenômenos carecem de existência inerente, não há autoconhecedores;
(3) Visto que todos os fenômenos carecem de existência inerente, não há razões conclusivas inerentemente existentes que possuam os três modos;
(4) Visto que todos os fenômenos carecem de existência inerente, há objetos externos;
(5) Visto que todos os fenômenos carecem de existência inerente, os Ouvintes e Realizadores Solitários realizam a ausência de existência inerente de todos os fenômenos;
(6) Visto que todos os fenômenos carecem de existência inerente, o agarramento ao em-si dos fenômenos é uma delusão;
(7) Visto que todos os fenômenos carecem de existência inerente, a cessação é uma coisa funcional;
(8) Visto que todos os fenômenos carecem de existência inerente, os três tempos são coisas funcionais.

Todos os oito pontos estão explicados neste livro. O terceiro, quinto, sexto, sétimo e oitavo pontos já foram explicados. O primeiro foi brevemente abordado e será explicado com mais detalhes abaixo, juntamente com o segundo e o quarto.

DEMONSTRAR, POR MEIO DE ANALOGIA, COMO UM EFEITO SURGE APÓS UMA AÇÃO TER CESSADO

[VI.40] **Tendo visto o objeto observado de um sonho,**
Um tolo gerará apego, mesmo quando estiver acordado.
Do mesmo modo, ainda há um efeito de uma ação,
Embora ela careça de existência inerente e tenha cessado.

Podemos compreender como uma ação que já cessou produz um efeito considerando a seguinte analogia. Suponha que um homem tolo, com forte apego, vê uma bela mulher em seus sonhos e, quando acorda, continua a gerar apego por ela. Embora a mulher onírica careça de existência inerente e embora tenha cessado [de existir] no momento em que ele acordou, ela continua, apesar disso, a produzir um efeito por meio de gerar apego na mente do homem. Do mesmo modo, embora uma ação careça de existência inerente e embora não haja uma consciência-base-de-tudo, a ação ainda assim produz um efeito após ter cessado.

REJEITAR ARGUMENTOS CONTRA ISSO

Esta seção tem duas partes:

1. Rejeitar o argumento de que o amadurecimento do efeito seria interminável;
2. Rejeitar o argumento de que há contradição com as escrituras que revelam uma consciência-base-de-tudo.

REJEITAR O ARGUMENTO DE QUE O AMADURECIMENTO DO EFEITO SERIA INTERMINÁVEL

Objeção Vocês dizem que, quando uma ação cessa, ela não cessa inerentemente, mas, se as ações não cessassem inerentemente, o processo de uma ação produzindo um efeito nunca pararia e, assim, o amadurecimento dos efeitos seria interminável.

Madhyamika-Prasangikas

> [VI.41] **Embora os objetos sejam semelhantes quanto a não existirem,**
> **Não obstante, alguém com flutuadores vê a aparência de filamentos flutuando,**
> **Mas não a aparência de outras coisas.**
> **Do mesmo modo, deveis compreender que as ações amadurecidas não podem amadurecer novamente.**

[VI.42] Assim, vê-se que o amadurecimento não-virtuoso resulta
de ações não-virtuosas,
E o amadurecimento virtuoso, de ações virtuosas.
Aqueles que realizam que virtude e não-virtude não existem
irão se libertar.
No entanto, analisar as ações e seus efeitos é desencorajado.

O que vocês dizem não faz sentido, pois as ações produzem efeitos definidos. Por exemplo, há muitas causas de percepção equivocada. Algumas, como os flutuadores, causam a aparência de filamentos flutuantes, ao passo que outras, como pressionar o globo ocular, causam a aparência de duas luas etc. No entanto, embora esses objetos espúrios sejam todos semelhantes quanto a não existirem, uma pessoa com flutuadores oculares vê a aparência de filamentos flutuando, mas não a aparência de outras coisas, tais como duas luas. Isso nos ajuda a compreender como uma ação que já amadureceu não pode amadurecer novamente. Assim, embora tanto as ações virtuosas como as não-virtuosas sejam semelhantes no que diz respeito a não cessarem inerentemente, não obstante, efeitos desagradáveis surgem de ações não-virtuosas e efeitos agradáveis surgem de ações virtuosas. Visto que os efeitos das ações são definidos, o processo de amadurecimento dos seus efeitos não pode ser interminável. Aqueles que compreendem que as ações virtuosas e não-virtuosas não existem inerentemente, erradicarão rapidamente o agarramento ao em-si e, assim, alcançarão a libertação do samsara.

As relações sutis entre ações específicas e seus efeitos são muito difíceis de compreender. Nos Sutras, Buda diz:

Os efeitos plenamente amadurecidos das ações são inconcebíveis.

Se os seres comuns tentarem compreender as relações sutis das ações e dos seus efeitos através de uma análise detalhada, haverá um grande perigo de desenvolverem visões errôneas e de rejeitarem o carma por completo. Por essa razão, Buda nos aconselhou a não empreendermos uma análise excessiva das ações e seus efeitos, encorajando-nos, em vez disso, a confiar nas escrituras para a nossa compreensão de tais pontos.

REJEITAR O ARGUMENTO DE QUE HÁ CONTRADIÇÃO COM AS ESCRITURAS QUE REVELAM UMA CONSCIÊNCIA-BASE-DE-TUDO

Esta seção tem duas partes:

1. A rejeição efetiva do argumento de que há contradição com as escrituras;
2. Uma analogia do discurso através do poder da intenção.

A REJEIÇÃO EFETIVA DO ARGUMENTO DE QUE HÁ CONTRADIÇÃO COM AS ESCRITURAS

Chittamatrins Ao dizer que as ações e os seus efeitos podem ser estabelecidos sem uma consciência-base-de-tudo, vocês contradizem o *Sutra Interpretando a Intenção*, no qual está dito que a consciência-base-de-tudo é a base das ações e dos seus efeitos.

Madhyamika-Prasangikas

[VI.43] "A base-de-tudo existe", "*pessoa* existe",
"Somente estes agregados existem" –
Esses ensinamentos destinam-se àqueles
Que não conseguem compreender esse significado muito profundo.

É verdade que Buda ensinou que a consciência-base-de-tudo existe. Ele também ensinou que uma pessoa substancialmente existente existe e que somente os agregados existem verdadeiramente. No entanto, todos esses ensinamentos requerem interpretação, pois foram dados não de acordo com a intenção final de Buda, mas de acordo com as capacidades e inclinações dos discípulos que não compreendem o significado muito profundo da vacuidade, que acabamos de explicar.

UMA ANALOGIA DO DISCURSO ATRAVÉS DO PODER DA INTENÇÃO

**[VI.44] Embora Buda seja livre da visão da coleção transitória,
Ele revela "*eu*" e "*meu*".
Do mesmo modo, embora as coisas careçam de existência inerente,
"Existência" é revelada como um significado interpretativo.**

O propósito de Buda ao ensinar a consciência-base-de-tudo e os fenômenos inerentemente existentes, tais como os fenômenos produzidos-pelo-poder-de-outro inerentemente existentes, embora não existam, foi o de guiar gradualmente seus discípulos que estavam inclinados a acreditar nessas coisas a uma realização correta da ausência de existência inerente. Visto que Buda frequentemente ensinou de acordo com as inclinações dos seus discípulos, nem todas as suas palavras têm um significado definitivo. Por exemplo, embora seja livre da visão da coleção transitória e das suas marcas e tenha abandonado todas as concepções que se agarram a "*eu*" e "*meu*", Buda, não obstante, revela-as através da utilização de expressões como "*eu*" e "*meu*". Do mesmo modo, embora as coisas não sejam inerentemente existentes, Buda revela a existência inerente como um ensinamento de significado interpretativo. Portanto, a refutação da consciência-base-de-tudo e a refutação da existência inerente não contradizem essas escrituras.

Refutar o Sistema Chittamatra

REFUTAÇÃO DO SISTEMA CHITTAMATRA, EM PARTICULAR

Como foi mencionado anteriormente, todas as escolas budistas abaixo dos madhyamika-prasangikas afirmam a *produção a partir de outro*, e suas afirmações são geralmente refutadas pela refutação anteriormente aqui apresentada. No entanto, Chandrakirti utiliza a ocasião da refutação da *produção a partir de outro* para apresentar uma refutação extensa do sistema Chittamatra, em particular. Essa refutação, que assume a forma de um debate entre os chittamatrins e os madhyamika-prasangikas, é apresentada em três partes:

1. Refutar uma consciência inerentemente existente sem externos;
2. Refutar a validade do raciocínio que estabelece fenômenos produzidos-pelo-poder-de-outro como inerentemente existentes;
3. A palavra "apenas" em "apenas a mente" não exclui os objetos externos.

REFUTAR UMA CONSCIÊNCIA INERENTEMENTE EXISTENTE SEM EXTERNOS

Esta seção tem duas partes:

1. Apresentação do outro sistema;
2. Refutação desse sistema.

APRESENTAÇÃO DO OUTRO SISTEMA

As estrofes a seguir resumem os pontos principais do ponto de vista chittamatra:

Chittamatrins

[VI.45] *"Não é visto um apreendedor sem um apreendido.*
Ao realizar os três reinos como mera consciência,
O Bodhisattva que permanece na sabedoria
Realiza a talidade na mera consciência.

[VI.46] *Assim como ondas surgem de um grande oceano*
Quando ele é agitado pelo vento,
Do mesmo modo, devido aos seus potenciais, uma mera consciência surge
Da semente de tudo, a qual é denominada 'base-de-tudo'.

[VI.47] *Portanto, o que quer que seja uma entidade produzida--pelo-poder-de-outro*
É a causa de coisas existentes por meio de designação.
Ela surge sem objetos externos, existe
E tem a natureza de não ser um objeto de nenhuma elaboração."

Nenhum objeto existe sem ser apreendido por uma mente subjetiva, e uma mente subjetiva não pode existir sem um objeto apreendido. Os objetos são vazios de serem entidades separadas das suas mentes, e as mentes são vazias de serem entidades separadas dos seus objetos. Essa vacuidade, que é denominada "a não-dualidade do apreendido e do apreendedor", é a vacuidade profunda que é a porta à libertação. Não existe uma vacuidade mais sutil. Um Bodhisattva no sexto solo realiza que todos os fenômenos dos três reinos são, meramente, da natureza da consciência e, desse modo, realiza a talidade da não-dualidade e experiencia todas as boas qualidades da perfeição de sabedoria incomparável.

Todas as coisas, tais como formas e as mentes que as apreendem, surgem do amadurecimento dos seus potenciais na consciência-base-de-tudo.

Portanto, as formas não existem externamente à mente. Por exemplo, quando vemos um objeto azul, um potencial para uma mente à qual o azul aparece é depositado na consciência-base-de-tudo. Quando, posteriormente, esse potencial amadurece, surge uma mera consciência à qual o azul aparece. Tanto a mente como o seu aspecto, o azul, são gerados simultaneamente a partir do mesmo potencial. Uma vez que o azul surge inteiramente de um potencial na consciência-base-de-tudo, ele não é um objeto externo, mas é da mesma natureza da mente que o apreende. Assim como as ondas que surgem de um grande oceano quando ele é agitado pelo vento não são uma substância separada, ou independente, do oceano, as formas que surgem dos potenciais na consciência-base-de-tudo não são uma substância separada, ou independente, da mente. Tudo é da natureza da mente; nada existe exteriormente à mente.

Embora não existam objetos externos, todos os fenômenos produzidos-pelo-poder-de-outro são entidades verdadeiramente existentes. Um fenômeno produzido-pelo-poder-de-outro é qualquer coisa gerada a partir de causas e condições. *Fenômeno produzido-pelo-poder-de-outro* e *coisa funcional* são sinônimos. Uma consciência visual apreendendo azul é um exemplo de um *fenômeno produzido-pelo-poder-de-outro* verdadeiramente existente. Ela é um fenômeno produzido-pelo-poder-de-outro porque surge na dependência de causas e condições que são *outros* que ela. Ela é verdadeiramente existente por três razões:

(1) Ela surge de sua própria causa, um potencial na consciência-base-de-tudo, sem que haja qualquer objeto externo.
(2) Na dependência dessa consciência visual, é gerada uma mente conceitual que concebe a consciência visual e o seu objeto, o azul, como sendo entidades diferentes. Ela é uma mente de agarramento ao em-si e uma percepção errônea. O seu objeto concebido – sujeito e objeto sendo entidades diferentes – é uma entidade fictícia meramente designada pela mente.
(3) Ela não é o objeto direto da fala nem da concepção e, portanto, tem a natureza de não ser o objeto de nenhuma elaboração.

Todas as coisas – tais como formas visuais, sons, cheiros, sabores e objetos táteis – surgem de potenciais na consciência-base-de-tudo e, portanto, todas elas são da mesma natureza da mente que as apreende e todas são verdadeiramente existentes.

REFUTAÇÃO DESSE SISTEMA

Esta seção tem duas partes:

1. Apresentação extensa da refutação;
2. A conclusão a partir desta refutação.

APRESENTAÇÃO EXTENSA DA REFUTAÇÃO

Esta seção tem três partes:

1. Refutar exemplos de uma consciência verdadeiramente existente sem objetos externos;
2. Refutar uma consciência gerada a partir do seu potencial;
3. Esta refutação e a meditação na não-atratividade não são contraditórias.

REFUTAR EXEMPLOS DE UMA CONSCIÊNCIA VERDADEIRAMENTE EXISTENTE SEM OBJETOS EXTERNOS

Esta seção tem duas partes:

1. Refutar o exemplo de um sonho;
2. Refutar o exemplo de ver filamentos flutuantes.

REFUTAR O EXEMPLO DE UM SONHO

Esta seção tem três partes:

1. O exemplo de um sonho não prova que a consciência seja verdadeiramente existente;

2. O exemplo de um sonho não prova que não existam objetos externos quando estamos acordados;
3. O exemplo de um sonho prova que todas as coisas são falsas.

O EXEMPLO DE UM SONHO NÃO PROVA QUE A CONSCIÊNCIA SEJA VERDADEIRAMENTE EXISTENTE

Madhyamika-Prasangikas

[VI.48] Onde há um exemplo de uma mente sem um objeto externo?
Se dizeis que é como um sonho, examinemos então isso.
Para nós, a mente não existe sequer quando está sonhando;
Portanto, não tendes um exemplo.

[VI.49] Se a mente existisse porque lembramos do sonho quando acordamos,
Então o mesmo ocorreria com os objetos externos.
Segundo vós, assim como lembramos ao pensar "eu vi",
Os objetos externos também existiriam desse modo.

Vocês, chittamatrins, têm um exemplo de uma mente verdadeiramente existente sem objetos externos?

Chittamatrins Sim, temos um exemplo perfeito. Suponham que vocês adormeçam num quarto pequeno e sonhem então com um elefante. Claramente, o objeto do sonho – um elefante no quarto – não existe e, apesar disso, há uma mente verdadeiramente existente à qual ele aparece. De modo semelhante, embora os objetos externos não existam, existem mentes verdadeiramente existentes às quais eles aparecem.

Madhyamika-Prasangikas Consideremos esse exemplo. Vocês disseram que o objeto do sonho não existe e que, apesar disso, a mente onírica existe verdadeiramente. No entanto, de acordo com o nosso sistema, nem o elefante nem a mente existem verdadeiramente em nenhum momento, seja durante o sonho ou quando se está acordado. Portanto, vocês não têm um exemplo correto.

Chittamatrins A mente onírica precisa existir verdadeiramente, porque podemos nos lembrar da experiência do sonho quando acordamos.

Madhyamika-Prasangikas Então, exatamente o mesmo ocorreria com os objetos externos. Por exemplo, de acordo com vocês, a mente onírica existe verdadeiramente porque nos lembramos dela quando pensamos "eu vi um elefante". Nesse caso, o objeto do sonho, o elefante, também [deveria] existir verdadeiramente, porque também nos lembramos dele. Por essa razão, se [afirmarmos que] uma mente existe verdadeiramente, [devemos igualmente afirmar que o] seu objeto também existe verdadeiramente. Uma vez que, de acordo com vocês, a mente à qual objetos externos aparecem existe verdadeiramente, segue-se que os objetos externos que aparecem a essa mente também existem verdadeiramente. Por outro lado, se quiserem afirmar que os objetos externos não existem verdadeiramente, também terão de dizer que essa mente não existe verdadeiramente. Portanto, vocês estão errados ao afirmar que há uma mente verdadeiramente existente sem objetos externos.

O EXEMPLO DE UM SONHO NÃO PROVA QUE NÃO EXISTAM OBJETOS EXTERNOS QUANDO ESTAMOS ACORDADOS

Chittamatrins

[VI.50] *"Porque a percepção visual é impossível durante o sono,*
  ela não existe,
Apenas a percepção mental existe;
Apesar disso, o seu aspecto é concebido como externo.
Assim como nos sonhos, o mesmo ocorre aqui."

Quando dormimos, as percepções sensoriais não funcionam; apenas a percepção mental funciona. Portanto, um objeto da percepção visual não existe nesse momento; todas as aparências oníricas são meras aparências à percepção mental. Por exemplo, a cor azul [percebida] num sonho é um mero aspecto que aparece diretamente à percepção mental. No entanto, a pessoa que está sonhando concebe esse azul como um objeto externo. Embora o *sonhador* conceba a existência de objetos externos, na verdade não há objetos externos em um sonho. Ocorre exatamente o mesmo quando estamos acordados. Embora os seres comuns concebam que existam objetos externos, na verdade não há objetos externos.

Madhyamika-Prasangikas

> **[VI.51] Se afirmais isso, então, assim como, para vós, os objetos externos não são produzidos nos sonhos,**
> **A mente, do mesmo modo, também não é produzida.**
> **Os olhos, o objeto visual e a mente que geram –**
> **Todos os três também são falsos.**
>
> **[VI.52a] E esses três em relação ao restante – os ouvidos e assim por diante – também não são produzidos.**

Vocês afirmam que os objetos externos não são produzidos inerentemente nos sonhos. Bem, o mesmo é verdadeiro para a percepção mental – ela também não é produzida inerentemente nos sonhos. O poder sensorial visual do sonho, o objeto visual do sonho e a mente onírica que geram são, todos, objetos falsos, porque não aparecem do mesmo modo que existem. O mesmo ocorre com os outros poderes sensoriais, objetos sensoriais e percepções sensoriais oníricos. Por exemplo, ouvidos oníricos, sons oníricos e a mente onírica que geram também não são produzidos inerentemente. Assim, o exemplo do sonho não prova que não existam objetos externos quando estamos acordados – esse exemplo prova que não há uma mente inerentemente existente quando dormimos.

O EXEMPLO DE UM SONHO PROVA QUE TODAS AS COISAS SÃO FALSAS

Madhyamika-Prasangikas

[VI.52bcd] **Tal como quando sonhamos, as coisas aqui também são falsas quando estamos acordados. Essa mente não existe, os objetos de prazer não existem E os poderes sensoriais não existem.**

[VI.53] **Aqui, tal como quando estamos acordados, Esses três existem quando não estamos acordados; E, ao acordar, todos os três deixam de existir. Ocorre exatamente o mesmo quando despertamos do sono da confusão.**

Assim como mentes, objetos e poderes sensoriais são falsos quando sonhamos, eles também são falsos quando estamos acordados porque, mesmo durante o estado da vigília, essas coisas não aparecem como existem. Assim, seja quando estamos acordados ou dormindo, as mentes não existem inerentemente, os objetos desfrutados pelos sentidos não existem inerentemente e os poderes sensoriais não existem inerentemente.

Durante o sono, as mentes, os objetos e os poderes sensoriais oníricos existem em relação à mente onírica de modo muito semelhante como, quando estamos acordados, as mentes, objetos e poderes sensoriais da vigília existem em relação à mente da vigília. Quando acordamos do sono, as mentes, os objetos e os poderes sensoriais oníricos cessam de existir em relação à mente da vigília. Do mesmo modo, quando despertarmos do sono da confusão, as mentes, objetos e poderes sensoriais do estado da vigília deixarão de existir em relação à excelsa percepção do equilíbrio meditativo de um ser superior. Isso mostra que todas as coisas que existem, seja quando sonhamos ou quando estamos acordados, são falsas. Por essa razão, vocês não devem afirmar que a consciência é verdadeiramente existente e que os objetos externos não o são.

Como foi mencionado anteriormente, quando um ser superior está em equilíbrio meditativo, toda aparência dual se apazigua na vacuidade.

Em relação a essa sabedoria, os fenômenos convencionais – tais como mentes, objetos sensoriais e poderes sensoriais – não existem. Se fossem verdadeiramente existentes, eles definitivamente apareceriam a essa mente, porque tudo o que seja verdadeiro deve, necessariamente, aparecer à excelsa percepção do equilíbrio meditativo de um ser superior. Portanto, mentes, objetos sensoriais e poderes sensoriais são, todos, objetos falsos, porque não aparecem à excelsa percepção do equilíbrio meditativo de um ser superior. Na verdade, todos os fenômenos convencionais da base, do caminho e do resultado são objetos falsos. Como o venerável Milarepa diz:

> Do ponto de vista da verdade última,
> Nem mesmo os Budas existem.
> Meditadores, objetos de meditação,
> Solos e caminhos também não existem.
> O corpo e a sabedoria resultantes não existem.
> Portanto, [o estado] além do sofrimento não existe.
> Tudo isso são, meramente, palavras e nomes designados.
> Desde o princípio, todos os ambientes e os seus seres – dos três mundos –
> Nunca existiram e não foram produzidos.
> Não há fundação nem produção simultânea.
> Não há ações nem o amadurecimento das ações.
> Portanto, não há sequer o nome "samsara".
> Eu percebi que tudo isso é o significado último.

REFUTAR O EXEMPLO DE VER FILAMENTOS FLUTUANTES

Chittamatrins Há um outro exemplo de uma consciência verdadeiramente existente sem objetos externos. Quando uma pessoa com flutuadores oculares desenvolve uma consciência visual que vê filamentos flutuando diante dos seus olhos, uma mente verdadeiramente existente é gerada no seu *continuum*, mas o seu objeto, os filamentos flutuantes, não existe de modo algum.

Madhyamika-Prasangikas

[VI.54] **Uma mente com poderes sensoriais afetados por
flutuadores oculares
E os filamentos vistos devido a esses flutuadores
São, ambos, verdadeiros em relação a essa mente,
Porém falsos em relação a alguém que vê objetos claramente.**

[VI.55] **Se a mente existisse sem um objeto de conhecimento,
Então, quando os olhos de alguém sem flutuadores focassem o
    lugar desses filamentos,
Eles gerariam, mesmo assim, uma mente de filamentos flutuantes.
Uma vez que este não é o caso, ela não existe.**

Para uma pessoa cujo poder sensorial visual está afetado por flutuadores oculares, tanto a mente que vê filamentos flutuando no espaço diante de si quanto os próprios filamentos flutuantes são verdadeiramente existentes em relação a essa mente, mas ambos são falsos em relação à mente de uma pessoa que vê objetos claramente. Quando uma pessoa com visão clara olha para aquele lugar [onde os filamentos aparecem], nem os filamentos flutuantes nem uma mente à qual filamentos flutuantes aparecem surgem para ela. Portanto, a mente com flutuadores oculares e os filamentos flutuantes que aparecem a ela são ambos verdadeiramente existentes ou ambos são falsos. Não é apropriado dizer que um seja verdadeiramente existente enquanto o outro é falso.

Vocês, chittamatrins, afirmam que, embora não haja objeto de conhecimento – os filamentos flutuantes –, não obstante, a mente à qual eles aparecem existe verdadeiramente. Se esse fosse o caso, então, se uma pessoa com visão clara olhasse para o lugar onde os filamentos são vistos, ela também geraria uma mente que vê filamentos flutuando. A razão disso é que uma mente que vê filamentos flutuantes seria inerentemente produzida e não dependeria de coisa alguma para gerá-la. Afinal de contas, os filamentos flutuantes são igualmente não-existentes tanto para a mente com flutuadores oculares quanto para a mente com visão clara. Contudo, uma pessoa com visão clara não gera uma mente que vê filamentos flutuando; portanto, uma mente verdadeiramente existente sem [objetos] externos não existe.

REFUTAR UMA CONSCIÊNCIA GERADA A PARTIR DO SEU POTENCIAL

Esta seção tem três partes:

1. Refutar que uma consciência à qual um objeto externo apareça seja gerada ou não a partir do amadurecimento ou do não--amadurecimento de marcas;
2. Refutar novamente que a consciência exista sem objetos externos;
3. A refutação do sistema Chittamatra não é prejudicada pelas escrituras.

REFUTAR QUE UMA CONSCIÊNCIA À QUAL UM OBJETO EXTERNO APAREÇA SEJA GERADA OU NÃO A PARTIR DO AMADURECIMENTO OU DO NÃO-AMADURECIMENTO DE MARCAS

Esta seção tem duas partes:

1. Apresentação da outra posição;
2. Refutação dessa posição.

APRESENTAÇÃO DA OUTRA POSIÇÃO

Chittamatrins

> [VI.56abc] *"O observador não tem essa mente*
> *Porque ele não tem um potencial amadurecido para ela,*
> *E não devido à ausência de uma coisa existindo como um objeto de conhecimento."*

Um observador com visão clara não gera uma mente que vê filamentos flutuantes porque ele não tem um potencial amadurecido para essa mente, e não porque não haja filamentos flutuantes. Da mesma forma como não diríamos que uma mente que vê filamentos flutuantes é gerada porque filamentos flutuantes existem, também não dizemos que uma mente que vê filamentos flutuantes não é gerada porque filamentos flutuantes não existem. Se um potencial para uma mente que vê filamentos flutuantes amadurecer, essa mente, então, é gerada; se esse potencial não amadurecer, essa mente não é gerada. Portanto, embora a mente seja verdadeiramente existente, há uma diferença entre alguém que tem um potencial amadurecido para ver filamentos flutuantes e alguém que não tem esse potencial. Por essa razão, não se segue que uma pessoa com visão clara irá gerar uma mente que vê filamentos flutuantes.

REFUTAÇÃO DESSA POSIÇÃO

Madhyamika-Prasangikas

[VI.56d] Se disserdes isso, essa afirmação não poderá ser comprovada, porque esse potencial não existe.

Vocês dizem que há uma diferença entre uma mente que vê filamentos flutuantes ter sido gerada porque o potencial para ela amadureceu e uma mente que vê filamentos flutuantes não ter sido gerada porque o potencial para ela não amadureceu. No entanto, isso não pode ser comprovado, porque um potencial que produz uma mente inerentemente existente não existe. Uma mente inerentemente existente não depende de nada, nem mesmo de um potencial, para a sua produção; portanto, não pode haver potencial para uma mente inerentemente existente. Além disso, não há potencial inerentemente existente em relação a uma mente do *presente*, nem potencial inerentemente existente para uma mente *futura*, nem potencial inerentemente existente em relação ao *passado*.

Isso será agora explicado extensamente a partir dos seguintes três tópicos:

1. Refutar um potencial inerentemente existente em relação ao presente;
2. Refutar um potencial inerentemente existente em relação ao futuro;
3. Refutar um potencial inerentemente existente em relação ao passado.

REFUTAR UM POTENCIAL INERENTEMENTE EXISTENTE EM RELAÇÃO AO PRESENTE

[VI.57a] Um potencial para o produzido é impossível.

Se houver um potencial relativo a uma mente do *presente*, ele será ou uma entidade diferente [da entidade] dessa mente ou a mesma entidade que [a entidade] dessa mente. Se a mente e o seu potencial forem entidades diferentes, então, de acordo com vocês, uma vez que eles são inerentemente existentes, segue-se que também são inerentemente diferentes e, portanto, completamente não-relacionados [entre si], e é impossível que um potencial seja a causa de algo com o qual não esteja relacionado. Se a mente e o seu potencial forem a mesma entidade, então haverá as falhas da simultaneidade de causa e efeito, bem como da produção a partir de si próprio. Por essa razão, um potencial para uma mente que já foi produzida é impossível.

REFUTAR UM POTENCIAL INERENTEMENTE EXISTENTE EM RELAÇÃO AO FUTURO

Madhyamika-Prasangikas

**[VI.57bcd] E também não há um potencial para uma entidade não-produzida.
Sem características, não há possuidor das características.
Caso contrário, existiria um potencial para um filho de uma mulher sem filhos.**

Não há, também, um potencial para uma mente inerentemente existente que ainda não foi produzida. Se uma mente futura existisse no mesmo momento que o seu potencial, então incorreríamos nas falhas da simultaneidade de causa e efeito, bem como da produção a partir de si próprio. Se uma mente futura não existe no mesmo momento que o seu potencial, segue-se que há um momento no qual a mente não existe e, nesse caso, ela nunca existirá. Se uma mente inerentemente existente não existe num momento dado, ela nunca existirá. Se, inicialmente, uma coisa não existe e depois vem à existência, isso é uma indicação perfeita de que carece de existência inerente. Contudo, uma vez que, de acordo com vocês, uma mente futura é inerentemente existente, segue-se que não existe de modo algum, e se a mente não existe, o seu potencial também não existe. Se as características (neste caso, uma mente futura) não existem, o possuidor das características (o potencial para essa mente) também não existe; caso contrário, existiria um potencial para que um filho de uma mulher sem filhos [existisse].

Chittamatrins Uma mente futura não existe no mesmo momento que o seu potencial porque uma mente futura ainda está para surgir. É precisamente porque a mente surgirá no futuro que dizemos que um potencial para ela existe no presente. Portanto, não incorremos nessa falha.

Madhyamika-Prasangikas

**[VI.58ab] Se quereis estabelecê-la em termos do que está por vir,
Então, sem um potencial, ela nunca surgirá.**

Uma mente inerentemente existente não pode depender de nada. *Ser inerentemente existente* e *depender de um potencial* é contraditório. Portanto, se uma mente futura for inerentemente existente, ela não tem o potencial para a sua produção e, sem um potencial, essa mente nunca surgirá. Assim, vocês incorrem na falha mencionada acima.

Chittamatrins Embora uma mente futura e o seu potencial não existam simultaneamente, não obstante, eles existem por meio de dependência mútua, porque um é a causa, e a outra, o seu efeito.

Madhyamika-Prasangikas

**[VI.58cd] Os sagrados disseram
Que o que quer que exista em dependência mútua não existe.**

Se uma mente futura e o seu potencial são mutuamente dependentes, eles não são inerentemente existentes. Os sagrados, tais como Buda Shakyamuni e o Protetor Nagarjuna, disseram que o que quer que exista em dependência mútua não existe inerentemente.

REFUTAR UM POTENCIAL INERENTEMENTE EXISTENTE EM RELAÇÃO AO PASSADO

Chittamatrins Uma mente futura surge de um potencial amadurecido na consciência-base-de-tudo. Esse potencial permanece de uma mente anterior de tipo semelhante que agora cessou.

Madhyamika-Prasangikas

> [VI.59] **Se ela surge do potencial amadurecido do que cessou,**
> **Então outra surge do potencial de outra.**
> **Para vós, os possuidores de *continuums* existem em diferença mútua;**
> **Portanto, tudo surge de tudo.**

Visto que, de acordo com o sistema de vocês, o possuidor do *continuum* de uma mente anterior é inerentemente diferente do possuidor do *continuum* de uma mente posterior, segue-se que a mente futura surge do potencial de uma mente inerentemente existente *outra*. Se mentes anteriores e posteriores são inerentemente existente *outras*, elas são completamente não-relacionadas [entre si]. Se um efeito surgisse de uma causa que é completamente não-relacionada com ele, então a densa escuridão surgiria das chamas e tudo surgiria de tudo. A consequência por excesso aplica-se aqui, porque vocês estão asseverando a *produção a partir de um outro inerentemente existente*.

Chittamatrins Embora o possuidor do *continuum* anterior seja inerentemente diferente daquele do *continuum* posterior, isso não significa que tenham *continuums* diferentes. Ambos têm o mesmo *continuum* e, portanto, não são *não-relacionados*. Por essa razão, não incorremos na falha de que tudo surge de tudo.

Esta é a principal defesa dos chittamatrins contra a acusação de que a consequência por excesso se aplica à sua apresentação da *produção a partir de outro*.

Madhyamika-Prasangikas

[VI.60] Se disserdes que diferentes possuidores de *continuums*
Não têm *continuums* diferentes e que, portanto, não há falha,
Isso não pode ser comprovado,
Porque não há a possibilidade de um *continuum* não diferente.

[VI.61] Fenômenos que dependem de Maitreya e de Upayagupta
Não estão incluídos no mesmo *continuum* porque são outros.
Assim, não é razoável que o que quer que seja diferente por meio de suas próprias características
Esteja incluído no mesmo *continuum*.

Vocês não podem provar a sua afirmação porque não há a possibilidade de que dois fenômenos inerentemente existentes *outros* tenham o mesmo *continuum*. Se, como vocês dizem, as mentes anteriores e posteriores são inerentemente existentes, então elas são completamente não-relacionadas e não há maneira alguma pela qual possamos dizer que têm o mesmo *continuum*. Por exemplo, visto que duas pessoas, chamadas Maitreya e Upayagupta, são não-relacionadas, elas não são o mesmo *continuum*. Portanto, não é razoável afirmar que coisas anteriores e posteriores que são inerentemente diferentes estejam incluídas no mesmo *continuum*.

REFUTAR NOVAMENTE QUE A CONSCIÊNCIA EXISTA SEM OBJETOS EXTERNOS

Esta seção tem duas partes:

1. Apresentação do outro sistema;
2. Refutação desse sistema.

APRESENTAÇÃO DO OUTRO SISTEMA

Chittamatrins

[VI.62] *"A produção de uma consciência visual*
Surge inteiramente do seu potencial imediato.
Um potencial que é a base para a sua consciência
É denominado 'visão', um poder sensorial que possui forma.

[VI.63] *Aqui, quando a consciência surge de um poder sensorial,*
Aparências, como o azul, surgem das suas sementes
Sem que haja objetos externos.
Por não compreenderem isso, os seres pensam que são objetos
   externos.

[VI.64] *Tal como quando sonhamos, sem que outra forma exista,*
Uma mente com o aspecto daquilo surge do amadurecimento do
   seu potencial,
Igualmente aqui, quando estamos acordados,
A mente existe sem que haja objetos externos."

Embora não haja objetos externos, não obstante, as cinco consciências sensoriais, os cinco poderes sensoriais e os cinco objetos dos sentidos existem. Por exemplo, uma consciência visual apreendendo azul é produzida inteiramente a partir do seu potencial, uma marca de uma consciência visual anterior apreendendo azul. Essa marca foi deixada na consciência-base-de-tudo imediatamente após a consciência visual anterior apreendendo azul ter cessado. Um potencial que atua como base para uma consciência visual apreendendo azul é um poder sensorial visual que possui forma e é a condição dominante dessa consciência visual. Os demais quatro poderes sensoriais podem ser compreendidos do mesmo modo.

Assim como os poderes sensoriais existem sem que haja nenhum objeto externo, o mesmo ocorre com os objetos sensoriais, como as cores, os sons e os cheiros. Por exemplo, quando uma consciência visual apreendendo azul surge do seu poder sensorial (um potencial na consciência-

Atisha

-base-de-tudo), o seu objeto (a aparência do azul) também surge daquele mesmo potencial. Assim, aquilo a que chamamos cores, sons, cheiros e assim por diante são apenas aparências à mente, que surgem de marcas na consciência-base-de-tudo; não existem fora da mente. Por não compreenderem isso, os seres comuns pensam que cores, sons, cheiros e assim por diante são objetos externos.

Para compreender como formas, tais como a cor azul, existem, devemos considerar o que acontece quando sonhamos, por exemplo, com um elefante. O elefante no nosso sonho não está fora da mente, porque não há um elefante no nosso quarto; o elefante não é a mente ela própria, porque o elefante não é uma consciência; e o elefante não está separado da mente porque, se a mente que está apreendendo o elefante cessar, o elefante desaparece. O elefante é apenas uma aparência à mente, que, de outra maneira, seria impossível de ser descrito. Do mesmo modo, formas (como a cor azul) não estão fora da mente, não são a mente ela própria e não estão separadas da mente – elas são meras aparências à mente, que, de outra maneira, seriam impossíveis de serem descritas.

É essencial realizar que todas as formas são meramente da natureza da mente. Quando vemos um carro, por exemplo, devemos realizar que o carro é meramente uma aparência à consciência-base-de-tudo – ele não existe fora da mente. Os objetos externos são o *objeto negado sutil* da vacuidade, e a mente que os concebe é o agarramento ao em-si dos fenômenos e a fonte de todas as delusões. A ausência de que um objeto seja uma entidade separada da mente é a vacuidade última, a *ausência do em-si* sutil dos fenômenos, e a mente que realiza isso diretamente é a sabedoria que destrói todas as delusões e conduz à libertação.

Embora os objetos externos não existam, não obstante, geramos mentes inerentemente existentes às quais eles aparecem. Por exemplo, se sonhamos com a cor azul, embora não haja azul fora da mente, geramos uma mente inerentemente existente em relação ao aspecto do azul a partir, meramente, do amadurecimento do seu potencial na consciência-base--de-tudo. Do mesmo modo, quando estamos acordados, geramos mentes inerentemente existentes às quais objetos externos aparecem, embora não haja objetos externos.

REFUTAÇÃO DESSE SISTEMA

Madhyamika-Prasangikas

[VI.65] Se, como dizeis, a consciência mental com aparências,
tais como a do azul,
Surge nos sonhos, onde não há olhos,
Por que razão ela não é gerada, também, a partir do
amadurecimento de potenciais
Nas pessoas cegas, nas quais não há poder sensorial visual?

Se uma consciência mental com uma aparência clara da cor azul surgisse meramente a partir do amadurecimento do seu potencial nos sonhos, onde não há poder sensorial visual, seria de supor que tal mente também surgisse para as pessoas cegas durante seus sonhos. Se for assim, por que é que as pessoas cegas não geram essa mente a partir do amadurecimento de potenciais quando estão acordadas? Afinal de contas, para uma pessoa cega, tanto o estado onírico como o estado da vigília são iguais, no sentido de que não há poder sensorial visual em nenhum deles.

Chittamatrins É verdade que as pessoas cegas carecem do poder sensorial visual, e também é verdade que possuem potenciais tanto quando sonham como quando estão acordadas; contudo, um potencial para uma sexta consciência, uma consciência mental à qual formas apareçam claramente, amadurecerá para elas apenas nos sonhos. A razão disso é que, para os cegos, as condições para que esse potencial amadureça existem durante os sonhos, mas não quando estão acordados. Portanto, não se segue que as pessoas cegas possam gerar tais mentes quando estão acordadas.

Madhyamika-Prasangikas

[VI.66] Se dizeis que um potencial para a sexta
Amadurece nos sonhos, mas não quando estão acordadas,
Então, assim como não há, aqui, o amadurecimento de um
potencial para a sexta,
Por que não dizer que não há nenhum durante os sonhos?

Vocês seriam mais coerentes se dissessem que, assim como não existem condições para o amadurecimento de um potencial para uma sexta consciência mental, à qual formas apareçam claramente para as pessoas cegas quando estão acordadas, também não existem condições para essa mente amadurecer durante os sonhos, já que vocês não têm uma razão válida que estabeleça a existência dessas condições durante os sonhos.

Chittamatrins É claro que temos uma razão válida. Os cegos geram uma consciência mental à qual formas aparecem claramente durante os seus sonhos porque *estar dormindo*, que é a condição para que o seu potencial amadureça, existe naquele momento.

Madhyamika-Prasangikas

> [VI.67] **Assim como a ausência de olhos não é a causa disso,**
> **Do mesmo modo, também nos sonhos, dormir não é a causa.**
> **Portanto, deveríeis dizer que, também nos sonhos,**
> **Coisas e olhos são as causas de realizadores subjetivos falsos.**

Assim como a ausência de visão não é a causa do amadurecimento de um potencial para essa mente numa pessoa cega que está acordada, dormir tampouco é a causa para que esse potencial amadureça em sonhos porque, de acordo com vocês, uma mente onírica é inerentemente existente e não depende de causas.

Na verdade, é claro que as mentes oníricas não são inerentemente existentes, mas são geradas na dependência de causas e condições, assim como as mentes da vigília. No estado da vigília, coisas, como as formas, encontram-se com poderes sensoriais, como os olhos, e geram mentes, como uma consciência visual. Portanto, se querem ser precisos, deveriam dizer que, também nos sonhos, coisas falsas, como as formas oníricas, encontram-se com poderes sensoriais falsos, como os olhos oníricos, e são as causas de realizadores subjetivos falsos, como uma consciência visual onírica.

Embora não haja poder sensorial visual e, portanto, não haja consciência visual ou objeto da consciência visual durante os sonhos, pode haver uma consciência mental à qual formas apareçam claramente. Isso é denominado "consciência visual onírica". Sua condição dominante, ou poder sensorial, é denominada "olho onírico", e o objeto que aparece a ela é denominado "forma onírica". Um olho onírico não é um olho real, e uma consciência visual onírica não é uma consciência visual real; porém, uma forma onírica é uma forma real porque é uma forma que é uma fonte-fenômenos. As formas que não aparecem à consciência visual dos seres comuns, mas que aparecem claramente à sua consciência mental, são fontes-fenômenos.

Existem doze fontes, as quais incluem todos os objetos de conhecimento. Dentre essas fontes, há seis fontes-objetos (fonte forma, fonte som, fonte cheiro, fonte sabor, fonte objeto tátil e fonte-fenômenos) e seis fontes-poderes (fonte visual, fonte auditiva, fonte olfativa, fonte gustativa, fonte corporal – ou fonte tátil – e fonte mentalidade). São chamadas "fontes" porque são as fontes de consciência.

Fonte forma é definida como um objeto que é experienciado pela consciência visual. Um exemplo disso é o azul do céu. Fonte som é definida como um objeto que é experienciado pela consciência auditiva. Um exemplo disso é o som de um instrumento musical. Fonte cheiro é definida como um objeto que é experienciado pela consciência olfativa. Um exemplo disso é a fragrância de uma rosa. Fonte sabor é definida como um objeto que é experienciado pela consciência gustativa. Um exemplo disso é o sabor do mel. Fonte objeto tátil é definida como um objeto que é experienciado pela consciência corporal, ou tátil. Um exemplo disso é a maciez da pele. Fonte-fenômenos é definida como um objeto da consciência mental que é diferente das cinco primeiras fontes. Um exemplo disso é a mente. Assim, nem todas as formas são *fontes forma*. Por exemplo, um elefante num sonho não aparece a uma consciência visual comum e, por isso, não é uma fonte forma, mas aparece claramente à consciência mental e, por essa razão, é uma fonte-fenômenos.

A fonte visual é definida como um poder sensorial que possui forma e que, principal e diretamente, gera o seu próprio efeito, uma consciência visual. A fonte visual é o poder-energia interior localizado no centro do órgão ocular e que funciona diretamente para gerar a percepção visual. A fonte auditiva é definida como um poder sensorial que possui forma e que, principal e diretamente, gera o seu próprio efeito, uma consciência auditiva. A fonte auditiva é o poder-energia interior localizado no centro do órgão auditivo e que funciona diretamente para gerar a percepção auditiva. A fonte olfativa é definida como um poder sensorial que possui forma e que, principal e diretamente, gera o seu próprio efeito, uma consciência olfativa. A fonte olfativa é o poder-energia interior localizado no centro do órgão olfativo e que funciona diretamente para gerar a percepção olfativa. A fonte gustativa é definida como um poder sensorial que possui forma e que, principal e diretamente, gera o seu próprio efeito, uma consciência gustativa. A fonte gustativa é o poder-energia interior localizado no centro do órgão gustativo e que funciona diretamente para gerar a percepção gustativa. A fonte corporal, ou fonte tátil, é definida como um poder sensorial que possui forma e que, principal e diretamente, gera o seu próprio efeito, uma consciência corporal, ou tátil. A fonte corporal é o poder-energia interior que permeia o corpo por inteiro e que funciona diretamente para gerar a percepção corporal, que também permeia o corpo por inteiro. A fonte mentalidade é definida como um poder que carece de forma e que, principal e diretamente, gera o seu próprio efeito, uma consciência mental. Um exemplo é qualquer consciência que, principal e diretamente, gere uma consciência mental. *Fonte visual* e *poder sensorial visual* são sinônimos, *fonte auditiva* e *poder sensorial auditivo* são sinônimos, e assim por diante.

Existem seis consciências que são geradas na dependência dessas seis fontes-objetos e seis fontes-poderes. Elas são: a consciência visual, a consciência auditiva, a consciência olfativa, a consciência gustativa, a consciência corporal e a consciência mental. Como foi explicado anteriormente, os chittamatrins asseveram [a existência de] oito consciências, pois afirmam que há três tipos de consciência mental: a sexta consciência mental; a consciência-base-de-tudo; e a mentalidade deludida. Eles têm três razões para afirmar [a existência de] uma consciência-base-de-tudo:

(1) Ela é a base para transportar os potenciais cármicos de uma vida para outra;
(2) Uma vez que os objetos externos não existem, ela é a base para armazenar os potenciais a partir dos quais as diversas mentes e suas aparências surgem;
(3) Ela é a própria continuidade de uma pessoa de uma vida para outra e, por essa razão, a consciência-base-de-tudo é o *self*.

Essas razões são refutadas pelos madhyamika-prasangikas, como segue:

(1) Os chittamatrins inventaram uma consciência-base-de-tudo, que é um depósito de potenciais cármicos aguardando que as condições para o seu amadurecimento surjam, porque não compreendem como uma ação que cessou produz um efeito. Na verdade, os potenciais cármicos são transportados de uma vida para outra pelo mero *eu*, e não há necessidade de propor [a existência de] uma consciência-base-de-tudo para explicar isso.

(2) Uma vez que objetos externos existem, uma consciência (como uma consciência visual, por exemplo) é gerada por um objeto se encontrando com um poder sensorial, e não a partir de potenciais armazenados na consciência-base-de-tudo. Não há necessidade de propor [a existência de] uma consciência--base-de-tudo para explicar como a consciência surge. Buda, algumas vezes, falou de uma "base-de-tudo", mas apenas quando se referia à vacuidade. Nunca foi a sua intenção final afirmar [a existência de] uma consciência-base-de-tudo. Uma vez que não há uma consciência-base-de-tudo, não há uma mentalidade deludida observando-a e, portanto, o número de consciências é, definitivamente, seis.

(3) O *self* é meramente designado, ou imputado, nos agregados e não pode ser encontrado neles. Um *self* que seja uma consciência é um não-existente, como o filho de uma mulher sem filhos.

A consciência visual é definida como uma consciência que é gerada principalmente a partir da sua própria condição dominante, um poder sensorial visual. Um exemplo é uma mente primária que vê a cor azul. A consciência auditiva é definida como uma consciência que é gerada principalmente a partir da sua própria condição dominante, um poder sensorial auditivo. Um exemplo é uma mente primária que ouve o som de uma música. A consciência olfativa é definida como uma consciência que é gerada principalmente a partir da sua própria condição dominante, um poder sensorial olfativo. Um exemplo é uma mente primária que sente a fragrância de uma rosa. A consciência gustativa é definida como uma consciência que é gerada principalmente a partir da sua própria condição dominante, um poder sensorial gustativo. Um exemplo é uma mente primária que experimenta o sabor do mel. A consciência corporal é definida como uma consciência que é gerada principalmente a partir da sua própria condição dominante, um poder sensorial corporal. Um exemplo é uma mente primária que experiencia aspereza ou maciez. A consciência mental é definida como uma consciência que é gerada principalmente a partir da sua própria condição dominante, um poder mental. Um exemplo é uma mente primária que recorda um objeto conhecido anteriormente.

Mente primária, consciência e *mentalidade* são sinônimos. Cada consciência é acompanhada por um número de fatores mentais distintos, tais como a sensação, a discriminação e a intenção. A sensação que acompanha uma consciência visual, por exemplo, não é uma consciência visual, mas uma percepção visual. Mais informações sobre mentes primárias e fatores mentais podem ser encontradas no livro *Como Entender a Mente*.

**[VI.68abc] Uma vez que qualquer resposta que possais dar
É percebida como uma afirmação,
Deveríeis abandonar esses argumentos.**

Uma vez que qualquer resposta que vocês, chittamatrins, possam dar aos madhyamika-prasangikas será uma mera afirmação que não pode provar nada, vocês deveriam abandonar esses argumentos. Os madhyamika-prasangikas podem refutar com raciocínios perfeitos suas afirmações sobre [a existência dos] *fenômenos produzidos-pelo-poder-de-outro* inerentemente existentes, e vocês não têm argumentos válidos com os quais possam responder.

A REFUTAÇÃO DO SISTEMA CHITTAMATRA NÃO É PREJUDICADA PELAS ESCRITURAS

[VI.68d] Em lugar algum os Budas ensinaram que as coisas existem.

A refutação madhyamika-prasangika do sistema Chittamatra é irrepreensível porque, além de ser capaz de resistir ao escrutínio lógico, ela é livre de contradição com as escrituras. Em lugar algum nas escrituras de significado definitivo os Budas ensinaram que as coisas existem inerentemente. Algumas escrituras, como o *Sutra Interpretando a Intenção*, dizem que os *fenômenos produzidos-pelo-poder-de-outro* são inerentemente existentes, mas essas escrituras são ensinamentos intermediários dados para aqueles que não conseguem compreender a vacuidade sutil da escola Madhyamika-Prasangika. Visto que tais escrituras não revelam a intenção final de Buda, seu significado requer interpretação.

ESTA REFUTAÇÃO E A MEDITAÇÃO NA NÃO-ATRATIVIDADE NÃO SÃO CONTRADITÓRIAS

Chittamatrins Nos Sutras é explicado como os iogues meditam na não-atratividade para superarem o apego às coisas, tais como lugares e corpos. Numa dessas meditações, eles geram uma concentração à qual aparece, claramente, o solo coberto com esqueletos. Essa mente é inerentemente existente, mas o seu objeto, não. Quando dizem que não há mentes inerentemente existentes, mas que os objetos externos existem, vocês contradizem a experiência desses iogues.

Madhyamika-Prasangikas

[VI.69] **Os iogues que, seguindo as instruções dos seus Guias Espirituais,**
Veem o solo coberto com esqueletos,
Também veem que todos os três carecem de produção
Uma vez que é ensinado como uma falsa atenção.

[VI.70] **Se, como dizeis, tal como ocorre com os objetos da consciência sensorial**
Também ocorre, do mesmo modo, com os objetos da mente de não-atratividade,
Então, se alguém mais direcionasse a sua mente para aquele lugar,
Ele também haveria de ver; portanto, não é falso.

[VI.71ab] **Assim como ocorre com um poder sensorial afetado por flutuadores oculares e coisas semelhantes, Também ocorre, do mesmo modo, com a mente de um fantasma faminto vendo o fluxo de um rio como pus.**

Pelo contrário, vocês é que têm contradições em suas posições, porque as suas visões contradizem tanto as escrituras quanto a razão. É verdade que alguns iogues, através de confiarem nas instruções dos seus Guias Espirituais, desenvolvem uma concentração por meio da qual veem claramente o solo coberto com esqueletos, mas eles também veem que a mente, o objeto e o poder sensorial não são inerentemente produzidos, uma vez que, nos Sutras, Buda explica que, por ser uma verdade convencional, essa mente é falsa. Contudo, de acordo com vocês, ela é uma mente verdadeira e, se a mente é verdadeira, o seu objeto também precisa ser verdadeiro. Portanto, vocês estão claramente em contradição com os Sutras.

A posição de vocês também contradiz a razão porque, de acordo com o que afirmam, os objetos da mente de não-atratividade são exatamente como os objetos da consciência sensorial. Considerem, por exemplo, uma situação na qual diversas pessoas assistem a um espetáculo de dança. Uma pessoa olhando na direção da apresentação vê, com a sua consciência visual, os dançarinos, e as outras pessoas, que também olham na mesma direção, também veem os dançarinos. Do mesmo modo, quando um iogue em meditação vê o solo coberto com esqueletos, uma pessoa não familiarizada com essa meditação também deveria ver o solo coberto com esqueletos quando direcionasse a sua mente para o mesmo lugar. De acordo com vocês, isso ocorreria porque a mente que vê o solo coberto com esqueletos é inerentemente existente e não depende de meditação para a sua produção. Se ela pode ser produzida por um iogue sem depender de meditação, ela também pode ser produzida da mesma maneira por alguém que não é um meditador. Na verdade, é claro que este não é o caso. A concentração para a qual o solo coberto com esqueletos aparece não é inerentemente existente nem uma percepção errônea.

Além disso, vocês não podem dizer que uma mente gerada a partir de um poder sensorial afetado por flutuadores oculares, uma mente vendo uma ilusão, uma mente vendo um reflexo ou a mente de um fantasma faminto vendo um rio como pus e sangue são exemplos de mentes inerentemente existentes sem objetos externos. Já explicamos as falhas quanto ao primeiro exemplo, e essas falhas também se aplicam a todos esses outros exemplos.

Quando um fantasma faminto olha para um fluxo de água, ele vê apenas pus e sangue. Nesse momento, o pus e o sangue são recém, ou subitamente, surgidos naquele lugar como o efeito ambiental do carma do fantasma faminto. O pus e o sangue aparecem ao fantasma faminto, e esse pus e sangue existem efetivamente. Uma vez que a mente de um fantasma faminto que vê pus e sangue não é enganosa, ela é um conhecedor válido. Se um deus, um ser humano e um fantasma faminto olharem para um copo contendo uma substância úmida, líquida, o deus verá néctar; o ser humano, água; e o fantasma faminto, pus e sangue. Para o deus, o néctar é recém, ou subitamente, surgido como o efeito ambiental do seu carma, e ele vê o néctar diretamente com um conhecedor válido. De modo semelhante, para o ser humano, a água é recém-surgida como o efeito ambiental do seu carma, e ele vê a água diretamente com um conhecedor válido; e para o fantasma faminto, o pus e o sangue são recém-surgidos como o efeito ambiental do seu carma, e ele vê o pus e o sangue diretamente com um conhecedor válido. Contudo, não há três líquidos diferentes sobre a mesma base. Por exemplo, se três pessoas – um amigo, um inimigo e um completo estranho – olharem para uma pessoa chamada Pedro, a primeira verá uma pessoa atrativa; a segunda, uma pessoa não-atrativa; e a terceira, uma pessoa que não é atrativa nem não-atrativa; no entanto, não há três Pedros diferentes.

A CONCLUSÃO A PARTIR DESTA REFUTAÇÃO

[VI.71cd] Em resumo, o significado que deveis compreender é este – Assim como os objetos da mente não existem, a mente também não existe.

Em resumo, o significado da refutação extensa apresentada acima é este: assim como os objetos externos não existem inerentemente, as mentes às quais eles aparecem também não existem inerentemente. As mentes e os seus objetos são mutuamente dependentes e ambos carecem de existência inerente.

REFUTAR A VALIDADE DO RACIOCÍNIO QUE ESTABELECE FENÔMENOS PRODUZIDOS--PELO-PODER-DE-OUTRO COMO INERENTEMENTE EXISTENTES

Esta seção tem quatro partes:

1. Refutar que os autoconhecedores sejam uma prova [da existência] de fenômenos produzidos-pelo-poder-de-outro;
2. O sistema Chittamatra é deficiente em relação a ambas as verdades;
3. Por essa razão, é aconselhável seguir apenas o sistema de Nagarjuna;
4. Refutar os fenômenos produzidos-pelo-poder-de-outro não é o mesmo que refutar as nominalidades mundanas.

REFUTAR QUE OS AUTOCONHECEDORES SEJAM UMA PROVA [DA EXISTÊNCIA] DE FENÔMENOS PRODUZIDOS-PELO--PODER-DE-OUTRO

Esta seção tem quatro partes:

1. Sob investigação, os autoconhecedores são inaceitáveis como uma prova [da existência] de fenômenos produzidos-pelo--poder-de-outro;
2. Refutar a resposta de outros de que [a existência de] autoconhecedores é aceitável;
3. [A existência de] autoconhecedores também é inaceitável por meio de outros raciocínios;
4. Um *fenômeno produzido-pelo-poder-de-outro* inerentemente existente é semelhante a um filho de uma mulher sem filhos.

SOB INVESTIGAÇÃO, OS AUTOCONHECEDORES SÃO INACEITÁVEIS COMO UMA PROVA [DA EXISTÊNCIA] DE FENÔMENOS PRODUZIDOS-PELO-PODER-DE-OUTRO

Madhyamika-Prasangikas

[VI.72] **Se, sem um objeto apreendido e sem um apreendedor,
Uma coisa produzida-pelo-poder-de-outro existisse vazia de ambos,
Através do quê sua existência seria conhecida?
É inadequado dizer que exista sem ser apreendida.**

Vocês, chittamatrins, dizem que não há objeto apreendido separado da mente que o apreende nem apreendedor separado do seu objeto apreendido. Desse modo, asseveram que uma coisa produzida-pelo-poder-de--outro, tal como uma consciência, existe inerentemente vazia tanto do objeto (como sendo uma entidade separada do seu sujeito) quanto do sujeito (como sendo uma entidade separada do seu objeto). Se isso for assim, então, uma vez que é inadequado dizer que um objeto de conhecimento exista sem ser apreendido por um conhecedor válido, por qual conhecedor válido a existência dessa consciência inerentemente existente é conhecida?

Chittamatrins Uma consciência inerentemente existente é conhecida por meio de um autoconhecedor válido, o qual é o aspecto da consciência que conhece a si mesma.

Madhyamika-Prasangikas

[VI.73a] **Aquilo que é experienciado por si mesmo não pode ser comprovado.**

Uma consciência que é experienciada por si mesma não pode ser comprovada. É tão impossível para uma consciência experienciar-se a si mesma quanto para um olho ver-se a si mesmo, ou para uma faca cortar-se a si mesma, ou para o açúcar adoçar-se a si mesmo. Portanto, os autoconhecedores não existem.

REFUTAR A RESPOSTA DE OUTROS DE QUE [A EXISTÊNCIA DE] AUTOCONHECEDORES É ACEITÁVEL

Esta seção tem duas partes:

1. A refutação efetiva do outro sistema;
2. Como, de acordo com o nosso sistema, a memória se desenvolve, embora os autoconhecedores não existam.

A REFUTAÇÃO EFETIVA DO OUTRO SISTEMA

Chittamatrins A existência da memória comprova a existência dos autoconhecedores. Por exemplo, se virmos um objeto azul, podemos, posteriormente, lembrar-nos não apenas do azul como também de ter visto o azul. Em outras palavras, lembramo-nos tanto do objeto como da mente que conheceu o objeto. Uma vez que não podemos relembrar algo que não tenhamos experienciado previamente, precisamos ter experienciado a *mente vendo o azul* quando ela surgiu. Se a consciência visual vendo o azul foi experienciada, há apenas duas possibilidades: ou essa consciência foi experienciada por outra consciência ou foi experienciada por si mesma. Se foi experienciada por outra consciência, essa outra consciência terá de ter sido experienciada, por sua vez, por outra consciência e assim sucessivamente, *ad infinitum*. Uma vez que isso é claramente um absurdo, a consciência visual não pôde ter sido experienciada por outra consciência. Assim sendo, ela precisa ter sido experienciada por si mesma. Uma mente que se conhece a si mesma sem depender de um objeto é um autoconhecedor. Portanto, a existência da memória prova a existência de autoconhecedores.

Madhyamika-Prasangikas

> [VI.73bcd] **Se dizeis que isso é comprovado pela memória num momento posterior,**
> **Então o não comprovado – que afirmais como sendo uma prova –**
> **Não comprova coisa alguma.**

**[VI.74] Mesmo que os autoconhecedores fossem admitidos,
Seria impossível para a memória recordar
Porque, sendo outra, é como se houvesse sido gerada num
  continuum desconhecido.
Tais distinções também são destruídas por este raciocínio.**

Quando vocês dizem que a existência dos autoconhecedores é comprovada pela memória gerada posteriormente, vocês se referem à memória inerentemente existente ou à mera memória? Se estiverem dizendo que a memória inerentemente existente comprova a existência de autoconhecedores, então estarão asseverando [a existência de] uma entidade não comprovada – a memória inerentemente existente – como uma prova, e algo que não é comprovado não prova coisa alguma. Se estiverem dizendo que a mera memória comprova a existência de autoconhecedores, isso também é inadequado porque, ao passo que a mera memória existe, os autoconhecedores, não.

Mesmo que [a existência dos] autoconhecedores fosse admitida, como o é no seu sistema, seria impossível para a memória lembrar de qualquer coisa porque, de acordo com vocês, a mente que originalmente experiencia o objeto e a mente que posteriormente recorda o objeto são inerentemente existentes *outras* e, por essa razão, completamente não--relacionadas [entre si]. É impossível uma mente recordar as experiências de uma outra mente completamente não-relacionada com ela. Isso seria como se a memória fosse gerada num *continuum* completamente diferente. Por exemplo, se Pedro experiencia o sabor de uma maçã, Paulo não pode lembrar-se posteriormente dessa experiência, porque a mente de Paulo é diferente da mente de Pedro e completamente não-relacionada com ela. Vocês não podem afirmar que duas mentes completamente não-relacionadas estejam no mesmo *continuum*, nem podem afirmar que uma consciência experienciando [algo], embora inerentemente existente *outra*, seja, não obstante, a causa de uma consciência que posteriormente recorda porque, se as duas mentes são inerentemente existentes *outras*, elas [necessariamente] precisam ser não-relacionadas e, por essa razão, não podem ser causa e efeito. Todas as distinções, tais como mentes não-relacionadas estarem no mesmo *continuum* e causa e efeito inerentemente existentes, são destruídas por este raciocínio.

COMO, DE ACORDO COM O NOSSO SISTEMA, A MEMÓRIA SE DESENVOLVE, EMBORA OS AUTOCONHECEDORES NÃO EXISTAM

Chittamatrins Se os autoconhecedores não existem, como vocês explicam o desenvolvimento da memória?

Madhyamika-Prasangikas

**[VI.75] Uma vez que, para nós, essa memória não é outra que não
Aquela através da qual o objeto foi experienciado,
A memória pensa "eu vi".
Essa também é a maneira da convenção mundana.**

Uma vez que, para nós, a memória não é inerentemente existente *outra* que a consciência que originalmente experienciou o objeto, podemos afirmar que tanto a mente original como a mente que recorda estão no mesmo *continuum* e que ambas as mentes têm o mesmo objeto. Portanto, embora não haja autoconhecedores, uma memória que pensa "eu vi o azul" pode se desenvolver. Por exemplo, quando nos lembramos do azul, lembramo-nos tanto do "eu vi o *azul*" como do "eu *vi* o azul". Em outras palavras, recordamos tanto o objeto (o próprio azul) como o sujeito (a consciência visual). Embora a consciência visual não seja o *eu*, é perfeitamente natural recordá-la por meio de pensar "eu vi o azul". Por exemplo, embora eu não seja a minha mão, é perfeitamente natural para mim dizer "eu estou com dor" se ela estiver dolorida. A *consciência que recorda* relembra o sujeito anterior por força de relembrar o objeto, e não porque o sujeito anterior foi experienciado por um autoconhecedor. Essa também é a maneira como isso é compreendido pelas pessoas mundanas. Porque vocês asseveram [a existência dos] autoconhecedores, vocês não conseguem estabelecer a existência da memória, ao passo que nós podemos dar uma explicação perfeitamente adequada sobre a memória sem a necessidade de propor autoconhecedores.

[A EXISTÊNCIA DE] AUTOCONHECEDORES TAMBÉM É INACEITÁVEL POR MEIO DE OUTROS RACIOCÍNIOS

Madhyamika-Prasangikas

[VI.76] Portanto, se os autoconhecedores não existem,
Através do quê o vosso fenômeno produzido-pelo-poder-de-
-outro é apreendido?
Uma vez que o agente, o objeto e a ação não são idênticos,
Não há como se apreender a si mesmo.

Se uma consciência visual vendo azul experienciasse a si mesma, então o agente (o experienciador), o objeto (aquilo que é experienciado) e a ação (a experiência propriamente dita) seriam idênticos e, portanto, indistinguíveis. Uma vez que isso é um absurdo, segue-se que uma consciência visual não pode apreender a si mesma. Portanto, como podemos compreender a afirmação de vocês [sobre a existência] de uma consciência inerentemente existente que é um *fenômeno produzido-pelo-poder-de-outro*? Se uma consciência como essa existisse, ela precisaria ser apreendida ou por um conhecedor válido que fosse diferente dela própria ou por um conhecedor válido que fosse idêntico a ela. Vocês já rejeitaram a primeira possibilidade e nós refutamos a segunda ao mostrarmos que os autoconhecedores não existem. Portanto, através de qual conhecedor válido o seu *fenômeno produzido-pelo-poder-de-outro* é apreendido? Evidentemente, não há nenhum, e uma vez que tudo que não seja apreendido por um conhecedor válido é um não-existente, segue-se que uma consciência inerentemente existente não existe.

UM FENÔMENO PRODUZIDO-PELO--PODER-DE-OUTRO INERENTEMENTE EXISTENTE É SEMELHANTE A UM FILHO DE UMA MULHER SEM FILHOS

Madhyamika-Prasangikas

[VI.77] Se existisse uma coisa que fosse uma entidade produzida--pelo-poder-de-outro
Sem produção e com uma natureza não conhecida,
Através do quê a sua existência seria impossível?
Um filho de uma mulher sem filhos pode prejudicar os outros?

Anteriormente, estabelecemos que um *fenômeno produzido-pelo-poder--de-outro*, tal como uma consciência, por exemplo, não é produzido a partir de si próprio nem a partir de outro, e agora acabamos de estabelecer que não há autoconhecedores para comprovar a sua existência. Se um *fenômeno produzido-pelo-poder-de-outro* pudesse existir inerentemente sem produção e sem ser conhecido por um conhecedor válido, podemos apenas imaginar por qual razão vocês considerariam a sua existência impossível. Vocês devem tomar cuidado para não serem prejudicados pelo filho de uma mulher sem filhos, porque o fato de não haver provas da sua existência nem de conhecedores válidos que o apreendam não parece ser suficiente para excluir a possibilidade de que ele exista!

O SISTEMA CHITTAMATRA É DEFICIENTE EM RELAÇÃO A AMBAS AS VERDADES

Madhyamika-Prasangikas

[VI.78] Visto que nem mesmo um fenômeno produzido-pelo--poder-de-outro, por mínimo que seja, existe,
Qual é a causa das convencionalidades?
Por apego a uma substância no ponto de vista de outro,
Até mesmo todos os objetos conhecidos pelo mundo são abandonados.

De acordo com vocês, os *fenômenos produzidos-pelo-poder-de-outro* são inerentemente existentes, mas, se algo for inerentemente existente, ele não pode depender de nenhuma outra coisa. Portanto, os *fenômenos produzidos-pelo-poder-de-outro* não existem, e se os *fenômenos produzidos--pelo-poder-de-outro* não existem, qual é a causa de uma mente convencional, tal como a mente de agarramento ao em-si? Se essa mente é gerada sem uma causa, segue-se que ela pode ser gerada até mesmo no *continuum* de um Buda!

Devido ao apego à substância de "apenas a mente", vocês não admitem [a existência de] objetos externos e, assim, abandonam todos os objetos conhecidos pelo mundo, como comer, dormir e caminhar. Se esses fenômenos convencionais não existem, então as verdades últimas também não existem, porque as verdades últimas dependem das verdades convencionais como suas bases. O sistema Chittamatra, portanto, é deficiente na sua apresentação tanto das verdades convencionais como das verdades últimas.

POR ESSA RAZÃO, É ACONSELHÁVEL SEGUIR APENAS O SISTEMA DE NAGARJUNA

**[VI.79] Aqueles que estão fora do Caminho do Mestre Nagarjuna
Não têm meios para a paz.
Eles se afastam das verdades da convenção e da talidade
E, porque se afastam delas, não podem alcançar a libertação.**

**[VI.80] As verdades nominais são o método
E a verdade última surge do método.
Aqueles que desconhecem como essas duas são distinguidas
Entrarão em caminhos equivocados devido às concepções
    errôneas.**

Se temos o desejo sincero de alcançar a libertação do sofrimento, devemos seguir apenas o sistema de Nagarjuna. Se não o fizermos, não teremos os meios para alcançar a paz permanente da libertação. Por que isso é assim? Para alcançar a libertação, precisamos realizar as duas verdades, a verdade convencional e a verdade última, e elas estão estabelecidas apenas no sistema de Nagarjuna. Aqueles que seguem outros sistemas que não o de Nagarjuna não conseguem estabelecer as duas verdades e, por essa razão, não podem alcançar a libertação.

Para realizar a verdade última, precisamos, primeiro, realizar as verdades nominais. Por essa razão, é dito que as verdades nominais são o método e que a verdade última surge do método. Aqueles que não sabem como distinguir as verdades nominais da verdade última desenvolverão concepções errôneas que os levarão a caminhos equivocados.

As verdades nominais são os objetos que conhecemos simplesmente por usar seus nomes, sem a necessidade de uma análise, tais como o nosso *self*, o nosso corpo e as outras coisas que usamos na nossa vida diária. Por exemplo, podemos compreender prontamente um homem lendo um livro. Não precisamos nos empenhar numa análise para compreender "um homem", "um livro" ou "o ato de ler" – os próprios termos são suficientes. As verdades nominais são a base para compreender a verdade última. Se as verdades nominais fossem não-existentes ou inerentemente existentes, não haveria base para a verdade última. Visto que não podemos realizar a verdade última sem realizar corretamente as verdades nominais, Buda explicou que as verdades nominais são o método para realizar a verdade última.

Afirmar que as verdades nominais são o método para realizar a verdade última não é o mesmo que dizer que as verdades convencionais são o método para realizar a verdade última. Somente poderemos realizar plenamente as verdades convencionais após termos realizado a verdade última; portanto, as verdades convencionais não podem ser o método para realizar a verdade última. Em *Canção da Prática da Visão da Vacuidade*, Changkya Rolpai Dorje diz:

No colo da mãe,
Eu encontrei o pai.

Neste contexto, "mãe" significa "verdade última", a vacuidade, e "pai" significa "verdade convencional". Changkya Rolpai Dorje está dizendo que realizou a verdade convencional a partir da sua compreensão da verdade última.

REFUTAR OS FENÔMENOS PRODUZIDOS--PELO-PODER-DE-OUTRO NÃO É O MESMO QUE REFUTAR AS NOMINALIDADES MUNDANAS

Chittamatrins Ao negar os *fenômenos produzidos-pelo-poder-de-outro* inerentemente existentes, vocês negam todas as nominalidades mundanas, incluindo este debate.

Madhyamika-Prasangikas

[VI.81] **Nós não afirmamos nenhuma convencionalidade
Da maneira como afirmais as coisas produzidas-pelo-poder--de-outro.
No entanto, embora não existam,
Dizemos aos mundanos, em prol do resultado, que elas existem.**

Pelo contrário, são vocês que asseveram não-existentes, tais como *coisas produzidas-pelo-poder-de-outro* que existem por meio de suas próprias entidades. Nós não afirmamos nenhum fenômeno convencional desse modo e, portanto, ao refutar os *fenômenos produzidos-pelo-poder-de--outro* inerentemente existentes, não estamos negando as nominalidades mundanas. É verdade que, algumas vezes, Buda disse que os fenômenos produzidos-pelo-poder-de-outro, tais como os agregados, são inerentemente existentes, mas esses ensinamentos foram dados de acordo com as capacidades dos discípulos e, assim, não revelam a sua intenção final. O seu propósito era ajudar determinados discípulos a abandonarem princípios filosóficos equivocados e ingressarem em caminhos corretos. Portanto, embora os fenômenos convencionais, tais como os agregados, não existam inerentemente, algumas vezes, por essa mesma razão, também dizemos que existem desse modo.

Chittamatrins Se as convencionalidades não são inerentemente existentes, de que modo elas existem?

Madhyamika-Prasangikas

[VI.82] **Mas se não existissem como mundanas**
Do modo como são não-existentes para os Destruidores de
  Inimigos,
Que abandonaram seus agregados e ingressaram na paz,
Então não diríamos que elas existem, nem mesmo nominalmente.

As convencionalidades existem porque são nominalidades mundanas, e não porque sejam inerentemente existentes. Se os fenômenos, tais como as formas, não existissem como nominalidades mundanas, não poderíamos dizer que existem, nem mesmo nominalmente. Por exemplo, no caso dos Destruidores de Inimigos, que abandonaram os agregados contaminados e ingressaram na paz do nirvana, os seus agregados contaminados não existem como nominalidades mundanas e, portanto, não existem de modo algum. No entanto, as convencionalidades existem como nominalidades mundanas e, por essa razão, dizemos que existem. As expressões *existir como um mero nome, existir convencionalmente* e *existir meramente através de designação conceitual* têm, todas elas, o mesmo significado. Todos os fenômenos, incluindo a vacuidade, existem desses três modos. Se algo não existir desses três modos, então não existe de modo algum. Esses três modos de existência, no entanto, são convencionalidades sutis e só podem ser plenamente realizadas após termos realizado a vacuidade.

Chittamatrins Exatamente como vocês rejeitam a nossa afirmação [sobre a existência] de *fenômenos produzidos-pelo-poder-de outro* inerentemente existentes, nós também rejeitamos a sua afirmação sobre as convencionalidades.

Madhyamika-Prasangikas

[VI.83] **Se não fordes prejudicados pelos mundanos,**
Então refutem-nas diante dos mundanos.
Desse modo, vós e os mundanos deveríeis debater sobre isso
E, posteriormente, confiaremos no mais forte.

Se vocês rejeitam as convencionalidades, [segue-se que] também rejeitam as nominalidades mundanas. Se puderem fazer isso sem serem prejudicados pelos mundanos, então vocês devem refutá-las diante dos mundanos. Vocês e os mundanos deveriam debater sobre isso e, posteriormente, passaremos a confiar no mais forte. No entanto, não temos dúvida sobre quem será o vencedor. Vocês negam a existência de objetos externos que as pessoas mundanas podem ver claramente com seus conhecedores válidos; assim, estamos convencidos de que elas derrotariam vocês num debate.

A PALAVRA "APENAS" EM "APENAS A MENTE" NÃO EXCLUI OS OBJETOS EXTERNOS

Esta seção tem três partes:

1. Explicação da intenção da afirmação no *Sutra Sobre os Dez Solos* que diz que apenas a mente existe;
2. Os objetos externos e a mente interna são o mesmo em relação a ambos serem existentes ou não-existentes;
3. Explicação da intenção da afirmação no *Sutra Aquele que Foi para Lanka* que diz que apenas a mente existe.

EXPLICAÇÃO DA INTENÇÃO DA AFIRMAÇÃO NO *SUTRA SOBRE OS DEZ SOLOS* QUE DIZ QUE APENAS A MENTE EXISTE

Esta seção tem três partes:

1. O *Sutra Sobre os Dez Solos* prova que a palavra "apenas" não exclui os objetos externos;
2. Esse significado também é estabelecido em outros Sutras;
3. A palavra "apenas" estabelece que a mente é o principal.

O *SUTRA SOBRE OS DEZ SOLOS* PROVA QUE A PALAVRA "APENAS" NÃO EXCLUI OS OBJETOS EXTERNOS

Chittamatrins Vocês asseveram objetos externos apenas porque temem ser prejudicados pelas pessoas mundanas caso vocês os rejeitem. Contudo, fariam melhor se refutassem os objetos externos por medo de contradizer as escrituras de Buda, porque, no *Sutra Sobre os Dez Solos*, Buda diz:

Esses três reinos são apenas a mente.

Que prova mais clara poderia haver da não-existência de objetos externos?

Madhyamika-Prasangikas

**[VI.84] Diz-se que um Bodhisattva no Aproximando-se
Realiza que os três reinos são apenas consciência
Para obter uma realização da refutação de um *self* permanente
   como sendo um criador.
Na verdade, ele realiza que apenas a mente é o criador.**

É verdade que, nesse Sutra, está dito que um Bodhisattva no sexto solo, Aproximando-se, realiza que os três reinos são apenas consciência, mas isso não prova que os objetos externos não existam. Neste contexto, a palavra "apenas" exclui não os objetos externos, mas um *self* permanente, o princípio geral, Ishvara e assim por diante, os quais são proclamados por diversos não-budistas como sendo criadores do mundo. Na verdade, esse Bodhisattva realiza que apenas a mente é o criador dos três reinos.

ESSE SIGNIFICADO TAMBÉM É ESTABELECIDO EM OUTROS SUTRAS

**[VI.85] Portanto, para aumentar a sabedoria dos inteligentes,
O Todo-Conhecedor proferiu, no *Sutra Aquele que Foi para Lanka*,**

Esse vajra em forma de discurso que destrói as altas montanhas
   dos tirthikas
Para clarificar o significado.

[VI.86] Nos seus próprios tratados,
Os tirthikas falam sobre *pessoa* e assim por diante,
Mas, vendo que esses não são o criador,
O Conquistador disse que apenas a mente é o criador do mundo.

Para eliminar visões errôneas e aumentar a sabedoria dos inteligentes que são capazes de compreender a vacuidade profunda, Buda diz no *Sutra Aquele que Foi para Lanka*:

Pessoa, *continuum*, agregados,
Condições, átomos, o princípio geral
E Ishvara são, todos, proclamados como criadores;
Mas eu digo que apenas a mente é o criador.

Essa declaração é como um vajra em forma de discurso porque, assim como um vajra pode implodir toda uma cadeia de montanhas, essa declaração destrói as visões errôneas – que são como altas montanhas – nas mentes dos tirthikas, que são não-budistas. Buda mostra claramente que nenhum dos fenômenos – desde *pessoa* até Ishvara – é o criador do mundo, mas que o mundo é criado unicamente pela mente. O seu propósito ao proferir essas palavras foi o de clarificar o significado de outros Sutras, como o *Sutra Sobre os Dez Solos*, onde ele fala sobre "apenas a mente".

Nos seus próprios tratados, diferentes tirthikas asseveram uma ou outra dessas coisas, desde *pessoa* até Ishvara, como sendo o criador do mundo. No entanto, Buda compreende que nenhuma dessas coisas é o criador – apenas a mente é o criador do mundo. Este é o significado da afirmação no *Sutra Sobre os Dez Solos*, de que "esses três reinos são apenas a mente".

A PALAVRA "APENAS" ESTABELECE
QUE A MENTE É O PRINCIPAL

Madhyamika-Prasangikas

[VI.87] Assim como é dito "aumento da talidade" em vez de "Buda",
No Sutra também é dito "apenas a mente" em vez de
"Apenas a mente é o principal no mundo".
O significado do Sutra, aqui, não é negar as formas.

[VI.88] Se o Grandioso sabia que elas são apenas a mente
E se lá ele tivesse negado as formas,
Por que haveria ele de reafirmar lá
Que a mente surge da ignorância e do carma?

Quando o compassivo e hábil Buda disse que os três reinos são *apenas a mente*, a sua intenção foi a de mostrar que a mente tem primazia sobre as formas. Por exemplo, Buda usou, algumas vezes, o termo "aumento da talidade" para significar "Buda". A palavra tibetana para Buda é *sang gyay*. De acordo com uma etimologia, *sang* significa "desperto do sono da delusão", e *gyay* significa "aumento da sabedoria da talidade, ou vacuidade". Assim, um Buda é alguém que despertou do sono da delusão e aumentou perfeitamente a sabedoria da vacuidade. Embora o Sutra diga apenas "aumento da talidade" e não mencione "desperto do sono da delusão", não obstante, o último significado está implícito, e a frase pode ser tomada como significando "Buda". De modo semelhante, no *Sutra Sobre os Dez Solos*, a frase "apenas a mente" é utilizada para [significar] "apenas a mente é o principal". Embora a expressão "é o principal" não seja mencionada, ela está implícita, e a frase deve ser tomada como significando "apenas a mente é o principal no mundo". Em outras palavras, o significado é que, nos três reinos, a mente, e não a forma, é o agente principal. Esse Sutra não nega as formas externas.

Se, como vocês acreditam, Buda sabia que esses três reinos são apenas da natureza da mente inerentemente existente e se ele negou as formas externas no *Sutra Sobre os Dez Solos*, por que então haveria ele de dizer novamente no mesmo Sutra, quando explica os doze elos dependente-

-relacionados, que a consciência dependente-relacionada surge da ignorância dependente-relacionada e das ações de composição dependente-relacionadas? Se a mente fosse inerentemente existente, ela não poderia surgir na dependência de coisa alguma.

Outras escolas Como vocês podem provar que o mundo é criado principalmente pela mente?

Madhyamika-Prasangikas

**[VI.89] Todos os diversos ambientes mundanos
E os seres vivos, os habitantes, são criados pela mente.
É dito que todos os seres vivos nascem do carma,
E, se não houver mente, não haverá carma.**

**[VI.90] Embora as formas existam,
Elas não têm nenhum criador que não a mente.
Portanto, um criador que não seja a mente é rejeitado.
As formas, no entanto, não são negadas.**

Todos os diversos ambientes mundanos surgiram do carma coletivo, ou ações, dos seres vivos que neles habitam, e todos os seres vivos, os habitantes, surgiram do seu próprio carma individual. Uma vez que todas as ações são acumuladas pela mente, segue-se que todos os mundos e seus habitantes são criados pela mente. Mesmo as ações físicas e verbais originam-se na mente. Se não houver mente, não haverá ações. Assim, uma pessoa pode acumular ações, mas a imagem de uma pessoa, não. Embora digamos frequentemente "eu criei isto" ou "ele criou aquilo", o verdadeiro criador é a nossa mente. Uma vez que o mental predomina sobre o físico, alguns textos dizem que a mente é como um senhor, e o corpo, como o seu escravo.

Vocês podem dizer que o mundo se desenvolveu a partir da aglomeração de muitas partículas atômicas. Isso é verdade, mas o que fez com que essas partículas se reunissem? Apenas o carma dos seres vivos que habitam este mundo. De acordo com as escrituras, este mundo surgiu originalmente do elemento água, o qual, por sua vez, surgiu do elemento vento, o qual, por sua vez, surgiu do espaço vazio. A aglomeração das partículas atômicas foi apenas a causa secundária deste mundo – a causa principal foi o carma coletivo dos seres vivos que o habitam. De outro modo, por que este mundo haveria de surgir do espaço vazio?

Todos os fenômenos, sem exceção, são criados pela mente, porque todos os fenômenos são designados pela mente conceitual. Nenhum fenômeno existe do seu próprio lado. Como já foi citado, no *Sutra Solicitado por Upali*, Buda diz:

> Não existe nada que seja o criador
> Das diversas e atraentes flores que desabrocham
> Ou das belas, resplandecentes e supremas habitações douradas,
> Porque todas são estabelecidas pelo poder da concepção.
> Todos os mundos são designados por concepção.

O Venerável Maitreya também diz em *Ornamento para a Realização Clara*:

> Mundos impuros surgem porque os seres vivos são impuros. Isso prova que podemos alcançar um mundo puro, ou Terra Pura de Buda, por meio de nos tornarmos um ser puro.

Visto que as mentes dos seres vivos são impuras, o mundo que habitam é impuro, mas quando as suas mentes se tornam puras, o seu mundo torna-se puro. Isso mostra que o mundo depende da mente. Pureza e impureza, beleza e feiura, bom e mau – tudo depende da mente. Por essa razão, a mente é mais importante que as coisas externas. Para que possamos compreender isso, o *Sutra Sobre os Dez Solos* rejeita um criador que não seja a mente. No entanto, ele não nega a existência de formas externas. Portanto, não precisamos temer uma contradição com as escrituras quando afirmamos a existência de objetos externos.

OS OBJETOS EXTERNOS E A MENTE INTERNA SÃO O MESMO EM RELAÇÃO A AMBOS SEREM EXISTENTES OU NÃO-EXISTENTES

Madhyamika-Prasangikas

[VI.91] Para aquele que permanece com os mundanos,
Todos os cinco agregados existem do modo como são conhecidos pelos mundanos.
Se um iogue deseja manifestar a excelsa percepção da talidade,
Esses cinco não surgirão para ele.

[VI.92] Se as formas não existem, não deveis sustentar a existência da mente;
E se a mente existe, não deveis sustentar a não-existência de formas.
Buda rejeita todas igualmente nos *Sutras Sabedoria*,
Mas elas são ensinadas nos *Abhidharmas*.

[VI.93] Vós destruístes essas etapas das duas verdades.
No entanto, a vossa substância não existe, já que foi refutada.
Portanto, precisais saber que por meio dessas etapas, desde o princípio,
As coisas não são produzidas na talidade, mas são produzidas para os mundanos.

É incoerente por parte de vocês, chittamatrins, afirmar [a existência de] uma mente interna ao mesmo tempo que negam [a existência das] formas externas, porque ou ambas existem ou nenhuma existe. A mente interna e as formas externas existem nominalmente a partir do ponto de vista do consenso, ou aceitação geral, mundano, mas, em última instância, nenhuma delas existe do ponto de vista da talidade, ou vacuidade. Assim, todos os cinco agregados, que são todas as mentes internas e todas as formas externas, existem porque são conhecidos através do consenso mundano. No entanto, quando um ser superior experiencia a excelsa percepção do equilíbrio meditativo que realiza a talidade, nenhum desses cinco [agregados] surge para ele ou ela. A razão disso é que, uma vez que a sua mente se absorveu em concentração estritamente focada na talidade, toda aparência dual se apaziguou na vacuidade, e os fenômenos convencionais, tais como a mente e as formas externas, cessaram de aparecer para ele. Isso mostra que tanto a mente interna como as formas externas carecem de existência inerente e não existem em nível último. Portanto, se querem afirmar que os objetos externos não existem, não sustentem a existência da mente, e se querem afirmar que a mente existe, não sustentem a não-existência dos objetos externos.

Isso também é estabelecido pelas escrituras, bem como por raciocínio. Por exemplo, Buda rejeita a existência inerente de todos os cinco agregados nos *Sutras Perfeição de Sabedoria*, mas outras escrituras, tais como os *Abhidharmas*, dizem que todos os cinco agregados são inerentemente existentes. Os *Sutras Perfeição de Sabedoria* são para os discípulos que têm a sabedoria para realizar a talidade profunda, e os *Abhidharmas* foram dados como ensinamentos intermediários para os discípulos que ainda não são capazes de compreender a talidade profunda.

Resumindo, tanto as mentes internas quanto os objetos externos existem do ponto de vista da verdade convencional, mas não do ponto de vista da verdade última. Vocês, chittamatrins, destruíram essas etapas das duas verdades ao afirmarem que a mente interna existe inerentemente, ao passo que as formas externas não existem de modo algum. No entanto, essa mente inerentemente existente, que vocês afirmam como sendo um *fenômeno* substancialmente existente *produzido-pelo-poder-de-outro*, não existe, porque ela foi refutada de maneira conclusiva. Portanto, se desejam compreender as duas verdades corretamente, vocês precisam saber por meio dessas etapas que, desde o princípio, nem a mente interna nem as formas externas são, em última instância, produzidas, mas que ambas são produzidas nominalmente.

EXPLICAÇÃO DA INTENÇÃO DA AFIRMAÇÃO NO *SUTRA AQUELE QUE FOI PARA LANKA* QUE DIZ QUE APENAS A MENTE EXISTE

Esta seção tem duas partes:

1. A afirmação de que os objetos externos não existem, mas apenas a mente, é uma afirmação de significado interpretativo;
2. Um método para identificar os Sutras de significado interpretativo e os Sutras de significado definitivo.

A AFIRMAÇÃO DE QUE OS OBJETOS EXTERNOS NÃO EXISTEM, MAS APENAS A MENTE, É UMA AFIRMAÇÃO DE SIGNIFICADO INTERPRETATIVO

Esta seção tem duas partes:

1. Mostrar, por meio das escrituras, que essa afirmação é de significado interpretativo;
2. Mostrar, por meio de raciocínio, que essa afirmação é de significado interpretativo.

MOSTRAR, POR MEIO DAS ESCRITURAS, QUE ESSA AFIRMAÇÃO É DE SIGNIFICADO INTERPRETATIVO

Esta seção tem duas partes:

1. O significado propriamente dito;
2. Outros Sutras como esse também são de significado interpretativo.

O SIGNIFICADO PROPRIAMENTE DITO

Chittamatrins Não é apenas o *Sutra Sobre os Dez Solos* que ensina que os objetos externos não existem. Por exemplo, no *Sutra Aquele que Foi para Lanka*, Buda diz:

Objetos externos não existem.
A mente aparece como várias coisas,
Tais como corpos, prazeres e lugares;
Eu explico isso como sendo *apenas a mente*.

Quando asseveram objetos externos, vocês contradizem esse Sutra e outros como ele.

Madhyamika-Prasangikas

**[VI.94] No Sutra que diz
"Objetos externos não existem, a mente aparece como várias coisas",
As formas são negadas para aqueles com forte apego às formas;
Mas isso também é de significado interpretativo.**

**[VI.95ab] O Abençoado diz que é de significado interpretativo;
E também é estabelecido por raciocínio como sendo de significado interpretativo.**

É verdade que o *Sutra Aquele que Foi para Lanka* diz que as formas externas não existem e que a mente aparece como várias coisas, mas esse é um Sutra de significado interpretativo. Esse Sutra nega as formas exteriores para ajudar aqueles com forte apego às formas, tais como corpos, prazeres e lugares. Por meditarem sobre a ausência de objetos externos, essas pessoas podem reduzir temporariamente o seu apego. No entanto, não devemos compreender que o significado desse Sutra é que os objetos externos não existem. Buda, por exemplo, também ensinou àqueles com forte apego a meditarem num solo coberto com esqueletos, mas não devemos inferir, a partir disso, que o solo está realmente coberto com esqueletos!

Podemos ter certeza de que o *Sutra Aquele que Foi para Lanka* é de significado interpretativo porque o Abençoado diz isso no próprio Sutra. Além disso, como veremos abaixo, ele também é estabelecido, por meio de raciocínio, como sendo de significado interpretativo.

OUTROS SUTRAS COMO ESSE TAMBÉM SÃO DE SIGNIFICADO INTERPRETATIVO

[VI.95cd] **Essa escritura deixa claro que outros Sutras desse tipo Também são de significado interpretativo.**

No *Sutra Aquele que Foi para Lanka*, Buda diz:

Assim como um médico administra medicamentos
Paciente por paciente,
Buda explica "apenas a mente"
Aos seres vivos.

Essa escritura deixa claro que o *Sutra Aquele que Foi para Lanka* e outros Sutras do mesmo tipo, tais como o *Sutra Interpretando a Intenção*, são de significado interpretativo. Por exemplo, quando um médico administra medicamentos, ele trata cada paciente de modo diferenciado, de acordo com a necessidade de cada um; ele não dá a todos o mesmo medicamento. Se um paciente estiver com muita dor, o médico administrará primeiro um analgésico para reduzir a dor e, depois, começará a tratar a doença que está causando a dor. Do mesmo modo, quando Buda ensina o Dharma, ele administra o medicamento do Dharma para a mente de acordo com as necessidades de cada discípulo; ele não dá as mesmas instruções para todos. Se um discípulo estiver sofrendo intensamente a dor causada pelo apego às formas, Buda administrará primeiro a visão chittamatrin: de que as formas externas não existem. Isso terá o efeito de reduzir temporariamente o problema de apego do discípulo; mas, para remover a sua raiz, o agarramento ao em-si, o discípulo precisará aplicar outro medicamento: a visão madhyamika-prasangika. Isso mostra, claramente, que os ensinamentos sobre "apenas a mente" são de significado interpretativo, e não de significado definitivo.

No seu *Autocomentário* ao *Guia*, Chandrakirti menciona quatro Sutras que são de significado interpretativo: o Sutra que revela a não-existência de objetos externos, o Sutra que revela a consciência-base-de-tudo, o Sutra que diferencia as três naturezas como verdadeiramente existentes ou como não verdadeiramente existentes, e o Sutra que revela os três veículos finais. Embora os chittamatrins acreditem que esses Sutras sejam todos de significado definitivo, Chandrakirti prova, com o auxílio do *Sutra Aquele que Foi para Lanka* e com um poderoso raciocínio, que todos eles são de significado interpretativo. Uma explicação extensa sobre isso é dada por Je Tsongkhapa em *Essência da Boa Explicação que Revela o Significado Interpretativo e Definitivo*.

MOSTRAR, POR MEIO DE RACIOCÍNIO, QUE ESSA AFIRMAÇÃO É DE SIGNIFICADO INTERPRETATIVO

[VI.96] **Os Budas disseram que, se os objetos da mente não existem,**
A ausência da mente é facilmente realizada.
Uma vez que, se os objetos da mente não existem, a refutação da mente é estabelecida,
Os objetos da mente são refutados primeiro.

Os Budas disseram que, uma vez que tenhamos realizado que as formas externas não existem inerentemente, realizaremos facilmente que a mente interna também não existe inerentemente. Portanto, Buda refuta primeiro os *objetos externos inerentemente existentes* da mente e, depois, refuta a mente inerentemente existente. Assim, a afirmação de Buda de que os objetos externos não existem precisa ser interpretada como significando que não há objetos externos inerentemente existentes. Uma vez que, neste caso, as palavras de Buda não revelam explicitamente a sua real intenção, mas requerem interpretação, dizemos que esse Sutra é de significado interpretativo.

UM MÉTODO PARA IDENTIFICAR OS SUTRAS DE SIGNIFICADO INTERPRETATIVO E OS SUTRAS DE SIGNIFICADO DEFINITIVO

[VI.97] **Portanto, tendo compreendido essa explicação das escrituras,**
Precisais compreender que qualquer Sutra cujo significado não explique a talidade

É ensinado como sendo interpretativo e deveis interpretá-lo. Precisais também saber que aqueles cujo significado é a vacuidade são de significado definitivo.

Tendo compreendido essa explicação do significado interpretativo e definitivo das escrituras, vocês precisam saber como distinguir os dois tipos de Sutra. O Sutra de significado interpretativo é definido como um Sutra cujo significado principal não é a vacuidade e que, principal e explicitamente, ensina verdades convencionais. Exemplos desse tipo de Sutra são o *Sutra Interpretando a Intenção* e os quatro Sutras mencionados acima. O Sutra de significado definitivo é definido como um Sutra que, principal e explicitamente, revela a vacuidade. Exemplos desse tipo de Sutra são os *Sutras Perfeição de Sabedoria*. Este método para identificar os dois tipos de Sutra está fundamentado no *Sutra Rei da Concentração*, no qual está dito:

> Onde os Sugatas ensinaram a vacuidade,
> Considere esses Sutras como sendo de significado definitivo.
> Onde seres sencientes, pessoas e seres são ensinados,
> Considere esses Dharmas como sendo, todos, de significado interpretativo.

Essa estrofe ensina que os Sutras que, principal e explicitamente, revelam a ausência de existência inerente de pessoas e dos fenômenos são de significado definitivo, e que os Sutras que, principal e explicitamente, revelam fenômenos convencionais, tais como seres sencientes e assim por diante, são de significado interpretativo. Essa maneira de distinguir os dois tipos de Sutra está de acordo com os princípios filosóficos da escola Madhyamika-Prasangika. As afirmações das escolas inferiores são diferentes. Os vaibhashikas sequer acreditam na existência de Sutras de significado interpretativo.

O Significado Desta Refutação

TENDO REFUTADO A produção a partir de si próprio e a produção a partir de outro, Chandrakirti agora refuta brevemente as duas posições restantes: a produção a partir de ambos (de si próprio e de outro) e a produção sem uma causa.

REFUTAR A PRODUÇÃO A PARTIR DE AMBOS

A produção a partir de ambos – de si próprio e de outro – é afirmada pelos jainistas, que são não-budistas. Será útil começar considerando o seu argumento.

Jainistas Todas as coisas externas e internas são produzidas a partir de ambos: de si próprio e de outro. Por exemplo, porque um pote de argila é da mesma natureza que a argila do qual foi feito, [isso significa que] foi produzido a partir de si próprio, mas porque o *pote* é de uma natureza diferente da natureza do oleiro que o fez, [isso significa que] o pote também é produzido a partir de outro. O mesmo é verdadeiro para todas as demais coisas externas. De modo semelhante, coisas internas, tais como pessoas, também são produzidas a partir de si próprias e de outro. Uma mulher, por exemplo, foi produzida a partir do *self* da sua última vida e, no que diz respeito a isso, foi produzida a partir de si própria, mas ela também foi produzida na dependência dos seus pais desta vida, que são *outros* que não ela e, no que diz respeito a isso, foi produzida a partir de *outro*.

Dromtonpa

Madhyamika-Prasangikas

[VI.98] **A produção a partir de ambos também não é uma
entidade adequada.
Por quê? Porque todas as falhas já explicadas se aplicam.
Ela não existe para os mundanos nem é afirmada na talidade,
Porque a produção a partir de qualquer deles não é estabelecida.**

Visto que nem a produção a partir de si próprio nem a produção a partir de outro é possível, também não é adequado afirmar a produção a partir de si próprio e de outro. Por quê? Porque todas as falhas da produção a partir de si próprio e todas as falhas da produção a partir de outro, que já foram explicadas, aplicam-se à produção a partir de ambos. Além disso, a produção a partir de si próprio e de outro não existe nem nominalmente nem em nível último, porque a produção a partir de si próprio ou de outro não é estabelecida no âmbito das duas verdades. Portanto, a produção a partir de ambos não deve ser asseverada de modo algum.

REFUTAR A PRODUÇÃO SEM UMA CAUSA

A produção sem uma causa é asseverada pelos charavakas, que são não-budistas.

Charavakas Nós não asseveramos a produção a partir de si próprio nem a produção a partir de outro; em vez disso, acreditamos que todas as coisas são produzidas inteiramente sem causas. Se observarem as coisas externas, como as flores, verão que possuem diversos formatos, cores, aromas e assim por diante, mas ninguém as fez assim – elas simplesmente se desenvolveram naturalmente. Os espinhos, por exemplo, são pontiagudos, e as ervilhas, redondas, mas ninguém os fez assim – é simplesmente da natureza de um espinho ser pontiagudo e da natureza de uma ervilha ser redonda. O mesmo ocorre com as coisas internas, tais como o olho da pena de um pavão ou as cores das asas de uma borboleta – todas essas coisas simplesmente surgem naturalmente, sem causas.

Madhyamika-Prasangikas

[VI.99] Se houvesse produção inteiramente sem causas,
Então, tudo seria produzido a partir de tudo, o tempo todo,
E assim, para obterem frutos, as pessoas deste mundo
Não teriam necessidade de acumular sementes, e assim por
  diante, de uma centena de maneiras diferentes.

[VI.100] Se os seres vivos fossem vazios de causas, eles seriam
  inapreensíveis,
Como a fragrância e a cor de uma flor de upala no céu,
Mas um mundo diversamente colorido é apreendido.
Portanto, deveis compreender que, assim como a vossa mente,
  o mundo surge de causas.

Se, como vocês dizem, as coisas fossem produzidas inteiramente sem causas, então tudo seria produzido a partir de tudo. Manteiga seria produzida a partir da água; óleo, a partir da areia; água, a partir do fogo; e crianças, a partir de homens, porque nenhuma dessas coisas necessitaria da sua própria causa para ser produzida. Além disso, porque as coisas não necessitariam de causas, tudo seria produzido o tempo todo. As belas flores que crescem nas montanhas durante o verão também cresceriam no inverno porque não precisariam aguardar as suas causas para serem produzidas. Seguir-se-ia também que, para obter frutos e a colheita das safras, as pessoas deste mundo não precisariam trabalhar arduamente de uma centena de maneiras diferentes, tais como acumular sementes e cultivar plantações, pois os frutos e demais produtos surgiriam naturalmente, sem causas.

Não podemos apreender a fragrância e a cor de uma flor de upala que cresce no céu porque não há nada para ser conhecido. Do mesmo modo, se os seres vivos fossem vazios de causas, eles seriam inapreensíveis, porque não haveria nada para ser conhecido. Os seres vivos mudam continuamente porque, momento a momento, são produzidos *de novo*. No entanto, de acordo com vocês, não há produção porque não há causas, e uma vez que não é possível que os seres vivos existam sem serem produzidos, segue-se que os seres vivos não existem de modo algum. Evidentemente, esse não é o caso, porque um mundo diversamente colorido habitado por seres vivos é apreendido. Portanto, os seres vivos são produzidos a partir de causas. Quando vocês veem a cor azul, por exemplo, a sua mente apreendendo azul é produzida na dependência da cor azul, que é a sua causa. Do mesmo modo, vocês devem compreender que o mundo e seus habitantes são produzidos unicamente na dependência de causas.

Charavakas Podemos dizer que o mundo e seus habitantes surgem da maturação de quatro elementos básicos: terra, vento, fogo e água. Até mesmo a mente, inclusive, surge desses elementos. Por exemplo, assim como um estado de embriaguez surge de um potencial presente no álcool, do mesmo modo, um estado de consciência surge de um potencial presente nos elementos. A consciência de uma criança recém-nascida surge dos elementos do óvulo da mãe e do esperma do pai; portanto, não há necessidade de propor um *continuum* mental anterior. O que quer que seja produzido existe apenas nesta vida presente – não há evidências para a existência de vidas futuras. Há três razões pelas quais as vidas futuras não existem: (1) não podemos ver as vidas futuras; (2) a mente desta vida é produzida unicamente a partir dos elementos desta vida e não de um *continuum* mental anterior; e (3) uma vez que a mente e o corpo são a mesma substância, a mente morre quando o corpo morre. Portanto, não há vidas passadas nem futuras. Isso está claramente explicado nas obras do nosso fundador.

Madhyamika-Prasangikas

> [VI.101] **A natureza desses elementos que são os objetos da vossa mente**
> **Não são a natureza dela.**
> **Como poderia alguém, possuindo uma escuridão mental tão densa,**
> **Compreender corretamente o mundo além?**
>
> [VI.102] **Deveis compreender que, quando negais o mundo além,**
> **Estais conceitualizando a natureza dos objetos de conhecimento com uma visão errônea**
> **Porque tendes um corpo que é uma base para desenvolver tal visão.**
> **O mesmo ocorre quando afirmais que a natureza dos elementos é existente.**

**[VI.103] O modo como esses elementos não existem já foi explicado.
Como? A produção a partir de si próprio, de outro, de ambos e sem uma causa
Já foram refutadas acima, em geral.
Portanto, esses elementos não mencionados também não existem.**

A primeira razão apresentada por vocês não é válida, porque dela não se segue que algo não exista apenas porque vocês são incapazes de vê-lo. Vocês possuem uma escuridão mental densa até mesmo com respeito aos objetos densos desta vida; assim, como podem esperar compreender corretamente os fenômenos sutis que são as vidas passadas e futuras? A confusão de vocês sobre os objetos manifestos desta vida é ilustrada pela segunda razão que apresentaram. A natureza desses elementos densos, tais como o corpo, que são os objetos do conhecimento de vocês, não é da mesma natureza que a mente. Se a mente pudesse se desenvolver meramente a partir de elementos físicos sem um *continuum* mental anterior, então o solo, o vento, o fogo e a água poderiam gerar novas consciências e se tornarem seres vivos. Visto que isso é claramente impossível, a segunda razão apresentada por vocês também é inválida.

Com relação à terceira razão, a mente e o corpo não são a mesma substância, porque são diferentes quanto ao aspecto, função e entidade. Quanto ao aspecto, a mente é vazia de forma, invisível e carece completamente de propriedades físicas, ao passo que o corpo é forma, visível e possui muitas propriedades físicas. A mente funciona para conhecer, discriminar e experienciar objetos, mas o corpo não pode desempenhar nenhuma dessas funções. A mente é como um hóspede, e o corpo, como a sua hospedaria; portanto, são entidades completamente diferentes. Mesmo nesta vida, é possível fazer com que a mente deixe o corpo e retorne para ele ou, inclusive, fazer com que entre em outro corpo; desse modo, como pode a mente e o corpo serem a mesma substância?

É muito bom que vocês façam referência ao livro do seu fundador, mas, se examinarmos como esse livro surgiu, veremos que não é uma escritura válida. O fundador de vocês cometeu muitas ações inadequadas e escreveu um longo livro com cem mil estrofes unicamente para proteger a sua própria reputação e justificar o seu estilo de vida. Nesse livro, ele nega a existência de vidas passadas e futuras, as falhas das ações negativas, os benefícios das ações virtuosas, as leis do carma, os fenômenos ocultos e os conhecedores válidos outros que não os percebedores diretos. Esse livro pode ser popular entre vocês, charavakas, mas nenhuma pessoa inteligente faria referência a ele.

Vocês devem compreender que, quando negam as vidas passadas e futuras, estão a conceitualizar erroneamente a natureza dos objetos de conhecimento porque vocês renasceram como charavakas e, assim, tornaram-se uma base para sustentar tal visão errônea. O mesmo ocorre quando vocês asseveram que a natureza dos quatro elementos é verdadeiramente existente. A razão pela qual esses elementos não existem verdadeiramente já foi explicada acima. Já apresentamos uma refutação geral da produção a partir de si próprio, de outro, de ambos e sem uma causa e, embora os quatro elementos não tenham sido especificamente mencionados, eles foram incluídos na refutação. Portanto, esses elementos também não são verdadeiramente existentes.

O SIGNIFICADO ESTABELECIDO PELA REFUTAÇÃO DOS QUATRO EXTREMOS DA PRODUÇÃO

[VI.104ab] **Visto que as produções a partir de si próprio, de outro, de ambos ou sem depender de uma causa não existem, As coisas são livres de existência inerente.**

Se as coisas fossem inerentemente existentes, elas teriam de ser produzidas a partir de si próprias, de outro, de si próprias e de outro ou sem dependerem de uma causa. Esses quatro extremos esgotam todas as possibilidades. Uma vez que foi estabelecido conclusivamente que as produções a partir de si próprio, de outro, de ambos ou sem depender de uma causa não existem, podemos saber, com certeza absoluta, que as coisas são livres de existência inerente.

A refutação dos quatro extremos da produção nos permite alcançar três grandes resultados:

(1) Por contemplar que as coisas não são produzidas a partir de si próprias, de outro, de ambos ou sem uma causa, realizamos que as coisas carecem de existência inerente;
(2) Por meditar na ausência de existência inerente das coisas, obtemos uma experiência profunda da vacuidade;
(3) Através dessa experiência, por fim alcançaremos a libertação, a cessação permanente de todo sofrimento.

Essas aquisições são possíveis devido à explicação extensa da refutação dos quatro extremos da produção dada acima. Portanto, estudar este assunto tem um grande significado.

REJEITAR ARGUMENTOS CONTRA ESTA REFUTAÇÃO

Esta seção tem duas partes:

1. A rejeição efetiva dos argumentos;
2. Resumo.

A REJEIÇÃO EFETIVA DOS ARGUMENTOS

Proponentes de coisas Se as coisas não são inerentemente produzidas, então não são produzidas de modo algum; portanto, como vocês explicam o fato de que as pessoas mundanas veem as coisas claramente, tais como as cores?

Madhyamika-Prasangikas

[VI.104cd] **Porque os seres mundanos possuem uma densa confusão semelhante a um conjunto massivo de nuvens, Os objetos aparecem incorretamente para eles.**

[VI.105] **Assim como algumas pessoas, devido a deficiências visuais, apreendem erroneamente filamentos flutuantes, Duas luas, penas de pavão, moscas e assim por diante,**

Do mesmo modo, também os insensatos, devido às falhas da
confusão,
Veem vários fenômenos produzidos com as suas mentes.

[VI.106] "Uma vez que as ações surgem na dependência de
confusão, sem confusão elas não surgiriam."
Seguramente, apenas os insensatos conceitualizam isso.
Os sábios, que eliminaram completamente a densa escuridão
com o sol das suas mentes excelentes,
Compreendem a vacuidade e se libertam.

Do mesmo modo que, quando chove, um conjunto massivo de nuvens escuras obscurece o céu, também os seres mundanos possuem uma densa confusão que obscurece a natureza das coisas. Os objetos aparecem incorretamente a eles, e eles apreendem as coisas como se elas fossem inerentemente existentes. Algumas pessoas, devido a deficiências visuais, tais como flutuadores oculares, veem filamentos flutuantes, duas luas, auras de luz parecidas com penas de pavão e moscas onde não há nada disso. Embora nenhuma dessas coisas exista, elas são apreendidas erroneamente como existentes porque os poderes sensoriais são deficientes. De modo semelhante, embora não existam coisas inerentemente existentes, os seres mundanos apreendem as coisas como sendo inerentemente existentes devido à confusão nas suas mentes.

No *Sutra da Relação-Dependente*, Buda diz que as ações de composição dependente-relacionadas surgem na dependência da ignorância dependente-relacionada e que, sem a ignorância dependente-relacionada, não pode haver ações de composição dependente-relacionadas. Seguramente, apenas os insensatos conceitualizam que isso significa que as ações inerentemente existentes surgem da ignorância inerentemente existente. Os sábios, por realizarem corretamente a relação-dependente com o sol das suas mentes excelentes, compreendem a ausência de existência inerente das ações de composição e, desse modo, eliminam a densa escuridão da ignorância. Como resultado, libertam-se do samsara. Os seres mundanos, por outro lado, aferram-se às coisas como se estas fossem inerentemente existentes e, assim, continuam a experienciar sofrimento incessante. A partir disso, podemos ver que, se queremos liberdade em relação aos sofrimentos do samsara, devemos abandonar as visões mundanas e seguir a visão dos sábios madhyamikas.

Proponentes de coisas

> [VI.107] *"Se as coisas não existem na talidade,*
> *Então não existem nem mesmo nominalmente,*
> *Assim como um filho de uma mulher sem filhos;*
> *Portanto, elas precisam ser inerentemente existentes."*

Se as coisas não existissem inerentemente, como vocês dizem, elas então não existiriam de modo algum, nem mesmo nominalmente e, portanto, tudo seria não-existente. Por exemplo, uma vez que, em última instância, um filho de uma mulher sem filhos não existe, ele não existe nem mesmo nominalmente e, portanto, é completamente não-existente. Contudo, evidentemente esse não é o caso: de que tudo seja não-existente. Portanto, as coisas, tais como as formas, precisam ser inerentemente existentes.

Madhyamika-Prasangikas

> [VI.108] Quaisquer que sejam os objetos – tais como filamentos flutuantes – daqueles com flutuadores oculares e assim por diante,
> Eles não são produzidos.
> Portanto, deveis primeiro examiná-los
> E, depois, aplicar isso à deficiência da ignorância.

> [VI.109] Se um sonho, uma cidade de comedores-de-cheiro, a água de uma miragem,
> Alucinações, reflexos e assim por diante são vistos sem produção,
> Por que razão, para vós, aquele outro é inadequado,
> Uma vez que, de modo semelhante, é não-existente?

> [VI.110] Assim, embora não sejam produzidos na talidade,
> Eles não são objetos que não são vistos pelos seres mundanos,
> Como o filho de uma mulher sem filhos.
> Portanto, o que afirmais não é exato.

Objetos tais como filamentos flutuantes, que aparecem àqueles com deficiências visuais – como flutuadores oculares e assim por diante – não são inerentemente produzidos. O mesmo é verdadeiro para os objetos, como formas e outras coisas, que aparecem àqueles cujas mentes estão obscurecidas pela deficiência da ignorância – eles também não são inerentemente produzidos. Esses objetos são semelhantes ao filho de uma mulher sem filhos no sentido de carecerem de existência inerente, mas não são semelhantes em todos os aspectos, porque as formas e as outras coisas existem, ao passo que o filho de uma mulher sem filhos não existe. Se fossem semelhantes em todos os aspectos, o filho de uma mulher sem filhos apareceria claramente a uma mente válida, assim como as formas e as outras coisas aparecem.

As formas carecem de existência inerente e são meramente designadas, ou imputadas, por pensamento conceitual, mas existem porque cada uma possui uma base válida de designação e, assim, são capazes de desempenhar as suas respectivas funções. O filho de uma mulher sem filhos também carece de existência inerente e é meramente designado por pensamento conceitual, mas não há uma base válida de designação para o filho de uma mulher sem filhos e, por essa razão, ele não existe e não desempenha nenhuma função. Portanto, vocês estão completamente errados ao dizerem que, porque as formas carecem de produção inerente, elas precisam ser não-existentes, assim como o filho de uma mulher sem filhos.

Para vocês, seguir-se-ia também que, assim como podemos ter a clara aparência de uma casa num sonho, também poderíamos ter a clara aparência de um filho de uma mulher sem filhos. Num sonho, podemos ver efetivamente uma casa, embora seja apenas uma casa onírica. De modo semelhante, podemos ver água onde há apenas uma miragem; podemos ver um cavalo onde há apenas a ilusão produzida por um mágico; ou podemos ver um rosto onde há apenas um reflexo. Se todas essas coisas podem aparecer claramente à nossa mente, apesar de não existirem, então o filho de uma mulher sem filhos, de acordo com vocês, também deveria aparecer, porque ele também não existe. Novamente, vocês precisam compreender que as coisas que são semelhantes em alguns aspectos não são, necessariamente, semelhantes em todos os aspectos.

Não se pode concluir disso que, se do mesmo modo como o filho de uma mulher sem filhos, as coisas não existem em nível último, então, assim como o filho de uma mulher sem filhos, elas também não existem convencionalmente e, portanto, não são vistas pelos seres mundanos. A inclusão inversa no raciocínio de vocês não é exata. Portanto, embora as coisas não sejam inerentemente produzidas, não obstante, existem e desempenham suas respectivas funções.

RESUMO

Madhyamika-Prasangikas

[VI.111] A *produção a partir do seu próprio lado* do filho de uma mulher sem filhos
Não existe nem na talidade nem para os mundanos.
Do mesmo modo, todas essas coisas
Não têm produção a partir de sua própria entidade nem na talidade nem para os mundanos.

[VI.112] Assim, no que diz respeito a isso, o Abençoado diz que
Desde o princípio, todos os fenômenos estão pacificados, livres de produção,
E, por natureza, completamente além do sofrimento.
Portanto, a produção é sempre não-existente.

[VI.113] Do mesmo modo como esses potes, e assim por diante, não existem na talidade,
E, não obstante, existem e são bem conhecidos pelos mundanos,
O mesmo ocorre com todas as coisas.
Portanto, não se segue que sejam semelhantes ao filho de uma mulher sem filhos.

Resumindo a nossa resposta aos seus argumentos, a produção inerentemente existente do filho de uma mulher sem filhos não existe nem em nível último nem nominalmente. Do mesmo modo, as formas e assim por diante não têm produção inerentemente existente nem em nível último nem nominalmente. No que diz respeito a isso, Buda, o Abençoado, diz no *Sutra Nuvem de Joias*:

Ó Protetor, quando giras a Roda do Dharma,
Revelas fenômenos que, desde o princípio,
Estão pacificados, carecem de produção
E, por natureza, estão além do sofrimento.

Portanto, a produção inerentemente existente é sempre não-existente.

Até mesmo alguns de vocês, proponentes de coisas – como, por exemplo, os vaibhashikas –, dizem que certos fenômenos, como potes, água e assim por diante, não existem em nível último e, não obstante, eles existem e são bem conhecidos pelos mundanos. Nós, madhyamika-prasangikas, afirmamos que, exatamente como ocorre com os potes, o mesmo ocorre também com todas as coisas. Portanto, disso não se segue que as coisas sejam não-existentes, como o filho de uma mulher sem filhos.

Deve-se notar que, embora os vaibhashikas e os madhyamika-prasangikas usem as mesmas palavras ao dizerem que um pote não existe em nível último, eles conferem um significado completamente diferente a essas palavras.

COMO A PRODUÇÃO DEPENDENTEMENTE--SURGIDA ELIMINA AS CONCEPÇÕES ERRÔNEAS QUE SE AFERRAM AOS EXTREMOS

[VI.114] Uma vez que as coisas não são produzidas sem uma causa
Nem a partir de causas tais como Ishvara e assim por diante,
E nem a partir de si próprias, de outro ou de ambos,
Elas são produzidas totalmente de maneira dependente.

[VI.115] Visto que as coisas surgem totalmente de maneira dependente,
Essas concepções não podem ser mantidas.
Portanto, esse raciocínio do surgimento-dependente
Corta todas as redes das más visões.

[VI.116] As concepções surgem se as coisas existem,
Mas de que modo as coisas não existem já foi explicado extensamente.

**Sem coisas, elas não surgem,
Do mesmo modo que, sem combustível, não há fogo, por exemplo.**

O raciocínio dos fragmentos vajra estabelece explicitamente a ausência do em-si dos fenômenos por meio de refutar a produção inerentemente existente. Implicitamente, ele revela o raciocínio da relação-dependente. Se as coisas não são produzidas inerentemente, ou independentemente, e, não obstante, são produzidas, elas têm de ser produzidas de maneira dependente. Visto que as coisas não são produzidas sem uma causa nem a partir de causas tais como Ishvara, partículas, natureza e assim por diante, e visto que não são produzidas a partir de si próprias, de outro ou de ambos, elas não são inerentemente produzidas; mas, uma vez que são produzidas, elas têm de ser produzidas de maneira dependente.

Há três níveis de relação-dependente: denso, sutil e muito sutil. Num nível denso, as coisas são dependentes das suas causas; num nível sutil, elas são dependentes das suas partes; e num nível muito sutil, são dependentes da mera designação conceitual. É fácil compreender a relação-dependente densa. É fácil ver, por exemplo, como um pote de argila vem à existência na dependência da argila, da água, da roda do oleiro e assim por diante. É mais difícil compreender a relação-dependente sutil (o modo como, por exemplo, o pote existe na dependência das suas partes) e é ainda mais difícil compreender a relação-dependente muito sutil (o modo como o pote existe na dependência da mera designação conceitual). Para realizar perfeitamente a relação-dependente muito sutil, precisamos, primeiro, realizar a vacuidade por meio de nos apoiarmos no raciocínio apresentado acima. Uma vez que tenhamos realizado que um pote carece de existência inerente, veremos como ele é estabelecido meramente através de designação conceitual e, então, teremos encontrado a visão da união das duas verdades.

Os seres vivos têm incontáveis visões errôneas, tais como a visão de que as coisas são produzidas sem causas; a visão de que as coisas são produzidas pelo deus Ishvara; a visão de que as coisas são produzidas por qualquer um dos quatro extremos; a visão de que não há vidas passadas nem futuras; a visão de que Buda, Dharma e Sangha não existem; a visão de que não há falhas nas ações negativas e de que não há benefício advindo das ações virtuosas; e assim por diante. Essas e todas as demais visões errôneas são concepções que se aferram aos extremos. Todas estão incluídas na visão da existência e na visão da não-existência. A visão da existência é uma percepção errônea conceitual que concebe a existência de algo que não existe. O seu objeto, o extremo da existência, não existe. A visão da não-existência é uma percepção errônea conceitual que concebe a não-existência de algo que existe. O seu objeto, o extremo da não-existência, não existe. Assim, há dois extremos – o extremo da existência e o extremo da não-existência –, sendo que nenhum deles existe, e há duas mentes que se aferram aos extremos – a visão da existência e a visão da não-existência –, ambas as quais existem, mas são percepções errôneas. Os dois extremos são assim denominados porque são como precipícios que estão de ambos os lados de um caminho estreito. Se nos aferrarmos a qualquer um desses extremos, estaremos em grande perigo de cair para os estados inferiores.

Nas escrituras, as concepções que se agarram aos extremos são chamadas "redes" porque, enquanto mantivermos essas visões, não poderemos escapar dos sofrimentos do samsara. Somos como peixes capturados em redes, que não podem escapar do terrível destino que os aguarda. Ao passo que os peixes ficam aprisionados em redes fabricadas por pescadores, nós estamos aprisionados em redes fabricadas pela nossa mente de agarramento ao em-si. O agarramento ao em-si é a raiz de todas as visões deludidas. Se destruirmos a nossa mente de agarramento ao em-si, essa rede de concepções errôneas também será destruída, do mesmo modo que, quando cortamos a raiz de uma árvore, todos os seus galhos morrem. O melhor método para destruir o nosso agarramento ao em-si é o raciocínio da relação-dependente. Se contemplarmos repetidamente os três níveis de relação-dependente, compreenderemos como as coisas surgem completamente de maneira dependente e, desse modo, realizaremos a ausência de existência inerente, ou vacuidade, de todas as coisas. À medida que nos tornarmos mais familiarizados com a vacuidade, o nosso agarramento ao em-si gradualmente enfraquecerá e, por fim, cessará por completo. Quando isso acontecer, todas as concepções que se agarram aos extremos também cessarão porque, sem o agarramento ao em-si, não podem ser mantidas. Desse modo, o raciocínio da relação-dependente corta todas as redes das visões deludidas.

Todas essas concepções surgem apenas se nos aferrarmos às coisas como inerentemente existentes, mas a explicação sobre o modo como as coisas não existem inerentemente já foi extensamente apresentada. Assim como o fogo não pode arder sem combustível, se não nos aferrarmos às coisas como inerentemente existentes, essas visões que se agarram aos extremos não podem surgir.

IDENTIFICAR O RESULTADO DA ANÁLISE LÓGICA

[VI.117] Os seres comuns estão atados pelas concepções,
Ao passo que os iogues sem concepções estão libertos.
Portanto, os sábios dizem que, sempre que as concepções são eliminadas,
Isso é o resultado de uma análise correta.

[VI.118] As análises que estão nos tratados não foram escritas por apego ao debate;
Pelo contrário, a talidade é revelada em prol da libertação.
Se, ao explicar corretamente a talidade, as obras de outros forem desacreditadas,
Não há falha nisso.

[VI.119] O apego à própria visão
E, igualmente, a raiva dirigida às visões dos outros são meras concepções.
Portanto, aqueles que eliminam o apego e a raiva e analisam corretamente
Alcançam rapidamente a libertação.

Podemos nos perguntar por que os tratados sobre o Caminho do Meio, tais como o *Guia*, apresentam raciocínios tão complexos e extensos, empenhando-se em debates vigorosos e análises refinadas para estabelecer a visão do Caminho do Meio e refutar visões opostas. A razão para isso é que os seres comuns, que não compreenderam o significado do Caminho do Meio, estão atados ao samsara pelas concepções que se agarram aos extremos, ao passo que os seres superiores – que realizaram a vacuidade através de ouvir, contemplar e meditar no significado dos tratados do Caminho do Meio – abandonaram as concepções que se agarram aos extremos e alcançaram a libertação do samsara. Portanto, se desejamos eliminar as concepções que se agarram aos extremos e alcançar a libertação, devemos compreender que essas aquisições surgem como o resultado da análise correta dos tratados sobre o Caminho do Meio.

Essas análises não foram escritas por apego ao debate, mas para revelar, de maneira clara e inequívoca, a vacuidade profunda, de modo que todos os seres vivos possam eliminar o seu agarramento ao em-si e alcançar a libertação do sofrimento. Se, ao explicar corretamente a verdade última, os argumentos de outros, tais como os dos proponentes de coisas, forem desacreditados, isso não constitui uma falha. Quando o sol surge, ele naturalmente dissipa a escuridão, mas ele não é censurado por fazer isso. Do mesmo modo, quando o sol da sabedoria dos madhyamikas dissipa a escuridão das interpretações errôneas de outros, não se incorre em nenhuma falha.

O forte apego à nossa própria visão, a raiva dirigida às visões dos outros e o desejo de destruir as visões dos outros motivado por orgulho são, meramente, concepções que nos prendem ainda mais firmemente ao samsara e fazem com que experienciemos sofrimento incessante. Quem quer que sofra de tais aflições não está qualificado para escrever tratados que estabeleçam sua própria visão e que rejeitem as visões dos outros. No *Sutra Rei da Concentração*, Buda diz:

> Se alguém gera apego quando ouve este Dharma
> E raiva quando ouve não-Dharma
> E, por orgulho, refuta destrutivamente,
> Experienciará, mais tarde, sofrimento por força do seu orgulho.

Por outro lado, aqueles que eliminam o apego e a raiva e, com uma mente pura, empenham-se na análise correta dos tratados do Caminho do Meio, alcançarão rapidamente a libertação do samsara.

A Ausência do Em-Si de Pessoas

ESTABELECER A AUSÊNCIA DO EM-SI DE PESSOAS POR MEIO DE RACIOCÍNIO

SELF, EU, PESSOA E *SER* são sinônimos. Sua ausência de existência inerente é a ausência do em-si de pessoas. Normalmente, agarramo-nos muito firmemente ao nosso *self*, ou *eu*. Isso faz com que a nossa mente se torne agitada, perturbada, e faz com que desenvolvamos apego desejoso, ódio e todas as demais delusões. Se estudarmos as seguintes instruções cuidadosamente, obteremos um conhecimento perfeito de que um *eu* inerentemente existente não existe. Se a nossa mente se familiarizar com esse conhecimento, gradualmente nosso agarramento ao em-si e demais delusões serão subjugados e, como resultado, nossos problemas diários desaparecerão e experienciaremos felicidade pura. Por fim, alcançaremos a paz permanente da libertação ou da iluminação.

Segue-se, agora, uma explicação extensa da ausência do em-si de pessoas. Essa explicação é apresentada a partir dos seguintes três tópicos:

1. Aqueles que desejam a libertação precisam, primeiro, negar o *self* inerentemente existente;
2. A maneira de negar o *self* e o *meu* inerentemente existentes;
3. A análise do *self* e da carroça também se aplica às outras coisas.

Geshe Potowa

AQUELES QUE DESEJAM A LIBERTAÇÃO PRECISAM, PRIMEIRO, NEGAR O *SELF* INERENTEMENTE EXISTENTE

[VI.120] **A sabedoria vê que todas as delusões e todas as falhas
Surgem da visão da coleção transitória.
Tendo compreendido que o seu objeto é o *self*,
Os iogues negam o *self*.**

Há dois tipos de agarramento ao em-si de pessoas: o agarramento ao nosso próprio *self* como inerentemente existente e o agarramento ao *self* dos outros como inerentemente existente. O primeiro é conhecido como "a visão da coleção transitória". Esse tipo de agarramento ao em-si é a fonte de todas as delusões e de todas as falhas que elas produzem, tais como o nascimento, envelhecimento, doença e morte descontrolados. Ele é a verdadeira raiz do samsara. Portanto, se desejamos escapar do samsara e alcançar liberdade completa do sofrimento, precisamos cortar essa raiz por meio de erradicar, do nosso *continuum* mental, a visão da coleção transitória. No *Sutra Segredo dos Tathagatas Superiores*, Buda diz:

> Se uma árvore for cortada ao nível da sua raiz, todos os seus galhos, ramos e folhas secarão. Do mesmo modo, se a visão da coleção transitória for pacificada pela sabedoria, todas as delusões e delusões secundárias serão pacificadas.

A visão da coleção transitória é definida como um tipo de agarramento ao em-si de pessoas que se agarra ao nosso próprio *eu* como sendo um *eu* inerentemente existente. O objeto observado da visão da coleção transitória é o *eu* no nosso próprio *continuum*, o *eu* que é meramente designado, ou imputado, nos nossos próprios agregados. Esse *eu* existe. O objeto concebido da visão da coleção transitória é esse *eu* convencionalmente existente como se fosse um *eu* inerentemente existente. Esse *eu* não existe.

Em *Comentário à Cognição Válida*, Dharmakirti diz:

> Sem que o seu objeto seja negado,
> O agarramento ao em-si não pode ser abandonado.

Isso significa que, para abandonar a visão da coleção transitória, precisamos negar o seu objeto concebido, o *eu* inerentemente existente, por meio de realizar que ele não existe. Portanto, tendo compreendido que o objeto concebido da visão da coleção transitória é o *eu* inerentemente existente, aqueles que desejam alcançar a libertação devem se empenhar para negar esse *eu*. Contudo, nosso êxito nisso dependerá de, primeiro, identificarmos corretamente o objeto a ser negado, o *eu* inerentemente existente, ou *self*, no âmbito da nossa própria experiência.

Self inerentemente existente, self independente, self verdadeiramente existente, self substancialmente existente, self que existe do seu próprio lado, self que existe objetivamente, self que existe naturalmente e *self que existe por meio de sua própria natureza* são todos sinônimos. Nenhum deles existe e todos são o objeto negado da *ausência do em-si* sutil. Agarramo-nos a esse *self* o tempo todo, mesmo quando estamos dormindo. Todos os seres vivos, inclusive a mais minúscula formiga, têm essa mente continuamente. No entanto, sem nos apoiarmos em instruções qualificadas, é impossível reconhecer essa mente ou identificar corretamente o seu objeto concebido.

Agarramo-nos a um *eu* inerentemente existente em tudo o que fazemos. Por exemplo, se vamos às compras, não pensamos "meu corpo quer isto" ou "minha mente quer aquilo" – apenas pensamos "eu quero isto". Agarramo-nos a um *eu* que é independente do nosso corpo, da nossa mente ou de qualquer outro fenômeno. Nesse momento, estamos concebendo um *eu* inerentemente existente na coleção dos nossos próprios agregados. A mente que concebe esse *eu* é a visão da coleção transitória. Precisamos observar a nossa mente de perto e com muita atenção por um longo período antes que possamos identificar claramente como esse *eu* inerentemente existente aparece à nossa mente. Também precisamos de nos apoiar em instruções corretas sobre a visão da coleção transitória e estudar textos autênticos sobre o Caminho do Meio. Esse tempo de observação e estudo é um tempo bem empregado, pois sem identificar o *eu* inerentemente existente na nossa própria experiência, não seremos capazes de realizar a sua não-existência, a ausência do em-si de pessoas, e, sem realizar a ausência do em-si de pessoas, não seremos capazes de alcançar a libertação do samsara.

O raciocínio que se segue estabelece perfeitamente a não-existência do *self* inerentemente existente, mas ele terá pouco impacto em nossa mente se, primeiro, não identificarmos claramente, no âmbito da nossa própria experiência, o objeto a ser negado.

É útil compreender a etimologia da expressão "visão da coleção transitória". De acordo com a escola Sautrantika, a visão da coleção transitória é uma visão deludida que observa os nossos próprios agregados e apreende um *eu* autossustentado, substancialmente existente. Assim, os sautrantikas dizem que o objeto observado dessa visão são os nossos cinco agregados. De acordo com eles, os próprios agregados são a "coleção transitória". Os agregados são transitórios porque são impermanentes, e são uma "coleção" porque há vários deles. Desse modo, os sautrantikas afirmam que a visão da coleção transitória observa os nossos próprios agregados e, equivocadamente, apreende neles um *eu* autossustentado, substancialmente existente.

De acordo com a explicação madhyamika-prasangika, o termo "coleção transitória" refere-se não apenas aos nossos agregados, mas também ao *eu* que é designado nos agregados. O *eu* é impermanente e, por isso, transitório, e o *eu* é da natureza de uma coleção porque ele tem muitas partes. A visão da coleção transitória, portanto, é uma visão deludida que observa o *eu*, a coleção transitória impermanente que é meramente designada na dependência dos nossos próprios agregados, e o concebe como um *eu* inerentemente existente.

A MANEIRA DE NEGAR O *SELF* E O *MEU* INERENTEMENTE EXISTENTES

Esta seção tem duas partes:

1. Negar o *self* inerentemente existente;
2. Negar o *meu* inerentemente existente.

NEGAR O *SELF* INERENTEMENTE EXISTENTE

É importante distinguir o *self* inerentemente existente, que não existe, do *self* meramente designado por concepção nos agregados de corpo e mente, que existe. O *self* inerentemente existente deve ser negado, mas o *self* existente, não. O *self* existente executa ações, experiencia seus efeitos, renasce no samsara, experiencia sofrimento e experiencia felicidade. Ele é a base tanto do samsara quanto da libertação. Entre os não-budistas e budistas, há muitas visões diferentes acerca da natureza do *self*, mas apenas os madhyamika-prasangikas o identificam corretamente, pois apenas eles identificam corretamente o objeto negado da *ausência do em-si* sutil.

Na próxima seção do sexto capítulo, Chandrakirti estabelece a supremacia da visão madhyamika-prasangika do *self* por meio de refutar as visões opostas. Isso será explicado extensamente a partir dos seguintes seis tópicos:

1. Negar um *self* que seja uma entidade diferente dos agregados como algo fabricado, ou inventado, por outras tradições;
2. Refutar a afirmação fantasiosa, dentro da nossa própria tradição, de que os agregados são o *self*;
3. Refutar as três posições de dependência, base e posse que permanecem após esses dois;
4. Negar um *self* substancialmente existente que não é idêntico nem diferente;
5. Explicar, com uma analogia, como o *self* é meramente uma designação dependente;
6. Esta apresentação tem a boa qualidade de nos permitir abandonar facilmente as concepções que se agarram aos extremos.

NEGAR UM *SELF* QUE SEJA UMA ENTIDADE DIFERENTE DOS AGREGADOS COMO ALGO FABRICADO, OU INVENTADO, POR OUTRAS TRADIÇÕES

Esta seção tem duas partes:

1. Apresentação do outro sistema;
2. Refutação desse sistema.

APRESENTAÇÃO DO OUTRO SISTEMA

Este tópico tem duas partes:

1. Apresentação do sistema dos samkhyas;
2. Apresentação do sistema dos vaisheshikas e outros.

APRESENTAÇÃO DO SISTEMA DOS SAMKHYAS

[VI.121ab] Um *self* que seja um experienciador, uma coisa permanente, um não-criador
E sem qualidades ou atividade é algo fabricado, ou inventado, pelos tirthikas.

A escola não-budista Samkhya diz que o *self* é uma entidade diferente dos agregados. Eles propõem um *self* que possui cinco características:

(1) É um experienciador. Ele desfruta de coisas como alimentos e bebidas e experiencia felicidade e sofrimento;
(2) É permanente. Embora seja temporariamente impermanente, ele nunca perece; portanto, tem a natureza de ser uma coisa permanente;
(3) É um não-criador. O princípio geral é o criador de todas as coisas, porque ele é a natureza, ou a causa, de todas as coisas. O *self* não é um criador – ele é, meramente, um experienciador;
(4) É sem qualidades. Todas as qualidades são qualidades do princípio geral; o *self* não tem qualidades que lhe sejam próprias;
(5) Carece de atividade. Todas as ações, tais como manifestar e absorver coisas, são executadas pelo princípio geral; o *self* não pode executar ações.

Em resumo, qualquer coisa que seja uma entidade diferente dos agregados e possua essas cinco características é considerada pelos samkhyas como sendo um *self*.

APRESENTAÇÃO DO SISTEMA
DOS VAISHESHIKAS E OUTROS

**[VI.121cd] Através de distinções cada vez mais acuradas,
Diferentes tradições se desenvolveram dos tirthikas.**

A visão de que o *self* é uma entidade diferente dos agregados se desenvolveu gradualmente e, através de distinções cada vez mais acuradas que foram sendo feitas, diferentes tradições se desenvolveram a partir dos tirthikas. Dentre elas, está a tradição dos vaisheshikas, os quais atribuem um conjunto diferente de características ao *self*. Para eles, o *self* é um experienciador, uma coisa permanente, um criador e um possuidor-de--características – e é inativo. Contudo, alguns vaisheshikas asseveram que o *self* pode executar algumas ações, tais como dilatar e contrair. Há outros tirthikas que asseveram um único *self* que permeia todos os mundos e seus habitantes. Afirmam que, embora haja apenas um *self*, ele pode assumir muitas formas e aparecer como muitos *selves*. Nesse sentido, ele é como o espaço, pois, embora haja apenas um único espaço, ele pode ser fechado ou cercado de muitas maneiras diferentes e, assim, pode aparecer como se fosse muitos espaços diferentes.

REFUTAÇÃO DESSE SISTEMA

Madhyamika-Prasangikas

**[VI.122] Visto que um *self* como esse não nasceu, ele não existe,
Assim como o filho de uma mulher sem filhos;
E uma vez que não é nem mesmo a base de agarramento ao *eu*,
Não pode ser asseverado nem convencionalmente.**

**[VI.123] Todas as características atribuídas a ele pelos tirthikas
Nesse tratado e naquele tratado
São prejudicadas em razão do seu não-nascimento, com o qual
    estão familiarizados;
Portanto, nenhuma dessas características existe.**

Um *self* que seja uma entidade diferente dos agregados é como o filho de uma mulher sem filhos – ele nunca nasceu e, portanto, não existe. Além disso, um *self* como esse não pode ser o objeto observado da visão da coleção transitória que se agarra ao *eu* porque, qualquer que seja o objeto observado dessa visão, ele necessariamente é um ser vivo, e qualquer que seja o ser vivo, ele necessariamente [precisa] de ter nascido. Portanto, um *self* que seja uma entidade diferente dos agregados não existe nem mesmo convencionalmente.

Um *self* que seja uma entidade diferente dos agregados é refutado em razão do seu não-nascimento, e vocês, tirthikas, precisam aceitar essa razão, porque vocês a usam nos seus próprios tratados. Se o *self* que asseveram não existe, então, todas as características que atribuem a ele nos seus tratados também não existem.

O raciocínio nas duas estrofes acima refuta, principalmente, os argumentos específicos apresentados pelos samkhyas e outros tirthikas nos seus tratados. As duas próximas estrofes oferecem uma refutação mais geral de um *self* que seja uma entidade diferente dos agregados.

> [VI.124] Assim, não há *self* que seja outro que os agregados,
> Visto que não é apreendido separadamente dos agregados.
> Ele não pode nem mesmo ser asseverado como a base das mentes
>   de agarramento ao *eu* mundanas,
> Porque, embora não o conheçam, têm uma visão do *self*.

> [VI.125] Mesmo aqueles que gastaram muitos éons como animais
> Não veem esse permanente não-nascido,
> E, apesar disso, eles também são vistos agarrando-se ao *eu*.
> Portanto, não há um *self* que seja outro que os agregados.

Não há um *self* que seja uma entidade diferente dos agregados, porque o *self* não pode ser apreendido separadamente dos agregados. Sempre que o *self* aparece, um ou mais dos agregados também aparece, e se nenhum agregado aparecer, nenhum *self* aparecerá. Uma vaca, por exemplo, pode aparecer sem que um cavalo apareça, porque uma vaca e um cavalo são entidades diferentes. O *self*, entretanto, não pode aparecer sem que os seus agregados apareçam. Isso indica, claramente, que o *self* não é uma entidade diferente dos agregados. Além disso, se o *self* e os agregados fossem entidades diferentes, não faria nenhum sentido dizer "eu estou doente" quando o corpo está doente ou "eu estou feliz" quando a mente está feliz.

Um *self* que seja uma entidade diferente dos agregados não é o objeto observado das mentes de agarramento ao *eu* que as pessoas mundanas possuem porque, embora não tenham nenhum conceito de um *self* como esse e, por essa razão, não o conheçam, elas têm, não obstante, a visão da coleção transitória, que se agarra a um *eu* inerentemente existente. Até mesmo os seres vivos que gastaram muitos éons nos reinos inferiores como animais, fantasmas famintos e seres-do-inferno agarram-se a um *self* inerentemente existente, mas eles não têm nenhum conceito de um *self* permanente, sem partes e sem causas que seja uma entidade diferente dos agregados. Um *self* como esse é meramente uma fabricação, ou invenção, dos tirthikas, que se apoiam em princípios filosóficos equivocados. Não existe uma mente inata que se agarre a um *self* permanente, sem partes e sem causas.

REFUTAR A AFIRMAÇÃO FANTASIOSA, DENTRO DA NOSSA PRÓPRIA TRADIÇÃO, DE QUE OS AGREGADOS SÃO O *SELF*

Esta seção tem cinco partes:

1. Mostrar as contradições na afirmação de que os agregados são o *self*;
2. Provar que essa afirmação é insustentável;
3. Mostrar outras contradições na afirmação de que os agregados são o *self*;
4. Explicar a intenção da afirmação de que os agregados são o *self*;
5. Mostrar que o outro sistema é incoerente.

MOSTRAR AS CONTRADIÇÕES NA AFIRMAÇÃO DE QUE OS AGREGADOS SÃO O *SELF*

Esta seção tem duas partes:

1. O significado propriamente dito;
2. Refutar uma negação da falha.

O SIGNIFICADO PROPRIAMENTE DITO

Esta seção tem duas partes:

1. Apresentação do outro sistema;
2. Refutação desse sistema.

APRESENTAÇÃO DO OUTRO SISTEMA

[VI.126] *"Visto que um self que seja outro que os agregados não é estabelecido,*
O objeto observado da visão do self é apenas os agregados."
Alguns asseveram todos os cinco agregados como sendo a base da visão do *self*,
E outros asseveram a mente, apenas.

Porque ficamos normalmente satisfeitos com o mero nome de uma pessoa, podemos conhecer pessoas, interagir com elas e assim por diante. Por exemplo, se formos apresentados a alguém chamado Pedro, ficaremos satisfeitos com o mero nome "Pedro" e iremos nos relacionar com ele em conformidade com isso. Não perguntaremos, por exemplo: "Onde está Pedro? Qual é o seu verdadeiro *self*? Ele está nos seus agregados ou é separado dos seus agregados?". Porque não buscamos por um Pedro que seja outro que o mero nome "Pedro", somos capazes de nos relacionarmos com ele e de reagir às suas ações. No entanto, os não-budistas, tais como os samkhyas, não ficam satisfeitos com o mero nome de uma pessoa. Eles querem encontrar uma pessoa efetivamente *outra* que o mero nome e, porque uma pessoa como essa não pode ser encontrada nos agregados, concluem que uma pessoa precisa existir separadamente dos agregados. Dessa maneira, são levados a fabricar, ou inventar, a existência de um *self* permanente, sem partes e sem causas.

As escolas budistas inferiores têm um problema semelhante, porque elas também não ficam satisfeitas com o mero nome de uma pessoa, mas procuram por uma pessoa efetivamente *outra* que o mero nome. Elas acham que, se fosse impossível encontrar uma pessoa através de procurá-la dessa maneira, [isso significaria que] a pessoa não existe. No caso dessas escolas, entretanto, elas compreendem que não há um *self* que seja outro que os agregados e, assim, concluem que o *self* existente – que é o objeto observado da visão da coleção transitória – precisa ser encontrado nos agregados.

Alguns vaibhashikas e alguns sautrantikas dizem que o *self* não pode ser nenhum dos agregados individuais porque, nos Sutras, Buda diz que o *self* existe na dependência da coleção dos cinco agregados. Concluem, portanto, que a mera coleção de todos os cinco agregados é o *self* e a base da visão da coleção transitória que se agarra ao *self*. Dentre os vaibhashikas, há alguns samittiyas que se referem a um Sutra no qual Buda diz:

> Ó monges, qualquer *sramana* ou brâmane que observe o *self* corretamente estará observando corretamente apenas estes cinco agregados apossados.

e concluem que cada um dos cinco agregados é o *self*. Outros vaibhashikas se referem a outros Sutras, que dizem:

> Tu te proteges a ti mesmo,
> Como os outros poderiam proteger-te?
> Por controlarem-se a si próprios,
> Os sábios alcançam *status* elevado.

e

> Por que eu falo de controlar a mente?
> Porque uma mente controlada é excelente.
> Uma mente controlada conduz à felicidade.

Eles compreendem que o primeiro Sutra diz que, ao controlar a sua própria mente, você se protege a si mesmo, e que o segundo Sutra diz que, ao controlar a sua própria mente, você se torna feliz. Disso, concluem que só a mente é o *self*. Os chittamatrins também acham que, dentre os cinco agregados, a consciência é a mais adequada para ser o *self*. No entanto, eles não acham que qualquer uma das seis consciências ou a mentalidade deludida possam ser o *self* e, assim, concluem que a consciência-base-de-

-tudo é o *self*. De modo semelhante, os madhyamika-svatantrikas afirmam que o *continuum* mental é o *self*. Em *Chamas de Raciocínios*, por exemplo, Bhavaviveka diz que, se procurarmos pelo *self* nos cinco agregados, ele será encontrado no agregado consciência.

A partir disso, podemos ver que nenhuma das escolas não-budistas e nenhuma das escolas budistas abaixo dos madhyamika-prasangikas ficam satisfeitas com o mero nome de uma pessoa. Todas procuram por um *self* outro que o mero nome e proclamam que um *self* como esse pode ser encontrado. Isso indica que essas escolas não compreendem que o *self* é vazio de existência inerente e que existe apenas como uma mera designação conceitual. Essa visão é ensinada apenas pela escola Madhyamika-Prasangika.

REFUTAÇÃO DESSE SISTEMA

Madhyamika-Prasangikas

> **[VI.127] Se os agregados fossem o *self*, então, uma vez que são muitos,**
> **O *self* seria, também, muitos.**
> **O *self* seria uma substância**
> **E a visão dele não seria errônea, porque apreenderia uma substância.**
>
> **[VI.128] O *self* cessaria definitivamente no momento de um nirvana**
> **E, uma vez que, nas vidas anteriores a um nirvana,**
> **Não existiria um agente que nasce e perece,**
> **Não haveria então resultados, e um experienciaria o que o outro acumulou.**

A visão de que os agregados são o *self* é refutada por meio de quatro consequências:

(1) *Segue-se que uma pessoa teria muitos "selves"*. Se os agregados fossem o *self*, então, visto que cada pessoa tem muitos agregados, cada pessoa teria muitos *selves*.

(2) *Segue-se que o* self *seria substancialmente existente*. Se os agregados fossem o *self*, seguir-se-ia que o *self* é substancialmente existente. No entanto, se afirmarem um *self* substancialmente existente, vocês irão contradizer os Sutras, que dizem:

> Ó monges, estes cinco são meros nomes, meras nominalidades, meras designações. Quais são eles? Passado, futuro, espaço, nirvana e pessoa.

e

> Assim como "carroça" é designada
> Na dependência da coleção das suas partes,
> Do mesmo modo, convencionalmente, "ser vivo" é designado
> Na dependência dos agregados.

O primeiro Sutra revela que passado, futuro, espaço, nirvana e pessoa são meras designações conceituais. Portanto, todos são existentes por meio de designação – eles não são substancialmente existentes. O segundo Sutra também revela que os seres vivos são existentes por meio de designação, porque são meramente designados na dependência dos agregados. Uma vez que vocês, proponentes de coisas e madhyamika-svatantrikas, aceitam esses Sutras como sendo de significado definitivo, segue-se que estão em contradição com os ensinamentos de Buda. Além disso, se o *self* fosse substancialmente existente, seguir-se-ia que a visão da coleção transitória não seria uma concepção errônea, porque o seu objeto concebido, um *self* substancialmente existente, realmente existiria. Portanto, a visão da coleção transitória não seria a raiz do samsara, não haveria necessidade de abandoná-la e os ensinamentos de Buda sobre a vacuidade seriam sem propósito.

De acordo com os madhyamika-prasangikas, um *fenômeno existente por meio de designação* é qualquer fenômeno que seja meramente designado por concepção. Visto que todos os fenômenos são meramente designados por concepção, segue-se que todos os fenômenos são existentes por meio de designação. Não há fenômenos substancialmente existentes porque, para que um fenômeno seja substancialmente existente, ele precisa ser inerentemente existente, existindo independentemente de designação conceitual, e nenhum fenômeno existe dessa maneira. As escolas inferiores têm uma explicação diferente. Para elas, tanto os fenômenos existentes por meio de designação quanto os fenômenos substancialmente existentes existem.

(3) *Segue-se que o continuum do self cessaria quando alcançássemos o nirvana*. Quando alcançamos um nirvana, o *continuum* dos nossos agregados atuais cessa, porque eles são agregados contaminados. Por essa razão, se os nossos agregados fossem o *self*, seguir-se-ia que o *continuum* do nosso *self* também cessaria naquele momento e, uma vez que nos tornássemos um Destruidor de Inimigos, não teríamos renascimentos futuros e, assim, nossa conquista da libertação teria sido inútil, sem sentido. Se acreditarem nisso, vocês cairão no extremo da não-existência.

(4) *Segue-se que seria impossível recordar as vidas passadas*. Se os agregados fossem o *self*, então, em cada vida antes de alcançar o nirvana, não haveria causa para o nascimento ou morte do *self* porque o *self* seria inerentemente existente. Portanto, não haveria conexão entre o *self* presente e o *self* anterior e, assim, seria impossível recordar as vidas passadas. Se este for o caso, o que podemos dizer de *Histórias dos Nascimentos* de Buda, onde ele conta, de memória, as experiências das suas vidas passadas?

Além disso, segue-se que as ações esgotar-se-iam sem que os seus efeitos fossem experienciados, pois o *self* anterior e o *self* posterior não teriam conexão. Se vocês afirmam que o *self* posterior experiencia os efeitos das ações do *self* anterior, isso é como dizer que os efeitos das ações de João são experienciados por Pedro!

REFUTAR UMA NEGAÇÃO DA FALHA

Escolas inferiores

[VI.129a] *"Visto que há um* continuum *na talidade, não há falha."*

Embora o *self* anterior e o *self* posterior sejam inerentemente existentes, não obstante, são o mesmo *continuum*. Portanto, essas falhas não se aplicam.

Madhyamika-Prasangikas

[VI.129bc] **Mas as falhas de um** *continuum* **já foram explicadas numa análise anterior.**
Portanto, nem os agregados nem a mente são adequados para ser o *self*

Se o *self* anterior e o *self* posterior fossem inerentemente existentes, seria impossível para eles serem o mesmo *continuum*. Já explicamos as falhas de um *continuum* de *selves* inerentemente existentes, quando refutamos a produção a partir de outro. Portanto, nem o agregado forma nem os agregados da mente são adequados para ser o *self*.

PROVAR QUE ESSA AFIRMAÇÃO É INSUSTENTÁVEL

Madhyamika-Prasangikas

[VI.129d] **Porque o mundo não tem fim e assim por diante.**

Quando alguns não-budistas perguntaram a Buda se o mundo tinha um término, ele não respondeu, mas a sua intenção era a de que o mundo não tinha um término. De acordo com alguns textos, a palavra "mundo", nesse contexto, refere-se ao *self*, e o silêncio de Buda é tomado como significando que o *self* não termina. Por outro lado, Buda afirma claramente em outro lugar que o *continuum* dos agregados contaminados tem um fim. Quando nos tornarmos um Destruidor de Inimigos ou um Buda, os nossos agregados contaminados cessarão. No entanto, o *self* não cessa. Ele se torna um *self* puro. Portanto, uma vez que não podemos encontrar um término para o *self*, mas podemos encontrar um término para esses agregados, a afirmação de que os agregados são o *self* é insustentável.

MOSTRAR OUTRAS CONTRADIÇÕES NA AFIRMAÇÃO DE QUE OS AGREGADOS SÃO O *SELF*

Madhyamika-Prasangikas

> [VI.130ab] Segundo vós, quando um iogue vê a ausência do em-si
> As coisas são definitivamente não-existentes.

Quando os iogues realizam a ausência do em-si, eles realizam que não há *self* inerentemente existente nem fenômeno inerentemente existente. Uma vez que, de acordo com vocês, proponentes de coisas, *coisas inerentemente existentes* e *coisas existentes* são o mesmo, segue-se que os iogues veem que não há coisas existentes! Portanto, [de acordo com o raciocínio de vocês], as coisas definitivamente não existem porque os iogues veem sua não-existência com seus conhecedores válidos.

Samittiyas Essas falhas não se aplicam a nós porque, de acordo com o nosso sistema, quando um iogue vê a ausência do em-si, ele vê simplesmente a não-existência de um *self* permanente. Ele não vê a não-existência dos agregados e assim por diante.

Madhyamika-Prasangikas

> [VI.130cd] Se o que é negado é um *self* permanente, então, neste caso,
> Nem a vossa mente nem os vossos agregados são o *self*.

> [VI.131] Segundo vós, um iogue que vê a ausência do em-si
> Não realiza a talidade das formas e assim por diante,

**E, porque observa formas e as apreende,
Gera apego e assim por diante por não ter realizado sua natureza.**

Se o que é negado é apenas um *self* permanente e nada mais, então nenhum dos agregados é o *self* porque, quando um iogue vê a ausência do em-si, ele vê unicamente a não-existência de um *self* permanente, e não a não-existência de agregados permanentes. Portanto, segue-se que é possível ver o *self* sem ver nenhum dos agregados.

Além disso, de acordo com vocês, um iogue que vê a ausência do em-si não realiza a ausência de existência inerente das formas e assim por diante porque realizou unicamente a não-existência de um *self* permanente. Portanto, quando emerge do equilíbrio meditativo, ele observa formas e as apreende como inerentemente existentes. Consequentemente, gera apego desejoso e outras delusões por não ter realizado a natureza última das formas e assim por diante. Em resumo, se vocês afirmam que os agregados são o *self*, vocês incorrem na consequência de que os Destruidores de Inimigos geram delusões.

EXPLICAR A INTENÇÃO DA AFIRMAÇÃO DE QUE OS AGREGADOS SÃO O *SELF*

Esta seção tem cinco partes:

1. Explicar o significado da afirmação de que o que quer que seja visto como sendo o *self* é visto apenas nos agregados;
2. Explicar, na dependência de outros Sutras, que a mera coleção dos agregados não é o *self*;
3. Refutar que o formato da disposição da mera coleção dos agregados é o *self*;
4. Mostrar outra contradição na afirmação de que o *self* é a mera coleção dos agregados;
5. Buda diz que o *self* é designado nos seis elementos e assim por diante.

EXPLICAR O SIGNIFICADO DA AFIRMAÇÃO DE QUE O QUE QUER QUE SEJA VISTO COMO SENDO O *SELF* É VISTO APENAS NOS AGREGADOS

Esta seção tem três partes:

1. Este ensinamento é dado apenas da perspectiva de refutação;
2. Mesmo que este ensinamento fosse dado da perspectiva de estabelecê-lo, ainda assim não revelaria que os agregados são o *self*;
3. Rejeitar um argumento contra isso.

ESTE ENSINAMENTO É DADO APENAS DA PERSPECTIVA DE REFUTAÇÃO

Samittiyas Todo o raciocínio lógico de vocês é ineficaz, porque a nossa crença de que os agregados são o *self* está fundamentada não em argumentos, mas em escrituras confiáveis, onde Buda diz:

> Ó monges, qualquer *sramana* ou brâmane que observe corretamente o *self* estará observando corretamente apenas esses cinco agregados apossados.

Como poderia ser afirmado de modo mais claro que os cinco agregados são o *self*?

Madhyamika-Prasangikas

> [VI.132] Se afirmais que os agregados são o *self*
> Porque o Abençoado diz que os agregados são o *self*,
> Isso é para refutar um *self* diferente dos agregados,
> Porque, em outros Sutras, está dito que formas não são o *self* e assim por diante.

> [VI.133] Uma vez que outros Sutras dizem que
> Formas, sensações e discriminações não são o *self*,

**Tampouco o são os fatores de composição ou a consciência,
O ensinamento no Sutra não diz que os agregados são o *self*.**

Se vocês afirmam que os agregados são o *self* porque Buda o diz, isso indica que não compreendem o significado do Sutra que acabaram de citar. Esse ensinamento é dado unicamente da perspectiva de refutação, para refutar um *self* que seja uma entidade diferente dos agregados. Nunca foi intenção de Buda afirmar que os agregados são o *self*. Isso fica claro a partir de outros Sutras que dizem que formas não são o *self*, sensações não são o *self*, e assim por diante. Uma vez que outros Sutras dizem que os agregados forma, sensação e discriminação não são o *self* e tampouco o são os agregados fatores de composição ou consciência, fica muito claro que o significado do Sutra que acabaram de citar não é que os agregados são o *self*.

O significado verdadeiro aqui é que o objeto observado da visão da coleção transitória é o *eu* que é meramente designado na dependência dos cinco agregados apossados. Assim, esse Sutra serve a dois propósitos. Primeiro, refuta que qualquer fenômeno que seja uma entidade diferente dos agregados é o objeto observado da visão da coleção transitória e, segundo, refuta que os agregados, eles próprios, sejam o objeto observado da visão da coleção transitória.

Esta seção revela a supremacia da explicação específica, ou incomum, dos madhyamika-prasangikas sobre o *self*, *eu* ou pessoa. Se compreendermos essa explicação, veremos como todas as demais escolas estão equivocadas na maneira como descrevem, ou consideram, o *self*. Portanto, é valioso investir um longo tempo contemplando o verdadeiro significado do Sutra explicado aqui.

**MESMO QUE ESTE ENSINAMENTO FOSSE
DADO DA PERSPECTIVA DE ESTABELECÊ-LO,
AINDA ASSIM NÃO REVELARIA QUE OS
AGREGADOS SÃO O *SELF***

Algumas escolas inferiores

[VI.134ab] "*Quando é dito que os agregados são o self,
Isso significa a coleção dos agregados, não as suas entidades.*"

Quando esse Sutra diz que os agregados são o *self*, isso significa a coleção dos agregados, não os agregados considerados individualmente. Por exemplo, quando vemos um grande agrupamento de árvores, dizemos que há uma floresta. Não queremos dizer que as árvores individuais são a floresta, mas que o agrupamento inteiro das árvores é a floresta.

Madhyamika-Prasangikas

**[VI.134cd] Não é um protetor, um subjugador ou uma testemunha.
Visto que não existe, aquele não é a coleção.**

O que vocês dizem é incorreto. Como sabem, em um Sutra Buda diz:

Tu és o teu próprio protetor,
Tu és o teu próprio inimigo,
Tu és a tua própria testemunha
Quando o bem ou o mal é feito.

e mais adiante, no mesmo Sutra, ele diz:

Por controlarem-se a si próprios,
Os sábios alcançam *status* elevado.

Esse Sutra ensina que, com uma prática sincera, podemos estabelecer o alicerce da Joia Dharma no nosso *continuum* mental e, através dessas realizações, protegermo-nos do sofrimento. Portanto, se praticarmos o Dharma sinceramente, podemos nos tornar o nosso próprio protetor. Por outro lado, se nos envolvermos em ações não-virtuosas, traremos sofrimento para nós mesmos e, nesse caso, teremos nos tornado o nosso próprio inimigo. De qualquer modo, quer estejamos fazendo o bem ou o mal, sabemos o que estamos fazendo e, portanto, somos as nossas próprias testemunhas. Aqueles que são sábios controlam as suas mentes através da prática de Dharma e, assim, obtêm um renascimento como um ser humano ou um deus e, por fim, alcançam a libertação do samsara. Todas essas atividades são funções do *self*, mas não são funções de uma mera coleção de agregados. Uma coleção, ou conjunto, de agregados não é um protetor, um subjugador ou uma testemunha. Portanto, visto que uma coleção substancialmente existente de agregados que possa desempenhar todas essas funções do *self* não existe, o *self* não é a coleção dos agregados.

REJEITAR UM ARGUMENTO CONTRA ISSO

Algumas escolas inferiores Assim como o possuidor da coleção dos agregados é um protetor, um subjugador e uma testemunha, a própria coleção também o é.

Madhyamika-Prasangikas

> **[VI.135ab] Neste caso, a coleção das suas partes desmontadas é uma carroça**
> **Porque o *self* é semelhante a uma carroça.**

Se vocês afirmam que a mera coleção dos agregados é o *self*, então segue-se que, se uma carroça, por exemplo, for desmontada e todas as suas partes empilhadas, essa coleção, ou conjunto, de partes é uma carroça. A razão disso é porque, como vocês sabem, Buda diz nos Sutras que o *self* existe de uma maneira similar a uma carroça:

> Assim como "carroça" é designada
> Na dependência da coleção das suas partes,
> Do mesmo modo, convencionalmente, "ser vivo" é designado
> Na dependência dos agregados.

EXPLICAR, NA DEPENDÊNCIA DE OUTROS SUTRAS, QUE A MERA COLEÇÃO DOS AGREGADOS NÃO É O *SELF*

Madhyamika-Prasangikas

> **[VI.135cd] O Sutra diz que ele é dependente dos agregados.**
> **Portanto, a mera coleção dos agregados não é o *self*.**

O Sutra que acabamos de citar explica que, assim como uma carroça é dependente da coleção das suas partes, o *self* também é dependente da coleção dos agregados. Portanto, a mera coleção dos agregados não é o *self*. Falando com precisão, o significado disso é que, assim como uma carroça é meramente designada por concepção na dependência da coleção das suas partes, o *self* também é meramente designado por concepção na dependência da coleção dos agregados. Desse modo, a mera coleção dos agregados é a base para designar o *self*, e o *self* é o objeto designado sobre essa base. Uma vez que, em relação a um objeto, é impossível que algo seja tanto a base de designação como o objeto designado, segue-se que a mera coleção das partes da carroça não pode ser a carroça, e a mera coleção dos agregados não pode ser o *self*.

Todas as escolas budistas citam o Sutra referido pelos samittiyas como uma fonte para identificar o *self*, mas, com exceção dos madhyamika-prasangikas, todas o interpretam mal. Todas as escolas inferiores acham que é preciso existir um *self* que seja mais do que o mero termo "*self*" e, por isso, procuram por um *self* na sua base de designação. Embora tenham explicações diferentes sobre a natureza do *self*, todas afirmam equivocadamente que o *self* pode ser encontrado na sua base de designação. Elas cometem o mesmo erro com todos os demais objetos convencionais, tais como carroças e potes. No entanto, a verdade é que, se não estivermos satisfeitos com o mero nome de um objeto e procurarmos por ele na sua base de designação, não o encontraremos. A razão disso é que todos os objetos são meramente designados por concepção na dependência da sua base de designação e, assim, a base de designação de um objeto não pode ser o próprio objeto.

Somente os madhyamika-prasangikas podem dar uma explicação inequívoca sobre como identificar objetos convencionais, sejam eles objetos internos (tais como o *self*) ou objetos externos (tais como potes). Portanto, devemos investir um longo tempo estudando e tentando compreender a visão madhyamika-prasangika.

REFUTAR QUE O FORMATO DA DISPOSIÇÃO DA MERA COLEÇÃO DOS AGREGADOS É O *SELF*

Outros samittiyas Não é a mera coleção das partes que é a carroça, mas o formato resultante do arranjo, ou disposição, dessas partes. Quando vemos o formato de uma carroça, dizemos "ali está uma carroça". De modo semelhante, quando vemos o formato de uma vaca, dizemos "ali está uma vaca". O mesmo ocorre com todos os outros seres vivos: nós os identificamos pelos seus formatos. Assim, embora a mera coleção dos agregados não seja o *self*, o formato dos agregados é.

Madhyamika-Prasangikas

**[VI.136] Se dizeis que é o formato, então, uma vez que isso pertence aos possuidores-de-forma,
Estes são, segundo vós, o *self*.
A coleção da mente e assim por diante não são o *self*
Porque eles não têm formato.**

Se vocês dizem que o *self* é o formato dos agregados, então, uma vez que apenas possuidores-de-forma, tais como os corpos, possuem formato, apenas eles podem ser o *self*. [Desse ponto de vista], os outros agregados – a coleção da mente e fatores mentais – não são o *self* porque eles não têm formato. Portanto, se o *self* é forma, então, uma vez que o agregado forma cessa no momento da morte, segue-se que o *self* também cessa e, assim, não há vidas futuras.

O formato de uma carroça não é a carroça, mas uma parte da carroça, razão pela qual dizemos "o formato da carroça", e não "a carroça". É verdade que, quando vemos o formato de algo – por exemplo, de um carro ou de um relógio –, dizemos "ali está um carro" ou "ali está um relógio", mas a razão disso é porque um carro, por exemplo, não é uma entidade diferente do seu formato, e não porque o carro seja o seu formato. Se não estivermos satisfeitos com o mero formato de um carro e levarmos nossa busca adiante, não encontraremos um carro, porque um carro é meramente designado na dependência do seu formato. Quando as pessoas mundanas veem o formato de um carro, elas ficam perfeitamente satisfeitas [com o fato de] que ali está um carro, trocam dinheiro por ele e saem dirigindo-o. Ao contrário das escolas inferiores, não procuram pelo carro na sua base de designação. Assim, as escolas inferiores contradizem as crenças das pessoas mundanas.

MOSTRAR OUTRA CONTRADIÇÃO NA AFIRMAÇÃO DE QUE O *SELF* É A MERA COLEÇÃO DOS AGREGADOS

Madhyamika-Prasangikas

[VI.137ab] É impossível que, em relação a si próprio, o apropriador e o que é apossado sejam idênticos;
Caso contrário, o agente e [o objeto d]a ação seriam idênticos.

Há uma outra falha com a afirmação de que a mera coleção dos agregados é o *self*. Visto que os agregados são apossados pelo *self*, o *self* é o apropriador e os agregados são o objeto apossado. Portanto, é impossível que os agregados sejam o *self*. Se os agregados fossem o *self*, então o agente da ação e o objeto da ação seriam idênticos, o que, neste caso, por exemplo, seria equivalente a dizer que um oleiro é *um* com o seu pote. Em *Sabedoria Fundamental*, Nagarjuna diz:

> Deves compreender a apropriação do mesmo modo.

Isso significa que, assim como o agente e o objeto da ação são mutuamente dependentes, o apropriador e o apossado também o são. Uma vez que é impossível que sejam idênticos, é impossível para o *self* ser os agregados.

Outras escolas Em um Sutra, Buda diz:

> Embora um agente não seja visto, tanto as ações como o pleno amadurecimento existem.

Isso significa que, uma vez que um *self* que seja um agente não existe como uma entidade separada dos agregados, tanto o apropriador como o apossado são encontrados nos agregados. Portanto, não há contradição em dizer que o agente e o objeto da ação sejam idênticos.

Madhyamika-Prasangikas

> [VI.137cd] **Se pensais que há [um objeto de uma] ação sem um agente**
> **Isso não é possível, porque não há ação sem um agente.**

Se o *self* estiver nos agregados, não haverá então um agente para se apossar dos agregados. Se não houver um agente, não poderá haver um objeto da ação e, assim, não haverá nem mesmo uma coleção dos agregados. Se vocês pensam que o objeto de uma ação pode existir sem o agente, isso não é possível porque, se não há agente, não há ação, e se não há ação, não há objeto da ação. Em outras palavras, se não há um *self* para se apossar dos agregados, não há uma ação de apropriação e, portanto, não há agregados apossados.

Outras escolas Pois bem... então, qual é o significado do Sutra que acabamos de citar?

Madhyamika-Prasangikas Esse Sutra ensina que, embora não exista um *self* inerentemente existente que seja um agente, não obstante, tanto as ações como os seus efeitos plenos existem. Assim, embora o *self* e todos os demais fenômenos sejam vazios de existência inerente, ainda assim acumulamos carma e experienciamos os seus efeitos.

BUDA DIZ QUE O *SELF* É DESIGNADO NOS SEIS ELEMENTOS E ASSIM POR DIANTE

Madhyamika-Prasangikas

> [VI.138] **Uma vez que o Hábil ensina que o *self* é dependente**
> **Dos seis elementos – terra, água, fogo, vento,**
> **Espaço e consciência –**
> **E das seis bases – o contato visual e assim por diante –,**

**[VI.139] E uma vez que ele diz que é dependente
Dos fenômenos *mentes* e *fatores mentais*,
O *self* não é eles, nem nenhum deles e tampouco a mera coleção.
Portanto, a mente de agarramento ao *eu* não os observa.**

No *Sutra Encontro do Pai e do Filho*, Buda ensina que o *self* é meramente designado na dependência dos seis elementos, das seis bases e dos fenômenos *mentes* e *fatores mentais*. Portanto, todas essas coisas, individual e coletivamente, são bases para designar o *self*. Visto que são bases para designar o *self*, não podem ser o *self*. O *self* não é elas, nem nenhuma delas e tampouco a mera coleção delas. Portanto, a mente de agarramento ao *eu* inata não as observa, mas observa apenas o *self*.

A base de designação do *self* é a mente e o corpo. Estes consistem dos cinco agregados, e estes, por sua vez, consistem dos seis elementos, das seis bases e dos fenômenos *mentes* e *fatores mentais*. Os seis elementos são: terra, água, fogo, vento, espaço e consciência. Os cinco primeiros estão todos incluídos no agregado forma, e o último, no agregado consciência. A carne, ossos, unhas, dentes e outras partes sólidas do corpo são o elemento terra; o sangue, saliva e outros fluidos corporais são o elemento água; o calor do corpo é o elemento fogo; os ventos fluindo pelos canais são o elemento vento; e os diversos vazios dentro do corpo são o elemento espaço. As seis consciências são: a consciência visual, a consciência auditiva, a consciência olfativa, a consciência gustativa, a consciência corporal, ou tátil, e a consciência mental.

Essas seis consciências são geradas na dependência dos seis poderes: o poder sensorial visual, o poder sensorial auditivo, o poder sensorial olfativo, o poder sensorial gustativo, o poder sensorial corporal, ou tátil, e o poder mental. Cada uma desses poderes tem um fator mental contato associado a ele. Assim, há um fator mental contato gerado na dependência da sua condição dominante específica, o poder sensorial visual; um fator mental contato gerado na dependência da sua condição dominante específica, o poder sensorial auditivo; um fator mental contato gerado na dependência da sua condição dominante específica, o poder sensorial olfativo; um fator mental contato gerado na dependência da sua condição dominante específica, o poder sensorial gustativo; um fator mental contato gerado na dependência da sua condição dominante específica, o poder sensorial corporal; e um fator mental contato gerado na dependência da sua condição dominante específica, o poder, ou faculdade, mental. Cada um desses contatos atua como base para as suas sensações respectivas; por essa razão, são denominados "as seis bases". As seis sensações são: a sensação surgida do contato associado à consciência visual; a sensação surgida do contato associado à consciência auditiva; a sensação surgida do contato associado à consciência olfativa; a sensação surgida do contato associado à consciência gustativa; a sensação surgida do contato associado à consciência corporal; e a sensação surgida do contato associado à consciência mental.

As mentes e os fatores mentais consistem das seis mentes primárias, que são as mesmas que as seis consciências, e dos 51 fatores mentais que as acompanham. Todos esses fenômenos, tanto individual como coletivamente, são bases para designar o *self*, mas nenhum deles é o *self*.

MOSTRAR QUE O OUTRO SISTEMA É INCOERENTE

De acordo com a escola Madhyamika-Prasangika, o agarramento ao em-si de pessoas concebe um *self* inerentemente existente e, por essa razão, o *self* inerentemente existente é o objeto negado da *ausência do em-si* sutil de pessoas. Contudo, a maior parte das escolas inferiores acredita que o objeto negado da *ausência do em-si* sutil de pessoas seja um *self* autossustentado, um *self* substancialmente existente. Os madhyamika-prasangikas dizem que esse é o objeto negado da *ausência do em-si* denso de pessoas, e não da *ausência do em-si* sutil de pessoas.

Dentre a escola inferior dos vaibhashikas, os samittiyas acreditam que o objeto negado da *ausência do em-si* sutil de pessoas é um *self* permanente, sem partes e que não depende de causas.

Samittiyas

[VI.140a] "*Quando a ausência do em-si é realizada, um* self *permanente é negado*",

Quando um ser superior realiza diretamente a ausência do em-si de pessoas, ele, ou ela, realiza que não há um *self* permanente, sem partes e que não depende de causas.

Madhyamika-Prasangikas

[VI.140bcd] **Mas isso não é aceito como sendo a base do agarramento ao *eu*.
Portanto, é surpreendente que digais que a visão do *self*
É erradicada através de conhecer a não-existência do *self*!**

[VI.141] **Seria como alguém que, ao ver uma cobra num buraco da parede de sua casa,
Tivesse sua ansiedade acalmada e perdesse o seu medo pela cobra
Por alguém que lhe dissesse "não há nenhum elefante ali!".
Lamentavelmente, ele seria motivo de riso dos outros.**

Um *self* permanente, sem partes e sem causas não é o objeto observado nem o objeto concebido da visão da coleção transitória que se agarra ao *eu*. Essa mente observa o *self* meramente designado na dependência dos agregados e agarra-se a um *self* inerentemente existente, e não a um *self* permanente. Portanto, é surpreendente que vocês digam que a visão da coleção transitória seja erradicada e que a libertação dos medos do samsara seja alcançada simplesmente através de realizar a não-existência de um *self* permanente, sem partes e sem causas. Seria como um homem que, por desenvolver medo ao ver uma cobra num buraco da parede de sua casa, tivesse seu medo eliminado por alguém que lhe dissesse "não há nenhum elefante ali!". Lamentavelmente, ele seria motivo de riso dos outros!

Estamos presos no samsara e experienciamos os muitos medos do samsara porque a visão da coleção transitória concebe um *self* inerentemente existente. Não podemos alcançar a libertação do samsara e erradicar esses medos simplesmente realizando que o *self* não é permanente. Portanto, vocês devem se esforçar para compreender a verdadeira natureza da ausência do em-si.

REFUTAR AS TRÊS POSIÇÕES DE DEPENDÊNCIA, BASE E POSSE QUE PERMANECEM APÓS ESSES DOIS

Esta seção tem duas partes:

1. Refutar as posições de dependência, base e posse;
2. Resumo das refutações.

REFUTAR AS POSIÇÕES DE DEPENDÊNCIA, BASE E POSSE

[VI.142] O *self* não está nos agregados
E os agregados não estão no *self*.
Por que não? Se eles fossem *outro*, então haveria essas conceitualizações,
Mas visto que não são *outro*, são apenas concepções.

[VI.143] Não é dito que o *self* possua forma, pois o *self* não existe;
Portanto, não há relação com o significado de posse.
Seja *outro*, [como o] que possui vacas, ou não-*outro*, [como o] que possui forma,
O *self* não é *um* com a forma nem *outro* que a forma.

Já havia sido estabelecido que o *self* não é inerentemente *outro* que os agregados nem inerentemente *um* com os agregados. Agora, Chandrakirti refuta três outras posições: que o *self* dependa inerentemente dos agregados, que os agregados dependam inerentemente do *self* e que o *self* possua inerentemente os agregados.

O *self* não está nos agregados no sentido de ser um[a entidade] dependente que dependa inerentemente dos agregados como sua base, e o *self* não é a base relativamente à qual os agregados dependam inerentemente. Se o *self* e os agregados fossem inerentemente *outros*, então haveria essas conceitualizações de dependência e base inerentemente existentes, mas, uma vez que não são inerentemente *outros*, essas ideias são, apenas, concepções errôneas. Portanto, o *self* não depende inerentemente dos agregados, e os agregados não dependem inerentemente do *self*.

Além disso, o *self* não possui inerentemente o agregado forma ou qualquer um dos outros agregados, porque o *self* e os agregados dependem de outros fenômenos, tais como as suas causas, e, portanto, não existem inerentemente. Por essa razão, não há relação de posse inerentemente existente entre o *self* e os agregados. Há duas maneiras pelas quais podemos possuir coisas: podemos possuir coisas que são uma entidade diferente de nós mesmos (por exemplo, um homem que possui dinheiro ou um fazendeiro que possui vacas) ou podemos possuir coisas que são a mesma entidade que nós mesmos (por exemplo, um homem que possui sua forma física). No entanto, em nenhum sentido o *self* possui inerentemente os agregados. Por exemplo, se o *self* possuísse inerentemente o agregado forma de acordo com a primeira acepção, então o *self* seria inerentemente *outro* que a forma, e se o *self* possuísse inerentemente o agregado forma de acordo com a segunda acepção, seria inerentemente *um* com a forma; mas, uma vez que o *self* não é inerentemente *outro* nem inerentemente *um* com o agregado forma, nenhuma dessas relações [de posse] é alcançada. Assim como o *self* não possui inerentemente o agregado forma, ele também não possui inerentemente os agregados sensação, discriminação, fatores de composição ou consciência.

RESUMO DAS REFUTAÇÕES

[VI.144] **Forma não é o *self*, o *self* não possui forma,**
O *self* não está na forma, e a forma não está no *self*.
Assim, todos os agregados devem ser conhecidos a partir dessas quatro maneiras,
Denominadas como sendo as vinte visões do *self*.

[VI.145] **O vajra que realiza a ausência do em-si destrói a montanha das visões,**
E esses altos picos na enorme cadeia montanhosa
Da visão da coleção transitória
São destruídos juntamente com o *self*.

Até agora, Chandrakirti refutou cinco posições: que o *self* é inerentemente *outro* que os agregados, que o *self* é inerentemente *um* com os agregados, que o *self* é inerentemente dependente dos agregados, que o *self* é a base em relação à qual os agregados dependem inerentemente, e que o *self* possui inerentemente os agregados. Ao realizarmos essas refutações, realizaremos que o *self* é vazio de existência inerente e compreenderemos também a natureza da visão-raiz e da visão-cimeira da coleção transitória.

A visão-raiz da coleção transitória é a visão da coleção transitória propriamente dita, que já foi explicada. Ela tem dois tipos: a visão da coleção transitória que concebe *eu* e a visão da coleção transitória que concebe *meu*. A primeira observa apenas o *eu* no nosso *continuum* e o concebe como inerentemente existente. A segunda observa tanto o *eu* quanto o *meu* no nosso *continuum* e concebe *meu* como inerentemente existente. É importante identificar o objeto observado da visão da coleção transitória que concebe "*meu*". A visão da coleção transitória é, necessariamente, um agarramento ao em-si de pessoas que concebe o próprio *eu* como inerentemente existente, e ela, necessariamente, toma o *eu* no nosso próprio *continuum* como o seu objeto observado. A visão da coleção transitória que concebe *meu*, portanto, precisa observar o nosso próprio *eu* e concebê-lo como inerentemente existente. Quando vemos o aspecto das outras coisas, tais como nossas roupas ou o nosso corpo, desenvolvemos uma sensação de "*meu*". Em momentos como esse, estamos observando o nosso *eu* como um possuidor, como "*meu*", e concebendo-o como inerentemente existente. Assim, neste contexto, o termo "*meu*" não se refere aos objetos que estão sendo considerados como *meus*, mas ao sujeito que está sendo considerado como o possuidor. Se o termo "*meu*" se referisse aos objetos, tais como as nossas roupas ou o nosso corpo, então o objeto observado seria um fenômeno outro que pessoas, e a mente que se aferrasse a eles como inerentemente existentes seria um agarramento ao em-si dos fenômenos, e não um agarramento ao em-si de pessoas. Mesmo assim, não é incorreto dizer que objetos, tais como as nossas roupas ou o nosso corpo, são instâncias do *meu*.

Tanto a visão da coleção transitória que concebe *eu* quanto a visão da coleção transitória que concebe *meu* possui tipos inatos e intelectualmente formados. Todos os seres vivos – com exceção daqueles que estão prestes a se tornar Destruidores de Inimigos, os Destruidores de Inimigos propriamente ditos e os Bodhisattvas no oitavo, nono e décimo solos – têm a visão inata da coleção transitória o tempo todo, até mesmo quando dormem. Tomemos um minúsculo inseto – por exemplo, uma formiga. Se colocarmos o dedo no caminho de uma formiga, ela fugirá na direção oposta ou permanecerá imóvel, fingindo-se de morta, até que o perigo tenha passado. Esse é um sinal perfeito de que ela possui a visão da coleção transitória que se agarra fortemente ao *eu*. A formiga não precisa realizar uma investigação, através de raciocínios, para gerar essa mente – ela automaticamente se aferra ao *eu* devido às marcas que possui no seu *continuum* mental. Essa é a razão pela qual essa visão é denominada a visão "inata" da coleção transitória.

Embora a visão inata da coleção transitória funcione nos seres comuns o tempo todo, prendendo-os ao samsara e condenando-os a sofrimento perpétuo, há pouquíssimas pessoas que, apesar disso, são conscientes da sua existência. Sem receber instruções de Dharma, nunca compreenderemos a natureza ou a função da visão da coleção transitória. Embora haja incontáveis seres vivos, apenas poucos têm a oportunidade de receber essas instruções. Tais pessoas são, na verdade, muito afortunadas, mas mesmo elas não serão capazes de escapar do samsara se a sua experiência da visão da coleção transitória permanecer uma mera compreensão intelectual.

Como já foi explicado, para abandonar o samsara é necessário abandonar a visão da coleção transitória, e, para fazer isso, precisamos primeiro identificá-la claramente no âmbito da nossa própria experiência. Temos de observar a nossa mente durante um longo período até reconhecermos claramente a visão da coleção transitória no nosso próprio *continuum*. Somente então seremos capazes de abandoná-la e de alcançar a libertação. Portanto, tendo alcançado uma preciosa vida humana e tendo encontrado o Dharma que explica a visão da coleção transitória, devemos agora nos esforçar para identificar essa visão na nossa própria mente. Não fazer isso seria um trágico desperdício de uma rara e preciosa oportunidade.

As visões-cimeira da coleção transitória são as visões intelectualmente formadas. Diferentemente da visão inata, as visões intelectualmente formadas da coleção transitória não surgem naturalmente de marcas no *continuum* mental, mas se desenvolvem como resultado de raciocínios enganosos. Por exemplo, se investigarmos a natureza do nosso *eu* e concluirmos erroneamente que ele precisa ser inerentemente existente, teremos gerado uma visão intelectualmente formada da coleção transitória.

Buda listou vinte diferentes visões intelectualmente formadas da coleção transitória. Elas são:

(1) A visão que sustenta o nosso agregado forma como um *eu* inerentemente existente;
(2) A visão que sustenta o nosso agregado forma como a posse de um *eu* inerentemente existente;
(3) A visão que sustenta o nosso agregado forma como a base em relação à qual um *eu* inerentemente existente depende;
(4) A visão que sustenta o nosso agregado forma como dependente de um *eu* inerentemente existente;
(5) A visão que sustenta o nosso agregado sensação como um *eu* inerentemente existente;
(6) A visão que sustenta o nosso agregado sensação como a posse de um *eu* inerentemente existente;
(7) A visão que sustenta o nosso agregado sensação como a base em relação à qual um *eu* inerentemente existente depende;
(8) A visão que sustenta o nosso agregado sensação como dependente de um *eu* inerentemente existente;
(9) A visão que sustenta o nosso agregado discriminação como um *eu* inerentemente existente;
(10) A visão que sustenta o nosso agregado discriminação como a posse de um *eu* inerentemente existente;
(11) A visão que sustenta o nosso agregado discriminação como a base em relação à qual um *eu* inerentemente existente depende;
(12) A visão que sustenta o nosso agregado discriminação como dependente de um *eu* inerentemente existente;
(13) A visão que sustenta o nosso agregado fatores de composição como um *eu* inerentemente existente;
(14) A visão que sustenta o nosso agregado fatores de composição como a posse de um *eu* inerentemente existente;
(15) A visão que sustenta o nosso agregado fatores de composição como a base em relação à qual um *eu* inerentemente existente depende;
(16) A visão que sustenta o nosso agregado fatores de composição como dependente de um *eu* inerentemente existente;

(17) A visão que sustenta o nosso agregado consciência como um *eu* inerentemente existente;
(18) A visão que sustenta o nosso agregado consciência como a posse de um *eu* inerentemente existente;
(19) A visão que sustenta o nosso agregado consciência como a base em relação à qual um *eu* inerentemente existente depende;
(20) A visão que sustenta o nosso agregado consciência como dependente de um *eu* inerentemente existente.

Nosso agregado forma não é um *eu* inerentemente existente, mas a primeira visão sustenta que seja. Um *eu* inerentemente existente não é o possuidor do nosso agregado forma, mas a segunda visão sustenta que o nosso agregado forma é a posse de um *eu* inerentemente existente. Um *eu* inerentemente existente não depende do nosso agregado forma, mas a terceira visão sustenta que o nosso agregado forma é a base em relação à qual um *eu* inerentemente existente depende. Nosso agregado forma não depende de um *eu* inerentemente existente, mas a quarta visão sustenta que o nosso agregado forma é dependente de um *eu* inerentemente existente. As demais dezesseis visões podem ser compreendidas da mesma maneira.

Podemos nos perguntar por que a posição de o *self* ser *inerentemente outro* que os cinco agregados não foi incluída nessa lista, o que totalizaria então 25 visões enumeradas. A razão disso é que essas vinte visões são concepções errôneas que observam os agregados, e não entidades diferentes dos agregados. Porque observam os agregados e não o *eu*, essas vinte visões não são o agarramento ao em-si de pessoas e, por essa razão, não são visões da coleção transitória propriamente dita. São chamadas "visões da coleção transitória" porque observam a coleção transitória dos agregados. Chamá-las de "visões da coleção transitória" também serve para realçar o fato de que a visão da coleção transitória propriamente dita surge apenas quando um ou mais dos agregados aparece à mente.

Essas vinte visões intelectualmente formadas surgem na dependência da visão inata da coleção transitória propriamente dita. Assim, a visão inata da coleção transitória é semelhante a uma vasta cadeia montanhosa solidamente erguida na mente, e as vinte visões intelectualmente formadas são como os altos picos que se destacam dessa cadeia. Em um Sutra, Buda diz:

Quando os vinte altos picos montanhosos da visão da coleção transitória tiverem sido destruídos pelo vajra da excelsa percepção, a realização do Ingressante na Corrente será experienciada diretamente.

Isso significa que, quando um praticante hinayana alcança o Caminho da Visão, o vajra da sua excelsa percepção que realiza diretamente a ausência do em-si destrói essas vinte visões intelectualmente formadas, e ele, ou ela, alcança a realização de um Ingressante na Corrente.

NEGAR UM *SELF* SUBSTANCIALMENTE EXISTENTE QUE NÃO É IDÊNTICO NEM DIFERENTE

Esta seção tem duas partes:

1. Apresentação do outro sistema;
2. Refutação desse sistema.

APRESENTAÇÃO DO OUTRO SISTEMA

[VI.146] Alguns asseveram uma pessoa substancialmente
  existente que é impossível de ser descrita
Em termos de igualdade, alteridade, permanência,
  impermanência, e assim por diante.
Eles dizem que é um objeto de conhecimento das seis consciências
E asseveram que é a base do agarramento ao *eu*.

Samittiyas Visto que o *self* executa ações, experiencia os seus efeitos, habita o samsara e, por fim, alcança a libertação, ele precisa ser uma pessoa substancialmente existente. Claramente, o *self* não é o mesmo que os agregados, pois o *self* não perece na morte como os agregados o fazem, e não pode ser separado dos agregados porque, se os agregados não aparecerem, o *self* também não aparecerá. Portanto, em termos de igualdade, alteridade, permanência, impermanência e assim por diante, o *self* é impossível de ser descrito. Apesar disso, ele é um objeto de conhecimento das seis consciências e é a base do agarramento ao *eu*.

REFUTAÇÃO DESSE SISTEMA

Madhyamika-Prasangikas

[VI.147] Uma vez que não asseverais a mente como indescritível
  no que diz respeito à forma,
Não deveis asseverar coisas existentes como impossíveis de
  serem descritas.
Se o *self* existisse como coisa,
Coisas existentes, como a mente, não seriam impossíveis de
  serem descritas.

[VI.148] Segundo vós, um pote, o qual é uma entidade que não
  existe como uma coisa,
Não pode ser descrito no que diz respeito à forma e assim por
  diante.
Portanto, não deveis asseverar um *self* que seja indescritível no
  que diz respeito aos seus agregados
Existindo por si mesmo.

[VI.149] Vós não afirmais que a consciência é *outra* que a sua
  própria natureza,
Mas a afirmais como uma coisa que é *outra* que a forma e assim
  por diante.
Uma vez que esses dois aspectos são vistos nas coisas,
O *self* não existe, porque carece das características das coisas.

De acordo com vocês, a mente é substancialmente existente e, portanto, não asseveram que a mente é impossível de ser descrita como idêntica ou diferente da forma. Então, por que razão asseveram um *self* substancialmente existente que não pode ser descrito nesses modos? Se o *self* é uma coisa substancialmente existente, então, assim como a mente, ele pode ser descrito, porque precisaria ser, necessariamente, substancialmente idêntico aos agregados ou substancialmente diferente deles.

Por outro lado, vocês dizem que um pote não é substancialmente existente e, assim, ele é indescritível em relação às suas partes – forma e assim por diante – e, por essa razão, vocês afirmam que ele é existente por meio de designação. Seguindo o mesmo raciocínio, se vocês dizem que o *self* é indescritível em relação aos seus agregados, deveriam igualmente afirmar que ele também é existente por meio de designação, e não substancialmente existente.

Vocês dizem que a consciência não é *outra* que a sua própria natureza, mas que é *outra* que a forma e assim por diante. Esses dois aspectos, sendo *um* consigo mesmo e diferente das outras coisas, são características essenciais de todas as coisas, mas vocês dizem que o *self* carece dessas características. Portanto, segue-se que o *self* não existe.

Essas três estrofes refutam um *self* substancialmente existente e estabelecem um *self* existente por meio de designação. Os samittiyas asseveram o *self* como substancialmente existente, mas, de acordo com os madhyamika-prasangikas, isso é impossível. *Substancialmente existente* significa existir sem ser designado, ou imputado, por concepção. Os madhyamika-prasangikas dizem que nenhum fenômeno é substancialmente existente porque *ser substancialmente existente é ser inerentemente existente*, e todos os fenômenos carecem de existência inerente.

EXPLICAR, COM UMA ANALOGIA, COMO O *SELF* É MERAMENTE UMA DESIGNAÇÃO DEPENDENTE

Esta seção tem quatro partes:

1. Embora o *self* não exista nos sete extremos, ele é uma designação dependente, tal como uma carroça o é;
2. Explicação extensa das duas posições não explicadas anteriormente;
3. Rejeitar um argumento contra essa explicação;
4. Mostrar que o significado nominal dos outros nomes também é estabelecido.

EMBORA O *SELF* NÃO EXISTA NOS SETE EXTREMOS, ELE É UMA DESIGNAÇÃO DEPENDENTE, TAL COMO UMA CARROÇA O É

[VI.150] Portanto, a base do agarramento ao *eu* não é uma coisa.
Não é *outra* que os agregados e não é a entidade dos agregados.
Não depende dos agregados e não as possui.
Existe na dependência dos agregados.

[VI.151] É como uma carroça, que não é *outra* que as suas partes,
Não é não-*outra* e não as possui.
Não está nas suas partes e as suas partes não estão nela.
Não é a mera coleção nem o formato.

Do que foi exposto acima, fica claro que o *eu* existente, que é o objeto observado da visão da coleção transitória que se agarra ao *eu*, não é inerentemente existente. Um *self* inerentemente existente não pode ser *outro* que os agregados nem a mesma entidade que os agregados. Ele não pode depender dos agregados e não pode possuir os agregados. Por outro lado, o *eu* existente, que é o objeto observado da visão da coleção transitória, não é os seus agregados, é a mesma entidade que os seus agregados, é dependente dos seus agregados e possui os seus agregados. Portanto, o *eu* não é inerentemente existente, mas existe como uma mera designação conceitual na dependência dos agregados.

É necessário grande habilidade para distinguir o objeto observado da visão da coleção transitória (o qual existe) do objeto concebido (o qual não existe). A falha em distingui-los é a fonte de muitas visões equivocadas. Antes de realizar a vacuidade, o *eu* existente sempre aparece para nós misturado, em alguma medida, com um *eu* inerentemente existente.

Chandrakirti utiliza a analogia da carroça para mostrar como o *eu* não pode ser encontrado e, não obstante, existir. Se não estivermos satisfeitos com o mero nome "carroça" e levarmos a busca adiante, não encontraremos uma carroça. Uma carroça não é *outra* que as suas partes, não é *uma* com as suas partes, não possui as suas partes, não está nas suas partes, suas partes não estão nela, não é a mera coleção das suas partes e não é o formato das suas partes. Não obstante, uma carroça existe meramente designada pela mente conceitual na dependência da coleção das suas partes, que é a sua base de designação. Exatamente do mesmo modo, embora não possamos encontrar o *eu* a partir de uma investigação, ele, no entanto, existe meramente designado pela mente conceitual na dependência da sua base de designação, a coleção dos agregados.

EXPLICAÇÃO EXTENSA DAS DUAS POSIÇÕES NÃO EXPLICADAS ANTERIORMENTE

Esta seção tem duas partes:

1. O significado efetivo;
2. Transferir este raciocínio para outros.

O SIGNIFICADO EFETIVO

Na analogia da carroça que acabou de ser apresentada, Chandrakirti refuta sete posições, adicionando duas às cinco anteriores. As duas posições remanescentes são: (1) que uma carroça é a mera coleção das suas partes, e (2) que uma carroça é o mero formato das suas partes. Elas serão agora refutadas extensamente sob os seguintes dois tópicos:

1. Refutar a afirmação de que uma carroça é a mera coleção das suas partes;
2. Refutar a afirmação de que uma carroça é o mero formato das suas partes.

REFUTAR A AFIRMAÇÃO DE QUE UMA CARROÇA É A MERA COLEÇÃO DAS SUAS PARTES

Proponentes de coisas Se não estivermos satisfeitos com o mero nome "carroça" e levarmos a busca adiante, encontraremos uma carroça, porque ela é a mera coleção das suas partes.

Madhyamika-Prasangikas

**[VI.152ab] Se a mera coleção for uma carroça,
Então a carroça existe nas peças desmontadas.**

Se uma carroça for a mera coleção das suas partes, então, se uma carroça for desmontada e todas as suas partes empilhadas, a carroça existirá nessas peças, porque elas são a mera coleção das suas partes.

Objeção Vocês não podem dizer que, quando uma carroça é desmontada, as peças sejam partes de uma carroça, porque, nesse momento, não há uma carroça.

Madhyamika-Prasangikas

**[VI.152cd] Sem um possuidor-de-partes, não há partes;
Portanto, é impossível que o mero formato seja a carroça.**

As partes de uma carroça tornam-se não-partes quando ela é desmontada? Se isto for assim, vocês estão errados ao dizerem que as partes são inerentemente existentes porque, se as partes forem inerentemente existentes, elas precisam permanecer como partes para sempre. Portanto, vocês não podem evitar a consequência que acabamos de mencionar.

Além disso, a coleção das partes da carroça é, ela própria, parte da carroça, porque é uma coleção de *partes* da carroça. Se olharmos um rebanho de ovelhas, por exemplo, veremos unicamente ovelhas – não veremos nada que não seja uma ovelha. Do mesmo modo, se olharmos a coleção das partes de uma carroça, veremos unicamente partes de uma carroça – não veremos nada que não seja as partes de uma carroça. Portanto, a coleção das partes de uma carroça é parte da carroça. Uma vez que uma carroça não é parte de uma carroça, segue-se que uma carroça não é a coleção das suas partes.

As partes de uma carroça consistem das partes individuais e da coleção das partes. Destas duas, a última é a mais importante porque, se possuirmos apenas as partes individuais de uma carroça, não possuiremos uma carroça. Uma carroça vem à existência apenas quando as suas partes são reunidas de uma maneira específica. Portanto, a base principal para designar, ou imputar, uma carroça é a coleção das suas partes. Uma vez que é a base para designar uma carroça, a mera coleção das partes da carroça não pode ser a carroça.

Visto que as partes individuais e a coleção das partes são partes de uma carroça, nenhuma delas é o possuidor das partes, e uma vez que, de acordo com vocês, a carroça é as suas partes, segue-se que não há um possuidor das partes. Sem um possuidor das partes, não há partes e, se não há partes, não há coleção de partes. Portanto, é impossível que a mera coleção das suas partes seja a carroça.

No último verso dessa estrofe do texto-raiz, lê-se: "Portanto, é impossível que o mero formato seja a carroça". Alguns textos dizem que esse verso deveria ser mudado para: "Portanto, é impossível que a mera coleção seja a carroça", visto que essa é a ocasião de refutar que a coleção das partes é uma carroça. No entanto, é possível interpretar as palavras do texto-raiz sem contradição e, por essa razão, não há necessidade de modificá-las.

REFUTAR A AFIRMAÇÃO DE QUE UMA CARROÇA É O MERO FORMATO DAS SUAS PARTES

Esta seção tem duas partes:

1. Refutar a afirmação de que uma carroça é o formato das suas partes individuais;
2. Refutar a afirmação de que uma carroça é o formato da coleção das suas partes.

REFUTAR A AFIRMAÇÃO DE QUE UMA CARROÇA É O FORMATO DAS SUAS PARTES INDIVIDUAIS

Objeção Uma carroça é o formato das suas partes individuais.

Madhyamika-Prasangikas

[VI.153] **Segundo vós, o formato de cada parte é o mesmo
Seja quando estão reunidas numa carroça, seja como eram antes.
Tal como aquelas que estavam separadas,
Agora também não há carroça.**

[VI.154] **Se as rodas e assim por diante têm formatos diferentes,
Agora, no momento da carroça, deveriam ser visíveis,
Mas não o são.
Portanto, o mero formato não é a carroça.**

Quando vocês dizem que o formato das partes individuais é a carroça, o formato de cada parte é o mesmo antes e depois de a carroça ter sido montada, ou é diferente? Se disserem que o formato de cada parte é o mesmo após ter sido montada, então, assim como não havia carroça quando as partes individuais estavam separadas, também não há carroça quando as partes estão reunidas. Se os formatos das partes individuais não são a carroça antes de ela ser montada, como podem ser a carroça quando estão reunidas se não mudam durante o processo? Se disserem que, no momento [de existência] da carroça, as rodas, o eixo e assim por diante têm formatos diferentes daqueles que tinham antes de serem reunidos, deveríamos ser capazes de ver esses formatos diferentes, mas não podemos. Portanto, uma carroça não é o mero formato das suas partes individuais.

REFUTAR A AFIRMAÇÃO DE QUE UMA CARROÇA É O FORMATO DA COLEÇÃO DAS SUAS PARTES

Objeção Uma carroça é o formato da coleção das suas partes.

Madhyamika-Prasangikas

[VI.155] **Uma vez que, para vós, não há coleção por mínima que seja,
Esse formato não é o da coleção das partes,**

Je Tsongkhapa

**E uma vez que não depende de nada,
Como, nesse caso, pode ser o formato?**

Se a carroça for o formato da coleção das suas partes, esse formato precisa ser designado à coleção, e a coleção precisa ser a base de designação para esse formato. De acordo com o sistema de vocês, uma base de designação precisa ser substancialmente existente. Por outro lado, vocês dizem que não há uma coisa como essa, uma coleção substancialmente existente, porque uma coleção é, necessariamente, existente por meio de designação. Portanto, segue-se que a coleção das partes da carroça não pode ser uma base para designar o formato da carroça. Se o formato não for designado na coleção das partes, ele não terá base de designação em relação à qual dependa; assim, como pode a carroça ser o formato da coleção das suas partes? Além disso, o formato da carroça não é a carroça, porque a carroça é o possuidor, e o formato, a posse. Possuidor e posse não podem ser *um*.

TRANSFERIR ESTE RACIOCÍNIO PARA OUTROS

Madhyamika-Prasangikas

**[VI.156] Deveis compreender que todas as coisas são produzidas
Exatamente como tendes afirmado aqui,
Com aspectos de efeitos que possuem naturezas falsas
Surgindo na dependência de causas falsas.**

**[VI.157] Devido a isso, também é inadequado dizer que a mente de um pote
Observa as formas, e assim por diante, existindo desse modo.
Uma vez que não há produção, as formas, e assim por diante, não existem.
Portanto, também é inadequado que os seus formatos existam.**

Com efeito, o que vocês acabaram de dizer é que um formato que não é substancialmente existente é designado, ou imputado, na dependência de uma coleção de partes que também não é substancialmente existente.

Vocês devem compreender que todas as coisas são produzidas exatamente desse modo, com *efeitos existentes por meio de designação* que carecem de existência verdadeira surgindo na dependência de *causas existentes por meio de designação* que também carecem de existência verdadeira.

O raciocínio que refuta a afirmação de que uma carroça é a coleção das suas partes também se aplica a todas as outras coisas, tais como potes, casas, carros e roupas. Um pote, por exemplo, é composto de oito substâncias atômicas: os quatro elementos (o elemento terra, o elemento vento, o elemento fogo e o elemento água) e as quatro substâncias que surgem dos elementos (forma, cheiro, sabor e objetos táteis). Porque um pote consiste dessas oito substâncias atômicas, essas substâncias são partes do pote, mas não são o pote. Portanto, é inadequado dizer que uma mente observando um pote observa as oito substâncias atômicas – formas e assim por diante –, que são a coleção das suas partes. Além disso, uma vez que não há produção inerentemente existente, as oitos substâncias atômicas – forma e assim por diante –, que são a base de designação, não existem substancialmente. Portanto, também é inadequado afirmar que o formato que é designado nelas seja substancialmente existente.

REJEITAR UM ARGUMENTO CONTRA ESSA EXPLICAÇÃO

Escolas inferiores De acordo com vocês, se procurarmos por uma carroça através dessas sete maneiras, nunca a encontraremos, mas isso é equivalente a dizer que a carroça não existe de modo algum.

Madhyamika-Prasangikas

> [VI.158] É verdade que não é estabelecida através das sete maneiras
> Seja na talidade, seja para os mundanos,
> Mas, do ponto de vista dos mundanos,
> É designada, sem análise, na dependência das suas partes.

É verdade que, seja em nível último, seja nominalmente, uma carroça não é estabelecida através das sete maneiras, mas, do ponto de vista da designação mundana, ela existe sem análise, meramente designada na dependência das suas partes. Assim, uma carroça existe simplesmente através de designação mundana. Não há carroça que não o mero nome "carroça" que é designado pelas pessoas mundanas. Ficamos então satisfeitos com o mero nome "carroça" e não sentimos a necessidade de uma investigação adicional. A esse respeito, somos exatamente como as pessoas normais que, por também ficarem satisfeitas com o mero nome "carroça" e sem uma investigação posterior, usam carroças para carregar coisas.

MOSTRAR QUE O SIGNIFICADO NOMINAL DOS OUTROS NOMES TAMBÉM É ESTABELECIDO

Madhyamika-Prasangikas

**[VI.159] É uma possuidora-de-partes e uma possuidora-de--componentes.
Embora seja designada, essa carroça pode executar funções –
Todos sabem que ela funciona assim.
Não destruais as convencionalidades conhecidas pelos mundanos.**

De acordo com o nosso sistema, é perfeitamente possível designar outros nomes a uma carroça. Por exemplo, no que diz respeito às suas partes, uma carroça é uma possuidora-de-partes; e no que diz respeito aos seus componentes, é uma possuidora-de-componentes. Tais nomes são estabelecidos por meio de convenção mundana. Mas, embora seja designada, ou imputada, dessa maneira, todos sabem que uma carroça executa diversas funções. Portanto, podemos dar uma apresentação inequívoca dos objetos, tais como carroças, inteiramente de acordo com as convenções mundanas. Vocês, no entanto, desafiam as convenções mundanas e, por isso, falham em estabelecer, ou explicar, qualquer coisa. Na verdade, a falha que atribuem a nós, de que negamos a existência de tudo, aplica-se efetivamente a vocês. Tomemos uma carroça, por exemplo. Ficou provado que uma carroça não existe nas suas partes individuais nem no conjunto das suas partes e, ainda assim, vocês negam a existência de uma carroça meramente designada na dependência das suas partes. Portanto, de acordo com vocês, não existe carroça e, pela mesma razão, não existe pote, nem carro, nem casa, e assim sucessivamente. Gostaríamos de pedir vocês que destruam essas convencionalidades, que são muito bem conhecidas do mundo!

ESTA APRESENTAÇÃO TEM A BOA QUALIDADE DE NOS PERMITIR ABANDONAR FACILMENTE AS CONCEPÇÕES QUE SE AGARRAM AOS EXTREMOS

Esta seção tem cinco partes:

1. O significado efetivo;
2. Rejeitar um argumento contra isso;
3. Aplicar a analogia da carroça ao significado do *self* nominal;
4. Mostrar outras boas qualidades de afirmar um *self* que é dependentemente-designado;
5. Reconhecer o *self* que é a base tanto da escravidão [promovida] pelas delusões quanto da libertação.

O SIGNIFICADO EFETIVO

Madhyamika-Prasangikas

[VI.160] **Como é possível dizer que aquilo que é não-existente das sete maneiras exista**
Quando a sua existência não é encontrada pelos iogues?
Uma vez que eles realizam a talidade facilmente,
Sua existência deve, aqui, ser asseverada do mesmo modo.

Como é possível dizer que uma carroça que é não-existente das sete maneiras exista inerentemente, quando a sua existência inerente não é encontrada nem mesmo por iogues? Por exemplo, quando os iogues analisam uma carroça mediante as sete maneiras e não conseguem encontrá-la, realizam facilmente a ausência de existência inerente da carroça. Por realizarem a vacuidade da carroça, eles então realizam sua natureza convencional sutil, que é mero nome. No sistema Madhyamika-Prasangika, afirmamos a existência das coisas, tais como carroças, exatamente do mesmo modo como são realizadas por esses iogues.

Se vocês, proponentes de princípios filosóficos inferiores, desejam se livrar de falhas e obter uma compreensão perfeita das duas verdades, devem então abandonar suas visões equivocadas e assumir o sistema dos madhyamika-prasangikas. Nesse sistema, asseveramos que todas as coisas, tais como carroças, são meros nomes, e não prosseguimos com a investigação. Desse modo, podemos dar uma apresentação inequívoca das duas verdades e evitamos cair nos extremos da existência e da não-existência.

REJEITAR UM ARGUMENTO CONTRA ISSO

Objeção Como podem dizer que as partes de uma carroça não existem inerentemente, quando qualquer um pode ver claramente as rodas e assim por diante?

Madhyamika-Prasangikas

> [VI.161] **Se uma carroça não existe, então, nesse caso,**
> **Uma vez que não há um possuidor-de-partes, suas partes também não existem.**
> **Por exemplo, se uma carroça é incendiada, suas partes deixam de existir.**
> **Do mesmo modo, quando um possuidor-de-partes é consumido pelo fogo da sabedoria, suas partes também o são.**

Como já foi explicado, uma carroça não é inerentemente existente porque não pode ser encontrada mediante a análise sétupla. Se uma carroça não existe inerentemente, não há um possuidor-de-partes inerentemente existente e, portanto, as partes também não existem inerentemente. Por exemplo, se o possuidor-de-partes – a carroça – for consumido pelo fogo, suas partes também serão consumidas e deixarão de existir. Do mesmo modo, quando o combustível da mente de agarramento ao em-si que apreende um possuidor-de-partes inerentemente existente é consumido pelo fogo da sabedoria que realiza a vacuidade, a mente de agarramento ao em-si que apreende partes inerentemente existentes também o é. Assim, nem a carroça nem as suas partes são inerentemente existentes.

APLICAR A ANALOGIA DA CARROÇA AO SIGNIFICADO DO *SELF* NOMINAL

[VI.162] **Do mesmo modo, o *self* é considerado pelo consenso mundano**
Como um apropriador na dependência dos agregados,
Dos elementos e, igualmente, das seis fontes.
O apossado são os objetos, e ele é o agente.

A analogia de uma carroça foi dada para nos ajudar a compreender como o *self* não é inerentemente existente, mas meramente designado na dependência de suas partes. É claro que qualquer outro objeto poderia ter sido tomado como analogia, mas, quando examinamos um objeto interno, como o *self*, é útil tomarmos um objeto externo – uma carroça, por exemplo – como analogia. Assim como uma carroça não pode ser encontrada quando analisada mediante as sete maneiras, tampouco o *self* pode ser encontrado, e assim como uma carroça existe como mera designação, o *self* também existe como mera designação. Exatamente do mesmo modo, o *self* é estabelecido, por consenso mundano, como um apropriador, meramente designado na dependência de suas partes: os cinco agregados, os seis elementos e as seis fontes. Tudo isso é o *apossado*, o objeto da ação, e o *self* é o *apropriador*, o agente da ação.

MOSTRAR OUTRAS BOAS QUALIDADES DE AFIRMAR UM *SELF* QUE É DEPENDENTEMENTE-DESIGNADO

[VI.163] **Porque a coisa não existe, ela não é estável nem instável,**
Não nasce nem perece.
Também não tem permanência e assim por diante
E é ausente de unicidade ou alteridade.

Uma vez que tenhamos realizado que o *self* não é inerentemente existente, mas meramente designado nos agregados, realizaremos então que ele não é inerentemente estável nem inerentemente instável, que não nasce inerentemente nem perece inerentemente, que não tem permanência ou impermanência inerentemente existentes e que é ausente de unicidade ou alteridade inerentemente existentes. Realizaremos tudo isso simplesmente por termos realizado que o *self* é vazio de existência inerente. Por que isso é assim? A razão é que, uma vez que tenhamos realizado a vacuidade de um fenômeno *caracterizado*, realizamos automaticamente a vacuidade de todas as suas *características*.

A partir disso, podemos compreender que a realização de que o *self* não é inerentemente existente, mas dependentemente-designado, permite-nos eliminar não apenas a visão da coleção transitória como também todas as demais visões deludidas. As visões deludidas referidas aqui – a visão de que o *self* é inerentemente estável e assim por diante – estão todas incluídas na visão extrema, que faz parte dos cinco tipos de visão deludida.

RECONHECER O *SELF* QUE É A BASE TANTO DA ESCRAVIDÃO [PROMOVIDA] PELAS DELUSÕES QUANTO DA LIBERTAÇÃO

Pergunta Se o *self* não existe inerentemente, mas é meramente designado, o que é que está presentemente aprisionado no samsara e que, por fim, alcançará a libertação?

Madhyamika-Prasangikas

> [VI.164] O *self* em relação ao qual uma mente de agarramento
> ao *eu*
> Sempre surge fortemente nos seres vivos
> E que, relativamente às suas posses, uma mente de agarramento
> ao *meu* surge –
> Esse *self* existe sem investigação e é bem conhecido da confusão.

É verdade que o *self* que é a base tanto do samsara quanto da libertação não pode ser encontrado se procurarmos por ele, mas isso não significa que não exista de modo algum, porque, se não procuramos por ele, ele existe por meio do consenso mundano. Isso significa que ele existe por meio de ser apreendido pelos conhecedores válidos dos seres mundanos. Porque os conhecedores válidos das pessoas mundanas apreendem o *eu*, o *eu* existe. Assim, o *eu* é uma mera apreensão das mentes válidas das pessoas mundanas – ele é mera designação, mero nome. Se ficarmos satisfeitos com essa mera apreensão, esse mero nome, "*eu*", ele existe e funciona, mas se não estivermos satisfeitos e procurarmos por ele, nunca o encontraremos.

Desde tempos sem princípio, os seres vivos, aprisionados no samsara, têm gerado por força do hábito uma forte visão da coleção transitória que se agarra a *eu* e *meu*. O *self* que é o objeto observado da visão da coleção transitória que se agarra ao *eu* e que, relativamente às suas posses, uma mente de agarramento ao *meu* surge, é o *self* que é a base do samsara e da libertação. Ele existe sem investigação e é bem conhecido pelas mentes válidas das pessoas mundanas.

No texto-raiz, as mentes válidas das pessoas mundanas são chamadas de "confusão". Isso se refere às mentes válidas daqueles que ainda não realizaram a vacuidade. Esse termo não se refere à confusão propriamente dita, porque *confusão* é uma percepção errônea, e não uma mente válida.

É importante enfatizar novamente a necessidade de colocar grande esforço em distinguir o *self existente*, que é o objeto observado da visão da coleção transitória, do *self não existente*, que é o seu objeto concebido. Para fazer isso, precisamos, primeiro, realizar a ausência de existência inerente do *self* por meio de analisá-lo das sete maneiras, como fizemos quando analisamos a carroça. Somente então seremos capazes de realizar que o *self* existe como mera designação conceitual.

NEGAR O *MEU* INERENTEMENTE EXISTENTE

**[VI.165] Uma vez que sem um agente não há [objeto da] ação,
Sem um *self* não há *meu*.
Portanto, os iogues que veem que *self* e *meu* são vazios
Alcançarão a libertação.**

Assim como é inadequado asseverar um *self* inerentemente existente, também é inadequado asseverar um *meu* inerentemente existente. Sem um agente, não há objeto da ação. Por exemplo, sem um oleiro, não há pote. Portanto, sem um *self* inerentemente existente, não há *meu* inerentemente existente. Uma vez que a visão da coleção transitória que se agarra a *eu* e *meu* é a raiz do samsara, aqueles que realizam que *self* e *meu* carecem de existência inerente alcançarão a libertação do samsara.

A ANÁLISE DO *SELF* E DA CARROÇA TAMBÉM SE APLICA ÀS OUTRAS COISAS

Esta seção tem três partes:

1. Aplicá-la às coisas, tais como potes e roupas de lã;
2. Aplicá-la a causa e efeito;
3. Rejeitar um argumento contra isso.

APLICÁ-LA ÀS COISAS, TAIS COMO POTES E ROUPAS DE LÃ

[VI.166] **Essas coisas – tais como potes, roupas de lã, telas, exércitos, florestas, rosários, árvores,**
Casas, carrinhos-de-mão, hospedarias e assim por diante –
Devem ser compreendidas exatamente do mesmo modo como são referidas,
Porque o Hábil nunca argumentaria com os mundanos.

[VI.167] **Partes e possuidores-de-partes, qualidades e possuidores-de-qualidades, apego e aquele que possui apego,**
Características e bases de características, lenha e fogo, e assim por diante –
Objetos como esses não existem das sete maneiras quando analisados como a carroça,
Mas, por outro lado, existem por meio de consenso mundano.

O raciocínio que estabelece que o *self* e a carroça não existem das sete maneiras, mas que são meramente designados por concepção, também se aplica às outras coisas. Assim, coisas como potes, roupas de lã, telas, exércitos, florestas, rosários, árvores, casas, carrinhos-de-mão, hospedarias e assim por diante – na verdade, tudo o que é designado pelas pessoas mundanas na dependência de um nome válido – devem ser compreendidas sem investigação como sendo existentes, exatamente do mesmo modo como as pessoas mundanas se referem a elas. Buda aceitou todas essas coisas exatamente como as pessoas mundanas as designam. Ele nunca argumentaria com as pessoas mundanas sobre o que elas compreendem com seus conhecedores válidos.

Além disso, objetos tais como partes e possuidores-de-partes, qualidades e possuidores-de-qualidades, apego e pessoas com apego, características e bases de características e lenha e fogo também não são inerentemente existentes, porque não existem das sete maneiras quando analisados do mesmo modo como uma carroça o foi, mas existem por meio de consenso mundano, porque todos são designados na dependência de nomes válidos pelas pessoas mundanas. Assim, devemos ficar satisfeitos com todas essas coisas como meros nomes, exatamente como são designadas pelas pessoas mundanas, e, então, não teremos dificuldade em estabelecer as duas verdades dos fenômenos, tais como potes e roupas de lã. Por exemplo, a ausência de existência inerente de um pote é uma verdade última, e o pote existindo como mera designação por concepção é uma verdade convencional. Se não ficarmos satisfeitos com os meros nomes das coisas e levarmos a investigação adiante, acharemos ser impossível estabelecer ambas as duas verdades e, tal como os proponentes de coisas, cairemos nos dois extremos.

APLICÁ-LA A CAUSA E EFEITO

Madhyamika-Prasangikas

[VI.168] **Se uma causa produz um produto, ela é uma causa,**
E se nenhum efeito é produzido, então, na falta dele, não é uma causa;
Mas se um efeito possui uma causa, ele é produzido.
Portanto, dizei-nos, o que surge do quê e o que precede o quê?

**[VI.169] Se disserdes que uma causa produz um efeito por encontrarem-se um com o outro,
Então, se forem o mesmo potencial, produtor e efeito não serão diferentes,
E, se forem diferentes, não haverá distinção entre causa e não-causa.
Tendo rejeitado esses dois, não há outra possibilidade.**

**[VI.170ab] Se disserdes que causas não produzem efeitos, então os assim chamados efeitos não existem
E, sem um efeito, não há razão para uma causa, e eles não existem.**

Causa e efeito também não são inerentemente existentes. Por exemplo, se uma causa (como uma semente) produz um produto (um broto), ela é uma causa, mas se nenhum efeito for produzido pela semente, ela não será uma causa. Portanto, as causas dependem dos seus efeitos. Uma vez que podemos ver claramente que todos os efeitos (tais como os brotos) são produzidos por suas causas, os efeitos também dependem das suas causas. Uma vez que causa e efeito são mutuamente dependentes, eles carecem de existência inerente e, assim como uma carroça, não podem ser encontrados a partir de investigação.

Se vocês asseveram que causa e efeito são inerentemente existentes, então, o que surge do quê e o que precede o quê? Os efeitos surgem de causas ou as causas surgem dos efeitos? As causas precedem os efeitos ou os efeitos precedem as causas? Se disserem que os efeitos surgem de causas, estarão contradizendo a sua própria afirmação de que os efeitos são inerentemente existentes, porque algo que seja inerentemente existente não depende de causas. Se disserem que as causas surgem dos efeitos, vocês apenas irão se expor ao ridículo. Se disserem que as causas precedem os efeitos, então, uma vez que as causas são inerentemente existentes, elas nunca cessariam, e se as causas nunca cessarem, os efeitos nunca serão produzidos, porque os efeitos surgem apenas na cessação das suas causas. Se disserem que os efeitos precedem as causas, vocês simplesmente irão se expor ao ridículo novamente.

Além disso, se vocês afirmam que causa e efeito são inerentemente existentes, as causas encontram-se ou não com os seus efeitos? Se disserem que uma causa produz um efeito por meio de se encontrarem, causa e efeito encontram-se como uma pessoa que se encontra com outra ou encontram-se como água fluindo para água? Se disserem que é como uma pessoa que se encontra com outra, então causa e efeito seriam simultâneos, mas isso é impossível. Se disserem que uma causa se encontra com o seu efeito como água fluindo para água, segue-se que causa e efeito misturar--se-iam e tornar-se-iam *um* potencial, como um rio fluindo para um lago. Uma vez que seriam o mesmo potencial, seriam idênticos e, portanto, causa e efeito não seriam diferentes, o que é absurdo. Se afirmarem que uma causa produz um efeito sem se encontrar com ele, então, uma vez que, de acordo com vocês, causa e efeito são inerentemente diferentes, isso significa que são completamente não-relacionados. Se efeitos pudessem surgir de causas em relação às quais são completamente não-relacionados, não haveria distinção entre causa e não-causa, o que é absurdo. Quando uma causa produz um efeito, ela necessariamente faz isso de dois modos: ou através de se encontrar ou de não se encontrar [com o efeito] – não há uma terceira possibilidade. Uma vez que, para vocês, nenhuma dessas possibilidades pode ser estabelecida, isso é uma indicação clara de que não possuem razões corretas para afirmarem que causa e efeito são inerentemente existentes. Se disserem que causas inerentemente existentes não produzem efeitos, não há efeitos inerentemente existentes, e uma vez que, sem a produção de um efeito, não há razão para chamá-la de causa, vocês deveriam também dizer que as causas não existem inerentemente.

Proponentes de coisas Mas essas falhas também se aplicam a vocês, porque causa e efeito precisam se encontrar ou não precisam se encontrar – não há uma terceira possibilidade.

Madhyamika-Prasangikas

> **[VI.170cd] Uma vez que ambos são exatamente como ilusões,**
> **essas falhas não se aplicam a nós,**
> **E as coisas das pessoas mundanas existem.**

Uma vez que, para nós, tanto as causas como os efeitos carecem de existência inerente e, portanto, são exatamente semelhantes a ilusões ou reflexos, não incorremos na falha de cair no extremo da existência, e uma vez que, de acordo com o nosso sistema, todas as coisas designadas pelas pessoas mundanas na dependência de nomes válidos existem, não incorremos na falha de cair no extremo da não-existência.

REJEITAR UM ARGUMENTO CONTRA ISSO

Esta seção tem duas partes:

1. O argumento de que a refutação de causa e efeito inerentemente existentes tem falhas semelhantes;
2. Responder que o argumento não tem falhas semelhantes.

O ARGUMENTO DE QUE A REFUTAÇÃO DE CAUSA E EFEITO INERENTEMENTE EXISTENTES TEM FALHAS SEMELHANTES

Proponentes de coisas

> [VI.171] *"Essas falhas não se aplicariam a vós,*
> *Já que a vossa refutação refutaria o que é para ser refutado através de se encontrar ou de não se encontrar com ele?*
> *Quando dizeis isso, destruís apenas a vossa própria posição.*
> *Assim, não sois capazes de refutar o que procurais refutar.*
>
> [VI.172] *E porque, sem nenhuma razão, caluniais tudo*
> *Com falsas consequências que, inclusive em vossas próprias palavras, voltam-se contra vós próprios,*
> *Nunca sereis aceitos pelos Sagrados,*
> *Já que, por não terdes posição própria, conseguis unicamente discutir por meio de refutação."*

Quando dissemos que causa e efeito são inerentemente existentes, vocês nos criticaram, afirmando a consequência de que uma causa precisa produzir o seu efeito ou por meio de se encontrarem ou de não se encontrarem, e uma vez que nenhuma dessas possibilidades é o caso e que não há uma terceira possibilidade, a nossa posição necessariamente teria de ser inválida. Pois bem, essas falhas também se aplicam a vocês, não? A sua assim chamada refutação refutaria a nossa posição por meio de se encontrar ou de não se encontrar com ela. Se a primeira possibilidade for o caso, os seus raciocínios e os nossos raciocínios fundir-se-iam, tornando-se indistinguíveis. Se a segunda for o caso, seríamos incapazes de distinguir uma refutação de uma não-refutação. Uma vez que não há uma terceira possibilidade, a posição de vocês é inválida. Assim, quando dizem isso, destroem unicamente a sua própria posição e não são capazes de refutar a nossa, que é o que procuram fazer.

Uma vez que, sem nenhuma razão, caluniam tudo com falsas consequências que falham em refutar a nossa posição, mas que, mesmo em suas próprias palavras, voltam-se contra vocês mesmos, vocês não serão aceitos pelos Sagrados. Por não terem uma posição própria, não têm nada de construtivo para dizer além de apenas discutir com os outros através de refutações.

RESPONDER QUE O ARGUMENTO NÃO TEM FALHAS SEMELHANTES

Esta seção tem quatro partes:

1. Como refutação e prova são aceitos em nossa posição;
2. Uma explicação que esclarece a razão pela qual a consequência dos outros não é semelhante;
3. A ausência de existência inerente pode ser estabelecida, mas os outros não podem estabelecer o seu oposto da mesma maneira;
4. Como compreender as refutações remanescentes que não foram explicadas aqui.

COMO REFUTAÇÃO E PROVA SÃO ACEITOS EM NOSSA POSIÇÃO

Esta seção tem duas partes:

1. Como a refutação das posições dos outros é aceita nominalmente;
2. De que modo provas são aceitas em nossa própria posição.

COMO A REFUTAÇÃO DAS POSIÇÕES DOS OUTROS É ACEITA NOMINALMENTE

Madhyamika-Prasangikas

[VI.173] A falha que haveis declarado aqui, de que uma refutação
refuta o que é para ser refutado
Ou por meio de se encontrar ou de não se encontrar,
Aplica-se definitivamente àqueles que sustentam a posição,
Mas, uma vez que não sustentamos essa posição, a consequência
não se segue.

A falha que vocês declararam aqui, de que a nossa refutação deveria refutar a sua posição ou por meio de se encontrar ou de não se encontrar, aplica-se definitivamente àqueles que sustentam a posição de que as coisas são inerentemente existentes, mas, uma vez que não sustentamos essa posição, a consequência do encontro ou do não-encontro não se segue. No entanto, nossa refutação do sistema de vocês existe nominalmente, não sendo prejudicada pela crítica de vocês.

DE QUE MODO PROVAS SÃO ACEITAS EM NOSSA PRÓPRIA POSIÇÃO

Madhyamika-Prasangikas

[VI.174] Assim como, para vós, no momento que um eclipse
ocorre e assim por diante,
As características do disco solar são vistas inclusive num reflexo
E embora o encontro ou o não-encontro do sol e do reflexo seja
certamente inadequado,
Não obstante, ele surge de modo dependente e meramente
nominal.

[VI.175] E embora não seja verdadeiro, é usado para embelezar
o rosto.
Assim como isso existe, também aqui, da mesma maneira,

**Nossos raciocínios são vistos como eficazes para limpar o rosto da sabedoria,
Pois, embora não sejam adequados, deveríeis saber que podeis realizar com eles o objeto a ser estabelecido.**

Assim como as nossas refutações das posições dos outros existem nominalmente, as provas na nossa tradição também existem desse modo. Embora nada exista inerentemente, não obstante, causas produzem efeitos, e raciocínios corretos provam os objetos a serem estabelecidos. Por exemplo, se quisermos olhar para o sol no momento que um eclipse ocorre, tanto o disco solar como as suas características poderão ser vistas por meio de olharmos o seu reflexo na água. O reflexo do sol não é inerentemente existente e, se procurarmos por ele através de investigar se o reflexo se encontra ou não com o sol, não o acharemos. Não obstante, o reflexo surge na dependência do sol e existe meramente do ponto de vista nominal. Além do mais, é um sinal confiável, que indica as características do sol no céu. De modo semelhante, o reflexo de um rosto no espelho não é verdadeiramente existente porque, se investigarmos para ver se o reflexo do rosto se encontra ou não com o rosto real, nunca o acharemos. Não obstante, ele existe nominalmente e podemos usá-lo para limpar ou embelezar o nosso rosto. Assim como o reflexo de um rosto carece de existência inerente, mas é eficaz ao ajudar a limpar o rosto, do mesmo modo, na posição madhyamika, os nossos raciocínios também são eficazes para limpar as manchas de ignorância do rosto da sabedoria dos nossos oponentes, tais como vocês, proponentes de coisas. Embora nossos raciocínios, tais como o raciocínio da relação-dependente e o raciocínio sétuplo, não sejam inerentemente existentes, vocês deveriam saber que, com eles, podem realizar o objeto a ser estabelecido, a ausência de existência inerente.

UMA EXPLICAÇÃO QUE ESCLARECE A RAZÃO PELA QUAL A CONSEQUÊNCIA DOS OUTROS NÃO É SEMELHANTE

Madhyamika-Prasangikas

[VI.176] **Se os raciocínios que promovem a compreensão
dos objetos por eles estabelecidos existissem como coisas
E se o objeto estabelecido, o qual é efetivamente compreendido,
fosse uma entidade existente,
Poderíeis aplicar o raciocínio do encontro e assim por diante,
Mas, uma vez que não existem, a única coisa que podeis fazer
é desesperar.**

Se os raciocínios, tais como o raciocínio da relação-dependente e o raciocínio sétuplo, fossem inerentemente existentes, e se o objeto que eles estabelecem, a ausência de existência inerente das coisas, também fosse inerentemente existente, vocês poderiam aplicar a consequência do encontro e assim por diante e as suas críticas seriam válidas, mas, uma vez que não são, a única coisa que podem fazer é desesperar.

A AUSÊNCIA DE EXISTÊNCIA INERENTE PODE SER ESTABELECIDA, MAS OS OUTROS NÃO PODEM ESTABELECER O SEU OPOSTO DA MESMA MANEIRA

Madhyamika-Prasangikas

[VI.177] **Podemos induzir muito facilmente a realização
De que todas as coisas carecem de coisas,
Mas não podeis facilmente fazer com que os outros compreendam
a existência inerente da mesma maneira.
Portanto, por que confundis o mundo com uma rede de más
visões?**

Com os nossos raciocínios e analogias válidos, podemos muito facilmente conduzir os outros a compreenderem e realizarem que todas as coisas carecem de existência inerente, mas, por não terem raciocínios nem analogias válidos, vocês não conseguem fazer com que os outros aceitem a existência inerente da mesma maneira. Portanto, por que confundem os seres mundanos com uma rede de más visões? Os seres mundanos já estão presos no samsara pela visão inata da coleção transitória e, como resultado, experienciam sofrimento incessante. Por que vocês os enganam ainda mais com a sua rede de visões intelectualmente formadas que se aferram a um *self* inerentemente existente? Nossa tarefa é ajudar os seres vivos a escaparem dos seus sofrimentos mediante o abandono do agarramento ao em-si, e não o de levá-los para ainda mais sofrimento através de aumentar o seu agarramento ao em-si!

COMO COMPREENDER AS REFUTAÇÕES REMANESCENTES QUE NÃO FORAM EXPLICADAS AQUI

Madhyamika-Prasangikas

**[VI.178] Tendo compreendido a última refutação que acabou de ser ensinada,
Deveis usá-la aqui para responder a respeito da posição do encontro e assim por diante.
Não somos como oponentes que apenas refutam.
Qualquer remanescente do que foi explicado deve ser compreendido através dessa posição.**

Em resumo, no raciocínio precedente, explicamos extensamente a ausência do em-si dos fenômenos e a ausência do em-si de pessoas e, em ambas as ocasiões, refutamos os sistemas dos outros e estabelecemos o nosso. Novamente, os proponentes de coisas procuraram nos desacreditar através de voltarem contra nós a nossa consequência do encontro e assim por diante e, novamente, refutamos o seu sistema e estabelecemos o nosso. Tendo compreendido essa última refutação, vocês deveriam usá-la aqui para responder a respeito da posição do encontro e assim por diante. Visto que, tendo usado raciocínios e analogias válidos e uma vez que não apenas refutamos as posições dos outros, mas estabelecemos também a nossa própria posição, não somos como os opositores que apenas refutam. Uma vez que tenham compreendido o nosso raciocínio, podem usá-lo para refutar qualquer afirmação dos proponentes de coisas que não tenha sido explicada acima.

A intenção principal dos eruditos madhyamika ao refutarem as posições dos outros e estabelecer a sua própria posição é libertar os seres vivos das visões errôneas e conduzi-los à visão correta da vacuidade profunda. Desse modo, eles esperam libertar todos os seres vivos dos sofrimentos do samsara e conduzi-los à felicidade da libertação. Visto que estão motivados unicamente pelo desejo de beneficiar os seres vivos, é aconselhável segui-los.

As Divisões da Vacuidade

EXPLICAÇÃO DAS DIVISÕES, OU CLASSES, DA VACUIDADE

Esta seção tem duas partes:

1. Resumo das divisões, ou classes, da vacuidade;
2. Explicação extensa do significado de cada divisão.

RESUMO DAS DIVISÕES, OU CLASSES, DA VACUIDADE

[VI.179] Para libertar os seres vivos, o Abençoado disse
Que essa ausência do em-si possui dois tipos quando dividida
   em termos de pessoas e fenômenos;
E então, novamente, explicou
Muitas divisões disso de acordo com os discípulos.

[VI.180] Tendo explicado extensamente
Dezesseis vacuidades,
Explicou novamente quatro, resumidamente,
E elas são consideradas como mahayanas.

Existem incontáveis objetos de conhecimento, e todos são vazios de existência inerente. Uma vez que a vacuidade de todos os fenômenos é a mesma natureza, é impossível distinguir os diferentes tipos de vacuidade do ponto de vista de suas naturezas. Por exemplo, num conjunto de casas, cada casa

Jampel Gyatso

é claramente distinguível porque cada uma tem uma natureza diferente das outras, mas o espaço dentro das casas são, todos, a mesma natureza. Se as casas forem demolidas, não haverá base para distinguir o espaço de uma casa do espaço de outra casa. A única maneira de distinguir o espaço de uma casa do de outra é com referência à casa específica que o contém. De modo semelhante, a única maneira de distinguir os diferentes tipos de vacuidade é com referência às bases específicas da vacuidade.

Para libertar os seres vivos das duas obstruções e conduzi-los à iluminação, Buda explicou dois tipos de vacuidade, ou ausência do em-si: a ausência do em-si de pessoas e a ausência do em-si dos fenômenos. Neste contexto, "fenômenos" significa todos os fenômenos que não são pessoas. Todas as vacuidades estão incluídas nessas duas ausências do em-si. Embora *pessoas* e *fenômenos que não são pessoas* sejam naturezas diferentes, a ausência do em-si de pessoas e a ausência do em-si dos fenômenos não o são. Ambas são, simplesmente, ausência de existência inerente. Assim, a divisão em duas ausências do em-si é feita do ponto de vista das bases da vacuidade – *pessoas* e *fenômenos que não são pessoas* – e não do ponto de vista da própria vacuidade.

Buda também ensinou outras divisões da vacuidade de acordo com as necessidades dos discípulos. Por exemplo, ele deu uma explicação extensa das dezesseis vacuidades e uma explicação condensada das quatro vacuidades. As dezesseis vacuidades são:

(1) A vacuidade do interno;
(2) A vacuidade do externo;
(3) A vacuidade do interno e do externo;
(4) A vacuidade da vacuidade;
(5) A vacuidade do grandioso;
(6) A vacuidade do último;
(7) A vacuidade do produzido;
(8) A vacuidade do não-produzido;
(9) A vacuidade do além dos extremos;
(10) A vacuidade do sem princípio e do sem fim;
(11) A vacuidade do não-rejeitado;
(12) A vacuidade da natureza;
(13) A vacuidade de todos os fenômenos;

(14) A vacuidade das definições;
(15) A vacuidade do inobservável;
(16) A vacuidade da não-coisa.

As quatro vacuidades são:

(1) A vacuidade das coisas;
(2) A vacuidade das não-coisas;
(3) A vacuidade da natureza;
(4) A vacuidade das demais entidades.

Buda deu uma explicação extensa da vacuidade nos Sutras mahayana, mas apenas uma breve explicação nos Sutras hinayana. Assim, qualquer Sutra que explique essas vinte vacuidades é um Sutra mahayana.

EXPLICAÇÃO EXTENSA DO SIGNIFICADO DE CADA DIVISÃO

Esta seção tem duas partes:

1. Explicação extensa da divisão da vacuidade em dezesseis classes;
2. Explicação extensa da divisão da vacuidade em quatro classes.

EXPLICAÇÃO EXTENSA DA DIVISÃO DA VACUIDADE EM DEZESSEIS CLASSES

Esta seção tem quatro partes:

1. Explicação das quatro vacuidades, a vacuidade do interno e assim por diante;
2. Explicação das quatro vacuidades, a vacuidade do grandioso e assim por diante;
3. Explicação das quatro vacuidades, a vacuidade do além dos extremos e assim por diante;
4. Explicação das quatro vacuidades, a vacuidade de todos os fenômenos e assim por diante.

EXPLICAÇÃO DAS QUATRO VACUIDADES, A VACUIDADE DO INTERNO E ASSIM POR DIANTE

Esta seção tem quatro partes:

1. A vacuidade do interno;
2. A vacuidade do externo;
3. A vacuidade do interno e do externo;
4. A vacuidade da vacuidade.

A VACUIDADE DO INTERNO

[VI.181] Os olhos são vazios de olhos
Porque essa é a sua natureza.
Ouvidos, nariz, língua, corpo e mente
Devem ser compreendidos da mesma maneira.

[VI.182] Porque não permanecem constantes
E não se desintegram,
A ausência de existência inerente
Dos seis – os olhos e assim por diante –
É denominada a vacuidade do interno.

Os olhos são vazios de olhos inerentemente existentes, porque a ausência de olhos inerentemente existentes é a sua natureza última. Neste contexto, "olhos" refere-se ao poder sensorial visual. Os cinco poderes restantes – o poder sensorial auditivo, o poder sensorial olfativo, o poder sensorial gustativo, o poder sensorial corporal, ou tátil, e o poder, ou faculdade, mental – devem ser compreendidos da mesma maneira. Esses seis poderes não são permanentes e não se desintegram inerentemente; portanto, são completamente vazios de existência inerente.

Em geral, há dois tipos de fenômenos: internos e externos. Os fenômenos internos são aqueles que estão associados a um *continuum* de consciência, e os fenômenos externos são aqueles que não estão associados a um *continuum* de consciência. Dentre os fenômenos internos, os seis poderes (o poder sensorial visual e assim por diante) são conhecidos como "as seis fontes interiores", e a sua ausência de existência inerente é denominada "a vacuidade do interior". Isso foi ensinado por Buda como um método para abandonar o agarramento ao em-si dos fenômenos internos.

A VACUIDADE DO EXTERNO

[VI.183] **As formas são vazias de formas**
Porque essa é a sua natureza.
Sons, cheiros, sabores, objetos táteis e fenômenos
São exatamente o mesmo.

[VI.184ab] **A ausência de existência inerente das formas e assim por diante**
É denominada a vacuidade do externo.

As formas que não estão associadas a um *continuum* de consciência são vazias de formas inerentemente existentes, porque a ausência de formas inerentemente existentes é a sua natureza última. As cinco fontes externas restantes – sons, cheiros, sabores, objetos táteis e fenômenos – devem ser compreendidas da mesma maneira. Nenhum desses fenômenos é inerentemente permanente e não se desintegram inerentemente; portanto, são completamente vazios de existência inerente. Uma vez que, neste caso, as bases da vacuidade são fenômenos externos, a ausência de existência inerente das formas e assim por diante é denominada "a vacuidade do externo". Por meditarmos nessa vacuidade, eliminamos o agarramento ao em-si dos fenômenos externos.

A VACUIDADE DO INTERNO E DO EXTERNO

[VI.184cd] **A ausência de existência inerente de ambos**
É a vacuidade do interno e do externo.

[VI.185ab] **A ausência de existência inerente dos fenômenos**
É explicada como vacuidade pelos sábios.

As bases físicas da visão e dos demais poderes sensoriais – o órgão da visão, o órgão da audição, e assim por diante – são tanto fenômenos internos como externos. São fenômenos internos porque estão associadas a um *continuum* de consciência e porque são a base da mente, e são fenômenos externos porque podem ser vistas pela consciência visual. A ausência de existência inerente daquilo que é tanto interno como externo é denominada "a vacuidade do interno e do externo". Uma vez que a ausência de existência inerente é a natureza última desses fenômenos, ela é explicada como vacuidade pelos sábios. Por meditarmos nessa vacuidade, eliminamos o agarramento ao em-si dos fenômenos que são tanto internos como externos.

A VACUIDADE DA VACUIDADE

[VI.185cd] **E essa vacuidade também é denominada**
Vazia da entidade da vacuidade.

[VI.186] **A vacuidade do que é chamado "vacuidade"**
É denominada a vacuidade da vacuidade.
Ela foi ensinada para eliminar a mente
Que apreende a vacuidade como uma coisa.

A vacuidade, ela própria, é vazia de vacuidade inerentemente existente. A vacuidade da vacuidade foi ensinada por Buda para eliminarmos a mente que apreende a vacuidade como inerentemente existente.

Quando primeiro realizamos a ausência do em-si de pessoas e a ausência do em-si dos fenômenos, ainda temos aparência dual durante o equilíbrio meditativo na vacuidade e, por essa razão, a vacuidade aparece à nossa mente misturada com a aparência de existência verdadeira. Para superar isso, precisamos meditar na vacuidade da vacuidade. Por fim, através dessa meditação, toda aparência dual apazigua-se na vacuidade, e apenas vacuidade aparece à nossa mente. Nesse ponto, nossa mente funde-se com a vacuidade, como água misturada com água. Somente com essa meditação é que podemos eliminar as duas obstruções e alcançar a iluminação.

EXPLICAÇÃO DAS QUATRO VACUIDADES, A VACUIDADE DO GRANDIOSO E ASSIM POR DIANTE

Esta seção tem quatro partes:

1. A vacuidade do grandioso;
2. A vacuidade do último;
3. A vacuidade do produzido;
4. A vacuidade do não-produzido.

A VACUIDADE DO GRANDIOSO

**[VI.187] Porque permeiam todos os ambientes
E os seus seres,
E porque não têm fim, como as incomensuráveis,
As direções são grandiosas.**

**[VI.188] Aquilo que é a vacuidade
De todas essas dez direções
É a vacuidade do grandioso.
Ela foi ensinada para eliminar o agarramento ao grandioso.**

As dez direções são denominadas "grandiosas" porque permeiam todos os ambientes e os seus seres. Quando meditamos nas quatro incomensuráveis, não podemos encontrar um fim para os seres vivos nem para os seus diversos mundos, que preenchem o espaço. Do mesmo modo, quando contemplamos as dez direções, não podemos encontrar o seu fim. Por essa razão, são denominadas "grandiosas", e a ausência de existência inerente das dez direções é denominada "a vacuidade do grandioso". Ela foi ensinada por Buda para eliminarmos a mente que apreende as dez direções como inerentemente existentes.

A VACUIDADE DO ÚLTIMO

**[VI.189] Porque é o propósito supremo,
O último é nirvana.**

Aquilo que é a sua vacuidade
É a vacuidade do último.

[VI.190] O Conhecedor do último
Ensinou a vacuidade do último
Para eliminar a mente
Que apreende o nirvana como uma coisa.

Neste contexto, "último" refere-se ao nirvana último. Quando a mente for finalmente liberta das duas obstruções, a vacuidade da mente também será liberta delas. A vacuidade de uma mente liberta das duas obstruções é um Corpo-Verdade e um nirvana. Porque esse nirvana é a meta última, o propósito supremo de todo ser vivo, ele é denominado "o último". A ausência de existência inerente do nirvana último é denominada "a vacuidade do último". Buda ensinou essa vacuidade para eliminarmos a mente que apreende o nirvana como inerentemente existente.

Em geral, há dois tipos de nirvana: um nirvana que é meramente um abandono das obstruções-delusões, o qual é um nirvana hinayana, e um nirvana que é um abandono tanto das obstruções-delusões quanto das obstruções à onisciência, o qual é um nirvana mahayana. Ambos esses nirvanas são necessariamente vacuidade, verdade última. Nos *Sutras Perfeição de Sabedoria*, Buda chama a vacuidade, ela própria, de "nirvana natural", mas ela não é um nirvana efetivo. Um nirvana efetivo é, necessariamente, uma verdadeira cessação e uma libertação.

A VACUIDADE DO PRODUZIDO

[VI.191] Porque surgem de condições,
Os três reinos são definitivamente explicados como produzidos.
Aquilo que é a sua vacuidade
É denominada a vacuidade do produzido.

Nos Sutras, os três reinos – o reino do desejo, o reino da forma e o reino da sem-forma – são chamados de "produzidos" para mostrar que surgem de suas próprias causas e condições e que não são criados por deuses, como Ishvara. A ausência de existência inerente dos três reinos é denominada "a vacuidade do produzido".

A VACUIDADE DO NÃO-PRODUZIDO

[VI.192] O que quer que careça de produção, permanência e
impermanência
É não-produzido.
Aquilo que é a sua vacuidade
É a vacuidade do não-produzido.

Produção, permanência e desintegração são características dos fenômenos produzidos, impermanentes. Qualquer fenômeno que careça dessas características é permanente e não-produzido. Assim, por exemplo, o espaço, as imagens genéricas e as naturezas convencionais sutis de todos os fenômenos carecem de produção, permanência e desintegração e, portanto, são fenômenos não-produzidos. A ausência de existência inerente dos fenômenos não-produzidos é denominada "a vacuidade do não-produzido".

EXPLICAÇÃO DAS QUATRO VACUIDADES, A VACUIDADE DO ALÉM DOS EXTREMOS E ASSIM POR DIANTE

Esta seção tem quatro partes:

1. A vacuidade do além dos extremos;
2. A vacuidade do sem princípio e do sem fim;
3. A vacuidade do não-rejeitado;
4. A vacuidade da natureza.

A VACUIDADE DO ALÉM DOS EXTREMOS

[VI.193] O que quer que seja sem extremos
É descrito como além dos extremos.
A mera vacuidade disso
É explicada como a vacuidade do além dos extremos.

O que quer que seja livre dos dois extremos, o da existência e o da não--existência, é denominado "além dos extremos", e sua carência de existência inerente é denominada "a vacuidade do além dos extremos". Como foi explicado anteriormente, o extremo da existência consiste em considerar os fenômenos como inerentemente existentes, e o extremo da não-existência, em considerar os fenômenos como não existentes. Uma vez que nenhum deles existe, todos os fenômenos estão além dos extremos. Uma mente que considere, ou sustente, os fenômenos como inerentemente existentes é denominada "visão da existência", e uma mente que considere, ou sustente, os fenômenos como não existentes é denominada "visão da não-existência".

O Caminho do Meio que é livre dos dois extremos é a vacuidade profunda. Se é um Caminho do Meio, é necessariamente uma mera ausência de existência inerente. Algumas vezes, textos como *Sabedoria Fundamental* e *Guia ao Caminho do Meio* são chamados de "Caminho do Meio", mas a razão disso é que eles revelam o Caminho do Meio, e não porque sejam o Caminho do Meio propriamente dito. A sabedoria que realiza a vacuidade é conhecida como "a visão do Caminho do Meio" porque o seu objeto principal é o Caminho do Meio, a vacuidade.

Alguns textos explicam que, uma vez que todos os fenômenos são livres dos extremos, eles são, todos, o Caminho do Meio. No entanto, não parece adequado dizer que objetos comuns, como cadeiras e mesas, sejam o Caminho do Meio, e, com toda a certeza, também não é adequado referir-se a caminhos errôneos, delusões e visões errôneas como sendo o Caminho do Meio.

A VACUIDADE DO SEM PRINCÍPIO E DO SEM FIM

**[VI.194] Porque o samsara carece
Tanto de princípio quanto de fim,
Ele é descrito como sem princípio e sem fim.
Porque é livre de vir e ir, ele é como um sonho.**

**[VI.195] Nas escrituras, está dito claramente que
Aquilo que é o isolamento desse samsara
É denominado "a vacuidade
Do sem princípio e do sem fim".**

O samsara carece de um *primeiro momento* do seu princípio e, se não aplicarmos os antídotos, não terá um término final, definitivo. Por essa razão, ele é denominado "sem princípio e sem fim". Além do mais, porque não há no samsara um *vir* inerentemente existente das vidas passadas ou um *ir* inerentemente existente para as vidas futuras, o samsara é vazio de existência inerente, como um sonho. Nos *Sutras Perfeição de Sabedoria*, a ausência de existência inerente do samsara é denominada "a vacuidade do sem princípio e do sem fim".

A VACUIDADE DO NÃO-REJEITADO

[VI.196] "Rejeitado" é claramente explicado como
"Colocado à parte ou abandonado".
Não-rejeitado, ou não-desistido,
É aquilo que não deve ser rejeitado em nenhum momento.

[VI.197] Aquilo que é a vacuidade
Do não-rejeitado
É, portanto, denominado
"A vacuidade do não-rejeitado".

Neste contexto, os Caminhos Mahayana são denominados "não-rejeitados", porque não devem ser rejeitados em nenhum momento. A ausência de existência inerente dos Caminhos Mahayana é denominada "a vacuidade do não-rejeitado".

Se rejeitarmos os Caminhos Mahayana, não teremos nenhuma chance de alcançar a plena iluminação. Para indicar que é um grande erro abandonar os Caminhos Mahayana, nos *Sutras Perfeição de Sabedoria* Buda chama-os de "não-rejeitados" e, porque os Caminhos Mahayana são vazios de existência inerente, Buda explicou a vacuidade do não-rejeitado. Portanto, devemos compreender que, ao passo que é um grande erro desistir da prática do Dharma Mahayana e dos Caminhos Mahayana, não devemos nos aferrar a eles como inerentemente existentes.

A VACUIDADE DA NATUREZA

[VI.198] **Porque a verdadeira entidade**
Do produzido e assim por diante
Não foi criada pelos Ouvintes, Realizadores Solitários,
Nem pelos Filhos dos Conquistadores ou tampouco pelos
   Tathagatas,

[VI.199] **A própria entidade do produzido e assim por diante**
É explicada, portanto, como a sua própria natureza.
Aquilo que é a vacuidade disso
É a vacuidade da natureza.

A verdade última de todos os fenômenos, tais como os fenômenos produzidos, é a sua própria natureza. Ela não foi criada pelos Ouvintes, Realizadores Solitários, Bodhisattvas, Budas ou por qualquer outro ser. A ausência de existência inerente dessa natureza última é denominada "a vacuidade da natureza".

A natureza última de qualquer fenômeno é a sua ausência de existência inerente. Porque não compreendem a natureza última dos fenômenos, os seres vivos aferram-se aos fenômenos como se fossem inerentemente existentes. Isso dá origem às delusões, tais como o apego e o ódio, e elas, por sua vez, dão origem a ações contaminadas, que causam renascimento no samsara. Assim, todos os problemas e sofrimentos neste mundo surgem do não conhecimento da natureza última dos fenômenos. No *Sutra Perfeição de Sabedoria Condensado*, Buda diz:

> Com sabedoria, podemos compreender plenamente a natureza
>   dos fenômenos
> E, desse modo, seremos livres de todo sofrimento nos três reinos.

Portanto, se quisermos ser livres dos sofrimentos do samsara, precisamos colocar esforço em compreender e realizar a natureza última dos fenômenos, a ausência de existência inerente.

EXPLICAÇÃO DAS QUATRO VACUIDADES, A VACUIDADE DE TODOS OS FENÔMENOS E ASSIM POR DIANTE

Esta seção tem quatro partes:

1. A vacuidade de todos os fenômenos;
2. A vacuidade das definições;
3. A vacuidade do inobservável;
4. A vacuidade da não-coisa.

A VACUIDADE DE TODOS OS FENÔMENOS

[VI.200] **Os dezoito elementos, os seis contatos,**
As seis sensações que surgem deles
E igualmente aqueles que possuem forma e aqueles que não possuem forma
E os fenômenos produzidos e os não-produzidos –

[VI.201ab] **Aquilo que é o isolamento de tudo isso**
É a vacuidade de todos os fenômenos.

Existem muitos fenômenos diferentes. Há os dezoito elementos, os quais consistem dos seis objetos (formas, sons, cheiros, sabores, objetos táteis e fenômenos), dos seis poderes (poder sensorial visual, poder sensorial auditivo, poder sensorial olfativo, poder sensorial gustativo, poder sensorial corporal e poder, ou faculdade, mental) e das seis consciências (consciência visual, consciência auditiva, consciência olfativa, consciência gustativa, consciência corporal e consciência mental). Há os seis contatos, os quais são o fator mental contato associado a cada uma das seis consciências, e as seis sensações, que são as sensações que surgem de cada um dos seis contatos. Há os fenômenos que possuem forma e os fenômenos que não possuem forma, assim como os fenômenos produzidos e os fenômenos não-produzidos. A ausência de existência inerente de todos esses fenômenos é denominada "a vacuidade de todos os fenômenos".

A VACUIDADE DAS DEFINIÇÕES

Quando Buda ensinou a décima quarta divisão da vacuidade nos *Sutras Perfeição de Sabedoria*, ele deu uma explicação extensa das definições dos fenômenos, desde as *formas* até o *conhecedor de todos os aspectos*. Elas serão agora apresentadas a partir dos seguintes três tópicos:

1. Explicação breve;
2. Explicação extensa;
3. Resumo.

EXPLICAÇÃO BREVE

**[VI.201cd] A vacuidade "daquilo que é adequado a ser forma"
e das outras definições
É a vacuidade das definições.**

Forma é definida como aquilo que é adequado a ser forma. A ausência de existência inerente dessa e de todas as demais definições é denominada "a vacuidade das definições".

EXPLICAÇÃO EXTENSA

Esta seção tem três partes:

1. As definições dos fenômenos da base;
2. As definições dos fenômenos do caminho;
3. As definições dos fenômenos do resultado.

AS DEFINIÇÕES DOS FENÔMENOS DA BASE

**[VI.202] Forma é definida [como] adequado a ser forma,
A sensação tem a natureza da experiência,
Discriminação é apreender sinais
E fatores de composição são fenômenos produzidos.**

[VI.203] Consciência é definida como
Conhecer aspectos de objetos individuais.
Agregado é definido como sofrimento.
A natureza dos elementos é referida como sendo uma cobra
    venenosa.

[VI.204] As fontes são denominadas por Buda
Como sendo as portas para a geração.
Na relação-dependente, aquilo que surge
É definido como *reunião*.

O agregado forma é definido como o que é adequado a ser forma. Isso significa que qualquer coisa que seja adequada a aparecer a qualquer uma das cinco consciências sensoriais (formas visuais, sons, cheiros, sabores e objetos táteis) é forma. O agregado sensação é definido como um fator mental que funciona para experienciar objetos agradáveis, desagradáveis ou neutros. O agregado discriminação é definido como um fator mental que funciona para apreender o sinal específico, ou incomum, de um objeto. O agregado fatores de composição é definido como qualquer produto que não é nenhum dos outros quatro agregados. Isso inclui todos os fatores mentais, exceto sensação e discriminação, bem como pessoas, potenciais, marcas cármicas, e assim por diante. O agregado consciência é definido como uma mente primária que conhece o aspecto geral de um objeto. Essas são as definições dos cinco agregados em geral. No que diz respeito aos agregados, há dois tipos: agregados contaminados e agregados incontaminados. Agregado contaminado é definido como um agregado que possui a natureza do sofrimento e que surge das delusões, que são as suas causas. Um exemplo de agregado contaminado é qualquer um dos cinco agregados contaminados de um ser comum. Agregado incontaminado é definido como um agregado que surge na dependência de uma sabedoria incontaminada. Um exemplo de agregado incontaminado é qualquer um dos cinco agregados de um Buda.

Elemento é definido como aquilo que possui, ou mantém, a sua própria natureza. Um exemplo de elemento é qualquer fenômeno, pois todos os fenômenos possuem as suas próprias naturezas. Há dois tipos de elemento: elementos contaminados e elementos incontaminados. Elemento contaminado é definido como um elemento que mantém qualquer parte do ambiente, seres ou prazeres do samsara. Nas escrituras, os elementos contaminados são comparados a uma cobra venenosa, porque os seres vivos estão presos no samsara e submetidos ao sofrimento de modo muito semelhante a como uma vítima é presa e atormentada por uma cobra venenosa. Existem dezoito elementos contaminados. Qualquer que seja o elemento contaminado, ele é necessariamente um produto. O elemento contaminado dos fenômenos consiste de todos os fatores mentais contaminados, sementes das delusões, marcas das delusões e assim por diante.

Fonte é definida como uma porta para gerar consciência. Um exemplo de fonte é qualquer fenômeno, porque todos os fenômenos são portas para gerar consciência deles. Se não houver objeto, uma consciência não pode ser gerada; portanto, os fenômenos são fontes de consciência. Há doze fontes, que podem ser tanto contaminadas como incontaminadas. Fonte contaminada é definida como uma fonte que é uma porta para gerar sofrimento. Um exemplo de fonte contaminada é qualquer um dos cinco agregados contaminados. Fonte incontaminada é definida como uma fonte que é uma porta para gerar uma mente incontaminada. Um exemplo de fonte incontaminada é a vacuidade.

Fenômeno dependente-relacionado é definido como aquilo que depende de suas partes. Há dois tipos de fenômeno dependente-relacionado: fenômenos dependente-relacionados produzidos e fenômenos dependente-relacionados não-produzidos. Um fenômeno dependente-relacionado produzido é definido como um fenômeno dependente-relacionado que surge de causas e condições. O texto-raiz diz "reunião", que significa a reunião de causas e condições. Há dois tipos de fenômenos dependente-relacionados produzidos: fenômenos dependente-relacionados produzidos contaminados e fenômenos dependente-relacionados produzidos incontaminados. Exemplos do primeiro são: os doze elos dependente-relacionados, a ignorância dependente-relacionada e assim por diante. Um exemplo do segundo é a excelsa percepção do equilíbrio meditativo de um ser superior. Um fenômeno dependente-relacionado não-produzido é definido como um fenômeno dependente-relacionado que não depende de causas e condições. Exemplos de fenômenos dependente-relacionados não-produzidos são qualquer fenômeno permanente, tais como o espaço não-produzido, a vacuidade ou qualquer [fenômeno] negativo não-afirmativo.

AS DEFINIÇÕES DOS FENÔMENOS DO CAMINHO

[VI.205] A perfeição de dar é dar, sem restrição.
A disciplina moral é definida como desprovida de tormento.
A paciência é definida como desprovida de raiva.
O esforço é definido como desprovido de não-virtude.

[VI.206] A estabilização mental é definida como *reunião*.
A sabedoria é definida como desprovida de apego.
Isso foi dado como sendo as definições
Das seis perfeições.

[VI.207] As estabilizações mentais, as incomensuráveis
E, igualmente, outras que são sem-forma
Foram declaradas pelo Perfeito Conhecedor
Como tendo a definição "imperturbadas".

[VI.208] As trinta e sete realizações conducentes à iluminação
São definidas como causadoras de emersão definitiva.
A vacuidade é definida como
Isolamento completo através do não-observar.

[VI.209] A ausência de sinais é pacificação.
A terceira é definida como a ausência de sofrimento e confusão.
As [concentrações] de perfeita libertação
São definidas como perfeitamente libertadoras.

Caminho Mahayana é definido como um caminho associado à bodhichitta espontânea. Há seis tipos de Caminho Mahayana: a perfeição de dar, a perfeição de disciplina moral, a perfeição de paciência, a perfeição de esforço, a perfeição de estabilização mental e a perfeição de sabedoria. Dar é definido como uma determinação virtuosa de dar. Disciplina moral é definida como uma determinação virtuosa de abandonar ações não-virtuosas e falhas. Paciência é definida como uma determinação virtuosa de tolerar ser prejudicado, tolerar o sofrimento ou tolerar o Dharma profundo. Esforço é definido como uma mente virtuosa que se deleita com a virtude. Estabilização mental é definida como uma mente virtuosa que permanece estritamente focada num objeto virtuoso. Sabedoria é definida como uma mente inteligente virtuosa que funciona para dissipar dúvidas por meio de compreender completamente o seu objeto. Se a prática de dar estiver associada à bodhichitta espontânea, ela será uma perfeição de dar. As demais cinco perfeições podem ser compreendidas da mesma maneira.

O texto-raiz diz que a disciplina moral é "desprovida de tormento". Isso significa que uma mente controlada por disciplina moral pura é livre da dor das delusões. A paciência é referida como "desprovida de raiva" porque uma mente controlada pela paciência é completamente livre de raiva. O esforço é referido como "desprovido de não-virtude" porque uma mente controlada pelo esforço envolve-se unicamente com virtudes. A estabilização mental é denominada "reunião" porque desenvolver concentração pura é a base para reunir todas as boas qualidades. A sabedoria é referida como "desprovida de apego" porque a sabedoria que realiza a vacuidade não se agarra à existência inerente.

Em relação a um Bodhisattva com faculdades aguçadas, a perfeição de dar é definida como uma determinação virtuosa de dar que possui os três atributos de *motivação*, *assistente* e *função*. A motivação para praticar a perfeição de dar precisa ser a de conduzir todos os seres vivos ao êxtase da Budeidade. O "assistente" da perfeição de dar é a sabedoria que realiza a vacuidade. Para um Bodhisattva com faculdades aguçadas, a perfeição de dar é, necessariamente, sustentada por essa sabedoria. Um Bodhisattva que ainda não realizou a vacuidade possui a prática da perfeição de dar, mas não uma realização efetiva da perfeição de dar. A função da perfeição de dar é eliminar as condições discordantes com a prática de dar – como a avareza, o apego e o autoapreço – e fazer amadurecer os seres vivos. Quando os Bodhisattvas dão coisas aos outros, sua motivação principal é estabelecer um bom relacionamento com aqueles que recebem, de modo que possam guiá-los pelo caminho espiritual. Por essa razão, algumas vezes, os Bodhisattvas esforçam-se para obter riquezas e posses, embora não tenham nenhum desejo por essas coisas para eles próprios. As demais cinco perfeições podem ser compreendidas da mesma maneira. Essas definições das seis perfeições foram dadas nos *Sutras Perfeição de Sabedoria*.

Absorção é definida como uma mente virtuosa estritamente focada do reino da forma ou do reino da sem-forma. Há dois tipos de absorção: as absorções da preparação-aproximadora e as absorções efetivas. A absorção da preparação-aproximadora é definida como uma mente virtuosa estritamente focada dos reinos superiores que é a causa principal de qualquer uma das oito absorções efetivas. Há oito absorções da preparação-aproximadora: a absorção da preparação-aproximadora da primeira estabilização mental, a absorção da preparação-aproximadora da segunda estabilização mental, a absorção da preparação-aproximadora da terceira estabilização mental e a absorção da preparação-aproximadora da quarta estabilização mental – as quais são, todas, absorções da preparação-aproximadora do reino da forma; e a absorção da preparação-aproximadora do espaço infinito, a absorção da preparação-aproximadora da consciência infinita, a absorção da preparação-aproximadora do nada e a absorção da preparação-aproximadora do topo do samsara – as quais são, todas, absorções da preparação-aproximadora do reino da sem-forma.

A absorção da preparação-aproximadora da primeira estabilização mental é definida como a absorção da preparação-aproximadora que é a causa principal para alcançar a absorção efetiva da primeira estabilização mental. As definições das demais sete absorções da preparação-aproximadora podem ser compreendidas a partir dessa definição.

A absorção efetiva é definida como um caminho da absorção liberado que é alcançado através de qualquer uma das oito absorções da preparação-aproximadora. Há oito absorções efetivas: a absorção efetiva da primeira estabilização mental, a absorção efetiva da segunda estabilização mental, a absorção efetiva da terceira estabilização mental e a absorção efetiva da quarta estabilização mental – as quais são, todas, absorções efetivas do reino da forma; e a absorção efetiva do espaço infinito, a absorção efetiva da consciência infinita; a absorção efetiva do nada e a absorção efetiva do topo do samsara – as quais são, todas, absorções efetivas do reino da sem-forma.

A absorção efetiva da primeira estabilização mental é definida como um caminho da absorção liberado que está livre dos nove níveis de delusão do reino do desejo e que é alcançada através da meditação na absorção da preparação-aproximadora da primeira estabilização mental. A absorção efetiva da segunda estabilização mental é definida como um caminho da absorção liberado que está livre dos nove níveis de delusão do primeiro reino da forma e que é alcançada através da meditação na absorção da preparação-aproximadora da segunda estabilização mental. As definições das demais seis absorções efetivas podem ser compreendidas a partir dessas definições. A absorção efetiva da terceira estabilização mental está livre dos nove níveis de delusão do segundo reino da forma, a absorção efetiva da quarta estabilização mental está livre dos nove níveis de delusão do terceiro reino da forma, a absorção efetiva do espaço infinito está livre dos nove níveis de delusão do quarto reino da forma, a absorção efetiva da consciência infinita está livre dos nove níveis de delusão do primeiro reino da sem-forma, a absorção efetiva do nada está livre dos nove níveis de delusão do segundo reino da sem-forma, e a absorção efetiva do topo do samsara – que é a oitava absorção efetiva – está livre dos nove níveis de delusão do terceiro reino da sem-forma. O nono nível de delusão do quarto reino da sem-forma, topo do samsara, não pode ser abandonado através de caminhos mundanos. Para abandoná-lo, precisamos de ingressar em caminhos supramundanos.

    A incomensurável compaixão é definida como uma compaixão que observa incomensuráveis seres vivos que é alcançada na dependência de qualquer uma das quatro absorções efetivas do reino da forma ou das quatro absorções efetivas do reino da sem-forma. O incomensurável amor é definido como um amor que observa incomensuráveis seres vivos que é alcançado na dependência das quatro absorções efetivas do reino da forma e das quatro absorções efetivas do reino da sem-forma. A incomensurável equanimidade é definida como uma equanimidade que observa incomensuráveis seres vivos que é alcançada na dependência das quatro absorções efetivas do reino da forma e das quatro absorções efetivas do reino da sem-forma. A incomensurável alegria é definida como uma alegria que observa incomensuráveis seres vivos que é alcançada na dependência das quatro absorções efetivas do reino da forma e das quatro absorções efetivas do reino da sem-forma.

    Buda disse que as quatro estabilizações mentais do reino da forma, as quatro incomensuráveis e as quatro absorções do reino da sem-forma são, por natureza, *imperturbadas*, porque, para alcançarmos qualquer uma delas, precisamos primeiro superar a raiva.

A realização conducente à iluminação é definida como um caminho que causa a emersão, ou saída, definitiva do samsara ou da paz solitária. Há 37 realizações conducentes à iluminação: os quatro estreito-posicionamentos da contínua-lembrança (*mindfulness*), os quatro abandonadores corretos, as quatro pernas de poderes miraculosos, os cinco poderes, as cinco forças, os sete ramos da iluminação e os oito ramos dos caminhos superiores.

O estreito-posicionamento da contínua-lembrança é definido como um caminho de concentração em qualquer um dos aspectos comuns ou específicos do corpo, das sensações, da mente ou dos fenômenos, que depende de contínua-lembrança e sabedoria. Há quatro tipos de estreito-posicionamento da contínua-lembrança: estreito-posicionamento da contínua-lembrança do corpo, estreito-posicionamento da contínua-lembrança das sensações, estreito-posicionamento da contínua-lembrança da mente e estreito-posicionamento da contínua-lembrança dos fenômenos. O estreito-posicionamento da contínua-lembrança do corpo é definido como um caminho de concentração em qualquer um dos aspectos comuns ou específicos do corpo, que depende de contínua-lembrança e sabedoria. O estreito-posicionamento da contínua-lembrança das sensações é definido como um caminho de concentração em qualquer um dos aspectos comuns ou específicos das sensações, que depende de contínua-lembrança e sabedoria. O estreito-posicionamento da contínua-lembrança da mente é definido como um caminho de concentração em qualquer um dos aspectos comuns ou específicos da mente, que depende de contínua-lembrança e sabedoria. O estreito-posicionamento da contínua-lembrança dos fenômenos é definido como um caminho de concentração em qualquer um dos aspectos comuns ou específicos de fenômenos outros que o corpo, as sensações e a mente, que depende de contínua-lembrança e sabedoria.

Um abandonador correto é definido como um caminho de esforço que se empenha para abandonar o que é para ser abandonado e praticar o que é para ser praticado. Há quatro tipos de abandonador correto: abandonadores corretos que abandonam não-virtudes já geradas, abandonadores corretos que não geram não-virtudes ainda não geradas, abandonadores corretos que aumentam virtudes já geradas e abandonadores corretos que geram virtudes ainda não geradas. O primeiro tipo é definido como um caminho de esforço que se empenha para abandonar não-virtudes já geradas; o segundo é definido como um caminho de esforço que se empenha para se abster de não-virtude; o terceiro é definido como um caminho de esforço que se empenha para aumentar virtudes já geradas; e o quarto é definido como um caminho de esforço que se empenha para gerar virtudes ainda não geradas.

Uma perna de poderes miraculosos é definida como um caminho de concentração que observa objetos e atividades emanados. Há quatro tipos de perna de poderes miraculosos: as pernas de poderes miraculosos da aspiração, esforço, mente e análise. Uma perna de poderes miraculosos da aspiração é definida como uma perna de poderes miraculosos induzida por um forte desejo de manifestar poderes miraculosos. Uma perna de poderes miraculosos do esforço é definida como uma perna de poderes miraculosos induzida por esforço constante e vigoroso. Uma perna de poderes miraculosos da mente é definida como uma perna de poderes miraculosos induzida principalmente através do amadurecimento de potenciais contidos na mente. Uma perna de poderes miraculosos da análise é definida como uma perna de poderes miraculosos induzida principalmente através de meditação analítica nas instruções dadas por outros.

Um poder que é uma realização conducente à iluminação é definido como um caminho que adquiriu grande poder para produzir o seu efeito – caminhos superiores. Há cinco tipos de poder: os poderes da fé, esforço, contínua-lembrança, concentração e sabedoria.

Uma força que é uma realização conducente à iluminação é definida como um caminho [da etapa] *paciência* ou acima dele, no Caminho da Preparação, que não pode ser afetado por condições adversas. Há cinco tipos de força: as forças da fé, esforço, contínua-lembrança, concentração e sabedoria.

Um ramo da iluminação é definido como um caminho superior que realiza diretamente a vacuidade. Há sete tipos de ramo da iluminação: os ramos da iluminação da contínua-lembrança correta, sabedoria correta, esforço correto, alegria correta, maleabilidade correta, concentração correta e equanimidade correta.

Um ramo de caminhos superiores é definido como um caminho que gera o seu efeito – caminhos superiores elevados. Há oito tipos de ramo de caminhos superiores: os ramos de caminhos superiores da visão correta, concepção correta, fala correta, fins corretos das ações, meio de vida correto, esforço correto, contínua-lembrança correta e concentração correta.

Há três portas de perfeita libertação: a porta de perfeita libertação da vacuidade, a porta de perfeita libertação da ausência de sinais e a porta de perfeita libertação da ausência de desejo. A *porta de perfeita libertação da vacuidade* é definida como a vacuidade que é a ausência de existência inerente da entidade de qualquer fenômeno. Um exemplo é a ausência de existência inerente da entidade de um broto. A *porta de perfeita libertação da ausência de sinais* é definida como a vacuidade que é a ausência de existência inerente da causa de qualquer fenômeno. Um exemplo é a ausência de existência inerente da causa de um broto. A *porta de perfeita libertação da ausência de desejo* é definida como a vacuidade que é a ausência de existência inerente do efeito de qualquer fenômeno. Um exemplo é a ausência de existência inerente do efeito de um broto.

A meditação na primeira porta de perfeita libertação conduz à realização de que as entidades dos fenômenos carecem de existência verdadeira, e essa realização conduz à pacificação do agarramento-ao-verdadeiro que concebe as entidades dos fenômenos como verdadeiramente existentes. No texto-raiz, "não-observar" refere-se à ausência de existência inerente, e "isolamento" significa "libertação". A meditação na segunda porta de perfeita libertação conduz à realização de que as causas não existem verdadeiramente, e essa realização conduz à pacificação do agarramento-ao-verdadeiro que concebe as causas das coisas como verdadeiramente existentes. Neste contexto, "sinal" significa "causa" e, portanto, "ausência de sinais" significa "ausência de existência verdadeira das causas". A meditação na terceira porta de perfeita libertação conduz à realização de que os efeitos não existem verdadeiramente, e essa realização nos conduz à libertação do efeito do samsara – o sofrimento – e de sua causa: a confusão. Neste contexto, "desejo" significa "os objetos que são desejados", tanto aqueles do lado do samsara como aqueles do lado da libertação. "Ausência de desejo" é a ausência de existência inerente de todos esses objetos.

Todas as três portas de perfeita libertação são iguais no sentido de que são meras ausências de existência inerente. Portanto, estritamente falando, há apenas uma porta de perfeita libertação: a vacuidade. Em outros textos, está dito que há apenas uma porta de libertação e que, além da vacuidade, uma segunda porta não pode ser encontrada. Assim, as três portas de perfeita libertação são distinguíveis não do ponto de vista da vacuidade, mas do ponto de vista das suas bases.

A concentração de perfeita libertação é definida como uma mente virtuosa estritamente focada dos reinos superiores que está liberta das obstruções à absorção. Há oito tipos de concentração de perfeita libertação: a concentração de perfeita libertação que observa diversas formas emanadas, tanto grandes como pequenas, enquanto conserva internamente a discriminação de um possuidor-de-forma; a concentração de perfeita libertação que observa diversas formas emanadas, tanto grandes como pequenas, enquanto abandonou internamente a discriminação de um possuidor-de-forma; a concentração de perfeita libertação que observa diversas formas belas emanadas; a concentração de perfeita libertação da absorção do espaço infinito, a concentração de perfeita libertação da absorção da consciência infinita; a concentração de perfeita libertação da absorção do nada; a concentração de perfeita libertação da absorção do topo do samsara; e a concentração de perfeita libertação da absorção da cessação das sensações e das discriminações.

AS DEFINIÇÕES DOS FENÔMENOS DO RESULTADO

[VI.210] As forças são denominadas "a natureza
Da determinação totalmente perfeita".
Os destemores do Protetor
São da natureza da total firmeza.

[VI.211] Os conhecedores corretos específicos
São definidos como "confiança inesgotável" e assim por diante.
Realizar o benefício dos seres vivos
É chamado "grande amor".

[VI.212] Proteger completamente aqueles que sofrem
É grande compaixão.
A alegria é definida como alegria suprema,
E a equanimidade deve ser conhecida por ser definida como
  "não-misturada".

[VI.213] O que quer que seja asseverado como sendo
As dezoito qualidades exclusivas de um Buda

> É definido como insuperável,
> Porque o Abençoado nunca é superado nelas.
>
> [VI.214] A excelsa percepção que conhece todos os aspectos
> É definida como um percebedor direto.
> Outras, sendo limitadas,
> Não são chamadas de "percebedores diretos".

Uma força de um Buda é definida como uma realização última que é totalmente vitoriosa sobre todas as condições adversas, tais como as duas obstruções. Existem dez forças de um Buda, que estão explicadas em detalhes no capítulo *Solos Resultantes*.

A qualidade de destemor de um Buda é definida como uma realização última totalmente firme que é inteiramente livre do medo de expor o Dharma. Há quatro tipos de destemor: o destemor de revelar o Dharma da emersão definitiva, o destemor de revelar o Dharma de superar obstruções, o destemor de revelar o Dharma de abandonos excelentes e o destemor de revelar o Dharma de realizações excelentes. Quando os Budas dão ensinamentos de Dharma, eles possuem confiança suprema e são completamente livres de nervosismo ou hesitação, mesmo que tenham de se dirigir a uma vasta audiência de seres altamente realizados. Com total confiança, eles podem admitir que são plenamente iluminados e que possuem todas as excelentes qualidades do corpo, fala e mente de um Buda, sabendo que não há ninguém que possa refutar isso. De modo semelhante, podem declarar que eliminaram todas as delusões e suas marcas e que são completamente livres de falhas. Porque os Budas abandonaram todos os objetos a serem abandonados, desde as falhas morais densas (tais como matar) até as obstruções mais sutis à onisciência, eles podem ensinar confiantemente os outros sobre como fazerem o mesmo. De modo semelhante, podem revelar, a partir da sua própria experiência, como realizar tudo o que é para ser realizado. Os Budas compreendem todas essas coisas, em geral, e compreendem também como aplicá-las a cada discípulo individual. Portanto, sempre dão conselhos que são perfeitamente adequados ao ouvinte.

Um conhecedor correto específico é definido como uma realização última que conhece, sem erro, as entidades, classes e assim por diante de todos os fenômenos. Há quatro tipos de conhecedor correto específico: conhecedores corretos de fenômenos específicos, conhecedores corretos de significados específicos, conhecedores corretos de palavras definidas específicas e conhecedores corretos de confiança específica. Um exemplo do primeiro tipo é a sabedoria de um Buda que realiza os sinais específicos, ou incomuns, de todos os fenômenos; um exemplo do segundo é a sabedoria de um Buda que realiza as classes específicas de todos os fenômenos; um exemplo do terceiro é a sabedoria de um Buda que realiza as explicações etimológicas específicas de todos os fenômenos; e um exemplo do quarto é a sabedoria de um Buda que experiencia confiança inesgotável em revelar o Dharma.

O *grande amor que é uma qualidade de um Buda* é definido como um amor último que concede benefício e felicidade a todos os seres vivos. A *grande compaixão que é uma qualidade de um Buda* é definida como uma compaixão última que protege completamente os seres sofredores. A *grande alegria que é uma qualidade de um Buda* é definida como uma alegria última que é supremamente alegre em conduzir todos os seres vivos ao estado de felicidade. A *grande equanimidade que é uma qualidade de um Buda* é definida como uma realização última não misturada com apego ou ódio.

Uma qualidade exclusiva, ou não compartilhada, de um Buda é definida como uma qualidade extraordinária do corpo, fala ou mente de um Buda que não é possuída por outros seres superiores. Há dezoito qualidades exclusivas: seis atividades exclusivas, seis realizações exclusivas, três feitos exclusivos e três excelsas percepções exclusivas. São denominadas "insuperáveis" porque essas qualidades em Buda Shakyamuni nunca são superadas pelos outros.

As seis atividades exclusivas são: não possuir atividades de corpo equivocadas, não possuir atividades de fala equivocadas, não possuir atividades de mente equivocadas, não possuir uma mente que não está em equilíbrio meditativo, não possuir conceitualidade e não possuir neutralidade. Todas as ações corporais, verbais e mentais de um Buda são completamente puras e não-equivocadas, porque surgem da excelsa sabedoria toda-conhecedora. Algumas vezes, os hinayanas Destruidores de Inimigos – e, inclusive, os Bodhisattvas nos três solos puros – podem agir equivocadamente devido às marcas das delusões, mas os Budas nunca cometem equívocos. Mesmo quando os Budas estão empenhados nas atividades de aquisição subsequente, tais como dar ensinamentos aos outros, suas mentes permanecem em equilíbrio meditativo. Apenas os Budas podem manifestar mentes não-equivocadas durante a aquisição subsequente. Além disso, porque suas mentes são completamente livres de conceitualidade, não precisam de motivação conceitual para agir. Todas as suas ações surgem espontaneamente pelo poder da sua grande compaixão desobstruída. Todas as ações de um Buda são virtuosas. Os Budas não se envolvem nem mesmo em ações neutras, o que dirá em ações negativas!

As seis realizações exclusivas são: não possuir degeneração da aspiração, não possuir degeneração do esforço, não possuir degeneração da contínua-lembrança, não possuir degeneração da concentração, não possuir degeneração da sabedoria e não possuir degeneração da perfeita libertação. Os Budas já realizaram o seu próprio propósito e, portanto, sua única aspiração é realizar o propósito dos outros. Eles completaram a perfeição de esforço e, portanto, todas as suas ações surgem natural e espontaneamente. Porque a mente dos Budas é a mente sutil de clara-luz que realiza as verdades convencionais e a verdade última direta e simultaneamente, sua contínua-lembrança, concentração e sabedoria nunca degeneram, e porque alcançaram as verdadeiras cessações das duas obstruções, sua experiência da libertação é suprema e indestrutível.

Os três feitos exclusivos são: feitos corporais precedidos e seguidos por excelsa percepção, feitos verbais precedidos e seguidos por excelsa percepção e feitos mentais precedidos e seguidos por excelsa percepção. Porque o corpo, fala e mente de Buda são da natureza da sabedoria onisciente, todos os seus feitos corporais, verbais e mentais são completamente puros, desobstruídos e permeiam tudo. Por exemplo, o corpo de Buda não é obstruído por formas físicas. Onde quer que a mente de Buda esteja, o seu corpo também está. Visto que sua mente permeia todos os objetos de conhecimento, o seu corpo também permeia todos os objetos de conhecimento. Portanto, se fizermos preces a Buda, podemos ter a confiança de que ele está imediatamente presente. A fala de Buda é completamente livre de falhas, tais como ter um volume de voz muito alto ou muito baixo, ser confusa ou desagradável de ouvir. Não importa quão longe o ouvinte esteja, a fala de Buda é sempre perfeitamente audível e inteligível. Assim como o trovão se manifesta espontaneamente do céu quando as condições atmosféricas necessárias se reúnem, os Budas dão espontaneamente ensinamentos perfeitos sempre que a sua sabedoria e compaixão desobstruídas se encontram com discípulos receptivos. Porque a mente de Buda é perfeitamente pura e desobstruída, o seu ambiente e prazeres também são puros. Assim, por exemplo, se oferecermos uma vasilha de água a Buda, ele experienciará unicamente néctar incontaminado.

As três excelsas percepções exclusivas são: a excelsa percepção desobstruída que conhece todo o passado sem obstrução, a excelsa percepção desobstruída que conhece todo o futuro sem obstrução e a excelsa percepção desobstruída que conhece todo o presente sem obstrução. Para compreender como os Budas podem conhecer todos os três tempos direta e simultaneamente, precisamos contemplar profundamente a explicação sobre os três tempos dada anteriormente.

Um conhecedor de todos os aspectos é definido como uma excelsa percepção que é completamente livre de obstruções à onisciência e que conhece todos os aspectos de todos os objetos de conhecimento direta e simultaneamente. *Conhecedor de todos os aspectos* é sinônimo de *mente onisciente* e de *Corpo-Verdade-Sabedoria*, e é possuído apenas pelos Budas. Os seres comuns não conhecem todos os aspectos nem mesmo de um único objeto, o que dirá de todos os objetos!

Em *Ornamento para a Realização Clara*, Maitreya apresenta três razões pelas quais a mente de um Buda conhece todos os fenômenos direta e simultaneamente: (1) os Budas realizam diretamente as duas verdades de todos os fenômenos porque concluíram a meditação nas duas verdades como sendo uma única entidade, (2) os Budas concluíram o conhecimento de todos os fenômenos como sendo um único sabor no estado de vacuidade, e (3) a mente de um Buda é completamente livre das duas obstruções.

O conhecedor de todos os aspectos é frequentemente chamado de "a Mãe dos Budas" porque satisfaz os desejos de um Buda, do mesmo modo como uma mãe satisfaz os desejos dos seus filhos. O desejo principal de um Buda é conduzir todos os seres à felicidade suprema da plena iluminação, e ele pode satisfazer esse desejo somente porque possui o conhecedor de todos os aspectos. Porque alcançou a sabedoria onisciente, Buda é perfeitamente capaz de girar a Roda do Dharma e de conduzir incontáveis seres ao longo do caminho à libertação e à iluminação.

O texto-raiz chama o conhecedor de todos os aspectos de "percebedor direto" porque é o percebedor direto último de todos os aspectos. Outros [seres] que não são Budas não têm essa mente.

RESUMO

**[VI.215] Sejam elas definições de fenômenos produzidos
Ou definições de fenômenos não-produzidos,
Sua mera vacuidade
É a vacuidade das definições.**

Todas as definições, desde a definição de *forma* até a definição de *conhecedor de todos os aspectos*, estão incluídas em duas categorias: definições de fenômenos produzidos e definições de fenômenos não-produzidos. A ausência de existência inerente de todas essas definições é explicada nos Sutras como "a vacuidade das definições".

A VACUIDADE DO INOBSERVÁVEL

**[VI.216] O presente não permanece
E o passado e o futuro não existem.
Porque não são observados em lugar algum,
Eles são explicados como inobserváveis.**

**[VI.217] Aquilo que é o próprio isolamento
Das entidades desses inobserváveis,
Uma vez que não permanecem constantes nem se desintegram,
É a vacuidade do inobservável.**

Uma coisa *presente* não permanece nem mesmo para um segundo momento. Além disso, naquele momento, o surgimento de coisas *passadas* cessou e o surgimento de coisas *futuras* ainda não existe. Portanto, os três tempos não existem juntos em lugar algum. Por essa razão, diz-se que eles são "inobserváveis". Porque não são inerentemente constantes e porque não se desintegram inerentemente, os três tempos são vazios de existência inerente. A ausência de existência inerente dos três tempos é denominada "a vacuidade do inobservável".

A VACUIDADE DA NÃO-COISA

**[VI.218] Porque surgem a partir de condições,
As coisas carecem da entidade de reunião.
A vacuidade da reunião
É a vacuidade da não-coisa.**

As coisas não existem inerentemente porque elas surgem da reunião de suas causas e condições; por essa razão, a reunião de causas e condições é denominada "não-coisa". A vacuidade da reunião de causas e condições é denominada "a vacuidade da não-coisa".

As dezesseis vacuidades listadas acima são distinguidas não em termos das suas entidades nem em termos do raciocínio que as estabelece, mas em termos das funções das concentrações meditativas que as observam. Em termos das suas entidades, todas são iguais, porque são a mera ausência de existência inerente. De modo semelhante, em termos do raciocínio que as estabelece, não são diferentes, porque uma vez que tenhamos realizado uma vacuidade, podemos realizar todas as demais através do mesmo raciocínio. Contudo, as concentrações meditativas que observam essas dezesseis vacuidades desempenham funções diferentes. Assim, a meditação na vacuidade do interno funciona para eliminar o agarramento-ao-verdadeiro, o apego e demais concepções negativas em relação aos fenômenos internos, como o nosso corpo, e a meditação na vacuidade do externo funciona para eliminar o agarramento-ao-verdadeiro, o apego e demais concepções negativas em relação aos fenômenos externos, como as nossas posses. As funções das demais concentrações meditativas podem ser compreendidas da mesma maneira.

EXPLICAÇÃO EXTENSA DA DIVISÃO DA VACUIDADE EM QUATRO CLASSES

Este tópico tem quatro partes:

1. A vacuidade das coisas;
2. A vacuidade das não-coisas;

3. A vacuidade da natureza;
4. A vacuidade das demais entidades.

A VACUIDADE DAS COISAS

[VI.219] O termo "coisa"
Indica os cinco agregados quando condensados.
Aquilo que é a vacuidade deles
É explicado como a vacuidade das coisas.

Nos *Sutras Perfeição de Sabedoria*, Buda utiliza o termo "coisa" para indicar os cinco agregados. A razão disso é que, quando todas as coisas são condensadas, elas estão incluídas nos cinco agregados. Assim, todos os objetos dos cinco sentidos – formas, sons, cheiros, sabores e objetos táteis – são o agregado forma; todas as sensações são o agregado sensação; todas as discriminações são o agregado discriminação; todos os outros fatores mentais – exceto sensação e discriminação –, tais como aspiração, concentração e sabedoria, bem como todas as pessoas, potenciais, marcas cármicas e marcas das delusões, são o agregado fatores de composição; e todas as mentes primárias são o agregado consciência. As coisas são chamadas de "agregados" porque cada coisa é uma agregação de partes que dependem de causas e condições. Uma vez que não existe uma única coisa que não esteja incluída nos agregados, a ausência de existência inerente dos cinco agregados é denominada "a vacuidade das coisas". Buda explicou essa vacuidade para eliminarmos a mente que se aferra aos fenômenos produzidos como inerentemente existentes.

A VACUIDADE DAS NÃO-COISAS

[VI.220] "Não-coisa"
Indica os fenômenos não-produzidos quando condensados.
Aquilo que é a vacuidade das não-coisas
É a vacuidade das não-coisas.

O termo "não-coisa" indica todos os fenômenos não-produzidos, tais como o espaço não-produzido, o nirvana e a vacuidade. Esses fenômenos são não-produzidos porque não dependem da reunião de causas e condições. Uma vez que o que quer que seja produzido na dependência de causas e condições é denominado "coisa", os fenômenos que são não-produzidos são denominados "não-coisas", e a ausência de existência inerente das não-coisas é denominada "a vacuidade das não-coisas". Buda explicou essa vacuidade para eliminarmos a mente que se aferra aos fenômenos não-produzidos como inerentemente existentes.

A VACUIDADE DA NATUREZA

[VI.221] A ausência de entidade da natureza
É denominada "a vacuidade da natureza".
Assim, é explicado que, porque a natureza não é criada,
Ela é denominada "natureza".

A natureza última de um fenômeno é a sua ausência de existir do seu próprio lado. Porque essa natureza não é recriada por ninguém, mas existe desde tempos sem princípio, ela é denominada "natureza última". Um pote, por exemplo, não existe do seu próprio lado, e a sua ausência de existir do seu próprio lado existe desde tempos sem princípio. Além disso, a natureza última dos fenômenos é, ela própria, vazia de existência inerente. A ausência de existência inerente da natureza última é denominada "a vacuidade da natureza". Buda explicou essa vacuidade para eliminarmos a mente que se aferra à natureza última dos fenômenos como inerentemente existente.

A VACUIDADE DAS DEMAIS ENTIDADES

[VI.222] Quer os Budas apareçam efetivamente
Quer não apareçam,
A vacuidade de todas as coisas
É explicada como a outra entidade.

[VI.223] O fim perfeito e a talidade
São a vacuidade das demais entidades.
Essas explicações têm sido dadas
De acordo com a *Perfeição de Sabedoria*.

Neste contexto, "outra entidade" significa um fenômeno superior, como a vacuidade. Embora as coisas sejam criadas na dependência de causas e condições, sua ausência de existência inerente não é criada por ninguém. Ela não foi criada pelos Budas, Bodhisattvas, deuses ou por qualquer outro ser. Assim, quer os Budas efetivamente apareçam neste mundo quer não apareçam, a ausência de existência inerente de todas as coisas existe desde tempos sem princípio, sem ser criada por alguém. Por essa razão, a ausência de existência inerente é completamente não enganosa e superior aos fenômenos convencionais. Essa é a razão pela qual ela é denominada "a outra entidade".

Nos Sutras, Buda descreve três fenômenos como "outro": a vacuidade, ou talidade, porque ela é superior aos fenômenos convencionais; a sabedoria que realiza diretamente a vacuidade, porque ela é superior às mentes dos seres mundanos; e o nirvana, ou o fim perfeito, porque ele é superior ao samsara. Uma vez que todos os três carecem de existência inerente, as suas vacuidades são denominadas "a vacuidade das outras entidades". Buda explicou essa vacuidade para eliminarmos a mente que se aferra aos fenômenos superiores como inerentemente existentes.

Todas essas explicações – das duas ausências do em-si, das dezesseis vacuidades e das quatro vacuidades – foram dadas exatamente de acordo com os *Sutras Perfeição de Sabedoria* de Buda. Elas não foram fabricadas, ou inventadas, por Chandrakirti.

CONCLUSÃO POR MEIO DE EXPRESSAR AS BOAS QUALIDADES DO SOLO

[VI.224] Desse modo, com os raios da sua sabedoria, ele alcança uma clara aparência
Assim como uma oliva pousada na palma da sua mão,
E realizando que, desde o princípio, todos esses três mundos têm existido sem produção,
Ingressa na cessação através do poder da verdade nominal.

[VI.225] Embora o seu pensamento esteja constantemente direcionado para a cessação,
Não obstante, ele gera compaixão pelos desprotegidos, os seres vivos.

> Depois disso, através da sua sabedoria, também derrotará
> Todos aqueles nascidos da fala do Sugata e todos os Budas
> Medianos.
>
> [VI.226] Esse rei dos gansos, abrindo suas amplas asas brancas
> da convenção e da talidade,
> Ganha a proeminência entre os gansos – os seres vivos –
> E então, graças aos seus poderosos ventos de virtude,
> Dirige-se ao supremo – o oceano de qualidades dos
> Conquistadores.

Em resumo, o Bodhisattva no sexto solo possui as qualidades especiais da perfeição de sabedoria incomparável. Com os raios de luz da sua sabedoria, ele dissipa toda a escuridão que obscurece a vacuidade, e alcança uma clara aparência tal que a vacuidade aparece tão claramente à sua mente quanto uma oliva pousada na palma da sua mão apareceria à sua consciência visual. Realizando que os ambientes e os habitantes de todos os três mundos – o mundo naga, abaixo; o mundo humano, acima; e o mundo dos deuses, nas alturas – têm existido sem produção inerentemente existente desde o princípio, sua mente e a vacuidade fundem-se de modo indistinguível como um só sabor, e ele ingressa na absorção da cessação. O Bodhisattva no sexto solo alcança essa cessação pelo poder da verdade nominal, e não através do poder da existência verdadeira.

Além dessas boas qualidades especiais de sabedoria, o Bodhisattva do sexto solo também possui boas qualidades especiais de método. Embora sua mente esteja completamente pacificada e constantemente direcionada e concentrada na vacuidade, não obstante, ele continua a aumentar sua compaixão pelos seres vivos e sempre se esforça para trabalhar para o benefício deles.

O Bodhisattva avançará agora para o sétimo solo, O Que Foi Além, onde sua sabedoria superará a de todos os Ouvintes e Realizadores Solitários. No texto-raiz, está dito "derrotará", mas o significado é "superará". Em geral, os hinayanas Destruidores de Inimigos possuem excelentes qualidades de sabedoria porque realizaram a vacuidade diretamente e, portanto, abandonaram por completo o agarramento ao em-si, mas a sua sabedoria, comparada com a de um Bodhisattva do sétimo solo, é como a luz de um vaga-lume frente à luz do sol. O sol não tem o desejo de superar os vaga-lumes – ele apenas o faz, naturalmente. Do mesmo modo, os Bodhisattvas do sétimo solo não têm o desejo de superar os hinayanas Destruidores de Inimigos – eles apenas o fazem, naturalmente.

Em *Histórias dos Nascimentos*, há uma história sobre uma das vidas anteriores de Buda Shakyamuni, quando ele nasceu como um rei dos gansos. Durante essa vida, ele protegeu incontáveis gansos contra o sofrimento e conduziu-os à terra da felicidade. Chandrakirti resume o sexto capítulo comparando o Bodhisattva do sexto solo ao rei dos gansos. Suas realizações das etapas dos caminhos vasto e profundo são as suas amplas asas brancas da convenção e da talidade. Abrindo-as, ganha proeminência entre os gansos – os incontáveis seres vivos – que são os seus discípulos e expõe o Dharma vasto e profundo a eles. Por fim, graças aos seus poderosos ventos de virtude, ele e todos os seus discípulos dirigem-se para o estado supremo da Budeidade. Implicitamente, isso ensina que, se queremos alcançar a Budeidade, precisamos ingressar no Caminho Mahayana, e, por treinar em ambos os caminhos, o vasto e o profundo, completaremos as coleções de mérito e de sabedoria. Assim como um pássaro não pode voar apenas com uma asa, não podemos alcançar a Budeidade treinando apenas um desses caminhos.

Isto conclui o comentário ao sexto solo no *Guia ao Caminho do Meio*.

O Que Foi Além

O SÉTIMO SOLO, O QUE FOI ALÉM

Esta seção tem duas partes:

1. Introdução ao sétimo solo;
2. As boas qualidades do sétimo solo.

A introdução ao sétimo solo tem quatro partes:

1. Como o sétimo solo é alcançado;
2. Definição do sétimo solo;
3. Divisões do sétimo solo;
4. A etimologia do sétimo solo.

COMO O SÉTIMO SOLO É ALCANÇADO

O Bodhisattva no sexto solo continua a meditar na vacuidade até que ele, ou ela, alcance o caminho ininterrupto que é o antídoto direto contra o agarramento-ao-verdadeiro inato mediano-pequeno. Esse é o caminho ininterrupto do sexto solo. No momento seguinte, ele alcança o caminho liberado que abandonou completamente o agarramento-ao-verdadeiro inato mediano-pequeno. Esse é o primeiro momento do sétimo solo.

DEFINIÇÃO DO SÉTIMO SOLO

O sétimo solo é definido como o caminho de um Bodhisattva superior que abandonou o agarramento-ao-verdadeiro inato mediano-pequeno, o seu principal objeto de abandono, e que alcançou, dentre as dez perfeições, uma prática incomparável da perfeição de meios habilidosos.

DIVISÕES DO SÉTIMO SOLO

O sétimo solo possui três divisões: a excelsa percepção do equilíbrio meditativo do sétimo solo, a excelsa percepção da aquisição subsequente do sétimo solo e a excelsa percepção do sétimo solo que não é nenhuma das duas. A primeira possui três divisões: o caminho liberado do sétimo solo, o caminho ininterrupto do sétimo solo e a excelsa percepção do equilíbrio meditativo do sétimo solo que não é nenhum dos dois. O primeiro ocorre bem no início do sétimo solo, e o segundo, que é o antídoto direto contra os três tipos de agarramento-ao-verdadeiro inato pequenos, ocorre bem no fim. Entre esses dois, a excelsa percepção do equilíbrio meditativo que não é nenhum dos dois e a excelsa percepção da aquisição subsequente surgem alternadamente.

A ETIMOLOGIA DO SÉTIMO SOLO

Em *Ornamento para os Sutras Mahayana*, está dito que, como resultado de meditar nos caminhos por um tempo muito longo, o Bodhisattva do sétimo solo alcançou o último caminho que possui agarramento-ao-verdadeiro e esforço denso; por essa razão, o sétimo solo é denominado "O Que Foi Além".

AS BOAS QUALIDADES DO SÉTIMO SOLO

**[VII.1] Aqui, em O Que Foi Além, ele pode ingressar na cessação
Instante a instante,**
E também alcançou a perfeição incomparável de meios.

O Bodhisattva no sétimo solo pode ingressar e emergir da absorção da cessação, ou vacuidade, instante a instante. Neste contexto, a vacuidade é chamada de "cessação" porque, por fixar a mente na vacuidade, alcançaremos, por fim, a cessação de todas as elaborações de aparência dual. Como já foi explicado anteriormente, quando os seres comuns meditam na vacuidade, eles não encontram dificuldade para emergir da meditação porque suas mentes não se fundem completamente com a vacuidade, mas quando Bodhisattvas superiores de solos inferiores meditam estritamente focados na vacuidade, experienciam dificuldade para emergir da meditação porque suas mentes se fundem com a vacuidade, como água misturada com água. Contudo, quando o Bodhisattva alcança o sétimo solo, ele obtém um poder especial de sabedoria rápida que lhe permite ingressar e emergir da meditação na vacuidade num único instante. Os Budas completaram o poder de sabedoria rápida, o que significa que podem estar em equilíbrio meditativo na vacuidade e [executar ações de] aquisição subsequente simultaneamente.

O Bodhisattva no sétimo solo também alcançou uma prática incomparável da perfeição de meios habilidosos. Geralmente, os Bodhisattvas nos seis primeiros solos também possuem a perfeição de meios habilidosos, mas, no sétimo solo, essa perfeição torna-se incomparável, o que significa que ela se torna completamente pura. Assim, o Bodhisattva no sétimo solo tem mais poder para beneficiar os outros que os Bodhisattvas nos solos inferiores. A perfeição de meios habilidosos é definida como uma mente mantida por bodhichitta que é habilidosa nos meios de realizar os dois propósitos. A perfeição de meios habilidosos tem duas divisões: a perfeição de meios habilidosos que-está-transcendendo e a perfeição de meios habilidosos transcendente. Os dois propósitos são: alcançar a grande iluminação para si próprio e conduzir todos os demais seres vivos a esse estado.

Na obra *Solos dos Bodhisattvas*, Asanga explica que há duas perfeições de meios habilidosos: a perfeição de meios habilidosos que é hábil em realizar todas as qualidades de um Buda em si próprio e a perfeição de meios habilidosos que é hábil em amadurecer todos os demais seres vivos. A primeira possui seis partes:

(1) Considerar sempre todos os seres vivos com compaixão;
(2) Observar sempre a natureza última de todos os fenômenos;
(3) Desejar sempre a excelsa percepção da insuperável iluminação;
(4) Cuidar sempre de todos os seres vivos e nunca considerar o samsara como o objeto principal de abandono;
(5) Renascer sempre nas moradas do samsara motivado por grande compaixão;
(6) Esforçar-se sempre para alcançar a Budeidade.

A segunda também possui seis partes:

(1) Fazer com que até as menores raízes virtuosas presentes nos seres vivos amadureçam em frutos incomensuráveis;
(2) Fazer com que os seres vivos conquistem grandes raízes de virtude;
(3) Eliminar a raiva naqueles que têm aversão ou desprezo pela doutrina de Buda;
(4) Encorajar aqueles que são favoravelmente inclinados à doutrina a ingressarem nela;
(5) Amadurecer os *continuums* mentais daqueles que ingressaram na doutrina;
(6) Fazer com que aqueles que estão amadurecidos alcancem a libertação.

Assim, há doze perfeições de meios habilidosos, e todas são incomparáveis no que diz respeito ao Bodhisattva no sétimo solo.

Isto conclui o comentário ao sétimo solo no *Guia ao Caminho do Meio*.

Os Três Solos Puros

O OITAVO SOLO, INAMOVÍVEL

Esta seção tem duas partes:

1. Introdução ao oitavo solo;
2. As boas qualidades do oitavo solo.

A introdução ao oitavo solo tem quatro partes:

1. Como o oitavo solo é alcançado;
2. Definição do oitavo solo;
3. Divisões do oitavo solo;
4. A etimologia do oitavo solo.

COMO O OITAVO SOLO É ALCANÇADO

O Bodhisattva no sétimo solo continua a meditar na vacuidade até que ele, ou ela, alcance o caminho ininterrupto que é o antídoto direto contra os três tipos de agarramento-ao-verdadeiro inato pequenos. Esse é o caminho ininterrupto do sétimo solo. No momento seguinte, ele alcança o caminho liberado que abandonou completamente os três tipos de agarramento-ao--verdadeiro inato pequenos. Esse é o primeiro momento do oitavo solo.

DEFINIÇÃO DO OITAVO SOLO

O oitavo solo é definido como o caminho de um Bodhisattva superior que abandonou os três tipos de agarramento-ao-verdadeiro inato pequenos, os seus principais objetos de abandono, e que alcançou, dentre as dez perfeições, uma prática incomparável da perfeição de prece.

DIVISÕES DO OITAVO SOLO

O oitavo solo possui três divisões: a excelsa percepção do equilíbrio meditativo do oitavo solo, a excelsa percepção da aquisição subsequente do oitavo solo e a excelsa percepção do oitavo solo que não é nenhuma das duas. A primeira possui três divisões: o caminho liberado do oitavo solo, o caminho ininterrupto do oitavo solo e a excelsa percepção do equilíbrio meditativo do oitavo solo que não é nenhum dos dois. O primeiro ocorre bem no início do oitavo solo, e o segundo, que é o antídoto direto contra os três tipos de obstruções-grandes à onisciência, ocorre bem no fim. Entre esses dois, a excelsa percepção do equilíbrio meditativo que não é nenhum dos dois e a excelsa percepção da aquisição subsequente surgem alternadamente.

A ETIMOLOGIA DO OITAVO SOLO

Porque esse solo é completamente livre do agarramento-ao-verdadeiro e de todas as demais delusões, ele não pode ser afetado pela mente de agarramento-ao-verdadeiro; por essa razão, é denominado "Inamovível".

AS BOAS QUALIDADES DO OITAVO SOLO

Esta seção tem três partes:

1. As preces incomparáveis nesse solo e como o Bodhisattva do oitavo solo emerge da cessação;
2. Mostrar que o Bodhisattva do oitavo solo extinguiu todas as delusões;
3. Mostrar que o Bodhisattva do oitavo solo alcançou os dez poderes.

AS PRECES INCOMPARÁVEIS NESSE SOLO E COMO O BODHISATTVA DO OITAVO SOLO EMERGE DA CESSAÇÃO

**[VIII.1] Para alcançar virtudes superiores às anteriores,
Esse grande ser esforça-se repetidamente para o Inamovível,
Ao qual elas nunca retornam.
Suas preces tornam-se extremamente puras
E ele é emerso da cessação pelos Conquistadores.**

Embora o Bodhisattva no sétimo solo tenha se tornado um grande ser, ele, não obstante, esforça-se repetidamente para alcançar o oitavo solo, Inamovível, porque vê que um Bodhisattva nesse solo possui qualidades virtuosas que são superiores até mesmo àquelas de um Bodhisattva do sétimo solo. Em particular, ele, ou ela, vê que, no oitavo solo, o Bodhisattva abandona completamente todas as delusões e as suas sementes, de modo que elas nunca mais retornam.

O Bodhisattva no oitavo solo alcança uma prática incomparável da perfeição de prece. Isso significa que as suas preces se tornam extremamente puras, e ele alcança um poder de prece que não é possuído pelos Bodhisattvas nos solos inferiores. Embora a perfeição de prece exista inclusive no primeiro solo, ela não se torna incomparável até o oitavo solo. No *Sutra Sobre os Dez Solos*, está dito que, através do poder de sua prece, um Bodhisattva no oitavo solo pode realizar, num único instante, o propósito que um Bodhisattva do primeiro solo levaria cem mil éons para realizar. A perfeição de prece é definida como uma mente mantida por bodhichitta que aspira realizar um dos dois propósitos por meio de prece. A perfeição de prece tem duas divisões: a perfeição de prece que-está-transcendendo e a perfeição de prece transcendente.

Quando o Bodhisattva do oitavo solo ingressa no equilíbrio meditativo, ele, ou ela, alcança uma realização especial semelhante à clara-luz do Corpo-Verdade de um Buda. Nesse momento, os Budas aparecem diretamente a ele e o encorajam a emergir da cessação e se esforçar para alcançar a realização do Corpo-Forma de um Buda para ajudar os seres vivos. Os Budas dizem a ele: "Ó Filho da Linhagem, é muito bom que tenhas abandonado todas as delusões e alcançado uma sabedoria semelhante à do Corpo-Verdade, mas, sem abandonares a tua prática do Corpo-Verdade, deves agora emergir da cessação e esforçar-te para completar a coleção de mérito e alcançar o Corpo-Forma de um Buda". Desse modo, ele é emerso da cessação pelos Conquistadores.

MOSTRAR QUE O BODHISATTVA DO OITAVO SOLO EXTINGUIU TODAS AS DELUSÕES

[VIII.2] Porque a sua mente de antiapego não permanece com
    falhas,
Aquele que está no oitavo solo pacificou por completo essas
    máculas juntamente com as suas raízes,
Mas, embora suas delusões estejam extintas e seja o supremo
    dos três solos,
Ele ainda não pode alcançar todas as qualidades dos Budas,
    que são infinitas como o espaço.

A estrofe anterior explicou como o Bodhisattva no oitavo solo possui qualidades de realização superiores às do Bodhisattva no sétimo solo. Já a estrofe acima explica agora como ele, ou ela, também possui qualidades superiores de abandono. Porque sua excelsa percepção é completamente livre das falhas das delusões, o Bodhisattva no oitavo solo abandonou por completo todas as delusões juntamente com as suas raízes. No entanto, embora suas delusões estejam extintas e seja o ser supremo nos três reinos, esse Bodhisattva ainda não pode alcançar todas as qualidades dos Budas, que são infinitas como o espaço. Por essa razão, ele se esforça para avançar para solos mais elevados.

MOSTRAR QUE O BODHISATTVA DO OITAVO SOLO ALCANÇOU OS DEZ PODERES

[VIII.3] Embora o samsara tenha cessado, ele alcança os dez
    poderes
E, com essas causas, sua natureza se manifesta como vários
    seres no samsara.

Uma vez que o Bodhisattva no oitavo solo abandonou todas as delusões, o *continuum* do samsara cessou para ele e é impossível que renasça no samsara sem escolha. Não obstante, para beneficiar os seres vivos e concluir os caminhos restantes, ele, ou ela, manifesta o aspecto de vários seres no samsara. Essas formas, que são, em essência, da natureza da sua mente, surgem de maneira pura na dependência de ações incontaminadas. O Bodhisattva é capaz de manifestar essas formas porque, no oitavo solo, ele alcança os dez poderes. Esses dez poderes são:

(1) O poder vital;
(2) O poder mental;
(3) O poder de recursos;
(4) O poder das ações;
(5) O poder de nascimento;
(6) O poder da prece;
(7) O poder da aspiração;
(8) O poder da manifestação;
(9) O poder da excelsa percepção;
(10) O poder do Dharma.

Buda explica esses dez poderes no *Sutra Sobre os Dez Solos*.

Isto conclui o comentário ao oitavo solo no *Guia ao Caminho do Meio*.

O NONO SOLO, BOA INTELIGÊNCIA

Este tópico tem duas partes:

1. Introdução ao nono solo;
2. As boas qualidades do nono solo.

A introdução ao nono solo tem quatro partes:

1. Como o nono solo é alcançado;
2. Definição do nono solo;
3. Divisões do nono solo;
4. A etimologia do nono solo.

COMO O NONO SOLO É ALCANÇADO

O Bodhisattva no oitavo solo continua a meditar na vacuidade até que ele, ou ela, alcance o caminho ininterrupto que é o antídoto direto contra os três tipos de obstruções-grandes à onisciência. Esse é o caminho ininterrupto do oitavo solo. No momento seguinte, ele alcança o caminho liberado que abandonou completamente os três tipos de obstruções-grandes à onisciência. Esse é o primeiro momento do nono solo.

DEFINIÇÃO DO NONO SOLO

O nono solo é definido como o caminho de um Bodhisattva superior que abandonou os três tipos de obstruções-grandes à onisciência, os seus principais objetos de abandono, e que alcançou, dentre as dez perfeições, uma prática incomparável da perfeição de força.

DIVISÕES DO NONO SOLO

O nono solo possui três divisões: a excelsa percepção do equilíbrio meditativo do nono solo, a excelsa percepção da aquisição subsequente do nono solo e a excelsa percepção do nono solo que não é nenhuma das duas. A primeira possui três divisões: o caminho liberado do nono solo, o caminho ininterrupto do nono solo e a excelsa percepção do equilíbrio meditativo do nono solo que não é nenhum dos dois. O primeiro ocorre bem no início do nono solo, e o segundo, que é o antídoto direto contra os três tipos de obstruções-medianas à onisciência, ocorre bem no fim. Entre esses dois, a excelsa percepção do equilíbrio meditativo que não é nenhum dos dois e a excelsa percepção da aquisição subsequente surgem alternadamente.

A ETIMOLOGIA DO NONO SOLO

Uma vez que o Bodhisattva no nono solo alcança as boas qualidades dos quatro conhecedores corretos específicos, esse solo é denominado "Boa Inteligência".

AS BOAS QUALIDADES DO NONO SOLO

**[IX.1] No nono, todas as suas forças tornam-se completamente puras.
Ele também alcança, igualmente, as qualidades completamente puras dos conhecedores corretos dos fenômenos.**

No nono solo, o Bodhisattva alcança uma perfeição incomparável de força, o que significa que todas as suas forças se tornam completamente puras. A perfeição de força é definida como uma realização mantida por bodhichitta que não pode ser superada por forças opostas. No total, há treze forças:

(1) A força da intenção;
(2) A força da intenção superior;
(3) A força da contínua-lembrança (*mindfulness*);
(4) A força da concentração;
(5) A força da preparação correta;
(6) A força do poder;
(7) A força da confiança;
(8) A força da prece;
(9) A força da perfeição;
(10) A força do grande amor;
(11) A força da grande compaixão;
(12) A força do dharmata;
(13) A força das bênçãos de todos os Tathagatas.

A perfeição de força tem duas divisões: a perfeição de força que-está--transcendendo e a perfeição de força transcendente. Além da perfeição de força, o Bodhisattva no nono solo também alcança as qualidades completamente puras dos quatro conhecedores corretos específicos dos fenômenos. Estritamente falando, os conhecedores corretos específicos são qualidades de um Buda, mas um Bodhisattva no nono solo possui um símile deles.

Isto conclui o comentário ao nono solo no *Guia ao Caminho do Meio*.

O DÉCIMO SOLO, NUVEM DE DHARMA

Este tópico tem duas partes:

1. Introdução ao décimo solo;
2. As boas qualidades do décimo solo.

A introdução ao décimo solo tem quatro partes:

1. Como o décimo solo é alcançado;
2. Definição do décimo solo;
3. Divisões do décimo solo;
4. A etimologia do décimo solo.

COMO O DÉCIMO SOLO É ALCANÇADO

O Bodhisattva no nono solo continua a meditar na vacuidade até que ele, ou ela, alcance o caminho ininterrupto que é o antídoto direto contra os três tipos de obstruções-medianas à onisciência. Esse é o caminho ininterrupto do nono solo. No momento seguinte, ele alcança o caminho liberado que abandonou completamente os três tipos de obstruções-medianas à onisciência. Esse é o primeiro momento do décimo solo.

DEFINIÇÃO DO DÉCIMO SOLO

O décimo solo é definido como o caminho de um Bodhisattva superior que abandonou os três tipos de obstruções-medianas à onisciência, os seus principais objetos de abandono, e que alcançou, dentre as dez perfeições, uma prática incomparável da perfeição de excelsa percepção.

DIVISÕES DO DÉCIMO SOLO

O décimo solo possui três divisões: a excelsa percepção do equilíbrio meditativo do décimo solo, a excelsa percepção da aquisição subsequente do décimo solo e a excelsa percepção do décimo solo que não é nenhuma das duas. A primeira possui três divisões: o caminho liberado do décimo solo, o caminho ininterrupto do décimo solo e a excelsa percepção do equilíbrio meditativo do décimo solo que não é nenhum dos dois. O primeiro ocorre bem no início do décimo solo, e o segundo, que é o antídoto direto contra os três tipos de obstruções-pequenas à onisciência, ocorre bem no fim. O caminho ininterrupto do décimo solo é denominado "a concentração semelhante-a-um-vajra do Caminho da Meditação" porque ela se funde com a vacuidade como água misturada com água e, uma vez que, no momento seguinte, o Bodhisattva se torna um Buda, essa concentração nunca mais se separará da vacuidade. Essa mente também é chamada de "a excelsa percepção do *continuum* final", porque é o momento final do *continuum* mental de um ser senciente. Entre o caminho liberado do décimo solo e o caminho ininterrupto do décimo solo, a excelsa percepção do equilíbrio meditativo que não é nenhum dos dois e a excelsa percepção da aquisição subsequente surgem alternadamente.

A ETIMOLOGIA DO DÉCIMO SOLO

Na mente semelhante-a-um-céu do Bodhisattva do décimo solo, nuvens de realizações – tais como compaixão, sabedoria e concentração – fazem descer uma chuva de Dharma para amadurecer as plantações virtuosas dos seres vivos; por essa razão, esse solo é denominado "Nuvem de Dharma".

AS BOAS QUALIDADES DO DÉCIMO SOLO

[X.1] No décimo solo, ele recebe iniciações sagradas dos Budas de todas as direções
E alcança também uma excelsa percepção, incomparável e suprema.
Assim como a chuva cai das nuvens de chuva, do mesmo modo, para o benefício das plantações virtuosas dos seres vivos,
Uma chuva de Dharma cai espontaneamente do Filho dos Conquistadores.

O Bodhisattva no décimo solo manifesta um milhão de mentes de concentração e recebe iniciações sagradas de todos os Budas nas dez direções. Os Budas de todas as Terras Búdicas das dez direções aparecem diante dele, ou dela, e irradiam luz do fio de cabelo encaracolado que possuem em suas testas.

Essa luz entra no corpo do Bodhisattva pela sua coroa e ele recebe todas as suas bênçãos. Isso é denominado "a iniciação de grande luz". Eles então proclamam "Tu és semelhante a um verdadeiro Buda", e prestam-lhe homenagem como a um Buda. Nos Sutras, está dito que um Bodhisattva no oitavo solo é como um príncipe; um Bodhisattva no nono solo, como um regente; e que um Bodhisattva no décimo solo é como um rei verdadeiro. Isso indica que, embora o Bodhisattva do décimo solo não seja ainda um Buda efetivo, verdadeiro, ele, ou ela, possui qualidades semelhantes às de um Buda.

O Bodhisattva no décimo solo também alcança uma perfeição incomparável de excelsa percepção porque ele, ou ela, alcança uma sabedoria especial que conhece corretamente os sinais de todos os fenômenos. Embora os Bodhisattvas nos solos inferiores também tenham a perfeição de excelsa percepção, eles não possuem o poder da perfeição de excelsa percepção de um Bodhisattva do décimo solo. A perfeição de excelsa percepção é definida como uma mente mantida por bodhichitta que conhece a natureza convencional de todos os fenômenos mediante o seu próprio poder. Ela tem duas divisões: a perfeição de excelsa percepção que-está--transcendendo e a perfeição de excelsa percepção transcendente.

A sexta perfeição, a perfeição de sabedoria, realiza principalmente a natureza última dos fenômenos, ao passo que a décima perfeição, a perfeição de excelsa percepção, realiza principalmente a natureza convencional dos fenômenos. Por outro lado, elas são iguais, porque ambas são perfeições de sabedoria. Dentre as dez perfeições, as quatro últimas são induzidas principalmente por sabedoria e estão todas incluídas na perfeição de sabedoria. Assim, não há contradição em dizer que todos os treinos de um Bodhisattva estão incluídos nas seis perfeições.

O Bodhisattva do décimo solo também se empenha na prática de beneficiar outros seres vivos por meio de conceder-lhes uma chuva de Dharma. Assim como a chuva cai, sem concepção e sem esforço, das nuvens de chuva e sustenta as plantações sobre a terra, do mesmo modo, para o benefício das plantações virtuosas dos seres vivos, uma chuva de Dharma cai espontaneamente, sem nenhum esforço conceitual, das nuvens de compaixão, sabedoria e assim por diante, presentes na mente semelhante-a-um-céu desse Filho dos Conquistadores. Desse modo, incontáveis seres vivos serão libertados dos sofrimentos do samsara.

Isto conclui o comentário ao décimo solo no *Guia ao Caminho do Meio*.

As Boas Qualidades dos Dez Solos

ESTA SEÇÃO, *as boas qualidades dos dez solos*, tem três partes:

1. As boas qualidades do primeiro solo;
2. As boas qualidades do segundo ao sétimo solos;
3. As boas qualidades dos três solos puros.

AS BOAS QUALIDADES DO PRIMEIRO SOLO

[XI.1] Naquele momento, ele pode ver uma centena de Budas
E realizar suas bênçãos.
Permanece vivo por uma centena de éons
E também vê perfeitamente até o término de uma centena de
    éons anteriores e futuros.

[XI.2] Esse Sábio pode entrar e emergir das absorções de uma
    centena de concentrações.
Pode fazer com que uma centena de mundos estremeçam e
    iluminá-los.
Através das suas emanações mágicas, pode, igualmente, fazer
    com que uma centena de seres vivos amadureçam
E visitar uma centena de Terras Puras.

[XI.3] Ele pode abrir completamente as portas do Dharma, e
    esse Filho do Poderoso Hábil
Pode fazer com que corpos se manifestem por todo o seu corpo,

Khedrubje

Cada corpo estando dotado e embelezado pelo seu séquito
E revelando uma centena de Filhos dos Conquistadores.

Quando um Bodhisattva alcança a primeira bodhichitta última, Muito Alegre, ele, ou ela, alcança doze qualidades especiais. Nesse momento, ele pode:

(1) Ver uma centena de Budas num instante;
(2) Realizar as bênçãos de uma centena de Budas num instante;
(3) Permanecer vivo por uma centena de éons;
(4) Ver até o término dos cem éons anteriores e dos próximos cem éons num instante;
(5) Entrar e emergir das absorções de uma centena de concentrações num instante;
(6) Fazer com que uma centena de mundos estremeçam através dos seus poderes mágicos num instante;
(7) Iluminar uma centena de reinos mundanos através dos seus poderes mágicos num instante;
(8) Fazer com que uma centena de seres vivos amadureçam através das suas emanações mágicas num instante;
(9) Visitar uma centena de Terras Puras Búdicas num instante;
(10) Abrir completamente uma centena de portas do Dharma num instante;
(11) Fazer com que uma centena de corpos diferentes se manifestem por todo o seu corpo num instante;
(12) Dotar cada um dessa centena de corpos com um séquito de uma centena de Filhos dos Conquistadores.

AS BOAS QUALIDADES
DO SEGUNDO AO SÉTIMO SOLOS

[XI.4] Essas qualidades são alcançadas pelo Sábio que reside
   no Muito Alegre
E, exatamente do mesmo modo, são perfeitamente alcançadas
   aos milhares

Por aquele que reside no Imaculado.
Nos próximos cinco solos, o Bodhisattva alcança

[XI.5] Cem mil delas, cem vezes dez milhões, mil vezes dez
  milhões,
Depois cem mil vezes dez milhões
E depois dez milhões de cem mil vezes um milhão multiplicado
  por cem e, em seguida, multiplicado por mil.

Ao passo que o Bodhisattva que reside no Muito Alegre alcança essas doze qualidades às centenas, o Bodhisattva que reside no segundo solo, Imaculado, alcança-as aos milhares. Isso significa que, num instante, ele, ou ela, pode ver mil Budas e assim por diante. No terceiro solo, o Bodhisattva alcança cem mil dessas dozes qualidades; no quarto solo, um bilhão; no quinto solo, dez bilhões; no sexto solo, um trilhão; e no sétimo solo, cem quatrilhões.

AS BOAS QUALIDADES
DOS TRÊS SOLOS PUROS

Os sete primeiros solos são denominados "os sete solos impuros" porque os Bodhisattvas que residem neles ainda não abandonaram as obstruções-delusões, e os três últimos solos são denominados "os três solos puros" porque os Bodhisattvas que residem neles abandonaram as obstruções-delusões. Contudo, os Bodhisattvas nos três solos puros ainda não abandonaram as obstruções à onisciência. As boas qualidades alcançadas pelos Bodhisattvas nos três solos puros são explicadas nas próximas quatro estrofes.

[XI.6] Residindo no solo Inamovível, livre de concepções,
Ele alcança qualidades numericamente equivalentes
À quantidade de átomos existentes
Em cem mil dos três mil mundos.

O Bodhisattva que reside no oitavo solo, Inamovível, está livre das concepções que apreendem a existência verdadeira e alcança essas doze qualidades em número igual à quantidade de átomos existentes em cem mil dos três mil mundos. Por exemplo, num único instante, ele, ou ela, pode ver tantos Budas quanto os átomos [existentes] em cem mil dos três mil mundos. A magnitude dos três mil mundos é explicada como segue. Nosso mundo, o Mundo do Não-Esquecer, consiste do Monte Meru rodeado pelos quatro continentes e seus subcontinentes. Mil desses mundos são denominados "os mil mundos", mil desses mil mundos são denominados "os dois mil mundos", e mil deles são denominados "os três mil mundos". Se multiplicarmos isso por cem mil e então tentarmos imaginar quantos átomos esses mundos contêm, esse é o número de Budas vistos num único instante pelo Bodhisattva no oitavo solo. As demais onze qualidades podem ser compreendidas da mesma maneira.

[XI.7] O Bodhisattva que reside no solo Boa Inteligência
Alcança as qualidades anteriormente mencionadas
Em número equivalente ao de átomos em incontáveis cem mil
Perfeitamente aumentados por dez.

O Bodhisattva que reside no nono solo, Boa Inteligência, alcança essas doze qualidades em número igual ao de átomos em um milhão de vezes um número incontável de três mil mundos.

[XI.8] Em resumo, as qualidades do décimo
Ultrapassam o que pode ser expresso em palavras,
Sendo tantas quanto os átomos existentes
Em todos os inexprimíveis.

[XI.9] Momento a momento, ele pode manifestar em seus poros
Budas perfeitos além do que pode ser enumerado,
Juntamente com Bodhisattvas
E, do mesmo modo, deuses, semideuses e humanos.

O décimo solo pode ser explicado apenas resumidamente, porque suas qualidades ultrapassam o que pode ser expresso em palavras, havendo tantas dessas doze qualidades quanto o número de átomos existentes no número inexprimível de Terras Búdicas. Momento a momento, esse

Bodhisattva pode manifestar em seus poros os corpos de Budas perfeitos, além do que pode ser enumerado, juntamente com seus séquitos de incontáveis Bodhisattvas. Do mesmo modo, ele é capaz de manifestar, em seus poros, deuses, semideuses, Brahmas, Indras, protetores do mundo, seres humanos, Ouvintes, Realizadores Solitários e muitos outros aspectos diferentes de seres vivos, todos num instante. Essas e todas as outras boas qualidades do Bodhisattva do décimo solo estão explicadas extensamente no *Sutra Sobre os Dez Solos*.

Quando ouvimos pela primeira vez as qualidades especiais dos Budas e Bodhisattvas, podemos achar difícil acreditar nelas e, inclusive, duvidar de que seja possível que alguém possua tais qualidades. A razão disso é que, no momento presente, a nossa mente é, em grande parte, não desenvolvida. Tentar compreender as qualidades dos Budas e Bodhisattvas com a nossa mente atual é como tentar refletir a imagem da totalidade do espaço num espelho pequeno. Contudo, à medida que a nossa mente se desenvolver, a nossa capacidade mental irá se expandir e iremos nos tornar cada vez mais semelhantes a esses seres elevados. Seremos então capazes de compreender mais facilmente essas qualidades especiais.

Os Solos Resultantes

UMA APRESENTAÇÃO DOS SOLOS RESULTANTES

Esta seção tem cinco partes:

1. Como a Budeidade é primeiramente alcançada;
2. Apresentação dos corpos de Buda e de suas boas qualidades;
3. Explicação sobre os Corpos-Emanação;
4. Provar que há um único veículo final;
5. Explicação sobre a duração da iluminação e da permanência.

COMO A BUDEIDADE É PRIMEIRAMENTE ALCANÇADA

Este tópico tem duas partes:

1. O significado efetivo;
2. Rejeitar um argumento.

O SIGNIFICADO EFETIVO

[XI.10] Assim como a Lua num céu imaculado ilumina claramente,
Esforçaste-te anteriormente, mais uma vez, para o solo que gera as dez forças.
Em Akanishta, alcançaste o objetivo pelo qual te esforçaste –
Todas aquelas boas qualidades últimas e inigualáveis do estado supremo de pacificação.

[XI.11] **Assim como o espaço não possui divisões decorrentes das divisões dos recipientes,**
A talidade, do mesmo modo, não possui divisões feitas pelas coisas.
Portanto, realizando-as perfeitamente como um único sabor,
Ó Bondoso Conhecedor, tu realizas todos os objetos de conhecimento num único instante.

Até este ponto, Chandrakirti explicou as naturezas, divisões, funções e boas qualidades dos dez solos causais. Agora, ele explicará como os solos resultantes são alcançados. Buda Shakyamuni, por exemplo, primeiro gerou a bodhichitta e, depois, treinou os Caminhos Mahayana, até que alcançou o nono solo. Em seguida, Buda esforçou-se novamente para alcançar a excelsa percepção do *continuum* final do décimo solo. Essa realização, a concentração semelhante-a-um-vajra do Caminho da Meditação, é a causa direta das dez forças, as qualidades insuperáveis de um Buda. Ela é como a Lua num céu claro de outono. Assim como a Lua num céu claro dissipa toda a escuridão e ilumina claramente todas as formas, a excelsa percepção do *continuum* final dissipa toda a escuridão das obstruções à onisciência e faz com que o corpo de um Buda apareça claramente.

Buda Shakyamuni alcançou o objetivo pelo qual se esforçou – todas aquelas boas qualidades últimas e inigualáveis do supremo estado de Budeidade – na Terra Pura de Akanishta. Exatamente do mesmo modo, todos os outros seres que se tornaram Budas geraram primeiro a bodhichitta e, depois, treinaram os Caminhos Mahayana, até que alcançaram a excelsa percepção do *continuum* final e, então, alcançaram a iluminação na Terra Pura de Akanishta. Isso é explicado em muitos Sutras mahayana. De acordo com as escolas inferiores, tais como os vaibhashikas, Buda Shakyamuni alcançou a iluminação em Bodh Gaya, na Índia. Porém, na realidade, ele alcançou a iluminação em Akanishta muitos éons antes de ter aparecido neste mundo. Em Bodh Gaya, ele meramente demonstrou a maneira de alcançar a iluminação para mostrar, aos seres deste mundo, que é possível alcançar esses grandes resultados através de praticar o Dharma.

Quando Buda Shakyamuni alcançou pela primeira vez a iluminação, em Akanishta, ele realizou diretamente todos os objetos de conhecimento num único instante. Ele pôde fazer isso porque anteriormente, com a concentração semelhante-a-um-vajra do Caminho da Meditação, havia abandonado todas as obstruções à onisciência. Embora existam incontáveis fenômenos convencionais, cada um com uma entidade diferente, todas as vacuidades são a mesma entidade. Por exemplo, embora existam, neste mundo, muitos recipientes que encerram o espaço dentro de si, o próprio espaço não possui divisões separadas, porque todos os espaços são a mesma entidade – a mera ausência de contato obstrutivo. Do mesmo modo, embora existam muitos objetos diferentes neste mundo, a vacuidade não possui divisões separadas, porque todas as vacuidades são a mesma entidade – a mera ausência de existência inerente. Assim, porque Buda Shakyamuni realiza perfeitamente todos os fenômenos como um único sabor na vacuidade, ele realiza diretamente todos os fenômenos num único instante.

REJEITAR UM ARGUMENTO

Esta seção tem duas partes:

1. Apresentação da outra posição;
2. Refutação dessa posição.

APRESENTAÇÃO DA OUTRA POSIÇÃO

Objeção

[XI.12] *"Se a pacificação for a talidade, a sabedoria não pode se conectar com ela;*
E sem uma mente conectada, um possuidor-de-objeto do objeto de conhecimento certamente não é possível.
Sem conhecer nada, como pode ela ser um conhecedor?
Isso é uma contradição.
Se não houver alguém que conheça, como podes ensinar aos outros 'é como isso'?".

Vocês dizem que a vacuidade é a mera ausência de existência inerente. Se este for o caso, a sabedoria não pode apreendê-la porque não há um sinal específico para um conhecedor discriminar e, portanto, não há um objeto para a mente apreender. Se a mente não se conectar a um objeto, não há um possuidor-de-objeto da vacuidade. Não faz sentido chamar uma mente de *possuidor-de-objeto que realiza um objeto de conhecimento* se ela não apreende um objeto. Além disso, como pode essa mente ser um conhecedor, se ela não conhece nada? Isso é uma contradição. Se não há um conhecedor realizando a vacuidade, não há uma pessoa realizando a vacuidade; portanto, como podem ensinar aos outros "a vacuidade é como isso" e assim por diante? Em resumo, não é adequado asseverar [a existência de] um conhecedor que realiza a vacuidade ou de uma pessoa que realiza a vacuidade.

REFUTAÇÃO DESSA POSIÇÃO

Esta seção tem duas partes:

1. Rejeitar o argumento de que um conhecedor da talidade é inaceitável;
2. Rejeitar o argumento de que uma pessoa que conhece a talidade é inaceitável.

REJEITAR O ARGUMENTO DE QUE UM CONHECEDOR DA TALIDADE É INACEITÁVEL

Madhyamika-Prasangikas

> [XI.13] **Uma vez que a não-produção é talidade e a mente está livre da produção,**
> **Por depender desse aspecto, ela realiza a talidade.**
> **Por exemplo, quando uma mente possui qualquer aspecto, ela conhece esse objeto por inteiro.**
> **Exatamente do mesmo modo, ela conhece por depender de uma nominalidade.**

A ausência de produção inerentemente existente é talidade. Uma vez que a mente de Buda apreende inequivocamente o aspecto da mera ausência da produção inerentemente existente, ao apreender esse aspecto, ela realiza a talidade. Mesmo de acordo com o sistema de vocês, quando uma mente apreende qualquer aspecto, tal como a cor azul, vocês dizem que essa mente conhece o seu objeto por inteiro. Do mesmo modo, no nosso sistema, porque a mente de Buda apreende um aspecto da talidade, ela conhece a talidade por realizar essa nominalidade. Assim, podemos estabelecer um conhecedor da talidade e não incorremos na primeira falha, que [afirma que] não há mente que conheça a vacuidade.

REJEITAR O ARGUMENTO DE QUE UMA PESSOA QUE CONHECE A TALIDADE É INACEITÁVEL

Madhyamika-Prasangikas Nós também somos livres da segunda falha, de que não há pessoa que conheça a vacuidade, porque Buda conhece a vacuidade diretamente e a ensina extensamente aos discípulos. Desse modo, ele conduz muitos seres vivos ao estado de libertação.

Objeção Mesmo se aceitarmos que exista uma pessoa que realize a vacuidade diretamente, ainda assim seria impossível para ela ensiná-la aos outros, porque a sua mente e a vacuidade ter-se-iam se fundido como um único sabor e ela não teria a motivação que a levasse a ensinar.

Madhyamika-Prasangikas

> [XI.14] **Pelo poder do seu Corpo-de-Deleite, mantido por meio de mérito,**
> **E das suas Emanações,**
> **Surgem, a partir do espaço e de outros, sons que revelam o Dharma da talidade.**
> **Devido a isso, os seres mundanos também podem realizar a talidade.**

[XI.15] Do mesmo modo que um oleiro que, com grande vigor,
Gasta muita energia, por um longo tempo, colocando um torno a girar
E então, enquanto para de aplicar esforço,
O torno continua a girar e é percebido como uma causa de um pote,

[XI.16] Assim é ele, que reside num corpo com a natureza do Dharma.
Sem gerar qualquer esforço agora,
Ele se empenha nos feitos que são completamente além do pensamento
Devido às qualidades especiais das suas preces e das virtudes dos seres.

É verdade que os Budas não têm motivação conceitual para ensinar o Dharma, mas isso não significa que não ensinem. Buda Shakyamuni, por exemplo, alcançou o seu Corpo-de-Deleite e os seus Corpos-Emanação principalmente através da sua vasta coleção de mérito. Graças ao poder desse mérito, sons que revelam o Dharma da talidade surgem dos seus dois corpos, embora ele não tenha motivação conceitual. Esses ensinamentos são ouvidos por Ouvintes, Realizadores Solitários, Bodhisattvas e assim por diante e, como resultado, esses seres também realizam a talidade. Há muitos exemplos de ensinamentos que surgem de objetos que carecem de motivação conceitual. Por exemplo, na história do Bodhisattva Sadaprarudita, contada no final do *Sutra Perfeição de Sabedoria em Oito Mil Versos*, é explicado como ele ouviu ensinamentos que surgiam do espaço. Através do poder das bênçãos de Buda, muitos seres ouviram ensinamentos sobre a vacuidade que surgiam de objetos inanimados, como árvores e pedras. Assim, há o *Sutra Surgido das Árvores Sopradas pelo Vento*, o *Sutra Surgido da Protuberância na Coroa do Tathagata*, e assim por diante.

Uma das qualidades extraordinárias de Buda é que ele pode beneficiar incontáveis seres vivos enquanto sua mente permanece imóvel [no estado do] Corpo-Verdade, ou Dharmakaya. Embora careça da geração direta de uma motivação, os incontáveis seres receberão benefício dos seus feitos de expor o Dharma. Se vocês se perguntarem como é possível para Buda trabalhar para o benefício dos outros sem uma motivação conceitual, devem considerar a seguinte analogia. Um oleiro gasta, primeiro, muita energia girando um torno e, depois, quando para de aplicar esforço, o torno continua a girar e funciona como uma causa de um pote. Do mesmo modo, graças à intensidade da sua prática enquanto treinava os Caminhos Mahayana em vidas anteriores, Buda colocou grande esforço em completar as duas coleções, de mérito e de sabedoria, e embora não tenha mais aplicado esforço, não obstante, ele continua a girar a Roda do Dharma e a beneficiar incontáveis seres vivos. Assim, Buda reside no Corpo-Verdade e se empenha nos feitos de ensinar o Dharma e assim por diante, que são completamente além do pensamento, sem gerar qualquer esforço. Ele pode fazer isso devido às qualidades especiais das suas preces feitas enquanto treinava os caminhos e ao amadurecimento de sementes virtuosas de libertação nas mentes dos seres vivos.

APRESENTAÇÃO DOS CORPOS DE BUDA E DE SUAS BOAS QUALIDADES

Esta seção tem duas partes:

1. Apresentação dos corpos de Buda;
2. Apresentação das boas qualidades das forças.

APRESENTAÇÃO DOS CORPOS DE BUDA

Esta seção tem três partes:

1. Explicação do Corpo-Verdade;
2. Explicação do Corpo-de-Deleite;
3. Explicação do Corpo correspondente à sua causa.

EXPLICAÇÃO DO CORPO-VERDADE

**[XI.17] A pacificação que surge da combustão de toda a matéria inflamável dos objetos de conhecimento
É o Corpo-Verdade dos Conquistadores.**

**Nesse momento, não há produção nem desintegração.
Uma vez que as mentes cessaram, é experienciado diretamente
pelo corpo.**

O Corpo-Verdade é definido como a vacuidade da mente ou a mente, ela própria, completamente purificada de todas as obstruções à onisciência. Neste contexto, "matéria inflamável dos objetos de conhecimento" significa "as obstruções à onisciência", e "combustão" significa "abandono". Há dois tipos de Corpo-Verdade: o Corpo-Verdade-Sabedoria e o Corpo-Verdade-Natureza. O Corpo-Verdade-Sabedoria é a mente de um Buda misturada inseparavelmente com a vacuidade. Porque a mente de um Buda está completamente misturada com a vacuidade, como água misturada com água, e porque sua mente nunca se move desse estado, todas as suas mentes são o Corpo-Verdade-Sabedoria. Quando, antes de alcançar a Budeidade, alcançarmos uma realização direta da vacuidade e a nossa mente se misturar com a vacuidade assim como a água mistura-se com água, obteremos um símile do Corpo-Verdade-Sabedoria. Ele é apenas um estado temporário e, cedo ou tarde, a mente se move e se separa da vacuidade. A mente de um Buda, no entanto, nunca se separa da vacuidade. Por essa razão, apenas os Budas possuem o Corpo-Verdade-Sabedoria efetivo.

O Corpo-Verdade-Natureza é a vacuidade da mente de Buda que possui duas purezas: a pureza que é a ausência de existência inerente desde o princípio e a pureza que é a libertação das duas obstruções. Todos nós temos as duas naturezas búdicas: a natureza búdica naturalmente permanente e a natureza búdica crescente. A natureza búdica naturalmente permanente é a vacuidade da nossa mente muito sutil, a qual tornar-se-á o Corpo-Verdade-Natureza de um Buda quando nos tornarmos um Buda. A natureza búdica crescente é a nossa mente muito sutil, ela própria. Através do nosso incremento das qualidades dessa mente, por fim ela irá se transformar no Corpo-Verdade-Sabedoria de um Buda.

Como o Corpo-Verdade é obtido? Através do treino nos Caminhos Mahayana, um iogue, ou ioguine, por fim alcança a excelsa percepção do *continuum* final, que é o último momento do Caminho da Meditação. Essa concentração funciona como o antídoto direto contra os três tipos de obstruções-pequenas à onisciência. No momento seguinte, ele, ou ela, alcança o caminho liberado que abandonou completamente todas as obstruções. Esse é o primeiro momento da Budeidade. Simultaneamente, a sua mente se transforma no Corpo-Verdade-Sabedoria, a vacuidade da sua mente se transforma no Corpo-Verdade-Natureza e o seu corpo-forma sutil se transforma no Corpo-de-Deleite.

O seu Corpo-Verdade-Natureza, que é o seu corpo principal, não tem produção nem desintegração. Além disso, nesse momento, todas as mentes conceituais cessaram. Portanto, o Corpo-Verdade-Natureza é, primeiro, experienciado diretamente pelo corpo de sabedoria não-conceitual. Alguns interpretam que o último verso dessa estrofe significa que, uma vez que um Buda não tem mente, o Corpo-Verdade é experienciado pelo seu corpo, mas isso não é correto. É absurdo sugerir que um Buda não tem mente.

EXPLICAÇÃO DO CORPO-DE-DELEITE

[XI.18] **Este corpo pacificado é resplandecente, qual uma árvore-que-concede-desejos,**
E sem concepção, qual uma joia-que-satisfaz-os-desejos.
Ele sempre permanecerá, para a fortuna do mundo, até que os seres vivos sejam libertados
E aparecerá para aqueles que são livres de elaboração.

O Corpo-de-Deleite é definido como um corpo-forma último que possui as cinco certezas. As cinco certezas são:

(1) *Certeza de corpo*. Embora o Corpo-de-Deleite esteja pacificado de todas as mentes conceituais, não obstante, para o benefício dos seres vivos, ele aparece qual uma árvore-que-concede-desejos, resplandecente com as marcas maiores e as indicações menores.

(2) *Certeza de doutrina*. Embora o Corpo-de-Deleite seja livre de concepções, não obstante, ele beneficia os seres vivos qual uma joia-que-satisfaz-os-desejos, através de ensinar unicamente o Dharma Mahayana.

(3) *Certeza de local.* Embora manifeste incontáveis Corpos-Emanação, o Corpo-de-Deleite reside sempre na Terra Pura de Akanishta.
(4) *Certeza de tempo.* Embora os Corpos-Emanação demonstrem a maneira de morrer, o Corpo-de-Deleite permanecerá, para a fortuna dos seres mundanos, até que todos os seres vivos sejam libertados.
(5) *Certeza de séquito.* Embora o Corpo-de-Deleite não tenha discriminação, sentindo-se próximo de alguns ou distante de outros, não obstante, ele aparece apenas para aqueles que estão livres de elaboração – isto é, os Bodhisattvas superiores.

EXPLICAÇÃO DO CORPO CORRESPONDENTE À SUA CAUSA

Esta seção explica o Corpo-Emanação. Uma vez que os Corpos-Emanação são manifestados, principalmente, pelo Corpo-de-Deleite, eles são conhecidos como "o corpo correspondente à sua causa". O Corpo-Emanação será agora explicado a partir dos seguintes três tópicos:

1. Como ele mostra todos os seus feitos em um único poro do seu corpo;
2. Como ele mostra todos os feitos dos outros em um único poro do seu corpo;
3. Explicação do seu domínio completamente excelente sobre os seus desejos.

COMO ELE MOSTRA TODOS OS SEUS FEITOS EM UM ÚNICO PORO DO SEU CORPO

[XI.19] De uma só vez, o Poderoso Hábil, claramente e sem desordem,
Mostra, de maneira completa e excelente,
Num Corpo-Forma correspondente a essa causa,
Tudo o que aconteceu durante as suas vidas passadas, agora já cessadas.

[XI.20] Como eram as Terras Búdicas e os seus Poderosos
  Hábeis,
Como eram os seus corpos, feitos e poderes,
Quantas assembleias de Ouvintes havia e como eram,
Quais formas os Bodhisattvas assumiram lá,

[XI.21] Qual era o Dharma e qual aspecto ele próprio assumiu
  então,
Quais feitos foram executados por ouvir o Dharma,
O quanto de generosidade foi praticada para com eles –
Ele mostra tudo isso num único corpo.

[XI.22] Igualmente, ele mostra qual disciplina moral, paciência,
  esforço, concentração e sabedoria
Praticou durante as suas vidas passadas
E mostra claramente todos esses feitos, sem excluir nada,
Em apenas um único poro do seu corpo.

O Corpo-Emanação é definido como um Corpo-Forma último que não possui as cinco certezas. Uma vez que o Corpo-Verdade pode ser visto apenas por Budas e o Corpo-de-Deleite apenas por Bodhisattvas superiores, o Corpo-de-Deleite manifesta inumeráveis Corpos-Emanação, que podem ser vistos pelos seres comuns. Por exemplo, o Corpo-de-Deleite de Munivairochana manifestou cem milhões de Corpos-Emanação de Buda Shakyamuni em cem milhões de mundos diferentes. Cada um desses Corpos-Emanação possui poderes inconcebíveis. Buda Shakyamuni, o Poderoso Hábil que aparece num Corpo-Forma correspondente à sua causa, o Corpo-de-Deleite de Munivairochana, pode manifestar num minúsculo poro do seu corpo, de maneira completa e excelente, tudo o que aconteceu durante as suas vidas passadas. Ele pode mostrar, claramente e na sequência correta, todos os seus locais de renascimento desde tempos sem princípio e todos os seus corpos, amigos, parentes e prazeres que, agora, já cessaram.

Quando era um Bodhisattva treinando os caminhos, ele fez oferendas a incontáveis Budas em incontáveis Terras Búdicas. Ele pode manifestar tudo isso num único poro do seu corpo presente. Ele pode mostrar todas as características dessas Terras Puras e os corpos, feitos e poderes dos Budas que residem nelas. Além disso, pode mostrar quantas assembleias de Ouvintes havia e como eram, quantos Bodhisattvas havia e quais formas assumiram, quais as boas qualidades que possuíam, que tipo de Dharma foi exposto para as diversas assembleias de Ouvintes e Bodhisattvas, quais formas ele próprio tomou (algumas vezes, como um brâmane; outras, como um monge; e outras, como uma pessoa leiga, e assim por diante), quais feitos os Bodhisattvas executaram após ouvirem o Dharma e qual prática de dar ele praticou ao fazer oferendas aos Budas. Ele mostra tudo isso em apenas um minúsculo poro do seu corpo.

Igualmente, durante as suas vidas anteriores, enquanto Bodhisattva, Buda Shakyamuni também praticou extensamente as demais cinco perfeições: disciplina moral, paciência, esforço, estabilização mental e sabedoria. Ele mostra claramente, sem excluir nada, todos esses feitos – onde e com quais corpos praticou, a maneira como praticou e assim por diante – em apenas um único poro do seu corpo.

COMO ELE MOSTRA TODOS OS FEITOS DOS OUTROS EM UM ÚNICO PORO DO SEU CORPO

[XI.23] Os Budas que morreram, aqueles que ainda estão
  por vir
E aqueles do presente que residem no mundo
Revelando o Dharma numa voz alta e forte que alcança
  os confins do espaço
E concedendo fôlego aos seres vivos atormentados pelo
  sofrimento –

[XI.24] Todos os feitos deles, desde que primeiro geraram
  a mente
Até a essência da iluminação,
E sabendo que essas coisas são da natureza de ilusões,
Ele mostra tudo isso, clara e simultaneamente, em um único
  poro.

[XI.25] Do mesmo modo, os feitos de todos os Bodhisattvas
   superiores,
Realizadores Solitários superiores e Ouvintes superiores dos
   três tempos
E todas as atividades dos demais seres –
Ele mostra tudo isso simultaneamente em um único poro.

Além de ser capaz de mostrar os seus próprios feitos, Buda Shakyamuni também pode mostrar todos os feitos de todos os outros seres. Assim, ele pode mostrar, clara e simultaneamente, em apenas um único poro, todos os Budas que morreram, aqueles que ainda estão por vir e aqueles que, presentemente, residem no mundo ensinando o Dharma para aliviar o sofrimento dos seres vivos. Ele também pode mostrar todos os feitos deles, desde quando geraram, pela primeira vez, a bodhichitta até quando alcançaram a essência da iluminação. Ele pode fazer isso porque possui uma realização última da vacuidade de todos os fenômenos e sabe que todos os fenômenos são como ilusões.

Buda Shakyamuni também pode mostrar, simultaneamente e num único poro, todos os feitos de todos os Bodhisattvas superiores, Realizadores Solitários superiores e Ouvintes superiores dos três tempos, bem como todas as atividades dos Bodhisattvas comuns, Realizadores Solitários comuns e Ouvintes comuns.

EXPLICAÇÃO DO SEU DOMÍNIO COMPLETAMENTE EXCELENTE SOBRE OS SEUS DESEJOS

[XI.26] Por meio de declarar os seus desejos, este Puro
Manifesta, num único átomo, os mundos [existentes] por todo
   o espaço
E um átomo a preencher as direções de infinitos mundos,
Sem que o átomo se torne maior ou os mundos se tornem menores.

[XI.27] Por não estares governado pela conceitualidade,
   mostrarás, em cada instante,
Até o fim do samsara,

**Tantos feitos, diferentes e inumeráveis,
Quanto os átomos existentes em todos os mundos.**

Porque a mente de Buda Shakyamuni é completamente pura, livre de qualquer mácula, ele possui controle perfeito sobre os seus desejos. Ele pode emanar qualquer coisa simplesmente por declarar os seus desejos. Por exemplo, ele pode mostrar todos os mundos [existentes] por todo o espaço num único átomo e um único átomo que abarque todos os infinitos mundos, sem que o átomo se torne maior ou os mundos se tornem menores. Somente um Buda possui tais poderes. Além disso, porque é livre de conceitualidade, Buda Shakyamuni pode mostrar, em cada instante até o fim do samsara, inumeráveis e diferentes emanações, manifestando tantas emanações quanto os átomos existentes em todos os mundos.

As boas qualidades de corpo, fala e mente de Buda Shakyamuni, suas várias emanações e seus incontáveis feitos estão explicados extensamente nos *Sutras Vinaya*, no *Sutra Sobre as Cem Ações*, no *Sutra do Sábio e do Tolo* e em *Histórias dos Nascimentos*. Se conhecermos as boas qualidades de Buda Shakyamuni, conheceremos as boas qualidades de todos os Budas e compreenderemos que, quando nos tornarmos iluminados, teremos exatamente as mesmas qualidades. Portanto, devemos desenvolver forte fé em Buda, prestar respeito a ele e fazer oferendas; e, para beneficiar todos os seres vivos, devemos nos esforçar para nós mesmos nos tornarmos um Buda.

APRESENTAÇÃO DAS BOAS QUALIDADES DAS FORÇAS

Esta seção tem quatro partes:

1. Breve apresentação das dez forças;
2. Explicação extensa;
3. Por que todas as qualidades não podem ser descritas;
4. Os benefícios de compreender as duas boas qualidades.

BREVE APRESENTAÇÃO DAS DEZ FORÇAS

[XI.28] A força que conhece fonte e não-fonte,
Que conhece, igualmente, o pleno amadurecimento das ações,
Que compreende os diversos desejos
E a força que conhece os diversos elementos,

[XI.29] Que conhece, igualmente, os poderes supremos e não-
-supremos,
Todos os lugares para os quais se é conduzido,
E a força que conhece as estabilizações mentais,
[As concentrações de] perfeita libertação, as concentrações, as absorções, e assim por diante,

[XI.30] Que conhece as recordações de locais passados,
Que conhece, igualmente, morte e nascimento
E a força que conhece a cessação das contaminações –
Essas são as dez forças.

As dez forças que são as boas qualidades da mente de um Buda são:

(1) A força que conhece fonte e não-fonte;
(2) A força que conhece o pleno amadurecimento das ações;
(3) A força que conhece os diversos desejos;
(4) A força que conhece os diversos elementos;
(5) A força que conhece os poderes supremos e não-supremos;
(6) A força que conhece todos os caminhos e todos os lugares para os quais eles conduzem;
(7) A força que conhece as estabilizações mentais, as concentrações de perfeita libertação, as concentrações, as absorções, e assim por diante;
(8) A força que conhece as recordações de vidas anteriores;
(9) A força que conhece a morte e o nascimento;
(10) A força que conhece a cessação das contaminações.

EXPLICAÇÃO EXTENSA

Cada uma das dez forças será agora explicada.

A FORÇA QUE CONHECE FONTE E NÃO-FONTE

[XI.31] **Qualquer causa a partir da qual algo é definitivamente produzido**
É denominada pelos Oniscientes como a fonte daquilo.
O oposto do que foi explicado não é uma fonte.
O conhecedor dos infinitos objetos de conhecimento que abandonou as obstruções é definido como sendo uma força.

Buda disse que qualquer causa a partir da qual um efeito é produzido é a fonte desse efeito. Por exemplo, uma semente a partir da qual um broto é produzido é a fonte desse broto. Assim, todas as causas são as fontes dos seus efeitos. Por exemplo, ações virtuosas são a fonte de felicidade, e ações não-virtuosas, a fonte de sofrimento. Por outro lado, sementes de trigo, por exemplo, não são a fonte de arroz, ações não-virtuosas não são a fonte de felicidade e ações virtuosas não são a fonte de sofrimento. Porque não conhecem as fontes de felicidade, os seres comuns se envolvem em ações que aumentam o seu sofrimento, em vez de se envolverem em ações que aumentem a sua felicidade, e porque não conhecem as fontes de sofrimento, criam continuamente as causas de sofrimento para si próprios, embora não tenham o desejo de sofrer. Portanto, é essencial saber o que é uma fonte e o que não é uma fonte. Uma força que é uma mente de Buda que conhece fonte e não-fonte é definida como uma excelsa percepção que abandonou todas as obstruções e que conhece diretamente os infinitos objetos de conhecimento que são fonte e não-fonte.

A FORÇA QUE CONHECE O PLENO AMADURECIMENTO DAS AÇÕES

[XI.32] **O desejável, o indesejável, o oposto deles, as ações de abandono**
E os seus plenos amadurecimentos – uma grande variedade –

O poderoso, hábil e desobstruído conhecedor que abrange e se
   envolve com cada um
Dos objetos de conhecimento dos três tempos é definido como
   sendo uma força.

Existem incontáveis ações, tais como ações virtuosas, ações não-virtuosas, ações que são uma mistura de virtude e não-virtude e ações incontaminadas que abandonaram não-virtude. De modo semelhante, existe uma grande variedade de efeitos das ações, tais como efeitos plenamente amadurecidos, efeitos ambientais, efeitos similares à causa e corpos da natureza da mente que são efeitos de ações incontaminadas. Somente um Buda pode compreender diretamente todas as ações densas e sutis e os seus efeitos. Uma força que é uma mente de Buda que conhece o pleno amadurecimento das ações é definida como uma excelsa percepção poderosa, hábil e desobstruída, que abrange todos os objetos de conhecimento que são ações e efeitos densos e sutis dos três tempos e que os conhece direta e individualmente.

A FORÇA QUE CONHECE OS DIVERSOS DESEJOS

[XI.33] Os desejos surgem por força do apego e assim por
   diante –
Uma grande variedade de desejos inferiores, medianos e,
   sobretudo, superiores.
O conhecedor destes e de outros além destes,
Que abrange todos os seres vivos dos três tempos, é conhecido
   como uma "força".

Os seres vivos têm muitos desejos – desejos que surgem por força das delusões (tais como apego e ódio), desejos que surgem por força de mentes virtuosas (tais como fé e compaixão), desejos que surgem por força de marcas presentes na mente, e muitos outros. Se levarmos em conta apenas um único ser vivo, veremos que ele tem incontáveis desejos. Alguns desejos são inferiores, outros são medianos, e outros, superiores. Desejos inferiores são desejos não-virtuosos, como o desejo de matar ou roubar. Desejos medianos são desejos neutros, como o desejo de comer

Je Phabongkhapa

ou dormir. Desejos superiores são desejos virtuosos, como o desejo de alcançar a iluminação, o desejo de alcançar a libertação ou o desejo de proteger os seres vivos. Os desejos superiores surgem pelo poder das bênçãos de Buda, pelo poder de ouvir ensinamentos corretos, pelo poder da contemplação e da meditação e pelo poder das marcas virtuosas. Uma vez que o desejo é um fenômeno mental, interno, é difícil para um ser comum conhecer os desejos dos outros. Apenas um Buda conhece todos os desejos dos seres vivos diretamente. Uma força que é uma mente de Buda que conhece os diversos desejos é definida como uma excelsa percepção desobstruída que abrange todos os objetos de conhecimento que são os desejos inferiores, medianos e superiores de todos os seres vivos dos três tempos e que os conhece diretamente.

A FORÇA QUE CONHECE OS DIVERSOS ELEMENTOS

[XI.34] **Através das suas habilidades em distinguir perfeitamente os elementos,**
Os Budas dizem que qualquer que seja a natureza dos olhos e assim por diante é um elemento.
O conhecedor ilimitado dos Budas completos
Que compreende as distinções de todos os tipos de elemento é definido como sendo uma força.

Há muitas divisões, ou classes, dos elementos, tais como os seis poderes (o poder sensorial visual e assim por diante), os seis objetos (formas e assim por diante) e as seis consciências (a consciência visual e assim por diante). Esses elementos e sua natureza última, a vacuidade, foram todos explicados pelos Budas. As classes de todos os elementos densos e sutis são inumeráveis, e apenas os Budas conseguem conhecê-los todos diretamente. Uma força que é uma mente de Buda que conhece os diversos elementos é definida como uma excelsa percepção desobstruída que conhece diretamente todos os objetos de conhecimento que são elementos densos e sutis.

A FORÇA QUE CONHECE OS PODERES SUPREMOS E NÃO-SUPREMOS

[XI.35] Da conceitualização e assim por diante, apenas os muito agraçados são aceitos como supremos;
Os de categoria mediana e obtusos são explicados como não--supremos.
O conhecedor de todos os aspectos, livre de apego,
Que compreende a visão e assim por diante e a capacidade que possuem de sustentar um ao outro é definido como sendo uma força.

Tanto os poderes supremos como os não-supremos podem ser classificados do ponto de vista de *mentes* ou do ponto de vista de *pessoas*. Dentre as mentes, aquelas como a fé e a sabedoria são poderes supremos, porque são os poderes que impedem as delusões, ao passo que conceitualizações, como a atenção imprópria, são poderes inferiores, porque são os poderes que geram delusões. Dentre as pessoas, algumas possuem poderes muito agraçados; outras, poderes medianos; e outras, poderes obtusos; e apenas aquelas com poderes muito agraçados são aceitas como supremas.

De outro ponto de vista, há 22 tipos de poder:

(1) Poder sensorial visual;
(2) Poder sensorial auditivo;
(3) Poder sensorial olfativo;
(4) Poder sensorial gustativo;
(5) Poder sensorial corporal;
(6) Poder, ou faculdade, mental;
(7) O poder vital;
(8) Poder masculino;
(9) Poder feminino;
(10) O poder da sensação agradável;
(11) O poder da felicidade mental;
(12) O poder da sensação desagradável;
(13) O poder da infelicidade mental;

(14) O poder da sensação neutra;
(15) O poder da fé;
(16) O poder do esforço;
(17) O poder da contínua-lembrança;
(18) O poder da concentração;
(19) O poder da sabedoria;
(20) O poder que causa o conhecimento de tudo;
(21) O poder que conhece tudo;
(22) O poder que possui todo o conhecimento.

Os seis primeiros são poderes que produzem as suas próprias consciências; o sétimo é o poder que mantém a vida; o oitavo é o poder que determina uma pessoa como homem; o nono é o poder que determina uma pessoa como mulher; o décimo, que é uma sensação corporal, e o 11º, que é uma sensação mental, são os poderes que geram o apego nos seres comuns; o 12º, que é uma sensação corporal, e o 13º, que é uma sensação mental, são os poderes que geram o ódio nos seres comuns; o 14º é o poder que gera confusão nos seres comuns; do 15º ao 19º, são os poderes que geram o Caminho da Visão; o 20º, que é o Caminho da Visão, é o poder que gera o Caminho da Meditação; o 21º, que é o Caminho da Meditação, é o poder que gera o Caminho do Não-Mais-Aprender; e o último, que é o Caminho do Não-Mais-Aprender, é o poder que gera um nirvana sem remanescência.

Desses 22 poderes, os catorze primeiros são inferiores, ou não-supremos, porque são causas do samsara, e os últimos oito são supremos, porque são causas de libertação e de iluminação. Os 22 poderes estão extensamente explicados nos comentários a *Tesouro de Abhidharma*, de Vasubandhu. Somente os Budas podem conhecer diretamente todos os poderes – tais como, por exemplo, o poder sensorial visual – bem como a capacidade que esses poderes têm de sustentar um ao outro. Uma força que é uma mente de Buda que conhece os poderes supremos e não-supremos é definida como uma excelsa percepção desobstruída que conhece diretamente todos os objetos de conhecimento que são poderes supremos e não-supremos densos e sutis.

A FORÇA QUE CONHECE TODOS OS CAMINHOS E TODOS OS LUGARES PARA OS QUAIS ELES CONDUZEM

[XI.36] Alguns caminhos conduzem ao verdadeiro estado de um Conquistador;
Outros, à iluminação de um Realizador Solitário ou à iluminação de um Ouvinte;
Outros, aos espíritos famintos, animais, seres-do-inferno, deuses, humanos e assim por diante;
O conhecedor disso que é livre de apego é definido como sendo a força que alcança todos os lugares.

Em geral, há dois tipos de caminho: caminhos exteriores e caminhos interiores. Os caminhos que dizem respeito ao praticante espiritual – e com os quais ele deve se preocupar – são os caminhos interiores, e esses caminhos são mais difíceis de compreender. Os caminhos interiores podem ser de dois tipos: corretos ou incorretos. Caminhos interiores corretos conduzem à libertação ou à iluminação. Alguns, como os Cinco Caminhos Mahayana, conduzem à grande iluminação, ou Budeidade; e outros, como os Cinco Caminhos Hinayana, conduzem à iluminação de um Realizador Solitário ou à iluminação de um Ouvinte. Caminhos interiores incorretos, por outro lado, não conduzem à libertação, mas levam ao samsara. Alguns, como as dez ações não-virtuosas, levam aos reinos do inferno, ao reino dos fantasmas famintos ou ao reino dos animais; e outros, como as ações virtuosas contaminadas, levam aos reinos dos deuses ou ao reino humano. Visto que há muitos caminhos diferentes, somente um Buda pode conhecer todos diretamente. Uma força que é uma mente de Buda que conhece todos os caminhos e todos os lugares para os quais eles levam é definida como uma excelsa percepção desobstruída, livre de apego, que conhece diretamente todos os caminhos corretos e incorretos.

A FORÇA QUE CONHECE AS ESTABILIZAÇÕES MENTAIS, AS CONCENTRAÇÕES DE PERFEITA LIBERTAÇÃO, AS CONCENTRAÇÕES, AS ABSORÇÕES, E ASSIM POR DIANTE

[XI.37] Os diferentes tipos de iogue em todos os infinitos mundos
Possuem as estabilizações mentais, as oito [concentrações de] perfeita libertação,
Aquelas que são tranquilos-permaneceres e as nove que são absorções;
O conhecedor desobstruído de todas elas é definido como sendo uma força.

Há muitos tipos diferentes de iogues e ioguines em todos os ilimitados mundos, sendo que cada um deles alcançou concentrações meditativas diferentes, tais como as quatro estabilizações mentais, as oito concentrações de perfeita libertação, as diversas concentrações que são tranquilos-permaneceres e as absorções das nove permanências sucessivas. Visto que há incontáveis concentrações diferentes, algumas das quais mundanas e outras, supramundanas, somente um Buda pode conhecer todas diretamente. Uma força que é uma mente de Buda que conhece as diferentes estabilizações mentais, concentrações de perfeita libertação, concentrações dos seres do reino do desejo, absorções e assim por diante é definida como uma excelsa percepção desobstruída que conhece diretamente todas as concentrações mundanas e supramundanas.

A FORÇA QUE CONHECE AS RECORDAÇÕES DE VIDAS ANTERIORES

[XI.38] Enquanto houver confusão, haverá permanência no samsara.
Sejam quantas forem as origens e locais de nascimento – um número ilimitado –
Tanto de si próprio como de todos e cada um dos seres vivos do samsara, que agora já são passado,
O conhecedor disso é definido como sendo uma força.

Enquanto tiverem confusão, os seres vivos permanecerão no samsara. No passado, os incontáveis seres samsáricos – incluindo nós mesmos – já tiveram incontáveis renascimentos em incontáveis locais diferentes de nascimento, assumindo, em cada renascimento, um corpo diferente, com características, amigos e posses diferentes, e assim sucessivamente. Somente um Buda pode conhecer tudo isso diretamente. Uma força que é uma mente de um Buda que conhece as recordações de vidas anteriores é definida como uma excelsa percepção desobstruída que conhece diretamente todos os objetos de conhecimento que são os locais de nascimento passados e assim por diante – de si próprio e os de todos os seres vivos.

A FORÇA QUE CONHECE A MORTE E O NASCIMENTO

**[XI.39] As muitas variedades de morte e nascimento de todos e cada um dos seres vivos
Que habitam os mundos tão extensos quanto o espaço –
O conhecedor ilimitado, sem apego e completamente puro,
Que apreende todos esses aspectos simultaneamente é definido como sendo uma força.**

Porque os reinos de todos os mundos são tão extensos quanto o espaço, os seres vivos que habitam neles são incontáveis. Todos e cada um dos seres vivos experienciam morte e nascimento descontrolados – morte e nascimento seguindo-se um ao outro, sem cessar – bem como os efeitos das suas ações acumuladas. No entanto, os seres comuns não sabem *como* ou *onde* morreram no passado, *como* ou *onde* nasceram no passado, *como* ou *onde* morrerão nesta vida, ou *como* e *onde* nascerão e morrerão nas vidas futuras. Somente um Buda pode conhecer diretamente as muitas variedades de morte e nascimento de todos e cada um dos seres vivos. Uma força que é uma mente de Buda que conhece a morte e o nascimento é definida como uma excelsa percepção desobstruída que é livre de apego e completamente pura e que conhece, direta e simultaneamente, todos os aspectos do processo da morte e do nascimento de cada ser vivo.

A FORÇA QUE CONHECE A CESSAÇÃO DAS CONTAMINAÇÕES

[XI.40] A veloz destruição das delusões dos Conquistadores,
juntamente com suas marcas,
Através do poder do conhecedor de todos os aspectos,
E a cessação das delusões nos discípulos por meio da sabedoria
e assim por diante –
O conhecedor ilimitado disso, que é livre de apego, é definido
como sendo uma força.

Há três tipos de iluminação: grande, mediana e pequena. Os Budas alcançam a grande iluminação por meio de abandonar todas as delusões juntamente com suas marcas; os Realizadores Solitários alcançam uma iluminação mediana abandonando todas as delusões; e os Ouvintes alcançam uma pequena iluminação também por abandonar todas as delusões. Cada uma dessas três iluminações é conhecida como "cessação das contaminações". Somente um Buda conhece todas essas três iluminações diretamente e as revela aos discípulos. Uma força que é uma mente de Buda que conhece a cessação das contaminações é definida como um conhecedor desobstruído, livre de apego, e que conhece diretamente todos os objetos de conhecimento que são cessações das contaminações.

Nas definições anteriores, "livre de apego" significa "livre das obstruções-delusões", e "desobstruído" significa "livre das obstruções à onisciência". As obstruções-delusões são obstruções que obstruem principalmente a aquisição da libertação. Há dois tipos de obstrução-delusão: manifesta e não-manifesta. As obstruções-delusões manifestas são delusões efetivas, e as obstruções-delusões não-manifestas são as sementes de delusão. As obstruções-delusões também podem ser classificadas em intelectualmente formadas e inatas. As obstruções-delusões intelectualmente formadas são geradas na dependência de raciocínio incorreto ou de análise incompleta. Por exemplo, as mentes dos proponentes de princípios filosóficos não-budistas ou de princípios filosóficos budistas inferiores que sustentam [a existência] de fenômenos inerentemente existentes são delusões intelectualmente formadas. As delusões inatas, por outro lado, surgem naturalmente de potenciais presentes na mente, sem dependerem de raciocínios. Todas as delusões nas mentes dos animais e insetos e a maioria das delusões nas mentes dos seres humanos são delusões inatas. Todas as delusões intelectualmente formadas e suas sementes são abandonadas no Caminho da Visão, e todas as delusões inatas e suas sementes são abandonadas no Caminho da Meditação. Algumas obstruções-delusões são classificadas em objetos abandonados no Caminho da Visão e objetos abandonados no Caminho da Meditação. De acordo com esse sistema, as obstruções-delusões intelectualmente formadas são objetos abandonados no Caminho da Visão, e as obstruções-delusões inatas, objetos abandonados no Caminho da Meditação.

As obstruções à onisciência são obstruções que obstruem principalmente a aquisição da Budeidade. São assim denominadas porque obstruem o conhecimento direto e simultâneo de todos os fenômenos. As obstruções à onisciência são de dois tipos: manifestas e não-manifestas, sendo que as não-manifestas podem ser divididas em densas e sutis. Um Bodhisattva começa a abandonar as obstruções à onisciência no oitavo solo, mas elas não são definitivamente abandonadas até a Budeidade ser alcançada. Um Bodhisattva no oitavo solo abandonou todas as delusões e suas sementes, mas ainda possui as marcas das delusões no seu *continuum* mental, do mesmo modo que a areia molhada retém uma pegada mesmo após o pé ter caminhado adiante. Essas marcas das delusões são obstruções à onisciência. Não devem ser confundidas com as sementes de delusão. As sementes de delusão são causas de delusão, e um Bodhisattva no oitavo solo abandonou-as por completo. As marcas das delusões são efeitos das delusões, mas não são causas de delusão. Contudo, são causas de aparência equivocada. Assim, embora um Bodhisattva no oitavo solo tenha abandonado por completo o agarramento-ao-verdadeiro e suas sementes, as marcas do agarramento-ao-verdadeiro que ainda permanecem fazem com que os fenômenos apareçam como verdadeiramente existentes à sua mente. Essas obstruções permanecem até a Budeidade ser alcançada.

Apenas os Budas são livres das marcas das delusões e da aparência equivocada de existência verdadeira que elas fazem surgir. Os hinayanas Destruidores de Inimigos continuam a possuir as marcas das delusões, embora tenham abandonado todas as delusões e suas sementes. Há muitos casos de hinayanas Destruidores de Inimigos que manifestam sintomas de raiva ou apego desejoso por força dessas marcas. Embora tenham abandonado todas as delusões, manifestam ocasionalmente parcialidade, porque as marcas do apego desejoso e da raiva permanecem no seu *continuum* mental. De modo semelhante, embora não tenham agarramento-ao-verdadeiro, os fenômenos continuam a aparecer às suas mentes como verdadeiramente existentes por força das marcas do agarramento-ao-verdadeiro que permanecem em suas mentes.

POR QUE TODAS AS QUALIDADES NÃO PODEM SER DESCRITAS

[XI.41] **Assim como um pássaro não interrompe o voo devido à ausência de espaço,**
Mas retorna quando as suas forças foram consumidas,
Os discípulos e Filhos dos Budas
Interrompem a descrição das boas qualidades de Buda, uma vez que são tão ilimitadas quanto o espaço.

[XI.42] **Portanto, como poderia, alguém como eu,**
Compreender ou explicar as vossas boas qualidades?
No entanto, uma vez que foram explicadas pelo Superior Nagarjuna,
Superei minha apreensão e mencionei apenas algumas.

A descrição dada acima sobre as boas qualidades de Buda não é completa. Na verdade, é impossível concluir a descrição das boas qualidades de um Buda. Por exemplo, assim como um pássaro voando no céu não interrompe o seu voo porque ficou sem espaço, mas retorna quando as suas forças se esgotam, quando discípulos hinayana ou mahayana de Buda descrevem as boas qualidades de um Buda, eles interrompem a descrição não porque as descreveram todas – uma vez que são ilimitadas como o espaço –, mas porque o vigor da sua sabedoria foi consumido. Assim, Chandrakirti confessa humildemente: "Como poderia, alguém como eu, compreender ou explicar as qualidades de Buda?". Não obstante, continua: "Uma vez que foram explicadas pelo Superior Nagarjuna e não foram inventadas por mim, superei minha apreensão e mencionei apenas algumas."

OS BENEFÍCIOS DE COMPREENDER AS DUAS BOAS QUALIDADES

[XI.43] **O profundo é vacuidade**
E o vasto são as demais boas qualidades.
Por compreender os caminhos do profundo e do vasto,
Essas boas qualidades serão alcançadas.

Embora as boas qualidades dos Budas e dos Bodhisattvas sejam inesgotáveis, todas estão incluídas em dois tipos: as boas qualidades do profundo e as boas qualidades do vasto. As boas qualidades do profundo são a sabedoria que realiza a vacuidade, o Corpo-Verdade e assim por diante; e as boas qualidades do vasto são todas as demais boas qualidades, tais como os dez solos, as dez forças e o Corpo-Forma. Se compreendermos as boas qualidades do profundo e do vasto, praticaremos as etapas desses dois caminhos e, por fim, alcançaremos, nós mesmos, todas essas boas qualidades.

EXPLICAÇÃO SOBRE OS CORPOS-EMANAÇÃO

[XI.44] **Tu, que possuis um Corpo inamovível, visitas novamente**
  os três mundos com tuas Emanações
E mostras o descenso, o nascimento, a iluminação e a roda da paz.
Desse modo, motivado por compaixão, conduzes, a um estado
  além do sofrimento
Todos os seres mundanos que têm comportamento enganoso e
  que estão presos pelos muitos laços do apego.

Pode-se pensar que, ao passo que o Corpo-Verdade e o Corpo-de-Deleite permaneçam sempre trabalhando para o benefício dos seres vivos até que o samsara cesse, os Corpos-Emanação, não. Para dissipar tais dúvidas, Chandrakirti se refere ao Corpo-de-Deleite nestes termos: "Tu, que alcançaste um Corpo-Verdade inamovível, manifestaste incontáveis

Corpos-Emanação no passado e visitarás os três mundos muitas e muitas vezes para mostrar os doze feitos principais: descer da Terra Alegre; ser concebido num útero materno; nascer; conquistar a maestria das habilidades e esportes juvenis; desfrutar de um cônjuge e séquito; ordenação; a prática do ascetismo; meditar sob a Árvore Bodhi; vencer os demônios; alcançar a iluminação; girar a Roda do Dharma; e demonstrar a maneira de morrer. As tuas emanações mostrarão esses doze feitos continuamente, de modo que, para cada emanação que demonstre a maneira de morrer num mundo, mostras imediatamente o descenso em outro. Motivado pela compaixão por todos os seres mundanos que têm comportamento enganoso e que estão presos ao samsara pelos muitos laços do apego, tu manifestas incontáveis emanações para conduzi-los temporariamente à felicidade de humanos e deuses e, por fim, ao estado além do sofrimento".

Neste contexto, "estado além do sofrimento" significa "libertação das delusões", ou nirvana. Assim, "sofrimento" significa "delusões", e "além" significa "libertação". Em geral, há dois tipos de nirvana: a libertação hinayana, que é o abandono apenas das obstruções-delusões, e a iluminação mahayana, que é o abandono tanto das obstruções-delusões como das obstruções à onisciência. De outro ponto de vista, há três tipos de nirvana: nirvana com remanescência, nirvana sem remanescência e nirvana da não-permanência. Os dois primeiros são possuídos pelos hinayanistas. Quando um hinayanista alcança inicialmente a libertação, ele ainda possui um corpo surgido de carma contaminado, que é um "remanescente" do samsara e, por essa razão, as suas verdadeiras cessações são denominadas, nessa altura, "um nirvana com remanescência". Quando esse hinayanista morre, ele renasce numa Terra Pura e toma um corpo puro, produzido por causas incontaminadas. Suas verdadeiras cessações são, agora, um nirvana sem remanescência. O terceiro tipo de nirvana é alcançado apenas pelos Bodhisattvas nos solos puros e pelos Budas. Esse nirvana é um estado de não-permanência em ambos os extremos – o extremo do samsara e o extremo da paz solitária. O nirvana da não-permanência supremo é possuído apenas pelos Budas, os quais alcançaram as verdadeiras cessações de todas as obstruções.

PROVAR QUE HÁ UM ÚNICO VEÍCULO FINAL

[XI.45] Porque aqui, exceto a compreensão da talidade, não há
um eliminador principal de todas as máculas,
Porque os fenômenos não dependem de tipos diferentes de
talidade
E porque não há sabedorias diferentes que sejam as possuidoras-
-de-objeto da talidade,
Tu revelaste aos seres vivos um veículo completo e inigualável.

[XI.46] Uma vez que há essas impurezas que suscitam o
surgimento das falhas nos seres vivos,
Os mundanos não conseguem se empenhar no objeto
extremamente profundo experienciado pelos Budas.
Portanto, Ó Sugata, uma vez que possuis tanto a sabedoria
como os métodos da compaixão
E uma vez que prometeste "Libertarei os seres vivos",

[XI.47] Assim como o hábil que, viajando para uma ilha de joias,
Aliviou a fadiga dos seus companheiros, emanando uma bela
cidade no caminho,
Tu apresentaste este veículo às mentes dos discípulos como um
meio para a paz;
Mas ensinaste separadamente aqueles que alcançaram isolamento
e mentes treinadas.

Pergunta Anteriormente, vocês disseram que os Corpos-de-Deleite e os Corpos-Emanação conduzirão, em última instância, todos os seres vivos à grande e completa iluminação. Isso significa que há apenas um único veículo final – o Mahayana, ou Grande Veículo – e que o Hinayana, ou Pequeno Veículo, é apenas um veículo temporário?

Resposta Sim, significa exatamente isso. Há três razões que explicam por que há apenas um único veículo final:

(1) Não há, além da sabedoria que realiza a vacuidade, um antídoto direto que possa remover as máculas das duas obstruções.
(2) Os fenômenos não dependem de tipos diferentes de vacuidade porque não há tipos diferentes de vacuidade.
(3) Não há sabedorias diferentes que realizam a vacuidade.

Através dessas razões, podemos saber que a linhagem búdica natural de todos os seres vivos não possui tipos diferentes e que todas são a mesma natureza. Portanto, não há razão para que todos os seres vivos não alcancem, por fim, a plena iluminação da Budeidade. Esse é o motivo pelo qual Buda Shakyamuni revelou aos seres vivos apenas um único veículo final, que supera todos os outros veículos e é completo sob qualquer aspecto.

Objeção Em alguns Sutras, Buda diz que há três veículos finais: o Veículo dos Ouvintes, o Veículo dos Realizadores Solitários e o Grande Veículo. Se é a intenção de Buda que haja apenas um único veículo final, o Grande Veículo, por que ele mencionou os outros dois?

Resposta Estes tempos atuais são caracterizados por cinco impurezas: a impureza de época, a impureza dos seres vivos, a impureza de visão, a impureza das delusões e a impureza do tempo de vida. Essas cinco impurezas dão origem a muitas falhas nos seres vivos e, como resultado, eles não conseguem se empenhar facilmente no profundo veículo final, que é um objeto experienciado apenas por Budas e Bodhisattvas. Portanto, visto que Buda é dotado com qualidades especiais de sabedoria e de método e visto que, quando foi um Bodhisattva, prometeu libertar todos os seres vivos do samsara, ele revelou três veículos finais para alguns hinayanistas. Essa não era a intenção última de Buda, mas simplesmente um instrumento para conceder felicidade temporária aos seus discípulos hinayana.

Por exemplo, há uma lenda de que, há muito tempo, houve um hábil barqueiro, dotado com poderes miraculosos, que navegou na companhia de um grande grupo de mercadores para uma ilha de joias, onde esperavam reunir um grande tesouro. Temendo que os seus companheiros pudessem ficar relutantes em embarcar se a viagem parecesse muito longa e árdua, o hábil barqueiro utilizou seus poderes miraculosos para manifestar outra ilha, muito mais próxima de casa, na qual havia uma bela cidade.

Ao chegar à ilha, o grupo de mercadores desembarcou e desfrutou dos prazeres da ilha emanada. Quando já haviam descansado e restaurado suas forças, o hábil barqueiro levou-os, durante o resto da viagem, à ilha de joias e ao extraordinário tesouro pelo qual tanto ansiavam. De modo semelhante, Buda, o Grande Barqueiro dotado com poderes supremos, conduz, por fim, todos os seres vivos através do vasto oceano do samsara e da paz solitária à ilha de joias da grande iluminação. No entanto, para os seus discípulos hinayana, que se sentem desmotivados ante a perspectiva de tão longa jornada, Buda apresenta os veículos menores, de modo que possam obter paz temporária. Assim, primeiro ele os conduz aos veículos de uma iluminação pequena e mediana, por meio dos quais podem alcançar um abandono completo das suas delusões e a pacificação do sofrimento, e então, quando suas mentes estiverem treinadas, Buda os conduzirá ao Caminho Mahayana e, desse modo, os ajudará a concluir a jornada à grande iluminação. No entanto, para os discípulos com maior capacidade mental, Buda revela o Caminho Mahayana desde o princípio.

EXPLICAÇÃO SOBRE A DURAÇÃO DA ILUMINAÇÃO E DA PERMANÊNCIA

Esta seção tem duas partes:

1. A duração da iluminação;
2. A duração da permanência.

A DURAÇÃO DA ILUMINAÇÃO

[XI.48] Ó Sugata, sejam quantos forem os átomos que existam
    dentre os mais diminutos átomos
Em todas as Terras Búdicas de todas as direções,
Tu ingressas, por um número equivalente de éons, na mais
    sagrada e suprema iluminação;
Mas esses teus segredos não devem ser explicados.

Pergunta Anteriormente, vocês disseram que os Budas executam os doze feitos, mas por quanto tempo farão isso? Há um limite?

Resposta Não, não há um limite. Os Budas executarão os doze feitos continuamente até que o samsara cesse. Por exemplo, os Budas mostrarão novamente a maneira de alcançar a mais sagrada e suprema iluminação por tantos éons quanto os átomos existentes dentre os diminutos átomos em todas as Terras Búdicas em todas as dez direções. Contudo, esses segredos de Buda não devem ser explicados àqueles com pouca sabedoria ou raízes virtuosas pequenas para que não desenvolvam dúvidas ou visões errôneas.

A DURAÇÃO DA PERMANÊNCIA

[XI.49] **Ó Conquistador, enquanto todos os seres mundanos
   não tiverem alcançado a mais sublime paz**
E enquanto o espaço não houver sido destruído,
**Tu, que nasceste da mãe – a sabedoria – e foste nutrido pela
   compaixão, executarás os teus feitos;**
Por essa razão, como poderias ter uma paz solitária?

[XI.50] **A angústia de uma mãe por seu filho atormentado
   pelas dores de ter ingerido veneno**
Não se compara à misericórdia que tens pela tua família –
**Os seres mundanos, que, devido às falhas da confusão, ingerem
   comida venenosa.**
Portanto, Ó Protetor, tu nunca irás para a paz mais sublime.

[XI.51] **Uma vez que o inábil, que possui mentes que concebem
   coisas e não-coisas,**
**Experiencia sofrimento no momento do nascimento e da morte
   e quando é separado do agradável e encontra o desagradável**
**E porque o mau experiencia renascimentos, esses seres mundanos
   são objetos de compaixão.**
**Por essa razão, Ó Abençoado, motivado por compaixão,
   direcionaste a tua mente para longe da paz e não possuis
   um nirvana.**

Pergunta Por quanto tempo as emanações de Buda permanecerão neste mundo?

Resposta Enquanto todos os seres mundanos não tiverem alcançado a paz mais sublime da iluminação e enquanto o espaço permanecer, os Budas, que nasceram da mãe – a perfeição de sabedoria – e foram nutridos pela grande compaixão, permanecerão no mundo executando feitos para ajudar os seres vivos. Como poderiam eles viver na paz solitária?

Objeção Buda Shakyamuni morreu quando tinha oitenta e um anos. Ele não permaneceu até ao fim do espaço.

Resposta Um ponto semelhante é levantado no *Sutra da Sagrada Luz Dourada*, onde há uma explicação extensa sobre a razão pela qual Buda mostrou a maneira de morrer. É verdade que Buda Shakyamuni mostrou a maneira de morrer quando tinha a idade de oitenta e um anos, mas isso não significa que ele morreu como um ser comum. Porque o corpo de Buda Shakyamuni nasceu da perfeição de sabedoria, ele é um corpo-vajra imortal e ainda permanece até os dias de hoje para aqueles que têm o carma puro para vê-lo. Muitos praticantes, incluindo Je Tsongkhapa – quando estava em retiro no Monastério Reting –, têm visto o corpo de Buda Shakyamuni desde que ele mostrou a maneira de morrer. Devemos lembrar que o que aparece às mentes dos seres comuns é enganoso. É impossível para os seres comuns, que estão sujeitos às obstruções cármicas, ver diretamente seres sagrados que alcançaram um estado imortal. Se quisermos compreender como o corpo de Buda Shakyamuni permanece, precisamos pensar profundamente sobre a natureza da realidade por um longo tempo. E para compreender a natureza de um corpo-vajra e como ele é alcançado, precisamos estudar extensamente tanto o Sutra quanto o Mantra Secreto.

Algumas pessoas se referem ao *Sutra dos Éons Afortunados*, no qual está dito que cada um dos mil Budas possui um tempo de vida finito, mas esse Sutra foi dado de acordo com a maneira como as coisas aparecem aos seres comuns. Na verdade, os Budas possuem tempos de vida infinitos porque alcançaram um estado imortal. Como poderia alguém que não é livre do nascimento, morte e estado intermediário comuns ser um Buda?

A angústia de uma mãe por seu filho atormentado pelas dores de ter ingerido veneno não se compara à compaixão de um Buda pelos seres vivos, os quais, na totalidade, ele aprecia como se fossem sua própria família. Os seres mundanos, devido às falhas da confusão em suas mentes, são fortemente atraídos à comida venenosa dos cinco objetos de desejo contaminados e, para obtê-los, envolvem-se repetidamente em ações negativas. Como resultado, são atormentados pelos sofrimentos incessantes do samsara. Por verem isso, os Budas, motivados por sua compaixão sem limites, nunca partirão para o estado de paz solitária, mas permanecerão neste mundo para ajudar os seres sofredores.

Os seres mundanos são inábeis porque carecem da sabedoria que realiza a vacuidade. Por essa razão, concebem coisas e não-coisas como sendo verdadeiramente existentes. Devido a esse agarramento-ao-verdadeiro, eles estão presos ao samsara, onde experienciam repetidamente sofrimentos desde o momento do nascimento até o momento da morte, tendo repetidamente de se separar daquilo de que gostam e de se confrontar com aquilo de que não gostam. Além disso, os seres maus que negam [a relação entre as] ações e seus efeitos têm renascimentos inferiores, onde experienciam sofrimento insuportável por períodos inconcebivelmente longos. Por causa disso, esses seres mundanos são, para os Budas, objetos de compaixão. Por essa razão, os Abençoados direcionam suas mentes para longe da paz solitária e não possuem um nirvana solitário.

Vajradhara Trijang Rinpoche

Conclusão

COMO O TRATADO FOI ESCRITO

[XI.52] Este sistema foi extraído dos tratados sobre o Caminho do Meio
Pelo monge Chandrakirti
E foi apresentado exatamente de acordo
Com as escrituras e os ensinamentos orais.

[XI.53] Um Dharma como este não é encontrado em nenhum outro lugar.
Do mesmo modo, o sistema apresentado aqui
Não é encontrado em nenhum outro lugar.
O sábio deve compreender isso claramente.

[XI.54] Atemorizados pelos matizes do grande oceano da sabedoria de Nagarjuna,
Alguns seres guardaram uma grande distância desse excelente sistema.
Agora, graças ao néctar que surge do desabrochar da *kumuta*, suscitado pela revelação destas estrofes,
As esperanças de Chandrakirti foram completamente satisfeitas.

[XI.55] Essa profunda e atemorizante talidade, que acabou de ser explicada, será realizada por aqueles com prévia familiaridade,
Mas não será compreendida por outros, embora possam tê-la ouvido extensamente.

**Portanto, tendo visto esses outros sistemas criados pela própria mente,
Deveis abandonar a mente que aprecia os seus tratados, assim como faríeis com os sistemas que asseveram um *self*.**

Este tratado, *Guia ao Caminho do Meio*, que revela o extraordinário sistema Madhyamika, não foi simplesmente criado pelo seu autor, mas extraído pelo monge Chandrakirti de diversos tratados sobre o Caminho do Meio, tais como *Sabedoria Fundamental*. Foi apresentado exatamente de acordo com as escrituras de significado definitivo, tais como os *Sutras Perfeição de Sabedoria*, e com os ensinamentos orais que Chandrakirti recebeu diretamente do Protetor Nagarjuna. Um Dharma como esse, que apresenta a vacuidade profunda sem erro, não é encontrado em outros tratados que não explicam o Caminho do Meio. De modo semelhante, o sistema apresentado aqui, que refuta decisivamente todas as outras posições e estabelece conclusivamente a visão específica da escola Madhyamika-Prasangika por meio de raciocínio e de citação das escrituras, não é encontrado nos sistemas Vaibhashika, Sautrantika, Chittamatra ou, até mesmo, no sistema Madhyamika-Svatantrika. O sábio deve compreender isso claramente.

O sistema Madhyamika surgiu do extremamente vasto e profundo oceano da sabedoria de Nagarjuna. Atemorizados pela sua vastidão e profundidade, alguns seres têm guardado grande distância desse excelente sistema. Contudo, *Sabedoria Fundamental* é, na realidade, como uma bela flor *kumuta* que cresceu do oceano da sabedoria de Nagarjuna; mas, porque suas estrofes não foram compreendidas, suas pétalas permaneceram fechadas, guardando o néctar da vacuidade no seu interior. Graças ao poder da luz do sol da sabedoria de Chandrakirti, essas pétalas agora abriram-se e o precioso néctar da vacuidade flui, satisfazendo completamente as esperanças dos eruditos madhyamika, tais como Chandrakirti.

Essa talidade profunda, explicada extensamente no sexto capítulo, é o alicerce da verdadeira felicidade para aqueles que possuem sabedoria, mas pode aparecer assustadora para aqueles que não a possuem. Ela será realizada por aqueles que têm familiaridade prévia com a vacuidade desde as suas vidas passadas e pelos que possuem um grande estoque de sabedoria, mas não será compreendida por aqueles que rejeitam o sistema de Nagarjuna, embora possam ter ouvido extensamente os ensinamentos e estudado muitos textos.

Alguns comentários ao *Guia* tomam esses versos como uma referência a eruditos como os mestres Dignaga e Vasubandhu porque eles apresentaram sistemas fora da visão de Nagarjuna. No entanto, não podemos dizer que esses eruditos não realizaram a vacuidade apenas porque apresentaram outros sistemas. Esses sistemas podem não ter sido sua intenção final e eles podem tê-los revelado para algum propósito temporário. Mesmo assim, muitos daqueles que são chamados de mestres budistas apresentaram sistemas que são contrários aos *Sutras Perfeição de Sabedoria* e que estão fora da visão de Nagarjuna, e eles têm proclamado esses sistemas como sendo os sistemas mais elevados. Se desenvolvermos uma mente que aprecia esses tratados e ensinamentos, inteiramente criados sem se apoiarem nos ensinamentos de Buda, isso é semelhante a apreciar os sistemas propostos por não-budistas que asseveram um *self* permanente, sem partes, sem causas. Portanto, devemos abandonar qualquer mente que aprecie o estudo ou a prática de tais tratados ou ensinamentos incorretos.

DEDICAR O MÉRITO DE TER ESCRITO O TRATADO

**[XI.56] Através do mérito abrangendo todas as direções, o qual eu recebi por ter explicado o excelente sistema do Mestre Nagarjuna,
Tão branco quanto as estrelas do outono no céu da minha mente, escurecida pelas delusões,
E que é como uma joia no *capelo* da serpente da minha mente,
Que todos os seres mundanos realizem a talidade e alcancem rapidamente os solos dos Sugatas.**

Ao dedicar o mérito de ter escrito o *Guia ao Caminho do Meio*, Chandrakirti é caracteristicamente humilde. Ele confessa que o céu da sua mente está escurecido pelas delusões e que, pela presença dessas delusões, sua mente é como uma serpente venenosa. Não obstante, o mérito que ele recebeu por ter explicado claramente e sem erro o excelente sistema do

Mestre Nagarjuna, por meio de se apoiar em raciocínios e citações das escrituras, beneficiará os seres vivos que abrangem todas direções, até o fim dos tempos. Uma vez que o seu mérito não está contaminado nem mesmo pela mais leve má motivação, ele é tão branco como uma lua radiante rodeada pelas estrelas num céu de outono, iluminando a escuridão da mente; e uma vez que trará incomensurável benefício aos outros, o seu mérito é como uma joia no capuz, ou *capelo*, da serpente da mente. Por essa razão, Chandrakirti dedica todo esse mérito para beneficiar todos os seres vivos: "Que todos os seres mundanos realizem a talidade e alcancem rapidamente os solos dos Sugatas".

Venerável Geshe Kelsang Gyatso Rinpoche

Dedicatória

PELAS VIRTUDES QUE acumulei por escrever este livro, que todos os seres-mães sejam libertados dos sofrimentos de humanos e não-humanos. Que toda a pobreza, desastre, conflito e guerra sejam erradicados e que o puro Budadharma floresça pelo mundo inteiro, de modo que todos os seres vivos alcancem a felicidade última da plena iluminação.

Este livro, Oceano de Néctar, *são os ensinamentos do Venerável Geshe Kelsang Gyatso Rinpoche. Estes ensinamentos foram gravados e transcritos e, então, editados principalmente por ele e alguns dos seus estudantes seniores.*

Apêndice I

O Texto-Raiz:
Guia ao Caminho do Meio

por Chandrakirti

❖ *Este símbolo no Texto-Raiz indica um novo tópico no Sentido Condensado do Comentário.*

O Texto-Raiz:
Guia ao Caminho do Meio

Em sânscrito, *Madhyamakavatara*.
Em tibetano, *Uma la jugpa*.

Homenagem ao jovem Manjushri

(1) ❖ Ouvintes e Budas Medianos (Realizadores Solitários) nascem dos Budas, os Poderosos Hábeis;
❖ Budas nascem dos Bodhisattvas;
❖ E a mente de compaixão, a sabedoria da não-dualidade
E a bodhichitta são as causas dos Filhos dos Conquistadores.

(2) ❖ Visto que, para essa abundante colheita dos Conquistadores,
A compaixão, ela própria, é como a semente, como a água para o crescimento
E como o amadurecimento que permanece para um longo desfrute,
No início, eu louvo a compaixão.

(3) ❖ Eu me prostro a essa compaixão pelos seres vivos,
Os quais, por primeiro conceberem "*eu*" em relação ao *self*
E então pensando "isto é meu" e gerando apego pelas coisas,
Ficam sem autocontrole, como o girar da manivela de um poço.

(4) ❖ Os seres vivos são vistos como transitórios e vazios de existência inerente,
Como a Lua em águas ondulantes.
❖ A mente deste Filho dos Conquistadores,
Governada pela compaixão para libertar completamente os seres vivos,

(5) Totalmente dedicada com as preces de Samantabhadra
E permanecendo sempre em alegria, é denominada "a primeira".
❖ Daí em diante, por tê-la alcançado,
Ele é tratado pelo seu verdadeiro nome, "Bodhisattva".

(6) Ele também nasceu na linhagem dos Tathagatas
E abandonou todas as três amarras.
Esse Bodhisattva possui uma alegria suprema
E é capaz de fazer com que uma centena de mundos estremeçam.

(7) Dominando solo após solo, ele avança mais alto.
Nesse momento, para ele, todos os caminhos para os renascimentos inferiores cessaram.
Nesse momento, para ele, todos os solos dos seres comuns foram exauridos.
❖ Ele é apresentado como semelhante a um Oitavo superior.

(8) ❖ Mesmo quando permanece na primeira visão da mente de completa iluminação,
Ele vence aqueles que nasceram da fala do Poderoso Hábil e os Budas Solitários
Através do poder do seu mérito grandemente aumentado;
❖ E em O Que Foi Além, ele os supera em sabedoria.

(9) ❖ A partir desse momento, a prática de dar, que é a primeira causa da iluminação da Budeidade completa,
Torna-se incomparável.
O fato de ele comportar-se graciosamente, inclusive quando dá a sua própria carne,
É uma razão para inferir o não-aparente.

(10) ❖ Todos esses seres desejam fortemente felicidade,
E os seres humanos não conseguem ser felizes sem prazeres.
Sabendo que esses prazeres advêm da prática de dar,
O Hábil ensinou, primeiro, a prática de dar.

(11) ❖ Mesmo para aqueles com pouca compaixão e mentes muito rudes,
Que perseguem unicamente os seus próprios interesses,
Os prazeres desejados que causam o alívio do sofrimento
Surgem da prática de dar.

(12) ❖ Mesmo eles, em alguma ocasião em que estiverem sendo generosos,
Não tardarão a encontrar um ser superior.
Então, tendo cortado completamente o *continuum* do samsara,
Aqueles que possuem esta causa seguirão para a paz.

(13) ❖ Aqueles que mantêm, em suas mentes, a promessa de ajudar os seres vivos
Experienciam imediatamente a alegria que vem da prática de dar.
❖ Portanto, seja alguém compassivo ou não,
As instruções sobre a prática de dar são fundamentais.

(14) ❖ Se, por ouvir e contemplar a palavra "Dar",
O Filho dos Conquistadores desenvolve um êxtase
Que não se iguala àquele que surge nos Hábeis por experienciarem paz,
O que pode ser dito sobre dar tudo?

(15) ❖ Pela dor de cortar e dar o seu corpo,
Ele vê, a partir da sua própria experiência,
O sofrimento daqueles que estão nos infernos e noutros lugares
E se empenha, com grande esforço, para eliminá-lo rapidamente.

(16) ❖ Quando a prática de dar é feita com a vacuidade de quem dá, do que é dado e de quem recebe
Ela é denominada "uma perfeição supramundana".

> Quando o apego por esses três é gerado,
> Isso é explicado como uma perfeição mundana.

(17) ❖ Assim, residindo num lugar elevado na mente do Filho dos Conquistadores,
Embelezando com luz essa base sagrada,
Este Alegre é como uma joia cristalina de água;
Por haver dissipado toda a pesada escuridão, ele é vitorioso.

Isto conclui o primeiro solo no *Guia ao Caminho do Meio*.

(1) ❖ Porque possui excelente disciplina moral e qualidades puras,
Ele abandonou as máculas de disciplina degenerada inclusive nos seus sonhos.
❖ Porque a sua conduta de corpo, fala e mente é pura,
Ele acumula todos os dez caminhos das ações sagradas.

(2) ❖ Para ele, todos esses dez caminhos virtuosos
São aperfeiçoados e, portanto, extremamente puros.
Como a lua outonal, ele é sempre completamente puro.
Pacificado e radiante, esse Bodhisattva é embelezado por eles.

(3) ❖ Se mantivermos disciplina moral pura com a visão de existência inerente,
Segue-se que, devido a isso, nossa disciplina moral não será pura.
Portanto, ele está sempre completamente livre das divagações
Da mente dual em relação aos três.

(4) ❖ Se os prazeres que resultam da prática de dar surgirem num renascimento inferior,
É porque esse ser quebrou as suas pernas de disciplina moral.
❖ Se ambos, os juros e o capital, forem gastos,
Nenhum prazer surgirá para ele no futuro.

(5) ❖ Se, quando vivemos em boas condições e agimos com liberdade,
Não agirmos para refrear a nós mesmos,

Uma vez que tenhamos caído no abismo e perdido nossa liberdade,
Como nos reergueremos de lá no futuro?

(6) ❖ Por essa razão, o Conquistador ensinou a disciplina moral
Após ter ensinado a prática de dar.
Quando qualidades crescem no campo da disciplina moral,
Os frutos são usufruídos incessantemente.

(7) ❖ Não há outra causa que não a disciplina moral
Para o *status* elevado e a bondade definitiva
Dos seres comuns, daqueles que nasceram da fala,
Daqueles firmemente determinados na iluminação de si mesmos, e dos Filhos dos Conquistadores.

(8) ❖ Assim como o oceano e um cadáver juntos
E a auspiciosidade e o infortúnio juntos,
Este grande ser, controlado por disciplina moral,
Também não tem o desejo de permanecer com aquilo que é degenerado.

(9) ❖ Se houver observação dos três –
O que é abandonado, por quem e em relação a quem –
Essa disciplina moral é explicada como sendo uma perfeição mundana.
Aquilo que é vazio do apego aos três é supramundano.

(10) ❖ Este Imaculado, livre de máculas, surge da lua, o Filho dos Conquistadores,
Que, embora não seja do samsara, é a glória do samsara;
E, assim como a luz da lua outonal,
Este solo alivia o tormento mental dos seres vivos.

Isto conclui o segundo solo no *Guia ao Caminho do Meio*.

(1) ❖ Porque surge da luz do fogo
Que consome todo o combustível dos objetos de conhecimento, este terceiro solo é Luminoso.

Nesse momento, surge, para o Filho dos Sugatas,
Uma aparência acobreada semelhante ao Sol.

(2) ❖ Mesmo se alguém, inapropriadamente enraivecido,
Viesse a cortar a carne e os ossos do seu corpo
Pedaço por pedaço por um longo tempo,
Ele geraria uma paciência superior em relação ao mutilador.

(3) Além disso, para o Bodhisattva que viu a ausência do em-si,
Aquilo que se corta, quem corta, o momento e a maneira –
Todos esses fenômenos são vistos como se fossem reflexos;
Por essa razão, ele é paciente.

(4) ❖ Se alguém nos prejudicar e ficarmos enraivecidos,
A nossa raiva irá desfazer o que foi feito?
Assim, ficar com raiva é, com toda a certeza, sem sentido aqui
E contraditório com o mundo que está além.

(5) ❖ Como pode alguém, que deseja afirmar que está erradicando
Os efeitos das ações não-virtuosas cometidas no passado,
Plantar as sementes de sofrimento futuro
Através da raiva e de prejudicar os outros?

(6) ❖ Por ficar com raiva dos Filhos dos Conquistadores,
As virtudes acumuladas advindas do dar e da disciplina moral
Durante uma centena de éons são destruídas num instante;
Portanto, não há maior mal do que a raiva.

(7) ❖ A impaciência cria formas não-atraentes, leva ao profano,
Rouba a nossa discriminação que conhece o certo e o errado
E rapidamente nos arremessa aos reinos inferiores.
❖ A paciência produz qualidades opostas ao que tem sido explicado.

(8) Da paciência advêm beleza, proximidade com os seres sagrados,
Capacidade de conhecer o adequado e o inadequado
E, depois disso, o nascimento como um ser humano ou um deus
E a erradicação da negatividade.

(9) ❖ Conhecendo as falhas da raiva e as boas qualidades da paciência
Nos seres comuns e nos Filhos dos Conquistadores,
Devemos abandonar rapidamente a impaciência
E confiar sempre na paciência louvada pelos seres superiores.

(10) ❖ Embora dedicada à iluminação da completa Budeidade,
Se houver observação dos três, ela é mundana.
Buda ensinou que, se não houver observação,
Ela é uma perfeição supramundana.

(11) ❖ Neste solo, o Filho dos Conquistadores
Possui as estabilizações mentais e clarividências.
O apego e o ódio são completamente extintos,
E ele é sempre capaz de superar o apego desejoso dos seres mundanos.

(12) ❖ Estes três Dharmas – a prática de dar e assim por diante –
São especialmente louvados pelos Sugatas para as pessoas leigas.
Eles são conhecidos como "a coleção de mérito",
A causa do corpo de um Buda que é da natureza da forma.

(13) ❖ Este Luminoso, que reside no sol, o Filho dos Conquistadores,
Primeiro remove por completo a escuridão de dentro de si mesmo
E, a seguir, deseja fortemente eliminar a escuridão dos seres vivos.
Sendo muito aguçado neste solo, ele nunca fica com raiva.

Isto conclui o terceiro solo no *Guia ao Caminho do Meio*.

(1) ❖ Todas as boas qualidades procedem do esforço,
A causa das duas coleções – a de mérito e a de sabedoria.
O solo no qual o esforço resplandece
É o quarto, Radiante.

(2) ❖ Aqui, para o Filho dos Sugatas,
Surge uma aparência superior à luz do cobre,

       Que é produzida pela meditação superior nas realizações
       conducentes à completa iluminação;
❖ E o que está associado à visão do *self* é completamente
    erradicado.

Isto conclui o quarto solo no *Guia ao Caminho do Meio*.

(1)   ❖ Este grande ser, no solo Difícil de Derrotar,
         Não pode ser vencido nem mesmo por todos os maras.
      ❖ Sua estabilização mental é incomparável, e ele também
         alcança grande habilidade em realizar
         A natureza sutil das verdades de uma mente boa.

Isto conclui o quinto solo no *Guia ao Caminho do Meio*.

(1)   ❖ Permanecendo numa mente de equilíbrio meditativo no
         Aproximando-se,
         Ele se aproxima do estado de completa Budeidade.
         Ele vê a talidade do surgimento-dependente
         E, por permanecer na sabedoria, alcança a cessação.

(2)   ❖ Assim como uma pessoa com visão perfeita pode conduzir
         facilmente
         Um grupo inteiro de pessoas cegas para onde elas desejam ir,
         De modo semelhante, aqui, a sabedoria toma aquelas
         qualidades que carecem de visão
         E segue adiante, para o estado de um Conquistador.

(3)   ❖ Explicarei o Dharma muito profundo
         De acordo com as obras do Superior Nagarjuna,
         Onde esse Dharma é apresentado, através de escritura e de
         raciocínio,
         Exatamente como ele o realiza.

(4)   ❖ Se, quando num ser comum, enquanto ouve sobre a vacuidade,
         Surgir, uma e outra vez, grande alegria,
         Os olhos umedecerem, com lágrimas de grande alegria,
         E os pelos do corpo se arrepiarem,

(5) Essa pessoa tem a semente da mente de um completo Buda.
Ela é um vaso para os ensinamentos sobre a talidade,
E a verdade última deve ser ensinada a ela.
❖ Depois disso, boas qualidades crescerão nela.

(6) Ela adotará e manterá sempre disciplina moral pura,
Praticará o dar, confiará na compaixão
E familiarizar-se-á com a paciência,
Dedicando plenamente todas as suas virtudes à iluminação para libertar os seres vivos

(7) E terá respeito pelos perfeitos Bodhisattvas.
❖ Visto que os seres que são qualificados nos caminhos do profundo e do vasto
Alcançam gradualmente o solo Muito Alegre,
Aqueles que buscam isso devem ouvir com atenção este caminho.

(8) ❖ Não surge de si mesmo; como pode vir de outro?
Também não surge de ambos; como pode existir sem uma causa?
❖ Não faz sentido que surja a partir de si próprio.
❖ Além disso, não é razoável que aquilo que já havia sido produzido seja produzido novamente.

(9) Se afirmais que aquilo que já havia sido produzido é produzido novamente,
Então a produção de brotos e assim por diante não é encontrada aqui
E sementes continuarão a ser produzidas até o fim dos tempos.
❖ Como pode ele destruí-la?

(10) ❖ Para vós, o formato, a cor, o sabor, o potencial e o amadurecimento de um broto
Não são diferentes dos de sua causa, a semente.
❖ Se a sua natureza anterior é destruída e se converte numa entidade diferente daquela,
Nesse momento, qual é a natureza disso?

(11) ❖ Se, para vós, a semente e o broto não são diferentes,
Então ou o broto é inapreensível, bem como a semente,
Ou, visto que são o mesmo, a semente também é apreensível,
   bem como o broto.
Portanto, não deveis afirmar isso.

(12) ❖ Devido ao fato de que, apesar de uma causa ter se desintegrado,
   o seu efeito ainda é visto,
Nem mesmo os mundanos afirmam que sejam o mesmo.
❖ Portanto, essa invenção de que as coisas surgem de si próprias
É inaceitável na talidade e no mundo.

(13) ❖ Se a produção a partir de si próprio for asseverada,
Então produto e produtor, objeto e agente serão *um*.
Visto que não são *um*, a produção a partir de si próprio não
   deve ser asseverada
Devido às consequências extensamente explicadas.

(14) ❖ Se outro surgisse na dependência de outro,
Então a densa escuridão surgiria, inclusive, das chamas.
Na verdade, tudo surgiria de tudo,
Porque todos os não-produtores seriam semelhantes em,
   também, serem outro.

(15) ❖ *"Algo que possa ser produzido é, definitivamente, chamado
   de 'efeito',*
*E aquilo que tem a capacidade de produzi-lo, embora outro,
   é uma causa.*
*Assim, porque é produzido a partir de um produtor que possui
   o mesmo* continuum,
*Um broto de arroz não surge da cevada nem de qualquer
   outro tal como o são."*

(16) ❖ Se afirmais isso, então, assim como a cevada, as corolas, a
   kengshuka e assim por diante
Não são chamadas de produtoras de um broto de arroz,
   não têm a capacidade,

Não são o mesmo *continuum* e não são semelhantes,
A semente de arroz, do mesmo modo, também não é nenhum desses porque ela é *outro*.

(17) ❖ Um broto não existe no momento da sua semente;
Portanto, sem alteridade, como pode a semente ser *outro*?
Por essa razão, uma vez que a produção de um broto a partir de uma semente não está estabelecida,
Desisti, vós, dessa posição assim chamada "produção a partir de outro".

(18) ❖ *"Exatamente como a elevação e o abaixamento dos dois braços de uma balança*
São vistos como simultâneos,
O mesmo ocorre com a produção do que é produzido e a cessação do produtor."
Se afirmais isso, embora eles sejam simultâneos, não há simultaneidade aqui; ela não existe.

(19) Visto que o que está sendo produzido aproxima-se da produção, ele não existe,
E o que está cessando, embora seja existente, é dito que se aproxima da cessação;
Sendo assim, de que modo são semelhantes a uma balança?
Essa produção [do broto] sem um agente [o próprio broto] também é uma entidade inaceitável.

(20) ❖ *"Uma consciência visual é outra que seus produtores simultâneos –*
Os olhos e assim por diante, e a discriminação e assim por diante – que surgem com ela."
Se isso for assim, que necessidade haverá de que surja um existente?
Se disserdes que não existe, as falhas disso já foram explicadas.

(21) ❖ Se um produtor produzindo um produto que é outro for uma causa,
Então o que é produzido? Um existente, um não-existente, ambos ou nenhum?

Se for um existente, que necessidade haverá de um produtor,
e que necessidade haverá se for um não-existente?
Que necessidade haverá se for ambos, e que necessidade
haverá se for nenhum?

(22) ❖ *"Uma vez que confiam nas suas próprias visões e afirmam o
mundano como válido,
Que sentido há, aqui, em apresentar argumentos?
As pessoas mundanas também compreendem que outro surge
de outro;
Portanto, a produção a partir de outro existe; qual a necessidade,
aqui, de raciocínios?".*

(23) ❖ Todas as coisas possuem duas entidades –
As que são estabelecidas por ver corretamente e por ver
falsamente.
É dito que a talidade é o objeto de ver corretamente,
E o de ver falsamente, uma verdade convencional.

(24) ❖ Além do mais, é dito que ver falsamente possui dois tipos –
Com poderes claros e com poderes falhos.
A percepção com poderes falhos é tida como incorreta
Quando comparada à percepção com poderes bons.

(25) ❖ O que quer que os mundanos compreendam
Por apreender, sem falhas, através dos seis poderes
É verdadeiro para os mundanos.
O restante é considerado por eles como incorreto.

(26) ❖ Uma natureza, tal como a projetada pelos tirthikas,
Completamente sob a influência do sono do desconhecimento
E que é projetada nas ilusões, miragens e assim por diante –
Isso é inexistente até mesmo para os mundanos.

(27) ❖ Assim como o que é observado por olhos com flutuadores
Não prejudica a percepção sem flutuadores,
As mentes que carecem de sabedoria imaculada
Não prejudicam uma mente sem máculas.

(28) ❖ Porque a confusão obstrui a natureza, é convencional.
O que quer que seja inventado por ela, mas apareça como verdadeiro,
É denominado pelo Hábil como sendo uma verdade convencional;
Mas as coisas inventadas existem apenas convencionalmente.

(29) ❖ Quaisquer que sejam as entidades errôneas, como os filamentos flutuantes,
Que possam ser projetadas devido aos flutuadores,
Aquilo que é a entidade real é visto por olhos com visão clara.
Deveis compreender, aqui, a talidade da mesma maneira.

(30) ❖ Se os mundanos fossem válidos, então, uma vez que os mundanos veriam a talidade,
Que necessidade haveria de outros Superiores,
E que necessidade haveria de caminhos superiores?
Que os confusos sejam válidos não pode também estar correto.

(31) Em todos os casos, os mundanos não são válidos;
Portanto, por ocasião da talidade, não há prejuízo causado pelos mundanos.
❖ Se os objetos dos mundanos forem negados,
Haverá prejuízo por parte dos mundanos devido ao consenso mundano.

(32) ❖ Por terem apenas plantado as sementes,
Os mundanos proclamam "eu gerei esta criança"
Ou pensam "eu plantei esta árvore".
Por essa razão, não há produção a partir de outro nem mesmo para os mundanos.

(33) ❖ Uma vez que um broto não é *outro* que a sua semente,
A semente não é destruída no momento do broto,
E porque eles não são *um*,
Não dizemos que a semente exista no momento do broto.

(34) ❖ Se o dependente existe por suas próprias características,
Então as coisas são destruídas ao serem negadas;
Consequentemente, a vacuidade causa a destruição das coisas.
Uma vez que isso não é razoável, as coisas não existem.

(35) ❖ Visto que, se essas coisas forem analisadas,
Nenhum objeto será encontrado do lado das coisas
Separado da natureza da talidade,
As verdades nominais mundanas não devem ser analisadas.

(36) ❖ Através de raciocínios por ocasião da talidade,
As produções a partir de si próprio e de outro são inadmissíveis.
Visto que, através desses raciocínios, também é inadmissível nominalmente,
Através do quê a produção é estabelecida por vós?

(37) ❖ Coisas vazias, tais como os reflexos, que dependem de coleções,
Também não são desconhecidas.
Assim como, ali, a percepção dos seus aspectos é gerada
A partir de reflexos vazios e assim por diante,

(38) Do mesmo modo, embora todas as coisas sejam vazias,
Elas, não obstante, geram-se a partir dessa vacuidade.
❖ E, uma vez que carecem de existência inerente em ambas as verdades,
Não são nem permanentes nem aniquiladas.

(39) ❖ Visto que não cessa inerentemente,
Ela tem capacidade, embora não haja base-de-tudo.
Assim, deveis compreender que um efeito adequado surgirá
Embora, em alguns casos, um longo tempo decorra após a ação ter cessado.

(40) ❖ Tendo visto o objeto observado de um sonho,
Um tolo gerará apego, mesmo quando estiver acordado.
Do mesmo modo, ainda há um efeito de uma ação,
Embora ela careça de existência inerente e tenha cessado.

(41)   ❖ Embora os objetos sejam semelhantes quanto a não existirem,
Não obstante, alguém com flutuadores vê a aparência de filamentos flutuando,
Mas não a aparência de outras coisas.
Do mesmo modo, deveis compreender que as ações amadurecidas não podem amadurecer novamente.

(42)   Assim, vê-se que o amadurecimento não-virtuoso resulta de ações não-virtuosas,
E o amadurecimento virtuoso, de ações virtuosas.
Aqueles que realizam que virtude e não-virtude não existem irão se libertar.
No entanto, analisar as ações e seus efeitos é desencorajado.

(43)   ❖ "A base-de-tudo existe", "*pessoa* existe",
"Somente estes agregados existem" –
Esses ensinamentos destinam-se àqueles
Que não conseguem compreender esse significado muito profundo.

(44)   ❖ Embora Buda seja livre da visão da coleção transitória,
Ele revela "*eu*" e "*meu*".
Do mesmo modo, embora as coisas careçam de existência inerente,
"Existência" é revelada como um significado interpretativo.

(45)   ❖ *"Não é visto um apreendedor sem um apreendido.*
Ao realizar os três reinos como mera consciência,
O Bodhisattva que permanece na sabedoria
Realiza a talidade na mera consciência.

(46)   *Assim como ondas surgem de um grande oceano*
Quando ele é agitado pelo vento,
Do mesmo modo, devido aos seus potenciais, uma mera consciência surge
Da semente de tudo, a qual é denominada 'base-de-tudo'.

(47) *Portanto, o que quer que seja uma entidade produzida-pelo-
-poder-de-outro
É a causa de coisas existentes por meio de designação.
Ela surge sem objetos externos, existe
E tem a natureza de não ser um objeto de nenhuma
elaboração."*

(48) ❖ Onde há um exemplo de uma mente sem um objeto externo?
Se dizeis que é como um sonho, examinemos então isso.
Para nós, a mente não existe sequer quando está sonhando;
Portanto, não tendes um exemplo.

(49) Se a mente existisse porque lembramos do sonho quando
acordamos,
Então o mesmo ocorreria com os objetos externos.
Segundo vós, assim como lembramos ao pensar "eu vi",
Os objetos externos também existiriam desse modo.

(50) ❖ *"Porque a percepção visual é impossível durante o sono, ela
não existe,
Apenas a percepção mental existe;
Apesar disso, o seu aspecto é concebido como externo.
Assim como nos sonhos, o mesmo ocorre aqui."*

(51) Se afirmais isso, então, assim como, para vós, os objetos
externos não são produzidos nos sonhos,
A mente, do mesmo modo, também não é produzida.
Os olhos, o objeto visual e a mente que geram –
Todos os três também são falsos.

(52) E esses três em relação ao restante – os ouvidos e assim por
diante – também não são produzidos.
❖ Tal como quando sonhamos, as coisas aqui também são
falsas quando estamos acordados.
Essa mente não existe, os objetos de prazer não existem
E os poderes sensoriais não existem.

(53) Aqui, tal como quando estamos acordados,
Esses três existem quando não estamos acordados;

E, ao acordar, todos os três deixam de existir.
Ocorre exatamente o mesmo quando despertamos do sono da confusão.

(54) ❖ Uma mente com poderes sensoriais afetados por flutuadores oculares
E os filamentos vistos devido a esses flutuadores
São, ambos, verdadeiros em relação a essa mente,
Porém falsos em relação a alguém que vê objetos claramente.

(55) Se a mente existisse sem um objeto de conhecimento,
Então, quando os olhos de alguém sem flutuadores focassem o lugar desses filamentos,
Eles gerariam, mesmo assim, uma mente de filamentos flutuantes.
Uma vez que este não é o caso, ela não existe.

(56) ❖ *"O observador não tem essa mente*
Porque ele não tem um potencial amadurecido para ela,
E não devido à ausência de uma coisa existindo como um objeto de conhecimento."
❖ Se disserdes isso, essa afirmação não poderá ser comprovada, porque esse potencial não existe.

(57) ❖ Um potencial para o produzido é impossível.
❖ E também não há um potencial para uma entidade não-produzida.
Sem características, não há possuidor das características.
Caso contrário, existiria um potencial para um filho de uma mulher sem filhos.

(58) Se quereis estabelecê-la em termos do que está por vir,
Então, sem um potencial, ela nunca surgirá.
Os sagrados disseram
Que o que quer que exista em dependência mútua não existe.

(59) ❖ Se ela surge do potencial amadurecido do que cessou,
Então outra surge do potencial de outra.

Para vós, os possuidores de *continuums* existem em diferença mútua;
Portanto, tudo surge de tudo.

(60) Se disserdes que diferentes possuidores de *continuums*
Não têm *continuums* diferentes e que, portanto, não há falha,
Isso não pode ser comprovado,
Porque não há a possibilidade de um *continuum* não diferente.

(61) Fenômenos que dependem de Maitreya e de Upayagupta
Não estão incluídos no mesmo *continuum* porque são outros.
Assim, não é razoável que o que quer que seja diferente por meio de suas próprias características
Esteja incluído no mesmo *continuum*.

(62) ❖ *"A produção de uma consciência visual*
Surge inteiramente do seu potencial imediato.
Um potencial que é a base para a sua consciência
É denominado 'visão', um poder sensorial que possui forma.

(63) *Aqui, quando a consciência surge de um poder sensorial,*
Aparências, como o azul, surgem das suas sementes
Sem que haja objetos externos.
Por não compreenderem isso, os seres pensam que são objetos externos.

(64) *Tal como quando sonhamos, sem que outra forma exista,*
Uma mente com o aspecto daquilo surge do amadurecimento do seu potencial,
Igualmente aqui, quando estamos acordados,
A mente existe sem que haja objetos externos."

(65) ❖ Se, como dizeis, a consciência mental com aparências, tais como a do azul,
Surge nos sonhos, onde não há olhos,
Por que razão ela não é gerada, também, a partir do amadurecimento de potenciais
Nas pessoas cegas, nas quais não há poder sensorial visual?

(66)   Se dizeis que um potencial para a sexta
       Amadurece nos sonhos, mas não quando estão acordadas,
       Então, assim como não há, aqui, o amadurecimento de um
           potencial para a sexta,
       Por que não dizer que não há nenhum durante os sonhos?

(67)   Assim como a ausência de olhos não é a causa disso,
       Do mesmo modo, também nos sonhos, dormir não é a causa.
       Portanto, deveríeis dizer que, também nos sonhos,
       Coisas e olhos são as causas de realizadores subjetivos falsos.

(68)   Uma vez que qualquer resposta que possais dar
       É percebida como uma afirmação,
       Deveríeis abandonar esses argumentos.
       ❖ Em lugar algum os Budas ensinaram que as coisas existem.

(69)   ❖ Os iogues que, seguindo as instruções dos seus Guias Espirituais,
       Veem o solo coberto com esqueletos,
       Também veem que todos os três carecem de produção
       Uma vez que é ensinado como uma falsa atenção.

(70)   Se, como dizeis, tal como ocorre com os objetos da consciência
           sensorial
       Também ocorre, do mesmo modo, com os objetos da mente
           de não-atratividade,
       Então, se alguém mais direcionasse a sua mente para aquele
           lugar,
       Ele também haveria de ver; portanto, não é falso.

(71)   Assim como ocorre com um poder sensorial afetado por
           flutuadores oculares e coisas semelhantes,
       Também ocorre, do mesmo modo, com a mente de um
           fantasma faminto vendo o fluxo de um rio como pus.
       ❖ Em resumo, o significado que deveis compreender é este –
       Assim como os objetos da mente não existem, a mente
           também não existe.

(72) ❖ Se, sem um objeto apreendido e sem um apreendedor,
Uma coisa produzida-pelo-poder-de-outro existisse vazia de ambos,
Através do quê sua existência seria conhecida?
É inadequado dizer que exista sem ser apreendida.

(73) Aquilo que é experienciado por si mesmo não pode ser comprovado.
❖ Se dizeis que isso é comprovado pela memória num momento posterior,
Então o não comprovado – que afirmais como sendo uma prova –
Não comprova coisa alguma.

(74) Mesmo que os autoconhecedores fossem admitidos,
Seria impossível para a memória recordar
Porque, sendo outra, é como se houvesse sido gerada num *continuum* desconhecido.
Tais distinções também são destruídas por este raciocínio.

(75) ❖ Uma vez que, para nós, essa memória não é outra que não
Aquela através da qual o objeto foi experienciado,
A memória pensa "eu vi".
Essa também é a maneira da convenção mundana.

(76) ❖ Portanto, se os autoconhecedores não existem,
Através do quê o vosso fenômeno produzido-pelo-poder-de-outro é apreendido?
Uma vez que o agente, o objeto e a ação não são idênticos,
Não há como se apreender a si mesmo.

(77) ❖ Se existisse uma coisa que fosse uma entidade produzida-pelo-poder-de-outro
Sem produção e com uma natureza não conhecida,
Através do quê a sua existência seria impossível?
Um filho de uma mulher sem filhos pode prejudicar os outros?

(78) ❖ Visto que nem mesmo um fenômeno produzido-pelo-poder-
-de-outro, por mínimo que seja, existe,
Qual é a causa das convencionalidades?
Por apego a uma substância no ponto de vista de outro,
Até mesmo todos os objetos conhecidos pelo mundo são
abandonados.

(79) ❖ Aqueles que estão fora do Caminho do Mestre Nagarjuna
Não têm meios para a paz.
Eles se afastam das verdades da convenção e da talidade
E, porque se afastam delas, não podem alcançar a libertação.

(80) As verdades nominais são o método
E a verdade última surge do método.
Aqueles que desconhecem como essas duas são distinguidas
Entrarão em caminhos equivocados devido às concepções
errôneas.

(81) ❖ Nós não afirmamos nenhuma convencionalidade
Da maneira como afirmais as coisas produzidas-pelo-poder-
-de-outro.
No entanto, embora não existam,
Dizemos aos mundanos, em prol do resultado, que elas existem.

(82) Mas se não existissem como mundanas
Do modo como são não-existentes para os Destruidores
de Inimigos,
Que abandonaram seus agregados e ingressaram na paz,
Então não diríamos que elas existem, nem mesmo
nominalmente.

(83) Se não fordes prejudicados pelos mundanos,
Então refutem-nas diante dos mundanos.
Desse modo, vós e os mundanos deveríeis debater sobre isso
E, posteriormente, confiaremos no mais forte.

(84) ❖ Diz-se que um Bodhisattva no Aproximando-se
Realiza que os três reinos são apenas consciência

Para obter uma realização da refutação de um *self* permanente como sendo um criador.
Na verdade, ele realiza que apenas a mente é o criador.

(85) ❖ Portanto, para aumentar a sabedoria dos inteligentes,
O Todo-Conhecedor proferiu, no *Sutra Aquele que Foi para Lanka*,
Esse vajra em forma de discurso que destrói as altas montanhas dos tirthikas
Para clarificar o significado.

(86) Nos seus próprios tratados,
Os tirthikas falam sobre *pessoa* e assim por diante,
Mas, vendo que esses não são o criador,
O Conquistador disse que apenas a mente é o criador do mundo.

(87) ❖ Assim como é dito "aumento da talidade" em vez de "Buda",
No Sutra também é dito "apenas a mente" em vez de "Apenas a mente é o principal no mundo".
O significado do Sutra, aqui, não é negar as formas.

(88) Se o Grandioso sabia que elas são apenas a mente
E se lá ele tivesse negado as formas,
Por que haveria ele de reafirmar lá
Que a mente surge da ignorância e do carma?

(89) Todos os diversos ambientes mundanos
E os seres vivos, os habitantes, são criados pela mente.
É dito que todos os seres vivos nascem do carma,
E, se não houver mente, não haverá carma.

(90) Embora as formas existam,
Elas não têm nenhum criador que não a mente.
Portanto, um criador que não seja a mente é rejeitado.
As formas, no entanto, não são negadas.

(91) ❖ Para aquele que permanece com os mundanos,
Todos os cinco agregados existem do modo como são conhecidos pelos mundanos.

Se um iogue deseja manifestar a excelsa percepção da talidade,
Esses cinco não surgirão para ele.

(92) Se as formas não existem, não deveis sustentar a existência da mente;
E se a mente existe, não deveis sustentar a não-existência de formas.
Buda rejeita todas igualmente nos *Sutras Sabedoria*,
Mas elas são ensinadas nos *Abhidharmas*.

(93) Vós destruístes essas etapas das duas verdades.
No entanto, a vossa substância não existe, já que foi refutada.
Portanto, precisais saber que por meio dessas etapas, desde o princípio,
As coisas não são produzidas na talidade, mas são produzidas para os mundanos.

(94) ❖ No Sutra que diz
"Objetos externos não existem, a mente aparece como várias coisas",
As formas são negadas para aqueles com forte apego às formas;
Mas isso também é de significado interpretativo.

(95) O Abençoado diz que é de significado interpretativo;
E também é estabelecido por raciocínio como sendo de significado interpretativo.
❖ Essa escritura deixa claro que outros Sutras desse tipo
Também são de significado interpretativo.

(96) ❖ Os Budas disseram que, se os objetos da mente não existem,
A ausência da mente é facilmente realizada.
Uma vez que, se os objetos da mente não existem, a refutação da mente é estabelecida,
Os objetos da mente são refutados primeiro.

(97) ❖ Portanto, tendo compreendido essa explicação das escrituras,
Precisais compreender que qualquer Sutra cujo significado não explique a talidade

É ensinado como sendo interpretativo e deveis interpretá-lo.
Precisais também saber que aqueles cujo significado é a vacuidade são de significado definitivo.

(98) ❖ A produção a partir de ambos também não é uma entidade adequada.
Por quê? Porque todas as falhas já explicadas se aplicam.
Ela não existe para os mundanos nem é afirmada na talidade,
Porque a produção a partir de qualquer deles não é estabelecida.

(99) ❖ Se houvesse produção inteiramente sem causas,
Então, tudo seria produzido a partir de tudo, o tempo todo,
E assim, para obterem frutos, as pessoas deste mundo
Não teriam necessidade de acumular sementes, e assim por diante, de uma centena de maneiras diferentes.

(100) Se os seres vivos fossem vazios de causas, eles seriam inapreensíveis,
Como a fragrância e a cor de uma flor de upala no céu,
Mas um mundo diversamente colorido é apreendido.
Portanto, deveis compreender que, assim como a vossa mente, o mundo surge de causas.

(101) A natureza desses elementos que são os objetos da vossa mente
Não são a natureza dela.
Como poderia alguém, possuindo uma escuridão mental tão densa,
Compreender corretamente o mundo além?

(102) Deveis compreender que, quando negais o mundo além,
Estais conceitualizando a natureza dos objetos de conhecimento com uma visão errônea
Porque tendes um corpo que é uma base para desenvolver tal visão.
O mesmo ocorre quando afirmais que a natureza dos elementos é existente.

(103) O modo como esses elementos não existem já foi explicado.
Como? A produção a partir de si próprio, de outro, de ambos
e sem uma causa
Já foram refutadas acima, em geral.
Portanto, esses elementos não mencionados também não
existem.

(104) ❖ Visto que as produções a partir de si próprio, de outro,
de ambos ou sem depender de uma causa não existem,
As coisas são livres de existência inerente.
❖ Porque os seres mundanos possuem uma densa confusão
semelhante a um conjunto massivo de nuvens,
Os objetos aparecem incorretamente para eles.

(105) Assim como algumas pessoas, devido a deficiências visuais,
apreendem erroneamente filamentos flutuantes,
Duas luas, penas de pavão, moscas e assim por diante,
Do mesmo modo, também os insensatos, devido às falhas
da confusão,
Veem vários fenômenos produzidos com as suas mentes.

(106) "Uma vez que as ações surgem na dependência de confusão,
sem confusão elas não surgiriam."
Seguramente, apenas os insensatos conceitualizam isso.
Os sábios, que eliminaram completamente a densa escuridão
com o sol das suas mentes excelentes,
Compreendem a vacuidade e se libertam.

(107) *"Se as coisas não existem na talidade,*
Então não existem nem mesmo nominalmente,
Assim como um filho de uma mulher sem filhos;
Portanto, elas precisam ser inerentemente existentes."

(108) Quaisquer que sejam os objetos – tais como os filamentos
flutuantes – daqueles com flutuadores oculares e assim
por diante,
Eles não são produzidos.
Portanto, deveis primeiro examiná-los
E, depois, aplicar isso à deficiência da ignorância.

(109) Se um sonho, uma cidade de comedores-de-cheiro, a água de uma miragem,
Alucinações, reflexos e assim por diante são vistos sem produção,
Por que razão, para vós, aquele outro é inadequado,
Uma vez que, de modo semelhante, é não-existente?

(110) Assim, embora não sejam produzidos na talidade,
Eles não são objetos que não são vistos pelos seres mundanos,
Como o filho de uma mulher sem filhos.
Portanto, o que afirmais não é exato.

(111) ❖ A *produção a partir do seu próprio lado* do filho de uma mulher sem filhos
Não existe nem na talidade nem para os mundanos.
Do mesmo modo, todas essas coisas
Não têm produção a partir de sua própria entidade nem na talidade nem para os mundanos.

(112) Assim, no que diz respeito a isso, o Abençoado diz que
Desde o princípio, todos os fenômenos estão pacificados, livres de produção,
E, por natureza, completamente além do sofrimento.
Portanto, a produção é sempre não-existente.

(113) Do mesmo modo como esses potes, e assim por diante, não existem na talidade,
E, não obstante, existem e são bem conhecidos pelos mundanos,
O mesmo ocorre com todas as coisas.
Portanto, não se segue que sejam semelhantes ao filho de uma mulher sem filhos.

(114) ❖ Uma vez que as coisas não são produzidas sem uma causa
Nem a partir de causas tais como Ishvara e assim por diante,
E nem a partir de si próprias, de outro ou de ambos,
Elas são produzidas totalmente de maneira dependente.

(115) Visto que as coisas surgem totalmente de maneira dependente,
Essas concepções não podem ser mantidas.
Portanto, esse raciocínio do surgimento-dependente
Corta todas as redes das más visões.

(116) As concepções surgem se as coisas existem,
Mas de que modo as coisas não existem já foi explicado extensamente.
Sem coisas, elas não surgem,
Do mesmo modo que, sem combustível, não há fogo, por exemplo.

(117) ❖ Os seres comuns estão atados pelas concepções,
Ao passo que os iogues sem concepções estão libertos.
Portanto, os sábios dizem que, sempre que as concepções são eliminadas,
Isso é o resultado de uma análise correta.

(118) As análises que estão nos tratados não foram escritas por apego ao debate;
Pelo contrário, a talidade é revelada em prol da libertação.
Se, ao explicar corretamente a talidade, as obras de outros forem desacreditadas,
Não há falha nisso.

(119) O apego à própria visão
E, igualmente, a raiva dirigida às visões dos outros são meras concepções.
Portanto, aqueles que eliminam o apego e a raiva e analisam corretamente
Alcançam rapidamente a libertação.

(120) ❖ A sabedoria vê que todas as delusões e todas as falhas
Surgem da visão da coleção transitória.
Tendo compreendido que o seu objeto é o *self*,
Os iogues negam o *self*.

(121) ❖ Um *self* que seja um experienciador, uma coisa permanente, um não-criador
E sem qualidades ou atividade é algo fabricado, ou inventado, pelos tirthikas.
❖ Através de distinções cada vez mais acuradas,
Diferentes tradições se desenvolveram dos tirthikas.

(122) ❖ Visto que um *self* como esse não nasceu, ele não existe,
Assim como o filho de uma mulher sem filhos;
E uma vez que não é nem mesmo a base de agarramento ao *eu*,
Não pode ser asseverado nem convencionalmente.

(123) Todas as características atribuídas a ele pelos tirthikas
Nesse tratado e naquele tratado
São prejudicadas em razão do seu não-nascimento, com o qual estão familiarizados;
Portanto, nenhuma dessas características existe.

(124) Assim, não há *self* que seja outro que os agregados,
Visto que não é apreendido separadamente dos agregados.
Ele não pode nem mesmo ser asseverado como a base das mentes de agarramento ao *eu* mundanas,
Porque, embora não o conheçam, têm uma visão do *self*.

(125) Mesmo aqueles que gastaram muitos éons como animais
Não veem esse permanente não-nascido,
E, apesar disso, eles também são vistos agarrando-se ao *eu*.
Portanto, não há um *self* que seja outro que os agregados.

(126) ❖ "*Visto que um* self *que seja outro que os agregados não é estabelecido,*
O objeto observado da visão do self *é apenas os agregados.*"
Alguns asseveram todos os cinco agregados como sendo a base da visão do *self*,
E outros asseveram a mente, apenas.

(127) ❖ Se os agregados fossem o *self*, então, uma vez que são muitos,
O *self* seria, também, muitos.

O *self* seria uma substância
E a visão dele não seria errônea, porque apreenderia uma substância.

(128) O *self* cessaria definitivamente no momento de um nirvana
E, uma vez que, nas vidas anteriores a um nirvana,
Não existiria um agente que nasce e perece,
Não haveria então resultados, e um experienciaria o que o outro acumulou.

(129) ❖ "*Visto que há um* continuum *na talidade, não há falha.*"
Mas as falhas de um *continuum* já foram explicadas numa análise anterior.
Portanto, nem os agregados nem a mente são adequados para ser o *self*
❖ Porque o mundo não tem fim e assim por diante.

(130) ❖ Segundo vós, quando um iogue vê a ausência do em-si
As coisas são definitivamente não-existentes.
Se o que é negado é um *self* permanente, então, neste caso,
Nem a vossa mente nem os vossos agregados são o *self*.

(131) Segundo vós, um iogue que vê a ausência do em-si
Não realiza a talidade das formas e assim por diante,
E, porque observa formas e as apreende,
Gera apego e assim por diante por não ter realizado sua natureza.

(132) ❖ Se afirmais que os agregados são o *self*
Porque o Abençoado diz que os agregados são o *self*,
Isso é para refutar um *self* diferente dos agregados,
Porque, em outros Sutras, está dito que formas não são o *self* e assim por diante.

(133) Uma vez que outros Sutras dizem que
Formas, sensações e discriminações não são o *self*,
Tampouco o são os fatores de composição ou a consciência,
O ensinamento no Sutra não diz que os agregados são o *self*.

(134) ❖ *"Quando é dito que os agregados são o self,*
　　　　　 Isso significa a coleção dos agregados, não as suas entidades."
　　　　　 Não é um protetor, um subjugador ou uma testemunha.
　　　　　 Visto que não existe, aquele não é a coleção.

(135) ❖ Neste caso, a coleção das suas partes desmontadas é
　　　　　　 uma carroça
　　　　　 Porque o *self* é semelhante a uma carroça.
　　　 ❖ O Sutra diz que ele é dependente dos agregados.
　　　　　 Portanto, a mera coleção dos agregados não é o *self*.

(136) ❖ Se dizeis que é o formato, então, uma vez que isso pertence
　　　　　　 aos possuidores-de-forma,
　　　　　 Estes são, segundo vós, o *self*.
　　　　　 A coleção da mente e assim por diante não são o *self*
　　　　　 Porque eles não têm formato.

(137) ❖ É impossível que, em relação a si próprio, o apropriador e o
　　　　　　 que é apossado sejam idênticos;
　　　　　 Caso contrário, o agente e [o objeto d]a ação seriam idênticos.
　　　　　 Se pensais que há [um objeto de uma] ação sem um agente
　　　　　 Isso não é possível, porque não há ação sem um agente.

(138) ❖ Uma vez que o Hábil ensina que o *self* é dependente
　　　　　 Dos seis elementos – terra, água, fogo, vento,
　　　　　 Espaço e consciência –
　　　　　 E das seis bases – o contato visual e assim por diante –,

(139)　　 E uma vez que ele diz que é dependente
　　　　　 Dos fenômenos *mentes* e *fatores mentais*,
　　　　　 O *self* não é eles, nem nenhum deles e tampouco a mera
　　　　　　 coleção.
　　　　　 Portanto, a mente de agarramento ao *eu* não os observa.

(140) ❖ *"Quando a ausência do em-si é realizada, um* self *permanente
　　　　　　 é negado",*
　　　　　 Mas isso não é aceito como sendo a base do agarramento ao *eu*.
　　　　　 Portanto, é surpreendente que digais que a visão do *self*
　　　　　 É erradicada através de conhecer a não-existência do *self*!

(141)   Seria como alguém que, ao ver uma cobra num buraco da
            parede de sua casa,
        Tivesse sua ansiedade acalmada e perdesse o seu medo pela
            cobra
        Por alguém que lhe dissesse "não há nenhum elefante ali!".
        Lamentavelmente, ele seria motivo de riso dos outros.

(142) ❖ O *self* não está nos agregados
        E os agregados não estão no *self*.
        Por que não? Se eles fossem *outro*, então haveria essas
            conceitualizações,
        Mas visto que não são *outro*, são apenas concepções.

(143)   Não é dito que o *self* possua forma, pois o *self* não existe;
        Portanto, não há relação com o significado de posse.
        Seja *outro*, [como o] que possui vacas, ou não-*outro*, [como
            o] que possui forma,
        O *self* não é *um* com a forma nem *outro* que a forma.

(144) ❖ Forma não é o *self*, o *self* não possui forma,
        O *self* não está na forma, e a forma não está no *self*.
        Assim, todos os agregados devem ser conhecidos a partir
            dessas quatro maneiras,
        Denominadas como sendo as vinte visões do *self*.

(145)   O vajra que realiza a ausência do em-si destrói a montanha
            das visões,
        E esses altos picos na enorme cadeia montanhosa
        Da visão da coleção transitória
        São destruídos juntamente com o *self*.

(146) ❖ Alguns asseveram uma pessoa substancialmente existente
            que é impossível de ser descrita
        Em termos de igualdade, alteridade, permanência,
            impermanência, e assim por diante.
        Eles dizem que é um objeto de conhecimento das seis
            consciências
        E asseveram que é a base do agarramento ao *eu*.

(147) ❖ Uma vez que não asseverais a mente como indescritível no que diz respeito à forma,
Não deveis asseverar coisas existentes como impossíveis de serem descritas.
Se o *self* existisse como coisa,
Coisas existentes, como a mente, não seriam impossíveis de serem descritas.

(148) Segundo vós, um pote, o qual é uma entidade que não existe como uma coisa,
Não pode ser descrito no que diz respeito à forma e assim por diante.
Portanto, não deveis asseverar um *self* que seja indescritível no que diz respeito aos seus agregados
Existindo por si mesmo.

(149) Vós não afirmais que a consciência é *outra* que a sua própria natureza,
Mas a afirmais como uma coisa que é *outra* que a forma e assim por diante.
Uma vez que esses dois aspectos são vistos nas coisas,
O *self* não existe, porque carece das características das coisas.

(150) ❖ Portanto, a base do agarramento ao *eu* não é uma coisa.
Não é *outra* que os agregados e não é a entidade dos agregados.
Não depende dos agregados e não as possui.
Existe na dependência dos agregados.

(151) É como uma carroça, que não é *outra* que as suas partes,
Não é não-*outra* e não as possui.
Não está nas suas partes e as suas partes não estão nela.
Não é a mera coleção nem o formato.

(152) ❖ Se a mera coleção for uma carroça,
Então a carroça existe nas peças desmontadas.
Sem um possuidor-de-partes, não há partes;
Portanto, é impossível que o mero formato seja a carroça.

(153) ❖ Segundo vós, o formato de cada parte é o mesmo
Seja quando estão reunidas numa carroça, seja como eram antes.
Tal como aquelas que estavam separadas,
Agora também não há carroça.

(154) Se as rodas e assim por diante têm formatos diferentes,
Agora, no momento da carroça, deveriam ser visíveis,
Mas não o são.
Portanto, o mero formato não é a carroça.

(155) ❖ Uma vez que, para vós, não há coleção por mínima que seja,
Esse formato não é o da coleção das partes,
E uma vez que não depende de nada,
Como, nesse caso, pode ser o formato?

(156) ❖ Deveis compreender que todas as coisas são produzidas
Exatamente como tendes afirmado aqui,
Com aspectos de efeitos que possuem naturezas falsas
Surgindo na dependência de causas falsas.

(157) Devido a isso, também é inadequado dizer que a mente de um pote
Observa as formas, e assim por diante, existindo desse modo.
Uma vez que não há produção, as formas, e assim por diante, não existem.
Portanto, também é inadequado que os seus formatos existam.

(158) ❖ É verdade que não é estabelecida através das sete maneiras
Seja na talidade, seja para os mundanos,
Mas, do ponto de vista dos mundanos,
É designada, sem análise, na dependência das suas partes.

(159) ❖ É uma possuidora-de-partes e uma possuidora-de-componentes.
Embora seja designada, essa carroça pode executar funções –
Todos sabem que ela funciona assim.
Não destruais as convencionalidades conhecidas pelos mundanos.

(160) ❖ Como é possível dizer que aquilo que é não-existente das
　　　　　sete maneiras exista
　　　　Quando a sua existência não é encontrada pelos iogues?
　　　　Uma vez que eles realizam a talidade facilmente,
　　　　Sua existência deve, aqui, ser asseverada do mesmo modo.

(161) ❖ Se uma carroça não existe, então, nesse caso,
　　　　Uma vez que não há um possuidor-de-partes, suas partes
　　　　　também não existem.
　　　　Por exemplo, se uma carroça é incendiada, suas partes deixam
　　　　　de existir.
　　　　Do mesmo modo, quando um possuidor-de-partes é
　　　　　consumido pelo fogo da sabedoria, suas partes também
　　　　　o são.

(162) ❖ Do mesmo modo, o *self* é considerado pelo consenso mundano
　　　　Como um apropriador na dependência dos agregados,
　　　　Dos elementos e, igualmente, das seis fontes.
　　　　O apossado são os objetos, e ele é o agente.

(163) ❖ Porque a coisa não existe, ela não é estável nem instável,
　　　　Não nasce nem perece.
　　　　Também não tem permanência e assim por diante
　　　　E é ausente de unicidade ou alteridade.

(164) ❖ O *self* em relação ao qual uma mente de agarramento ao *eu*
　　　　Sempre surge fortemente nos seres vivos
　　　　E que, relativamente às suas posses, uma mente de agarramento
　　　　　ao *meu* surge –
　　　　Esse *self* existe sem investigação e é bem conhecido da confusão.

(165) ❖ Uma vez que sem um agente não há [objeto da] ação,
　　　　Sem um *self* não há *meu*.
　　　　Portanto, os iogues que veem que *self* e *meu* são vazios
　　　　Alcançarão a libertação.

(166) ❖ Essas coisas – tais como potes, roupas de lã, telas, exércitos,
　　　　　florestas, rosários, árvores,
　　　　Casas, carrinhos-de-mão, hospedarias e assim por diante –

Devem ser compreendidas exatamente do mesmo modo
   como são referidas,
Porque o Hábil nunca argumentaria com os mundanos.

(167) Partes e possuidores-de-partes, qualidades e possuidores-
   -de-qualidades, apego e aquele que possui apego,
Características e bases de características, lenha e fogo,
   e assim por diante –
Objetos como esses não existem das sete maneiras quando
   analisados como a carroça,
Mas, por outro lado, existem por meio de consenso mundano.

(168) ❖ Se uma causa produz um produto, ela é uma causa,
E se nenhum efeito é produzido, então, na falta dele, não
   é uma causa;
Mas se um efeito possui uma causa, ele é produzido.
Portanto, dizei-nos, o que surge do quê e o que precede
   o quê?

(169) Se disserdes que uma causa produz um efeito por encontrarem-
   -se um com o outro,
Então, se forem o mesmo potencial, produtor e efeito não
   serão diferentes,
E, se forem diferentes, não haverá distinção entre causa e
   não-causa.
Tendo rejeitado esses dois, não há outra possibilidade.

(170) Se disserdes que causas não produzem efeitos, então os
   assim chamados efeitos não existem
E, sem um efeito, não há razão para uma causa, e eles não
   existem.
Uma vez que ambos são exatamente como ilusões, essas
   falhas não se aplicam a nós,
E as coisas das pessoas mundanas existem.

(171) ❖ *"Essas falhas não se aplicariam a vós,*
   Já que a vossa refutação refutaria o que é para ser refutado
   através de se encontrar ou de não se encontrar com ele?

> *Quando dizeis isso, destruís apenas a vossa própria posição.*
> *Assim, não sois capazes de refutar o que procurais refutar.*

(172) *E porque, sem nenhuma razão, caluniais tudo*
Com falsas consequências que, inclusive em vossas próprias palavras, voltam-se contra vós próprios,
Nunca sereis aceitos pelos Sagrados,
Já que, por não terdes posição própria, conseguis unicamente discutir por meio de refutação."

(173) ❖ A falha que haveis declarado aqui, de que uma refutação refuta o que é para ser refutado
Ou por meio de se encontrar ou de não se encontrar,
Aplica-se definitivamente àqueles que sustentam a posição,
Mas, uma vez que não sustentamos essa posição, a consequência não se segue.

(174) ❖ Assim como, para vós, no momento que um eclipse ocorre e assim por diante,
As características do disco solar são vistas inclusive num reflexo
E embora o encontro ou o não-encontro do sol e do reflexo seja certamente inadequado,
Não obstante, ele surge de modo dependente e meramente nominal.

(175) E embora não seja verdadeiro, é usado para embelezar o rosto.
Assim como isso existe, também aqui, da mesma maneira,
Nossos raciocínios são vistos como eficazes para limpar o rosto da sabedoria,
Pois, embora não sejam adequados, deveríeis saber que podeis realizar com eles o objeto a ser estabelecido.

(176) ❖ Se os raciocínios que promovem a compreensão dos objetos por eles estabelecidos existissem como coisas
E se o objeto estabelecido, o qual é efetivamente compreendido, fosse uma entidade existente,

Poderíeis aplicar o raciocínio do encontro e assim por diante,
Mas, uma vez que não existem, a única coisa que podeis fazer é desesperar.

(177) ❖ Podemos induzir muito facilmente a realização
De que todas as coisas carecem de coisas,
Mas não podeis facilmente fazer com que os outros compreendam a existência inerente da mesma maneira.
Portanto, por que confundis o mundo com uma rede de más visões?

(178) ❖ Tendo compreendido a última refutação que acabou de ser ensinada,
Deveis usá-la aqui para responder a respeito da posição do encontro e assim por diante.
Não somos como oponentes que apenas refutam.
Qualquer remanescente do que foi explicado deve ser compreendido através dessa posição.

(179) ❖ Para libertar os seres vivos, o Abençoado disse
Que essa ausência do em-si possui dois tipos quando dividida em termos de pessoas e fenômenos;
E então, novamente, explicou
Muitas divisões disso de acordo com os discípulos.

(180) Tendo explicado extensamente
Dezesseis vacuidades,
Explicou novamente quatro, resumidamente,
E elas são consideradas como mahayanas.

(181) ❖ Os olhos são vazios de olhos
Porque essa é a sua natureza.
Ouvidos, nariz, língua, corpo e mente
Devem ser compreendidos da mesma maneira.

(182) Porque não permanecem constantes
E não se desintegram,
A ausência de existência inerente

Dos seis – os olhos e assim por diante –
É denominada a vacuidade do interno.

(183) ❖ As formas são vazias de formas
Porque essa é a sua natureza.
Sons, cheiros, sabores, objetos táteis e fenômenos
São exatamente o mesmo.

(184) A ausência de existência inerente das formas e assim por diante
É denominada a vacuidade do externo.
❖ A ausência de existência inerente de ambos
É a vacuidade do interno e do externo.

(185) A ausência de existência inerente dos fenômenos
É explicada como vacuidade pelos sábios.
❖ E essa vacuidade também é denominada
Vazia da entidade da vacuidade.

(186) A vacuidade do que é chamado "vacuidade"
É denominada a vacuidade da vacuidade.
Ela foi ensinada para eliminar a mente
Que apreende a vacuidade como uma coisa.

(187) ❖ Porque permeiam todos os ambientes
E os seus seres,
E porque não têm fim, como as incomensuráveis,
As direções são grandiosas.

(188) Aquilo que é a vacuidade
De todas essas dez direções
É a vacuidade do grandioso.
Ela foi ensinada para eliminar o agarramento ao grandioso.

(189) ❖ Porque é o propósito supremo,
O último é nirvana.
Aquilo que é a sua vacuidade
É a vacuidade do último.

(190) O Conhecedor do último
Ensinou a vacuidade do último

Para eliminar a mente
Que apreende o nirvana como uma coisa.

(191) ❖ Porque surgem de condições,
Os três reinos são definitivamente explicados como produzidos.
Aquilo que é a sua vacuidade
É denominada a vacuidade do produzido.

(192) ❖ O que quer que careça de produção, permanência e
impermanência
É não-produzido.
Aquilo que é a sua vacuidade
É a vacuidade do não-produzido.

(193) ❖ O que quer que seja sem extremos
É descrito como além dos extremos.
A mera vacuidade disso
É explicada como a vacuidade do além dos extremos.

(194) ❖ Porque o samsara carece
Tanto de princípio quanto de fim,
Ele é descrito como sem princípio e sem fim.
Porque é livre de vir e ir, ele é como um sonho.

(195) Nas escrituras, está dito claramente que
Aquilo que é o isolamento desse samsara
É denominado "a vacuidade
Do sem princípio e do sem fim".

(196) ❖ "Rejeitado" é claramente explicado como
"Colocado à parte ou abandonado".
Não-rejeitado, ou não-desistido,
É aquilo que não deve ser rejeitado em nenhum momento.

(197) Aquilo que é a vacuidade
Do não-rejeitado
É, portanto, denominado
"A vacuidade do não-rejeitado".

(198) ❖ Porque a verdadeira entidade
Do produzido e assim por diante
Não foi criada pelos Ouvintes, Realizadores Solitários,
Nem pelos Filhos dos Conquistadores ou tampouco pelos Tathagatas,

(199) A própria entidade do produzido e assim por diante
É explicada, portanto, como a sua própria natureza.
Aquilo que é a vacuidade disso
É a vacuidade da natureza.

(200) ❖ Os dezoito elementos, os seis contatos,
As seis sensações que surgem deles
E igualmente aqueles que possuem forma e aqueles que não possuem forma
E os fenômenos produzidos e os não-produzidos –

(201) Aquilo que é o isolamento de tudo isso
É a vacuidade de todos os fenômenos.
❖ A vacuidade "daquilo que é adequado a ser forma" e das outras definições
É a vacuidade das definições.

(202) ❖ Forma é definida [como] adequado a ser forma,
A sensação tem a natureza da experiência,
Discriminação é apreender sinais
E fatores de composição são fenômenos produzidos.

(203) Consciência é definida como
Conhecer aspectos de objetos individuais.
Agregado é definido como sofrimento.
A natureza dos elementos é referida como sendo uma cobra venenosa.

(204) As fontes são denominadas por Buda
Como sendo as portas para a geração.
Na relação-dependente, aquilo que surge
É definido como *reunião*.

(205) ❖ A perfeição de dar é dar, sem restrição.
A disciplina moral é definida como desprovida de tormento.
A paciência é definida como desprovida de raiva.
O esforço é definido como desprovido de não-virtude.

(206) A estabilização mental é definida como *reunião*.
A sabedoria é definida como desprovida de apego.
Isso foi dado como sendo as definições
Das seis perfeições.

(207) As estabilizações mentais, as incomensuráveis
E, igualmente, outras que são sem-forma
Foram declaradas pelo Perfeito Conhecedor
Como tendo a definição "imperturbadas".

(208) As trinta e sete realizações conducentes à iluminação
São definidas como causadoras de emersão definitiva.
A vacuidade é definida como
Isolamento completo através do não-observar.

(209) A ausência de sinais é pacificação.
A terceira é definida como a ausência de sofrimento e confusão.
As [concentrações] de perfeita libertação
São definidas como perfeitamente libertadoras.

(210) ❖ As forças são denominadas "a natureza
Da determinação totalmente perfeita".
Os destemores do Protetor
São da natureza da total firmeza.

(211) Os conhecedores corretos específicos
São definidos como "confiança inesgotável" e assim por diante.
Realizar o benefício dos seres vivos
É chamado "grande amor".

(212) Proteger completamente aqueles que sofrem
É grande compaixão.
A alegria é definida como alegria suprema,
E a equanimidade deve ser conhecida por ser definida
    como "não-misturada".

(213)   O que quer que seja asseverado como sendo
        As dezoito qualidades exclusivas de um Buda
        É definido como insuperável,
        Porque o Abençoado nunca é superado nelas.

(214)   A excelsa percepção que conhece todos os aspectos
        É definida como um percebedor direto.
        Outras, sendo limitadas,
        Não são chamadas de "percebedores diretos".

(215)   ❖ Sejam elas definições de fenômenos produzidos
        Ou definições de fenômenos não-produzidos,
        Sua mera vacuidade
        É a vacuidade das definições.

(216)   ❖ O presente não permanece
        E o passado e o futuro não existem.
        Porque não são observados em lugar algum,
        Eles são explicados como inobserváveis.

(217)   Aquilo que é o próprio isolamento
        Das entidades desses inobserváveis,
        Uma vez que não permanecem constantes nem se desintegram,
        É a vacuidade do inobservável.

(218)   ❖ Porque surgem a partir de condições,
        As coisas carecem da entidade de reunião.
        A vacuidade da reunião
        É a vacuidade da não-coisa.

(219)   ❖ O termo "coisa"
        Indica os cinco agregados quando condensados.
        Aquilo que é a vacuidade deles
        É explicado como a vacuidade das coisas.

(220)   ❖ "Não-coisa"
        Indica os fenômenos não-produzidos quando condensados.
        Aquilo que é a vacuidade das não-coisas
        É a vacuidade das não-coisas.

(221) ❖ A ausência de entidade da natureza
É denominada "a vacuidade da natureza".
Assim, é explicado que, porque a natureza não é criada,
Ela é denominada "natureza".

(222) ❖ Quer os Budas apareçam efetivamente
Quer não apareçam,
A vacuidade de todas as coisas
É explicada como a outra entidade.

(223) O fim perfeito e a talidade
São a vacuidade das demais entidades.
Essas explicações têm sido dadas
De acordo com a *Perfeição de Sabedoria*.

(224) ❖ Desse modo, com os raios da sua sabedoria, ele alcança
uma clara aparência
Assim como uma oliva pousada na palma da sua mão,
E realizando que, desde o princípio, todos esses três mundos
têm existido sem produção,
Ingressa na cessação através do poder da verdade nominal.

(225) Embora o seu pensamento esteja constantemente direcionado
para a cessação,
Não obstante, ele gera compaixão pelos desprotegidos, os
seres vivos.
Depois disso, através da sua sabedoria, também derrotará
Todos aqueles nascidos da fala do Sugata e todos os Budas
Medianos.

(226) Esse rei dos gansos, abrindo suas amplas asas brancas da
convenção e da talidade,
Ganha a proeminência entre os gansos – os seres vivos –
E então, graças aos seus poderosos ventos de virtude,
Dirige-se ao supremo – o oceano de qualidades dos
Conquistadores.

Isto conclui o comentário ao sexto solo no *Guia ao Caminho do Meio*.

(1)   ❖ Aqui, em O Que Foi Além, ele pode ingressar na cessação
        Instante a instante,
        E também alcançou a perfeição incomparável de meios.

Isto conclui o comentário ao sétimo solo no *Guia ao Caminho do Meio*.

(1)   ❖ Para alcançar virtudes superiores às anteriores,
        Esse grande ser esforça-se repetidamente para o Inamovível,
        Ao qual elas nunca retornam.
        Suas preces tornam-se extremamente puras
        E ele é emerso da cessação pelos Conquistadores.

(2)   ❖ Porque a sua mente de antiapego não permanece com falhas,
        Aquele que está no oitavo solo pacificou por completo essas
            máculas juntamente com as suas raízes,
        Mas, embora suas delusões estejam extintas e seja o supremo
            dos três solos,
        Ele ainda não pode alcançar todas as qualidades dos Budas,
            que são infinitas como o espaço.

(3)   ❖ Embora o samsara tenha cessado, ele alcança os dez poderes
        E, com essas causas, sua natureza se manifesta como vários
            seres no samsara.

Isto conclui o comentário ao oitavo solo no *Guia ao Caminho do Meio*.

(1)   ❖ No nono, todas as suas forças tornam-se completamente
            puras.
        Ele também alcança, igualmente, as qualidades completamente
            puras dos conhecedores corretos dos fenômenos.

Isto conclui o comentário ao nono solo no *Guia ao Caminho do Meio*.

(1)   ❖ No décimo solo, ele recebe iniciações sagradas dos Budas
            de todas as direções
        E alcança também uma excelsa percepção, incomparável
            e suprema.

Assim como a chuva cai das nuvens de chuva, do mesmo
modo, para o benefício das plantações virtuosas dos
seres vivos,
Uma chuva de Dharma cai espontaneamente do Filho dos
Conquistadores.

Isto conclui o comentário ao décimo solo no *Guia ao Caminho do Meio*.

(1) ❖ Naquele momento, ele pode ver uma centena de Budas
E realizar suas bênçãos.
Permanece vivo por uma centena de éons
E também vê perfeitamente até o término de uma centena
de éons anteriores e futuros.

(2) Esse Sábio pode entrar e emergir das absorções de uma
centena de concentrações.
Pode fazer com que uma centena de mundos estremeçam
e iluminá-los.
Através das suas emanações mágicas, pode, igualmente,
fazer com que uma centena de seres vivos amadureçam
E visitar uma centena de Terras Puras.

(3) Ele pode abrir completamente as portas do Dharma, e esse
Filho do Poderoso Hábil
Pode fazer com que corpos se manifestem por todo o seu corpo,
Cada corpo estando dotado e embelezado pelo seu séquito
E revelando uma centena de Filhos dos Conquistadores.

(4) ❖ Essas qualidades são alcançadas pelo Sábio que reside no
Muito Alegre
E, exatamente do mesmo modo, são perfeitamente alcançadas
aos milhares
Por aquele que reside no Imaculado.
Nos próximos cinco solos, o Bodhisattva alcança

(5) Cem mil delas, cem vezes dez milhões, mil vezes dez milhões,
Depois cem mil vezes dez milhões
E depois dez milhões de cem mil vezes um milhão
multiplicado por cem e, em seguida, multiplicado por mil.

(6) ❖ Residindo no solo Inamovível, livre de concepções,
Ele alcança qualidades numericamente equivalentes
À quantidade de átomos existentes
Em cem mil dos três mil mundos.

(7) O Bodhisattva que reside no solo Boa Inteligência
Alcança as qualidades anteriormente mencionadas
Em número equivalente ao de átomos em incontáveis cem mil
Perfeitamente aumentados por dez.

(8) Em resumo, as qualidades do décimo
Ultrapassam o que pode ser expresso em palavras,
Sendo tantas quanto os átomos existentes
Em todos os inexprimíveis.

(9) Momento a momento, ele pode manifestar em seus poros
Budas perfeitos além do que pode ser enumerado,
Juntamente com Bodhisattvas
E, do mesmo modo, deuses, semideuses e humanos.

(10) ❖ Assim como a Lua num céu imaculado ilumina claramente,
Esforçaste-te anteriormente, mais uma vez, para o solo que gera as dez forças.
Em Akanishta, alcançaste o objetivo pelo qual te esforçaste –
Todas aquelas boas qualidades últimas e inigualáveis do estado supremo de pacificação.

(11) Assim como o espaço não possui divisões decorrentes das divisões dos recipientes,
A talidade, do mesmo modo, não possui divisões feitas pelas coisas.
Portanto, realizando-as perfeitamente como um único sabor,
Ó Bondoso Conhecedor, tu realizas todos os objetos de conhecimento num único instante.

(12) ❖ *"Se a pacificação for a talidade, a sabedoria não pode se conectar com ela;*
E sem uma mente conectada, um possuidor-de-objeto do objeto de conhecimento certamente não é possível.

> *Sem conhecer nada, como pode ela ser um conhecedor?*
> *Isso é uma contradição.*
> *Se não houver alguém que conheça, como podes ensinar aos outros 'é como isso'?".*

(13) ❖ Uma vez que a não-produção é talidade e a mente está livre da produção,
Por depender desse aspecto, ela realiza a talidade.
Por exemplo, quando uma mente possui qualquer aspecto, ela conhece esse objeto por inteiro.
Exatamente do mesmo modo, ela conhece por depender de uma nominalidade.

(14) ❖ Pelo poder do seu Corpo-de-Deleite, mantido por meio de mérito,
E das suas Emanações,
Surgem, a partir do espaço e de outros, sons que revelam o Dharma da talidade.
Devido a isso, os seres mundanos também podem realizar a talidade.

(15) Do mesmo modo que um oleiro que, com grande vigor,
Gasta muita energia, por um longo tempo, colocando um torno a girar
E então, enquanto para de aplicar esforço,
O torno continua a girar e é percebido como uma causa de um pote,

(16) Assim é ele, que reside num corpo com a natureza do Dharma.
Sem gerar qualquer esforço agora,
Ele se empenha nos feitos que são completamente além do pensamento
Devido às qualidades especiais das suas preces e das virtudes dos seres.

(17) ❖ A pacificação que surge da combustão de toda a matéria inflamável dos objetos de conhecimento
É o Corpo-Verdade dos Conquistadores.

Nesse momento, não há produção nem desintegração.
Uma vez que as mentes cessaram, é experienciado diretamente pelo corpo.

(18) ❖ Este corpo pacificado é resplandecente, qual uma árvore-que-concede-desejos,
E sem concepção, qual uma joia-que-satisfaz-os-desejos.
Ele sempre permanecerá, para a fortuna do mundo, até que os seres vivos sejam libertados
E aparecerá para aqueles que são livres de elaboração.

(19) ❖ De uma só vez, o Poderoso Hábil, claramente e sem desordem,
Mostra, de maneira completa e excelente,
Num Corpo-Forma correspondente a essa causa,
Tudo o que aconteceu durante as suas vidas passadas, agora já cessadas.

(20) Como eram as Terras Búdicas e os seus Poderosos Hábeis,
Como eram os seus corpos, feitos e poderes,
Quantas assembleias de Ouvintes havia e como eram,
Quais formas os Bodhisattvas assumiram lá,

(21) Qual era o Dharma e qual aspecto ele próprio assumiu então,
Quais feitos foram executados por ouvir o Dharma,
O quanto de generosidade foi praticada para com eles –
Ele mostra tudo isso num único corpo.

(22) Igualmente, ele mostra qual disciplina moral, paciência, esforço, concentração e sabedoria
Praticou durante as suas vidas passadas
E mostra claramente todos esses feitos, sem excluir nada,
Em apenas um único poro do seu corpo.

(23) ❖ Os Budas que morreram, aqueles que ainda estão por vir
E aqueles do presente que residem no mundo
Revelando o Dharma numa voz alta e forte que alcança os confins do espaço
E concedendo fôlego aos seres vivos atormentados pelo sofrimento –

(24) Todos os feitos deles, desde que primeiro geraram a mente
Até a essência da iluminação,
E sabendo que essas coisas são da natureza de ilusões,
Ele mostra tudo isso, clara e simultaneamente, em um único poro.

(25) Do mesmo modo, os feitos de todos os Bodhisattvas superiores,
Realizadores Solitários superiores e Ouvintes superiores
dos três tempos
E todas as atividades dos demais seres –
Ele mostra tudo isso simultaneamente em um único poro.

(26) ❖ Por meio de declarar os seus desejos, este Puro
Manifesta, num único átomo, os mundos [existentes] por todo o espaço
E um átomo a preencher as direções de infinitos mundos,
Sem que o átomo se torne maior ou os mundos se tornem menores.

(27) Por não estares governado pela conceitualidade, mostrarás, em cada instante,
Até o fim do samsara,
Tantos feitos, diferentes e inumeráveis,
Quanto os átomos existentes em todos os mundos.

(28) ❖ A força que conhece fonte e não-fonte,
Que conhece, igualmente, o pleno amadurecimento das ações,
Que compreende os diversos desejos
E a força que conhece os diversos elementos,

(29) Que conhece, igualmente, os poderes supremos e não-supremos,
Todos os lugares para os quais se é conduzido,
E a força que conhece as estabilizações mentais,
[As concentrações de] perfeita libertação, as concentrações, as absorções, e assim por diante,

(30) Que conhece as recordações de locais passados,
Que conhece, igualmente, morte e nascimento

E a força que conhece a cessação das contaminações –
Essas são as dez forças.

(31) ❖ Qualquer causa a partir da qual algo é definitivamente produzido
É denominada pelos Oniscientes como a fonte daquilo.
O oposto do que foi explicado não é uma fonte.
O conhecedor dos infinitos objetos de conhecimento que abandonou as obstruções é definido como sendo uma força.

(32) O desejável, o indesejável, o oposto deles, as ações de abandono
E os seus plenos amadurecimentos – uma grande variedade –
O poderoso, hábil e desobstruído conhecedor que abrange e se envolve com cada um
Dos objetos de conhecimento dos três tempos é definido como sendo uma força.

(33) Os desejos surgem por força do apego e assim por diante –
Uma grande variedade de desejos inferiores, medianos e, sobretudo, superiores.
O conhecedor destes e de outros além destes,
Que abrange todos os seres vivos dos três tempos, é conhecido como uma "força".

(34) Através das suas habilidades em distinguir perfeitamente os elementos,
Os Budas dizem que qualquer que seja a natureza dos olhos e assim por diante é um elemento.
O conhecedor ilimitado dos Budas completos
Que compreende as distinções de todos os tipos de elemento é definido como sendo uma força.

(35) Da conceitualização e assim por diante, apenas os muito aguçados são aceitos como supremos;
Os de categoria mediana e obtusos são explicados como não-supremos.

> O conhecedor de todos os aspectos, livre de apego,
> Que compreende a visão e assim por diante e a capacidade
> que possuem de sustentar um ao outro é definido como
> sendo uma força.

(36) Alguns caminhos conduzem ao verdadeiro estado de um
Conquistador;
Outros, à iluminação de um Realizador Solitário ou à
iluminação de um Ouvinte;
Outros, aos espíritos famintos, animais, seres-do-inferno,
deuses, humanos e assim por diante;
O conhecedor disso que é livre de apego é definido como
sendo a força que alcança todos os lugares.

(37) Os diferentes tipos de iogue em todos os infinitos mundos
Possuem as estabilizações mentais, as oito [concentrações
de] perfeita libertação,
Aquelas que são tranquilos-permaneceres e as nove que são
absorções;
O conhecedor desobstruído de todas elas é definido como
sendo uma força.

(38) Enquanto houver confusão, haverá permanência no samsara.
Sejam quantas forem as origens e locais de nascimento –
um número ilimitado –
Tanto de si próprio como de todos e cada um dos seres vivos
do samsara, que agora já são passado,
O conhecedor disso é definido como sendo uma força.

(39) As muitas variedades de morte e nascimento de todos e cada
um dos seres vivos
Que habitam os mundos tão extensos quanto o espaço –
O conhecedor ilimitado, sem apego e completamente puro,
Que apreende todos esses aspectos simultaneamente é
definido como sendo uma força.

(40) A veloz destruição das delusões dos Conquistadores,
juntamente com suas marcas,
Através do poder do conhecedor de todos os aspectos,

E a cessação das delusões nos discípulos por meio da sabedoria e assim por diante –
O conhecedor ilimitado disso, que é livre de apego, é definido como sendo uma força.

(41) ❖ Assim como um pássaro não interrompe o voo devido à ausência de espaço,
Mas retorna quando as suas forças foram consumidas,
Os discípulos e Filhos dos Budas
Interrompem a descrição das boas qualidades de Buda, uma vez que são tão ilimitadas quanto o espaço.

(42) Portanto, como poderia, alguém como eu,
Compreender ou explicar as vossas boas qualidades?
No entanto, uma vez que foram explicadas pelo Superior Nagarjuna,
Superei minha apreensão e mencionei apenas algumas.

(43) ❖ O profundo é vacuidade
E o vasto são as demais boas qualidades.
Por compreender os caminhos do profundo e do vasto,
Essas boas qualidades serão alcançadas.

(44) ❖ Tu, que possuis um Corpo inamovível, visitas novamente os três mundos com tuas Emanações
E mostras a descida, o nascimento, a iluminação e a roda da paz.
Desse modo, motivado por compaixão, conduzes, a um estado além do sofrimento
Todos os seres mundanos que têm comportamento enganoso e que estão presos pelos muitos laços do apego.

(45) ❖ Porque aqui, exceto a compreensão da talidade, não há um eliminador principal de todas as máculas,
Porque os fenômenos não dependem de tipos diferentes de talidade
E porque não há sabedorias diferentes que sejam as possuidoras-de-objeto da talidade,
Tu revelaste aos seres vivos um veículo completo e inigualável.

(46) Uma vez que há essas impurezas que suscitam o surgimento das falhas nos seres vivos,
Os mundanos não conseguem se empenhar no objeto extremamente profundo experienciado pelos Budas.
Portanto, Ó Sugata, uma vez que possuis tanto a sabedoria como os métodos da compaixão
E uma vez que prometeste "Libertarei os seres vivos",

(47) Assim como o hábil que, viajando para uma ilha de joias,
Aliviou a fadiga dos seus companheiros, emanando uma bela cidade no caminho,
Tu apresentaste este veículo às mentes dos discípulos como um meio para a paz;
Mas ensinaste separadamente aqueles que alcançaram isolamento e mentes treinadas.

(48) ❖ Ó Sugata, sejam quantos forem os átomos que existam dentre os mais diminutos átomos
Em todas as Terras Búdicas de todas as direções,
Tu ingressas, por um número equivalente de éons, na mais sagrada e suprema iluminação;
Mas esses teus segredos não devem ser explicados.

(49) ❖ Ó Conquistador, enquanto todos os seres mundanos não tiverem alcançado a mais sublime paz
E enquanto o espaço não houver sido destruído,
Tu, que nasceste da mãe – a sabedoria – e foste nutrido pela compaixão, executarás os teus feitos;
Por essa razão, como poderias ter uma paz solitária?

(50) A angústia de uma mãe por seu filho atormentado pelas dores de ter ingerido veneno
Não se compara à misericórdia que tens pela tua família –
Os seres mundanos, que, devido às falhas da confusão, ingerem comida venenosa.
Portanto, Ó Protetor, tu nunca irás para a paz mais sublime.

(51) Uma vez que o inábil, que possui mentes que concebem coisas e não-coisas,
Experiencia sofrimento no momento do nascimento e da morte e quando é separado do agradável e encontra o desagradável
E porque o mau experiencia renascimentos, esses seres mundanos são objetos de compaixão.
Por essa razão, Ó Abençoado, motivado por compaixão, direcionaste a tua mente para longe da paz e não possuis um nirvana.

(52) ❖ Este sistema foi extraído dos tratados sobre o Caminho do Meio
Pelo monge Chandrakirti
E foi apresentado exatamente de acordo
Com as escrituras e os ensinamentos orais.

(53) Um Dharma como este não é encontrado em nenhum outro lugar.
Do mesmo modo, o sistema apresentado aqui
Não é encontrado em nenhum outro lugar.
O sábio deve compreender isso claramente.

(54) Atemorizados pelos matizes do grande oceano da sabedoria de Nagarjuna,
Alguns seres guardaram uma grande distância desse excelente sistema.
Agora, graças ao néctar que surge do desabrochar da *kumuta*, suscitado pela revelação destas estrofes,
As esperanças de Chandrakirti foram completamente satisfeitas.

(55) Essa profunda e atemorizante talidade, que acabou de ser explicada, será realizada por aqueles com prévia familiaridade,
Mas não será compreendida por outros, embora possam tê-la ouvido extensamente.
Portanto, tendo visto esses outros sistemas criados pela própria mente,

Deveis abandonar a mente que aprecia os seus tratados, assim como faríeis com os sistemas que asseveram um *self*.

(56) ❖ Através do mérito abrangendo todas as direções, o qual eu recebi por ter explicado o excelente sistema do Mestre Nagarjuna,
Tão branco quanto as estrelas do outono no céu da minha mente, escurecida pelas delusões,
E que é como uma joia no *capelo* da serpente da minha mente,
Que todos os seres mundanos realizem a talidade e alcancem rapidamente os solos dos Sugatas.

❖ Isto conclui o *Guia ao Caminho do Meio*, o qual clarifica os caminhos do vasto e do profundo. Ele foi escrito pelo grande erudito Chandrakirti.

A tradução do tibetano para o inglês foi feita sob a orientação do Venerável Geshe Kelsang Gyatso Rinpoche, no *Manjushri Kadampa Meditation Centre*, Inglaterra, em 1986.

Apêndice II

O *Sentido Condensado
do Comentário*

O Sentido Condensado do Comentário

O comentário ao *Guia ao Caminho do Meio* tem três partes:

1. Introdução;
2. O comentário propriamente dito;
3. Dedicatória.

A *introdução* tem duas partes:

1. A origem destas instruções;
2. As preeminentes qualidades do autor.

O *comentário propriamente dito* tem três partes:

1. O significado do título;
2. A homenagem dos tradutores;
3. O significado do texto.

O *significado do texto* tem quatro partes:

1. A expressão de devoção, os meios empenhados na composição do tratado;
2. O corpo propriamente dito do tratado;
3. Como o tratado foi escrito;
4. Dedicar o mérito de ter escrito o tratado.

A *expressão de devoção, os meios para se empenhar na composição do tratado*, tem duas partes:

1. Louvar a grande compaixão sem distinguir os seus tipos;
2. Homenagem à grande compaixão distinguindo os seus tipos.

Louvar a grande compaixão sem distinguir os seus tipos tem duas partes:

1. Mostrar que a grande compaixão é a causa principal de um Bodhisattva;
2. Mostrar que a grande compaixão é a raiz das outras duas causas de um Bodhisattva.

Mostrar que a grande compaixão é a causa principal de um Bodhisattva tem três partes:

1. Como os Ouvintes e Realizadores Solitários nascem dos Budas;
2. Como os Budas nascem dos Bodhisattvas;
3. As três causas principais de um Bodhisattva.

Homenagem à grande compaixão distinguindo os seus tipos tem duas partes:

1. Homenagem à compaixão que observa os meros seres vivos;
2. Homenagem à compaixão que observa os fenômenos e o inobservável.

Homenagem à compaixão que observa os meros seres vivos tem quatro partes:

1. O que faz os seres vivos vagarem no samsara;
2. Como os seres vivos vagam no samsara;
3. Como os seres vivos experienciam sofrimento no samsara;
4. Gerar compaixão por meio de contemplar esses pontos.

O corpo propriamente dito do tratado tem duas partes:

1. Apresentação dos solos causais;
2. Apresentação dos solos resultantes.

A apresentação dos solos causais tem duas partes:

1. Apresentação individual de cada solo;
2. As boas qualidades dos dez solos.

APÊNDICE I – O TEXTO-RAIZ: O SENTIDO CONDENSADO DO COMENTÁRIO

A *apresentação individual de cada solo* tem dez partes:

1. O primeiro solo, Muito Alegre;
2. O segundo solo, Imaculado;
3. O terceiro solo, Luminoso;
4. O quarto solo, Radiante;
5. O quinto solo, Difícil de Derrotar;
6. O sexto solo, Aproximando-se;
7. O sétimo solo, O Que Foi Além;
8. O oitavo solo, Inamovível;
9. O nono solo, Boa Inteligência;
10. O décimo solo, Nuvem de Dharma.

O primeiro solo, Muito Alegre, tem duas partes:

1. Introdução ao primeiro solo;
2. Explicação do primeiro solo.

A *introdução ao primeiro solo* tem quatro partes:

1. Como o primeiro solo é alcançado;
2. Definição do primeiro solo;
3. Divisões do primeiro solo;
4. A etimologia do primeiro solo.

Divisões do primeiro solo tem duas partes:

1. O Caminho da Visão;
2. O Caminho da Meditação do primeiro solo.

O Caminho da Visão tem três partes:

1. A excelsa percepção do equilíbrio meditativo do Caminho da Visão;
2. A excelsa percepção da aquisição subsequente do Caminho da Visão;
3. A excelsa percepção do Caminho da Visão que não é nenhuma das duas.

A *excelsa percepção do equilíbrio meditativo do Caminho da Visão* tem três partes:

1. O caminho ininterrupto do Caminho da Visão;
2. O caminho liberado do primeiro solo;
3. A excelsa percepção do equilíbrio meditativo do Caminho da Visão que não é nenhum dos dois.

A *explicação do primeiro solo* tem três partes:

1. Breve apresentação da entidade do solo, a base das características;
2. Explicação extensa das boas qualidades que caracterizam o solo;
3. Conclusão por meio de expressar as boas qualidades do solo.

A *explicação extensa das boas qualidades que caracterizam o solo* tem três partes:

1. As boas qualidades que embelezam o seu próprio *continuum*;
2. As boas qualidades que sobrepujam o *continuum* dos outros;
3. A incomparável boa qualidade do primeiro solo.

As *boas qualidades que embelezam o seu próprio continuum* tem duas partes:

1. Enumeração das boas qualidades;
2. Apresentação resumida das boas qualidades.

A *enumeração das boas qualidades* tem oito partes:

1. A boa qualidade de obter um nome significativo;
2. A boa qualidade de nascer na família de Buda;
3. A boa qualidade de abandonar as três amarras;
4. A boa qualidade de permanecer em grande alegria;
5. A boa qualidade de ser capaz de fazer com que uma centena de mundos estremeçam;
6. A boa qualidade de dominar solos mais elevados;
7. A boa qualidade de destruir as causas de renascimento inferior;
8. A boa qualidade de exaurir os solos dos seres comuns.

As boas qualidades que sobrepujam o continuum *dos outros* tem três partes:

1. Qualidades que, neste solo, sobrepujam os Ouvintes e Realizadores Solitários por meio da linhagem;
2. Qualidades que, no sétimo solo, sobrepujam os Ouvintes e Realizadores Solitários por meio da sabedoria;
3. Explicação do significado estabelecido por este ensinamento.

A *explicação do significado estabelecido por este ensinamento* tem três partes:

1. O ensinamento do *Sutra Sobre os Dez Solos* de que Ouvintes e Realizadores Solitários têm a realização da ausência de existência inerente de todos os fenômenos;
2. As fontes que provam isso;
3. Rejeitar argumentos que se opõem a esse ensinamento.

As fontes que provam isso tem duas partes:

1. Os Sutras mahayana que provam isso;
2. Os tratados e Sutras hinayana que provam isso.

A *incomparável boa qualidade do primeiro solo* tem quatro partes:

1. Explicação da prática de dar daquele que reside no primeiro solo;
2. Explicação da prática de dar de bases inferiores;
3. Explicação da prática de dar dos Bodhisattvas;
4. As divisões da perfeição de dar.

A *explicação da prática de dar de bases inferiores* tem duas partes:

1. Alcançar felicidade samsárica através da prática de dar;
2. Alcançar a felicidade do nirvana através da prática de dar.

A *explicação da prática de dar dos Bodhisattvas* tem quatro partes:

1. Os benefícios excepcionais da prática de dar dos Bodhisattvas;
2. As instruções sobre a prática de dar são fundamentais para ambas as bases;

3. A grande alegria que um Bodhisattva obtém da prática de dar;
4. Um Bodhisattva experiencia dor quando dá o seu corpo?

As divisões da perfeição de dar tem duas partes:

1. A perfeição mundana de dar;
2. A perfeição supramundana de dar.

O segundo solo, Imaculado, tem duas partes:

1. Introdução ao segundo solo;
2. Explicação do segundo solo.

A *introdução ao segundo solo* tem quatro partes:

1. Como o segundo solo é alcançado;
2. Definição do segundo solo;
3. Divisões do segundo solo;
4. A etimologia do segundo solo.

Divisões do segundo solo tem três partes:

1. A excelsa percepção do equilíbrio meditativo do segundo solo;
2. A excelsa percepção da aquisição subsequente do segundo solo;
3. A excelsa percepção do segundo solo que não é nenhuma das duas.

A *excelsa percepção do equilíbrio meditativo do segundo solo* tem três partes:

1. O caminho liberado do segundo solo:
2. O caminho ininterrupto do segundo solo;
3. A excelsa percepção do equilíbrio meditativo do segundo solo que não é nenhum dos dois.

A *explicação do segundo solo* tem cinco partes:

1. A disciplina moral completamente pura deste solo;
2. Louvor à disciplina moral;
3. Uma ilustração da separação daquilo que é incompatível com a disciplina moral;

4. As divisões da perfeição de disciplina moral;
5. Conclusão por meio de expressar as boas qualidades do solo.

A disciplina moral completamente pura deste solo tem quatro partes:

1. A excelente disciplina moral deste solo;
2. As qualidades completamente puras que dependem da disciplina moral;
3. Esta disciplina moral supera a do primeiro solo;
4. Outra causa de disciplina moral completamente pura.

Louvor à disciplina moral tem cinco partes:

1. Usufruir, em reinos afortunados, dos frutos da prática de dar depende da disciplina moral;
2. Usufruir dos frutos da prática de dar continuamente depende da disciplina moral;
3. É extremamente difícil, para aqueles que carecem de disciplina moral, escapar dos reinos inferiores;
4. Por que as instruções sobre disciplina moral foram dadas após as instruções sobre a prática de dar;
5. Louvar a disciplina moral como uma causa de *status* elevado e de bondade definitiva.

As divisões da perfeição de disciplina moral tem duas partes:

1. A perfeição mundana de disciplina moral;
2. A perfeição supramundana de disciplina moral.

O terceiro solo, Luminoso, tem duas partes:

1. Introdução ao terceiro solo;
2. Explicação do terceiro solo.

A *introdução ao terceiro solo* tem três partes:

1. Como o terceiro solo é alcançado;
2. Definição do terceiro solo;
3. Divisões do terceiro solo.

A *explicação do terceiro solo* tem quatro partes:

1. A etimologia do solo, a base das características;
2. As boas qualidades que caracterizam este solo;
3. As características das três primeiras perfeições;
4. Conclusão por meio de expressar as boas qualidades do solo.

As boas qualidades que caracterizam este solo tem quatro partes:

1. A paciência incomparável deste solo;
2. A maneira de confiar em outra paciência;
3. As divisões da perfeição de paciência;
4. As outras qualidades puras que surgem neste solo.

A maneira de confiar em outra paciência tem duas partes:

1. Por que é inadequado ficar com raiva;
2. Por que é adequado confiar na paciência.

Por que é inadequado ficar com raiva tem quatro partes:

1. A raiva é inadequada porque não é necessária e possui muitas falhas;
2. Não desejar sofrimento futuro e retaliar danosamente é contraditório;
3. A raiva é inadequada porque destrói virtudes anteriormente acumuladas durante muito tempo;
4. Como parar com a raiva após ter contemplado as numerosas falhas da impaciência.

Por que é adequado confiar na paciência tem duas partes:

1. Contemplar os numerosos benefícios da paciência;
2. Em resumo, uma exortação para confiar na paciência.

As divisões da perfeição de paciência tem duas partes:

1. A perfeição mundana de paciência;
2. A perfeição supramundana de paciência.

O quarto solo, Radiante, tem duas partes:

1. Introdução ao quarto solo;
2. Explicação do quarto solo.

A *introdução ao quarto solo* tem três partes:

1. Como o quarto solo é alcançado;
2. Definição do quarto solo;
3. Divisões do quarto solo.

A *explicação do quarto solo* tem três partes:

1. O esforço incomparável neste solo;
2. A etimologia deste solo;
3. As características de abandono.

O quinto solo, Difícil de Derrotar, tem duas partes:

1. Introdução ao quinto solo;
2. Explicação do quinto solo.

A *introdução ao quinto solo* tem três partes:

1. Como o quinto solo é alcançado;
2. Definição do quinto solo;
3. Divisões do quinto solo.

A *explicação do quinto solo* tem duas partes:

1. A etimologia do quinto solo;
2. A incomparável estabilização mental e a habilidade nas verdades.

O sexto solo, Aproximando-se, tem duas partes:

1. Introdução ao sexto solo;
2. Explicação do sexto solo.

A *introdução ao sexto solo* tem três partes:

1. Como o sexto solo é alcançado;
2. Definição do sexto solo;
3. Divisões do sexto solo.

A *explicação do sexto solo* tem quatro partes:

1. A etimologia deste solo e a perfeição de sabedoria incomparável;
2. Louvor à perfeição de sabedoria;
3. Explicação da talidade profunda do surgimento-dependente;
4. Conclusão por meio de expressar as boas qualidades do solo.

A *explicação da talidade profunda do surgimento-dependente* tem cinco partes:

1. A promessa de explicar o significado profundo;
2. Reconhecer um recipiente adequado para uma explicação do significado profundo;
3. Como boas qualidades surgem quando o significado profundo é explicado a uma pessoa como essa;
4. Exortando aqueles que são recipientes adequados para ouvir;
5. A explicação propriamente dita da talidade profunda do surgimento-dependente.

A *explicação propriamente dita da talidade profunda do surgimento--dependente* tem quatro partes:

1. Como o significado correto é revelado nas escrituras;
2. Identificar o objeto negado;
3. Estabelecer o significado das escrituras por meio de raciocínio;
4. Explicação das divisões, ou classes, da vacuidade.

Identificar o objeto negado tem duas partes:

1. Identificar o objeto negado de acordo com a escola Madhyamika--Svatantrika;
2. Identificar o objeto negado de acordo com a escola Madhyamika--Prasangika.

Identificar o objeto negado de acordo com a escola Madhyamika-Svatantrika tem três partes:

1. Identificar a existência verdadeira e o agarramento-ao-verdadeiro;
2. Explicar *verdadeiro* e *falso* com referência às pessoas mundanas por meio de uma analogia;
3. Aplicar essa analogia ao significado.

Identificar o objeto negado de acordo com a escola Madhyamika-Prasangika tem três partes:

1. Compreender a mera designação por meio das escrituras;
2. Compreender a mera designação por meio de analogias;
3. Compreender a mera designação por meio de raciocínio.

Estabelecer o significado das escrituras por meio de raciocínio tem duas partes:

1. Estabelecer a ausência do em-si dos fenômenos por meio de raciocínio;
2. Estabelecer a ausência do em-si de pessoas por meio de raciocínio.

Estabelecer a ausência do em-si dos fenômenos por meio de raciocínio tem quatro partes:

1. Refutar os quatro extremos da produção no âmbito das duas verdades;
2. Rejeitar argumentos contra essa refutação;
3. Como a produção dependentemente-surgida elimina as concepções errôneas que se aferram aos extremos;
4. Identificar o resultado da análise lógica.

Refutar os quatro extremos da produção no âmbito das duas verdades tem três partes:

1. A produção inerentemente existente não existe;
2. Provar isso por meio de raciocínio;
3. O significado estabelecido pela refutação dos quatro extremos da produção.

Provar isso por meio de raciocínio tem quatro partes:

1. Refutar a produção a partir de si próprio;
2. Refutar a produção a partir de outro;
3. Refutar a produção a partir de ambos;
4. Refutar a produção sem uma causa.

Refutar a produção a partir de si próprio tem duas partes:

1. Refutar a produção a partir de si próprio com o raciocínio apresentado no comentário de Chandrakirti;
2. Refutar a produção a partir de si próprio com o raciocínio apresentado em *Sabedoria Fundamental*.

Refutar a produção a partir de si próprio com o raciocínio apresentado no comentário de Chandrakirti tem três partes:

1. Refutar o sistema da escola Samkhya;
2. Nem mesmo as pessoas mundanas, cujas mentes não estão influenciadas por princípios filosóficos, afirmam a produção a partir de si próprio;
3. Conclusão dessas refutações.

Refutar o sistema da escola Samkhya tem duas partes:

1. Refutar a produção a partir de uma causa que seja a mesma entidade;
2. Refutar que causa e efeito sejam a mesma entidade.

Refutar a produção a partir de uma causa que seja a mesma entidade tem três partes:

1. Segue-se que a produção a partir de uma causa que seja a mesma entidade não tem sentido;
2. Que as coisas sejam produzidas a partir da mesma natureza é contrário à razão;
3. Refutar a negação dessas falhas.

Refutar que causa e efeito sejam a mesma entidade tem três partes:

1. Segue-se que o formato e demais características do broto não são diferentes dos da semente;
2. Refutar a negação dessa falha;
3. Segue-se que tanto a semente como o broto são semelhantes em serem apreensíveis ou inapreensíveis em qualquer momento dado.

Refutar a produção a partir de outro tem duas partes:

1. Descrição da posição que afirma a produção a partir de outro;
2. Refutar esse sistema.

Refutar esse sistema tem duas partes:

1. Refutação geral da produção a partir de outro;
2. Refutação do sistema Chittamatra, em particular.

A *refutação geral da produção a partir de outro* tem cinco partes:

1. A refutação efetiva da produção a partir de outro;
2. Negar que as pessoas mundanas possam prejudicar esta refutação;
3. As boas qualidades desta refutação;
4. Não há produção inerentemente existente em nenhum momento;
5. As boas qualidades de refutar a produção inerentemente existente no âmbito das duas verdades.

A *refutação efetiva da produção a partir de outro* tem três partes:

1. Refutar a produção a partir de outro, em geral;
2. Refutar uma produção a partir de outro específica;
3. Refutar a produção a partir de outro tendo analisado os efeitos por meio de quatro alternativas.

Refutar a produção a partir de outro, em geral tem duas partes:

1. Refutar por meio da consequência por excesso;
2. Refutar uma negação dessa falha.

Refutar uma negação dessa falha tem duas partes:

1. A negação da falha;
2. Refutar essa negação.

Refutar uma produção a partir de outro específica tem duas partes:

1. Refutar a produção a partir de outro onde uma causa preceda o seu efeito;
2. Refutar a produção a partir de outro onde uma causa seja simultânea ao seu efeito.

Refutar a produção a partir de outro onde uma causa preceda o seu efeito tem duas partes:

1. A refutação propriamente dita;
2. Rejeitar argumentos contra esta refutação.

Negar que as pessoas mundanas possam prejudicar esta refutação tem duas partes:

1. Negar que haja prejuízo causado pela crença das pessoas mundanas na produção a partir de outro;
2. Negar que haja prejuízo causado pelas pessoas mundanas uma vez que, para os mundanos, não existe produção a partir de outro, nem mesmo nominalmente.

Negar que haja prejuízo causado pela crença das pessoas mundanas na produção a partir de outro tem duas partes:

1. O argumento de que há prejuízo causado pelas pessoas mundanas;
2. Mostrar que não há prejuízo causado pelas pessoas mundanas.

Mostrar que não há prejuízo causado pelas pessoas mundanas tem cinco partes:

1. Apresentação geral das duas verdades;
2. Aplicar isso a este assunto;
3. Explicação das respectivas naturezas das duas verdades;
4. Como a acusação de prejuízo causado por pessoas mundanas é, ela mesma, prejudicada;
5. Como pode haver prejuízo causado pelas pessoas mundanas.

A apresentação geral das duas verdades tem três partes:

1. Todos os fenômenos possuem duas naturezas;
2. As divisões das verdades convencionais em relação à percepção das pessoas mundanas;
3. Objetos equivocados concebidos não existem nem mesmo nominalmente.

As divisões das verdades convencionais em relação à percepção das pessoas mundanas tem duas partes:

1. Explicação dos possuidores-de-objetos corretos e incorretos em relação à percepção das pessoas mundanas;
2. Explicação dos objetos corretos e incorretos em relação à percepção das pessoas mundanas.

A explicação das respectivas naturezas das duas verdades tem duas partes:

1. Explicação das verdades convencionais;
2. Explicação da verdade última.

Não há produção inerentemente existente em nenhum momento tem duas partes:

1. Refutar a afirmação da existência inerente;
2. Rejeitar um argumento contra esta refutação.

Refutar a afirmação da existência inerente tem três partes:

1. A consequência de que o equilíbrio meditativo de um ser superior causa a destruição das coisas;
2. A consequência de que as verdades nominais podem resistir à análise;
3. A consequência de que a produção última é irrefutável.

As boas qualidades de refutar a produção inerentemente existente no âmbito das duas verdades tem duas partes:

1. A boa qualidade de evitar facilmente visões extremas;
2. A boa qualidade da grande coerência de causa e efeito.

A boa qualidade da grande coerência de causa e efeito tem três partes:

1. Não asseverar a existência inerente não implica aceitar uma consciência-base-de-tudo e assim por diante;
2. Demonstrar, por meio de analogia, como um efeito surge após uma ação ter cessado;
3. Rejeitar argumentos contra isso.

Rejeitar argumentos contra isso tem duas partes:

1. Rejeitar o argumento de que o amadurecimento do efeito seria interminável;
2. Rejeitar o argumento de que há contradição com as escrituras que revelam uma consciência-base-de-tudo.

Rejeitar o argumento de que há contradição com as escrituras que revelam uma consciência-base-de-tudo tem duas partes:

1. A rejeição efetiva do argumento de que há contradição com as escrituras;
2. Uma analogia do discurso através do poder da intenção.

A *refutação do sistema Chittamatra, em particular* tem três partes:

1. Refutar uma consciência inerentemente existente sem externos;
2. Refutar a validade do raciocínio que estabelece fenômenos produzidos-pelo-poder-de-outro como inerentemente existentes;
3. A palavra "apenas" em "apenas a mente" não exclui os objetos externos.

Refutar uma consciência inerentemente existente sem externos tem duas partes:

1. Apresentação do outro sistema;
2. Refutação desse sistema.

A *refutação desse sistema* tem duas partes:

1. Apresentação extensa da refutação;
2. A conclusão a partir desta refutação.

A *apresentação extensa da refutação* tem três partes:

1. Refutar exemplos de uma consciência verdadeiramente existente sem objetos externos;
2. Refutar uma consciência gerada a partir do seu potencial;
3. Esta refutação e a meditação na não-atratividade não são contraditórias.

Refutar exemplos de uma consciência verdadeiramente existente sem objetos externos tem duas partes:

1. Refutar o exemplo de um sonho;
2. Refutar o exemplo de ver filamentos flutuantes.

Refutar o exemplo de um sonho tem três partes:

1. O exemplo de um sonho não prova que a consciência seja verdadeiramente existente;
2. O exemplo de um sonho não prova que não existam objetos externos quando estamos acordados;
3. O exemplo de um sonho prova que todas as coisas são falsas.

Refutar uma consciência gerada a partir do seu potencial tem três partes:

1. Refutar que uma consciência à qual um objeto externo apareça seja gerada ou não a partir do amadurecimento ou do não--amadurecimento de marcas;
2. Refutar novamente que a consciência exista sem objetos externos;
3. A refutação do sistema Chittamatra não é prejudicada pelas escrituras.

Refutar que uma consciência à qual um objeto externo apareça seja gerada ou não a partir do amadurecimento ou do não-amadurecimento de marcas tem duas partes:

1. Apresentação da outra posição;
2. Refutação dessa posição.

A *refutação dessa posição* tem três partes:

1. Refutar um potencial inerentemente existente em relação ao presente;
2. Refutar um potencial inerentemente existente em relação ao futuro;
3. Refutar um potencial inerentemente existente em relação ao passado.

Refutar novamente que a consciência exista sem objetos externos tem duas partes:

1. Apresentação do outro sistema;
2. Refutação desse sistema.

Refutar a validade do raciocínio que estabelece fenômenos produzidos-pelo--poder-de-outro como inerentemente existentes tem quatro partes:

1. Refutar que os autoconhecedores sejam uma prova [da existência] de fenômenos produzidos-pelo-poder-de-outro;
2. O sistema Chittamatra é deficiente em relação a ambas as verdades;
3. Por essa razão, é aconselhável seguir apenas o sistema de Nagarjuna;
4. Refutar os fenômenos produzidos-pelo-poder-de-outro não é o mesmo que refutar as nominalidades mundanas.

Refutar que os autoconhecedores sejam uma prova [da existência] de fenômenos produzidos-pelo-poder-de-outro tem quatro partes:

1. Sob investigação, os autoconhecedores são inaceitáveis como uma prova [da existência] de fenômenos produzidos-pelo--poder-de-outro;
2. Refutar a resposta de outros de que [a existência de] autoconhecedores é aceitável;
3. [A existência de] autoconhecedores também é inaceitável por meio de outros raciocínios;
4. Um *fenômeno produzido-pelo-poder-de-outro* inerentemente existente é semelhante a um filho de uma mulher sem filhos.

Refutar a resposta de outros de que [a existência de] autoconhecedores é aceitável tem duas partes:

1. A refutação efetiva do outro sistema;
2. Como, de acordo com o nosso sistema, a memória se desenvolve, embora os autoconhecedores não existam.

A palavra "apenas" em "apenas a mente" não exclui os objetos externos tem três partes:

1. Explicação da intenção da afirmação no *Sutra Sobre os Dez Solos* que diz que apenas a mente existe;
2. Os objetos externos e a mente interna são o mesmo em relação a ambos serem existentes ou não-existentes;
3. Explicação da intenção da afirmação no *Sutra Aquele que Foi para Lanka* que diz que apenas a mente existe.

A *explicação da intenção da afirmação no* Sutra Sobre os Dez Solos *que diz que apenas a mente existe* tem três partes:

1. O *Sutra Sobre os Dez Solos* prova que a palavra "apenas" não exclui os objetos externos;
2. Esse significado também é estabelecido em outros Sutras;
3. A palavra "apenas" estabelece que a mente é o principal.

A *explicação da intenção da afirmação no* Sutra Aquele que Foi para Lanka *que diz que apenas a mente existe* tem duas partes:

1. A afirmação de que os objetos externos não existem, mas apenas a mente, é uma afirmação de significado interpretativo;
2. Um método para identificar os Sutras de significado interpretativo e os Sutras de significado definitivo.

A *afirmação de que os objetos externos não existem, mas apenas a mente, é uma afirmação de significado interpretativo* tem duas partes:

1. Mostrar, por meio das escrituras, que essa afirmação é de significado interpretativo;
2. Mostrar, por meio de raciocínio, que essa afirmação é de significado interpretativo.

Mostrar, por meio das escrituras, que essa afirmação é de significado interpretativo tem duas partes:

1. O significado propriamente dito;
2. Outros Sutras como esse também são de significado interpretativo.

Rejeitar argumentos contra esta refutação tem duas partes:

1. A rejeição efetiva dos argumentos;
2. Resumo.

Estabelecer a ausência do em-si de pessoas por meio de raciocínio tem três partes:

1. Aqueles que desejam a libertação precisam, primeiro, negar o *self* inerentemente existente;
2. A maneira de negar o *self* e *meu* inerentemente existentes;
3. A análise do *self* e da carroça também se aplica às outras coisas.

A maneira de negar o self *e o* meu *inerentemente existentes* tem duas partes:

1. Negar o *self* inerentemente existente;
2. Negar o *meu* inerentemente existente.

Negar o self *inerentemente existente* tem seis partes:

1. Negar um *self* que seja uma entidade diferente dos agregados como algo fabricado, ou inventado, por outras tradições;
2. Refutar a afirmação fantasiosa, dentro da nossa própria tradição, de que os agregados são o *self*;
3. Refutar as três posições de dependência, base e posse que permanecem após esses dois;
4. Negar um *self* substancialmente existente que não é idêntico nem diferente;
5. Explicar, com uma analogia, como o *self* é meramente uma designação dependente;
6. Esta apresentação tem a boa qualidade de nos permitir abandonar facilmente as concepções que se agarram aos extremos.

Negar um self que seja uma entidade diferente dos agregados como algo fabricado, ou inventado, por outras tradições tem duas partes:

1. Apresentação do outro sistema;
2. Refutação desse sistema.

A *apresentação do outro sistema* tem duas partes:

1. Apresentação do sistema dos samkhyas;
2. Apresentação do sistema dos vaisheshikas e outros.

Refutar a afirmação fantasiosa, dentro da nossa própria tradição, de que os agregados são o self tem cinco partes:

1. Mostrar as contradições na afirmação de que os agregados são o *self*;
2. Provar que essa afirmação é insustentável;
3. Mostrar outras contradições na afirmação de que os agregados são o *self*;
4. Explicar a intenção da afirmação de que os agregados são o *self*;
5. Mostrar que o outro sistema é incoerente.

Mostrar as contradições na afirmação de que os agregados são o self tem duas partes:

1. O significado propriamente dito;
2. Refutar uma negação da falha.

O significado propriamente dito tem duas partes:

1. Apresentação do outro sistema;
2. Refutação desse sistema.

Explicar a intenção da afirmação de que os agregados são o self tem cinco partes:

1. Explicar o significado da afirmação de que o que quer que seja visto como sendo o *self* é visto apenas nos agregados;
2. Explicar, na dependência de outros Sutras, que a mera coleção dos agregados não é o *self*;

3. Refutar que o formato da disposição da mera coleção dos agregados é o *self*;
4. Mostrar outra contradição na afirmação de que o *self* é a mera coleção dos agregados;
5. Buda diz que o *self* é designado nos seis elementos e assim por diante.

Explicar o significado da afirmação de que o que quer que seja visto como sendo o self *é visto apenas nos agregados* tem três partes:

1. Este ensinamento é dado apenas da perspectiva de refutação;
2. Mesmo que este ensinamento fosse dado da perspectiva de estabelecê-lo, ainda assim não revelaria que os agregados são o *self*;
3. Rejeitar um argumento contra isso.

Refutar as três posições de dependência, base e posse que permanecem após esses dois tem duas partes:

1. Refutar as posições de dependência, base e posse;
2. Resumo das refutações.

Negar um self *substancialmente existente que não é idêntico nem diferente* tem duas partes:

1. Apresentação do outro sistema;
2. Refutação desse sistema.

Explicar, com uma analogia, como o self *é meramente uma designação dependente* tem quatro partes:

1. Embora o *self* não exista nos sete extremos, ele é uma designação dependente, tal como uma carroça o é;
2. Explicação extensa das duas posições não explicadas anteriormente;
3. Rejeitar um argumento contra essa explicação;
4. Mostrar que o significado nominal dos outros nomes também é estabelecido.

A explicação extensa das duas posições não explicadas anteriormente tem duas partes:

1. O significado efetivo;
2. Transferir este raciocínio para outros.

O significado efetivo tem duas partes:

1. Refutar a afirmação de que uma carroça é a mera coleção das suas partes;
2. Refutar a afirmação de que uma carroça é o mero formato das suas partes.

Refutar a afirmação de que uma carroça é o mero formato das suas partes tem duas partes:

1. Refutar a afirmação de que uma carroça é o formato das suas partes individuais;
2. Refutar a afirmação de que uma carroça é o formato da coleção das suas partes.

Esta apresentação tem a boa qualidade de nos permitir abandonar facilmente as concepções que se agarram aos extremos tem cinco partes:

1. O significado efetivo;
2. Rejeitar um argumento contra isso;
3. Aplicar a analogia da carroça ao significado do *self* nominal;
4. Mostrar outras boas qualidades de afirmar um *self* que é dependentemente-designado;
5. Reconhecer o *self* que é a base tanto da escravidão [promovida] pelas delusões quanto da libertação.

A análise do self *e da carroça também se aplica às outras coisas* tem três partes:

1. Aplicá-la às coisas, tais como potes e roupas de lã;
2. Aplicá-la a causa e efeito;
3. Rejeitar um argumento contra isso.

Rejeitar um argumento contra isso tem duas partes:

1. O argumento de que a refutação de causa e efeito inerentemente existentes tem falhas semelhantes;
2. Responder que o argumento não tem falhas semelhantes.

Responder que o argumento não tem falhas semelhantes tem quatro partes:

1. Como refutação e prova são aceitos em nossa posição;
2. Uma explicação que esclarece a razão pela qual a consequência dos outros não é semelhante;
3. A ausência de existência inerente pode ser estabelecida, mas os outros não podem estabelecer o seu oposto da mesma maneira;
4. Como compreender as refutações remanescentes que não foram explicadas aqui.

Como refutação e prova são aceitos em nossa posição tem duas partes:

1. Como a refutação das posições dos outros é aceita nominalmente;
2. De que modo provas são aceitas em nossa própria posição.

A *explicação das divisões, ou classes, da vacuidade* tem duas partes:

1. Resumo das divisões, ou classes, da vacuidade;
2. Explicação extensa do significado de cada divisão.

A *explicação extensa do significado de cada divisão* tem duas partes:

1. Explicação extensa da divisão da vacuidade em dezesseis classes;
2. Explicação extensa da divisão da vacuidade em quatro classes.

A *explicação extensa da divisão da vacuidade em dezesseis classes* tem quatro partes:

1. Explicação das quatro vacuidades, a vacuidade do interno e assim por diante;
2. Explicação das quatro vacuidades, a vacuidade do grande e assim por diante;

3. Explicação das quatro vacuidades, a vacuidade do além dos extremos e assim por diante;
4. Explicação das quatro vacuidades, a vacuidade de todos os fenômenos e assim por diante.

A *explicação das quatro vacuidades, a vacuidade do interno e assim por diante* tem quatro partes:

1. A vacuidade do interno;
2. A vacuidade do externo;
3. A vacuidade do interno e do externo;
4. A vacuidade da vacuidade.

A *explicação das quatro vacuidades, a vacuidade do grande e assim por diante* tem quatro partes:

1. A vacuidade do grande;
2. A vacuidade do último;
3. A vacuidade do produzido;
4. A vacuidade do não-produzido.

A *explicação das quatro vacuidades, a vacuidade do além dos extremos e assim por diante* tem quatro partes:

1. A vacuidade do além dos extremos;
2. A vacuidade do sem princípio e do sem fim;
3. A vacuidade do não-rejeitado;
4. A vacuidade da natureza.

A *explicação das quatro vacuidades, a vacuidade de todos os fenômenos e assim por diante* tem quatro partes:

1. A vacuidade de todos os fenômenos;
2. A vacuidade das definições;
3. A vacuidade do inobservável;
4. A vacuidade da não-coisa.

A *vacuidade das definições* tem três partes:

1. Explicação breve;
2. Explicação extensa;
3. Resumo.

A *explicação extensa* tem três partes:

1. As definições dos fenômenos da base;
2. As definições dos fenômenos do caminho;
3. As definições dos fenômenos do resultado.

A *explicação extensa da divisão da vacuidade em quatro classes* tem quatro partes:

1. A vacuidade das coisas;
2. A vacuidade das não-coisas;
3. A vacuidade da natureza;
4. A vacuidade das demais entidades.

O sétimo solo, O Que Foi Além tem duas partes:

1. Introdução ao sétimo solo;
2. As boas qualidades do sétimo solo.

A *introdução ao sétimo solo* tem quatro partes:

1. Como o sétimo solo é alcançado;
2. Definição do sétimo solo;
3. Divisões do sétimo solo;
4. A etimologia do sétimo solo.

O oitavo solo, Inamovível tem duas partes:

1. Introdução ao oitavo solo;
2. As boas qualidades do oitavo solo.

A *introdução ao oitavo solo* tem quatro partes:

1. Como o oitavo solo é alcançado;
2. Definição do oitavo solo;

3. Divisões do oitavo solo;
4. A etimologia do oitavo solo.

As boas qualidades do oitavo solo tem três partes:

1. As preces incomparáveis nesse solo e como o Bodhisattva do oitavo solo emerge da cessação;
2. Mostrar que o Bodhisattva do oitavo solo extinguiu todas as delusões;
3. Mostrar que o Bodhisattva do oitavo solo alcançou os dez poderes.

O nono solo, Boa Inteligência tem duas partes:

1. Introdução ao nono solo;
2. As boas qualidades do nono solo.

A *introdução ao nono solo* tem quatro partes:

1. Como o nono solo é alcançado;
2. Definição do nono solo;
3. Divisões do nono solo;
4. A etimologia do nono solo.

O décimo solo, Nuvem de Dharma tem duas partes:

1. Introdução ao décimo solo;
2. As boas qualidades do décimo solo.

A *introdução ao décimo solo* tem quatro partes:

1. Como o décimo solo é alcançado;
2. Definição do décimo solo;
3. Divisões do décimo solo;
4. A etimologia do décimo solo.

As boas qualidades dos dez solos tem três partes:

1. As boas qualidades do primeiro solo;
2. As boas qualidades do segundo ao sétimo solos;
3. As boas qualidades dos três solos puros.

Uma apresentação dos solos resultantes tem cinco partes:

1. Como a Budeidade é primeiramente alcançada;
2. Apresentação dos corpos de Buda e de suas boas qualidades;
3. Explicação sobre os Corpos-Emanação;
4. Provar que há um único veículo final;
5. Explicação sobre a duração da iluminação e da permanência.

Como a Budeidade é primeiramente alcançada tem duas partes:

1. O significado efetivo;
2. Rejeitar um argumento.

Rejeitar um argumento tem duas partes:

1. Apresentação da outra posição;
2. Refutação dessa posição.

A *refutação dessa posição* tem duas partes:

1. Rejeitar o argumento de que um conhecedor da talidade é inaceitável;
2. Rejeitar o argumento de que uma pessoa que conhece a talidade é inaceitável.

A *apresentação dos corpos de Buda e de suas boas qualidades* tem duas partes:

1. Apresentação dos corpos de Buda;
2. Apresentação das boas qualidades das forças.

A *apresentação dos corpos de Buda* tem três partes:

1. Explicação do Corpo-Verdade;
2. Explicação do Corpo-de-Deleite;
3. Explicação do Corpo correspondente à sua causa.

A *explicação do Corpo correspondente à sua causa* tem três partes:

1. Como ele mostra todos os seus feitos em um único poro do seu corpo;
2. Como ele mostra todos os feitos dos outros em um único poro do seu corpo;
3. Explicação do seu domínio completamente excelente sobre os seus desejos.

A *apresentação das boas qualidades das forças* tem quatro partes:

1. Breve apresentação das dez forças;
2. Explicação extensa;
3. Por que todas as qualidades não podem ser descritas;
4. Os benefícios de compreender as duas boas qualidades.

A *explicação sobre a duração da iluminação e da permanência* tem duas partes:

1. A duração da iluminação;
2. A duração da permanência.

Apêndice III

Um Breve Resumo dos Princípios Filosóficos Budistas

da *Apresentação dos Princípios Filosóficos*
por Sera Jetsunpa Chokyi Gyaltsen

Appendix III

Um breve Resumo
dos Princípios Filosóficos Budistas

de Apresentação dos Princípios Filosóficos
por Sera Jetsünpa Chökyi Gyaltsen

Um Breve Resumo
dos Princípios Filosóficos Budistas

A EXPLICAÇÃO DOS princípios filosóficos budistas tem duas partes:

1. Definição;
2. Explicação dos diferentes sistemas.

DEFINIÇÃO

Um proponente de princípios filosóficos budistas é definido como uma pessoa proponente de princípios filosóficos que aceita as Três Joias como objetos perfeitos de refúgio e que não afirma outros objetos de refúgio último além destes.

A explicação dos diferentes sistemas tem quatro partes:

1. Explicação do sistema dos vaibhashikas;
2. Explicação do sistema dos sautrantikas;
3. Explicação do sistema dos chittamatrins;
4. Explicação do sistema dos madhyamikas.

EXPLICAÇÃO DO SISTEMA DOS VAIBHASHIKAS

Este tópico tem sete partes:

1. Definição;
2. Divisões;
3. Etimologia;
4. Maneira como afirmam [a existência dos] objetos;
5. Maneira como afirmam [a existência dos] possuidores-de-objetos;
6. Maneira como afirmam a ausência do em-si;
7. Apresentação dos solos e caminhos.

DEFINIÇÃO

Um vaibhashika é definido como uma pessoa proponente de princípios filosóficos hinayana que não assevera [a existência de] autoconhecedores.

DIVISÕES

Há muitas divisões, mas todas estão incluídas em três:

1. Caxemires;
2. Aparantakas;
3. Magadhas.

ETIMOLOGIA

"Vaibhashika" significa "Particularista". São assim chamados porque propõem princípios filosóficos que seguem a obra *Grande Tesouro que Explica Particularidades* e também porque propõem os três tempos como sendo substâncias específicas.

MANEIRA COMO AFIRMAM
[A EXISTÊNCIA DOS] OBJETOS

Coisa é definida como "capaz de executar uma função". *Coisa, existente* e *objeto de conhecimento* são sinônimos. Há dois tipos de coisas: coisas permanentes e coisas impermanentes. Exemplos de coisas permanentes são o espaço não-produzido, cessações analíticas e cessações não-analíticas. Exemplos de coisas impermanentes são [tudo o que é] produzido e [tudo o que é] impermanente.

Existe outra divisão dupla de coisa: verdades convencionais e verdades últimas. A verdade convencional é definida como um fenômeno que, se for destruído ou mentalmente separado em partes individuais, a mente que o apreende cessa. Exemplos disso são um vaso e uma roupa de lã. Se quebrarmos um vaso com um martelo, a mente que o apreende cessa, e se uma roupa de lã for totalmente desfiada, a mente que a apreende cessa.

A verdade última é definida como um fenômeno que, se for destruído ou mentalmente separado em partes individuais, a mente que o apreende não cessa. Exemplos disso são partículas sem partes direcionais, uma consciência sem partes temporais e os fenômenos não-produzidos.

Além disso, os Vaibhashikas afirmam que os três tempos são instâncias específicas de uma substância, porque um vaso existe também no momento do passado de um vaso e no momento do futuro de um vaso.

MANEIRA COMO AFIRMAM [A EXISTÊNCIA
DOS] POSSUIDORES-DE-OBJETOS

Alguns vaibhashikas afirmam que a mera coleção dos cinco agregados é a pessoa, ao passo que outros afirmam que a consciência mental é a pessoa.

Há dois tipos de mente: conhecedores válidos e conhecedores não-válidos. Há dois tipos de conhecedor válido: conhecedores válidos diretos e conhecedores válidos subsequentes. Há três tipos de conhecedor válido direto: percebedores diretos sensoriais válidos, percebedores diretos mentais válidos e percebedores diretos ióguicos válidos. Os percebedores diretos sensoriais válidos não são, necessariamente, consciências, porque o poder sensorial visual, por exemplo, é um percebedor direto válido.

Há dois tipos de percebedores diretos ióguicos válidos: percebedores diretos ióguicos válidos que realizam a ausência do em-si de pessoas e percebedores diretos ióguicos válidos que realizam a impermanência sutil. O primeiro tem dois tipos: percebedores diretos ióguicos válidos que realizam a ausência de uma pessoa permanente, sem partes e sem causas, e percebedores diretos ióguicos válidos que realizam a ausência de existência de uma pessoa autossustentada, substancialmente existente.

MANEIRA COMO AFIRMAM A AUSÊNCIA DO EM-SI

Os vaibhashikas afirmam que a *ausência do em-si de pessoas* e a *ausência do em-si sutil de pessoas* são sinônimos. Não afirmam a [existência da] ausência do em-si dos fenômenos porque dizem que todos os objetos de conhecimento são permeados pelo *self* dos fenômenos.

Os samittiyas afirmam uma ausência do em-si de pessoas que é uma ausência de uma pessoa permanente, sem partes e sem causas, mas não afirmam uma ausência do em-si de pessoas que seja uma ausência de uma pessoa autossustentada, substancialmente existente, porque dizem que existe um *self* autossustentado, substancialmente existente, que é impossível de ser descrito em termos de ser da mesma natureza ou de natureza diferente dos agregados ou em termos de ser permanente ou impermanente.

APRESENTAÇÃO DOS SOLOS E CAMINHOS

Este tópico tem duas partes:

1. Objetos a serem abandonados;
2. Apresentação efetiva dos solos e caminhos.

OBJETOS A SEREM ABANDONADOS

Os vaibhashikas asseveram dois tipos de obstrução: obstruções-delusões e obstruções que não são delusões. As obstruções-delusões funcionam principalmente para obstruir a aquisição da libertação, e as obstruções que não são delusões funcionam principalmente para obstruir a aquisição de uma mente toda-conhecedora. No entanto, não falam de "obstruções à onisciência". Exemplos de obstruções-delusões são: a mente que concebe uma pessoa autossustentada, substancialmente existente, e os três venenos, juntamente com suas sementes, que surgem através do poder dessa mente. Exemplos de obstruções que não são delusões são: as marcas da mente que concebe uma pessoa autossustentada, substancialmente existente, e a distorção mental que surge através do poder dessas marcas.

APRESENTAÇÃO EFETIVA
DOS SOLOS E CAMINHOS

Há diferenças na maneira pela qual as pessoas dos três veículos avançam no caminho. Os que pertencem à linhagem dos Ouvintes meditam na ausência de uma pessoa autossustentada, substancialmente existente, durante três vidas ou mais com uma pequena coleção de mérito e alcançam uma pequena iluminação. Os que pertencem à linhagem dos Realizadores Solitários meditam na ausência de uma pessoa autossustentada, substancialmente existente, durante uma centena de éons ou mais com uma coleção mediana de mérito e alcançam uma iluminação mediana. Os Bodhisattvas meditam na ausência de uma pessoa autossustentada, substancialmente existente, durante três incontáveis grandes éons ou mais com uma grande coleção de mérito e alcançam uma grande iluminação.

Há diferenças na maneira pela qual eles acumulam mérito. Os Bodhisattvas acumulam mérito durante três incontáveis grandes éons na *grande etapa* do Caminho da Acumulação e nas etapas anteriores e, então, avançam da *etapa calor* do Caminho da Preparação até o Caminho do Não-Mais-Aprender em uma sessão. Os que pertencem à linhagem dos Realizadores Solitários acumulam mérito durante cem grandes éons na *grande etapa* do Caminho da Acumulação e nas etapas anteriores e, então, avançam da *etapa calor* do Caminho da Preparação até o Caminho do Não-Mais-Aprender em uma sessão. Os que pertencem à linhagem dos Ouvintes acumulam mérito durante todos os quatro caminhos de aprendizagem e têm de treinar nesses caminhos por até quatorze vidas, mesmo após terem alcançado caminhos superiores.

Os vaibhashikas afirmam que o agregado forma de um Buda não é Buda porque é um objeto a ser abandonado. A razão disso é que o agregado forma está incluído na mesma vida como o corpo do Bodhisattva no Caminho da Preparação, e esse corpo é um agregado surgido de carma e delusão anteriores. Não aceitam um Corpo-de-Deleite e afirmam que, quando o Corpo-Emanação Supremo, Buda, alcançou o nirvana sem remanescência, seu *continuum* mental cessou. Embora os Budas tenham abandonado todas as delusões que observam os verdadeiros sofrimentos, eles ainda têm verdadeiros sofrimentos no seu *continuum* mental.

Eles afirmam que Ouvintes e Realizadores Solitários Destruidores de Inimigos possuem um nirvana com remanescência a partir da aquisição do estado de Destruidor de Inimigos até o momento da morte, e que, quando morrem, alcançam um nirvana sem remanescência. No momento do nirvana com remanescência, embora tenham abandonado todas as obstruções-delusões, não abandonaram as obstruções que não são delusões. Suas obstruções que não são delusões cessam no momento do nirvana sem remanescência não porque foram destruídas por força dos antídotos, mas porque, naquele momento, o *continuum* mental que é a sua base cessou.

Os proponentes de coisas distinguem Sutras interpretativos e definitivos conforme possam ser tomados literalmente ou não. As duas escolas inferiores não aceitam os Sutras mahayana como sendo as palavras de Buda. Muitos vaibhashikas acreditam que os Sutras são, necessariamente, Sutras de significado definitivo.

EXPLICAÇÃO DO SISTEMA
DOS SAUTRANTIKAS

Este tópico tem sete partes:

1. Definição;
2. Divisões;
3. Etimologia;
4. Maneira como afirmam [a existência dos] objetos;
5. Maneira como afirmam [a existência dos] possuidores-de-objetos;
6. Maneira como afirmam a ausência do em-si;
7. Apresentação dos solos e caminhos.

DEFINIÇÃO

Um sautrantika é definido como uma pessoa proponente de princípios filosóficos hinayana que assevera [a existência de] autoconhecedores.

DIVISÕES

Há duas divisões:

1. Sautrantikas que seguem escrituras; por exemplo, sautrantikas que se apoiam na obra *Tesouro de Abhidharma*, de Vasubandhu;
2. Sautrantikas que seguem raciocínios; por exemplo, sautrantikas que se apoiam na obra *Sete Tratados da Cognição Válida*, de Dharmakirti.

ETIMOLOGIA

"Sautrantika" significa "Seguidor do Sutra". São assim chamados porque propõem princípios filosóficos que seguem os Sutras hinayana de Buda.

MANEIRA COMO AFIRMAM
[A EXISTÊNCIA DOS] OBJETOS

"Existente" é definido como [aquilo que é] observado por um conhecedor válido. Há dois tipos de existente: verdades últimas e verdades convencionais. Verdade última é definida como um fenômeno que é, em última análise, capaz de executar uma função. *Verdade última, verdadeiramente existente, coisa, produto, impermanente, fenômeno composto, substância* e *fenômeno especificamente caracterizado* são sinônimos. Verdade convencional é definida como um fenômeno que, em última análise, não é capaz de executar uma função. *Verdade convencional, falsamente existente, permanente* e *fenômeno genericamente caracterizado* são sinônimos.

Há uma outra divisão dupla de existente: fenômenos negativos e fenômenos afirmativos. Fenômeno negativo é definido como um objeto que é compreendido pela mente que o apreende mediante a eliminação de um objeto negado. Fenômeno afirmativo é definido como um objeto que é compreendido pela mente que o apreende sem a eliminação de um objeto negado. Há dois tipos de fenômeno negativo: negativos não-afirmativos e negativos afirmativos. Exemplos de fenômeno negativo não-afirmativo são: o espaço não-produzido, as verdadeiras cessações e a vacuidade. Exemplos de fenômeno negativo afirmativo são: o oposto de uma não-coisa e a aparência do oposto de um não-vaso a uma mente que concebe vaso.

Além disso, *passado* e *futuro* são permanentes; *presente* e *coisa* são sinônimos.

MANEIRA COMO AFIRMAM [A EXISTÊNCIA DOS] POSSUIDORES-DE-OBJETOS

Os sautrantikas que se apoiam no *Tesouro de Abhidharma* afirmam que o *continuum* dos agregados é a pessoa, e os sautrantikas que se apoiam nos *Sete Tratados da Cognição Válida* afirmam que a consciência mental é a pessoa.

A mente é definida como aquilo que é clareza e que conhece. Há dois tipos de mente: conhecedores válidos e conhecedores não-válidos. Conhecedor válido é definido como um conhecedor não-enganoso totalmente novo, acabado de surgir. É necessário sublinhar estes três – *totalmente novo*, *não-enganoso* e *conhecedor* – como os limites da definição de um conhecedor válido porque, por afirmar "totalmente novo", os reconhecedores são excluídos de serem conhecedores válidos; por afirmar "não-enganoso", as crenças corretas são excluídas de serem conhecedores válidos; e por afirmar "conhecedor", os poderes sensoriais que possuem forma são excluídos de serem conhecedores válidos.

Há dois tipos de conhecedores válidos: conhecedores válidos diretos e conhecedores válidos subsequentes. Conhecedor válido direto é definido como um conhecedor não-enganoso totalmente novo que é livre de conceitualidade. Há quatro tipos de conhecedor válido direto: percebedores diretos autoconhecedores válidos, percebedores diretos sensoriais válidos, percebedores diretos mentais válidos e percebedores diretos ióguicos válidos.

Percebedor direto é definido como um conhecedor que é livre de conceitualidade e que é não-equivocado. Percebedor direto autoconhecedor é definido como a parte de um apreendedor que olha somente para dentro.

Percebedor direto sensorial é definido como um conhecedor livre de conceitualidade que surge na dependência da sua condição dominante específica, ou incomum: um poder sensorial que possui forma. Percebedor direto mental é definido como um conhecedor livre de conceitualidade que surge na dependência da sua condição dominante específica: um poder, ou faculdade, mental. Percebedor direto ióguico é definido como um percebedor direto que realiza um objeto sutil diretamente, na dependência da sua condição dominante específica: uma concentração que é a união do tranquilo-permanecer e da visão superior. Há três tipos de percebedor direto ióguico: percebedores diretos ióguicos que realizam a impermanência sutil, percebedores diretos ióguicos que realizam a *ausência do em-si* denso de pessoas e percebedores diretos ióguicos que realizam a *ausência do em-si* sutil de pessoas.

Conhecedor subsequente é definido como um conhecedor-concebedor cujo objeto é compreendido na dependência de uma razão conclusiva. Há três tipos de conhecedor subsequente: conhecedores subsequentes através do poder de um fato, conhecedores subsequentes através de crença e conhecedores subsequentes através de consenso, ou convenção. Um conhecedor subsequente através de consenso é, necessariamente, um conhecedor subsequente através do poder de um fato.

Percebedores diretos não são necessariamente conhecedores válidos diretos, e conhecedores subsequentes não são necessariamente conhecedores válidos subsequentes; o motivo é que tanto o segundo momento de um percebedor direto sensorial apreendendo forma como o segundo momento de um conhecedor subsequente compreendendo a impermanência do som são reconhecedores.

Conhecedor não-válido é definido como um conhecedor não-enganoso que não é totalmente novo, isto é, que não acabou de surgir. Há cinco tipos de conhecedor não-válido:

1. Reconhecedores;
2. Crenças corretas;
3. Dúvidas;
4. Percebedores não-determinadores;
5. Percepções errôneas.

Reconhecedor é definido como um conhecedor que compreende o que já havia sido compreendido por força de um conhecedor válido anterior. Há dois tipos de reconhecedor: reconhecedores conceituais e reconhecedores não-conceituais.

Crença correta é definida como um conhecedor-concebedor que concorda com os fatos, mas que é enganoso ao conceber seu objeto. Há cinco tipos: crenças corretas que não dependem de uma razão, crenças corretas que contradizem uma razão, crenças corretas com uma razão indefinida, crenças corretas com uma razão não estabelecida e crenças corretas onde uma razão existe sem ser compreendida.

Dúvida é definida como um fator mental que oscila a respeito do seu objeto. Há três tipos de dúvida: dúvidas que tendem à verdade, dúvidas que tendem a se afastar da verdade e dúvidas equilibradas.

Percebedor não-determinador é definido como um conhecedor não-equivocado ao qual um fenômeno, que é o seu objeto conectado, aparece claramente sem que esteja determinado. Há três tipos de percebedor não-determinador: percebedores diretos sensoriais não-determinadores, percebedores diretos mentais não-determinadores e percebedores diretos autoconhecedores não-determinadores.

Percepção errônea é definida como um conhecedor que está equivocado em relação ao seu objeto conectado. Há dois tipos de percepção errônea: percepções errôneas conceituais e percepções errôneas não-conceituais.

MANEIRA COMO AFIRMAM
A AUSÊNCIA DO EM-SI

Os sautrantikas afirmam que a ausência de uma pessoa permanente, sem partes e sem causas é a *ausência do em-si* denso de pessoas; e que a ausência de uma pessoa autossustentada, substancialmente existente, é a *ausência do em-si* sutil de pessoas. Assim como os vaibhashikas, eles não aceitam a ausência do em-si dos fenômenos.

APRESENTAÇÃO DOS SOLOS E CAMINHOS

Os membros das três linhagens acumulam mérito durante os quatro caminhos de aprendizagem; portanto, o agregado forma de Buda é Buda.

A maneira de eles apresentarem as obstruções, de progredirem pelos solos e caminhos e assim por diante é semelhante às dos vaibhashikas.

EXPLICAÇÃO DO SISTEMA DOS CHITTAMATRINS

Este tópico tem sete partes:

1. Definição;
2. Divisões;
3. Etimologia;
4. Maneira como afirmam [a existência dos] objetos;
5. Maneira como afirmam [a existência dos] possuidores-de-objetos;
6. Maneira como afirmam a ausência do em-si;
7. Apresentação dos solos e caminhos.

DEFINIÇÃO

Um chittamatrin é definido como uma pessoa proponente de princípios filosóficos mahayana que não assevera [a existência de] objetos externos e que assevera que os autoconhecedores são verdadeiramente existentes.

DIVISÕES

Há duas divisões:

1. Chittamatrins proponentes de aspectos verdadeiros;
2. Chittamatrins proponentes de aspectos falsos.

Os proponentes de aspectos verdadeiros afirmam que, embora os cinco objetos (forma e assim por diante) não sejam objetos externos, são objetos densos. Os proponentes de aspectos falsos afirmam que os cinco objetos não são objetos densos porque, se o fossem, seriam objetos externos.

ETIMOLOGIA

"Chittamatrin" significa "Proponente de Apenas a Mente". São assim chamados porque afirmam que todos os fenômenos são meramente da natureza da mente. Assim, afirmam que os cinco objetos (forma e assim por diante) são gerados a partir da substância da consciência interna na dependência das marcas de ações comuns e específicas, ou incomuns, depositadas na consciência-base-de-tudo e, portanto, os cinco objetos não são objetos externos.

MANEIRA COMO AFIRMAM
[A EXISTÊNCIA DOS] OBJETOS

Há dois tipos de objeto de conhecimento: verdades últimas e verdades convencionais. Verdade última é definida como um objeto realizado por um conhecedor válido que o realiza diretamente por meio do apaziguamento da aparência dual. *Verdade última, natureza da realidade, esfera dos fenômenos* e *condição final* são sinônimos. Há dois tipos de verdade última: *ausência do em-si* sutil dos fenômenos e *ausência do em-si* sutil de pessoas.

Há vinte tipos de *ausência do em-si* sutil dos fenômenos que funcionam como bases da vacuidade. Quando são condensados, há dezoito. Quando estes são condensados, há dezesseis. Quando estes são condensados, há quatro vacuidades, e assim por diante.

Exemplos de *ausência do em-si* sutil dos fenômenos são a vacuidade que é a ausência de uma *forma* e um *conhecedor válido apreendedor-de--forma* serem substâncias diferentes, e a vacuidade que é a ausência de uma forma existir por meio de suas próprias características como base para aplicar o nome "forma". Um exemplo de *ausência do em-si* sutil de pessoas é a vacuidade que é a ausência de uma pessoa autossustentada, substancialmente existente.

A verdade convencional é definida como um objeto compreendido por um conhecedor válido que o compreende diretamente com aparência dual.

Há dois tipos de verdade convencional: fenômenos produzidos-pelo-poder-de-outro e fenômenos não-compostos outros que as verdades últimas.

Os chittamatrins referem-se aos fenômenos impermanentes como "fenômenos produzidos-pelo-poder-de-outro" e os asseveram como verdadeiramente existentes, mas falsos. Referem-se às vacuidades como "naturezas da realidade" e as asseveram como verdadeiramente existentes e verdadeiras. Referem-se aos fenômenos não-compostos outros que a vacuidade como "imaginários" e os asseveram como falsamente existentes e falsos. Dizem que todas as naturezas da realidade são [fenômenos] negativos não-afirmativos. E explicam outros [fenômenos] negativos não-afirmativos da mesma maneira que os sautrantikas.

MANEIRA COMO AFIRMAM [A EXISTÊNCIA DOS] POSSUIDORES-DE-OBJETOS

Os proponentes de aspectos verdadeiros afirmam [a existência de] um conjunto de oito consciências: as seis consciências asseveradas pelos outros proponentes de princípios filosóficos, juntamente com uma consciência-base-de-tudo e uma mentalidade deludida. A consciência-base-de-tudo é uma sétima consciência que é diferente das seis consciências. Eles afirmam que a consciência-base-de-tudo é a pessoa que é a base das ações e efeitos.

Os proponentes de aspectos falsos afirmam [a existência de] um conjunto de seis consciências, e dizem que a consciência mental é a pessoa que é a base das ações e efeitos.

Os chittamatrins afirmam [a existência de] dois tipos de mente: conhecedores válidos e conhecedores não-válidos. Afirmam [a existência de] dois tipos de conhecedor válido: conhecedores válidos diretos e conhecedores válidos subsequentes. Há quatro tipos de conhecedor válido direto: percebedores diretos sensoriais válidos, percebedores diretos mentais válidos, percebedores diretos autoconhecedores válidos e percebedores diretos ióguicos válidos.

Percebedores diretos autoconhecedores e percebedores diretos ióguicos são, necessariamente, percepções não-equivocadas. Percebedores diretos sensoriais nos *continuums* dos seres comuns são, necessariamente, percepções equivocadas. Percebedores diretos mentais nos *continuums* dos seres comuns podem ser equivocados ou não-equivocados.

Há quatro tipos de percebedor direto ióguico: percebedores diretos ióguicos que realizam diretamente a impermanência sutil, que realizam a *ausência do em-si* sutil de pessoas, que realizam a *ausência do em-si* denso de pessoas e que realizam a *ausência do em-si* sutil dos fenômenos.

MANEIRA COMO AFIRMAM A AUSÊNCIA DO EM-SI

Os chittamatrins afirmam [a existência da] *ausência do em-si* denso e sutil de pessoas da mesma maneira que os sautrantikas. Asseveram que a vacuidade que é a ausência de uma *forma* e um *conhecedor válido apreendedor-de-forma* serem substâncias diferentes é uma instância da *ausência do em-si* sutil dos fenômenos.

APRESENTAÇÃO DOS SOLOS E CAMINHOS

Este tópico tem duas partes:

1. Os objetos a serem abandonados;
2. A apresentação propriamente dita dos solos e caminhos.

OS OBJETOS A SEREM ABANDONADOS

Os chittamatrins asseveram que as obstruções-delusões são o agarramento ao em-si de pessoas, juntamente com suas sementes, e os três venenos, juntamente com suas sementes, que surgem pelo poder desse agarramento ao em-si e de suas sementes. Afirmam que as obstruções à onisciência são o agarramento ao em-si dos fenômenos, juntamente com suas sementes, marcas e todas as aparências duais equivocadas que surgem pelo seu poder.

A APRESENTAÇÃO PROPRIAMENTE DITA DOS SOLOS E CAMINHOS

Suas afirmações com respeito à maneira como os membros das linhagens dos Ouvintes e dos Realizadores Solitários progridem nos caminhos são as mesmas que as asserções dos vaibhashikas e sautrantikas. Eles dizem que os Bodhisattvas tomam como seu objeto de meditação a vacuidade que é a ausência de um apreendedor e o apreendido serem substâncias diferentes. Ao meditarem nisso durante três incontáveis grandes éons para o benefício dos outros, alcançam a grande iluminação.

Os proponentes de aspectos verdadeiros afirmam que, quando Ouvintes Destruidores de Inimigos e Realizadores Solitários Destruidores de Inimigos passam para além do sofrimento sem remanescência, seus *continuums* mentais cessam. Afirmam que não é possível que o *continuum* mental de um Buda cesse, porque os Bodhisattvas primeiro alcançam a Budeidade num Corpo-de-Deleite em Akanishta, e esse Corpo-de-Deleite, com um *continuum* ininterrupto de igual aspecto, trabalha para o bem-estar dos outros através de várias emanações de acordo com a fortuna dos discípulos, até que o samsara cesse. Afirmam que os três veículos são definidos a partir das suas próprias linhagens finais, porque, desde tempos sem princípio, os seres vivos têm tido três linhagens, ou disposições, diferentes; e devido a isso, três inclinações diferentes; e devido a isso, três práticas diferentes; e devido a isso, alcançam três resultados finais diferentes.

Os proponentes de aspectos falsos não asseveram que, quando Ouvintes Destruidores de Inimigos e Realizadores Solitários Destruidores de Inimigos passam para além do sofrimento sem remanescência, seus *continuums* mentais cessam. Eles afirmam que, nesse momento, apenas o *continuum* da consciência que é da natureza do verdadeiro sofrimento e das verdadeiras origens cessa. No entanto, uma mera consciência vai para o solo da Budeidade e, por essa razão, afirmam a existência de um veículo final.

EXPLICAÇÃO DO SISTEMA DOS MADHYAMIKAS

Este tópico tem três partes:

1. Definição;
2. Divisões;
3. Explicação de cada divisão.

DEFINIÇÃO

Um madhyamika é definido como uma pessoa proponente de princípios filosóficos mahayana que não assevera a existência verdadeira nem mesmo nominalmente.

DIVISÕES

Há duas divisões:

1. Madhyamika-Svatantrikas;
2. Madhyamika-Prasangikas.

EXPLICAÇÃO DE CADA DIVISÃO

Este tópico tem duas partes:

1. Explicação do sistema dos madhyamika-svatantrikas;
2. Explicação do sistema dos madhyamika-prasangikas.

EXPLICAÇÃO DO SISTEMA DOS MADHYAMIKA-SVATANTRIKAS

Este tópico tem sete partes:

1. Definição;
2. Divisões;
3. Etimologia;
4. Maneira como afirmam [a existência dos] objetos;
5. Maneira como afirmam [a existência dos] possuidores-de-objetos;
6. Maneira como afirmam a ausência do em-si;
7. Apresentação dos solos e caminhos.

APÊNDICE III – UM BREVE RESUMO DOS PRINCÍPIOS FILOSÓFICOS BUDISTAS

DEFINIÇÃO

Um madhyamika-Svatantrika é definido como um proponente de princípios filosóficos madhyamika que assevera a existência inerente.

DIVISÕES

Há duas divisões:

1. Madhyamika-Svatantrika Sautrantika;
2. Madhyamika-Svatantrika Yogachara.

Um madhyamika-svatantrika *sautrantika* é definido como um proponente de princípios filosóficos madhyamika que assevera nominalidades, na maior parte das vezes, de acordo com os sautrantikas. Um madhyamika-svatantrika *yogachara* é definido como um proponente de princípios filosóficos madhyamika que assevera nominalidades, na maior parte das vezes, de acordo com os chittamatrins. Exemplos do primeiro são Bhavaviveka e Gyanagarbha; e exemplos do segundo são Shantirakshita, Haribhadra e Kamalashila.

ETIMOLOGIA

"Svatantrika" significa "Autonomista". São assim chamados porque afirmam silogismos autônomos e razões conclusivas autônomas que possuem os três modos.

MANEIRA COMO AFIRMAM [A EXISTÊNCIA DOS] OBJETOS

Existir por meio de suas próprias características, existir a partir do seu próprio lado e *existir inerentemente* são sinônimos. Afirmam que todos os fenômenos existem desses três modos. Asseveram que o espaço não-produzido, as verdadeiras cessações, passado, futuro e a *ausência do em-si* sutil de pessoas são tanto negativos não-afirmativos quanto verdades convencionais. *Verdade última, natureza da realidade* e *ausência do em-si sutil dos fenômenos* são sinônimos.

Os madhyamika-svatantrika sautrantikas afirmam que os cinco objetos (forma e assim por diante) são entidades diferentes da percepção e são objetos externos densos compostos de partículas sem partes. Os madhyamika-svatantrika yogacharas afirmam que são da mesma entidade da percepção que os apreende.

MANEIRA COMO AFIRMAM [A EXISTÊNCIA DOS] POSSUIDORES-DE-OBJETOS

Os madhyamika-svatantrikas asseveram [a existência de] um conjunto de seis consciências, e que a consciência mental é a pessoa.

Há dois tipos de mente: conhecedores válidos e conhecedores não-válidos. Há dois tipos de conhecedor válido: conhecedores válidos diretos e conhecedores válidos subsequentes. Os madhyamika-svatantrikas sautrantikas não asseveram percebedores diretos autoconhecedores. Os madhyamika-svatantrikas yogacharas asseveram todos os quatro tipos de percebedor direto. Dizem que os percebedores diretos autoconhecedores e os percebedores diretos ióguicos são, necessariamente, percepções inequívocas; os outros dois podem ser equivocados ou inequívocos.

Todos os sautrantikas, chittamatrins e svatantrikas afirmam que percebedores diretos são necessariamente percepções não-conceituais, que reconhecedores são necessariamente percepções não-válidas, que uma percepção equivocada em relação ao seu objeto concebido é necessariamente uma percepção errônea, que uma percepção que está equivocada em relação a um fenômeno específico é necessariamente um conhecedor não-válido com respeito àquele fenômeno, e que conhecedores subsequentes são necessariamente conhecedores não-válidos em relação aos seus objetos aparecedores.

MANEIRA COMO AFIRMAM A AUSÊNCIA DO EM-SI

Os madhyamika-svatantrikas asseveram que a ausência de uma pessoa permanente, sem partes e sem causas é a *ausência do em-si* denso de pessoas, e que a ausência de uma pessoa autossustentada, substancialmente existente, é a *ausência do em-si* sutil de pessoas. Os madhyamika-svatantrikas yogacharas afirmam que a ausência de uma *forma* e um *conhecedor válido apreendedor-de-forma* serem substâncias diferentes é a *ausência do em-si* denso dos fenômenos, e que a ausência de existência verdadeira de todos os fenômenos é a *ausência do em-si dos fenômenos* sutil.

As duas ausências do em-si distinguem-se através dos seus objetos negados, e não por meio das suas bases de vacuidade. Assim, a negação da existência verdadeira sobre a base de uma pessoa é a *ausência do em-si* sutil dos fenômenos, e a negação da autossustentação e existência substancial sobre a base de uma pessoa é a *ausência do em-si* sutil de pessoas.

Os dois agarramentos ao em-si distinguem-se pela maneira como se aferram, e não pelos seus objetos observados. Assim, aferrar-se à existência verdadeira que observa a pessoa-base é agarramento ao em-si dos fenômenos, e aferrar-se à autossustentação e existência substancial que observa a pessoa-base é agarramento ao em-si de pessoas.

APRESENTAÇÃO DOS SOLOS E CAMINHOS

Os madhyamika-svatantrikas yogacharas postulam as diferenças entre as pessoas dos três veículos em termos de três obstruções diferentes, que são os objetos principais a serem abandonados, e três visões diferentes, que são os objetos principais de meditação. Eles dizem que os membros da linhagem dos Ouvintes tomam a mente que concebe uma pessoa autossustentada, substancialmente existente, como o objeto principal a ser abandonado. Por meditarem no seu antídoto – a visão que realiza a ausência de uma pessoa autossustentada, substancialmente existente, como o seu objeto principal de meditação – alcançam uma pequena iluminação.

Os membros da linhagem dos Realizadores Solitários tomam a mente que concebe que uma *forma* e um *conhecedor válido apreendedor-de-forma* são substâncias diferentes como o objeto principal a ser abandonado. Por meditarem no seu antídoto – a visão que realiza a ausência de que o apreendedor e o apreendido são substâncias diferentes como o seu objeto principal de meditação – alcançam uma iluminação mediana.

Os Bodhisattvas tomam o agarramento-ao-verdadeiro juntamente com suas marcas como o objeto principal a ser abandonado. Por meditarem no seu antídoto – a visão que realiza a ausência da existência verdadeira de todos os fenômenos como o seu objeto principal de meditação – alcançam uma grande iluminação.

De acordo com os madhyamika-svatantrikas sautrantikas, não há diferença entre Ouvintes e Realizadores Solitários em termos dos seus objetos principais de abandono ou dos seus objetos principais de meditação, porque ambos tomam as obstruções-delusões como os seus objetos principais a serem abandonados e a ausência do em-si de pessoas como o seu objeto principal de meditação. No entanto, diz-se que os Realizadores Solitários são superiores porque acumulam uma coleção maior de mérito durante um período maior de tempo e, assim, alcançam uma iluminação maior.

Os madhyamika-svatantrikas asseveram [a existência de] dois tipos de Sutra: os Sutras mahayana e os Sutras hinayana, e, assim como os chittamatrins, afirmam que os Sutras estão divididos em Sutras de significado interpretativo e Sutras de significado definitivo. Os chittamatrins afirmam que os Sutras das duas primeiras Rodas do Dharma são de significado interpretativo, e que os Sutras da terceira Roda são de significado definitivo. Os madhyamika-svatantrikas afirmam que os Sutras da primeira e terceira Rodas são de significado interpretativo, e que a segunda Roda inclui tantos os Sutras de significado interpretativo quanto os Sutras de significado definitivo. Afirmam que os Sutras da segunda Roda no qual o termo "último" é aplicado ao objeto negado são de significado definitivo, e que aqueles nos quais esse termo não é aplicado são de significado interpretativo.

EXPLICAÇÃO DO SISTEMA DOS MADHYAMIKA-PRASANGIKAS

Este tópico tem sete partes:

1. Definição;
2. Divisões;
3. Etimologia;
4. Maneira como afirmam [a existência dos] objetos;
5. Maneira como afirmam [a existência dos] possuidores-de-objetos;
6. Maneira como afirmam a ausência do em-si;
7. Apresentação dos solos e caminhos.

DEFINIÇÃO

Um Madhyamika-Prasangika é definido como uma pessoa proponente de princípios filosóficos madhyamika que não assevera a existência inerente nem mesmo nominalmente.

DIVISÕES

Exemplos são: Buddhapalita, Chandrakirti e Shantideva.

ETIMOLOGIA

"Prasangika" significa "Consequencialista". São assim chamados porque afirmam que um conhecedor subsequente que realiza o que está para ser estabelecido pode ser gerado no *continuum* de um oponente por meio de expor, ou apresentar, uma mera consequência.

MANEIRA COMO AFIRMAM
[A EXISTÊNCIA DOS] OBJETOS

Há dois tipos de objeto: objeto manifesto e objeto oculto. Objeto manifesto é definido como um objeto cuja realização inicial por meio de um conhecedor válido não depende de razões lógicas. Objeto oculto é definido como um objeto cuja realização inicial por meio de um conhecedor válido depende de razões lógicas corretas.

Há uma outra divisão dupla de objeto: verdades convencionais e verdades últimas. Verdade convencional é definida como o objeto principal de um conhecedor válido que apreende um objeto falso. Em geral, não é adequado classificar as verdades convencionais em verdades convencionais corretas e verdades convencionais incorretas, porque todas as verdades convencionais são objetos falsos. As verdades convencionais podem ser classificadas em corretas e incorretas em relação à percepção dos seres mundanos, porque *forma* é correta em relação à percepção dos seres mundanos, e o reflexo de um rosto no espelho é incorreto em relação à percepção dos seres mundanos. No entanto, se algo é correto em relação à percepção dos seres mundanos, isso não significa, necessariamente, que exista; por exemplo, uma forma verdadeiramente existente.

Verdade última é definida como o objeto principal de um conhecedor válido que apreende uma verdade. As divisões são as mesmas que as dos chittamatrins, exceto que os madhyamika-prasangikas afirmam que as verdadeiras cessações são, necessariamente, verdades últimas.

MANEIRA COMO AFIRMAM [A EXISTÊNCIA DOS] POSSUIDORES-DE-OBJETOS

Os madhyamika-prasangikas asseveram que o mero *eu* designado, ou imputado, na dependência dos cinco agregados é a pessoa; e que uma pessoa é, necessariamente, um fenômeno composto não-associado.

Há dois tipos de mente: conhecedores válidos e conhecedores não-válidos. Há dois tipos de conhecedor válido: conhecedores válidos diretos e conhecedores válidos subsequentes. Eles não asseveram percebedores diretos autoconhecedores. A percepção sensorial no *continuum* dos seres sencientes é, necessariamente, percepção equivocada. A percepção mental e os percebedores diretos ióguicos podem ser equivocados ou não-equivocados.

Há dois tipos de conhecedor válido direto: conhecedores válidos diretos conceituais e conhecedores válidos diretos não-conceituais. Exemplos do primeiro são: o segundo momento de um conhecedor subsequente compreendendo o som impermanente, e uma percepção recordatória relembrando corretamente a cor azul e que é gerada através de ser induzida por um percebedor direto sensorial apreendendo azul. Um exemplo do segundo é um percebedor direto sensorial que apreende forma. Reconhecedores são, necessariamente, conhecedores válidos diretos.

Há quatro tipos de conhecedor subsequente: conhecedores subsequentes através do poder de um fato, conhecedores subsequentes através de consenso, conhecedores subsequentes através de exemplo e conhecedores subsequentes através de crença. Tanto os conhecedores subsequentes através de consenso quanto os conhecedores subsequentes através de exemplo estão incluídos nos conhecedores subsequentes através do poder de um fato.

Conhecedores subsequentes são equivocados com respeito aos seus objetos concebidos. Se for uma percepção, necessariamente compreende o seu objeto determinado. Por exemplo, uma mente concebendo um coelho com chifres compreende o seu objeto determinado, a imagem genérica de um coelho com chifres.

MANEIRA COMO AFIRMAM A AUSÊNCIA DO EM-SI

Os madhyamika-prasangikas asseveram que a ausência de uma pessoa autossustentada, substancialmente existente é a *ausência do em-si* denso de pessoas, e que a ausência de existência verdadeira de uma pessoa é a *ausência do em-si* sutil de pessoas. A ausência de existência verdadeira de fenômenos que não são pessoas é a *ausência do em-si* sutil dos fenômenos.

As duas ausências do em-si são distinguidas por meio das suas bases de vacuidade, e não por meio dos seus objetos negados. Assim, a negação da existência verdadeira sobre a base de uma pessoa é a *ausência do em-si* sutil de pessoas, e a negação de existência verdadeira sobre a base dos agregados e assim por diante é a *ausência do em-si* sutil dos fenômenos.

Os dois agarramentos ao em-si são distinguidos pelos seus objetos observados, e não pela maneira como se aferram. Assim, aferrar-se à existência verdadeira observando uma pessoa é o agarramento ao em-si de pessoas, e aferrar-se à existência verdadeira observando os agregados e assim por diante é o agarramento ao em-si dos fenômenos.

APRESENTAÇÃO DOS SOLOS E CAMINHOS

Este tópico tem duas partes:

1. Objetos a serem abandonados;
2. Apresentação propriamente dita dos solos e caminhos.

OBJETOS A SEREM ABANDONADOS

O agarramento ao em-si denso e sutil, juntamente com as suas sementes, e o apego e assim por diante, juntamente com as suas sementes, que surgem pelo poder desse agarramento ao em-si e de suas sementes são obstruções-delusões e obstruções que, principalmente, obstruem a aquisição da libertação. As marcas do agarramento-ao-verdadeiro e todas as aparências duais equivocadas que surgem pelo poder dessas marcas são obstruções à onisciência e obstruções que, principalmente, obstruem a aquisição de uma mente onisciente.

APRESENTAÇÃO PROPRIAMENTE
DITA DOS SOLOS E CAMINHOS

Para as pessoas dos três veículos, não há diferenças de superioridade quanto às visões que são os seus objetos de meditação, porque todas as três tomam a *ausência do em-si* sutil de pessoas e a *ausência do em--si sutil* dos fenômenos como os seus objetos principais de meditação. Há diferenças no que diz respeito aos seus objetos principais a serem abandonados. Os Ouvintes e Realizadores Solitários tomam os dois agarramentos ao em-si, juntamente com suas sementes, como o seu objeto principal a ser abandonado, e os Bodhisattvas, as marcas dos dois agarramentos ao em-si.

Os membros da linhagem Mahayana que estão de maneira definitiva na linhagem desde o princípio abandonam as obstruções-delusões e alcançam o oitavo solo simultaneamente e, [mais adiante], abandonam as obstruções à onisciência e manifestam os quatro corpos simultaneamente.

Apêndice IV
_____

Prece Libertadora

Prece Libertadora

Louvor a Buda Shakyamuni

Ó Abençoado, Shakyamuni Buda,
Precioso tesouro de compaixão,
Concessor de suprema paz interior,

Tu, que amas todos os seres sem exceção,
És a fonte de bondade e felicidade,
E nos guias ao caminho libertador.

Teu corpo é uma joia-que-satisfaz-os-desejos,
Tua fala é um néctar purificador e supremo
E tua mente, refúgio para todos os seres vivos.

Com as mãos postas, me volto para ti,
Amigo supremo e imutável,
E peço do fundo do meu coração:

Por favor, concede-me a luz de tua sabedoria
Para dissipar a escuridão da minha mente
E curar o meu *continuum* mental.

Por favor, me nutre com tua bondade,
Para que eu possa, por minha vez, nutrir todos os seres
Com um incessante banquete de deleite.

Por meio de tua compassiva intenção,
De tuas bênçãos e feitos virtuosos
E por meu forte desejo de confiar em ti,

Que todo o sofrimento rapidamente cesse,
Que toda a felicidade e alegria aconteçam
E que o sagrado Dharma floresça para sempre.

Cólofon: Esta prece foi escrita por Venerável Geshe Kelsang Gyatso Rinpoche e é recitada regularmente no início de ensinamentos, meditações e preces nos Centros Budistas Kadampa em todo o mundo.

Apêndice V

Preces para Meditação

PRECES PREPARATÓRIAS CURTAS PARA MEDITAÇÃO

Introdução

Todos nós temos o potencial para obter as realizações de todas as etapas do caminho à iluminação. Esses potenciais são como sementes no campo da nossa mente, e a nossa prática de meditação é como cultivar essas sementes. Porém, nossa prática de meditação só será bem-sucedida se, antes, fizermos boas preparações.

Se quisermos cultivar uma plantação exterior, começamos fazendo cuidadosos preparativos. Primeiro, removemos do solo tudo que possa obstruir o desenvolvimento das plantas, como pedras e ervas daninhas. Em segundo lugar, enriquecemos o solo com adubo, para fortalecê-lo e sustentar o crescimento da plantação. Em terceiro lugar, providenciamos calor e umidade – as condições necessárias para que as sementes germinem e as plantas cresçam. Do mesmo modo, para cultivar nossas plantações interiores das realizações de Dharma precisamos, também, começar fazendo cuidadosos preparativos.

Primeiro, precisamos purificar nossa mente para eliminar o carma negativo que acumulamos no passado, porque se não purificarmos esse carma, ele obstruirá o desenvolvimento das realizações de Dharma. Em segundo lugar, precisamos acumular mérito, para dar à nossa mente vigor para sustentar o crescimento das realizações de Dharma. Em terceiro lugar, precisamos receber as bênçãos dos seres sagrados, para ativar e sustentar o desenvolvimento das realizações de Dharma.

As preces curtas a seguir contêm a essência dessas três preparações. Para mais informações, consultar os livros *Novo Manual de Meditação* ou *Caminho Alegre da Boa Fortuna*.

Geshe Kelsang Gyatso
1987

Preces para Meditação

Buscar refúgio

Eu e todos os seres sencientes, até alcançarmos a iluminação,
Nos refugiamos em Buda, Dharma e Sangha.   (3x, 7x, 100x etc.)

Gerar bodhichitta

Pelas virtudes que coleto, praticando o dar e as outras perfeições,
Que eu me torne um Buda para o benefício de todos.   (3x)

Gerar as quatro incomensuráveis

Que cada um seja feliz,
Que cada um se liberte da dor,
Que ninguém jamais seja separado de sua felicidade,
Que todos tenham equanimidade, livres do ódio e do apego.

Visualizar o Campo para Acumular Mérito

No espaço à minha frente está Buda Shakyamuni vivo, rodeado por todos os Budas e Bodhisattvas, como a lua cheia rodeada pelas estrelas.

Prece dos sete membros

Com meu corpo, fala e mente, humildemente me prostro
E faço oferendas, efetivas e imaginadas.
Confesso meus erros em todos os tempos
E regozijo-me nas virtudes de todos.
Peço, permanece até o cessar do samsara

E gira a Roda do Dharma para nós.
Dedico todas as virtudes à grande iluminação.

Oferecimento do mandala

O chão espargido com perfume e salpicado de flores,
A Grande Montanha, quatro continentes, sol e lua,
Percebidos como Terra de Buda e assim oferecidos.
Que todos os seres desfrutem dessas Terras Puras.

Ofereço, sem nenhum sentimento de perda,
Os objetos que fazem surgir meu apego, ódio e confusão,
Meus amigos, inimigos e estranhos, nossos corpos e prazeres.
Peço, aceita-os e abençoa-me, livrando-me diretamente dos três
    venenos.

IDAM GURU RATNA MANDALAKAM NIRYATAYAMI

Prece das Etapas do Caminho

O caminho começa com firme confiança
No meu bondoso mestre, fonte de todo bem;
Ó, abençoa-me com essa compreensão
Para segui-lo com grande devoção.

Esta vida humana, com todas as suas liberdades,
Extremamente rara, com tanta significação;
Ó, abençoa-me com essa compreensão,
Dia e noite, para captar a sua essência.

Meu corpo, qual bolha-d'água,
Decai e morre tão rapidamente;
Após a morte, vêm os resultados do carma,
Qual sombra de um corpo.

Com esse firme conhecimento e lembrança,
Abençoa-me, para ser extremamente cauteloso,
Evitando sempre ações nocivas
E reunindo abundante virtude.

Os prazeres do samsara são enganosos,
Não trazem contentamento, apenas tormentos;
Abençoa-me, para ter o esforço sincero
Para obter o êxtase da liberdade perfeita.

Ó, abençoa-me, para que desse pensamento puro
Resulte contínua-lembrança e imensa cautela,
A fim de manter como minha prática essencial
A raiz da doutrina, o Pratimoksha.

Assim como eu, todas as minhas bondosas mães
Estão se afogando no oceano do samsara;
Para que logo eu possa libertá-las,
Abençoa-me, para treinar a bodhichitta.

Mas não posso tornar-me um Buda
Apenas com isso, sem as três éticas;
Assim, abençoa-me com a força de praticar
Os votos do Bodhisattva.

Por pacificar minhas distrações
E analisar perfeitos sentidos,
Abençoa-me, para logo alcançar a união
Da visão superior com o tranquilo-permanecer.

Quando me tornar um puro recipiente
Pelos caminhos comuns, abençoa-me, para ingressar
Na essência da prática da boa fortuna,
O supremo veículo, Vajrayana.

As duas conquistas dependem, ambas,
De meus sagrados votos e compromissos;
Abençoa-me, para entender isso claramente
E conservá-los à custa da minha vida.

Por sempre praticar em quatro sessões
A via explicada pelos santos mestres,
Ó, abençoa-me, para obter ambos os estágios
Que são a essência dos Tantras.

Que os que me guiam no bom caminho
E meus companheiros tenham longas vidas;
Abençoa-me, para pacificar inteiramente
Todos os obstáculos internos e externos.

Que eu sempre encontre perfeitos mestres
E deleite-me no sagrado Dharma,
Conquiste todos os solos e caminhos velozmente
E obtenha o estado de Vajradhara.

Receber bênçãos e purificar

Do coração de todos os seres sagrados, fluem correntes de luz e néctar, concedendo bênçãos e purificando.

Neste ponto, fazemos a contemplação e a meditação. Após a meditação, dedicamos nosso mérito enquanto recitamos as seguintes preces:

Preces dedicatórias

Pelas virtudes que coletei
Praticando as etapas do caminho,
Que todos os seres vivos tenham a oportunidade
De praticar da mesma forma.

Que cada um experiencie
A felicidade de humanos e deuses
E rapidamente alcance a iluminação,
Para que o samsara seja finalmente extinto.

Preces pela Tradição Virtuosa

Para que a tradição de Je Tsongkhapa,
O Rei do Dharma, floresça,
Que todos os obstáculos sejam pacificados
E todas as condições favoráveis sejam abundantes.

Pelas duas coleções, minhas e dos outros
Reunidas ao longo dos três tempos,
Que a doutrina do Conquistador Losang Dragpa
Floresça para sempre.

Prece *Migtsema* de nove versos

Tsongkhapa, ornamento-coroa dos eruditos da Terra das Neves,
Tu és Buda Shakyamuni e Vajradhara, a fonte de todas as conquistas,
Avalokiteshvara, o tesouro de inobservável compaixão,
Manjushri, a suprema sabedoria imaculada,
E Vajrapani, o destruidor das hostes de maras.
Ó Venerável Guru Buda, síntese das Três Joias,
Com meu corpo, fala e mente, respeitosamente faço pedidos.
Peço, concede tuas bênçãos para amadurecer e libertar a mim e aos outros,
E confere-nos as aquisições comuns e a suprema.   (3x)

Cólofon: Estas preces foram compiladas de fontes tradicionais por Venerável Geshe Kelsang Gyatso Rinpoche.

Glossário

Agregado Em geral, todas as coisas funcionais são agregados porque são uma agregação de suas partes. Em particular, uma pessoa do reino do desejo ou do reino da forma possui cinco agregados: os agregados forma, sensação, discriminação, fatores de composição e consciência. Um ser do reino da sem-forma carece do agregado forma, mas possui os outros quatro agregados. O agregado forma de uma pessoa é o seu corpo. Os quatro agregados restantes são aspectos de sua mente. Consultar *Novo Coração de Sabedoria*.

Akanishta Terra Pura onde Bodhisattvas alcançam a iluminação. Consultar *Clara-Luz de Êxtase*.

Amitayus Buda que aumenta nosso tempo de vida, mérito e sabedoria. Ele é o aspecto Corpo-de-Deleite de Buda Amitabha.

Aparência dual A aparência à mente de um objeto juntamente com a existência inerente desse objeto. Consultar *Novo Coração de Sabedoria*.

Apego Fator mental deludido que observa seu objeto contaminado, considera-o como causa de felicidade e deseja-o. Consultar Como *Entender a Mente*.

Atisha (982–1054) Famoso erudito budista indiano e mestre de meditação. Ele foi abade do grande monastério budista de Vikramashila durante o período em que o Budismo Mahayana florescia na Índia. Foi convidado, posteriormente, a ir ao Tibete, e a sua chegada levou ao restabelecimento do Budismo nesse país. Atisha é o autor do primeiro texto sobre as etapas do caminho, *Lâmpada para o Caminho*. Sua tradição ficou conhecida posteriormente como "a Tradição Kadampa". Consultar *Caminho Alegre da Boa Fortuna*.

Autoapreço Atitude mental que faz com que alguém se considere supremamente importante e precioso. O autoapreço é considerado como o objeto principal a ser abandonado pelos Bodhisattvas. Consultar *Novo Oito Passos para a Felicidade* e *Contemplações Significativas*.

Avalokiteshvara "Chenrezig", em tibetano. A corporificação da compaixão de todos os Budas. No tempo de Buda Shakyamuni, Avalokiteshvara manifestou-se como um discípulo Bodhisattva. Consultar *Solos e Caminhos Tântricos*.

Avareza Fator mental deludido que, motivado por apego desejoso, retém firmemente as coisas e não quer separar-se delas. Consultar *Como Entender a Mente*.

Bodhichitta Palavra sânscrita para "mente de iluminação". *Bodhi* significa "iluminação", e *chitta* significa "mente". Existem dois tipos de bodhichitta: bodhichitta convencional e bodhichitta última. Em linhas gerais, o termo "bodhichitta" refere-se à bodhichitta convencional, que é uma mente primária motivada por grande compaixão que busca, espontaneamente, a iluminação para beneficiar todos os seres vivos. Há dois tipos de bodhichitta convencional: a bodhichitta aspirativa e a bodhichitta de compromisso. A bodhichitta última é uma sabedoria motivada pela bodhichitta convencional que realiza diretamente a vacuidade, a natureza última dos fenômenos. Ver também bodhichitta aspirativa e bodhichitta de compromisso. Consultar *Caminho Alegre da Boa Fortuna* e *Contemplações Significativas*.

Bodhichitta aspirativa Uma bodhichitta que é um mero desejo de alcançar a iluminação para o benefício de todos os seres vivos. Ver também bodhichitta.

Bodhichitta de compromisso Uma bodhichitta mantida pelos votos bodhisattva. Ver também bodhichitta.

Bodhichitta última Uma sabedoria motivada pela bodhichitta convencional que realiza diretamente a vacuidade. Consultar *Compaixão Universal* e *Grande Tesouro de Mérito*.

Bodhisattva Uma pessoa que gerou a bodhichitta espontânea, mas que ainda não se tornou um Buda. A partir do momento que um praticante gera a bodhichitta não-artificial, ou espontânea, ele, ou ela, torna-se um Bodhisattva e ingressa no primeiro Caminho Mahayana, o Caminho da Acumulação. Um Bodhisattva comum é um Bodhisattva que não realizou a vacuidade diretamente, e um Bodhisattva superior é um Bodhisattva que obteve uma realização direta da vacuidade. Consultar *Caminho Alegre da Boa Fortuna* e *Contemplações Significativas*.

Buda Shakyamuni O quarto Buda dentre mil Budas fundadores que aparecerão neste mundo durante este Éon Afortunado. Os três primeiros Budas foram Krakuchchhanda, Kanakamuni e Kashyapa. O quinto Buda será Maitreya. Consultar *Introdução ao Budismo*.

Budismo Kadampa Escola budista mahayana fundada pelo grande mestre budista indiano Atisha (982–1054). Ver também Kadampa e Tradição Kadampa.

Caminho supramundano Qualquer caminho que conduza à libertação ou à iluminação – por exemplo, as realizações de renúncia, bodhichitta e a visão correta da vacuidade. Estritamente falando, apenas os seres superiores possuem caminhos supramundanos. Consultar *Solos e Caminhos Tântricos*.

Caminhos mundanos Ações contaminadas que levam ao renascimento samsárico. Existem dois tipos de ações contaminadas: as dez ações não-virtuosas, que levam aos reinos inferiores, e as dez ações virtuosas e concentrações contaminadas, que levam aos reinos superiores.

Carma Termo sânscrito que significa "ação". Por força da intenção, fazemos ações com nosso corpo, fala e mente, e todas essas ações produzem efeitos. O efeito das ações virtuosas é felicidade, e o efeito das ações negativas é sofrimento. Consultar *Caminho Alegre da Boa Fortuna*.

Clara-luz Uma mente muito sutil manifesta, que percebe uma aparência semelhante a um espaço vazio, claro. Consultar *Clara-Luz de Êxtase* e *Solos e Caminhos Tântricos*.

Coisa Ver coisa funcional.

Coisa funcional Fenômeno que é produzido e que se desintegra dentro do mesmo instante, ou momento. *Fenômeno impermanente, coisa* e *produto* são sinônimos de coisa funcional.

Coleção de mérito Ação virtuosa motivada por bodhichitta que é a causa principal para se obter o Corpo-Forma de um Buda. Exemplos: fazer oferendas e prostrações aos seres sagrados com a motivação de bodhichitta e a prática das perfeições de dar, disciplina moral e paciência.

Coleção de sabedoria Ação mental virtuosa motivada por bodhichitta que é a causa principal para se obter o Corpo-Verdade de um Buda. Exemplos: ouvir com atenção, contemplar meditar nos ensinamentos sobre a vacuidade com a motivação de bodhichitta.

Conhecedor válido/mente válida Conhecedor que é não-enganoso com respeito ao seu objeto conectado. Existem dois tipos de conhecedor válido: conhecedores válidos subsequentes e conhecedores válidos diretos. Consultar *Novo Coração de Sabedoria* e *Como Entender a Mente*.

Contato Fator mental que atua, ou funciona, para perceber seu objeto como agradável, desagradável ou neutro. Consultar *Como Entender a Mente*.

Contínua-lembrança (*mindfulness*) Fator mental que atua, ou funciona, para não esquecer o objeto compreendido pela mente primária. Consultar *Como Entender a Mente*.

Corpo-de-Deleite *Sambhogakaya*, em sânscrito. O Corpo-Forma sutil de um Buda, que pode ser percebido somente por mahayanas superiores. Ver também Corpos de Buda. Consultar *Solos e Caminhos Tântricos*.

Corpo-Emanação *Nirmanakaya*, em sânscrito. O Corpo-Forma de um Buda, que pode ser percebido por seres comuns. Ver também Corpos de Buda.

GLOSSÁRIO

Corpo-Emanação Supremo Um Corpo-Emanação especial que apresenta os 32 sinais maiores e as oitenta indicações menores, e que pode ser visto por seres comuns apenas se tiverem um carma muito puro. Ver também Corpo-Emanação e Corpos de Buda.

Corpo-Forma O Corpo-de-Deleite e o Corpo-Emanação de um Buda. Ver também Corpos de Buda.

Corpo-vajra Geralmente, o termo refere-se aos canais, gotas e ventos interiores. Mais especificamente, ao corpo-ilusório puro. O corpo de um Buda é conhecido como "o corpo-vajra resultante". Consultar *Clara-Luz de Êxtase*.

Corpo-Verdade O Corpo-Verdade-Natureza e o Corpo-Verdade-Sabedoria de um Buda. Ver também Corpos de Buda.

Corpos de Buda Um Buda possui quatro corpos: o Corpo-Verdade-Sabedoria, o Corpo-Verdade-Natureza, o Corpo-de-Deleite e o Corpo-Emanação. O Corpo-Verdade-Sabedoria é a mente onisciente de Buda. O Corpo-Verdade-Natureza é a vacuidade, ou natureza última, de sua mente. O Corpo-de-Deleite é o seu Corpo-Forma sutil. O Corpo-Emanação, a partir do qual cada Buda manifesta um número incontável de corpos, é o Corpo-Forma denso, visível aos seres comuns. O Corpo-Verdade-Sabedoria e o Corpo-Verdade-Natureza estão, ambos, incluídos no Corpo-Verdade, e o Corpo-de-Deleite e o Corpo-Emanação estão, ambos, incluídos no Corpo-Forma. Consultar *Caminho Alegre da Boa Fortuna*.

Delusão Fator mental que surge de atenção imprópria e que atua tornando a mente perturbada e descontrolada. Existem três delusões principais: ignorância, apego desejoso e raiva. Delas surgem todas as demais delusões, como inveja (ou ciúme), orgulho e dúvida deludida. Consultar *Como Entender a Mente*.

Deus, Deuses Deva, em sânscrito. Um ser do reino dos deuses, o mais elevado dos seis reinos do samsara. Existem muitos tipos diferentes de deuses. Alguns são deuses do reino do desejo, ao passo que outros são deuses do reino da forma ou do reino da sem-forma. Consultar *Caminho Alegre da Boa Fortuna*.

Dez direções As quatro direções cardeais, as quatro direções intermediárias e as direções acima e abaixo.

Dharma Os ensinamentos de Buda e as realizações interiores obtidas na dependência da prática desses ensinamentos. "Dharma" significa "proteção". Por praticar os ensinamentos de Buda, protegemo-nos de sofrimentos e problemas.

Dharmakirti (por volta do século VI–VII) Grande erudito e iogue budista indiano, que escreveu *Comentário à Cognição Válida*, um comentário ao *Compêndio da Cognição Válida*, escrito por seu Guia Espiritual, Dignaga. Consultar *Como Entender a Mente*.

Dignaga (por volta do século V) Um grande iogue budista indiano e erudito que escreveu várias obras sobre lógica e cognição, sendo a mais famosa delas *Compêndio da Cognição Valida*. Consultar *Como Entender a Mente*.

Dromtonpa (1004–1064) Principal discípulo de Atisha. Consultar *Caminho Alegre da Boa Fortuna*.

Dúvida deludida Uma bifocalidade da mente, que interfere com a aquisição da libertação ou da iluminação. Consultar *Como Entender a Mente*.

Equilíbrio meditativo Concentração estritamente focada em um objeto virtuoso, como, por exemplo, a vacuidade.

Espaço não-produzido Ausência de contato obstrutivo. É assim denominado porque não é produzido por causas e condições e, por essa razão, é permanente. Também conhecido como "espaço não-composto". Consultar *Novo Coração de Sabedoria*.

Estabilização mental Em geral, os termos "estabilização mental" e "concentração" são intercambiáveis. Mais especificamente, o termo "concentração" é utilizado para se referir à natureza da concentração, a qual é estritamente focada, e o termo "estabilização mental" é utilizado para se referir à função da concentração, a qual é estabilidade.

Estado intermediário *Bardo*, em tibetano. O estado entre a morte e o renascimento. O estado intermediário começa no momento em que a consciência deixa o corpo, e cessa no momento em que a consciência ingressa no corpo da próxima vida. Consultar *Caminho Alegre da Boa Fortuna*.

Fantasma faminto Ser do reino dos fantasmas famintos, o segundo reino mais inferior dentre os seis reinos do samsara. Também conhecido como "espírito faminto". Consultar *Caminho Alegre da Boa Fortuna*.

Fator mental Conhecedor que apreende, principalmente, um atributo específico de um objeto. Cada momento da mente é composto de uma mente primária e vários fatores mentais. Consultar *Como Entender a Mente*.

Fenômeno dependente-relacionado Qualquer fenômeno que exista na dependência de outros fenômenos. Todos os fenômenos são dependente-relacionados porque todos os fenômenos dependem de suas partes. Algumas vezes, "dependente-relacionado" (*ten drel*, em tibetano) é distinguido de "surgimento, ou originação, dependente" (*ten jung*, em tibetano), este último significando um surgimento na dependência de causas e condições. No entanto, os dois termos são frequentemente usados de modo intercambiável. Consultar *Novo Coração de Sabedoria* e *Caminho Alegre da Boa Fortuna*.

Fenômeno impermanente Os fenômenos são permanentes ou impermanentes. *Impermanente* significa *momentâneo*; assim, um fenômeno impermanente é um fenômeno que é produzido e se desintegra dentro do mesmo instante, ou momento. *Coisa funcional*, *coisa* e *produto* são sinônimos de fenômeno impermanente. Existem dois tipos de impermanência: densa e sutil. Impermanência densa é qualquer impermanência que possa ser vista ou percebida por uma percepção sensorial comum – por exemplo, o envelhecimento e a morte de um ser senciente. A impermanência sutil é a desintegração *momentânea* de uma coisa funcional.

Geshe Título concedido pelos monastérios kadampa para eruditos budistas realizados. "Geshe" é uma abreviação de "*ge wai she nyen*", que, em tibetano, significa literalmente "amigo virtuoso".

Guia Espiritual *Guru*, em sânscrito, e *Lama*, em tibetano. O professor que nos guia ao longo do caminho espiritual. Consultar *Caminho Alegre da Boa Fortuna* e *Grande Tesouro de Mérito*.

Guia do Estilo de Vida do Bodhisattva Texto budista mahayana clássico, escrito pelo grande erudito e iogue budista indiano Shantideva, que apresenta todas as práticas de um Bodhisattva, desde a etapa inicial de gerar a bodhichitta até a conclusão da prática das seis perfeições. Para ler a tradução dessa obra, consultar *Guia do Estilo de Vida do Bodhisattva*. Para um comentário completo a esse texto, ler *Contemplações Significativas*.

Hinayana Palavra sânscrita para "Pequeno Veículo", ou "Veículo Menor". A meta hinayana é alcançar, meramente, a libertação do sofrimento para si próprio por meio de abandonar completamente as delusões. Consultar *Caminho Alegre da Boa Fortuna*.

Imagem genérica O objeto aparecedor de uma mente conceitual. Uma imagem genérica, ou imagem mental, de um objeto é como o reflexo desse objeto. Mentes conceituais conhecem seu objeto por meio da aparência de uma imagem genérica do objeto, e não porque veem o objeto diretamente. Consultar *Como Entender a Mente*.

Iniciação (*empowerment*, em inglês, que, numa tradução literal, significa "empoderamento", "autorização", "permissão") Um poder potencial especial para alcançar qualquer dos quatro corpos de Buda recebido por um praticante tântrico do seu Guru ou de outros seres sagrados, através de um ritual tântrico. Uma iniciação é a porta de ingresso ao Vajrayana. Consultar *Solos e Caminhos Tântricos*.

Iogue/Ioguine Termos sânscritos normalmente utilizados para se referir a um meditador, masculino ou feminino, que alcançou a união do tranquilo-permanecer com a visão superior.

Inveja Fator mental deludido que sente desprazer quando observa os prazeres, boas qualidades ou a boa fortuna – ou boa sorte – dos outros. Consultar *Como Entender a Mente*.

Ishvara Um deus que reside na "Terra do Controle de Emanações", o estado mais elevado de existência no reino do desejo. Ishvara possui poderes miraculosos contaminados e limitados, que fazem dele o ser mais poderoso dentre os demais seres do reino do desejo. Se confiarmos em Ishvara, podemos receber algum benefício temporário nesta vida, como o aumento de nossa saúde ou o crescimento de nossa riqueza ou posses, mas Ishvara irado é inimigo de todos aqueles que buscam libertação, interferindo com seu progresso espiritual. É dito que, por essa razão, ele é um tipo de demônio Devaputra.

Je Tsongkhapa (1357–1419) Uma emanação do Buda da Sabedoria Manjushri. Sua aparição no século XIV como um monge e detentor da linhagem da visão pura e de feitos puros, no Tibete, foi profetizada por Buda. Je Tsongkhapa difundiu um Budadharma muito puro por todo o Tibete, mostrando como combinar as práticas de Sutra e de Tantra e como praticar o puro Dharma durante tempos degenerados. Sua tradição ficou conhecida posteriormente como "Gelug" ou "Tradição Ganden". Consultar *Joia-Coração* e *Grande Tesouro de Mérito*.

Joia-que-satisfaz-os-desejos Uma joia legendária que concede o que quer que se deseje.

Kadampa Termo tibetano, no qual "*Ka*" significa "palavra" e refere-se a todos os ensinamentos de Buda; "*dam*" refere-se às instruções especiais de Lamrim de Atisha, conhecidas como "as etapas do caminho à iluminação"; e "*pa*" refere-se ao seguidor do Budismo Kadampa, que integra em sua prática de Lamrim todos os ensinamentos de Buda que ele conhece. Ver também Budismo Kadampa e Tradição Kadampa.

Lamrim Termo tibetano que significa, literalmente, "etapas do caminho". O Lamrim é uma organização especial de todos os ensinamentos de Buda, que é fácil de compreender e de colocar em prática. Ele revela todas as etapas do caminho à iluminação. Para um comentário completo ao Lamrim, consultar Caminho Alegre da Boa Fortuna.

Mahayana Termo sânscrito para "Grande Veículo", o caminho espiritual à grande iluminação. A meta mahayana é alcançar a Budeidade para o benefício de todos os seres sencientes, por meio de abandonar completamente as delusões e as suas marcas. Consultar *Caminho Alegre da Boa Fortuna*.

Maleabilidade Existem dois tipos de maleabilidade: física e mental. A maleabilidade mental é uma flexibilidade da mente induzida por concentração virtuosa. A maleabilidade física é um objeto tátil flexível e leve, dentro do nosso corpo, que se desenvolve quando a meditação faz com que um vento puro permeie o corpo.

Manjushri A corporificação da sabedoria de todos os Budas. No tempo de Buda Shakyamuni, Manjushri manifestou-se como um discípulo Bodhisattva. Consultar *Grande Tesouro de Mérito* e *Joia-Coração*.

Mantra Termo sânscrito que significa, literalmente, "proteção da mente". O mantra protege a mente contra aparências e concepções comuns. Existem quatro tipos de mantra: mantras que são mente, mantras que são vento interior, mantras que são som e mantras que são forma. Em geral, existem três tipos de recitação de mantra: recitação verbal, recitação mental e recitação vajra. Consultar *Solos e Caminhos Tântricos*.

Marca Existem dois tipos de marca: marcas das ações e marcas das delusões. Cada ação que fazemos deixa uma marca na consciência mental, e essas marcas são potenciais cármicos para experienciar determinados efeitos no futuro. As marcas deixadas pelas delusões permanecem mesmo depois das próprias delusões terem sido abandonadas, do mesmo modo que o cheiro de alho permanece num recipiente depois do alho ter sido removido. As marcas das delusões são obstruções à onisciência e são totalmente abandonadas apenas pelos Budas.

Meditação Meditação é uma mente que se concentra em um objeto virtuoso e é uma ação mental que é a causa principal de paz mental. Existem dois tipos de meditação: meditação analítica e meditação posicionada. Quando usamos nossa imaginação, contínua-lembrança (*mindfulness*) e capacidade de raciocínio para encontrar nosso objeto de meditação, isso é *meditação analítica*. Quando encontramos nosso objeto e o retemos de modo estritamente focado, isso é *meditação posicionada*. Existem diferentes tipos de objeto. Alguns, como a impermanência ou a vacuidade, são objetos apreendidos pela mente. Outros, como amor, compaixão e renúncia, são estados mentais propriamente ditos. Empenhamo-nos em meditação analítica até que o objeto específico que buscamos apareça de modo claro para a nossa mente ou até que surja o estado mental específico que desejamos gerar. Esse objeto ou estado mental é o nosso objeto de meditação posicionada. Consultar *Novo Manual de Meditação*.

Mente Aquilo que é clareza e que conhece. A mente é clareza porque ela sempre carece de forma e porque possui o poder efetivo para perceber objetos. A mente conhece porque sua função é conhecer ou perceber objetos. Consultar *Clara-Luz de Êxtase* e *Como Entender a Mente*.

Mente conceitual Pensamento que apreende seu objeto por meio de uma imagem genérica, ou mental. Consultar *Como Entender a Mente*.

Mente não-conceitual Conhecedor para o qual seu objeto aparece com clareza, sem estar misturado com uma imagem genérica. Consultar *Como Entender a Mente*.

Mente primária Conhecedor que apreende, principalmente, a mera entidade de um objeto. Existem seis mentes primárias: consciência visual, consciência auditiva, consciência olfativa, consciência gustativa, consciência corporal, ou tátil, e consciência mental. Cada momento da mente é composto de uma mente primária e vários fatores mentais. Uma mente primária e seus fatores mentais acompanhantes são a mesma entidade, mas têm funções diferentes. Consultar *Como Entender a Mente*.

Mente válida Ver conhecedor válido/mente válida.

Mérito Boa fortuna criada pelas ações virtuosas. O mérito é o poder potencial para aumentar nossas boas qualidades e produzir felicidade.

Método Qualquer caminho espiritual que atua, ou funciona, para amadurecer nossa linhagem búdica. Treinar em renúncia, compaixão e bodhichitta são exemplos de práticas do método.

Milarepa (1040-1123) Um grande meditador budista tibetano e discípulo de Marpa, celebrado por suas belas canções de realização.

Monastério de Nalanda Grande local de aprendizagem e prática budista, na antiga Índia.

Monte Meru De acordo com a cosmologia budista, uma montanha divina que se ergue no centro do universo.

Naga Ser não-humano que, normalmente, não é visível aos seres humanos. Diz-se que a metade superior de seu corpo tem forma humana e, a metade inferior, de serpente. Os nagas costumam viver nos oceanos, mas, algumas vezes, habitam em terra firme, em regiões rochosas e árvores. Eles são muito poderosos – alguns são benevolentes, ao passo que outros são malévolos. Muitas doenças, conhecidas como "doenças naga", são causadas pelos nagas e somente podem ser curadas por meio da execução de rituais naga apropriados.

Não-existente Exemplos tradicionais de não-existentes são um chifre na cabeça de um coelho e o filho de uma mulher sem filhos. Um chifre na cabeça de um coelho, por exemplo, não é estabelecido por nenhuma mente válida e, consequentemente, é um não-existente, em vez de ser uma verdade convencional ou uma verdade última. Consultar *Novo Coração de Sabedoria*.

Não-virtude Fenômeno que funciona como uma causa principal de sofrimento. Pode se referir a mentes não-virtuosas, ações não-virtuosas, marcas não-virtuosas ou à não-virtude última – o samsara. Consultar *Como Entender a Mente*.

Natureza búdica A mente-raiz de um ser senciente e a natureza última dessa mente. "Natureza búdica", "linhagem búdica" e "semente búdica" são sinônimos. Todos os seres vivos possuem a natureza búdica e, portanto, o potencial para alcançar a Budeidade.

Nova Tradição Kadampa Ver Tradição Kadampa.

Nove permanências mentais Nove níveis de concentração que conduzem ao tranquilo-permanecer: posicionamento da mente; contínuo-posicionamento; reposicionamento; estreito posicionamento; controle; pacificação; completa pacificação; estritamente focado; e posicionamento em equilíbrio. Consultar *Caminho Alegre da Boa Fortuna* e *Contemplações Significativas*.

Objeto concebido O objeto apreendido de uma mente conceitual. Esse objeto não precisa ser um objeto existente. Por exemplo, o objeto concebido da visão da coleção transitória é um *eu* inerentemente existente, mas isso não existe. Consultar *Como Entender a Mente*.

Objeto negado Objeto explicitamente negado por uma mente que compreende ou realiza um fenômeno negativo.

Objeto observado Qualquer objeto sobre o qual a mente esteja focada. Consultar *Como Entender a Mente*.

Orgulho deludido Fator mental deludido que, por considerar e exagerar nossas próprias boas qualidades ou posses, faz-nos sentir arrogantes. Consultar *Como Entender a Mente*.

Percebedor direto Conhecedor que apreende seu objeto manifesto. De acordo com as escolas budistas inferiores, um percebedor direto é, necessariamente, não-conceitual, mas, de acordo com os madhyamika-prasangikas, os percebedores diretos incluem os momentos subsequentes de um conhecedor subsequente, os quais são mentes válidas. Consultar *Como Entender a Mente*.

Percepção equivocada Uma mente que está equivocada em relação ao seu objeto aparecedor. Embora todas as mentes dos seres comuns sejam equivocadas, elas não necessariamente errôneas. Uma mente errônea é uma mente que está equivocada em relação ao seu objeto conectado. Assim, nossa percepção visual percebendo esta página é uma mente equivocada porque a página aparece como inerentemente existente, mas é uma mente correta porque ela apreende corretamente a página como sendo uma página. Consultar *Como Entender a Mente*.

Percepção errônea Conhecedor que está equivocado em relação ao seu objeto conectado. Consultar *Como Entender a Mente*.

Pessoa Um *eu* designado, ou imputado, na dependência de qualquer um dos cinco agregados. Pessoa, ser, *self* e *eu* são sinônimos.

Possuidor-de-objeto Uma coisa funcional que expressa ou conhece um objeto. Ele inclui sons expressivos, pessoas e mentes.

Preguiça Fator mental deludido que, motivado por apego às atividades ou prazeres mundanos, tem aversão ou desinteresse por atividades virtuosas. Consultar *Caminho Alegre da Boa Fortuna*.

Princípios filosóficos Há quatro escolas de princípios filosóficos budistas, que correspondem a quatro visões filosóficas ensinadas por Buda de acordo com as inclinações e disposições dos discípulos. Elas são as escolas Vaibhashika, Sautrantika, Chittamatra e Madhyamika. As duas primeiras são escolas hinayana, e as duas últimas são escolas mahayana. Essas escolas são estudadas em sequência, sendo os princípios filosóficos inferiores os meios pelos quais os superiores são compreendidos.

Purificação Em geral, qualquer prática que conduz à obtenção de um corpo, fala ou mente puros. Mais especificamente, uma prática para purificar carma negativo por meio dos quatro poderes oponentes. Consultar *Caminho Alegre da Boa Fortuna* e *O Voto Bodhisattva*.

Quatro poderes oponentes Quatro poderes que são essenciais para uma purificação bem-sucedida: o poder da confiança, o poder do arrependimento, o poder da força oponente e o poder da promessa. Consultar *Caminho Alegre da Boa Fortuna*.

Raiva Fator mental deludido que observa seu objeto contaminado, exagera suas más qualidades, considera-o indesejável ou desagradável e deseja prejudicá-lo. Consultar *Como Entender a Mente*.

Realização Experiência estável e não-equivocada de um objeto virtuoso, que nos protege diretamente do sofrimento.

Rei chakravatin Um ser extremamente afortunado que acumulou uma vasta quantidade de mérito e, como resultado, renasceu como um rei com domínio sobre todos os quatro continentes – como descritos na cosmologia budista – ou, no mínimo, sobre um dos quatro continentes. No momento presente, não existem reis chakravatin em nosso mundo e não há ninguém que tenha domínio completo sobre o nosso continente, Jambudipa. Consultar *Grande Tesouro de Mérito*.

Reino da forma O ambiente dos deuses que possuem forma.

Reino do inferno O mais inferior dos seis reinos do samsara. Consultar *Caminho Alegre da Boa Fortuna*.

Reino da sem-forma O ambiente dos deuses que não possuem forma.

Roda do Dharma Buda deu seus ensinamentos em três fases principais, conhecidas como "os três giros da Roda do Dharma". Durante a primeira Roda, ele ensinou as Quatro Nobres Verdades; durante a segunda, ensinou os *Sutras Perfeição de Sabedoria* e revelou a visão Madhyamika-Prasangika; e durante a terceira, Buda ensinou a visão Chittamatra. Esses ensinamentos foram dados de acordo com as inclinações e disposições de seus discípulos. A visão final e conclusiva de Buda é a da segunda Roda. O Dharma é comparado à preciosa roda, uma das posses de um legendário rei chakravatin. Essa roda podia transportar o rei por grandes distâncias num tempo muito curto, e diz-se que, para onde quer que a preciosa roda viajasse, o rei reinava nesse local. De modo semelhante, quando Buda revelou o caminho à iluminação, ele disse ter "girado a Roda do Dharma" porque, onde quer que esses ensinamentos sejam apresentados, as mentes deludidas são colocadas sob controle.

Samantabhadra Nome sânscrito para "O Todo-Generoso", um Bodhisattva reconhecido por suas extensas oferendas.

Samsara O samsara pode ser compreendido de duas maneiras: como renascimento ininterrupto, sem liberdade ou controle, ou como os agregados de um ser que tomou tal renascimento. O samsara é caracterizado por sofrimento e insatisfação. Existem seis reinos no samsara. Listados em ordem ascendente de acordo com o tipo de carma que causa o renascimento neles, os reinos do samsara são: o reino dos seres-do-inferno, o reino dos espíritos famintos, o reino dos animais, o reino dos seres humanos, o reino dos semideuses e o reino dos deuses. Os três primeiros são reinos inferiores, ou migrações infelizes; e os outros três reinos são reinos superiores, ou migrações felizes. Embora o reino dos deuses seja o mais elevado reino no samsara, devido ao carma que causa o renascimento nele, é dito que o reino humano é o reino mais afortunado, pois proporciona as melhores condições para se alcançar a libertação e a iluminação. Consultar *Caminho Alegre da Boa Fortuna*.

Sangha De acordo com a tradição do Vinaya, Sangha é qualquer comunidade de quatro, ou mais, monges ou monjas plenamente ordenados. Em geral, pessoas ordenadas ou leigas que tomaram os votos bodhisattva ou os votos tântricos também podem ser chamadas de Sangha.

Saraha Professor de Nagarjuna e um dos primeiros Mahasiddhas. Consultar *Essência do Vajrayana*.

Sensação Fator mental que funciona para experienciar objetos agradáveis, desagradáveis ou neutros. Consultar *Como Entender a Mente*.

Ser comum Qualquer pessoa que não realizou diretamente a vacuidade.

Ser senciente Ver ser vivo.

Ser vivo (*sem chen*, em tibetano) Qualquer ser que possua uma mente que esteja contaminada pelas delusões ou pelas marcas das delusões. Tanto o termo "ser vivo" quanto "ser senciente" são utilizados para fazer a distinção entre os seres cujas mentes estão contaminadas por pelo menos uma dessas duas obstruções e os Budas, cujas mentes são completamente livres dessas obstruções.

Shantideva (687-763) Grande erudito budista indiano e mestre de meditação. Escreveu *Guia do Estilo de Vida do Bodhisattva*. Consultar *Contemplações Significativas*.

GLOSSÁRIO

Shariputra Um dos principais discípulos de Buda Shakyamuni. Ele tem o aspecto de um hinayana Destruidor de Inimigos. Consultar *Novo Coração de Sabedoria*.

Sofrimento-que-permeia Os agregados contaminados de um ser samsárico, a partir dos quais surge o agarramento ao em-si e todas as demais delusões e os sofrimentos que elas causam. É assim chamado porque ele abrange, ou permeia, todos os três reinos, desde o nível mais inferior do reino do desejo até o mais superior do reino da sem-forma.

Sono Fator mental que é desenvolvido por torpor – ou obtusidade – ou suas marcas e que atua, ou funciona, para reunir interiormente as percepções sensoriais. Consultar *Clara-Luz de Êxtase*.

Sugata Outro termo para Buda. Esse termo indica que os Budas alcançaram um estado de êxtase imaculado e indestrutível.

Sutra Ensinamentos de Buda que são abertos para a prática de todos, sem necessidade de uma iniciação. Os ensinamentos de Sutra incluem os ensinamentos de Buda dos três giros da Roda do Dharma. Consultar *Budismo Moderno*.

Sutras Vinaya Sutras nos quais Buda explica, principalmente, a prática de disciplina moral e, em particular, a disciplina moral Pratimoksha.

Tantra Os ensinamentos tântricos diferem dos ensinamentos de Sutra por revelarem métodos para treinar a mente por meio de trazer o resultado futuro, ou Budeidade, para o caminho presente. Os praticantes tântricos superam as aparências e concepções comuns por meio de visualizar o seu corpo, ambiente, prazeres e atividades como sendo os de um Buda. O Tantra é o caminho supremo à plena iluminação. As práticas tântricas devem ser feitas reservadamente e apenas por aqueles que receberam uma iniciação tântrica. Sinônimo de "Mantra Secreto". Consultar *Solos e Caminhos Tântricos*.

Tara Um Buda feminino que é uma manifestação da sabedoria última de todos os Budas. "Tara" significa "Libertadora" ou "Salvadora". Porque é um Buda de sabedoria e uma manifestação do elemento vento completamente purificado, Tara é capaz de nos ajudar muito rapidamente.

Tathagata Palavra sânscrita para "Um Ser que Foi Além"; um outro termo para Buda.

Terra Pura Ambiente puro onde não há verdadeiros sofrimentos. Existem muitas Terras Puras. Por exemplo: Tushita é a Terra Pura de Buda Maitreya; Sukhavati é a Terra Pura de Buda Amitabha; e a Terra Dakini, ou Keajra, é a Terra Pura de Buda Vajrayogini e Buda Heruka. Consultar *Viver Significativamente, Morrer com Alegria*.

Tradição Kadampa A tradição pura do Budismo estabelecido por Atisha. Os seguidores dessa tradição, até a época de Je Tsongkhapa, são conhecidos como "Antigos Kadampas", e os seguidores após a época de Je Tsongkhapa são conhecidos como "Novos Kadampas". Ver também Kadampa e Budismo Kadampa.

Tranquilo-permanecer Concentração que possui o êxtase especial da maleabilidade física e mental, obtida na dependência da conclusão das nove permanências mentais. Consultar *Caminho Alegre da Boa Fortuna* e *Contemplações Significativas*.

Vasubandhu Grande erudito budista indiano do século V, convertido ao Mahayana por seu irmão mais velho, Asanga. Vasubandhu escreveu *Tesouro de Abhidharma* (*Abhidharmakosha*, em sânscrito).

Veículo/Veículo espiritual Uma excelsa percepção que conduz alguém ao seu destino espiritual final. Consultar *Solos e Caminhos Tântricos*.

Virtude Fenômeno que atua, ou funciona, como causa principal de felicidade. O termo pode se referir a mentes virtuosas, ações virtuosas, marcas virtuosas ou à virtude última – o nirvana. Consultar *Como Entender a Mente*.

Visão deludida Visão que funciona para obstruir a aquisição da iluminação. Consultar *Como Entender a Mente*.

Visão errônea Uma percepção errônea intelectualmente formada que nega a existência de um objeto que é necessário compreender para se alcançar a libertação ou a iluminação – por exemplo, negar a existência de seres iluminados, negar o carma ou a existência de renascimentos. Consultar *Caminho Alegre da Boa Fortuna*.

Visão extrema Visão deludida que observa o *eu* que é o objeto concebido da visão da coleção transitória e que se aferra a ele como algo permanente ou que cessa completamente no momento da morte. Consultar *Como Entender a Mente*.

Visão superior Uma sabedoria especial que vê ou percebe seu objeto claramente e que é mantida pelo tranquilo-permanecer e pela maleabilidade especial induzida por investigação. Consultar *Caminho Alegre da Boa Fortuna*.

Voto Determinação virtuosa de abandonar faltas específicas e que é gerada em associação com um ritual tradicional. Os três conjuntos de votos são: os votos Pratimoksha de libertação individual, os votos Bodhisattva e os votos tântricos. Consultar *O Voto Bodhisattva* e *Solos e Caminhos Tântricos*.

Voto Pratimoksha Voto que é motivado, principalmente, pelo desejo de alcançar a libertação pessoal. Consultar *O Voto Bodhisattva*.

Bibliografia

Venerável Geshe Kelsang Gyatso Rinpoche é um mestre de meditação e erudito altamente respeitado da tradição do Budismo Mahayana fundada por Je Tsongkhapa. Desde sua chegada ao Ocidente, em 1977, Venerável Geshe Kelsang Gyatso Rinpoche tem trabalhado incansavelmente para estabelecer o puro Budadharma no mundo inteiro. Durante esse tempo, deu extensos ensinamentos sobre as principais escrituras mahayana. Esses ensinamentos proporcionam uma exposição completa das práticas essenciais de Sutra e de Tantra do Budismo Mahayana.

Consulte o *website* da Editora Tharpa para conferir os títulos disponíveis em língua portuguesa.

Livros

Budismo Moderno O caminho da compaixão e sabedoria. (3ª edição, 2015)
Caminho Alegre da Boa Fortuna O completo caminho budista à iluminação. (4ª edição, 2010)
Clara-Luz de Êxtase Um manual de meditação tântrica.
Como Entender a Mente A natureza e o poder da mente. (edição revista pelo autor, 2014. Edição anterior, com o título *Entender a Mente*, 2002)
Como Solucionar Nossos Problemas Humanos As Quatro Nobres Verdades. (4ª edição, 2012)
Como Transformar a sua Vida Uma jornada de êxtase. (edição revista pelo autor, 2017. Edição anterior, com o título *Transforme sua Vida*, 2014)
Compaixão Universal Soluções inspiradoras para tempos difíceis. (3ª edição, 2007)
Contemplações Significativas Como se tornar um amigo do mundo. (2009)

O Espelho do Dharma Como Encontrar o Verdadeiro Significado da Vida Humana. (2018)

Essência do Vajrayana A prática do Tantra Ioga Supremo do mandala de corpo de Heruka. (2017)

Grande Tesouro de Mérito Como confiar num Guia Espiritual. (2013)

Guia do Estilo de Vida do Bodhisattva Como desfrutar uma vida de grande significado e altruísmo. Uma tradução da famosa obra-prima em versos de Shantideva. (2ª edição, 2009)

Introdução ao Budismo Uma explicação do estilo de vida budista. (6ª edição, 2012)

As Instruções Orais do Mahamudra A verdadeira essência dos ensinamentos, de Sutra e de Tantra, de Buda (2016)

Joia-Coração As práticas essenciais do Budismo Kadampa. (2ª edição, 2016)

Mahamudra-Tantra O supremo néctar da Joia-Coração. (2ª edição, 2014)

Novo Coração de Sabedoria Uma explicação do Sutra Coração. (edição revista pelo autor, 2013. Edição anterior, com o título *Coração de Sabedoria*, 2005)

Novo Guia à Terra Dakini A prática do Tantra Ioga Supremo de Buda Vajrayogini. (edição revista pelo autor, 2015. Edição anterior, com o título *Guia à Terra Dakini*, 2001)

Novo Manual de Meditação Meditações para tornar nossa vida feliz e significativa. (3ª edição, 2016)

Novo Oito Passos para a Felicidade O caminho budista da bondade amorosa. (edição revista pelo autor, 2017. Edições anteriores, como *Oito Passos para a Felicidade*: 2013 – também revista pelo autor – e 2007)

Oceano de Néctar A verdadeira natureza de todas as coisas. (2019)

Solos e Caminhos Tântricos Como ingressar, progredir e concluir o Caminho Vajrayana. (2016)

Viver Significativamente, Morrer com Alegria A prática profunda da transferência de consciência. (2007)

O Voto Bodhisattva Um guia prático para ajudar os outros.(2ª edição, 2005)

Sadhanas

Venerável Geshe Kelsang Gyatso Rinpoche também supervisionou a tradução de uma coleção essencial de sadhanas, ou livretos de orações, para aquisições espirituais. Consulte o *website* da Editora Tharpa para conferir os títulos disponíveis em língua portuguesa.

Caminho de Compaixão para quem Morreu Sadhana de Powa para o benefício dos que morreram.
Caminho de Êxtase A sadhana condensada de autogeração de Vajrayogini.
Caminho Rápido ao Grande Êxtase A sadhana extensa de autogeração de Vajrayogini.
Caminho à Terra Pura Sadhana para o treino em Powa (a transferência de consciência).
As Centenas de Deidades da Terra Alegre de Acordo com o Tantra Ioga Supremo O Guru-Ioga de Je Tsongkhapa como uma Prática Preliminar ao Mahamudra.
Cerimônia de Powa Transferência de consciência de quem morreu.
Cerimônia de Refúgio Mahayana e Cerimônia do Voto Bodhisattva.
A Confissão Bodhisattva das Quedas Morais A prática de purificação do Sutra Mahayana dos Três Montes Superiores.
Essência da Boa Fortuna Preces das seis práticas preparatórias para a meditação sobre as Etapas do Caminho à iluminação.
Essência do Vajrayana Sadhana de autogeração do mandala de corpo de Heruka, de acordo com o sistema de mahasiddha Ghantapa.
Essência do Vajrayana Condensado Sadhana de autogeração do mandala de corpo de Heruka.
O Estilo de Vida Kadampa As práticas essenciais do Lamrim Kadam.
Festa de Grande Êxtase Sadhana de autoiniciação de Vajrayogini.
Gota de Néctar Essencial Uma prática especial de jejum e de purificação em associação com Avalokiteshvara de Onze Faces.
Grande Libertação do Pai Preces preliminares para a meditação no Mahamudra em associação com a prática de Heruka.
Grande Libertação da Mãe Preces preliminares para a meditação no Mahamudra em associação com a prática de Vajrayogini.
A Grande Mãe Um método para superar impedimentos e obstáculos pela recitação do *Sutra Essência da Sabedoria* (o *Sutra Coração*).
O Ioga de Avalokiteshvara de Mil Braços Sadhana de autogeração.
O Ioga de Buda Amitayus Um método especial para aumentar tempo de vida, sabedoria e mérito.

O Ioga de Buda Heruka A sadhana essencial de autogeração do mandala de corpo de Heruka & Ioga Condensado em Seis Sessões.
O Ioga de Buda Maitreya Sadhana de autogeração.
O Ioga de Buda Vajrapani Sadhana de autogeração.
Ioga da Dakini A sadhana mediana de autogeração de Vajrayogini.
O Ioga da Grande Mãe Prajnaparamita Sadhana de autogeração.
O Ioga Incomum da Inconceptibilidade A instrução especial sobre como alcançar a Terra Pura de Keajra com este corpo humano.
O Ioga da Mãe Iluminada Arya Tara Sadhana de autogeração.
O Ioga de Tara Branca, Buda de Longa Vida.
Joia-Coração O Guru-Ioga de Je Tsongkhapa, associado à sadhana condensada de seu Protetor do Dharma.
Joia-que-Satisfaz-os-Desejos O Guru-Ioga de Je Tsongkhapa, associado à sadhana de seu Protetor do Dharma.
Libertação da Dor Preces e pedidos às 21 Taras.
Manual para a Prática Diária dos Votos Bodhisattva e Tântricos.
Meditação e Recitação de Vajrasattva Solitário.
Melodioso Tambor Vitorioso em Todas as Direções O ritual extenso de cumprimento e de renovação de compromissos com o Protetor do Dharma, o grande rei Dorje Shugden, juntamente com Mahakala, Kalarupa, Kalindewi e outros Protetores do Dharma.
Nova Essência do Vajrayana A prática de autogeração do mandala de corpo de Heruka, uma instrução da Linhagem Oral Ganden.
Oferenda ao Guia Espiritual (Lama Chöpa) Uma maneira especial de confiar no nosso Guia Espiritual.
Paraíso de Keajra O comentário essencial à prática do Ioga Incomum da Inconceptibilidade.
Pedido ao Sagrado Guia Espiritual Venerável Geshe Kelsang Gyatso, de seus Fiéis Discípulos.
Prece do Buda da Medicina Um método para beneficiar os outros.
Preces para Meditação Preces preparatórias breves para meditação.
Preces pela Paz Mundial.
Preces Sinceras Preces para o rito funeral em cremações ou enterros.
Sadhana de Avalokiteshvara Preces e pedidos ao Buda da Compaixão.
Sadhana do Buda da Medicina Um método para obter as aquisições do Buda da Medicina.

O Tantra-Raiz de Heruka e Vajrayogini Capítulos Um e Cinquenta e Um do Tantra-Raiz Condensado de Heruka.
O Texto-Raiz: As Oito Estrofes do Treino da Mente
Tesouro de Sabedoria A sadhana do Venerável Manjushri.
União do Não-Mais-Aprender Sadhana de autoiniciação do mandala de corpo de Heruka.
Vida Pura A prática de tomar e manter os Oito Preceitos Mahayana.
Os Votos e Compromissos do Budismo Kadampa.

Os livros e sadhanas de Venerável Geshe Kelsang Gyatso Rinpoche podem ser adquiridos nos Centros Budistas Kadampa e Centros de Meditação Kadampa e suas filiais. Você também pode adquiri-los diretamente pelo *site* da Editora Tharpa.

Editora Tharpa (Brasil)
Rua Artur de Azevedo, 1360
Pinheiros – 05404-003
São Paulo – SP
Tel: (11) 3476-2328
Web: www.tharpa.com/br
E-mail: contato.br@tharpa.com

Editora Tharpa (Portugal)
Rua Moinho do Gato, 5
2710-661 – Sintra
Tel: 219 231 064
Web: www.tharpa.pt
E-mail: info.pt@tharpa.com

Programas de Estudo do Budismo Kadampa

O Budismo Kadampa é uma escola do Budismo Mahayana fundada pelo grande mestre budista indiano Atisha (982–1054). Seus seguidores são conhecidos como "Kadampas": "Ka" significa "palavra" e refere-se aos ensinamentos de Buda, e "dam" refere-se às instruções especiais de Lamrim ensinadas por Atisha, conhecidas como "as Etapas do Caminho à iluminação". Integrando o conhecimento dos ensinamentos de Buda com a prática de Lamrim, e incorporando isso em suas vidas diárias, os budistas kadampas são incentivados a usar os ensinamentos de Buda como métodos práticos para transformar atividades diárias em caminho à iluminação. Os grandes professores kadampas são famosos não apenas por serem grandes eruditos, mas também por serem praticantes espirituais de imensa pureza e sinceridade.

A linhagem desses ensinamentos, tanto sua transmissão oral como suas bênçãos, foi passada de mestre a discípulo e se espalhou por grande parte da Ásia e, agora, por diversos países do mundo ocidental. Os ensinamentos de Buda, conhecidos como "Dharma", são comparados a uma roda que gira, passando de um país a outro segundo as condições e tendências cármicas de seus habitantes. As formas externas de se apresentar o Budismo podem mudar de acordo com as diferentes culturas e sociedades, mas sua autenticidade essencial é assegurada pela continuidade de uma linhagem ininterrupta de praticantes realizados.

O Budismo Kadampa foi introduzido no Ocidente em 1977 pelo renomado mestre budista Venerável Geshe Kelsang Gyatso Rinpoche. Desde então, ele vem trabalhando incansavelmente para expandir o Budismo

Kadampa por todo o mundo, dando extensos ensinamentos, escrevendo textos profundos sobre o Budismo Kadampa e fundando a Nova Tradição Kadampa-União Budista Kadampa Internacional (NKT-IKBU), que hoje congrega mais de 1.200 Centros Budistas e grupos kadampa em todo o mundo. Esses centros oferecem programas de estudo sobre a psicologia e a filosofia budistas, instruções para meditar e retiros para todos os níveis de praticantes. A programação enfatiza a importância de incorporarmos os ensinamentos de Buda na vida diária, de modo que possamos solucionar nossos problemas humanos e propagar paz e felicidade duradouras neste mundo.

O Budismo Kadampa da NKT-IKBU é uma tradição budista totalmente independente e sem filiações políticas. É uma associação de centros budistas e de praticantes que se inspiram no exemplo e nos ensinamentos dos mestres kadampas do passado, conforme a apresentação feita por Venerável Geshe Kelsang Gyatso Rinpoche.

Existem três razões pelas quais precisamos estudar e praticar os ensinamentos de Buda: para desenvolver nossa sabedoria, cultivar um bom coração e manter a paz mental. Se não nos empenharmos em desenvolver nossa sabedoria, sempre permaneceremos ignorantes da verdade última – a verdadeira natureza da realidade. Embora almejemos felicidade, nossa ignorância nos faz cometer ações não virtuosas, a principal causa do nosso sofrimento. Se não cultivarmos um bom coração, nossa motivação egoísta destruirá a harmonia e tudo o que há de bom nos nossos relacionamentos com os outros. Não teremos paz nem chance de obter felicidade pura. Sem paz interior, a paz exterior é impossível. Se não mantivermos um estado mental apaziguado, não conseguiremos ser felizes, mesmo que estejamos desfrutando de condições ideais. Por outro lado, quando nossa mente está em paz, somos felizes ainda que as condições exteriores sejam ruins. Portanto, o desenvolvimento dessas qualidades é da maior importância para nossa felicidade diária.

Venerável Geshe Kelsang Gyatso Rinpoche, ou "Geshe-la", como é carinhosamente chamado por seus discípulos, organizou três programas espirituais especiais para o estudo sistemático e a prática do Budismo Kadampa. Esses programas são especialmente adequados para a vida moderna – o Programa Geral (PG), o Programa Fundamental (PF) e o Programa de Formação de Professores (PFP).

PROGRAMA GERAL

O Programa Geral (PG) oferece uma introdução básica aos ensinamentos, à meditação e à prática budistas, e é ideal para iniciantes. Também inclui alguns ensinamentos e práticas mais avançadas de Sutra e de Tantra.

PROGRAMA FUNDAMENTAL

O Programa Fundamental (PF) oferece uma oportunidade de aprofundar nossa compreensão e experiência do Budismo por meio do estudo sistemático de seis textos:

1. *Caminho Alegre da Boa Fortuna* – um comentário às instruções de Lamrim, as Etapas do Caminho à iluminação, de Atisha.
2. *Compaixão Universal* – um comentário ao *Treino da Mente em Sete Pontos*, do Bodhisattva Chekhawa.
3. *Novo Oito Passos para a Felicidade* – um comentário às *Oito Estrofes do Treino da Mente*, do Bodhisattva Langri Tangpa.
4. *Novo Coração de Sabedoria* – um comentário ao *Sutra Coração*.
5. *Contemplações Significativas* – um comentário ao *Guia do Estilo de Vida do Bodhisattva*, escrito pelo Bodhisattva Shantideva.
6. *Como Entender a Mente* – uma explicação detalhada da mente, com base nos trabalhos dos eruditos budistas Dharmakirti e Dignaga.

Os benefícios de estudar e praticar esses textos são:

(1) *Caminho Alegre da Boa Fortuna* – obtemos a habilidade de colocar em prática todos os ensinamentos de Buda: de Sutra e de Tantra. Podemos facilmente fazer progressos e concluir as etapas do caminho à felicidade suprema da iluminação. Do ponto de vista prático, o Lamrim é o corpo principal dos ensinamentos de Buda, e todos os demais ensinamentos são como seus membros.

(2) *Compaixão Universal* e (3) *Novo Oito Passos para a Felicidade* – obtemos a habilidade de incorporar os ensinamentos de Buda em nossa vida diária e de solucionar todos os nossos problemas humanos.

(4) *Novo Coração de Sabedoria* – obtemos a realização da natureza última da realidade. Por meio dessa realização, podemos eliminar a ignorância do agarramento ao em-si, que é a raiz de todos os nossos sofrimentos.

(5) *Contemplações Significativas* – transformamos nossas atividades diárias no estilo de vida de um Bodhisattva, tornando significativo cada momento de nossa vida humana.

(6) *Como Entender a Mente* – compreendemos a relação entre nossa mente e seus objetos exteriores. Se entendermos que os objetos dependem da mente subjetiva, poderemos mudar a maneira como esses objetos nos aparecem, por meio de mudar nossa própria mente. Aos poucos, vamos adquirir a habilidade de controlar nossa mente e de solucionar todos os nossos problemas.

PROGRAMA DE FORMAÇÃO DE PROFESSORES

O Programa de Formação de Professores (PFP) foi concebido para as pessoas que desejam treinar para se tornarem autênticos professores de Dharma. Além de concluir o estudo de quatorze textos de Sutra e de Tantra (e que incluem os seis textos acima citados), o estudante deve observar alguns compromissos que dizem respeito ao seu comportamento e estilo de vida e concluir um determinado número de retiros de meditação.

Um Programa Especial de Formação de Professores é também mantido pelo Manjushri Kadampa Meditation Centre, em Ulverston (Inglaterra), e pode ser realizado tanto presencialmente como por correspondência. Esse programa especial de estudo e meditação consiste de doze cursos, fundamentados nos seguintes livros de Venerável Geshe Kelsang Gyatso Rinpoche: *Como Entender a Mente*; *Budismo Moderno*; *Novo Coração de Sabedoria*; *Solos e Caminhos Tântricos*; *Guia do Estilo de Vida do Bodhisattva*, de Shantideva, e seu comentário – *Contemplações Significativas*; *Oceano de Néctar*; *Novo Guia à Terra Dakini*; *As Instruções Orais do Mahamudra*; *Novo Oito Passos para a Felicidade*; *O Espelho do Dharma*; *Essência do Vajrayana*; e *Caminho Alegre da Boa Fortuna*.

Todos os Centros Budistas Kadampa são abertos ao público. Anualmente, celebramos festivais nos EUA e Europa, incluindo dois festivais na Inglaterra, nos quais pessoas do mundo inteiro reúnem-se para receber ensinamentos e iniciações especiais e desfrutar de férias espirituais. Por favor, sinta-se à vontade para nos visitar a qualquer momento!

Para mais informações sobre o Budismo Kadampa
e para conhecer o Centro Budista mais próximo de você,
por favor, entre em contato com:

NO BRASIL:

Centro de Meditação Kadampa Brasil
www.budismokadampa.org.br

Centro de Meditação Kadampa Mahabodhi
www.meditadoresurbanos.org.br

Centro de Meditação Kadampa Rio de Janeiro
www.meditario.org.br

Centro de Meditação Kadampa Campinas
www.budismocampinas.org.br

EM PORTUGAL:

Centro de Meditação Kadampa Deuachen
www.kadampa.pt

Escritórios da Editora Tharpa no Mundo

Atualmente, os livros da Tharpa são publicados em inglês (americano e britânico), alemão, chinês, espanhol, francês, italiano, japonês e português. Os livros na maioria desses idiomas estão disponíveis em qualquer um dos escritórios da Editora Tharpa listados a seguir.

Tharpa Publications UK
Conishead Priory
ULVERSTON
Cumbria, LA12 9QQ, UK
Tel: +44 (0)1229-588599
Web: www.tharpa.com/uk
E-mail: info.uk@tharpa.com

Tharpa Estados Unidos
47 Sweeney Road
GLEN SPEY NY 12737, USA
Tel: +1 845-856-5102
Toll-free: 888-741-3475
Fax: +1 845-856-2110
Web: www.tharpa.com/us
E-mail: info.us@tharpa.com

Tharpa África do Sul
26 Menston Road, Westville
DURBAN, 2629, KZN
REP. OF SOUTH AFRICA
Tel : +27 (0) 31 266 0096
Mobile: +27 (0) 72 551 3429
Web: www.tharpa.com/za
E-mail: info.za@tharpa.com

Tharpa Alemanha
Tharpa Verlag Deutschland
Chausseestraße 108,
10115 BERLIN, GERMANY
Tel: +49 (030) 430 55 666
Web: www.tharpa.com/de
E-mail: info.de@tharpa.com

Tharpa Ásia
Tharpa Asia
1st Floor Causeway Tower,
16-22 Causeway Road,
Causeway Bay,
HONG KONG
Tel: +(852) 2507 2237
Web: tharpa.com/hk-en
E-mail: info.asia@tharpa.com

Tharpa Austrália
Tharpa Publications Australia
25 McCarthy Road
MONBULK, VIC 3793
AUSTRALIA
Tel: +61 (3) 9756-7203
Web: www.tharpa.com/au
E-mail: info.au@tharpa.com

Tharpa Brasil
Editora Tharpa
Rua Artur de Azevedo, 1360
Pinheiros, 05404-003
São Paulo – SP
BRASIL
Tel: +55 (11) 3476-2328
Web: www.tharpa.com/br
E-mail: contato.br@tharpa.com

Tharpa Canadá (em inglês)
Tharpa Publications Canada
631 Crawford Street
TORONTO ON, M6G 3K1
CANADA
Tel: (+1) 416-762-8710
Toll-free: 866-523-2672
Fax: (+1) 416-762-2267
Web (Eng): www.tharpa.com/ca
Web (Fr): www.tharpa.com/ca-fr
E-mail: info.ca@tharpa.com

Tharpa Canadá (em francês)
835 Laurier est Montréal H2J
1G2, CA
Tel: (+1) 514-521-1313
Toll-free: 866-523-2672
Web: www.tharpa.com/ca-fr/
E-mail: info.ca-fr@tharpa.com

Tharpa Espanha
Calle La Fábrica 8, 28221
Majadahonda, MADRID
ESPAÑA
Tel.: +34 911 124 914
Web: www.tharpa.com/es
E-mail: info.es@tharpa.com

Tharpa França
Château de Segrais
72220 SAINT-MARS-D'OUTILLÉ
FRANCE
Tél /Fax: +33 (0)2 43 87 71 02
Web: www.tharpa.com/fr
E-mail: info.fr@tharpa.com

Tharpa Japão
KMC TOKYO, JAPAN
Web: kadampa.jp
E-mail: info@kadampa.jp

Tharpa México
Enrique Rébsamen N° 406,
Col. Narvate Poniente
CIUDAD DE MÉXICO, CDMX,
C.P. 03020, MÉXICO
Tel: +52 (55) 56 39 61 80
     +52 (55) 56 39 61 86
Web: www.tharpa.com/mx
Email: info.mx@tharpa.com

Tharpa Nova Zelândia
2 Stokes Road, Mount Eden,
AUCKLAND 1024, NZ
Tel: +64 09 631 5400
DD Mobile: +64 21 583351
Web: www.tharpa.com/nz
Email: info.nz@tharpa.com

Tharpa Portugal
Editora Tharpa
Rua Moinho do Gato, 5
Várzea de Sintra
SINTRA, 2710-661
PORTUGAL
Tel.: +351 219 231 064
Web: www.tharpa.pt
E-mail: info.pt@tharpa.com

Tharpa Suiça
Tharpa Verlag Schweiz
Mirabellenstrasse 1
CH-8048 ZÜRICH
SWITZERLAND
Tel: +41 44 401 02 20
Fax: +41 44 461 36 88
Web: www.tharpa.com/ch
E-mail: info.ch@tharpa.com

Índice Remissivo
a letra "g" indica entrada para o glossário

A

Abandonador correto 126, 396
Abhidharma 10
Abhidharmas 51, 52–53, 286, 287
Absorção. *Ver também* absorções do reino da forma; absorções do reino da sem-forma
   da preparação-aproximadora 394
   efetiva 394
Absorção da cessação 49, 148–150, 409, 413
   definição 147
Absorção sem discriminação 147
Absorções do reino da forma 105, 107, 147, 149, 394
   caminhos supramundanos 107, 115
Absorções do reino da sem-forma 105, 113–115, 147, 149, 394, 395
   caminhos supramundanos 107, 115, 395
Ações e efeitos. *Ver também* carma 232–233, 325, 336, 447, 465
   analogia 236–237
   definidos 238
   neutros 402
   relação sutil 238
Ações não-virtuosas 90, 99, 103, 331, 446

ausência de existência inerente 238
   dez 80, 90, 452
Ações virtuosas 84, 100, 446
   ausência de existência inerente 238
   contaminadas 452
   dez 81
   incontaminadas 447
Agarramento ao em-si 55, 290, 307
   de acordo com os chittamatrins 243
   dos fenômenos 56–57, 176
Agarramento ao em-si de pessoas. *Ver também* visão da coleção transitória 56–57, 175, 313
   denso 52, 130, 138–139, 233
   sutil 52–53, 138–139, 314
   tipos 313
Agarramento-ao-verdadeiro 33, 173, 178, 211, 217, 465
   de acordo com os madhyamika-svatantrikas 167
   intelectualmente formado 36–37, 214
   objeto a ser abandonado 177, 178
   obscurece a realidade 218
Agarramento-ao-verdadeiro inato 214
   grande-grande, abandono 38
   grande-mediano, abandono 93

grande-pequeno, abandono 121
mediano-grande, abandono 131
mediano-mediano, abandono 145
mediano-pequeno, abandono 411
pequenos, abandono 415
Agarramento-ao-verdadeiro intelectualmente formado 36–37, 77, 214
nove níveis 77
Agregado consciência 58, 337, 390, 406
Agregado discriminação 57, 390, 406
Agregado fatores de composição 57, 390, 406
Agregado forma 57, 334, 337, 345, 390, 406
Agregado sensação 57, 390, 406
Agregados g, 24, 57–58, 286–287, 406
  base de designação 24, 175, 264, 313, 319, 333, 337
  de Buda 133, 390
  coleção dos 314, 330–333, 335–336
  contaminados 133, 135, 137, 279, 325, 326, 390, 391
  definições 389–390
  formato 334
  incontaminados 390
  inerentemente existentes 53, 56
  self 320–336, 340–341
Akanishta g, 431–432, 440
Alegria. *Ver também* quatro incomensuráveis
  de um Buda 401
Amitayus g, 153
Amor 116
  afetuoso 21
  de um Buda 401
Analogias
  para as ações e efeitos 236–237
  balança 203–204
  carroça 332–334, 349–360, 362, 365

cavalo criado por um mágico 168–172
cobra 175–176
colheita 22
para compreender a mera designação 175–176
criança se afogando 20
para a existência verdadeira 172
filho de um rei 40, 48
garuda 48
lua 74–75
lua de outono 82
luz do sol 120
mulher ilusória criada por um mágico 53–54
mulher onírica 237
oleiro 437
poço 27–28
rei 424
para a verdade última 220
Animais 41, 86, 87–88, 105, 320, 452, 456
sofrimentos 73
das verdades convencionais 211, 213
Aparência. *Ver também* aparência de existência verdadeira; aparência dual
  de acordo com os chittamatrins 259
  equivocada 169–170, 456
Aparência dual g, 36, 95, 107, 172, 248, 381
Aparência equivocada 169–170, 456
Aparência de existência verdadeira 33, 168, 169, 171, 217, 456
Apego g, 20, 25, 53, 72, 289, 309
  ao debate 308–309
  às formas 290
"Apenas a mente" 280–283, 290
Aproximando-se. *Ver* sexto solo
Aquisição subsequente 36, 37, 150, 402
  excelsa percepção 37
  mundana 110

ÍNDICE REMISSIVO

Assistente (das perfeições) 393
Atenção imprópria 450
Atisha g, 55, 82, 117, 118, 629
Ausência do em-si dos fenômenos 9, 306, 377
  de acordo com os chittamatrins 259
  definição 181
  fenômeno negativo não-afirmativo 179
  sutil 136
Ausência do em-si de pessoas 311-373, 377
  definição 181
  denso 139, 338
  fenômeno negativo não-afirmativo 179
  objeto negado 314, 338
  sutil 136, 314
Ausência de existência inerente. *Ver também* talidade (*thatness*); vacuidade 53, 141, 162
  e libertação 51-60, 300
  sem princípio 407
Autoapreço g, 72, 97
  marcas 97
Autocomentário 7, 32, 60, 161, 290
Autoconhecedor 269-274
Avalokiteshvara g, 4-5, 153
Avareza g, 65

B

Base de designação, ou de imputação 333, 355
  agregados 24, 319, 333, 337
  válida 303
Base-de-tudo 264
Base da vacuidade 377
Bhavaviveka 8, 60, 191-194
Boa Inteligência. *Ver* nono solo

Bodh Gaya 432
Bodhichitta. *Ver também* bodhichitta última g, 18-19, 59, 60, 83, 158
  artificial 18
  causa 19, 20, 22, 29
  espontânea 18, 35
Bodhichitta aspirativa g
Bodhichitta de compromisso g
Bodhichitta última g, 36, 40
Bodhisattva. *Ver também* Bodhisattva superior g, 12, 22-23, 96, 128
  Caminho da Acumulação 126
  Caminho da Meditação 126, 129
  Caminho da Preparação 126, 127, 128
  Caminho da Visão 126, 129
  é a causa de um Buda 17
  causas de um Bodhisattva 12, 29
  comum 36, 72-73
  treino 23
  último 40
Bodhisattva do décimo solo 342, 423-424, 429-430
Bodhisattva do nono solo 342, 422, 429
Bodhisattva do oitavo solo 33, 49, 61, 219, 342, 420, 428-429, 456
  abandonou todas as delusões 417, 418
Bodhisattva do primeiro solo 49, 77, 97, 119
  analogia do garuda 48
  analogia do rei 40, 48
  doze qualidades 427
  e um Oitavo superior 46
  oito qualidades 39-46
  perfeição de dar 63-66, 68-75
  sobrepuja hinayanistas 47-49
  três atributos 39
Bodhisattva do quarto solo 131, 428
  perfeição de esforço 124
  trinta e sete realizações 125-130

Bodhisattva do quinto solo 145, 428
  perfeição de estabilização mental do 134
Bodhisattva do segundo solo 93, 97, 119, 428
Bodhisattva do sétimo solo 60, 415, 428
  sabedoria rápida 49, 413
  sobrepuja hinayanistas 49-50, 410
Bodhisattva do sexto solo 152, 281, 411, 428
  dez igualdades 161-162
  objeto de meditação 162
  perfeição de sabedoria 147, 150
  qualidades de método 409
  rei dos gansos 410
Bodhisattva superior 19, 32, 33, 36, 72, 149, 413
Bodhisattva do terceiro solo 121, 124, 428
  absorções 105-116, 119
  clarividências 105, 116, 117-118
  incomensuráveis 105, 116-117
  perfeição de paciência 96-97
Bondade definitiva 89
Brahma 105, 174
Buda. *Ver também* Buda Shakyamuni 12, 33, 150, 168, 220, 326
  boas qualidades 458
  causas 17
  etimologia 283
  forças 400, 432, 445-455
  Mediano 16
  qualidades 400-404
  superior 20
  vencendo demônios 134
Buda Kashyapa 235
Buda Shakyamuni g, 235, 401, 432-433, 436, 441-444, 464
  vidas anteriores 410
Buddhapalita 60, 191-194

Budeidade. *Ver* iluminação
Budismo
  Mahayana 629
Budismo Kadampa g

C

Caminho. *Ver* caminhos espirituais
Caminho Alegre da Boa Fortuna 22, 28, 180
Caminho ininterrupto 36
  do Caminho da Visão 36, 37
  mundano 110, 111, 113, 114
  do oitavo solo 420, 422
  do primeiro solo 37, 78
  do quarto solo 131
  do quinto solo 145
  do segundo solo 93
  do sétimo solo 415
  do sexto solo 411
  do terceiro solo 121
Caminho liberado
  da Budeidade 439
  do décimo solo 422
  mundano 110, 111, 113, 114
  do nono solo 420
  do oitavo solo 415
  do primeiro solo 36-38
  do quarto solo 121
  do quinto solo 131
  do segundo solo 78
  do sétimo solo 411
  do sexto solo 145
  do terceiro solo 93
Caminho Mahayana da Acumulação 18, 35, 49, 50
  definição 32
  etapa mediana 126
  grande etapa 115, 147
  pequena etapa 126

Caminho Mahayana da Meditação 52, 129, 130, 136
  definição 32, 37
  do primeiro solo 37, 78
Caminho Mahayana do Não-Mais--Aprender 136
  definição 32
Caminho Mahayana da Preparação 18, 36, 49, 50
  definição 32
  etapa calor 127
  etapa Dharma supremo 128
  etapa paciência 45, 60, 128
  etapa topo 127
Caminho Mahayana da Visão 36–38, 52, 129, 136
  definição 32
Caminho do Meio 7, 8, 58, 231, 308, 309, 385
  Filosofia do Caminho do Meio 155
Caminho profundo 1, 3, 8–9, 152, 159, 178, 410
  abandonado 178
  qualidades 458
Caminho vasto 1, 8–9, 152, 159, 178, 410
  abandonado 178
  qualidades 458
Caminhos espirituais. *Ver também* caminhos mundanos; caminhos supramundanos; Hinayana, solos; solos mahayana 31–32
  dos Ouvintes 13–14
  dos Realizadores Solitários 14–16
Caminhos mahayana 17, 18, 22, 23, 32, 386, 452
  seis perfeições 392–393
Caminhos mundanos g, 105, 107, 111, 114–115
Caminhos supramundanos g, 107, 115, 395
Canção da Prática da Visão da Vacuidade 277
Canções do Discurso 71
Carma contaminado 387
Carma. *Ver também* ações e efeitos g, 56–57
  ações arremessadoras 26, 45
  coletivo 174, 284
  efeito ambiental 268
  individual 284
Carta Amigável 70
Causa e efeito. *Ver também* ações e efeitos; produção inerentemente existente 197–198, 199–200, 365–368, 446
  analogia da balança 203–204
  carecem de existência inerente 227, 272, 356, 398
  existem convencionalmente 219
  simultâneos 203–204, 253
Cavalo manifestado por um mágico 215, 216
  analogia 168–172
Cessação 203–204
  depende de causas 233
  produz efeitos 237, 264
Cessações das contaminações 455
Chamas de Raciocínios 323
Chandragomin 4–5
Chandrakirti 3–7, 81, 469–470
  história da vaca desenhada numa parede 4
  obras 7
Chandranatha 3
Changkya Rolpai Dorje 277
Charavakas 184, 295–299
Chifre na cabeça de um coelho 206

Chittamatra. *Ver também* refutação do sistema Chittamatrin 145, 232, 241–243, 577–581
  apenas a mente 281–285
  apresentação da ausência do em-si 242–243, 259
  assevera a existência inerente 51, 54–55, 83, 162, 197
  é deficiente no âmbito das duas verdades 275–276, 287
Cinco certezas do Corpo-de-Deleite 439–440
Cinco impurezas 461
Clara-luz g, 402, 417
Clarividências, cinco 117–118
Coisa funcional. *Ver também* fenômeno impermanente g, 133, 227, 233, 243
  passado, presente, futuro 234, 235
Coisa sem-forma 170
Coleção 350–352, 353–355
  dos agregados 314, 330–333, 335–336
Coleção de Conselhos 154
Coleção de Louvores 155
Coleção de mérito g, 119, 123, 124, 436, 437
Coleção de Raciocínios 155
Coleção de sabedoria g, 119, 123, 124
Coleção transitória. *Ver* visão da coleção transitória
Comentário à Cognição Válida 72, 136, 313
Como Entender a Mente 265
Compaixão Universal 22
Compaixão. *Ver também* grande compaixão 20
  causa 21
Compêndio de Abhidharma 51
Compêndio de Sutras 9, 157
"Concentração de um leão andando em círculos" 149

Concentração de perfeita libertação 399
  da cessação 147
Concentração semelhante-a-um-vajra 423, 433
Confusão. *Ver também* ignorância 300–301, 362
Conhecedor de todos os aspectos 403–404
Conhecedor válido/mente válida g, 55, 268, 270
  das pessoas mundanas 210, 216–217, 221–222, 280, 362, 364
Conhecedores corretos específicos 400–401, 421
Consciência. *Ver também* consciência mental; consciência sensorial
  agregado 58, 337, 390, 406
Consciência-base-de-tudo 236, 237, 239, 242–243, 257–259, 290
  propósito de ensiná-la 240
  razões para afirmar a sua existência 263
  refutação 233, 264
  self 232, 263, 322
  três características 232, 263
Consciência mental 337
  como é gerada 263
  definição 265
  nos sonhos 246–247, 260–261
Consciência sensorial
  como é gerada 262–263, 264–265
  consciência visual 204–205, 243, 257
  definição 264–265
Consciência visual onírica 261–262
Consenso mundano 222, 286, 360, 362, 364
Consequência 191–192
Contato g, 337
Contemplações Significativas 22, 138, 180, 219

Contínua-lembrança (*mindfulness*) g, 108
estreito-posicionsamento da 125, 396
Continuum 256, 272, 273, 326
Convenção mundana 357
Convencionalidade. *Ver também* verdade convencional 278-280, 357, 358
três modos de existência 279
Corpo 54-55, 57, 96-97, 284, 342
dar o corpo 65, 72-73
e mente 298
Corpo de Buda g, 402
Corpo-de-Deleite g, 436, 439-440, 441, 458
Corpo-Emanação g, 235, 436, 440-444, 458, 463-464
definição 441
doze feitos principais 459, 462-463
Corpo-Emanação Supremo g
Corpo-Forma g, 417
causa 119, 124, 178
Corpo inerentemente existente 54-55, 57
Corpo-vajra g, 464
Corpo-Verdade g, 1, 383, 417, 436, 437, 437-439
causa 119, 124, 178
Corpo-Verdade-Natureza 438, 439
Corpo-Verdade-Sabedoria 438, 439
definição 438

D

Dar, generosidade. *Ver também* perfeição de dar 63-75
associado com disciplina moral 86-87
benefícios 67, 69
corpo 65, 72-73
definição 65, 392

efeitos 86-87
dos seres comuns 66-68, 69
tipos 65
Datura, droga 215
Debates 60-61, 143-145, 308-309
Décimo solo 422-424
definição 422
divisões 422-423
etimologia 423
Delusões. *Ver também* delusões inatas; delusões intelectualmente formadas g, 26, 56, 119, 132-133, 136, 137, 139, 311
causa 387
densas 52-53, 106, 139
do reino do desejo 14, 16, 107, 108, 110-111, 112, 394
do reino da forma 14, 16, 107, 395
do reino da sem-forma 14, 16, 107, 114, 395
sutis 139
Delusões inatas 13, 455, 456
Delusões intelectualmente formadas 13, 190, 223, 455, 456
três amarras 41-43
Demônio 132-134
Desejo 447
Desejo/ausência de desejo 398
Designação, imputação. *Ver também* fenômeno existente por meio de designação; objeto designado 279, 285, 324
de acordo com os madhyamika--svatantrikas 166-167
mera 173-176, 226, 306
três maneiras de compreender 173-180
válida 175, 303, 364
Designação mundana 357
Destemor 400

Destruidor de Inimigos 279, 327, 342
  hinayana 44, 69, 71, 106, 401, 409, 456
  Ouvinte 12, 13, 14, 17, 58
  realiza a ausência da existência
    inerente 51–53, 57
  Realizador Solitário 12, 16, 17, 58
Deus, deuses g, 67, 84, 105–106, 115, 268
Deuses do reino do desejo 105
Deuses do reino da forma 67, 105–106, 115
  deuses de longa vida 106, 148
Deuses do reino da sem-forma 67, 106, 115
Devaputra 132, 134
Dez ações virtuosas 81
Dez direções g, 382
Dez igualdades 161–162
Dez solos. *Ver* solos mahayana causais
Dharma g, 629
Dharma Kadam do Pai 118
Dharma Kadam dos Filhos 118
Dharmakaya. *Ver* Corpo-Verdade
Dharmakirti g, 136, 139
Difícil de Derrotar. *Ver* quinto solo
Dignaga g, 469
Disciplina moral. *Ver também* perfeição
    de disciplina moral 79–90, 100, 101
  associada com a prática de dar 86–87, 89
  benefícios 82, 86
  definição 80, 392
  efeitos 84, 89
  pura 84–85, 90
  tipos 80
Discriminação
  agregado 57, 390, 406
Discriminação das Duas Verdades 166
Doença, envelhecimento, morte 26, 106

Dois extremos. *Ver também* extremo
    da existência; extremo da não-
    -existência 8, 19, 359, 364
Dormir. *Ver também* sono 215, 246, 248, 261
Doze elos dependente-relacionados
    27, 135, 150, 283, 391
  ações de composição 45, 301
  anseio 112
  avidez 112
  ignorância 45, 301
Doze feitos principais 459, 462–463
Doze fontes 262
Doze qualidades especiais 427
Dromtonpa g, 118
Duas obstruções. *Ver também*
    obstruções-delusões; obstruções
    à onisciência 381
Duas verdades. *Ver também* união
    das duas verdades; verdade
    convencional; verdade última
    140, 210–228, 276, 287, 359, 364, 403
  apresentação geral 211–216
Dúvida deludida g, 41, 42, 43

E

Eclipse 369–370
Elaboração 163, 413
  livre de 439, 440
Elefante onírico 245–246, 259
Elementos 337, 390, 449
  contaminados 390–391
Elucidação do Caminho do Meio 166
Emanações 127, 162, 172
Ensinamentos de Buda 10, 17, 239–240, 400
  definitivos 52, 266, 291–292
  interpretativos 52, 266, 278, 289–292

não necessitam de motivação
  conceitual 436-437
Entidade. *Ver* natureza
Equanimidade. *Ver também* quatro
  incomensuráveis
de um Buda 401
Equilíbrio meditativo. *Ver também*
  excelsa percepção do equilíbrio
  meditativo g, 149-150
Esforço 123-124
  benefícios 124
  definição 392
Espaço. *Ver também* espaço não-
  -produzido 324, 433
Espaço não-composto. *Ver* espaço
  não-produzido
Espaço não-produzido g, 113, 170, 384,
  391, 406
Essência da Boa Explicação 223, 226, 291
Estabilização mental. *Ver também*
  perfeição de estabilização
  mental g
  definição 393
Estado intermediário g, 133, 464
Estreito-posicionamento da contínua-
  -lembrança (*mindfulness*) 125, 396
Etapas do Caminho. *Ver* Lamrim
Eu. *Ver self*
Excelsa percepção da aquisição
  subsequente. *Ver também* as
  divisões de cada solo 37
Excelsa percepção do *continuum* final
  423, 432, 438
Excelsa percepção do equilíbrio
  meditativo. *Ver também* as
  divisões de cada solo 33, 34, 37,
  163, 225, 391
  incontaminada 217
  mente incontaminada 170

não-existência dos fenômenos
  convencionais 248-249, 286
objeto principal da 211
Excelsa percepção que não é nenhuma
  das duas 37
Excelsa percepção que não é nenhum
  dos dois 37
Existência inerente. *Ver também*
  existência verdadeira; produção
  inerentemente existente; *self*
  inerentemente existente 162,
  172-173, 199, 202, 227-228
  sinônimos 177
Existência verdadeira. *Ver também*
  aparência de existência verdadeira; existência inerente;
  verdadeiramente existente 130,
  172, 177, 178, 218, 220
  analogias para a existência verdadeira
  175-176
  de acordo com os madhyamika-
  -svatantrikas 166-167
  sinônimos 177
*Exposição Condensada das Etapas do
  Caminho* 70, 82, 103
Expressão de devoção 11-29
Extremo da existência 58, 223-224,
  231, 307, 366, 384-385
Extremo da não-existência 58, 223-224,
  231, 307, 367, 384-385

F

Fala de Buda 402-403
Falso. *Ver também* verdade convencional 167-171, 217, 227, 267
  sonhos 248, 261
Fantasma faminto g, 87, 105, 268, 320,
  452
  sofrimentos 73

Fatores de composição, agregado. *Ver* agregado fatores de composição

Fatores mentais g, 205, 265, 334, 337-338, 390

Felicidade 66-68, 69, 99, 630
  causa 21, 81, 89
  dos seres humanos 67, 89
  tipos 89

Fenômeno dependente-relacionado. *Ver também* doze elos dependente-relacionados; g, 17, 254, 301, 306-307, 370
  definição 391
  níveis 228, 306

Fenômeno existente por meio de designação 324, 348

Fenômeno impermanente. *Ver também* coisa funcional g, 24, 54-55, 170, 212, 234, 315, 384

Fenômeno produzido. *Ver também* fenômeno impermanente 406

Fenômeno produzido-pelo-poder-de--outro 243, 287
  verdadeiramente existente 243, 265, 269-280

Fenômeno não-produzido. *Ver também* objeto permanente 384, 406-407

Fenômeno substancialmente existente. *Ver também* self, substancialmente existente 324, 325, 332, 347-348, 355-356
  produzido-pelo-poder-de-outro 287

Fenômenos afirmativos 179
Fenômenos externos 379, 381
Fenômenos internos 379, 381
Fenômenos negativos 179-180
  afirmativos 179
  não-afirmativos 179-180, 234-235, 391

Filamentos flutuantes, exemplo 249-250

Filho de uma mulher sem filhos 253, 254, 264, 275, 302-305, 318-319

Flutuadores 215, 217, 220, 238, 250, 267, 302-303

Fonte-fenômenos 262
Fonte mentalidade 263
Fontes
  definição 391
  doze 262, 391
  externas 380
  interiores 380
  objeto 262

Forças
  de um Buda 400, 432, 444-455
  do caminho 127, 397

Forma 170, 243, 262, 303, 337, 380
  de acordo com os chittamatrins 259
  agregado 57, 334, 345, 390, 406
  apego à 289, 290
  definição 389
  que é uma fonte-fenômenos 262

Formato 334, 352-355

Fragmentos vajra. *Ver também* quatro extremos da produção 177, 184-309

G

Geshe g, 88

Grande compaixão 11-12, 20, 96, 158
  analogia da colheita 22
  analogia do poço 27-28
  de um Buda 401, 464
  causa dos seres sagrados 18, 20
  que observa o inobservável 24, 29
  que observa os fenômenos 24, 29
  que observa os seres vivos 24, 25-28, 29
  no primeiro solo 44, 45
  o que é 20, 21

ÍNDICE REMISSIVO

Grande Tesouro de Mérito 128
Guerra Dhuruka 6
Guia ao Caminho do Meio 3, 7, 385
  assunto principal 31–32, 143, 152
  como foi escrito 467–469
  significado do título 8–9
Guia do Estilo de Vida do Bodhisattva
    g, 40, 52, 100, 103, 123, 164
Guia Espiritual g, 16
Guirlanda Preciosa 9, 55, 152, 154

H

Hashang 148, 177–178
Hinayana g
  caminhos 13–17, 31, 452
  compaixão 20
  princípios filosóficos 59, 60, 568–577
  solos 31
  Sutras 57, 58, 60–61, 154, 378
  veículo temporário 460
Hinayanista. *Ver também* Destruidor de Inimigos, hinayana; Ouvinte; Realizador Solitário; Ser superior
    12, 20, 61
  definição 59
  propondo princípios filosóficos mahayana 59
História do meditador Pele de Elefante 156
Histórias dos Nascimentos 325, 410, 444
História da vaca desenhada numa parede 4
Homenagem dos tradutores 9–10

I

Icterícia 215
Ignorância. *Ver também* agarramento ao em-si 302–303, 630

Iluminação. 23, 33, 125, 158, 159, 432
  causa 84, 311
  duração 462–463
  grande 14, 125, 455, 462
  mediana 16, 125, 455, 462
  obstáculos à iluminação 43
  pequena 13, 14, 125, 455, 462
Iluminação Clara da Intenção 3, 61, 175
Imaculado. *Ver* segundo solo
Imagem genérica g, 36, 177, 384
Inamovível. *Ver* oitavo solo
Inferno 28, 87, 105, 136, 320, 452
  sofrimentos 73
Ingressante na Corrente 13–14, 46
Iniciação g
  de grande luz 424
Instrução a Katyayana 58
Instruções Orais do Mahamudra 180
Inveja, ou ciúmes g, 21
Iogue/Ioguine g, 453
Ishvara g, 6, 215, 216, 281, 282, 306, 383
  irado 134
Isolamento 385–386, 388, 392, 398

J

Jainistas 184
Jangchub Ö 82
Je Tsongkhapa g, 3, 7, 23, 133, 157, 464
Joia cristalina de água 74
Joia cristalina de fogo 74
Joia Dharma 140–141, 331
Joia-que-satisfaz-os-desejos g

K

Kadampa g, 88
Kamalashila 178

L

Lâmpada para o Caminho à Iluminação 117
Lâmpada para a Sabedoria 166, 192
Lamrim g, 106, 629
Lenda do barqueiro 461
Libertação. *Ver também* nirvana 12, 52-53, 213, 301, 308, 309, 398
  de acordo com as escola inferiores 13, 51, 259
  causa 84, 276, 300, 311
  obstáculos à 43, 134
  porta à 211
  verdadeira cessação 137
Linhagem. *Ver também* linhagem mahayana 629
Linhagem mahayana 20, 40, 48-49
Luminoso. *Ver* terceiro solo

M

Madhyamaka 155
Madhyamakavatara 8
Madhyamika-Prasangika 52, 143, 145, 193, 372-373, 586-590
  oito pontos profundos 236
  refutações e provas 369-370
  visão extraordinária 8, 60, 316, 468
Madhyamika-Svatantrika 167, 193, 232, 582-586
  assevera a existência inerente 162, 172, 224
Mãe dos Budas 403
Mahayana g
  compaixão 20
Mahayanista. *Ver também* Bodhisattva 12, 13, 14, 16, 31, 60, 125
  definição 59
  prática principal 23
propondo princípios filosóficos hinayana 59
superior. *Ver também* Bodhisattva superior 33
Maleabilidade g, 107, 109, 124
Manjushri g, 1, 7, 153
  homenagem 9-10
Mantra g, 88, 153, 168
Mantra Secreto. *Ver também* Tantra 7, 43
Maras 132-134
Marcas. *Ver também* marcas do agarramento-ao-verdadeiro g
  do autoapreço 97
  do carma 406
  das delusões 60, 406, 456-457
Marcas do agarramento-ao-verdadeiro 170, 214, 217
Meditação g, 108-109
Meditação na vacuidade. *Ver também* vacuidade 127, 164
Meios habilidosos 413-414
Memória
  de acordo com os chittamatrins 271
  de acordo com os madhyamika-prasangikas 272
Mentalidade 163, 265
Mentalidade deludida 233, 264
Mente. *Ver também* os diferentes tipos de mente g, 170, 242, 338
  carece de existência inerente 268
  conceitual g, 177-178
  e corpo 298
  é o criador de tudo 282, 284-285
  falsa 248, 267
  não-conceitual g
  não-virtuosa 21
  sutil 402, 438
  vacuidade da mente 383
  verdadeira 267

verdadeiramente existente 245–256, 259, 287
virtuosa 21
Mente de Buda 402, 403
Mente contaminada 33, 171, 218
Mente dual 85
Mente de iluminação. *Ver também* bodhichitta 48
Mente incontaminada 33, 170, 217
Mente onírica 247–248, 259–261
Mente primária g, 265, 338
Mente supramundana 39
Mente válida. *Ver* conhecedor válido
Mérito g, 157
  coleção de mérito 119, 123, 124, 436, 437
Mero nome 226, 279, 321, 323, 324, 333, 349
  natureza convencional sutil 359
Método g, 47, 277, 409, 461
  práticas do método 1
Milarepa g, 71, 127, 249
Monastério de Nalanda g, 3, 6, 153, 154
Monastério Reting 464
Monges e monjas 83
Monte Meru g, 429
Morte 71, 233
  descontrolada 133, 454
Muito Alegre. *Ver* primeiro solo
Mulher ilusória criada por um mágico 53
Mundo 326
  criado pela mente 174, 282, 284–285
Mundo do Não-Esquecer 429
Munivairochana 441

N

Naga g, 90, 154
  mundo naga 409

Nagarjuna 178, 180
  biografia 152–155
  obras 1, 154, 155
  sistema 276
Nalanda. *Ver* Monastério de Nalanda
Não-coisa 170–171, 406–407
Não-dualidade 242
Não-existente g, 164, 206, 264, 274, 302
Não-observar 398
Não-rejeitado 386
Não-virtude g
Nascimento. *Ver também* renascimento 454, 464
Natureza. *Ver também* natureza convencional; natureza da mente, natureza última
  mesma natureza (mesma entidade) 185–190
Natureza búdica g, 438, 461
Natureza convencional. *Ver também* verdade convencional 212
  sutil 359, 384
Natureza da mente 242–243, 259
Natureza última. *Ver também* verdade última 212, 218–219, 221, 387, 407
Nirvana. *Ver também* libertação 68, 228, 324, 325, 382–383, 408
  hinayana 383, 459
  mahayana 383, 459
  natural 383
  da não-permanência 459
  com remanescência 459
  sem remanescência 459
  último 383
Nominalidade 324, 434–435
Nominalidade mundana 226, 278–280
Nono solo 419–421
  definição 420

divisões 420
etimologia 420
Nova Tradição Kadampa g, 630
Nove permanências mentais g, 108
Novo Coração de Sabedoria 180, 219
Novo Manual de Meditação 180
Nuvem de Dharma. *Ver* décimo solo

O

Objeto. *Ver também* os diferentes tipos 242
  concebido g, 216
  correto 213, 216
  incorreto 213, 216
  observado g
Objeto designado, imputado 333
Objeto externo 280, 285
  carece de existência verdadeira 268, 290, 291
  não existência de 243, 245-247, 281, 288-289
  objeto negado 257-259
  verdadeiramente existente 246
Objeto negado g, 164-165, 173, 177-180, 314-315
  de acordo com os madhyamika-prasangikas 172-180
  de acordo com os madhyamika-svatantrikas 166-172
  eu inerentemente existente 338
  objetos externos 257-259
Objeto onírico 236-237, 248, 261-262
Objeto permanente 170, 384, 406-407
  duas naturezas 212
Objetos sensoriais, objetos dos sentidos 257, 465
  falsos 248, 249
Obstruções-delusões 49, 151, 455-456
  abandono 456

Obstruções à libertação. *Ver* obstruções-delusões
Obstruções à onisciência 60, 151, 168, 172, 400, 432, 456
  abandono 49, 420, 422, 438, 456
  tipos 456
Oitavo solo 415-419
  definição 416
  divisões 416
  etimologia 416
Oitavo superior 46
Onisciência 403
O Que Foi Além. *Ver* sétimo solo
Órgãos sensoriais 381
Orgulho g, 21, 309
Ornamento para o Caminho do Meio 166
Ornamento para a Realização Clara 285, 403
Ornamento para os Sutras Mahayana 128, 412
Ouvinte. *Ver também* Destruidor de Inimigos, Ouvinte; Ser superior, Ouvinte 13-14, 17, 125
  etimologia 13
  Ingressante na Corrente 13-14, 46, 346
  realiza a ausência da existência inerente 50-60

P

Paciência. *Ver também* perfeição de paciência 96-97
  benefícios 98-99, 102-103
  definição 392
Palavras Claras 7, 193
Partículas sem partes 170
Passado, presente e futuro 233-235, 324, 403, 404
Patsab Nyimadrak 9

Percebedor direto g
  de um Buda 403, 404
  não-conceitual 169, 211
  sensorial 214
Percepção. *Ver* percepção equivocada;
  percepção errônea; percepção
  inequívoca
Percepção equivocada g, 215, 217, 238
  causas 216, 217, 220
Percepção errônea g, 173
Percepção inequívoca 217, 220
Percepção sensorial 246
Perfeição de dar 63–66, 65, 69–75, 392,
  393
  benefícios 69
  dar o próprio corpo 72–73
  definição 65, 393
  divisões 74
  incomparável 63–65
Perfeição de disciplina moral 79–91
  benefícios 82–83
  definição 81
  divisões 81, 90
  incomparável 82–83, 85
Perfeição de esforço
  incomparável 124
Perfeição de estabilização mental
  definição 134
Perfeição de excelsa percepção 424
Perfeição de força 421
Perfeição de meios habilidosos 413–414
Perfeição de paciência 96–97
  definição 97
  divisões 97, 104
  incomparável 97
Perfeição de prece 417
Perfeição de sabedoria 150–151, 424
  incomparável 143, 147, 150, 242,
  409

Perfeições. *Ver também* cada uma das
  perfeições
  dez 130, 424
  mundana 74
  seis 23, 119, 150, 158, 392, 393, 424
  supramundana 74
Perna de poderes miraculosos 126–127,
  397
Pessoa. *Ver também* self g, 390
Pessoas mundanas 167–170, 320
  confusão 301
  conhecedores válidos 210, 216–217,
    221–222, 280, 362, 364
  mente contaminada 362
  percepção equivocada 169, 217
  verdade convencional 213
Poder, ou faculdade, mental 215, 265,
  337
  definição 263
Poder sensorial onírico 247–248,
  261–262
Poderes 450–451
  do caminho 127, 397
Poderes miraculosos. *Ver também*
  cada uma das demais quatro
  clarividências 117, 126–127, 397,
  461
Poderes sensoriais 214–215, 257–259,
  337, 379
  deficientes 250, 300–301
  definição 262–263
  poder visual 205, 260
  falsos 248, 249
  oníricos 247, 261–262
Portas da perfeita libertação 398
Possuidor-de-objeto g, 213–215
Pote 306, 356, 407
Potencial 232, 242–243, 251–261,
  263–264

Prazeres 66, 67
Prece 417
Prece Libertadora 593-594
Preciosa vida humana 86, 87, 343
Preguiça g, 124
Primeiro solo 159, 35-75
  analogia da lua 74-75
  dar, ou generosidade 63-75
  definição 37
  etimologia 38
  primeiro solo último 39
Princípio geral 281, 317
Princípios filosóficos g, 59, 567-590
Princípios filosóficos mahayana 59, 577-590
Produção inerentemente existente 183-206
Produção a partir de ambos 293-295
Produção a partir de outro
  de acordo com os proponentes de coisas 197-206, 227
  delusão intelectualmente formada 222-223
  em geral 199-201
  madhyamika-svatantrikas 224
  quatro alternativas 205-206
  refutar a produção a partir de outro evita os dois extremos 223-224
Produção a partir de si próprio 185-190, 253
  delusão intelectualmente formada 190
  raciocínio de Chandrakirti 185-194
  raciocínio de Nagarjuna 190-191
Produção sem uma causa 295-299
Projeção 216
Promessa de explicar 152
Proponentes de coisas 309, 364
  etimologia 197

Purificação g, 99

Q

Qualidades exclusivas, ou não compartilhadas 401-403
Quarto solo 121-130
  definição 121
  divisões 123
  esforço 123-124
Quatro extremos da produção. *Ver também* cada extremo 183-309
  significado estabelecido pela refutação dos 299-300
Quatro incomensuráveis 105, 116-117, 382, 395
Quatro Nobres Verdades 14, 15, 59, 147, 150
  ausência de existência inerente 54, 228
  densas 138-140
  dezesseis aspectos 137-138
  e as duas verdades 140
  etimologia 135
  prática incorreta das 54
  sutis 138-140
Quatro poderes oponentes g, 126
Quatrocentos 175
Que Nunca Retorna. *Ver* Ser superior, Ouvinte
Que Retorna Uma Vez. *Ver* Ser superior, Ouvinte
Quinto solo 131-141
  definição 131
  divisões 132
  etimologia 132-134

R

Raciocínio sétuplo 177, 349-364, 370
  carece de existência inerente 370-371

Radiante. *Ver* quarto solo
Raiva g, 21, 96, 309
　falhas da 98-102, 103
Ramos de caminhos superiores 129, 397
Ramos da iluminação 128, 129, 397
Realização g
Realização da vacuidade. *Ver também* sabedoria que realiza a vacuidade 177, 223-224, 341
　conceitual 36
　não-conceitual 36, 43, 44, 49, 72, 172
　níveis 16, 50-53
Realizador Solitário. *Ver também* Destruidor de Inimigos, Realizador Solitário; Ser superior, Realizador Solitário 12, 14-17
　caminhos espirituais 14-16
　realiza a ausência de existência inerente 50-60
　"semelhante a um rinoceronte" 16
Reflexo de um rosto 215, 216, 227, 370
Refutação do sistema Chittamatra 241-292
　consequência por excesso 255
　exemplo dos filamentos flutuantes 249-250
　exemplo da pessoa cega 260-261
　exemplo do sonho 246-249, 257-261
　refutar autoconhecedores 269-275
　refutar a consciência gerada a partir do seu potencial 251-256
　refutar a consciência-base-de-tudo 233, 264
　refutar fenômenos produzidos por outro como inerentemente existentes 269-280
　refutar a não existência de objetos externos 244-249, 256-265
　solo coberto com esqueletos 266-267, 289
Regozijo 73
Rei chakravatin g, 128
Rei dos gansos 410
Reino do desejo 105, 107, 134, 149
　delusões 14, 16, 107, 108, 110-111, 394
　etimologia 105
　níveis 105
Reino da forma g, 105, 112, 115, 148, 149
　delusões 14, 16, 107, 112, 113-114, 395
　etimologia 106
　níveis 105-106, 148
Reino do inferno g
Reino da sem-forma g, 105, 112, 149
　delusões 14, 16, 107, 114, 395
　etimologia 106
　níveis 106
Renascimento. *Ver também* renascimento elevado; renascimento inferior 56-57, 84, 454
　causa 25, 115
　controlado 112, 419
　descontrolado 26, 28, 44, 133
Renascimento elevado. *Ver também* deus; seres humanos 87-88
　causa 86, 88
Renascimento inferior. *Ver também* animais; fantasma faminto; inferno 27, 86, 87-88, 102, 465
　causa 86, 100, 101
　como é destruído 44-45
Renúncia 13, 14, 26, 31, 59, 115
Ressentimento 104
Retorna, Que Nunca. *Ver* Ser superior, Ouvinte

Retorna, Uma Vez. *Ver* Ser superior, Ouvinte
Riqueza 66, 67
Roda do Dharma g, 1, 629

S

Sabedoria. *Ver também* perfeição de sabedoria 47, 49, 50, 60, 137, 630
 coleção de sabedoria 119, 123, 124
 definição 393
 práticas 1
 rápida 49, 413
Sabedoria Fundamental 1, 8-9, 58, 143, 152, 155, 185, 191, 228, 335, 385, 468
 outros comentários 8, 60, 166, 191-194
 refutação da produção a partir de si próprio 190-194
 texto mahayana 9
Sabedoria da não-dualidade 18, 19
Sabedoria que realiza a vacuidade. *Ver também* realização da vacuidade 385, 408
Sadaprarudita 436
Samantabhadra g, 38, 39
Samittiyas 322, 327, 329, 333-334, 338, 346
Samkhyas 184, 321
 apresentação do *self* 317
 produção a partir de si próprio 185-188
 refutação do sistema dos samkhyas 185-190
Samsara g, 87, 105, 385-386
 carece de existência inerente 228, 249, 386
 causa 25, 56, 84, 308, 454
 raiz do samsara 41, 175, 177, 313
 sofrimentos 26-28, 133, 465
sang gyay
 significado 283
Sangha g, 155, 306
Saraha g, 153
Sautrantika 51, 59, 170, 197, 315, 572-577
Segundo solo 77-91
 analogia da lua 91
 definição 78
 disciplina moral 79-91
 divisões 78
 etimologia 79
Seis atenções 108-114
Self. Ver também pessoa; *self* autossustentado, substancialmente existente; *self* inerentemente existente; *self* meramente designado 330, 333
 agregados 320-336
 consciência-base-de-tudo 232-233, 263, 323
 entidade separada 223, 316-320, 330
 existente 315, 362
 permanente 216, 281, 317-318, 321, 327-328, 339
 puro 327
 substancialmente existente 324, 346, 347
 verdadeiramente existente 314
Self autossustentado, substancialmente existente 51-53, 130, 138-139, 233, 315, 338
Self inerentemente existente 313-315, 349
 analogia da cobra 175-176
 é o objeto negado 314, 338
Self meramente designado, ou imputado 176, 264, 323, 337
 nos agregados 264, 315, 324, 330

Semente e broto. *Ver também* quatro extremos da produção 203-204, 221
  passado, presente, futuro 234
Sementes de delusão 456
Senhor da Morte 132, 133
Sensação g, 338
  agregado 57, 390, 406
Ser sagrado 68, 101, 102
  causa 11-12, 18, 19-20
Ser superior. *Ver também* Bodhisattva superior 52, 68, 135, 221, 308
  Buda 20
  hinayanista 33, 45, 46, 106, 147
  mente incontaminada 33, 170, 218
  Ouvinte 13-14, 19, 46, 47-50, 50-60
  Realizador Solitário 19, 47-50, 50-60
Seres comuns g, 33, 90, 220
  mente contaminada 171
  modos de apreensão dos seres comuns 55, 168
Seres humanos 268
  causa de um renascimento humano 84, 86, 100
  felicidade 67, 89
Seres senscientes 130, 292
  momento final do *continuum* mental de um ser senciente 423
Seres vivos. *Ver também* seres senscientes g, 157, 168, 172, 284, 285, 324, 342
  deuses de longa vida 106, 148
Serlingpa 55
Sessenta Estrofes de Raciocínios 140
Sétimo solo 411-414
  definição 412
  divisões 412
  etimologia 412
Sexto solo 143-410
  definição 145
  divisões 146
  etimologia 146-147
Shantideva g, 83
Shariputra g, 163
Shrimanta 153
Silogismos 192-194
Sinal/ausência de sinais 398
Sofrimento 26-28, 465
  base para o sofrimento 133
  causa 99, 136, 177, 446, 630
  dos outros. *Ver também* compaixão 21, 26, 73
  que-permeia g, 67, 115
Solo. *Ver* solos espirituais
Solo coberto com esqueletos 266-267, 289
Solo último. *Ver* solos mahayana causais
Solos dos Bodhisattvas 413
Solos espirituais. *Ver também* Hinayana, solos; solos mahayana 31
Solos mahayana
  comuns 32
  superiores. *Ver também* solos mahayana; solos mahayana resultantes 32
Solos mahayana causais. *Ver também* individualmente cada solo 9, 32-34
  convencionais 32
  qualidades 425-430
  solos mahayana causais últimos 32-34, 39
Solos mahayana resultantes 9, 32, 431-465
Sonhos. *Ver também* poder sensorial onírico; mente onírica; objeto onírico
  fenômenos são como sonhos 127
  não há objetos externos 245-247, 259

percepção equivocada 215
são falsos 247-249, 261
Sono g
   da confusão 248
Sravaka. *Ver também* Ouvinte 13
Status elevado 89
Substâncias atômicas 356
Sugata g
Sustentar disciplinas morais e condutas errôneas como supremas 41, 42, 43
Sutra. *Ver também* ensinamentos de Buda; Sutras mahayana g, 10
Sutra Aquele Que Foi para Lanka 152, 155, 218-219, 282, 288-290
Sutra Coleção (Monte) de Joias 84
Sutra Coração 161, 163
Sutra Interpretando a Intenção 239, 266, 290, 292
Sutra Libertação Perfeita de Maitreya 48, 50, 52
Sutra Nuvem de Joias 304
Sutra Pergunta de Gaganganja 72
Sutra Recreação de Manjushri 100
Sutra Rei da Concentração 292, 309
Sutra da Relação-Dependente 233, 301
Sutra do Sábio e do Tolo 444
Sutra Segredo dos Tathagatas Superiores 313
Sutra Sobre as Cem Ações 444
Sutra Sobre os Dez Solos 50, 52, 161, 282, 283, 285, 288, 417, 419, 430
Sutra Solicitado por Aqueles de Intenção Superior 19, 53
Sutra Solicitado por Upali 173, 285
Sutras mahayana 53-55, 60, 154, 378, 432
Sutra Surgido da Protuberância na Coroa do Tathagata 436
Sutra Surgido das Árvores Sopradas pelo Vento 436
Sutra Vajra Cortante 55, 157
Sutras Perfeição de Sabedoria Condensado 84, 181, 387
   em Oito Mil Versos 436
   Sutra Coração 163
Sutras Vinaya g, 10

T

Talidade (*thatness*). *Ver também* vacuidade, ausência de existência inerente 147, 221, 226, 468
   conhecedor da 433-435
Tantra g, 3, 7, 153, 155
Tara g, 155
Tathagata g, 48
Tempo. *Ver* passado, presente e futuro
Terceiro solo 93-120
   analogia da luz do sol 120
   definição 93
   divisões 95
   etimologia 95
Terra do Controle de Emanações 105, 134
Terra Pura g, 106
Terra dos Trinta e Três Paraísos 105
Tesouro de Abhidharma 51, 451
Testemunha 331-332
Tirthikas 216, 282, 318
Topo do samsara 106, 113, 114, 115, 147, 149
Tradição Kadampa g
Tranquilo-permanecer g, 59, 60, 108
   e visão superior 35-36
Tratados 55
Três amarras 41-43
Três Aspectos Principais do Caminho, Os 151

Três Dharmas da expressão de devoção 18
Três Dharmas dos mahayanistas comuns 9, 12, 35
Três esferas 74, 85, 97
Três mundos 409
Três porta da perfeita libertação 398
Três reinos 281, 283, 383
Três solos puros 401, 428-429, 459
Três treinos superiores 10
Trinta e sete realizações conducentes à iluminação. *Ver também* os diferentes grupos 125-130, 396-397
Trisong Detsen 178
Trocar eu por outros 72

U

União de aparência e vacuidade 212, 220
União das duas verdades 212, 220, 227, 231, 306

V

Vacuidade. *Ver também* ausência do em-si de pessoas; ausência do em-si dos fenômenos; ausência de existência inerente; meditação na vacuidade; realização da vacuidade; sabedoria que realiza a vacuidade; talidade; verdade última 8, 149-150, 407-408
  bases da vacuidade 377
  carece de existência inerente 381
  das definições 389-404
  dezesseis divisões 377-405
  "inobservável" 24
  natureza 375, 433
  objeto verdadeiro 167, 169
  partes da 171
  quatro divisões 405-406
  recipiente adequado 156-159
  recipiente inadequado 156
  sinônimos 221
  três modos de existência 279
  verdade última 211
  verdadeiras cessações 140
Vaibhashika 59, 170, 197, 292, 305, 432, 568-572
Vaisheshikas 318
Vasubandhu g, 469
Veículo. *Ver também* veículo final g, 153
Veículo final, veículos finais. *Ver também* veículo
  três 291, 461-462
  um 460-462
Verdade convencional. *Ver também* convencionalidade; duas verdades; natureza convencional; nominalidade mundana; verdade nominal 140, 211, 218-219, 276-277, 333, 364
  correta e incorreta 213
  definição 211
  etimologia 211
  objeto falso 167, 170-171, 211, 213, 219, 249
  pai (poema de Changkya Rolpai Dorje) 277
  termo sânscrito 218
Verdade nominal 226, 277, 409
Verdade última. *Ver também* duas verdades; natureza última; vacuidade 167, 169, 212, 220, 276, 276-277, 364, 387, 630
  analogia 220
  base 277
  definição 211

etimologia 211
objeto verdadeiro 211
Verdadeiramente existente. *Ver também* existência verdadeira; fenômeno produzido-pelo-poder-de-outro, verdadeiramente existente; mente, verdadeiramente existente 171, 172
   objetos externos 246, 249
   para os madhyamika-prasangikas 165
   para os madhyamika-svatantrikas 165, 166
   self 314
   verdadeiro 249
Verdadeiras cessações 135, 140-141
   definição 135
   Joia Dharma 140
   quatro aspectos 137
   tipos 135, 139
Verdadeiras origens 135, 140
   definição 135
   quatro aspectos 136
   tipos 135, 139
Verdadeiro. *Ver também* duas verdades; verdadeiro 167-170, 216, 217, 219, 221, 249
Verdadeiros caminhos 136, 140-141
   definição 136
   Joia Dharma 140
   quatro aspectos 137
   tipos 136, 139

Verdadeiros sofrimentos 133, 135, 140
   definição 135
   quatro aspectos 136
   tipos 135
Vidas futuras 297-299
Vidas passadas 325, 453-454
Visão da coleção transitória 240, 341-346
   definição 313
   etimologia 315
   inata 41, 342-343, 372
   intelectualmente formada 41-42, 43, 343-346, 372
   objeto concebido 313, 349, 362
   objeto observado 313, 319, 320, 330, 342, 349, 362
   que concebe *eu* 25, 342-343
   que concebe *meu* 25, 342, 362
   raiz do samsara 313
Visão da existência 307, 385
Visão extrema g, 361
Visão da não-existência 307, 385
Visão superior g, 35-36, 108, 109
Visões deludidas g, 307, 361
Visões errôneas g, 80, 178, 306
Voto g, 73, 81, 83
Voto Pratimoksha g
Votos bodhisattva 73, 81, 83
Votos tântricos 83

Y

Yama. *Ver* Senhor da Morte

Leituras Recomendadas

Se você apreciou a leitura deste livro e deseja encontrar mais informações sobre o pensamento e a prática budistas, apresentamos outros livros do Venerável Geshe Kelsang Gyatso Rinpoche que você poderá gostar de ler ou ouvir. Eles estão disponíveis pela Editora Tharpa.

BUDISMO MODERNO
O Caminho de Compaixão e Sabedoria

Por desenvolver e manter compaixão e sabedoria na vida diária, podemos transformar nossas vidas, melhorar nossos relacionamentos com os outros e ver além das aparências, enxergando o modo como as coisas realmente existem. Desse modo, podemos solucionar todos os nossos problemas diários e realizar o verdadeiro sentido da nossa vida humana. Com compaixão e sabedoria, como as duas asas de um pássaro, podemos alcançar rapidamente o mundo iluminado de um Buda.

Você pode baixar gratuitamente as versões *e-book* ou PDF do livro *Budismo Moderno* no endereço www.budismomoderno.org.br

COMO TRANSFORMAR A SUA VIDA
Uma Jornada de Êxtase

Um manual prático para a vida diária, que mostra como podemos desenvolver e manter paz interior, reduzir e interromper a experiência de nossos problemas e como podemos promover mudanças positivas nas nossas vidas, que nos permitirão experienciar felicidade profunda e duradoura. Esta é uma nova edição, substancialmente revista, de um dos mais populares e acessíveis livros do Venerável Geshe Kelsang.

Para uma versão *eBook* gratuita de *Como Transformar a sua Vida*, por favor, acesse www.comotransformarasuavida.org

COMPAIXÃO UNIVERSAL
Soluções Inspiradoras para Tempos Difíceis

O coração dos ensinamentos de Buda são o amor e a compaixão incondicionais. Essa explicação inspiradora do popular poema budista *Treinar a Mente em Sete Pontos* revela métodos poderosos e abrangentes para desenvolvermos esses estados altruístas. Técnicas meditativas centenárias que têm sido testadas e aprovadas por séculos são trazidas à vida e tornadas relevantes para as nossas experiências do dia a dia.

"A leitura deste livro pode ser muito benéfica para qualquer pessoa cuja religião requeira o exercício da compaixão." *Faith and Freedom*

CONTEMPLAÇÕES SIGNIFICATIVAS
Como nos Tornar um Amigo do Mundo

Muitas pessoas têm o desejo compassivo de beneficiar os outros, mas poucas compreendem como realizá-lo efetivamente na vida diária. Os Bodhisattvas são amigos do mundo – eles possuem uma compaixão tão forte que são capazes de transformar todas as suas atividades diárias em meios através dos quais beneficiam os outros.

O caminho dos Bodhisattvas foi primorosamente explicado no poema universalmente apreciado *Guia do Estilo de Vida do Bodhisattva*. Com este comentário, a profundidade e efetividade desse maravilhoso poema são plenamente reveladas e apresentadas de modo aplicável ao nosso tempo.

NOVO CORAÇÃO DE SABEDORIA
Ensinamentos Profundos vindos do Coração de Buda

Esta apresentação completamente nova oferece verdadeiros *insights* libertadores e conselhos para o leitor contemporâneo. Este livro revela o significado profundo da verdadeira essência dos ensinamentos de Buda

– os *Sutras Perfeição de Sabedoria*. O autor mostra como todos os nossos problemas e sofrimento vêm da nossa ignorância sobre a natureza última das coisas e como podemos abandoná-la e desfrutar de felicidade pura e duradoura através de uma sabedoria especial associada com a compaixão por todos os seres vivos.

"(…) um livro tanto excelente como abrangente." *North American Board for East West Dialogue*

"Um livro excelente (…) para alguém que estuda seriamente o Budismo, é difícil encontrar um livro melhor." *The Middle Way*

CAMINHO ALEGRE DA BOA FORTUNA
O Caminho Budista Completo à Iluminação

Todos nós temos o potencial para a autotransformação e uma capacidade ilimitada para o desenvolvimento de boas qualidades, mas para realizar esse potencial precisamos saber o que fazer a cada etapa da nossa jornada espiritual. Com este livro, Venerável Geshe Kelsang Gyatso oferece-nos um guia passo-a-passo nas práticas de meditação que nos conduzem à paz interior e felicidade duradouras. Com extraordinária clareza, ele apresenta todos os ensinamentos de Buda na sequência na qual devem ser praticados, enriquecendo sua explicação com histórias e analogias esclarecedoras.

"Este livro é de valor incalculável." *World Religions in Education*

COMO ENTENDER A MENTE
A Natureza e o Poder da Mente

Este livro oferece um *insight* profundo sobre a nossa mente e mostra como uma compreensão da sua natureza e de suas funções pode ser utilizada praticamente na nossa experiência diária para melhorar a nossa vida.

A primeira parte é um guia prático para desenvolver e manter uma mente leve e positiva, mostrando como identificar e abandonar estados mentais que nos prejudicam e substituí-los por estados mentais pacíficos e benéficos. A segunda parte descreve, em detalhe, diferentes tipos de mente, revelando a extensão e profundidade da compreensão budista sobre a mente. O livro conclui com uma explicação detalhada sobre meditação, mostrando como podemos obter um estado de alegria duradoura através de controlar e transformar nossa mente, independente das condições exteriores.

Para encomendar qualquer um de nossos livros ou outros produtos sobre Budismo e meditação, por favor, visite www.tharpa.com/br ou entre em contato com o Centro Kadampa ou Editora Tharpa mais próximos (para uma lista das Editoras Tharpas em todo o mundo, ver páginas 635–636).

Encontre um Centro de Meditação Kadampa Próximo de Você

Para aprofundar sua compreensão deste livro e de outros livros publicados pela Editora Tharpa, assim como a aplicação desses ensinamentos na vida diária, você pode receber ajuda e inspiração de professores e praticantes qualificados.

As Editoras Tharpa são parte da comunidade espiritual da Nova Tradição Kadampa. Esta tradição tem um número crescente de Centros e filiais em mais de 40 países ao redor do mundo. Cada Centro oferece programas especiais de estudo em Budismo moderno e meditação, ensinados por professores qualificados. Para mais detalhes, consulte *Programas de Estudo do Budismo Kadampa* (ver páginas 629–633).

Esses programas são fundamentados no estudo dos livros de Venerável Geshe Kelsang Gyatso Rinpoche e foram concebidos para se adequarem confortavelmente ao estilo de vida moderno.

Para encontrar o seu Centro Kadampa local, visite:
tharpa.com/br/centros